A Mídia na Sociedade em Rede

Gustavo Cardoso

A Mídia na Sociedade em Rede

Filtros Vitrines Notícias

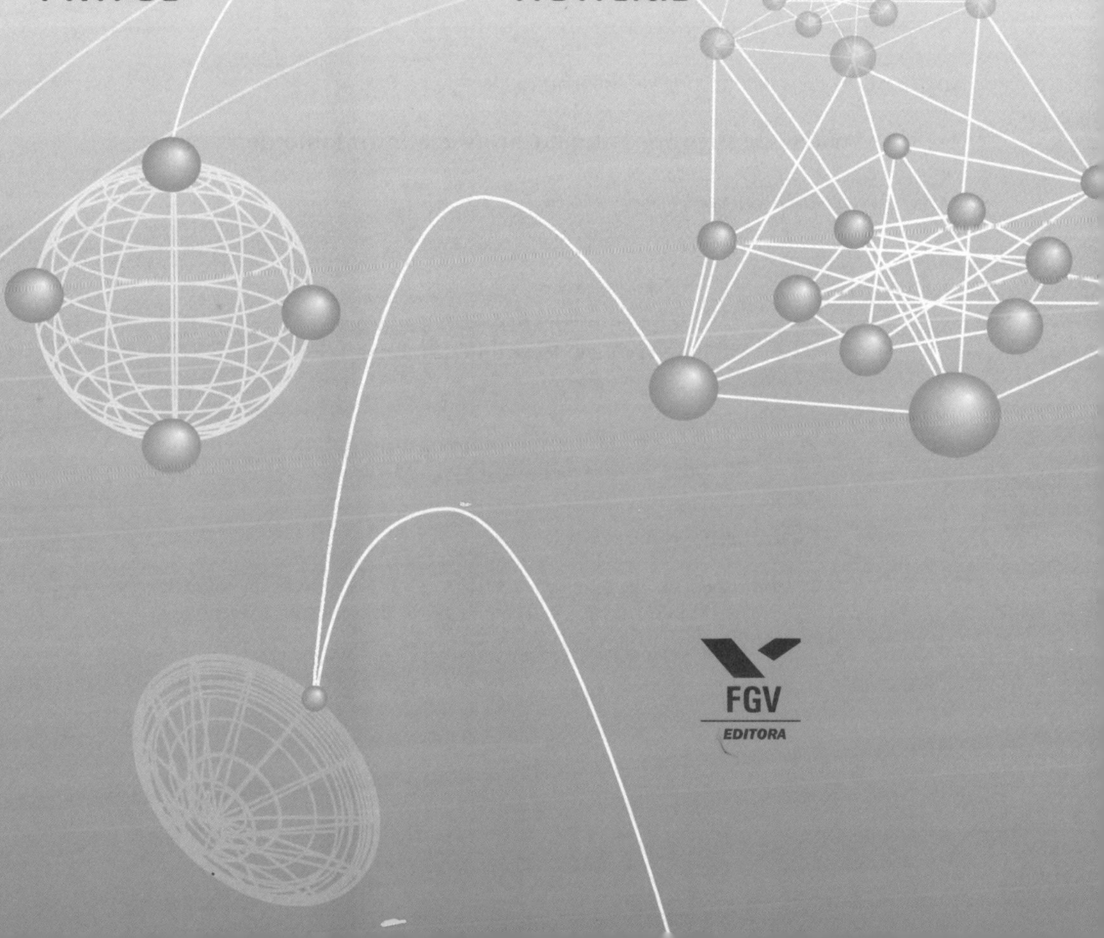

FGV
EDITORA

ISBN — 978-85-225-0620-0

Direitos desta edição reservados à
EDITORA FGV
Rua Jornalista Orlando Dantas, 37
22231-010 — Rio de Janeiro, RJ — Brasil
Tels.: 0800-21-7777 — 21-2559-4427
Fax: 21-2559-4430
e-mail: editora@fgv.br
web site: www.editora.fgv.br

Impresso no Brasil / *Printed in Brazil*

1ª edição — 2007

PREPARAÇÃO DE ORIGINAIS: Mariflor Rocha

EDITORAÇÃO ELETRÔNICA: FA Editoração

REVISÃO: Aleidis de Beltran, Fatima Caroni e Mauro Pinto de Faria

CAPA: Alvaro Magalhães

Ficha catalográfica elaborada pela
Biblioteca Mario Henrique Simonsen/FGV

Cardoso, Gustavo
A mídia na sociedade em rede: filtros, vitrines, notícias / Gustavo Cardoso — Rio de Janeiro : Editora FGV, 2007.
528p.

Inclui bibliografia.

1. Comunicação de massa e tecnologia. 2. Sociedade da informação. 3. Redes de informação. 4. Tecnologia da informação. I. Fundação Getulio Vargas. II. Título.

CDD — 301.243

Para Mafalda e Guilherme, a quem o futuro pertence.

Sumário

Prefácio

A comunicação é o processo-base de toda e qualquer organização social. A revolução tecnológica que tomou forma nos anos 1970, e depois se difundiu por todo o mundo, caracteriza-se pela transformação do processo comunicativo a partir de redes digitais apoiadas pela microeletrônica. A internet e a comunicação *wireless* modificaram a forma como nos comunicamos e, conseqüentemente, os nossos comportamentos, local e globalmente. Contudo, a maior parte da comunicação pública continua a ser realizada pelos meios de comunicação, pela televisão, pelo rádio, pela imprensa escrita. Existe, porém, uma interação crescente entre a comunicação mediada por computador (CMC) e as outras mídias que desenvolve-se dentro da lógica específica de cada mídia. A internet não eliminou a televisão, transformou-a. E a persistência da televisão, do rádio e da imprensa escrita contribui para um crescentemente diversificado sistema de mídia, que se concretiza na interligação entre diferentes formas de comunicação, cada uma com a sua própria lógica, a sua própria tradição, o seu conjunto de valores e interesses inscritos na sua organização institucional.

Além disso, a emergência de um novo sistema de mídia tem diferentes manifestações e conseqüências e vários contextos culturais, sociais e institucionais. Mesmo com a difusão global da tecnologia, e com as redes globais de negócios midiáticos, o que acontece na Califórnia ou na Itália é diferente do que acontece em Portugal ou no Brasil. Assim, tanto para cumprir objetivos de análise quanto para base de orientações políticas, é essencial compreender esse processo de transformação nos seus aspectos comuns e na sua especificidade cultural. É esta a importância da pesquisa que Gustavo Cardoso apresenta neste livro.

Ele analisa a transformação tecnológica e social da mídia, no mundo e no caso específico em observação, Portugal, relacionando a evolução da mídia tanto com a mudança tecnológica quanto com a mudança social. Ele enfatiza a emergência de uma sociedade em rede, construída a partir de redes sociais e organizacionais baseadas nas tecnologias eletrônicas de comunicação, tal como a sociedade industrial dependeu das redes de distribuição de energia para o seu desenvolvimento. E mostra o papel central da mídia nessa evolução social ao mesmo tempo em que analisa a forma como a sociedade afeta a mídia. Sustenta a sua análise em estudos empíricos diversos e muito qualificados, incluindo o primeiro questionário estatisticamente relevante aplicado à população portuguesa, diretamente orientado para os usos sociais da internet. E também estuda várias fontes de informação na Europa e nos EUA, mantendo uma perspectiva comparativa na sua pesquisa.

São aqui analisadas as relações existentes no triângulo formado pela sociedade em rede, a mídia e a internet, e o autor confere sentido à sua observação baseando-se em tendências recentes da teoria social provenientes de diversas tradições intelectuais. O resultado é uma obra de referência no âmbito da investigação sociológica que ilustra a existência de uma nova geração de pesquisadores na área das tecnologias de comunicação e sociedade, uma geração que compreende os conceitos de tecnologia, sociedade e investigação empírica, ultrapassando o jargão pseudoteórico em benefício da produção de conhecimento e compreensão de um novo paradigma no qual já estamos vivendo. Assim, para lá da futurologia, e depois do pós-modernismo, a pesquisa em ciências sociais reclama o seu direito de iluminar o caminho das nossas escolhas.

Este livro será muito utilizado e lido nas universidades e nas organizações profissionais de mídia em todo o mundo, porque é um dos poucos e melhores exemplos da compreensão da relação entre a mídia e a internet no contexto mais vasto da nossa transição para a sociedade em rede. Expõe a lógica que está formando a estrutura comunicativa das nossas vidas.

Manuel Castells
Professor de tecnologia da comunicação e sociedade,
Wallis Annenberg Chair, Annenberg School of Communication,
University of Southern California, Los Angeles

Agradecimentos

A pesquisa e a análise deste livro são fruto de um trabalho de reflexão iniciado em 1996, quando pela primeira vez usei a internet no Instituto Superior Técnico (IST) e me tornei usuário regular no Instituto Superior de Ciências do Trabalho e da Empresa (ISCTE), em Lisboa. A internet foi desde o primeiro momento ferramenta de trabalho, organização e ação, mas também objeto de reflexão quanto ao que poderia trazer de mudança social pela sua apropriação por um número cada vez maior de pessoas em Portugal e no mundo.

No entanto, este livro não poderia ter sido possível sem um conjunto de sugestões, críticas, apoios e acesso a acervos bibliográficos e de dados empíricos protagonizados por um conjunto de colegas, amigos e familiares.

A minha primeira e mais profunda expressão de agradecimento é para a minha mulher, Cristina. Farmacêutica de profissão e também pesquisadora de genética, ajudou-me a compreender, no meu mergulho no mundo da tecnologia da informação, a revolução em curso na genética tornando a minha visão da era da informação mais completa. A sua ajuda foi igualmente inestimável em traduções de obras e no apoio ao longo dos três anos e alguns dias que dediquei à escrita e compilação deste livro. Meu agradecimento também, pelo apoio e força que me forneceram, a Mafalda Jorge e a Maria José Guerreiro Duarte, historiadora de símbolos e mitos.

Viver e ao mesmo tempo analisar o processo de mudança social, que a expansão do uso da internet e outras tecnologias de informação e comunicação têm protagonizado, encerra alguns riscos. Principalmente, o de confundirmos o entusiasmo de quem (e do que) nos rodeia com um efetivo interesse como objeto ou questão válida para a pesquisa que se procura conduzir. No meu caso pessoal esse perigo foi em muito reduzido pela colaboração e pelos debates que pude manter ao longo dos últimos anos, que não só me ajudaram a formular a pesquisa como também a conduzi-la até o livro.

Entre 1996 e 2004 tive a oportunidade de trabalhar e pesquisar com um conjunto de pessoas que em muito me ajudaram a formular as questões que procuro responder, neste livro, sobre o papel da mídia na sociedade em rede e de como a cidadania está profundamente ligada à nossa capacidade de compreendê-la e apropriá-la socialmente.

O fato de ter podido contar com a colaboração, apoio e amizade inestimáveis de José Manuel Paquete de Oliveira permitiu-me conhecer vários pesquisadores por meio do mestrado em comunicação, cultura e tecnologias da informação do ISCTE, onde mantive ao longo dos últimos cinco anos uma cadeira intitulada teorias da sociedade de informação. Pesquisadores oriundos da Europa e EUA como Peppino Ortoleva (Itália), Roger Silverstone (Reino Unido), Brian Loader (Reino Unido), Mark Deuze (Holanda/EUA), Cees J. Hamelink (Holanda), David Lyon (Canadá), Mark Poster (EUA) e Frank Webster (Reino Unido) permitiram-me construir uma rede de troca de idéias sobre o papel das tecnologias de informação e comunicação e a mudança social que influenciaram todo o meu livro.

Fundamental para a ligação entre a pesquisa tradicionalmente direcionada para os estudos sobre a televisão e as novas abordagens sugeridas pela difusão da internet foi a colaboração, amizade e o apoio dados por Fausto Colombo, da Universidade Católica de Milão. A ele e à sua equipe de pesquisa do Osservatorio della Comunicazione devo ter-me permitido acompanhar as suas pesquisas sobre a relação geracional e a televisão, os estudos sobre as utilizações dos celulares e um novo olhar sobre os usos culturais e comunicacionais das audiências de mídia. O experimento em Milão permitiu-me aperfeiçoar metodologias, conceitos e focalizar a minha atenção sobre a dimensão da inter-relação entre diferentes mídias no dia-a-dia das populações.

O aprofundamento intelectual que as conversas mantidas com João Caraça (Instituto Superior de Economia e Gestão — Iseg/Fundação Calouste Gulbenkian) e António Firmino da Costa (Centro de Investigação de Estudos de Sociologia — Cies/ISCTE) me proporcionou não só um estímulo para a pesquisa como também se traduziu em efetivo apoio à pesquisa sobre a sociedade portuguesa na análise da sua transição para uma sociedade em rede. Essa colaboração levou à realização do projeto "A sociedade em rede em Portugal" e à inestimável paciência e atenção às minhas propostas de análise por parte das minhas colegas Carmo Gomes e Cristina Conceição do Cies/ISCTE.

Não poderia também deixar de salientar as conversas, ao longo dos últimos anos, com os meus colegas José Barreiros (ISCTE) e Rita Espanha (Instituto Superior Novas Profissões — INP) e com os meus alunos de licenciatura, de mestrado e da pós-graduação de jornalismo realizada em conjunto com a Escola Superior de Comunicação Social de Lisboa.

Muitos dos trabalhos e perguntas realizados pelos meus alunos foram fundamentais para me permitir visualizar novas abordagens e um conhecimento mais profundo da realidade da mídia em Portugal, na Europa e nos EUA. Atualmente muitos deles trabalham (ou trabalharam) em pesquisas que serão em médio prazo um importante acervo para um conhecimento mais aprofundado da sociedade em rede e cuja formulação representou mais um complemento para este livro.

Os anos 2000-05 foram, igualmente, de intenso investimento nos contatos internacionais e no conhecimento das realidades européias da apropriação do uso da internet na política e nos meios de comunicação de massa. O fato de ter tido a possibilidade de coordenar a participação de pesquisadores portugueses e ter estabelecido parcerias nas redes de pesquisa européias COST A14 (Government and Democracy in the Information Age) e COST A20 (The Impact of the Internet in the Mass Media in Europe) foi fundamental para a minha formação como pesquisador e para aprofundar os temas que fui desenvolvendo ao longo desse período. Entre os vários colegas de diversas origens geográficas com quem tive o prazer de debater as matérias aqui em análise e cuja contribuição quero agradecer, encontram-se: Jens Hoff (Dinamarca), Carlos Cunha (EUA/Portugal), Thierry Vedel (França), Peter Filzmayer (Áustria), Hans J. Kleisteuber (Alemanha), Ig Snellen (Holanda), Colin Smith e William Webster (Escócia), Wim Van de Donk (Holanda), Lance Bennett (EUA), Colin Sparks (Reino Unido), Ramón Salavérria e Charo Sabadá (Espanha), Piermarco Aroldi e Barbara Scifo (Itália), Robert Picard (EUA/Suécia), Pekka Himanen (Finlândia), Belén Amadeo e Hernan Galperín (Argentina), Carlos Cunha (EUA), Imma Tubella (Espanha/Catalunha), Jonathan Taplin (EUA), Dale Jorgenson (EUA), Marco Aurélio Ruediger e José Eisenberg (Brasil), Carolina Aguerre (Uruguai), Belén Amadeo (Argentina), Sérgio Godoy (Chile) e Lucy Kueng (Reino Unido/Suíça).

Ainda no campo das parcerias em redes de pesquisa, gostaria de salientar o papel de Bill Dutton do Oxford Internet Institute e de Jeff Cole pela rede World Internet Project (Annenberg, EUA), cujo interesse manifestado pela realidade portuguesa do uso das tecnologias de informação e comunicação permitiu a adesão de Portugal ao WIP por meio do Cies/ISCTE e o meu acesso a dados comparativos sobre os usos da internet em países tão diferentes como China, Japão, Cingapura, Coréia do Sul, Taiwan, EUA.

Os anos 1996-2004 foram também para mim de discussão e aprendizagem na definição de políticas na área das telecomunicações e sociedade de informação. Embora não seja político ou empresário, mas sim acadêmico e pesquisador, o contato com essa realidade da prática política e econômica permitiu-me um melhor enquadramento do que é a mídia na nossa sociedade. Por essa razão não gostaria aqui de esquecer os nomes daqueles que fizeram o favor de me escutar e debater (e por vezes rebater) as minhas análises e formulações e em particular o dr. Jorge Sampaio, presidente da República de Portugal.

Por último, reservo uma menção especial a Manuel Castells, cujo trabalho sobre a era da informação e a sociedade em rede influenciou de uma forma profunda e construtiva este livro por meio da possibilidade de cooperação em projetos de pesquisa comuns.

A mídia na sociedade em rede

A Europa jaz, posta nos cotovelos:
De Oriente a Ocidente jaz, fitando,
E toldam-lhe românticos cabelos
Olhos gregos, lembrando.

O cotovelo esquerdo é recuado;
O direito é em ângulo disposto.
Aquele diz Itália onde é pousado;
Este diz Inglaterra onde, afastado,
A mão sustenta, em que se apóia o rosto.

Fita, com olhar esfíngico e fatal,
O Ocidente, futuro do passado.

O rosto com que fita é Portugal.

Fernando Pessoa, *Mensagem*

O começo de qualquer análise implica sua contextualização espacial e temporal. E como a leitura do poema de Fernando Pessoa pode deixar entrever, esta é uma análise que, partindo de uma perspectiva européia, procura olhar a mídia num contexto global. Uma perspectiva européia quer dizer que o nosso ponto de partida são as redes de propriedade européia que a ligam a redes sociais, de identidades, de economia, de cultura e política a lugares tão distantes quanto a América do Sul, a América do Norte, a África, a Ásia e a Oceania.

Temporalmente a análise situa-se nos últimos oito anos e na evolução do papel da mídia na sociedade em rede. Ou seja, a forma como o *sistema de mídia*[1] se organiza e como os usos que fazemos dela o configuram.

[1] Por *sistema de mídia* entende-se, na formulação de Ortoleva, o quadro das interligações entre tecnologias e organizações que guiam as diversas formas de comunicação. Trata-se de uma categoria de origem essencialmente institucional e econômica, que nos ajuda a explicar, por um lado, a dinâmica evolutiva dos meios de comunicação e, por outro, como cada sociedade se estabelece, entre as diversas mídias, uma divisão das funções, que nasce dos processos socioculturais complexos mas que encontra *a posteriori* a sua legitimação nas empresas e quadros legislativos (Ortoleva, 2002).

Na sociedade em rede a organização do sistema das mídias e a sua evolução estão em grande parte dependentes do modo como nos apoderamos socialmente delas.

É pela forma como atribuímos papéis sociais de informação, entretenimento, ação e organização a cada mídia que desenhamos as redes de interdependências entre elas.

Mas embora a mídia nos acompanhe desde que organizamos de forma sistematizada os códigos de comunicação (Eco, 1977), só neste momento da nossa história é possível encontrar um modelo de organização do sistema de mídia baseado na interligação em rede. Por quê? Porque o surgimento da internet permitiu numa primeira fase a migração para o online digital de meios de comunicação de massa tradicional, criando as pontes necessárias entre a velha e nova mídia. Numa segunda fase, a mesma internet (e em parte os celulares e o SMS) induziu o estabelecimento de um número cada vez maior de interligações entre todas as mídias, fossem digitais ou analógicas.

A hipótese de partida para a caracterização do sistema de mídia na sociedade atual é que, ao contrário do que muitas vezes sugerido (Ortoleva, 2004), o que o caracteriza não é a convergência tecnológica, mas sim a sua *organização em rede*. Essa organização ocorre em diversos níveis, desde o da relação tecnológica, à organização econômica e à adequação social.[2]

Segundo as opiniões muitas vezes veiculadas em artigos de jornais e revistas, especializadas ou não, por consultores e diversos líderes de opinião, teríamos assistido durante os últimos anos a uma convergência em diversas dimensões do universo da mídia. No entanto, creio que ao tentar responder até que ponto a convergência se realizou ou não, deve-se manter um espírito aberto e crítico.

Embora a fusão de grandes gigantes da mídia como a AOL e Time Warner (Castells, 2004a) tenha suscitado diversos processos de mimetismo em todo o mundo desenvolvido, na realidade a gestão continuou essencialmente assentada na lógica de unidades de gestão diferenciadas (veja-se a Sony Records e os seus

---

[2] Utilizando uma sugestão de McLaughlin (Ortoleva, 2004), pode-se descrever convergência como o modo de se superar as barreiras tecnológicas, econômicas e institucionais, possibilitado pelo advento da tecnologia digital, que subdividiam a mídia em quatro grandes setores: o editorial, dominado pelo setor privado de imprensa e tutelado pelo *copyright*; o dos transmissores, isto é das redes de distribuição que englobam o setor postal e telecomunicações e internet; o do *broadcasting*, baseado na publicidade; e o do hardware, baseado na produção e distribuição de aparelhos destinados à comunicação (das câmeras de vídeo a estéreos, fitas e periféricos).

processos contra a troca ilegal de música na internet e simultaneamente a promoção do MP3 pela divisão Sony de hardware nos seus walkmen).

Também na dimensão tecnológica as tentativas de incorporação de diferentes tecnologias de mídia previamente aceitas socialmente (como a televisão e o computador) em aparelhos únicos tiveram dimensões de sucesso diferenciadas (a WebTV foi uma falha mas os celulares transformaram-se em walkmen graças ao MP3).

A argumentação aqui é de que o atual sistema de mídia parece encontrar-se assim organizado não em função da idéia de convergência, possibilitada pela tecnologia digital, mas pela *articulação em rede.*

Mesmo em casos de sucesso, como o dos celulares, a sua alimentação de MP3 continua dependente do estabelecimento de uma ligação em rede com o PC ou Mac para o download, que, por sua vez, se for legítimo, o colocará em rede com lojas online como o iTunes ou outras. Outro exemplo dessa *articulação em rede* nos é oferecido pelos denominados servidores de mídia (como, por exemplo os Sony Vaio) em que apesar de ocorrer uma convergência de sinal na rede sobre protocolos IP (Taplin, 2006) a difusão em casa é *wireless* (Galperin, 2004), tendo como destino o CD de música ou celular para os MP3, a televisão para os filmes ou para a emissão, a voz over IP para o telefone e a internet para o PC. Não há convergência, mas sim *articulação em rede* de mídias e usos.

Como se estrutura essa articulação em rede? A hipótese aqui proposta é que o sistema de mídia se articula cada vez mais em torno de duas redes principais, que por sua vez comunicam-se por meio de diferentes tecnologias de comunicação e informação. Essas redes constituem-se respectivamente em torno da *televisão* e da *internet* estabelecendo *nós* com diferentes tecnologias de comunicação e informação como o telefone, o rádio, a imprensa escrita etc.

Por que a existência de duas redes principais? A resposta é complexa e será o objetivo da análise deste livro. No entanto, poderemos aventar a hipótese de que está relacionada com as dimensões de interatividade possibilitadas tecnologicamente por cada uma e a forma como socialmente valorizamos essas diferentes dimensões interativas. Uma leitura que surge da análise das práticas de uso, para a qual é fundamental a noção de matriz de mídia.[3]

Segundo Colombo (2002), uma das razões pela qual autolimitamos a nossa capacidade de compreensão do papel da mídia na sociedade passa pelas

---

[3] Originalmente proposta por Meyrovitz (1993), pretende sublinhar o fato de todos nós, subjetivamente, tendermos a estabelecer uma hierarquia mental entre os diversos tipos de mídia e o lugar que ocupam nas nossas vidas. Elas são estritamente individuais, mas por outro lado partilhadas socialmente.

escolhas teóricas de análise, demasiado apegadas a uma noção individualizada da mídia. Ou seja, o que nos pode dizer o estudo isolado do rádio, jornais ou internet sobre a sociedade onde vivemos? Provavelmente pouco, pois nós como seres sociais não utilizamos uma única mídia como fonte de comunicação, informação, ação e entretenimento. Só a análise complexa das fontes de mídia pode nos mostrar a complexidade dos nossos usos e representações da sociedade por meio *de* e *com* a mídia.

Partindo da análise do papel das diversas mídias na sociedade em rede, são várias as questões que a idéia de um sistema de mídia, produto das nossas matrizes de mídia individuais, traz.

A primeira tem a ver com o papel da televisão na sociedade em rede. No início do século XXI (ao mesmo tempo em que percebemos uma diminuição do tempo de televisão por parte de quem utiliza a internet), a televisão continua a ser a atividade cotidiana mais vezes realizada, seguida do encontro regular com familiares e amigos (Cardoso e Firmino da Costa, 2004; Castells et al., 2003). A questão sobre se será ainda a televisão o elemento central, quer do sistema de mídia (Ortoleva, 2004), quer da forma de cultura dominante nas nossas sociedades contemporâneas, a cultura da *virtualidade real* (Castells, 2002), parece fazer todo o sentido. Seguindo a mesma lógica de raciocínio, podemos igualmente questionar se conferiremos ou não à internet um caráter erosivo da centralidade da televisão?

Ao longo dos próximos capítulos procura-se discutir até que ponto a *sociedade em rede* (Castells, 2002) é uma sociedade em que a internet coloca em xeque o poder da mídia tradicional (Cardoso e Santos, 2003) ou se, em alternativa, as forças em ação são mais sutis criando um novo espaço de *mediação*, no qual rádio, televisão e jornais se articulam com a internet, assumindo cada um especificidades próprias no processo de mediação.

Uma outra questão é se estamos realmente substituindo as velhas mídias pela internet. A resposta implica a identificação dos usos, que só são possíveis pela combinação de diferentes tecnologias, bem como: quais são os usos verdadeiramente novos possibilitados apenas pela internet?

O método escolhido para procurar responder a essas questões foi o de centrar a nossa atenção e análise sobre duas das dimensões da construção da *autonomia*:[4]

[4] A autonomia é aqui entendida como a capacidade de um indivíduo gerir um projeto individual ou coletivo por ele definido. Esse projeto pode conter objetivos de afirmação individual ou de pertencer a um conjunto que se define em função da afirmação de identidades de legitimação, projeto e resistência (Castells, 2003b).

os projetos de autonomia comunicativa e sociopolítica. A escolha desses dois projetos de autonomia resulta do fato de o conjunto de elementos institucionais envolvidos (como organizações formais e informais e instituições políticas) e a complexidade das suas interações influírem na necessidade de combinação de diferentes estratégias de uso da mídia.

Escolheu-se assim analisar as práticas de utilização combinada da internet e outras mídias, partindo do estudo de uma sociedade européia em transição para a sociedade em rede, Portugal, comparando-a com outros países e nações informatizados europeus, americanos e asiáticos. A análise é ilustrada nos capítulos a seguir por três dimensões: as práticas de uso da mídia; a relação entre eleitos e eleitores em face das instituições políticas do Estado e por último a participação em movimentos sociais e de cidadãos.

Aqui explico com um pouco mais de detalhe a abordagem seguida e os casos escolhidos e analisados.

A construção de autonomia comunicativa tem primeiro de ser contextualizada ante os desafios dos próprios meios de comunicação de massa. O setor da mídia no período em análise é caracterizado por viver num contexto da política de escândalo e de dramatização da informação, de um crescimento da atenção dedicada ao entretenimento associado às dimensões da vida real (quer na televisão, quer nos jornais de tipo tablóide) e pelo surgimento da internet como nova tecnologia apresentada como o fim da necessidade de profissionais da *mediação* e o triunfo do *cidadão informado* (Poster, 2000).

O reposicionamento dos meios de comunicação de massa realiza-se assim num contexto de mudança impelido a partir do exterior do setor da mídia (embora, como veremos, não possamos esquecer o seu papel instrumental no desenvolvimento do próprio contexto).

Esse reposicionamento é realizado essencialmente em termos do tipo de conteúdos produzidos (Ortoleva, 2004) e da nova articulação entre as diversas redes de acesso ao sistema de mídia, e é assim de particular interesse para nós, porque é ele próprio instrumental na forma como se tem desenrolado o processo de generalização do acesso à utilização da internet.

É lícito questionarmo-nos como a internet mudou os meios de comunicação de massa (em particular a televisão, o rádio e os jornais) pela análise das suas presenças online e offline e também como essa mudança marcou as formas de apropriação dessa mídia por nós.

Uma segunda dimensão de análise sobre as mudanças ocorridas é a compreensão de como os meios de comunicação de massa tentaram e tentam mudar a internet. Apesar de sabermos, pelas diversas análises sobre a evolução e expansão do uso da internet, que a gênese da cultura desse espaço, nas suas diversas dimensões, promove a inovação e a transformação muito mais rápida de processos e ferramentas pelos próprios usuários (Castells, 2004b), isso não impediu uma tentativa de maior controle das opções individuais que servisse ao paradigma econômico tradicional dos meios de comunicação de massa: controle sobre os conteúdos acessados e interatividade diminuída possibilitando receitas publicitárias. Uma tentativa simbolizada pelos denominados *portais,* até certo ponto bem-sucedida e que resulta de uma formulação proposta pelas empresas de telecomunicação em conjunto com os meios de comunicação de massa.

As alianças econômicas entre o setor das telecomunicações e os produtores de conteúdos (designação atribuída pelos primeiros aos meios de comunicação de massa) formalizaram uma nova constelação de funções e usos atribuídos à internet e conseqüentemente o desenvolvimento de produtos e ferramentas a oferecer aos usuários. Obviamente, os próprios usuários se encarregaram, ao acessar, de alterar essa proposta de funções e usos, mas, de qualquer forma, na sua gênese encontra-se a formulação do que seria a internet para o grande público.

As práticas analisadas no contexto da construção de autonomia comunicativa são assim focadas no uso dos indivíduos diante dos diversos canais de televisão generalistas ou especializados, rádios nacionais e locais, jornais de referência e tablóides, e internet nas suas diferentes funções de informação e entretenimento.

A análise da construção de projetos de autonomia sociopolítica constitui a segunda dimensão da autonomia analisada, tendo-se para isso recorrido à análise de um conjunto de estudos de caso sobre as práticas de apropriação das diferentes mídias entre cidadãos e instituições políticas, partidos e outras entidades formais e informais nacionais ou supranacionais.

O primeiro conjunto de estudos de caso centra a atenção no sistema político e no papel da internet e da mídia no seu funcionamento, partindo de uma análise de conjunto dos sistemas políticos europeus com especial ênfase para países como a Holanda, Dinamarca, Áustria, Alemanha, Noruega, Portugal e o Parlamento escocês.

No entanto, essa análise não ficaria completa sem o estudo das apropriações da mídia por parte de eleitores e também da forma como os próprios eleitos olham para essa mídia e a usam na comunicação com os cidadãos.

O segundo conjunto de casos analisados na construção dos projetos de autonomia sociopolítica na era da informação centra-se na apropriação da mídia por parte de movimentos sociais e de cidadãos. À sua escolha presidiram critérios de interesse, não só pela relação entre as diferentes mídias apropriadas, mas também pela sua singularidade de objetivos, amplitude cronológica e comparabilidade internacional com outros contextos pelo envolvimento de cidadãos em nível global ou pela transversalidade das temáticas abordadas.

O primeiro movimento analisado é o de contestação pública ao encerramento do portal da lusofonia Terràvista (englobando usuários do Brasil, Portugal, Angola, Moçambique, Cabo Verde, Guiné-Bissau e Macau). Um portal gerido pelo Ministério da Cultura português, do então governo socialista. Os protagonistas desse processo foram os jornais que publicaram a existência online de imagens do herói de mangá Goku, da série Dragon Ball, envolvido em pornografia. Uma situação que levou o então ministro da Cultura ao encerramento imediato do portal e aos protestos de alguns dos seus milhares de usuários. Embora sendo um protesto originado em torno da utilização da internet, foi com a conquista de espaço de atenção nos jornais e canais de televisão pelos protestantes que o movimento procurou atingir os seus objetivos, constituindo assim um interessante estudo de caso das estratégias de protesto centradas na mídia, junto a órgãos de soberania.

O segundo caso refere-se ao movimento que surgiu em maio de 2002 após o anúncio público, por parte do governo de coligação centro-direita PSD/PP, de reestruturação da televisão pública. Um anúncio que capta muitas das ansiedades contemporâneas em torno da relação entre política e televisão pública e que pode também ser encontrado no conflito italiano em torno do governo Berlusconi e da RAI ou em alguns dos países do Leste hoje membros da União Européia. Ansiedade governamental, que pode ser sintetizada assim: um governo hoje pode atuar sem ser um parceiro ativo no campo da televisão, seja com a televisão pública ou com várias ligações com as televisões privadas?

Esse anúncio levou a um protesto liderado pela própria televisão pública e teve na internet um elemento decisivo para fazer passar as opiniões dos telespectadores sobre algo que se transformou num movimento contra o encerramento da própria Rádio Televisão Portuguesa. As representações da televisão sobre si própria, dos usuários na internet e dos cronistas dos jornais sobre o mesmo assunto oferecem também um excelente ponto de partida para a caracterização da apropriação dos diversos fóruns de discussão por públicos diferenciados e da forma como a internet (dos fóruns aos blogs) modificou as esferas de divulgação de opinião.

Por último, é analisado o movimento que ocorreu durante o mês de setembro de 1999. O movimento por Timor Leste envolveu e chamou a atenção de uma parte significativa da população mundial e portuguesa. Durante um mês, com o uso combinado de meios de comunicação de massa e da internet, mobilizou cidadãos anônimos, políticos, jornalistas, associações de proteção dos direitos humanos e diplomatas, numa ação global de protesto e de diplomacia formal e informal junto a Indonésia, Nações Unidas, Austrália, EUA. Pelo que pôde ser considerada a manifestação cívica que mais pessoas e meios concentrou em Portugal desde os anos pós-revolução de 25 de abril de 1974 e sendo passível de comparação na sua estrutura e alcance geográfico com os acontecimentos de protesto junto à Organização Mundial do Comércio (OMC) em Seattle no mesmo ano. O movimento por Timor Leste é assim um exemplo de mobilização pela mídia e protesto pela internet.

Embora o recurso à metodologia de análise dos casos enunciados nos possa demonstrar, através das práticas midiáticas dos sujeitos analisados, a existência de *matrizes de mídia* e diferentes *fontes de mídia*, não é, por si só, suficiente para responder diretamente à pergunta: que modelos diferentes de apropriação da mídia existem na sociedade em rede?[5]

Como Colombo (2002) sugere, de um certo ponto de vista as formas de sobreposição das mídias manifestam a existência de usos sociais que são transversais às próprias mídias. Possuímos funções sociais unitárias em fontes de mídia diversificadas. Antes de escolher se usamos essa ou aquela mídia decidimos o que pretendemos fazer e só depois, entre as que se encontram disponíveis, decidimos qual a mídia que melhor serve ao nosso propósito. Pelo que a hipótese sugerida por Aroldi e Colombo (2003) resulta bastante indicada no aprofundamento da nossa análise. Para os dois pesquisadores do Osservatorio della Comunicazione, a nossa forma de interagir com a televisão é, em muito, fruto do modo como estabelecemos os nossos "perfis midiáticos" (Colombo, 2003a), isto é, o conjunto de expectativas, gostos, preferências, familiaridade diante de gêneros e textos, modelos interpretativos e funções atribuídas no decurso do consumo midiático. O estabelecimento

[5] O teste das hipóteses aqui formuladas foi realizado com o recurso a um conjunto de estudos de caso de caráter qualitativo e quantitativo, bem como por uma pesquisa nacional. Entre as metodologias utilizadas esteve a observação participante, entrevistas, questionários e análise de conteúdo. Foi ainda coligido um conjunto de fontes com origem em entidades nacionais e estrangeiras cujas análises quantitativas foram alvo de adaptação e interpretação à luz da problemática aqui desenvolvida.

desses perfis decorre em grande parte do processo de socialização com a mídia num dado período da nossa vida: aquele que vai da infância à adolescência. Com base nessa proposta, a terceira hipótese, condutora da análise da mídia na sociedade em rede, é a de que a matriz de mídia (Meyrovitz, apud Ortoleva, 2002) de cada indivíduo é diferente, mas que será possível individualizar diferentes lógicas de apropriação em função de dimensões sociais partilhadas, como por exemplo a variável geracional.

Com base nessas formulações espera-se que, da mesma forma que os usuários de televisão possuem diferentes representações e práticas que influenciarão a sua relação com ela, também seja possível caracterizar os usuários de internet de forma similar. Se essa caraterização permitir identificar perfis de mídia diferenciados, será possível concluir ou não sobre a articulação em rede da mídia na sociedade atual? Existirá uma *idade da internet* oposta a uma *idade da TV*? E como essas redes de apropriação social das tecnologias se interligam na construção dos projetos de autonomia dos diferentes indivíduos?

Contextualizar a mídia na sociedade em rede

Não é possível compreender a mídia na sociedade em rede limitando a nossa análise ao espaço físico de um único país. Hoje em dia os sistemas de mídia nacionais encontram-se interligados pelo pertencimento de suas instituições, empresas e organizações a múltiplas redes de relação e poder, tal como os seus cidadãos, partilhando assim *espaços de fluxos* (Castells, 2002). Assim, a análise nos próximos capítulos não se limita a levar-nos até as fronteiras políticas e físicas de um Estado-nação. Vai além dele até um espaço europeu ou outras localizações geográficas como a Ásia e as Américas do Norte e do Sul, por um espaço de fluxos partilhado por milhares de pessoas que, momentaneamente, possuem objetivos comuns e os potencializam pela utilização da mídia.

Temporalmente, a análise foi realizada no período de 1998 a fevereiro de 2004, marcado pela expansão acelerada do uso da internet (por vezes, com taxas de crescimento superiores a 100% anuais), mas também por uma reorganização no setor da mídia[6] e telecomunicações em nível mundial — que teve também os seus reflexos na economia portuguesa.

---

6 Ao utilizar a expressão sistema de mídia, estamos deliberadamente incluindo as tecnologias que usualmente definimos como nova e velha mídia (algo que teremos oportunidade de discutir nos próximos capítulos), as telecomunicações e a sua articulação com redes informatizadas, como a internet, entre outras, que disponibilizem conteúdos e comunicação.

Em muitos locais (Castells, 2004b) os anos 1998-2001 foram igualmente de um tempo marcado pela possibilidade de experimentação e inovação no setor da mídia, principalmente nas formas como a televisão, rádio e jornais se apropriaram da internet, demonstrando assim a interligação em rede estabelecida entre empresários, profissionais especializados como os jornalistas, sistemas financeiros integrados e uma cultura partilhada em torno do papel central da informação (Cardoso, 2003; Castells 2004b).

Na análise realizada, sobre o modo como entendemos a função e papel social das tecnologias de comunicação e informação, devemos considerar que elas têm sido apoderadas de forma diferente nos discursos de jornalistas, políticos e acadêmicos. Embora a designação *sociedade de informação* tenha se estabelecido como legitimação do papel central das tecnologias de informação e comunicação no nosso dia-a-dia, ela não deixa de ser redutora, constituindo apenas um exemplo de uma entre outras abordagens.

Assim, devemos nos questionar sobre se *sociedade de informação* é o que melhor capta a essência da mudança social introduzida pela apropriação das tecnologias de informação e comunicação. Recorrendo para isso à ajuda de autores que, como Webster (1995), procuraram estabelecer a idéia da existência de uma corrente de pensamento que poderia ser designada como *teorias da sociedade de informação* até outros como Ortoleva, Tehranian, Colombo, Giddens, Eco, Poster, Wolton ou Castells, que procuram estudar como a apropriação social da comunicação e informação parece estar ligada à mudança social.

Entre os autores citados, o estudo de Castells (2002) sobre a *sociedade em rede* constitui a linha orientadora central da análise a seguir. A proposta de Castells é particularmente útil porque, ao contrário de outras, possui atributos transversais na sua abordagem social, econômica e política das sociedades, ao mesmo tempo em que confere a essa análise uma dimensão global, focando diferenças e similitudes entre populações e lugares. A idéia de sociedade em rede tem também implícita uma lógica de coexistência e de não-substituição imediata. Ou seja, as sociedades em rede coexistem com as sociedades industriais, como estas coexistiram (e por vezes ainda coexistem) com elementos das sociedades de características majoritariamente agrárias.

Sendo a mídia um instrumento de apropriação social é fundamental compreender também a sociedade em que se enquadra.

Sabemos que, embora os modelos de organização social predominantes num determinado momento tenham de ser lidos diante da sua aplicação num contexto social específico, político, econômico e cultural, também é verdade que a sociedade portuguesa partilha, com outros países e nações, características inerentes à modernidade (Firmino da Costa e Machado, 1998).

Se é possível perceber as semelhanças entre sociedades em rede em transição, como a catalã e a portuguesa (Castells et al., 2003; Cardoso e Firmino da Costa, 2004) também deve-se esperar a existência de semelhanças entre outros espaços sociais e geográficos, que ajudem a nossa compreensão. Para dotar esta análise de uma dimensão de comparabilidade com algumas realizadas (e a realizar) em outras localizações geográficas sobre a apropriação social da mídia, talvez seja importante analisar em profundidade alguns exemplos de transição para a sociedade em rede. Exemplos que partem da análise de uma sociedade européia, a portuguesa,[7] mas que também se detêm em outras sociedades em transição, como as constituídas pelos países do sul da União Européia (Espanha, Itália e Grécia), mas também os quatro grandes países do alargamento (Polônia, República Tcheca, Eslováquia e Hungria) e os países líderes da América do Sul (Argentina, Brasil, Chile e Uruguai).

O que a análise dos dados sobre sociedades em transição nos permite é determinar mais facilmente, do que em sociedades já mais homogeneizadas socialmente no uso das novas tecnologias, quem são os que na população detêm as condições necessárias para interagir com as diferentes mídias.

A abordagem aqui objetiva traçar um perfil-tipo, estabelecendo as similitudes e as diferenças entre duas populações tipificadas em torno da utilização, ou não, da última mídia cronologicamente surgida entre as que compõem o sistema de mídia, isto é, a internet.

A internet é aqui analisada como uma ferramenta de construção de projetos individuais desenvolvidos a partir de diferentes dimensões. Por que a internet pode ser analisada como instrumento de construção de projetos individuais? Porque a internet é na sua constituição e apropriação flexível, interativa, dotada de ubiqüidade, global, acessível e não depende dos poderes passados ou existentes (Castells, 2001).

[7] O estudo que é a base desta análise é fruto do trabalho de pesquisa realizado pelo Cies/ISCTE/Gulbenkian em colaboração com o Projete Internet a Catalunya, desenvolvido pelo IN3 e Universitat Oberta Catalunya e dirigido pelo professor Manuel Castells. Os dados utilizados resultaram da aplicação de um questionário a uma amostra de 2.450 indivíduos representativos da população de Portugal. Entre outras dimensões, os dados permitem enunciar as características sociodemográficas dos indivíduos, principalmente o seu nível de autonomia e autodefinição; o seu nível de conhecimento da internet; a sua utilização da internet em relação a outras mídias; os resultados alcançados desde que começaram a utilizar a internet (promoções profissionais, educação, mudanças sociais, fortalecimento ou enfraquecimento de valores sociais, grau de envolvimento sociopolítico, sentimento de *empowerment* em dimensões específicas da sua vida social e o padrão de vivências offline nas diferentes dimensões-chave das suas vidas).

No entanto, deve-se analisar que, sendo a internet um instrumento, se for apenas utilizada como mais um meio de fazer algo que já fazemos, então o seu uso será limitado e não necessariamente competitivo perante outras mídias.

Por isso, a pesquisa que contextualiza a população-alvo que nos propomos estudar na dimensão da autonomia de projetos, na sua matriz de mídia e dietas de mídia, procurou começar pela identificação dos projetos de indivíduos e grupos sociais e medir como a internet facilita esses projetos, se se torna um obstáculo, ou se se mantém relativamente neutra (como mero facilitador, sem valor acrescentado).

Mesmo que o estudo sobre sociedades em transição para uma sociedade em rede possa oferecer um quadro interpretativo para o que são as tendências em jogo nos diferentes planos da nossa vida, a análise a que nos propomos, do sistema de mídia, só poderá estar devidamente completa se procedermos também a uma contextualização das indústrias culturais e das suas tendências.

Se o estudo das práticas e representações dos indivíduos nos permite conhecer metade da equação necessária para a análise do funcionamento do sistema de mídia, a outra metade nos é dada pelo conhecimento das entidades fornecedoras e produtoras de bens culturais. E porque algumas das características da mudança em curso, no campo das indústrias culturais, não podem ser vistas apenas no nível de um país, mas sim numa perspectiva global, torna-se também necessário observar algumas lógicas de mudança em curso dentro do próprio setor global das indústrias culturais, principalmente os setores que atualmente podem representar uma transição nas indústrias culturais: a criação de novos *metassistemas* no quadro do entretenimento e da informação, uma transição passível de ser individualizada para o entretenimento, em torno da relação jogos multimídia/cinema/televisão, e para a informação, em torno da relação internet/televisão.

Que cultura é gerada na era da informação? Para compreendermos a amplitude da pergunta necessitamos primeiro analisar definições socialmente partilhadas ou, se preferirmos, presentes no senso comum, sobre o papel da tecnologia na mudança social, as quais, na maior parte dos casos, derivam de uma cultura popular gerada nas próprias indústrias culturais (sob a forma de livros, filmes e jogos) e são por elas posteriormente difundidas. Uma cultura popular baseada nas obras de ficção científica e nas suas visões do futuro, ora utópicas ora não, e do papel da mudança tecnológica nessa construção. Essa é uma análise fundamental, pois permite observar até que ponto, muitas vezes, nos induz a uma construção social do *real* e do virtual errônea — dois conceitos fundamentais para a compreensão do que é a cultura na sociedade em rede.

A resposta à pergunta do início deste parágrafo é que se trata de uma *cultura da virtualidade real* (Castells, 2002).[8]

A cultura da era da informação é a da virtualidade real porque, uma vez mais no *continuum* histórico, fez surgir um novo sistema de comunicação simbólica diretamente associado àquilo que se designa como *cristalização* de um contexto de alteração das relações de produção/consumo, de experiência e de poder em territórios específicos, originando, assim, *culturas e identidades coletivas* (Castells, 2002).[9]

É uma cultura gerada pelas indústrias culturais e seus processos de produção e inovação, mas com a diferença de, historicamente, ser caracterizada por um maior poder exercido pelas necessidades culturais dos consumidores sobre as próprias indústrias culturais. Um poder cuja origem está no aumento da sua capacidade de interação, principalmente pelo acesso a tecnologias como a internet, as câmeras digitais ou os celulares, e assim gerar capital simbólico para o exercício de influência sobre as indústrias de produção cultural e sobre a sociedade em geral.

Para Castells (2003), é principalmente por meio da virtualidade que processamos a nossa criação de significado, sugerindo assim que a análise da criação de significado na era da informação tem de levar em conta a combinação da análise da *comunicação* e dos processos de *mediação*.

Como sugere Silverstone (2005), a crescente centralidade da mídia, no exercício do poder e na condução da nossa vida do dia-a-dia, coloca o estudo da mediação no centro da agenda da investigação social.

---

[8] Para Castells vivemos efetivamente no tipo de cultura da virtualidade real. É virtual porque está construída principalmente com processos virtuais de comunicação de base eletrônica. É real (e não imaginária) porque é a nossa realidade fundamental, a base material com que vivemos a nossa existência, construímos os nossos sistemas de representação, fazemos o nosso trabalho, nos relacionamos com os outros, obtemos informação, formamos opinião, atuamos politicamente e alimentamos os nossos sonhos. Essa virtualidade é a nossa realidade (Castells, 2001).

[9] A expressão *cultura* é aqui utilizada no sentido da totalidade de uma rede social e de uma sociedade em particular. Aproximando-se da visão de Hall (1997) sobre cultura como a expressão da identidade das pessoas e também de que ela se altera de acordo com as necessidades do indivíduo e das comunidades de expressarem a sua identidade. O autor define cultura como um conjunto de significados partilhados que permitem às pessoas perceber-se e comunicar-se entre si. Na sua perspectiva, esses significados não são estáticos nem constituem simplesmente uma coleção de comportamentos e valores que caracterizam um grupo social. Pelo contrário, o significado cultural é produzido e trocado, trata-se de um processo, um conjunto de práticas. Significado é produzido e trocado de formas muito diversificadas que incluem: identidade de grupo e diferenças de grupo; interação pessoal e social; meios de comunicação de massa e comunicações globais; rituais e práticas do dia-a-dia; narrativas, histórias e fantasias; regras, normas e convenções. Esses diferentes aspectos da cultura estão intimamente interligados, interagindo na construção e transmissão de significados sociais.

> A análise da *mediação* requer assim a compreensão de como o processo de *mediação* molda, tanto sociedade como cultura, assim como as relações dos participantes, institucionais e individuais, se posicionam em face de seu ambiente e aos outros.
>
> (Silverstone, 2005, tradução do autor)

O estudo da *mediação* não é em si uma recusa das diferentes abordagens sobre o papel da comunicação, pelo contrário, apresenta-se como mais um contributo. As propostas de, entre outros, autores como Paquete de Oliveira (1995) sobre a relação entre informação e comunicação, de Colombo (1995) sobre a comunicação sintética, de Eco (2001) sobre a precedência da mídia sobre os conteúdos, de Ramonet (1999) sobre os sistemas de narrativas e tecnologias ou mesmo de escritores como Kenzaburo Oe (1999) sobre a língua e a comunicação são fundamentais para permitir um conhecimento mais aprofundado de como, pelas nossas práticas, geramos e vivemos uma cultura da virtualidade real e como ela influencia, condiciona e promove os nossos projetos de autonomia.

Mídia, autonomia e cidadania

O argumento central que nos acompanhará ao longo dos próximos capítulos é o de que vivemos numa sociedade fundamentalmente diferente (em alguns casos em transição para essa diferença, como os aqui analisados em maior profundidade) da que conhecemos até ao início dos anos 1970.

Essa sociedade é designada por Castells como *sociedade em rede*, caracterizada por uma mudança na sua forma de organização social, possibilitada pelo surgimento das tecnologias de informação num período de coincidência temporal com uma necessidade de mudanças econômica (a globalização das trocas e movimentos financeiros) e social (a procura de afirmação das liberdades e valores de escolha individual e iniciada com os movimentos estudantis do Maio de 68).

Nessa sociedade em rede a autonomia das escolhas de decisão está diretamente ligada com a nossa capacidade de interação com a mídia (aqui entendida como todos os aparelhos de *mediação* e acesso à comunicação e informação). Por quê?

Primeiro porque, sendo a espécie humana caracterizada pela comunicação, é ela que assegura o tecido social que construímos e em que vivemos. Em segundo lugar, a complexidade das nossas sociedades, como as caracteriza

Giddens (1998), implica a necessidade de interagir permanentemente com, e entre, zonas espacialmente diferenciadas e diferentes domínios dos relacionamentos social, profissional e cultural. Assim, nos comunicamos por meio das mais diversas tecnologias em espaços de mediação simbólicos com os nossos filhos, pais, familiares que vivem próximo ou distante, no mesmo município, no mesmo país ou em outros países e continentes. Trabalhamos em empresas que compram produtos no exterior, ou em outras zonas, que utilizam manuais traduzidos de outras línguas, que têm de exportar e receber encomendas ou, simplesmente, acessar as contas do banco online. Vemos filmes, novelas e peças de teatro produzidas no nosso país ou adaptadas.

O nosso mundo é um mundo de comunicação mediada por tecnologias como o lápis e o papel, o telefone, a televisão e a internet. E continua a ser também o mundo da comunicação face a face.

As nossas sociedades possuem um largo histórico de apropriação social das tecnologias de comunicação (Winston, 1999), das mudanças por elas introduzidas no nosso dia-a-dia — e mesmo nas nossas salas de estar (Silverstone, 1994) — e das angústias por elas levantadas (Eco, 1991). Angústias porque, para alguns autores, se trata não tanto daquilo que se poderá ganhar numa sociedade onde as tecnologias de mediação se diversificaram, mas do que há a perder. Por exemplo, Wolton (1999) considera que ao lidarmos cada vez mais com tecnologias, que nos permitem segmentar os conteúdos em função da nossa escolha e interesse, estamos perdendo o elo de ligação social que a televisão, rádio e jornais generalistas nos forneciam. Para Wolton (1999) a multiplicação da mídia, mesmo na eventualidade de poder trazer um reforço da autonomia aos projetos individuais, traduz-se na perda de força dos projetos coletivos de sociedade. A argumentação de Wolton, além de passível de discussão no nível da relação entre nova mídia e reconstrução social (Castells et al., 2003), é assim baseada na idéia de que o que deve ser alvo da nossa preocupação é o tipo de tecnologia com que interagimos, repetindo argumentos já muitas vezes utilizados sobre a dimensão apocalíptica de um dado tipo de comunicação (Eco, 1991).

Existem, no entanto, outras abordagens possíveis. E uma delas é central à análise aqui sugerida. Mais do que atribuir funções à mídia e temer as suas conseqüências, devemos analisar o que a realidade das apropriações e usos nos demonstra. A questão a que importa verdadeiramente responder é até que ponto esse aumento da possibilidade de acesso, do tempo de exposição e de interação diária com a mídia é ou não propiciador de um aumento da nossa autonomia e, em última análise, do exercício da nossa cidadania nas suas múltiplas formas.

A cidadania, segundo Turner (1994), pode ser definida como um conjunto de práticas dos indivíduos como membros competentes de uma comunidade, constituindo a sua esfera de atuação um vasto campo que vai da aplicação das propostas de Marshall (1964) sobre a existência de direitos legais, políticos e sociais até a discussão sobre a existência de cidadania cultural e, naturalmente, como sugere Turner (1993), de direitos culturais passando também pelo direito à comunicação (Hamelink, 2004) e à informação.

A cidadania reconhece o pertencimento de um indivíduo a uma forma de organização política (Estado ou outra) de caráter secular e o desenvolvimento de normas universais de participação numa sociedade. A cidadania e o grau de autonomia por ela atribuído são, assim, uma das dimensões das identidades de legitimação do projeto de modernidade (Giddens, 1997) e também de novas *identidades de projeto*, embora não obrigatoriamente das *identidades de resistência* (Castells, 2003).[10]

Quase todos que lemos estas páginas somos cidadãos *de jure* e *de fato* (embora o mesmo não possa ser dito de todos aqueles com quem compartilhamos este planeta). Normalmente teremos adquirido esse benefício após o nosso nascimento quando fomos registrados num cartório, embora, no decurso da nossa vida, possamos decidir mudar essa nossa origem por casamento, obrigados a fazê-lo por uma mudança histórica geopolítica a que somos alheios (como no caso da separação do Kosovo da ex-República Federal Iugoslava para uma gestão por parte das Nações Unidas) ou porque, por motivos de necessidade ou ideológicos, deliberadamente escolhemos uma transição entre alguma cidadania (de ex-cidadãos timorenses de um território ultramarino português anexado pela Indonésia, para cidadãos timorenses de Timor Leste). Pertencendo ao mesmo tempo a um determinado espaço constituído em Estado-nação, Estado de características federais ou ainda nação sem Estado, mas possuidora de autonomia, enquadramo-nos numa sociedade onde as regras de convivência se encontram mais ou menos estruturadas. Espaço em que partilhamos com outros os limites das nossas fronteiras de atuação individuais, ou seja, onde direitos e deveres são conhecidos e reconhecidos.

Obviamente tão importante quanto conhecer esses direitos partilhados é saber quem assegura a possibilidade do seu exercício e até que ponto este ocorre em liberdade.

---

[10] As identidades de resistência podem escolher basear-se em laços religiosos e padrões de pertencimento comunitário num ato de resistência (por não poderem alcançar essa cidadania ou porque a recusam e pretendem assumir alternativas diferentes).

A cidadania é, assim, o fruto do grau de autonomia de atuação que nos é conferido pela sociedade onde vivemos, mas também é fruto dos projetos individuais e coletivos em que nos inserimos. A cidadania, mais do que um acervo histórico individual e inalienável, é produto das escolhas que fazemos e das sociedades que construímos, pois a nossa autonomia depende também dos modos de produção e desenvolvimento em que vivemos. Como tal, é diferente a cidadania num modo de produção capitalista ou estatal (Castells, 2002). Assim como o é entre uma sociedade tradicional patriarcal e uma onde os direitos e deveres dos homens, mulheres e crianças sejam reconhecidos como idênticos. Também a cidadania é diferente se o modelo de exercício do poder assenta mais numa identificação com um ideal democrático (como o das democracias da União Européia) ou num modelo mitigado como no caso da Rússia (Rukavishnikov, 2002) ou ainda em regimes totalitários, como os com base em fundamentalismo religioso, nacionalismo xenófobo, ou nas ditaduras que a Península Ibérica e a América Latina conheceram durante décadas do século XX.

Como se exerce a cidadania na sociedade em rede? A resposta depende das hipóteses já formuladas sobre a evolução do sistema de mídia, da nossa relação com as tecnologias de comunicação e informação na forma de matriz de mídia e regimes de mídia. E também de questões formuladas sobre a nossa utilização de ferramentas como a internet e a televisão a serviço dos nossos projetos de autonomia.

Castells fornece-nos em princípio uma resposta parcial, pois a sociedade em rede parece caracterizar-se pela formação de redes de relacionamento em torno de projetos individuais e coletivos a partir de interesses e valores partilhados pelos indivíduos, ou seja, a um modelo de comunicação centralizada e à partilha de uma definição minimalista de objetivos comuns suceder-se-ia uma proliferação de novos projetos coletivos partilhados por uma rede. Esses projetos podem ser tão variados quanto o interesse comum em resolver um problema num bairro até projetos políticos de aplicação em nível nacional ou global ou, tão-somente, a defesa da programação de um canal de televisão que se aprecia porque constitui uma afirmação da nossa identidade.

Embora a internet promova essas redes construídas a partir dos projetos espontâneos que surgem na sociedade sendo a plataforma tecnológica mais adequada à sua afirmação, também é verdade que o exercício da autonomia não depende apenas da internet. Não só porque a internet, embora interligando todos os nós do exercício do poder na sociedade em rede, é ainda uma tecnologia minoritária em termos de acesso, mas também porque as identidades na vida cotidiana necessitam existir no espaço audiovisual que a internet não nos oferece.

Nem a televisão nem a internet, por si só, pode assegurar e permitir a gestão da autonomia individual e a participação social.

É isso que os cidadãos, e também as instituições, têm descoberto pela experimentação pessoal ao longo da última década. *A apropriação social das tecnologias de informação e comunicação na era da informação caracteriza-se pela sua interligação em rede.*

O sucesso do exercício da cidadania, na sociedade em rede, depende da interligação em rede entre as diversas mídias, mas também do domínio individual das habilidades necessárias, para interagir com as ferramentas de mediação, seja das que nos fornecem acesso à informação, seja das que nos permitem organizar, participar e influenciar os acontecimentos e as escolhas.

Esse é o poder da mídia, em última análise, o poder conferido por *ouvir, falar e ser ouvido* (Silverstone, 1999b). O poder que a mídia confere por permitir aos cidadãos, nos seus diversos papéis, acessar o espaço simbólico produzido pelas tecnologias da mediação e, conseqüentemente, poder usá-las na construção da sua autonomia individual e coletiva: o poder da *mediação.* Para Silverstone (1999b) esse poder é o de criar significados, persuadir, prescrever e reforçar; de guiar a reflexão e a reflexividade; de focar e informar; de contar e articular memórias; de apresentar, revelar, explicar; de dar acesso e participação; de ouvir, falar e ser ouvido. Mas trata-se igualmente de um poder limitado, pois depende também do contexto onde é exercido. Ou seja, embora a mídia possua o poder de influenciar (e mudar) processos políticos, econômicos e sociais e de mudar a balança do poder, esse poder lhe é igualmente negado pelo Estado, pelo mercado, pelas audiências resistentes ou proativas, pelos cidadãos e pelos consumidores (Silverstone, 1999b).

O exercício do poder da mediação ocorre num determinado quadro de um sistema de mídia organizado em função das interdependências entre diferentes tecnologias de mediação com diferentes origens históricas e diferentes lógicas de apropriação (Livingstone, 1999).

As tecnologias de comunicação e informação, na sociedade em rede, não se substituem umas às outras, pelo contrário, criam ligações entre si. A televisão comunica-se com a internet, com os SMS ou com os telefones. Como também a internet oferece conectividade com todos as meios de comunicação de massa, telefones e milhares de endereços e páginas pessoais e institucionais na web. *Essa rede de tecnologias não é o mero produto de uma convergência tecnológica, mas sim de uma forma de organização social criada por quem delas faz uso.*

A sugestão de que se escreve e se ouve música pela internet, mas escuta-se a vida pelo rádio e vê-se o mundo pela televisão (Castells, 2001) é um dos exemplos dessa nossa relação pessoal em rede com a mídia. *E é da seleção e articulação dessas diferentes mídias, em função dos nossos projetos, que a autonomia é gerada e a cidadania exercida na era da informação.*

Se aceitarmos o desafio de olhar e analisar as práticas dos atores sociais e institucionais da sociedade em rede perante a mídia, temos igualmente de levantar a hipótese de que as tecnologias de mediação serão apropriadas em função das necessidades de quem as usa. E como historicamente nenhuma das mídias de massa substituiu a anterior (Eco, 2003), imagina-se que aos telefones de 3G (com todas as suas funcionalidades de voz, SMS e imagem em movimento), jornais, rádio, televisão e à internet sejam atribuídos diferentes papéis sociais por parte dos usuários, bem como entre estes haverá, eventualmente, diferentes representações quanto à utilidade e funções das diferentes mídias.

A partir da possibilidade de juntarmos à nossa comunicação face a face novas fontes e destinos, criamos igualmente novas redes interligando diferentes mídias, conferindo à sociedade em rede também a característica de vivermos mais do que nunca, *por e com a mídia* (Cardoso, 2004; Castells, 2001).

As múltiplas dimensões da sociedade em rede

Hoje em dia os pesquisadores de ciências sociais são quase unânimes em afirmar que assistimos a uma vulgarização do uso da expressão sociedade da informação e da aceitação, por parte dos mais diversos comentaristas, de que se trata de um dado adquirido que vivemos numa sociedade da informação (Webster, 2002).

Falar de sociedade da informação, embora reconhecendo a existência de um discurso oficial padronizado, nem sempre é falar sobre a mesma realidade. Há quem valorize mais a dimensão econômica da informação, outros a dimensão política e outros ainda a valorização pessoal, cultural e educacional como os elementos mais fortes da caracterização da nossa sociedade.

Quando aprofundamos na análise social do papel da informação e das suas dimensões qualitativas ou quantitativas encontramos claras diferenças na resposta à pergunta: o que é sociedade da informação?

Embora discordando de algumas das premissas que Webster (1995) apresenta no seu trabalho, é verdade que teve o dom de salientar a relativa imprecisão do conceito de *sociedade da informação* nas abordagens de ciências sociais e economia, nas últimas quatro décadas.[11]

[11] A análise de Webster peca pela simplificação excessiva das abordagens, principalmente quanto ao recurso à divisão estanque entre autores que favorecem a continuidade das forças sociais presentes e os que focam a atenção na descontinuidade e no aspecto unidimensional dado à teoria de cada autor.

Esse é o fato fundamental para a análise proposta neste capítulo, onde se procura argumentar que, por um lado, *o conceito de sociedade de informação não será o mais adequado para captar a complexidade das mudanças em curso na sociedade contemporânea nem para compreender como as diferentes mídias se configuram como facilitadores de* empowerment *individual e, conseqüentemente, da autonomia comunicativa e sociopolítica.*[12]

Antes de prosseguir vamos esclarecer alguns conceitos. Em primeiro lugar o que se entende por *informação*? A informação pode ser olhada de pelo menos três perspectivas complementares: como coleta, tratamento e análise de dados e conseqüente produção de informação (a ótica da ciência da informação). Informação associada ao conteúdo da mensagem e da comunicação que se estabelece entre dois sujeitos, sendo mediada ou não tecnologicamente (a ótica da ciência da comunicação). E, mais recentemente, informação como *vida*, numa referência à dimensão genética do ADN (a ótica das ciências da vida).

No entanto, o aparecimento, por um lado, das tecnologias de informação e comunicação em rede (como o minitel, a internet, as intranets e demais redes locais) e, por outro, da digitalização de conteúdos, aliada às tendências (embora poucas vezes concretizadas) de convergência tecnológica entre computadores, telecomunicações e televisão trouxe uma nova aproximação entre os interesses das ciências da comunicação e da informação.

Durante algumas décadas, pelas propostas de Shannon (Mattelart e Mattelart, 1998) e do seu modelo matemático da comunicação (que explicitou a relação entre emissor e receptor pelo canal por onde circula a mensagem) a ciência da informação caracterizou-se por uma orientação majoritariamente quantitativa, centrando as suas análises nas tecnologias de informação, enquanto a ciência da comunicação se centrava mais nas abordagens e explicações qualitativas dos fenômenos, afastando a atenção das tecnologias de informação e comunicação por causa da condição em que elas se encontraram durante muitos

---

[12] *Empowerment individual* refere-se a até que ponto o uso de tecnologias de comunicação e informação (mídia) serve para aumentar a capacidade de cada um agir sobre os detentores dos meios de informação e processos de decisão na sociedade. Por exemplo, a capacidade de obter informação e comunicar horizontalmente, de um modo autônomo (pacientes obtendo informação, conseqüentemente colocando-se em uma melhor posição no sistema médico; pessoas informando-se sobre as suas vidas e o seu *mundo* não dependendo apenas dos meios de comunicação de massa; consumidores capazes de comparar preços e produtos e tomar as suas decisões; pessoas capazes de se organizar e debater questões, seja em movimentos sociais ou outras causas; cidadãos procurando novas formas de participação e monitorização do processo político etc.).

anos. Simplificando, enquanto os computadores eram "ilhas não-comunicantes entre si" estiveram afastados dos objetivos da ciência da comunicação.

Como sugerem Mattelart e Mattelart (1998), a evolução da tecnologia e a sua apropriação social nos últimos 20 anos levou a que a cibernética (entendida como Wiener a definiu, ou seja, como a ciência que analisa a comunicação e o controle) tenha destronado o modelo matemático da comunicação.

O conceito de rede composta por indivíduos ligados entre si por padrões de fluxos de comunicação proposto por Rogers (Mattelart e Mattelart, 1998) ganhou assim uma nova preponderância na análise do papel da informação nas nossas sociedades.

Em função da argumentação anterior escolhemos utilizar, nesta análise, a definição sugerida por Castells e Bell, isto é, a definição operacional de informação proposta por Porat, "informação são dados que foram organizados e comunicados".[13]

Do ponto de vista da construção cultural, como síntese da discussão até aqui, podemos admitir que ao falar de sociedade da informação estamos nos referindo *a uma sociedade em que o intercâmbio de informação é a atividade social central e predominante.*

Mas porque este é também um conceito ideologicamente marcado, podemos definir *sociedade de informação como um processo de mudança social baseado na informação*, a qual é, por sua vez, a expressão do conhecimento humano. A sociedade da informação é fruto do processo tecnológico que nos permite processar, armazenar, selecionar e comunicar informação em todas as formas disponíveis — oral, escrita e visual — sem limitações de distância, tempo e volume — adicionando novas capacidades ao ser humano e mudando a maneira como vivemos e trabalhamos em conjunto (European Commission, apud Karvonnen, 2001).

Não se pretende aqui analisar em profundidade a obra dos diversos autores que ao longo dos últimos 20 anos têm se debruçado sobre a sociedade da informação, nem proceder a uma análise extensiva da divisão analítica proposta por Webster. No entanto, porque teorizar consiste na identificação do central e afastar-se do acessório, é pertinente uma introdução ao seu pensamento que permita sustentar uma crítica à validade do conceito de sociedade

---

[13] Manuel Castells argumenta a sua escolha baseando-se no fato de outras definições propostas por alguns autores conhecidos na área, como Machlup, que define simplesmente informação como "a comunicação de conhecimentos" serem, tal como sugere Bell, muito amplas (Castells, 2002).

da informação, como o mais indicado para teorizar e explicar a mudança social nas sociedades contemporâneas.

Na sua obra, Webster (1995) afirma parecer-lhe ser mais correto pensar as explicações para o papel da informação nas nossas sociedades, de um ponto de vista da continuidade histórica, pois considera não ser correto falar na existência de uma sociedade da informação. Na sua opinião, poderemos falar da existência de certos tipos de informação para fins definidos, para certos grupos, com dados tipos de interesses que estão desenvolvendo-se, no entanto, isso não é suficiente para falarmos da existência de uma *sociedade da informação*.

Para Webster (1995), as denominadas *teorias da sociedade da informação* partilham a idéia de que existe uma mudança em curso nas sociedades contemporâneas e que a mesma se deve ao papel preponderante da informação e comunicação. Webster defende que as opiniões dos pesquisadores tendem a dividir-se em função do grau e alcance das mudanças e da sua percepção do conceito de "informação".

De certo modo a visão de Webster aproxima-se da proposta de Lyon, embora aprofundando as suas considerações. Para Lyon, a formulação acadêmica do conceito de sociedade da informação tem a sua origem nos anos 1960, com Bell, contendo pressupostos ideológicos e utópicos centrados sobre os trabalhadores da informação, os aspectos políticos de alcance global da informação e por último uma cultura da informação (Lyon, 1995). O discurso teórico sobre a sociedade da informação é, para Lyon, caracterizado por dois tipos de teses, um de caráter mais descritivo (que defende a visão de que se avizinham grandes mudanças em sentido positivo) e outro mais problematizante, que aborda as possíveis transformações numa visão mais aberta e cautelosa.

Na proposta de Webster existem igualmente dois tipos de teses: o dos autores que centram a sua análise numa *radicalização* das tendências (de caráter negativo ou num sentido positivo, mas aceitando sempre a mudança radical) ou de *integração* no contexto vigente (ou seja, de aceitação da mudança mas conferindo-lhe uma relativização quanto ao seu real impacto social). Por um lado, segundo Webster, encontramos aqueles que defendem estarmos vivendo uma situação de mudança radical de paradigmas nos mais diversos setores da sociedade e que, portanto, é possível falar do surgimento de um novo tipo de sociedade, a sociedade da informação como novo estágio da evolução social. Por outro, encontramos os que como os primeiros reconhecem a importância atual da informação e comunicação, mas que encaram, no entanto, com reservas o surgimento de uma nova sociedade, nesse caso baseada na informação. Para eles, as transformações que ocorrem não representam rupturas com os modos de organização social existentes, mas são evoluções dentro de um quadro previamente estabelecido.

Uma vez que a pergunta principal deste livro reside no esclarecimento do papel desempenhado pela mídia numa sociedade em que a informação é um elemento central, há certamente ganhos em questionarmo-nos sobre se *sociedade da informação* é realmente a designação mais correta a utilizar para compreender as dinâmicas presentes. Ou se o conceito de *sociedade da informação* será o que nos aponta mais diretamente as interdependências existentes entre as dimensões da informação e comunicação e a mudança social.

A sociedade em rede

Assistimos hoje ao surgimento de sinais de transformação em diferentes áreas da sociedade que não se limitam a mudanças pontuais, mas cujo impacto é significativo a ponto de representarem transformações substanciais, exercendo influência sobre todo o tecido social.

À visão setorial de Webster (1995) sobre as diferentes teorias para a sociedade da informação, será mais indicado contrapor uma perspectiva de análise intersetorial olhando o papel da informação na cultura, sociedade e economia, tal como sugere Castells (2002-04).

Castells não é o único a propor uma análise de caráter intersetorial. Como Giddens afirma (1998), encontramo-nos perante a mudança de alguns dos eixos que caracterizaram a modernidade, principalmente no nível econômico, naquilo que Castells denomina passagem de um *modo de desenvolvimento industrial* para um *modo de desenvolvimento informacional.*

Essa mudança que se desenrola sobre os eixos do industrialismo e o capitalismo da modernidade, não esquecendo as mudanças no nível da experiência, da formação das identidades e da cultura, não pode deixar de ter influência sobre os demais.

Na perspectiva desta análise, em Cardoso (1998) encontram-se pontos de contato com a proposta de Webster, mas, ao mesmo tempo, possui discordâncias sobre a sua visão das mudanças que ocorrem e o grau da sua atual amplitude.

A visão que baseia esta análise é a de uma crescente radicalização em curso em alguns dos eixos da modernidade, cuja origem encontra-se presente no papel que a informação e as redes de difusão de comunicação e informação têm nas nossas sociedades.

A radicalização da modernidade a que me refiro permite-nos falar sem dúvida de mudanças da forma de organização social e de uma era da informação (Castells, 2002). Mantendo tudo o que já foi explicitado no quadro da análise teórica, temos de perguntar: *a sociedade da informação existe ou não?*

A resposta mais correta será que a *sociedade da informação* existe como conjunto de objetivos, essencialmente de caráter político, desenvolvido no contexto das instituições da União Européia, depois apropriado pelos países-membros da União, e posteriormente incorporado no discurso de muitas organizações multilaterais de caráter político e econômico global.

Existe igualmente como discurso difundido, e até certo ponto incorporado pelo público em geral, pelas muitas idéias veiculadas pela mídia, que têm origem nas esferas econômicas e políticas da sociedade. No entanto, esse discurso é diariamente transformado e adaptado tendo presente as experiências de utilização das tecnologias de informação e comunicação por parte dos usuários de internet, celulares e pelas interligações que essas tecnologias oferecem com os meios de comunicação de massa.

A sociedade da informação, como visto no capítulo anterior, existe como construção cultural o que não é o mesmo que afirmar que existe. Por quê? Porque, como Giddens (1998) sugere e Castells sintetiza, a comunicação do conhecimento tem sido crítica em todas as sociedades, incluindo a Europa medieval, que era culturalmente estruturada e, até certo ponto, unificada pela educação escolástica, isto é, no geral uma infra-estrutura intelectual (Castells, 2002).

Ao contrário do que Webster (1995) defende, não julgo ser possível afirmar a existência de um conjunto teórico unificado em torno da idéia de sociedade da informação. No entanto, a análise de Webster (1995) traz uma contribuição central que é a de mostrar a unidimensionalidade da maioria das abordagens ao focar apenas alguma das dimensões de mudança na sociedade em detrimento da explicação do todo ou das relações que se estabelecem multidimensionalmente.

Apesar das críticas à sua obra (Van Djick, 1999), os conceitos de modo de *desenvolvimento informacional*, de *sociedade informacional* e de *sociedade em rede*, propostos por Castells, são por acaso aqueles que melhor respondem à necessidade de, por um lado, analisar a mudança social de múltiplos ângulos e dimensões e, por outro, perceber que embora existam mudanças suficientemente *radicais* para merecerem a nossa atenção, elas, como se comprova ao olhar a dimensão histórica da humanidade (Braudel, 2000), convivem sempre temporalmente com continuidades.[14]

Castells propõe-nos caracterizar as sociedades contemporâneas, não como *de informação* mas sim como *informacionais*, o que indica o atributo central de uma nova forma de organização social na qual a produção da informação, o seu processamento e transmissão se tornam as fontes principais da produtividade e do poder em virtude das novas condições tecnológicas emergentes no atual período da história.

Ao usar o adjetivo *informacional*, Castells procura estabelecer um paralelo com a distinção entre *indústria* e *industrial*. Da mesma forma que uma sociedade industrial não é somente uma sociedade onde existe indústria mas uma "sociedade na qual as formas sociais e tecnológicas da organização industrial permeiam todas as esferas da atividade" (Castells, 2002), também devemos estabelecer uma distinção analítica entre *sociedade da informação* e *sociedade informacional*. A sociedade informacional é assim produto de um determinado contexto histórico, que atravessa as três últimas décadas do século XX.

Na formulação proposta por Castells, a análise da mudança social que nos permite concluir pelo surgimento ou não de uma nova estrutura social, suficientemente diferenciada das anteriores, baseia-se na detecção de transformações estruturais nas relações de produção, de poder e de experiência. São ainda essas transformações que, segundo Castells, conduzem a uma mudança significativa das formas sociais do espaço e do tempo e à emergência de uma nova cultura.

A argumentação é poderosa e é porventura aquela que permite encontrar um ponto de partida que aponte diretamente as questões a levantar, identificando um modelo explicativo das mudanças em diferentes dimensões, mas sem prejulgar e antecipar o futuro que se esteja construindo. Dá-nos, assim, um grau de autonomia de análise para tentar captar quer as mudanças em curso, no nível de diferentes sociedades (pois nem todas as sociedades se encontram nos mesmos pontos de desenvolvimento, nem são, nas suas dimensões culturais, econômicas, políticas e sociais, idênticas), quer também,

[14] As críticas de Van Djik a Castells centram-se naquilo que Djik considera ser uma visão unidimensional da sociedade em rede. Segundo Djik, existe um determinismo tecnológico que percorre toda a análise e que se enraiza no âmago da teoria e método de Castells. Resultando, assim, numa visão unidimensional da tecnologia que deixa pouco espaço às escolhas políticas. Para Djik, à análise da sociedade em rede falta a possibilidade de resistência dentro do sistema, assumindo assim a externalidade de todo o tipo de resistência (1999).

em maior profundidade, algumas das dimensões por si afloradas, como é o caso *do papel da mídia*.

A sociedade informacional é, assim, correlata a uma reestruturação do capitalismo cujas características mais salientes são a globalização das principais atividades econômicas, a flexibilidade organizacional e um maior poder por parte do patronato nas suas relações com os trabalhadores. Reestruturação só possível, nas dimensões já enunciadas, pela coincidência temporal com um novo tipo de tecnologia, as tecnologias de informação, que foram apropriadas pelo tecido econômico com o objetivo de potenciar uma flexibilização de relações organizacionais e espaciais na escala global. Além da reestruturação do capitalismo, assistimos durante essas três décadas ao quase desaparecimento do totalitarismo do Estado — fosse ele soviético ou inspirado em um nacionalismo exacerbado — como forma de estruturar as relações de produção no mundo contemporâneo.

Mas a sociedade informacional não vive apenas das dimensões econômicas. As três últimas décadas do século XX, por causa do surgimento dos movimentos sociais do final dos anos 1960 e da sua multiplicação nas décadas seguintes, trouxeram novas formas de encarar a experiência e de definir objetivos de reivindicações sociais.

Segundo Castells (2002), as ambições dos jovens participantes nesses movimentos reivindicativos "(...) incluíam uma reação multidimensional à autoridade arbitrária, uma revolta contra as injustiças e a procura da experimentação pessoal".

Embora reconhecendo que as mudanças promovidas por esses movimentos foram fundamentalmente culturais e independentes das transformações econômicas e tecnológicas, Castells assinala que tiveram um impacto sobre a economia e a tecnologia, e sobre os processos de reestruturação daí resultantes. Exemplos dessa influência encontram-se, ainda segundo esse autor, no espírito libertário influenciador do uso individualizado e descentralizado da tecnologia; no distanciamento das políticas sindicais tradicionais, que contribuiu para o enfraquecimento do movimento sindical; na abertura cultural que estimulou a manipulação experimental de símbolos, criando o modelo atual de apropriação social da mídia; no seu cosmopolitismo e internacionalismo como ponte para um espaço global de sociabilização; e, por fim, na sua aversão ao Estado, que enfraqueceu a legitimidade dos sistemas democráticos.

A sociedade informacional que Castells nos propõe, como fruto das mudanças tecnológicas e econômicas, e dos movimentos sociais das três últimas décadas, possui, como uma das suas características principais, a lógica de rede da sua estrutura básica.

Embora a rede, como forma organizacional, tenha acompanhado as sociedades humanas ao longo da história, só com o desenvolvimento das tecnologias de informação e a sua domesticação (Silverstone, 1994) pelas estruturas organizacionais das empresas se tornou possível a disseminação de um modelo que alia a flexibilidade à eficácia e à eficiência.[15]

As nossas sociedades são assim informacionais, pelo fato de a produção da informação, o seu processamento e transmissão se tornarem as fontes principais da produtividade e do poder, mas também em rede porque, da mesma forma que a organização hierarquizada do modelo industrial permeou toda a sociedade industrial, também o modelo descentralizado e flexível da rede permeia as nossas sociedades contemporâneas.

Uma estrutura social com base em redes é assim um sistema altamente dinâmico, aberto, suscetível de inovação e com reduzidas ameaças ao seu equilíbrio. As redes são os instrumentos apropriados para a economia, trabalho, política e organização social da nossa época.[16]

Em termos tecnológicos, a sociedade em rede — embora radique a sua gênese nas possibilidades oferecidas pelo desenvolvimento das comunicações, software e hardware dos anos 1970 — encontra o seu momento de difusão exponencial além da esfera das grandes empresas ou do Estado com a difusão da internet nas famílias e no tecido empresarial em geral durante a segunda metade da década de 1990.

Assim, após três décadas de existência, a internet está difundindo-se a uma velocidade sem paralelo quando comparada com qualquer outro meio de comunicação (do rádio à televisão) e está tornando-se rapidamente a ferramenta utilizada para múltiplas aplicações. Mas por que agora? A interrogação

[15] Segundo Castells (2002), "as redes são estruturas abertas, capazes de se expandir sem limite, integrando novos nós desde que consigam comunicar dentro da rede, nomeadamente, desde que partilhem os mesmos códigos de comunicação (por exemplo, valores ou objetivos de desempenho). (...) A sociedade em rede, como qualquer outra estrutura, não deixa de ter contradições, conflitos e desafios de formas alternativas de organização social. Todavia, estes desafios são provocados pelas características da sociedade em rede, sendo portanto muito distintos dos apresentados pela era industrial. São personificados por diferentes sujeitos, mesmo que estes sujeitos trabalhem freqüentemente com materiais históricos fornecidos pelos valores e organizações herdados do capitalismo industrial e do estatismo".

[16] Castells (2002) dá exemplos de cinco diferentes dimensões em que as redes se manifestam: "(...) economia capitalista baseada na inovação, globalização e concentração descentralizada; para o trabalho, trabalhadores e empresas baseadas na flexibilidade e adaptabilidade; para uma cultura de desconstrução e reconstrução contínuas; para uma política destinada ao processamento instantâneo de novos valores e estados de espírito públicos; e para uma organização social que vise a suplantação do espaço e a invalidação do tempo".

de Castells podemos responder concentrando-nos, primeiro, nas razões de caráter tecnológico: a difusão do PC e, mais tarde, de toda uma gama de aparelhos de computação e comunicação; a facilidade de utilização da World Wide Web; o surgimento da facilidade de uso de computadores, particularmente entre as novas gerações; e a promoção da utilização da internet no trabalho e no sistema educacional (Lee, 1999).

Mas parte do recente sucesso da internet pode estar relacionada com uma realidade já estudada na história da tecnologia (Winston, 1999): ela responde a uma necessidade fundamental da sociedade enraizada na evolução social e que encontra na internet uma ferramenta privilegiada para a sua realização. Mas ao mesmo tempo, pela sua utilização, as pessoas mudam essa tecnologia e isso é uma característica possibilitada pelo modelo aberto da tecnologia (uma lógica ausente das tecnologias anteriores de comunicação e informação como a televisão, telefone, rádio, jornais etc.).

Se o funcionamento em rede é uma necessidade social superveniente, (Winston, 1999) para que a utilizamos e com quem? Para responder, precisamos considerar o processo de evolução social na chamada *era da informação* (Castells, 2002).[17]

Segundo Castells, a existência desse novo modo de desenvolvimento informacional e a preponderância do espaço de fluxos sobre o espaço de lugares têm como resultado uma crescente globalização, e embora ela não seja em si um fenômeno ruim, pois representa a idéia de que todos podem se comunicar com todos, comprar e vender globalmente e assim formar uma comunidade global, na realidade, a globalização representa para uma grande parte da humanidade perder poder político e ganhar empobrecimento econômico (Castells, 1997).

Essas pessoas, que habitam o espaço de lugares e não participam do espaço de fluxos, não possuem qualquer tipo de controle sobre os investimentos, não possuem a formação educacional necessária e são, portanto, "ultrapassadas" pelo poder dos fluxos globais de capitais. Não poderão inclusive nego-

[17] "(...) por que é que [(...)] mantive a 'Era da informação' como o título global deste livro, sem ter incluído a Europa medieval na minha investigação? (...) num mundo construído em torno das tecnologias da informação, da sociedade da informação, da informatização, da auto-estrada da informação e outras expressões (terminologias) semelhantes (todas elas com origem no Japão em meados dos anos 60 — *johoka shakai*, em japonês) transmitidas ao Ocidente em 1978 por Simon Nora e Alain Minc, com todo o seu exotismo, um título como a Era da Informação aponta diretamente as questões a serem levantadas sem prejulgar as respostas" (Castells, 2003).

ciar com os seus empregadores porque eles possuem os meios para mudar as localizações das suas operações, recorrer ao *outsourcing* ou trazer insumos e trabalhadores de outras localizações.

Essa dualidade, apelidada por Castells de "condição de esquizofrenia estrutural", introduz uma perturbação geral nas mais diversas culturas no nível do planeta, provocando crises de identidade nesses espaços definidos geográfica e historicamente.

Para Castells a "encarnação" da identidade de legitimação nas nossas sociedades contemporâneas, o Estado-nação, encontra-se perdendo poder. Salienta no entanto que embora veja o seu poder diminuído isso não se reflete diretamente na sua capacidade de influência. Essa perda de poder advém da perda de soberania, fruto da globalização das atividades econômicas estratégicas, da mídia, das comunicações e também da globalização do crime e do "policiamento" militar ou paramilitar.

O exemplo mais óbvio dessa perda de soberania pode ser encontrado nos mercados financeiros, que nos anos 1980 cresceram além da capacidade de qualquer banco central exercer o seu controle, o que levou à necessidade de interligar as moedas nacionais e implicou, por sua vez, a coordenação financeira, retirando assim espaço de manobra para os governos nacionais formularem a sua política econômica independente.

Também segundo Castells, ao viver hoje num mundo em turbulência onde o poder já não pode apenas ser medido em função das estruturas físicas, humanas e materiais que uma entidade tem à sua disposição, os centros políticos, assim como os econômicos, vêem o seu poder factual posto em causa ao serem, por vezes, obrigados a negociar com outras forças de menor dimensão mas que atuam em rede. É o caso dos zapatistas e do governo mexicano ou dos grupos ecologistas como o Greenpeace e os governos dos países mais desenvolvidos.

No entanto, o Estado-nação continua desempenhando um papel fundamental, pois é a única entidade com legitimidade e sob a qual podem ser criados os mecanismos multilaterais que permitem enfrentar os problemas de caráter cada vez mais global. Um exemplo é, segundo Giddens (1997b), a necessidade que os governos terão, mais cedo ou mais tarde, de abordar a regulação dos mercados financeiros globais sob pena de ver a economia global tornar-se cada vez mais algo semelhante a uma "economia-cassino".

O Estado na *era da informação* vive contradições profundas, pois por um lado foi durante as últimas décadas o indutor da difusão das tecnologias, financiador da sua pesquisa, criador dos seus mercados, e hoje é vítima desse processo, ao ver o seu poder diminuído, fruto do deslocamento do exercício do poder, do espaço de lugares para o espaço de fluxos.

Também no nível da relação entre poder político e mídia assistimos a mudanças. De acordo com Castells (2000c), sobre o papel da mídia,

> hoje em dia a política *não é definida* pela mídia, mas dentro do espaço da mídia, o qual é ocupado pelas inúmeras e variadas estações de televisão e cada vez mais pela internet (...) e contrariamente ao que nos pode parecer à primeira vista, devido à emergência de redes alternativas de informação, a mídia irá cada vez mais reportar o que se passa na sociedade. O fim do monopólio sobre a informação também representa o fim do monopólio dos governos sobre a ação.

A cultura das sociedades informacionais

Se, como sugere Castells, as mudanças nas relações de produção, de poder e de experiência conduzem também a uma mudança significativa das formas sociais do espaço e do tempo e ao surgimento de uma nova cultura pela alteração do modelo de comunicação (ou se preferirmos de trocas simbólicas mediadas), que cultura é então gerada na *era da informação*?

Para compreendermos a amplitude da pergunta necessitamos, primeiro, analisar definições socialmente partilhadas, ou presentes no senso comum, sobre o papel da tecnologia na mudança social. O que, na maior parte dos casos, deriva de uma cultura, síntese do tempo em que vivemos (Colombo, 2000b), criada nas indústrias culturais sob a forma de livros, filmes e jogos.

Uma cultura baseada nas obras de ficção científica e nas suas visões do futuro, ora utópicas ora não, e do papel da mudança tecnológica nessa construção. Essa é uma análise fundamental, pois nela vamos encontrar uma visão particular da relação entre o *real* e o *virtual* (dois conceitos fundamentais para a compreensão do que é a cultura na era da informação).

Numa incursão histórica sobre como representam os atores culturais as novas tecnologias encontramos, recorrentemente, um recurso à relação entre novas tecnologias, o corpo e o poder.

Um exemplo dessa relação é o filme *Blade runner* (1982), da obra de Philip K. Dick, de Ridley Scott, exemplo da ansiedade diante de tecnologias de informação e comunicação, que no seu limite levam à criação do humano, na junção do corpo e dos sentimentos pela tecnologia da informação.

Continuando essa exploração histórica das representações da cultura popular dos computadores e das interfaces *corpo-máquina* podemos citar, como exemplos paradigmáticos, três obras com diferentes concepções da relação da humanidade com a tecnologia (Irvine, 1999; Chandler, 1998): *Frankenstein*, de Mary Shelley, nas suas múltiplas adaptações cinematográficas; *Dr. Strange Love*, de Stanley Kubrick; e a série *Star trek*, mais tarde transposta das telas da televisão para o cinema.

O mito que a obra de Mary Shelley recria é o de um indivíduo sozinho, na história original um cientista (mas poderia ser uma grande empresa ou um governo) que com a tecnologia (nesse caso a eletricidade, mas poderíamos identificar outras obras onde essa tecnologia dá lugar à radiação atômica, computadores ou redes de computadores) dispõe de um poder destrutivo indutor de terror na comunidade, por meio de um agente criado e autônomo (que pode ser um monstro como no caso de Frankenstein, mas também um robô ou uma inteligência artificial num computador ou numa rede).

O efeito *Strange Love* — encarnado por Peter Sellers na personagem de um cientista nazi imigrado na América dos anos 1960 empenhado na luta contra o comunismo — combina por sua vez uma tecnologia computadorizada com líderes corruptos ou estúpidos que lidam com armas de destruição maciça. Essa aliança retrata uma conspiração em que os próprios intervenientes são enganados ou são loucos. Militares e membros do governo experimentam novas armas associadas a computadores avançados, que põem em xeque a sociedade e levam sempre a uma grande destruição.

Por último surge o efeito *Star trek*. Aqui não se trata do presente ou de um futuro próximo distorcido (como no caso de *2001 — uma odisséia no espaço*, também ele de Stanley Kubrick numa adaptação da novela de Arthur C. Clark), mas acima de tudo do futuro longínquo e da vivência de uma utopia por meio da tecnologia. Na série protagonizada pelo capitão Kirk e *mr.* Spock vive se uma utopia de máquinas úteis, numa harmonia entre raças (terrestres) e espécies (membros da federação), onde a guerra, travada com *klingons* ou *romulanos,* tem sempre como final a assinatura de um tratado de paz, onde a federação implementa um governo sem classes, a produção industrial (e suas conseqüências ambientais) é invisível e não há sinal de uma economia monetária vigente, sendo partilhados por todos valores e estruturas sociais liberais e democráticas.

Essa identificação de efeitos, associados à produção cultural sobre a tecnologia, nos é particularmente útil para compreender as contribuições contemporâneas da produção cultural designada por "cyberpunk". A palavra-chave que define esse gênero cultural de ficção científica é *hibridização.* No "cyberpunk" misturam-se alta e "baixa" cultura, tecnologia de ponta com o aspecto visual de lixo, no estilo literário de uma novela incorporam-se elementos centrais de crítica social e política chegando por vezes à tentativa de criação de uma dimensão filosófica, sempre com o intuito de imaginar o inimaginável, a procura do limite da ficção. A origem do "cyberpunk" encontra-se assim num conjunto de movimentos de contracultura e de cultura de massa em que partindo dos modelos de ficção tradicional, ao modelo de histórias de detetive se associa uma escrita *avant-garde*, procurando um cenário inspirado nas novelas de terror, colocando a ação sempre em espaços hiperurbanizados, em que o rock e a música alternativa se combinam com a cultura das drogas psicotrópicas, a televisão e a cultura de massa e em que o elemento central é a cultura *hacker* e a utilização de computadores, redes, cibernética e inteligências artificiais.[18]

Como crítica social, política e econômica o "cyberpunk" pressupõe um mundo *pós-moderno*,[19] com uma onipresença de multinacionais e tecnologia de ponta, e uma *sociedade do espetáculo*[20] em que a imagem se sobrepõe à realidade numa cultura de hiperconsumismo (Kellner, 1995).

Um exemplo paradigmático da cultura "cyberpunk" é encontrado no filme dos irmãos Wachowski, *Matrix*, não apenas pelas características presentes no argumento mas também devido ao sucesso alcançado globalmente. Desde a sua data de lançamento, em março de 1999, obteve mais de US$ 500 milhões de receita de bilheteria, dando origem a uma trilogia, jogos, vídeo e histórias em quadrinhos. *Matrix* representa o paradigma da relação entre o real e o virtual que os produtos culturais (sejam eles romances, histórias em quadrinhos, séries, jogos de computador ou filmes) vêm construindo ao longo das duas últimas décadas. O seu argumento dá continuidade à relação da ficção com o corpo, o poder e a máquina, espelhando assim as ansiedades con-

---

[18] Para Himanem e colaboradores (2003), os *hackers* são definidos pelo *The hackers jargon file* como "Pessoas que programam entusiasticamente e que acreditam que a partilha de informação é um bem positivo e que é um dever ético dos hackers a partilha da sua experiência através da escrita de software livre e facilitar o acesso à informação e aos computadores sempre que possível".
A palavra *hacker* no seu sentido original, posteriormente deturpado pelos meios de comunicação de massa, refere-se àqueles que procuram inovar e levar mais longe as suas capacidades tecnológicas.

[19] A concepção de pós-moderno apresenta várias acepções; aqui a sua utilização refere-se àquilo que Jameson (1991) denomina capitalismo tardio, isto é, economias de consumo transnacionais baseadas num capitalismo global pós-industrial em que culturalmente se assiste a uma hibridização de formas e gêneros, misturando estilos de diferentes períodos e culturas, descontextualizando-os.

[20] Para Debord (1989), ao apresentar a designação "sociedade do espetáculo" estamos nos posicionando num mundo onde o capitalismo produz espetáculos de massa e em que o desejo criado por eles atua como diversão das realidades políticas e econômicas. Para Debord, a predominância das aparências é a característica desse capitalismo sendo as relações políticas perpetuadas pelo controle das representações, isto é, a visão da realidade mediada pelas imagens.

temporâneas diante da tecnologia mais presente nas diferentes esferas do dia-a-dia na nossa sociedade, as tecnologias de informação e comunicação.

Matrix pode ser visto como uma recombinação de culturas (o código que inicia o filme composto por caracteres japoneses invertidos e a ação num contexto urbano anglo-saxônico), de épocas históricas (do oráculo de Delfos ao *design* retrô do mobiliário), de tecnologia de ponta (celulares Nokia e telefones fixos da década de 1950 e computadores de última geração em invólucros aparentando reciclagem de materiais usados), de religiões (do budismo presente na reencarnação, à trindade cristã, aos deuses gregos e à Babilônia do Livro de Daniel no Velho Testamento), de outros produtos culturais (como as histórias em quadrinhos, de autores como Lewis Carrol nos ícones da sua obra *Alice no País das Maravilhas* da passagem pelo espelho e do encontro com o coelho branco), mas também da própria produção acadêmica, como no caso da escolha da obra de Braudrillard (1991) para fazer o enquadramento de vários diálogos e cenas.

Pode-se assim sugerir que *Matrix* é um corolário da cultura "cyberpunk" e do seu discurso em relação ao papel das tecnologias de informação e comunicação. O filme, ao apresentar em primeiro plano o livro de Braudillard e ao introduzir, na explicação feita por Morpheus a Neo da relação existente entre os dois universos (a matriz e fora dela), a concepção de "deserto do real", sintetiza o que no gênero cultural "cyberpunk" se entende por virtual e real e a relação entre essas duas dimensões.

A aceitação global do filme, passível de ser medida em índices de sucesso como o número de notícias desencadeadas na mídia tradicional (mas também em grande escala na internet em sites e chats), o *merchandising* e a introdução de aspectos significativos do produto cultural na linguagem comum, traduz-se na partilha social da idéia de que uma característica central da cultura das novas tecnologias de informação é a *realidade virtual.*

No entanto, dada a escolha tomada na construção do seu argumento, se quisermos ser mais rigorosos na apreciação de *Matrix* a mensagem transmitida é a da associação das tecnologias de informação ao surgir da *era do simulacro*, argumentada por Braudillard quando sugere que assistimos ao fim de um momento histórico, o fim da sociedade do espetáculo, e que, portanto, vivemos uma cultura simulacional, a hiper-realidade.

Em última análise, resulta do sucesso do filme a associação entre "realidade virtual" e "simulacro" e a existência de uma cultura simuladora de hiper-realidade como elemento central de caracterização cultural das redes sociais e das sociedades contemporâneas.

No entanto, essa associação entre "realidade virtual" e "simulacro" não é a mais correta, pois ambas possuem conceitos diferentes, bem como é bastante questionável que possamos encarar como principal característica do "conjunto de significados partilhados que permitem às pessoas perceber-se e comunicar entre si e criar identidade" (Hall, 1995) o ser dominado por uma lógica simuladora.

Pimentel e Teixeira (1992) propõem a seguinte definição para "realidade virtual": "Em geral o termo realidade virtual refere-se a uma experiência de caráter imersivo e interativo que é gerada por computador" (tradução do autor). Imersivo, mas numa nova dimensão de envolvência, seguindo a longa evolução na esfera da arte desde a pintura com perspectiva até a criação de efeitos computadorizados em *3D*. Interativa porque permite modificar o ambiente envolvente, seguindo uma lógica de colocar os espectadores no palco permitindo-lhes tornarem-se também atores. O grau de interatividade depende de vários fatores como, por exemplo, a velocidade ou assimilação do *input* pelo ambiente mediado, o alcance, isto é, o número de possibilidades à disposição para a ação num dado momento, e o mapeamento, ou seja, a capacidade de o sistema de controle adaptar o ambiente de uma forma natural e previsível.

Existe ainda um terceiro elemento caracterizador da "realidade virtual" que é o controle da relação dos sensores com o ambiente, ou seja, até que ponto é permitida a navegação por objetos não acessíveis aos humanos na sua forma física.

Ainda que por vezes empreguemos a designação "virtual" para, por exemplo, caracterizar os espaços da interação social que ocorre na internet, se considerarmos a definição de Pimentel e Teixeira, não podemos designar esses espaços assim, visto que o que aí ocorre é comunicação escrita, mediada pelo computador, e não a criação de um espaço com características de imersão, mapeamento e controle da relação dos sensores com o ambiente.[21]

A "realidade virtual", no entanto, não pode ser considerada uma forma de comunicação, pois não implica transformar idéias em linguagem ou símbolos. Logo não podemos falar de cultura da "realidade virtual" como um elemento de caracterização da nossa sociedade, já que cultura implica um conjunto de significados partilhados que permite às pessoas perceber-se e se comunicar. Claramente a "realidade virtual" nem pela sua difusão nem pelas suas características se presta a essa contribuição.

---

[21] Comunidade virtual é a expressão utilizada para designar a criação de pontos de encontro que se destinam a trazer, até um mesmo *ponto* da internet, todos aqueles que partilham um conjunto de interesses, mas que, pelo afastamento geográfico ou outras restrições, não poderiam fazê-lo sem ser nessa rede.

Como já se argumentou, o que distingue "virtual" de "simulação" é a sua estrutura transformacional, se imersos sujeitos e objetos interagindo dão origem a novos espaços e eventos.

Braudillard na sua análise da cultura das sociedades contemporâneas introduz a idéia de hiper-realidade, fruto da evolução da relação entre representação, imagem e simulacro. Para Braudillard existem quatro fases sucessivas da representação pela imagem: a imagem como reflexão da realidade (os mapas); a imagem mascara ou perverte a realidade básica (sociedade do espetáculo); a imagem mascara a ausência de uma realidade básica (simulação como a Guerra do Golfo de 1991, transmitida pela televisão); as imagens não têm qualquer relação com a realidade, pelo que se assumem como simulacro (a disneylandização da experiência, a construção da Eurodisney tendo por modelo a Disneylândia dos EUA). Na sua opinião, estamos vivendo a quarta fase em que no extremo vivemos num universo hiper-real, um mundo onde a imagem é mais poderosa que o seu referente real, em que a regra é o substituto da realidade produzido pelo mundo das imagens eletrônicas. Esse é o contexto para o predomínio de uma cultura simuladora.

Obviamente, sabemos que a linguagem, signos e imagens são mediações da realidade, não janelas transparentes, por isso nós habitamos num mundo de mediações e representações. Como Eco (1977) sugere, o universo da comunicação visual é feito para nos lembrar que mesmo que nós nos comuniquemos por meio de códigos fortes (a língua) e muito fortes (o código Morse), na maioria das vezes o fazemos utilizando códigos muito falíveis, imprecisos e em mutação. As imagens são, portanto, *textos* onde podemos discernir elementos de articulação, mas muito mais sujeitos à imprecisão do que em outros tipos de comunicação. Mas daí à argumentação de que a nossa cultura seja dominada pela imagem simulada, sem qualquer referência ao real, como argumenta Braudillard, vai uma enorme distância. Os exemplos sugeridos por Braudillard, como a Guerra do Golfo e a Eurodisney, são mais a exceção do que a regra.

O que a análise da mediação parece sugerir é a convivência entre, por um lado, a aldeia global (McLuhan, 1997) onde a imagem domina, e, por outro, o ressurgir da galáxia de Gutenberg, recriada na internet. Ramonet (1999) sugere que por causa das mudanças econômicas e tecnológicas o modelo de retórica encontra-se também em transformação. O visual tem ganho predominância sobre o textual, sendo que o único campo onde o texto aparentemente ainda predomina é a internet. Fora dela, a retórica é baseada na cultura visual, assentada na simplicidade, rapidez e emoção, em que, nas palavras de Ramonet, basta ver para estar, repetir para informar. Mas essas características não são o mesmo que simulação.

A internet, por seu lado, representa uma espécie de vingança da escrita contra as imagens. A comunicação na segunda metade do século XX foi dominada pela imagem, pela televisão. Autores como McLuhan (1997), com o conceito de "aldeia global", glorificaram o sucesso da imagem e a forma como, com ela, estávamos construindo um planeta que se assemelhava, pela proximidade dos acontecimentos, a uma aldeia. Eco (1996) apresenta a internet como o regresso da escrita ao topo da pirâmide comunicativa. Ele argumenta que se na Idade Média eram as imagens esculpidas nas catedrais que nos comunicavam o saber, Gutenberg alterou esse *status quo* com a imprensa. Mais tarde, a televisão e o cinema ditaram o sucesso e a onipresença da imagem, no nosso dia-a-dia, e a internet fez a escrita retornar como elemento central da comunicação.

A imagem está presente na internet, mas, sobretudo, a estática, uma imagem fotográfica, não uma imagem em movimento.

Obviamente que, com o aumento da capacidade de banda de transmissão, poderá acontecer num futuro não muito longínquo o regresso da imagem em movimento.

No entanto, esse regresso por certo não se fará na dimensão da informação e do entretenimento organizado pelas tradicionais entidades públicas e privadas que, já hoje, dominam a imagem (televisões, produtoras, estúdios, empresas de comunicação). A escrita, possivelmente, continuará a ser o elemento-base da dimensão comunicativa da internet. Por quê? Primeiro porque, embora todos possam produzir e colocar informação na internet, nem todos têm os mesmos meios à sua disposição. E depois porque a escrita é uma tecnologia indutora de maior privacidade do que a imagem e permite gerir melhor as diferenças culturais e a distância.

A questão não respondida por Ramonet, e também abordada por Eco (1996), é a de saber como irá evoluir a relação entre imagem e texto quando as novas mídias procuram suportes tecnológicos comuns e promovem a interdependência, por exemplo, com o uso de chats e e-mail nos *talk-shows* televisivos e quando as páginas web das televisões permitem a visualização em tempo real dos seus canais (mas essa é uma análise para os próximos capítulos).

A argumentação em torno da idéia de *cultura de simulação* também pode ser questionada em função de uma análise mais cuidadosa da profusão dos gêneros televisivos de entretenimento, em que se promove não a atuação, mas o *ser si próprio*, recrear o seu *eu* perante as câmeras e não simular o *eu*, mesmo que isso implique a recusa da reserva e da privacidade (Eco, 2000b).

Mas talvez mais contundente na crítica à lógica de simulação seja a própria representação da identidade na internet apesar de alguns autores como Turkle (1997) apresentarem uma associação entre a existência de uma cultura da simulação e a criação de comunidades virtuais e, portanto, de um espaço de conhecimento do *eu* e do *outro*, de simulação e aproximação às verdadeiras identidades, que constituem o espaço social. A análise empírica tem demonstrado que tanto a criação de páginas pessoais (Cheung, 2000), quanto a comunicação mediada por computador, via chats e e-mails, seguem essencialmente modelos de expressão de identidade baseados em categorias de informação pessoal que vão desde a descrição da personalidade do seu autor até a sua posição sobre questões pessoais, sociais, culturais, políticas e a ligações a páginas consideradas por si interessantes ou dentro do âmbito dos seus interesses e posições (Paquete de Oliveira et al., 2000).

Também aí, a informação segue um padrão mais condizente com a expressão das múltiplas componentes das diferentes categorias de pertencimento social e cultural (seguindo as lógicas emancipadoras do meio, que permite uma versão "mais polida" e elaborada do *eu* do que um encontro face a face) e não um predomínio de uma lógica simuladora.

Em sua introdução, Hall (1995) define cultura como um conjunto de significados partilhados que permitem às pessoas perceber-se e se comunicar. Na sua perspectiva esses significados não são estáticos nem constituem simplesmente uma coleção de comportamentos e valores que caracterizam um grupo social. Pelo contrário, o significado cultural é produzido e trocado; trata-se de um processo, um conjunto de práticas.

O significado é produzido e trocado de formas muito diversificadas que incluem: identidade de grupo e diferenças de grupo; interação pessoal e social; meios de comunicação de massa e comunicações globais; rituais e práticas do dia-a-dia; narrativas, histórias e fantasias; regras, normas e convenções.

Esses diferentes aspectos da cultura estão intimamente interligados interagindo na construção e transmissão de significados sociais.

Se tomarmos a proposta de Hall como ponto de partida e aceitarmos a proposta de Castells de que, associado à *cristalização* de um contexto de alteração das relações de produção/consumo, de experiência e de poder em territórios específicos, está o surgimento de um *novo sistema de comunicação simbólica* originando, assim, *culturas e identidades coletivas* (Castells, 2002), então teremos de nos perguntar quais, entre as dimensões de troca simbólica identificadas por Hall (1995), são as mais atingidas com o surgimento de um novo sistema de comunicação simbólica na era da informação. A resposta é sem dúvida a dos meios de comunicação de massa e as das comunicações globais.

Além da evolução normal das dimensões de produção e troca de significado, não mediadas, e do campo de mediação das instituições políticas das regras, normas e convenções, houve profundas mudanças na dos meios de comunicação de massa e nas das comunicações globais e na troca mediada eletronicamente de símbolos, sons e imagens.

Como processamos então a nossa criação de significado na era da informação? A sugestão aqui deixada é que *continuamos a fazê-lo pela formação de identidade de grupo e diferenças de grupo, da interação pessoal/social e dos rituais/práticas do dia-a-dia, da compreensão (e mudança) das regras, normas e convenções, do acesso às narrativas, histórias e fantasias, mas acumulando a interação face a face com uma crescente possibilidade de mediação oferecida pelos meios de comunicação de massa e comunicações globais, visível no número de horas em que interagimos com as diferentes mídias e da sua presença no nosso cotidiano.*

Seguindo essa idéia, sugeriria que a resposta à pergunta sobre que cultura é a da era da informação é que se trata de uma *cultura da virtualidade real.* Segundo Castells (2004b),

> é virtual porque está construída principalmente por meio de processos virtuais de comunicação de base eletrônica. É real (e não imaginária) porque é a nossa realidade fundamental, a base material com que vivemos a nossa existência, construímos os nossos sistemas de representação, fazemos o nosso trabalho, nos relacionamos com os outros, obtemos informação, formamos a nossa opinião, atuamos politicamente e alimentamos os nossos sonhos. Esta virtualidade é a nossa realidade

A cultura de uma sociedade onde a *mediação* ganhou um espaço que emparelha, na importância que lhe conferimos, com a comunicação.

Neste capítulo, demonstrou-se a inadequação do uso do conceito de sociedade da informação como caracterizador das mudanças sociais em curso nas sociedades contemporâneas. Argumentou-se igualmente que a noção de *sociedade em rede* (Castells, 2002) como ilustradora de uma mudança do paradigma organizacional será mais adequada para caracterizar sociedades que, não sendo de informação, são claramente informacionais. Nesse contexto, também a cultura das sociedades informacionais se diferencia de modelos culturais majoritários até há algumas décadas. As sociedades informacionais são culturalmente caracterizadas por assumirem características de virtualidade real.

Mas se a tecnologia é comum, como o modelo de organização social, a rede, e as características culturais também o são, isso não quer dizer que estejamos perante um único modelo de sociedade informacional. Pelo contrário, as sociedades continuam a ser construídas a partir daquilo que são, e do que escolhem ser, em termos culturais, econômicos, políticos e sociais. *Daí que existam múltiplas sociedades em rede, umas em transição, outras à procura de afirmação de diferentes modelos informacionais*, que também lidam de forma diferente com os espaços de *mediação* e com as formas de autonomia que promovem.

Como sugere Nordenstreng (2001), tomar como ponto de partida o conceito de *sociedade informacional*, em termos históricos ou econômicos, na definição do que quer dizer informação nas nossas sociedades (ou de como elas a apropriam) foi uma contribuição particularmente útil, uma vez que permite uma contextualização para a compreensão do sistema de mídia e da forma como domesticamos as tecnologias e o seu uso nos espaços de mediação simbólica (Silverstone, 1999; Ortoleva, 2004; Colombo, 2000c). Daí que o primeiro estágio de compreensão de como a *autonomia é gerida e a cidadania exercida, na era da informação, pela seleção e articulação de diferentes mídias* passa necessariamente pela análise dos modelos informacionais de sociedade.

Sociedades em transição para a sociedade em rede

Vários analistas têm proposto que as sociedades vivem uma transformação significativa que pode ser caracterizada por duas tendências paralelas que enquadram o comportamento social: individualismo e comunalismo (Castells, 2003a).

Individualismo aqui é a construção de sentido em torno da concretização dos projetos individuais. E comunalismo a construção de sentido em torno de um conjunto de valores definidos por uma coletividade restrita e internalizados pelos seus membros.

Diferentes observadores têm olhado para essas duas tendências como potenciais fontes de desintegração das atuais sociedades, enquanto as instituições sobre as quais elas se fundamentam perdem a sua capacidade integradora, isto é, são cada vez mais incapazes de fornecer sentido às pessoas: a família de modelo patriarcal, as associações cívicas, as empresas e, acima de tudo, a democracia representativa e o Estado-nação, que foram de algum modo pilares fundamentais da relação entre a sociedade e as pessoas, ao longo do século XX (Castells, 2002; Castells e Ince, 2004; Giddens e Hutton, 2000).

Mas pode haver uma hipótese diferente. Talvez aquilo a que se assista não seja a desintegração e fracionamento da sociedade, mas a reconstrução das instituições sociais e, além disso, da própria estrutura social, com base nos projetos autônomos dos sujeitos sociais. Essa autonomia (perante as instituições e organizações da sociedade) pode ser vista como individual ou coletiva, neste último caso relativa a um grupo social específico definido pela sua cultura autônoma.

Nessa perspectiva, a autonomização dos indivíduos e grupos é seguida pela sua tentativa de reconstruir sentido, numa nova estrutura social, a partir dos seus projetos autodefinidos. A internet em conjugação com os meios de comunicação de massa, ao fornecer os meios tecnológicos para a socialização do projeto de cada um numa rede de sujeitos similares, torna-se uma poderosa ferramenta de reconstrução social e não um pretexto para a desintegração. Mas essa reconstrução social não terá de seguir a mesma lógica dos valores da sociedade industrial tardia, de onde surge a nova estrutura.

No entanto, sendo a internet uma tecnologia, a sua apropriação e domesticação (Silverstone, 1994) podem também ocorrer de forma conservadora mantendo-a apenas como propiciadora da continuidade da vida social, tal como ela se encontrava pré-constituída.

Os exemplos são muitos. Se quisermos alargar o nosso campo de visão podemos olhar para a internet como instrumento de manutenção de uma sociedade patriarcal fundamentada em uma interpretação fundamentalista do Islã, quando a vemos ser utilizada para o recrutamento de ativistas para a Al-Quaeda; ou como instrumento de perpetuação de velhos modelos de funcionamento da administração pública, quando as páginas online dos ministérios nada mais oferecem do que os contatos telefônicos dos serviços, numa lógica de substituição dos classificados em papel pelo hipertexto em circuito fechado institucional. Ou ainda quando nos limitamos a construir uma página pessoal em que centramos conteúdos em torno da personalidade e identidade individual sem qualquer ligação a entidades de afiliação, recusando assim a lógica da partilha numa rede de interesses.

Ou seja, a hipótese para a análise da evolução social e do papel da internet nesse processo é que ela é uma ferramenta para a construção de projetos, no entanto, se for apenas utilizada como mais um meio de fazer algo que já fazemos, então o seu uso será limitado e não necessariamente diferenciador de outras mídias existentes (como, por exemplo, a televisão, no que diz respeito ao entretenimento e informação noticiosa).

Como se verifica pela análise das realidades de duas sociedades em transição, como a catalã e a portuguesa (Castells et al., 2003; Cardoso et al., 2005), a internet é apropriada de forma diferente por várias pessoas e nem todas realizam usos que a diferenciem do que outras mídias poderiam já oferecer. Essa é uma realidade mais perceptível em sociedades onde os níveis de utilização da internet são ainda reduzidos. No entanto, diferentes estudos realizados em diversas sociedades (Cole, 2006) demonstram que essa é uma realidade que não está diretamente ligada ao caráter de transição, ou de afirmação como sociedade informacional, mas sim a variáveis como a dimensão educativa e geracional.

No entanto, há algo nas sociedades em transição que as faz enfatizar mais as diferenças. Ou seja, nas sociedades em transição as divisões entre quem usa e quem não usa tecnologias como a internet são mais fortes e tendem a tornar ainda mais o seu uso dependente da geração a que se pertence: quanto mais jovens e maior o nível de educação, maior a utilização.

Se parece ser um dado adquirido que sociedades como a norte-americana, a finlandesa ou cingapuriana podem ser catalogadas como informacionais (Himanen, Castells e Tornvalds, 2003), como poderemos definir o que são *sociedades em transição para um modelo informacional*, isto é, sociedades onde a marca da organização social em rede já se afirma em amplos setores da sociedade?

Para responder a essa pergunta aprofundaremos a análise de uma sociedade cujas características embora profundamente européias transparecem também proximidades de relacionamento e valores do continente americano: Portugal.

O argumento em torno da escolha de Portugal como exemplo de uma sociedade em transição para a sociedade em rede é o de que se trata de um país que, em diferentes graus, partilha características de desenvolvimento, valores e condicionantes históricas e políticas com um grupo de outras sociedades que têm em comum terem partilhado, nas três últimas décadas, a sua democratização e ao mesmo tempo posições de desenvolvimento informacional similares.

Todas essas sociedades surgem, em diferentes índices de digitalização (ITU, 2003), partilhando um mesmo grupo: os países de alto acesso digital. No caso concreto do índice DAI (ITU, 2003) este grupo de países é liderado pela Espanha e encerrado pelo Brasil, agrupando, entre outros, os países que aqui escolhemos analisar, isto é, aqueles que nos últimos 30 anos foram protagonistas das ondas de democratização (Huntington, 1991; Altman, 2002) na Europa e na América do Sul:[22] Espanha, República Tcheca, Grécia, Portugal, Hungria, Polônia, República Eslovaca, Chile, Uruguai, Argentina e Brasil.

[22] Huntington sugere que ocorreram durante as décadas de 1970 e 1980 transições de sistemas políticos não-democráticos para democráticos e que essas mudanças podem ser enquadradas num plano mais vasto de tendência para a transição democrática. Não querendo aprofundar as diferentes premissas defendidas por Huntington, julgo que a sua contribuição para a análise proposta aqui sobre as sociedades em transição para a sociedade em rede é o fato de o autor estabelecer uma articulação entre diferentes zonas geográficas e sociedades no plano dos valores. Ou seja, todas as sociedades aqui analisadas partilharam nas três últimas décadas um valor comum, a procura de democracia, e buscam hoje inserir-se na economia mundial como sociedades informacionais colocando-se segundo a maioria dos indicadores numa zona de transição.

No entanto, por ser necessário comparar esse conjunto de países com um grupo de países mais informatizados, escolhemos também analisar de modo comparativo a Finlândia, os EUA e Cingapura. Por último, também analisaremos a Itália nesse contexto de transição, pois, embora fazendo parte do G-7, configura um modelo proto-informacional (Castells, 2002) que se aproxima, em várias dimensões, mais de uma sociedade em transição do que de uma sociedade informacional plena.

Analisaremos Portugal como exemplo paradigmático de transição em curso mas, ao mesmo tempo, buscaremos identificar as características que tornam sociedades tão diferentes entre si, como a espanhola, a grega, a Tcheca, a eslovaca, a húngara, a polonesa, a argentina, a chilena, a uruguaia e a brasileira, em *sociedades em transição para a sociedade em rede.*

Sociedades em transição na rede global

A análise dos diferentes modelos de sociedade informacional pode tomar como ponto de partida a individualização de quatro dimensões (tecnologia, economia, bem-estar social e valores) pelas quais pode-se compreender melhor qual a posição relativa de cada sociedade no panorama global das sociedades informacionais (Himanen, Castells e Tornvalds, 2003). Considera-se que uma sociedade é informacional se possui uma sólida tecnologia de informação — infra-estrutura, produção e conhecimento (Himanen, Castells e Tornvalds, 2003).

A Finlândia, os EUA e Cingapura são sociedades informacionais avançadas e igualmente economias dinâmicas porque são internacionalmente competitivas, têm empresas produtivas e são inovadoras. Mas porque "(...) a tecnologia e a economia não são mais do que uma parte da história" (Himanen, Castells e Tornvalds, 2003:31), pode-se dizer que uma sociedade é *aberta* se o é politicamente, isto é, no nível da sua sociedade civil, e se está receptiva aos processos globais. Igualmente o seu bem-estar social pode ser avaliado em

---

Os países aqui analisados como em transição para a sociedade em rede são quase todos citados por Huntington como exemplo comum de transição democrática. Por exemplo, o autor enquadra três tipos de transição em que se inserem os países aqui analisados: transformações (como o caso espanhol, a Hungria e o Brasil), em que as elites no poder assumiram a liderança dos processos de passagem para a democracia; substituição (como em Portugal e na Argentina), em que os grupos de oposição lideraram o processo de democratização; transposições (como na Polônia e na Tchecoslováquia), em que a democratização ocorreu a partir da ação conjunta do governo e da oposição).

função da sua estrutura de rendimentos e da cobertura oferecida aos seus cidadãos em saúde e educação.

Portugal, quando olhado a partir de uma perspectiva de evolução de modelos de desenvolvimento, é um país que se encontra num processo de transição de uma sociedade industrial para uma sociedade informacional. No entanto, trata-se de uma sociedade industrial que, como as sociedades italiana e espanhola, é em grande medida constituída por pequenas e médias empresas e nunca se afirmou fortemente como produtor industrial em larga escala (Castells, 2002). Portugal assumiu na segunda metade do século XX aquilo que se pode designar por proto-industrialismo e procura agora atingir um proto-informacionalismo (Castells, 2002). Como exemplo de sociedade em transição, a análise de Portugal permite-nos perceber que se trata de um país que pelas suas múltiplas redes de pertencimento (que vão da inserção na União Européia à manutenção das boas relações quanto à defesa com os EUA, ao estabelecer redes de parceria com o Brasil, com as ex-colônias africanas e asiáticas e as regiões dotadas de autonomia na vizinha Espanha) procura adaptar-se às condições de mudança da economia global e esse é um padrão comum a todas as sociedades em transição.

Hoje em dia não é difícil encontrar, em documentos produzidos nas instituições da União Européia, ou no quadro da OCDE e mesmo da ONU, que a equação para o desenvolvimento econômico e social dos países, cidades ou zonas na era da informação é a apropriação do uso das ferramentas tecnológicas e a sua integração nos circuitos produtivos e de relacionamento pessoal. Para isso, é necessário realizar a inserção efetiva das mesmas no tecido empresarial e no nível do Estado (na gestão da República, na formação, na gestão do território e na sua defesa etc.).

Na segunda metade da década de 1990, o investimento em tecnologias de informação, como fonte de formação do PIB, em países como os EUA, a Grã-Bretanha e o Canadá, equivaleu em percentagem à contribuição isolada do trabalho ou do investimento em capital não oriundo de tecnologias de informação (Jorgenson, 2006). A tendência de aproximação da contribuição do investimento em tecnologias de informação à de outros investimentos em capital ou à do trabalho parece ser geral para todos os diferentes países mais desenvolvidos, embora ocorrendo em grau variado em cada um. Igualmente registra-se a tendência de aumento em todos os países do valor agregado introduzido pelas tecnologias de informação na formação do valor agregado no setor de serviços (OCDE, 2004c).

Esclarecendo um pouco, salienta-se que, ao contrário do muitas vezes apregoado, o tecido produtivo da era da informação não é, simplesmente, o das empresas tecnológicas (as chamadas .com, "dot com"), mas sim o das empresas que saibam incorporar as tecnologias de informação no seu processo produtivo, organizacional, de distribuição e de promoção.

Assim, a nova economia não é apenas as amazon.com, e-bay ou as empresas de telecomunicações, embora façam parte dessa mesma economia, mas também empresas que, como a Inditex (grupo espanhol detentor da Zara, entre outras marcas de roupa), souberam usar a internet para atingir os seus objetivos econômicos (Castells, 2004b).

Aliás, as empresas de setores tradicionais são em muito maior número que as puramente tecnológicas ou diretamente vocacionadas para o online. E um tecido produtivo terá hoje, como aliás tem acontecido ao longo dos séculos, um setor dinamizador e igualmente outros que aproveitam esse mesmo dinamismo para inovar.

Qualquer país ou zona geográfica para triunfar nesse jogo de importações e exportações e desenvolvimento de competências necessita também de quadros com capacidade de utilizar a tecnologia para inovar, seja no círculo econômico ou no Estado. Quadros que realizem trabalhos repetitivos — ou não-criativos — mas com a utilização dessas tecnologias, uma infra-estrutura de telecomunicações, um tecido empresarial inovador, um Estado que saiba criar as condições para a formação das pessoas, de reconversão dos seus modelos organizacionais e de gestão e que estabeleça leis de regulação, enquadramento e incentivo.

As tabelas a seguir comparam Portugal e os outros países de transição com três modelos de sociedades informacionais que são: Silicon Valley, uma sociedade orientada para o mercado e aberta; Cingapura, um regime informacional autoritário; e, por fim, o modelo finlandês de uma sociedade-previdência informacional.

Se a qualificação de uma sociedade como informacional se baseia numa sólida tecnologia da informação no nível da infra-estrutura, produção e conhecimento, como se posicionam esses países?

A maior parte dos países aqui considerados para análise no que se refere ao índice de desenvolvimento tecnológico em 2001 encontrava-se (UNDP, 2001) no que podemos designar como segunda divisão — os chamados líderes potenciais. Essa segunda divisão é comandada pela Espanha (19º lugar) e pela Itália (20º lugar). O Brasil fechava a lista de países em transição para a sociedade em rede aqui em análise.

No entanto, o Brasil merece uma atenção especial, pois, segundo o IMD (2004), se considerarmos a dimensão competitividade para o Brasil todo, veremos que ocupa a 53ª posição, mas se pensarmos apenas no estado de São Paulo, onde em torno da Universidade de Campinas se concentram pólos tecnológicos de elevado potencial e a contribuição para o PIB em 1998 era de cerca de 1/3 do total, então a posição de São Paulo em nível global é a 47ª. No entanto, essa não é apenas uma particularidade do Brasil, pois, nas sociedades em transição, parece ocorrer uma diferenciação geográfica em termos da integração na economia global.

Quadro 1
Technological achievement index (TAI, 2001)

País	Posição relativa no TAI	Grupo
Espanha	19ª	*Potential leaders*
Itália	20ª	*Potential leaders*
República Tcheca	21ª	*Potential leaders*
Hungria	22ª	*Potential leaders*
Eslováquia	25ª	*Potential leaders*
Grécia	26ª	*Potential leaders*
Portugal	27ª	*Potential leaders*
Polônia	29ª	*Potential leaders*
Argentina	34ª	*Potential leaders*
Chile	37ª	*Potential leaders*
Uruguai	38ª	*Dynamic adopters*
Brasil	43ª	*Dynamic adopters*

Fonte: UNDP, 2001.

A inclusão seletiva a que Castells (2002) se refere, quando analisa o espaço de fluxos, é uma realidade perceptível no caso da relação estabelecida entre Catalunha e Espanha ou Lombardia e Itália (IMD, 2004), ou ainda no caso da zona de Buenos Aires e Argentina (Amadeo, 2005).

Os países mais populosos parecem aparentemente não ser capazes, ou preferir optar por não efetuar essa transição para sociedades informacionais e organizadas em rede para todo o seu território e população, pelo menos nessa fase histórica.

A semelhança entre os países identificados encontra eco em outros índices internacionais como o *digital access index* (DAI), da International Telecommunications Union (ITU, 2003). Principalmente porque o DAI estabelece categorias de identificação como: infra-estrutura (para se referir às linhas telefônicas, assinaturas de celulares e internet); custo (tarifas de acesso e uso de internet perante o PIB); conhecimento (habilidades e inclusão no sistema de ensino); qualidade (largura de banda internacional e assinantes de banda larga); e utilização da internet.

Ao comparamos essas categorias entre os países líderes (como a Finlândia, EUA e Cingapura) e as sociedades aqui designadas de transição, percebemo-nos que não são apenas os baixos níveis de utilização tecnológica das últimas que marcam a diferença. De fato, nos últimos anos temos notado que as análises dos próprios intervenientes nos processos tecnológicos, como as operadoras de telecomunicações, começam a aceitar que a infra-estrutura de comunicação não é o único elemento explicativo para as diferenças entre países e que o rendimento e a educação têm também uma elevada importância (ITU, 2003). Só olhando a sociedade de uma forma integrada, considerando a infra-estrutura, a produção e o conhecimento (Himanen, Castells e Tornvalds, 2003), pode-se identificar os processos de transição em curso nas sociedades contemporâneas.

A análise de comparações internacionais no domínio da tecnologia mostra-nos uma realidade aparentemente convergente entre as diferentes sociedades estudadas. Assim, todas elas apresentam valores de máquinas ligadas à internet próximos de 1/4 da média das economias avançadas, e também de cerca de 1/3 das exportações de alta tecnologia realizado pelas economias avançadas (à exceção de Polônia, Uruguai e Argentina), apresentando, por último, valores de utilização da internet de mais de 2/3 da média das economias avançadas (à exceção de Argentina e Brasil). No geral, os países aqui analisados apresentam sempre melhores resultados e valores mais equilibrados na dimensão de "conhecimento" tecnológico do que nas de "infra-estrutura" e "produção tecnológica". No entanto, a irregularidade de performance nestas duas últimas categorias parece ser um marco distintivo dessas sociedades, por nesse processo de transição não conseguirem ainda estabilizar bons resultados em todas as categorias.

Exemplos dessa irregularidade de resultados são os valores do Brasil (19%) e Hungria (25%) diante da média de exportações de alta tecnologia do G-7 (21%) ou os contratos de celulares de Portugal, Espanha, Itália, Grécia e República Tcheca, todos eles acima da média do G-7, ou ainda taxas de crescimento de servidores seguros em Portugal, República Tcheca, Eslováquia, Hungria, Polônia, Grécia, Chile e Argentina com valores próximos, ou superiores, aos das três economias informacionais analisadas (Finlândia, EUA e Cingapura).

No entanto, deve-se considerar também particularidades das sociedades em transição, sem o que poderá ser difícil explicar algumas das suas performances, como, por exemplo, a questão da penetração de servidores seguros. O fato de Portugal e Espanha possuírem taxas mais altas de caixas eletrônicos (ATM) por milhão de habitantes, com respectivamente 1.047 e 1.230 máquinas para uma média da União Européia de 700, permitiu o desenvolvimento de sistemas alternativos ao uso de cartão de crédito e servidores seguros para compras pela internet. Em Portugal, por existir um sistema de cartão de débito comum a todo o sistema bancário, o "Multibanco", foi possível efetuar encomendas online conjugadas com pagamento via rede ATM, criando, assim, um canal eletrônico alternativo e de maior segurança nas transações. Esse é um exemplo entre outros que nos ajuda a perceber que além dos traços comuns e dos individuais existem por vezes situações comuns a dois ou mais países, permitindo identificar alguns subgrupos característicos no cenário da transição aqui analisada.

Tabela 1
Comparações internacionais no domínio da tecnologia de informação

	Finlândia	EUA	Cingapura	Portugal	Espanha	Itália	República Tcheca	Economias avançadas
Infra-estrutura								
Máquinas ligadas à internet (por 10 mil hab.)[a]	1.707,25 (3)	3.714,01 (1)	478,18	239,28	133,24	117,28	209,78	819,15
Contratos de celulares (por mil hab.)[b]	367	488	796	825	824	939	849	740
Produção								
Exportações de alta tecnologia sobre o total de exportações (%)	24	32	60	7	7	9	14	21
Comércio eletrônico (servidores seguros por 100 mil habitantes)[c]	14,9	33,23 (1)	17,31	2,34	3,2	2,2	3,8	16,3
Taxa de crescimento de servidores seguros, 1998-2001 (%)	356	397	527	600	358	460	796	555
Relação entre *hosts* e servidores seguros, 2001	1.144	1.139	357	1.054	423	527	541	692
Conhecimento								
Usuários da internet, 2001 (%)[d]	75,95	71,1	40,8	37,79	35,45	53,21	46,51	53
Proporção da participação da população estudantil no ensino superior em ciências (%)[e]	37	13,9	24,2	31	31	28	34	25,0
Cientistas e engenheiros em P&D (por milhão de pessoas)[b]	7.110	4.099	4.052	1.754	1.948	1.128	1.466	2.778
Teste Pisa de habilidade em matemática	544 (2)	483 (25)	–	466 (29)	485 (25)	466 (29)	516 (12)	504
Teste Pisa de habilidade em ciências	548 (1)	491 (20)	–	468 (31)	487 (22)	486 (22)	523 (5)	510

Continua

	Eslováquia	Hungria	Grécia	Polônia	Chile	Argentina	Uruguai	Brasil	Economias avançadas
Infra-estrutura									
Máquinas ligadas à internet (por 10 mil hab.)[a]	134,29	168,04	135,18	126,82	79,20	124,14	210,93	95,31	819,15
Contratos de celulares (por mil hab.)[b]	544	676	845	363	428	178	193	201	740
Produção									
Exportações de alta tecnologia sobre o total de exportações (%)	3	25	10	3	3	7	3	19	21
Comércio eletrônico (servidores seguros por 100 mil habitantes)[c]	1,9	1,8	1,7	1,7	1,2	0,8	–	0,9	16,3
Taxa de crescimento de servidores seguros, 1998-2001 (%)	1.040	936	765	1.830	678	1.000	–	429	555
Relação entre *hosts* e servidores seguros, 2001[d]	697	941	813	743	645	1.604	–	1.303	692
Conhecimento									
Usuários da internet 2001 (%)[e]	–	46,21	25,87	38,68	34,8	14,9	34,5	9,9	53
Proporção da participação da população estudantil no ensino superior em ciências (%)[f]	43	32	–	–	43	30	24	23	25,0
Cientistas e engenheiros em P&D (por milhão de pessoas)[b]	1.774	1.440	–	1.473	419	684	276	323	2.778
Teste Pisa de habilidade em matemática	498 (19)	490 (22)	445 (32)	490 (22)	–	–	422 (34)	356 (38)	504
Teste Pisa de habilidade em ciências	495 (18)	503 (14)	481 (25)	498 (17)	–	–	438 (33)	390 (38)	510

Fonte: Adaptado de Himanen, Castells e Tornvalds (2003), exceto dados de Portugal obtidos no relatório UNDP *Human development report.*

[a] Valores para todos os países obtidos em World Indicators, ITU. Disponível em: <http://www.itu.int/itunews/issue/2002/04/table4.html>.

[b] Valores para todos os países obtidos no relatório UNDP (2003).

[c] Valores obtidos por Netcraft em dez. 2001. Disponível em: <http://www.atkearney.com/shared_res/pdf/Secure_servers_2002_S.pdf>.

[d] Valor de *hosts* obtido em World Indicators, ITU. Disponível em: <http://www.itu.int/itunews/issue/2002/04/table4.html>.

[e] Dados ESS (2003), World Internet Projet (2004). Disponível em: <http://www.internetworldstats.com/stats2.htm>.

[f] Definição da Unesco para este indicador: "*gross enrolment in tertiary education – total enrolment in tertiary education regardless of age, expressed as a percentage of the population in the five-year age group following the secondary-school leaving age*".

Obs.: os números entre parênteses indicam a posição em relação ao primeiro do *ranking.*

É também no campo do conhecimento, neste caso já não apenas tecnológico, que a marca geracional que parece atravessar quase todas essas sociedades mais se manifesta. A questão educativa é fundamental para a análise da transição para a sociedade em rede de organização econômica informacional porque, como iremos verificar, existe uma forte correlação em todas as sociedades entre as competências educativas presentes e o número de usuários da tecnologia-base da sociedade em rede: a internet.

Os valores de utilização da internet são um marco para a caracterização da transição de uma sociedade para a sociedade em rede porque esses valores espelham tanto a dimensão de uso no quadro de socialização quanto no de potencial de mercado. Sem um número elevado de usuários também não há incentivo ao aumento do comércio eletrônico (seja no nível interempresas ou com particulares).

Tabela 2
Uso da internet por país, segundo o grau educacional mais elevado (%)

Países	Not completed primary education*	Primary or first stage of basic*	Lower secondary or second stage of basic*	Upper secondary*	Post secondary, non-tertiary*	First stage of tertiary*	Second stage of tertiary*
Portugal	21,10	18,86	37,24	48,87	–	48,61	50,00
Áustria	16,66	–	33,88	51,45	77,09	–	76,62
Bélgica	7,69	10,61	29,94	45,22	61,53	–	77,39
Suíça	35,29	–	39,78	52,88	73,91	82,89	90,47
Rep. Tcheca	30,00	–	14,28	23,74	47,61	62,50	60,00
Alemanha	–	–	–	–	–	–	–
Dinamarca	–	20	46,07	61,08	73,46	84,50	100
Espanha	0,91	1,69	16,63	31,68	44,64	61,79	68,42
Finlândia	25	15,18	55,55	63,94	–	79,20	100
França	6,08	8,93	25,10	24,16	49,57	67,06	77,04
Grã-Bretanha	–	–	26,34	66,60	57,21	74,71	91,83
Grécia	0,90	0,431	6,04	14,12	31,81	47,00	60
Hungria	1,51	16,58	6,63	23,49	–	40	58,69
Irlanda	–	9,09	28,94	46,47	65,38	77,77	75,00
Israel	–	5,40	24,59	30,61	37,25	64,07	67,44
Itália	–	0,88	21,83	50,35	55,40	59,27	85,96
Luxemburgo	–	20,00	50,00	61,53	–	100	100,00
Holanda	–	21,875	38,57	66,02	71,79	79,40	80,00
Noruega	–	–	25,49	60,75	77,77	80,51	90,00
Polônia	–	3,70	5,63	12,40	18,79	42,95	43,64
Suécia	88,88	37,43	57,44	83,33	–	83,01	89,74
Eslovênia	–	–	19,51	15	53,84	55,55	85,71

Fonte: European Social Survey, 2002/2003.

* Por causa das diferentes denominações dos graus de ensino no contexto europeu, optou-se por utilizar as denominações originais da ESS.

Como se pode ver na tabela 2, a relação entre acesso e utilização depende de um fator fundamental: o grau de educação. A idade desempenha também um fator de mobilização, pois facilita o uso por causa do pertencimento a grupos e práticas compartilhadas entre as populações escolares. No entanto, diferentes estudos demonstram que a relação direta mais forte se estabelece entre o nível de escolaridade e a utilização efetiva da internet.

Quanto à análise comparativa entre países, nota-se que nas sociedades informacionais o uso da internet por quem concluiu o ensino médio corresponde de 60% a 90% dos usuários do ensino superior, enquanto nas sociedades em transição esses valores são inferiores a 50%. A exceção registrada é Portugal, com o valor de 90%, pois o número de cidadãos portugueses que concluíram o segundo grau é relativamente baixo e conseqüentemente aproxima-se percentualmente dos que concluíram o ensino superior.

Embora, até aqui, tenha-se analisado apenas países europeus, uma ampliação geográfica, como a proposta pelo World Internet Projet (2004), revela as mesmas relações entre uso de internet e educação.

Tabela 3
Taxa de uso da internet na população com ensinos médio e superior (%)

Países	Médio	Universitário
Grã-Bretanha	64,4	88,1
Portugal	64,8	75,1
Alemanha	66,0	62,6
Hungria	14,6	45,5
Itália	53,5	77,3
Japão	45,7	70,1
Coréia	44,9	77,7
Macau	49,5	76,7
Cingapura	66,3	92,2
Espanha	47,6	80,5
Suécia	76,4	83,8
Taiwan	18,2	54,9
EUA	61,0	87,1

Fontes: CIES, pesquisa *Sociedade em Rede em Portugal*, (2003), para Portugal; os outros países, World Internet Projet (2004).

Na caracterização de sociedades em transição, aparentemente, as semelhanças cruzam-se com as exceções e a questão do acesso à internet oferece um novo exemplo para a afirmação das singularidades.

Embora seja possível estabelecer semelhanças entre as taxas de acesso de alguns dos países analisados (Portugal, Polônia, Espanha) também imediatamente encontramos diferenças quanto ao uso efetivo desse acesso. Se estabelecermos uma proporção entre acesso e uso, verificamos que Portugal é dos países que mais uso faz da disponibilidade existente, ficando assim ao lado de países líderes como a Noruega, Holanda e Finlândia e à frente de outras sociedades em transição, como a República Tcheca, com altos índices de acesso, mas utilização efetiva muito baixa pela sua população.

O que essa proporção do aproveitamento da disponibilidade de acesso existente mede é o uso efetivo da tecnologia, demonstrando que devem existir também outros fatores, endógenos a cada sociedade, que possam explicar o porquê das diferenças na utilização de uma tecnologia mesmo quando o acesso é em princípio elevado.

A análise dos valores obtidos para Portugal e outros países europeus demonstra que, em certas condições, mesmo quando o grau de acesso aumenta isso não se refletirá diretamente num aumento do uso, pois ocorrem dinâmicas próprias a cada país e que podem explicar os diferentes ritmos de socialização da tecnologia.

Tabela 4

Proporção do aproveitamento do uso do acesso à internet

Países	Possui acesso à internet em casa ou no trabalho (%)*	Utiliza a internet (%)**	Proporção do aproveitamento da disponibilidade de acesso existente
Portugal	37,79	29,72	0,79(4)
Áustria	67,22	54,37	0,81(3)
Bélgica	67,14	43,70	0,65
Suíça	72,89	57,85 (3)	0,79(4)
República Tcheca	46,51	27,56	0,59
Alemanha	–	–	–
Dinamarca	76,61 (3)	62,39(2)	0,81(3)
Espanha	35,45	22,20	0,63
Finlândia	75,95 (4)	56,19	0,74
França	50,00	37,28	0,75
Reino Unido	57,55	45,21	0,79 (4)
Grécia	25,87	13,40	0,52
Hungria	46,21	19,63	0,42
Irlanda	66,12	40,39	0,61
Israel	54,25	39,22	0,72
Itália	53,21	30,51	0,57
Luxemburgo	68,57	51,43	0,75
Holanda	73,05	55,88	0,76
Noruega	75,29 (5)	62,07(4)	0,82(2)
Polônia	38,68	23,88	0,62
Suécia	77,96 (2)	66,94(1)	0,86 (1)
Eslovênia	78,92 (1)	36,14	0,46

Fonte: ESS, 2003.

* Os valores referem-se à soma agregada de todos os que responderam ter acesso, independentemente do grau de utilização.

** Os valores referem-se à soma agregada daqueles que efetivamente fazem uso pessoal da internet (sendo que o uso pessoal definido como uso privado ou recreativo não tem a ver com a ocupação profissional de cada um).

Obs.: os números entre parênteses indicam a posição em relação ao primeiro do *ranking*.

Se a relação entre o uso da internet e educação parece ser transversal a todos os países, há outra característica na dimensão educativa que parece ser comum a quase todos eles — à exceção da República Tcheca, todos apresentam fortes separações geracionais na conclusão dos ensinos médio e superior. Os países podem ser agrupados em três grupos. O primeiro enquadra a maior parte dos países, ou seja, todos aqueles que entre gerações apresentam taxas de crescimento da conclusão dos níveis de ensino com variações entre 300% e 50%. Esse grupo é heterogêneo, pois se países como Grécia e Hungria apresentam nas gerações mais novas valores que os posicionam acima dos 70% de conclusão do ensino médio, Portugal, Brasil e Uruguai estão abaixo dos 40%. Ainda dentro do mesmo grupo e numa posição intermediária encontram-se Espanha, Polônia, Argentina e Chile, todos eles com valores próximos dos 60% da população com o ensino médio concluído nas gerações mais novas. Esse grupo é também caracterizado (com exceção da Grécia) por valores claramente abaixo da média de conclusão do ensino superior do G-7.

O segundo grupo de países, constituído pela República Tcheca e Eslováquia, parece posicionar-se claramente melhor, oferecendo uma diminuta separação geracional em termos do ensino, já que mesmo nas gerações mais velhas a conclusão do ensino médio rondava já valores próximos, ou acima, dos 70%.

Por último, temos o terceiro grupo constituído pela Itália, um país que se caracteriza por elevadas taxas de crescimento na conclusão do ensino médio nas gerações mais novas e por valores muito próximos dos da Finlândia no que se refere à aposta no superior pelas gerações mais novas. A Itália apresenta-se, assim, de novo como uma sociedade dual: simultaneamente informacional e em transição.

A análise geracional em torno da educação também pode ser observada quando olhamos a relação entre idade e uso da internet.

Tabela 5
Percentagem de indivíduos por grupo etário que completaram os ensinos médio e superior por países selecionados

	Finlândia	EUA	Portugal	Espanha	Itália	República Tcheca	Eslováquia	Hungria	Grécia	Polônia	Chile	Argentina	Uruguai	Brasil	Economias avançadas
Médio > 55 anos	52	84	8	18	24	30	68	48	28	37	28	28	23	15	60
Médio 25-34 anos	88	87	35	58	60	38	93	82	72	53	61	52	38	32	80
Taxa de crescimento (%)	69,23	3,57	337,50	222,22	150,00	10,00	36,76	70,83	157,14	43,24	117,86	85,71	65,22	113,33	
Superior > 55 anos	23,4	33,2	4,6	10,5	6,7	10,6	8,6	12,6	10,2	10,5	6	9	7	6	18
Superior 25-34 anos	39	39	15	37	12	12	12	15	24	16	12	15	9	14	27
Taxa de crescimento (%)	66,67	17,47	226,09	252,38	79,10	13,21	39,53	19,05	135,29	52,38	100,00	66,67	28,57	133,33	

Fonte: OECD, 2003, 2004.

Tabela 6
Uso da internet por faixa etária e por países (%)

Países	15-24 anos	25-34 anos	35-54 anos	+ de 55 anos
Áustria	81,81	75,28	65,73	21,02
Bélgica	75,60	63,35	48,18	12,69
Suíça	88,00	76,82	71,48	29,14
República Tcheca	73,07	39,82	38,46	10,31
Dinamarca	91,66	81,33	72,95	33,33
Espanha	50,15	35,98	28,81	3,78
Finlândia	91,93	82,53	63,94	22,29
França	62,67	53,90	45,00	13,28
Grã-Bretanha	73,34	62,05	59,49	20,01
Grécia	32,60	25,71	15,73	1,95
Hungria	63,55	27,55	15,24	4,15
Irlanda	62,79	56,60	46,78	16,34
Israel	55,68	52,631	37,93	18,69
Itália	48,87	52,83	33,28	8,67
Luxemburgo	85,71	80,00	54,54	18,18
Holanda	87,09	76,26	67,30	29,97
Noruega	85,71	80,00	74,28	30,70
Polônia	53,32	34,25	18,81	3,43
Suécia	66,30	65,45	50,97	21,21
Eslovênia	67,85	53,57	38,33	7,54
Média	68,91	57,56	46,56	16,61

Fonte: ESS, 2003.

Outra característica comum às sociedades em transição, neste caso somente sociedades européias, é o fato de existir uma forte diferença entre os usos dos mais velhos e dos mais novos.

Nas sociedades em transição nas quais existiam dados comparativos (Portugal, Espanha, República Tcheca, Grécia, Hungria e Polônia) verifica-se que os cidadãos mais velhos que fazem uso da internet correspondem apenas a 10% dos usuários mais jovens. Já no caso de sociedades informacionais européias, esses valores situam-se quase sempre algo acima dos 20%.

Tabela 7
Comparação internacional da taxa de uso da internet por faixas etárias (%)

	Grã-Bretanha	Portugal	Alemanha	Hungria	Itália	Japão	Coréia	Espanha	EUA	Macau
16 a 24 anos	80,1	58,8	59,6	45,1	66,4	80,6	95,1	70,2	90,8	83,9
35 a 44 anos	72,8	30,4	55,6	13,7	37,4	63,0	49,5	31,7	74,5	35,6
55 a 64 anos	38,7	5,4	31,6	4,3	9,0	22,2	11,5	11,7	67,3	8,5

Fontes: CIES, pesquisa *Sociedade em Rede em Portugal,* (2003), para Portugal; os outros países, World Internet Projet (2004).

Também a dimensão etária extravasa a mera comparação européia, pois, como se pode observar, tanto sociedades européias quanto americanas e asiáticas oferecem a possibilidade de análises comparativas intergeracionais. A Itália apresenta-se como a da país que se situa num patamar intermediário entre sociedades informacionais como a da Alemanha, Grã-Bretanha, Japão e EUA e outras em transição como Portugal, Espanha e Hungria.

A explicação dessas diferenças entre gerações no uso da internet parece, para as sociedades em transição, fundamentar-se majoritariamente na diferença de posse de habilidades básicas enquanto no caso das sociedades mais desenvolvidas informacionalmente as diferenças estarão provavelmente mais ligadas à disponibilidade de conteúdos que se adaptem aos interesses de todas as gerações e à dimensão das redes de sociais que essa tecnologia poderá oferecer aos cidadãos mais velhos.

Todos os fatores até aqui analisados nas dimensões da infra-estrutura, produção e conhecimento e também os referentes às competências adquiridas, estrutura de emprego e predominância de áreas de baixa e média tecnologias na economia têm visibilidade também no nível da produtividade comparada das economias e do seu PIB *per capita.*

Num índice 0-100 de competitividade, em que a média das economias avançadas é de 74 pontos, as sociedades em transição aqui analisadas ocupam posições muito diferenciadas. O Chile (26), Espanha (31), Portugal (39) e Eslováquia (40) estão entre os primeiros 40 países ou regiões, enquanto os demais ocupam posições entre a 42ª (Hungria) e a 59ª (Argentina).

Se o PIB *per capita* português representa 67% da média das economias mais avançadas, encontrando-se entre os 30 primeiros países numa comparação internacional (junto com a Espanha, Itália e Grécia), já os restantes países (com exceção da República Tcheca, Eslováquia e Hungria) apresentam valores inferiores a 30% do PIB *per capita* das economias do G-7.

A comparação entre sociedades em transição no que diz respeito a indicadores de desenvolvimento informacional apresenta mais disparidades do que traços comuns, no entanto, é possível no que diz respeito ao investimento em P&D e em conhecimento apresentar dois estágios diferentes de transição.

Tabela 8

Comparações internacionais de indicadores de desenvolvimento informacional

	Finlândia	EUA	Cingapura	Chile	Espanha	Portugal	Eslováquia	Hungria	Economias avançadas
Competitividade (índice 0-100)[a]	83 (8)	100 (1)	89 (2)	69 (26)	67 (31)	58 (39)	57 (40)	57 (42)	74
PIB *per capita* (US$)[b]	26,190	35,750	24,040	9,820	21,460	18,280	12,840	13,400	27,009
Crescimento da capitalização na Bolsa, 1996-2000 (%)[c]	894	429	s.d.	70,7	70,4	35,1	7,9	20,2	71,44
Investimento em P&D em % do PIB (2001)[d]	3,4 (2)	2,8	2,1	0,5	1,0	0,8	0,6	0,9	2,0
Investimento em conhecimento em % do PIB (2000)[e]	6,2	6,8	–	–	2,5	2,2	2,4	3,1	4,7
Receitas derivadas da propriedade intelectual e licenças (US$ por mil hab.)[d]	107,5 (5)	151,7 (4)	–	0,4	9,0	3,1	–	35,3	26

Continua

	República Tcheca	Grécia	Itália	Brasil	Polônia	Argentina	Uruguai	Economias avançadas
Competitividade (índice 0-100)[a]	56 (43)	56 (44)	50 (51)	48 (53)	41 (57)	36 (59)	–	74
PIB *per capita* (US$)[b]	15,730	18,720	20,528	7,770	10,560	10,880	7,830	27,009
Crescimento da capitalização na Bolsa, 1996-2000 (%)[c]	21,6	51,7	40,2	26,9	15,0	100,9	0,8	71,44
Investimento em P&D em % do PIB (1996-2000)[d]	1,3	0,7	1,1	1,1	0,7	0,4	0,2	2,0
Investimento em conhecimento em % do PIB (2000)[e]	3,7	1,6	2,3	–	1,9	–	–	4,7
Receitas derivadas da propriedade intelectual e licenças (US$ por mil hab.)[d]	4,4	1,1	9,4	0,6	0,7	0,5	0,2	26

[a] Valores de IMD apud Himanen, Castells e Tornvalds (2003).

[b] Valores para todos os países de *UNDP Human Development Report 2004*.

[c] Adaptado de Himanen, Castells e Tornvalds (2003), exceto dados de Portugal, obtidos na Comissão do Mercado de Valores Mobiliários em <http://www.cmvm.pt/consulta_de_dados_e_registos/indicadores/indicadores.asp>, os valores para Portugal referem-se a 1997-2000.

[d] Adaptado de Himanen, Castells e Torvalds (2003) para Finlândia, EUA e Cingapura, dados restantes obtidos em *World Development Indicators World Bank 2002*.

[e] O investimento em conhecimento é definido como a soma de gastos em P&D, ensino superior e software (OECD Factbook 2005).

Nota: Números entre parênteses referem-se à posição relativa.

Assim, Itália, Brasil,[23] Espanha, Portugal, República Tcheca, Hungria e Eslováquia representam um estágio em que os países investem em P&D e em conhecimento (software, P&D e ensino superior) cerca de 50% dos valores das economias avançadas. Um segundo grupo de países, encabeçado pela Grécia, Polônia, Chile, Argentina e Uruguai, já apresenta valores inferiores a 0,7% do PIB.

Tabela 9
Posicionamento das economias informacionais em análise

	Conectividade	Ambiente de negócios	Adoção de consumidores e negócios	Dimensão política e legal	Ambiente social e cultural	Suporte e serviços	Total
Pesos	**0,25**	**0,20**	**0,20**	**0,15**	**0,15**	**0,05**	–
Finlândia	6,06	8,51	8,45	9,05	9,00	9,25	8,08 (5)
EUA	6,25	8,50	8,22	8,45	9,30	9,40	8,04 (6)
Cingapura	6,70	8,44	8,14	8,31	9,00	8,75	8,02 (7)
Espanha	5,18	7,96	7,49	8,58	7,50	8,00	7,20 (21)
Itália	5,40	7,29	6,80	8,49	8,00	8,25	7,05 (23)
Portugal	4,98	7,49	7,65	8,52	7,25	7,50	7,01 (24)
Grécia	4,49	6,77	6,91	8,19	6,75	7,50	6,47 (27)
República Tcheca	4,74	7,37	6,81	6,73	7,25	7,00	6,47 (27)
Chile	3,82	8,00	6,26	7,69	6,88	7,13	6,35 (29)
Hungria	4,08	7,18	6,49	6,87	7,25	7,00	6,22 (30)
Brasil	3,21	6,36	6,95	6,05	5,88	6,13	5,56 (35)
Polônia	3,01	7,10	5,32	5,88	6,50	6,25	5,41 (36)
Argentina	3,32	5,91	5,95	5,54	6,88	6,38	5,38 (37)

Fonte: *The Economist*, 2004.
Nota: Os países que lideram essa listagem são: Dinamarca, Grã-Bretanha, Noruega e Suécia.[24]
Obs.: Números entre parênteses referem-se à posição relativa.

[23] Para o Brasil, a análise refere-se apenas ao valor para P&D.

[24] *Conectividade e tecnologias de informação*: é medida a utilização da rede básica de telefones, a rede móvel, a internet e o uso de computadores, mas também o custo, a qualidade e a confiança que os serviços oferecem. *Ambiente de negócios*: mede o clima geral de negócios num país como a força da economia, estabilidade política, ambiente regulatório, impostos, política de concorrência, mercado de trabalho, a qualidade da infra-estrutura e a abertura ao comércio e ao investimento. *Adoção por negócios e consumidores*: tenta aferir o nível de práticas de e-business em cada país, ou seja, como a internet é utilizada para automatizar processos de negócio tradicionais e como são as empresas ajudadas pelo desenvolvimento logístico e de sistemas de pagamento online e qual o grau de investimento do setor financeiro do Estado em tecnologias de informação. *Ambiente jurídico e legislativo*: mede o sistema jurídico de um país e a legislação específica utilizada para enquadrar as atividades na internet. Isto é, facilidade de criação de negócios, proteção da propriedade privada, se os governos procuram dar atenção à internet e ao seu desenvolvimento ou se estão apenas preocupados com dimensões de censura e controle dos acessos. *Ambiente social e cultural*: mede os graus de habilidades e educação

Ainda no quadro de comparação internacional de desenvolvimento podemos analisar as economias em transição com base em dois outros níveis de classificação: a preparação das economias para um modelo de desenvolvimento informacional e o seu índice de crescimento e competitividade.

Em termos de incorporação tecnológica na sociedade e economia o relatório *e-readiness* de 2004 realizado pela revista *The Economist* apresenta um índice que mede a preparação e competência das economias para um modelo de desenvolvimento informacional baseando o *ranking* em seis dimensões: conectividade e tecnologias de informação, ambiente de negócios, adoção por negócios e consumidores, ambiente jurídico e legislativo, ambiente social e cultural e suporte em serviços eletrônicos.

Por exemplo, Portugal possui bons resultados na dimensão de "ambiente de negócios", na "adoção por negócios e consumidores", e no "ambiente jurídico e legislativo" de onde se pode concluir que, no nível da infra-estrutura de negócios e da atuação do Estado, as condições existem para se desenvolver a economia nacional dentro desse quadro informacional.

No entanto, o modelo informacional não vive apenas dessas condições. Ele necessita de condições tecnológicas de infra-estrutura, apoio de serviços especializados, usuários em número suficiente e também de uma força de trabalho qualificada tecnicamente.

Os países e regiões que lideram a primeira metade da tabela *e-readiness*, principalmente a Escandinávia, a Grã-Bretanha, os EUA e a Holanda, apresentam valores elevados em todos os campos de análise. Já as sociedades em transição apresentam essencialmente más performances no que tange aos usos da rede básica de telefones, da rede móvel, da internet e do grau de uso de computadores comparado ao custo, à qualidade e à confiança que os serviços oferecem.[25] Dados que são corroborados por outras fontes como por exemplo a OCDE (figura 1) ou pelo World Economic Forum, cuja classificação é analisada a seguir.

---

básica que são precondições para ser capaz de utilizar as novas tecnologias, a experiência na utilização da internet e a receptividade conforme o seu uso e as capacidades técnicas da força de trabalho. E por último, a *existência de suporte em serviços eletrônicos*. Ou seja, a existência de serviços de consultoria e técnicos, existência de apoio de *back-office* e suporte da indústria para padrões para plataformas e linguagens de programação.

[25] Ver nota 24.

Figura 1
Empresas utilizando internet e empresas recebendo pedidos via internet, percentual de empresas com 10 ou mais empregados (2002 e 2003 ou ano mais recente com dados disponíveis)

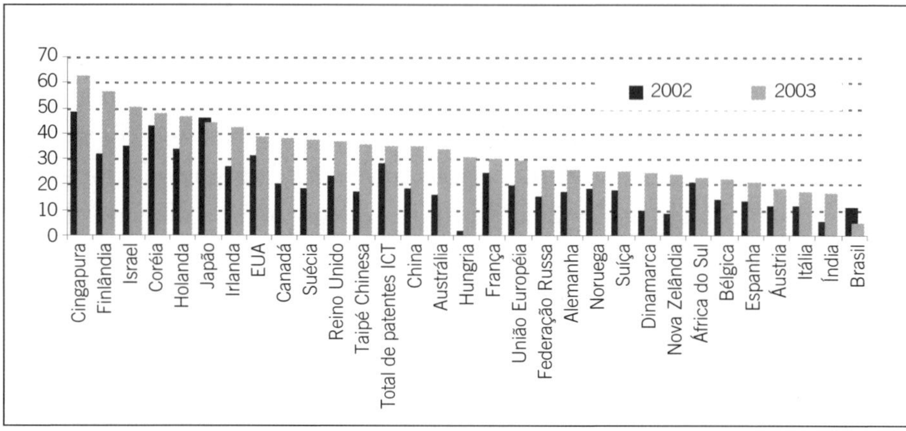

Fonte: OECD, Patent Database, Sept. 2004.

Ainda no quadro das comparações em torno da competitividade, o *Global competitiveness report* (2004) produzido pelo World Economic Forum baseia-se no cálculo das posições de *ranking* efetuado com base em três índices: tecnológico, das instituições públicas e de ambiente macroeconômico.[26] O que o índice de crescimento e competitividade (ICC) traduz é o equilíbrio que se registra entre desenvolvimento e adoção tecnológica além da confiança nas instituições públicas e no ambiente macroeconômico.

Portugal, numa tabela liderada pela Finlândia e EUA, ocupou o 24º lugar, em 2004, tendo ganhado posição em relação a 2003. Aliás, Portugal é acompanhado na liderança das sociedades em transição por dois outros países: Espanha e Chile.

O segundo grupo de países aqui analisado, constituído por Grécia, Hungria, República Tcheca, Eslováquia e Itália, apesar de apresentar valores elevados no nível tecnológico, possui valores mais baixos no das instituições públicas. O terceiro grupo, que agrupa Uruguai, Brasil, Polônia e Argentina, é essencialmente penalizado pelas dimensões negativas referentes ao índice macroeconômico.

[26] O *índice tecnológico* é obtido a partir de um conjunto de dados com pesos diferenciados. Assim, é medido o acesso à internet nas escolas, se o estado da concorrência entre ISPs é suficiente para assegurar qualidade elevada, poucas avarias e preços baixos, se os programas dos governos obtêm ou não sucesso em promover o uso das tecnologias de informação e se as leis sobre comércio eletrônico, assinaturas digitais, proteção do consumidor estão desenvolvidas e em aplicação. Por outro lado, é analisado o uso de celulares, usuários da internet, *hosts* de internet, linhas telefônicas e computadores

Tabela 10
Índice de crescimento e competitividade (ICC)

	Finlândia	EUA	Cingapura	Chile	Espanha	Portugal	Grécia	Hungria
Ranking ICC (2004)	2	1	7	22	23	24	37	39
Ranking ICC (2003)	2	1	6	28	23	25	35	33
Valor ICC (2004)	5,82	5,95	5,56	5,01	5,00	4,96	4,56	4,56
Índice tecnológico	6,24 (1)	5,92 (3)	5,11 (11)	4,55 (32)	4,86 (20)	4,78 (23)	4,42 (38)	4,66 (29)
Índice das instituições públicas	6,48 (3)	5,74 (21)	6,21 (11)	5,77 (20)	5,16 (34)	5,69 (23)	4,74 (44)	5,07 (37)
Índice de ambiente macroeconômico	5,04 (15)	5,47 (3)	5,79 (1)	4,71 (27)	4,99 (16)	4,42 (34)	4,52 (31)	3,95 (55)

	República Tcheca	Eslováquia	Itália	Uruguai	Brasil	Polônia	Argentina
Ranking ICC (2004)	40	43	47	54	57	60	74
Ranking ICC (2003)	39	43	41	50	54	45	78
Valor ICC (2004)	4,55	4,43	4,27	4,08	4,05	3,98	3,54
Índice tecnológico	4,88 (19)	4,67 (28)	4,08 (50)	3,92 (56)	4,24 (42)	4,19 (45)	3,87 (57)
Índice das instituições públicas	4,56 (51)	4,64 (49)	4,64 (48)	5,23 (32)	4,62 (50)	3,70 (80)	3,77 (79)
Índice de ambiente macroeconômico	4,22 (41)	3,98 (54)	4,27 (38)	3,10 (90)	3,28 (80)	4,05 (51)	2,96 (94)

Fonte: World Economic Forum, 2004.
Obs.: Números entre parênteses referem-se à posição relativa.

Sociedades em transição, valores e bem-estar social

As sociedades informacionais não são apenas caracterizadas pela apropriação da tecnologia mas também pela sua abertura interna e bem-estar social.

Em nenhum dos países em transição analisados vigora um regime autoritário e os valores predominantes nessas sociedades são hoje os de uma sociedade aberta. A abertura de uma sociedade pode ser medida por várias dimensões, como, por exemplo, a proporção entre a população reclusa e a totalidade da população.

Como se pode verificar pela tabela 11, se o modelo finlandês caracteriza-se por uma proporção 10 vezes menor que a dos EUA, Portugal tem valores duas vezes superiores à Finlândia, evidenciando valores muito próximos da média das sociedades do G-7. No entanto, se tivermos que avaliar a totalidade dos países em transição pelo seu número de reclusos verificamos, apenas com a exceção da Itália e Grécia, que todos os demais possuem uma população reclusa superior às médias das economias avançadas.

Quanto à igualdade entre homens e mulheres, a maioria das sociedades em transição encontra-se abaixo da média das economias avançadas (661) representando sociedades ainda muito desiguais na relação de gênero, apenas Espanha e Argentina possuem valores de maior igualdade aproximando-se do modelo mais igualitário de relações de gênero: o finlandês (820).

Em outra dimensão, podemos igualmente comparar o bem-estar das populações das sociedades em transição com os modelos de bem-estar associados aos três modelos de sociedade informacional em análise (finlandês, cingapuriano e Silicon Valley), olhando agora as suas estruturas de rendimentos.

Assim, no que diz respeito à proporção dos 20% mais ricos em relação aos 20% mais pobres, o modelo finlandês de previdência informacional é o

---

pessoais. O *índice das instituições públicas* é obtido a partir da indicação sobre se o sistema judiciário é ou não independente das influências do poder político, cidadãos e empresas, se os direitos de propriedade, incluindo bens móveis, estão bem definidos e protegidos por lei, se o Estado é imparcial na atribuição de contratos públicos e se o crime organizado impõe ou não custos elevados à atividade econômica. Também são analisadas as dimensões da corrupção, principalmente até que ponto subornos são comuns para a obtenção de autorizações de importação e exportação, para o acesso a bens públicos e para evitar o pagamento de impostos. O *índice de ambiente macroeconômico* baseia-se na probabilidade de a economia vir a viver recessão no próximo ano e de saber até que ponto a obtenção de crédito para as empresas será mais ou menos difícil que no ano anterior. São ainda analisados os déficits ou superávits do Estado no ano anterior, bem como as taxas de poupança, inflação, taxa de câmbio e *spread* entre empréstimos e aplicações financeiras. Dois outros elementos de análise são o *rating* do país em termos de crédito internacional e até que ponto o Estado fornece bens e serviços necessários não oferecidos pelo mercado ou realiza despesas mal aplicadas.

Tabela 11
Comparações internacionais de indicadores de cidadania

	Finlândia	EUA	Cingapura	Portugal	Espanha	Itália	República Tcheca	Eslováquia	Economias avançadas
Liberdade dos meios de comunicação (índice 0–100; 0 = livre)[a]	9 (livre)	13 (livre)	64 (não livre)	14 (livre)	19 (livre)	33 (parcialmente livre)	23 (livre)	21 (livre)	17 (livre)
Igualdade de gênero (0–1.000; 0 = desigual)[b]	820 (4)	769 (14)	648 (20)	644 (23)	716 (15)	583 (32)	586 (30)	607 (26)	661
Pertencimento a pelo menos uma associação (%)[c]	80	90	–	29	29	40	60,5	65	53
Confiança social (%)[f]	56	35,5	–	12	35	31,5	24	15,5	31
População reclusa (por 100 mil hab.)[d]	71 (–157)	714 (–1)	392	128	140	98	184	165	126
Estrangeiros ou nascidos no exterior (% de população)[e]	2,6	12,4	33,6	2,3	3,2	2,8	2,3	0,6	8,8
Meio ambiente: emissão de CO_2 (toneladas métricas *per capita*)[b]	10,3	19,8 (–2)	14,7	5,9	5,3	6,6	11,6	6,6	10,4

Continua

	Hungria	Grécia	Polônia	Chile	Argentina	Uruguai	Brasil	Economias avançadas
Liberdade dos meios de comunicação (índice 0–100; 0 = livre)[a]	20 (livre)	28 (livre)	19 (livre)	23 (livre)	35 (parcialmente livre)	26 (livre)	36 (parcialmente livre)	94
Igualdade de gênero (0–1.000; 0 = desigual)[b]	529 (39)	523 (43)	606 (27)	460 (58)	645 (21)	511 (46)	–	83
Pertencimento a pelo menos uma associação (%)[c]	29	57	25	50	42,5	–	–	53
Confiança social (%)[f]	22	21	18	22,5	15,5	–	–	32
População reclusa (por 100 mil hab.)[d]	165	82	209	204	148	209	183	126
Estrangeiros ou nascidos no exterior (% de população)[e]	3	5	5,4	1	3,8	2,7	0,3	8,8
Meio ambiente: emissão de CO2 (toneladas métricas *per capita*)[b]	5,4	8,5	7,8	3,9	3,9	1,6	1,8	10,6

[a] Adaptado de Himanen, Castells e Tornvalds (2003), dados de Press Freedom Survey (2003).

[b] Adaptado de Himanen, Castells e Tornvalds (2003), exceto dados de Portugal, obtidos de UNDP (2001).

[c] Adaptado de Himanen, Castells e Tornvalds (2003) e Pippa (2003).

[d] Para todos os países Center Kings Colledge. Disponível em: <http://www.kcl.ac.uk/depsta/rel/icps/worldbrief/highest_to_lowest_rates.php>.

[e] Adaptado de Himanen, Castells e Tornvalds (2003).

[f] Pippa, 2003 (% da população que responde confiar em geral nos outros).

Nota: Números entre parênteses referem-se à posição relativa.

Tabela 12
Comparações internacionais de indicadores de bem-estar social

	Finlândia	EUA	Cingapura	Portugal	Espanha	Itália	República Tcheca	Eslováquia	Economias avançadas
Taxa combinada de estudantes dos ensinos fundamental e médio[a]	106 (1)	92	87	93	92	82	78	74	94
Alfabetização funcional (%)[b]	89,6 (2)	79,3	92,5	52	–	–	84,3	–	83
Expectativa de vida ao nascer (anos)[a]	77,9	77,0	78,0	76,1	79,2	78,7	75,3	73,6	78
Cobertura de cuidados de saúde (%)[c]	100	82	–	100	100	100	–	–	s.d.
Número de horas de trabalho anuais por pessoa[g]	1.713	1.792	–	1.676	1.800	1.591	1.972	1.814	1.636
Proporção dos 20% mais ricos em relação aos 20% mais pobres[d]	3,8 (3)	8,4	9,7	8,0	5,4	6,5	3,5	4,0	5,8
Percentagem da população abaixo da linha da pobreza[e]	3,8 (4)	14,1	–	21	–	–	–	–	10,6
Coeficiente de Gini[f]	26,9	40,8	42,5	38,5	32,5	36	25,4	25,8	28,57

Continua

	Hungria	Grécia	Polônia	Chile	Argentina	Uruguai	Brasil	Economias avançadas
Taxa combinada de estudantes dos ensinos fundamental e médio[a]	86	86	90	79	94	85	92	94
Alfabetização funcional (%)[b]	66,8	–	57,4	95,9	96,9	97,6	87,3	83
Expectativa de vida ao nascer (anos)[a]	71,7	78,2	73,8	76,0	74,1	75,2	68,0	78
Cobertura de cuidados de saúde (%)[c]	–	–	–	–	–	–	–	–
Número de horas de trabalho anuais por pessoa[g]	–	1.938	1.956	–	–	–	–	1.636
Proporção dos 20% mais ricos em relação aos 20% mais pobres[d]	4,9	6,2	5,8	18,7	18,1	10,4	31,5	5,8
Percentagem da população abaixo da linha da pobreza[e]	14,5	–	23,8	19,9	28,4	–	23,9	10,6
Coeficiente de Gini[f]	24,4	35,4	31,6	57,1	52,2	44,6	59,1	28,57

[a] Adaptado de Himanen, Castells e Tornvalds (2003), exceto dados de Portugal, obtidos em UNDP (2001).

[b] Adaptado de Himanen, Castells e Tornvalds (2003), exceto dados de Portugal, obtidos em UNDP (2003).

[c] Adaptado de Himanen, Castells e Tornvalds (2003) exceto dados para Portugal onde, devido à existência de um Serviço Nacional de Saúde universal, pressupõe-se a cobertura da totalidade da população.

[d] Adaptado de Himanen, Castells e Tornvalds (2003), exceto dados Portugal obtidos em World Bank Report.

[e] Adaptado de Himanen, Castells e Tornvalds (2003). Para Portugal, valor obtido em Capucha (2004:131). Medida de pobreza relativa refere-se a um limiar de 60% da média do rendimento disponível dos componentes da renda familiar.

[f] Dados para todos os países baseados em UNDP (2004).

[g] Dados para topdos os países baseados em UNDP (2004).

Obs.: os números entre parênteses indicam a posição em relação ao primeiro do *ranking*.

que apresenta uma maior igualdade de rendimentos (3,8). No campo oposto, o modelo informacional liderado pelo mercado (Silicon Valley) ou o autoritário (Cingapura) apresentam distribuições de rendimentos muito mais desequilibradas, ocupando respectivamente o terceiro e o segundo lugar no *ranking* das economias avançadas, com a pior relação entre os rendimentos dos mais ricos e dos mais pobres (8,4 e 9,7).

A totalidade das sociedades em transição da América do Sul (Brasil, Chile, Argentina, Uruguai) apresenta valores de desigualdade extremamente elevados, às vezes o triplo dos EUA (Brasil) ou o dobro (Chile e Argentina).

No caso das sociedades européias ocorre uma divisão em dois grandes grupos. O primeiro, constituído por Portugal, Itália, Grécia e Polônia com valores de desigualdade mais próximos do modelo informacional dos EUA e um segundo, onde a República Tcheca, Eslováquia, Hungria e Espanha se encontram numa situação mais próxima do modelo informacional finlandês.

Salientando de novo algumas particularidades de cada sociedade em análise, quando nos referimos ao nível da educação, vale igualmente a pena citar que a abertura de uma sociedade informacional não depende apenas da taxa combinada de estudantes dos níveis fundamental e médio, pois, sem introduzir a dimensão do abandono escolar (que essa taxa não leva em consideração), estaríamos diante de uma situação que colocaria Portugal e outras sociedades em transição no nível dos EUA e da Finlândia, países com graus de abandono muito mais reduzidos.[27]

No campo da educação, a comparação entre países quanto à alfabetização funcional, ou seja, a capacidade de aplicar os conhecimentos adquiridos na escola na sociedade onde se insere, permite verificar que ocorrem também fortes disparidades entre países, mesmo no quadro europeu. Assim, Portugal apresenta em conjunto com a Polônia os resultados mais negativos entre os países europeus analisados com uma taxa de alfabetização funcional de apenas 52% para uma média das economias avançadas de 83% e de mais 80% para os EUA e a Finlândia.

[27] Os dados indicam que as taxas de abandono na UE são relativamente altas com uma média de 22,5%. No entanto, existem diferenças acentuadas entre Estados-membros. Assim os Estados do norte da Europa possuem melhores resultados do que os outros. Portugal (40,7%), Itália (30,2%), Espanha (30,0%) e Grã-Bretanha (31,4%) possuem taxas muito elevadas, enquanto a Alemanha (13,2%), Áustria (11,5%) e os países escandinavos (Suécia, 9,6% e Finlândia, 8,5%) apresentam valores abaixo da média (European Union, 2000).

A abertura social também pode ser vista no contexto do envolvimento social com o que nos rodeia. Portugal partilha com a Espanha, Hungria e Polônia os valores mais baixos de participação em associações, por sua vez, a Argentina e a Itália representam valores intermediários de 40%. Sendo a República Tcheca, Eslováquia, Chile e Grécia países com níveis de participação acima dos 50% da população.

As razões para a fraca participação são várias, mas é possível traçar algumas hipóteses condutoras se focarmos a nossa atenção sobre uma realidade específica, como a portuguesa.

Entre os motivos para a falta de participação em Portugal, podemos citar, em primeiro lugar, o grau de confiança pública nos políticos. Embora possa considerar-se um fenômeno global (Castells, 2004a), a evolução do grau de desconfiança entre cidadãos e políticos não ocorre da mesma forma em todas as sociedades. Se Portugal se situa em 28º lugar na confiança pública na honestidade dos políticos, partilhando o seu grau de confiança com um grupo de países europeus — Bélgica, França, Itália e Irlanda —, a Finlândia, em 3º lugar, é um dos países no mundo com maior confiança na honestidade dos seus políticos.

Uma outra dimensão de análise da participação entre diferentes países deve considerar também condicionantes históricas globais e também locais. A chamada participação política não-convencional tornou-se cada vez mais a fórmula de participação nas sociedades desenvolvidas. As petições, boicotes e outras formas de ação direta têm se tornado mais comuns. Por isso, mais do que à afiliação a partidos, sindicatos e presença em manifestações, devemos estar atentos a essas dimensões da participação.

No entanto, nessa medida da participação, Portugal registra valores ainda mais baixos. O índice de participação em função de diferentes atividades de envolvimento cívico e participação em organizações demonstra que Portugal ocupa a posição mais baixa em comparações internacionais, entre 22 países da Europa (e Israel), apesar de sua proximidade cultural e geográfica com países como a Espanha e a Itália, que demonstram um grau de participação bem mais elevado.

Tabela 13
Índice de participação cidadã nos países europeus (%)

Países	Contatou político ou membro no governo nos últimos 12 meses	Trabalhou em partido político ou grupo ativista nos últimos 12 meses	Trabalhou em outra organização nos últimos 12 meses	Assinou uma petição nos últimos 12 meses	Boicotou certos produtos nos últimos 12 meses	Comprou produto por razões políticas, éticas ou ambientais nos últimos 12 meses	Índice de participação
Portugal	11,16	3,89	5,24	6,80	3,16	7,53	23º (–1)
Áustria	17,35	9,39	17,52	27,72	21,92	29,18	9º
Bélgica	17,73	5,42	23,25	33,92	12,79	26,98	10º
Suíça	16,91	7,61	16,74	40,40	33,66	46,93	2º
República Tcheca	21,42	3,87	13,98	15,07	11,05	22,10	15º
Alemanha	12,98	3,83	18,18	31,32	24,60	39,69	6º
Dinamarca	17,93	4,13	17,28	28,27	22,98	43,67	5º
Espanha	11,66	5,79	14,60	22,25	7,72	11,48	16º
Finlândia	24,28	3,56	30,71	24,04	26,73	41,90	4º
França	16,83	4,52	17,03	33,75	25,84	27,46	8º
Grã-Bretanha	18,33	3,16	9,30	39,45	26,19	32,78	7º
Grécia	14,46	4,97	5,67	4,63	8,52	6,62	19º
Hungria	14,65	2,85	2,85	4,21	4,83	10,43	22º
Irlanda	22,36	4,63	13,71	27,24	13,33	24,41	13º
Israel	11,59	5,89	6,98	16,92	12,96	16,41	17º
Itália	12,13	3,25	8,16	18,49	7,90	6,34	18º
Luxemburgo	17,14	2,85	16,66	27,77	14,28	28,57	12º
Holanda	14,65	3,28	22,84	22,74	10,98	27,11	14º
Noruega	23,85	9,48	28,16	37,17	20,11	36,59	3º
Polônia	9,55	2,89	6,03	7,15	3,84	10,50	21º
Suécia	16,43	4,96	24,55	40,75	32,45	55,12	1º
Eslovênia	12,19	3,63	2,42	11,58	4,87	9,75	20º
Média	14,59	4,12	13,61	25,74	17,17	24,53	–

Fonte: ESS, 2003.

Tabela 14
Participação ao longo do tempo em democracias estabelecidas e novas

	Durante e antes da mudança de regime	**Após a mudança de regime**	**Variação**
Argentina	34	29	–5
Brasil	25	25	0
Chile	38	25	–13
México	32	22	–7
Bulgária	28	18	–10
República Tcheca	24	23	–1
Alemanha Oriental	75	63	–12
Hungria	20	24	4
Polônia	20	26	6
Eslovênia	27	30	3
Eslováquia	28	15	–13
	1981-91	**1995-2001**	**Variação**
Portugal	25	27	2
Espanha	31	34	3
Itália	52	62	10
EUA	68	79	11
Bélgica	39	75	36
França	54	72	18
Dinamarca	55	68	13
Japão	49	55	6
Alemanha Ocidental	54	60	6
Suíça	62	68	6
Grã-Bretanha	71	80	9

Fonte: Adaptado de Inglehart e Catterberg (2001).

O contexto histórico de cada sociedade pode, efetivamente, ajudar-nos a compreender um pouco melhor os níveis de participação. Por exemplo, Inglehart e Catterberg (2001) sugerem, na sua análise de dados obtidos em mais de 70 países, e referentes a mais de 80% da população mundial sobre a participação em democracias estabelecidas e novas democracias, que a pouca participação em algumas sociedades tem a ver com aquilo que designa ser o efeito *pós-lua-de-mel*. Após períodos de elevada participação cívica seguem-se quebras de participação, ou a sua estagnação, mas no longo prazo a tendência é a de crescimento.

Segundo Inglehart e Catterberg (2001), os dados demonstram que em 21 países analisados entre 1981 e 1990, embora as pessoas votem menos regularmente, o público não está ficando mais apático; pelo contrário, parece ter-se tornado mais interessado na política. Opinião confirmada pelas análises de Castells (2003a) na Catalunha e Cardoso e Firmino da Costa (2004) em Portugal.

Como a tabela 14 mostra, o interesse político subiu em 16 países e só caiu em quatro. Portugal faz parte do conjunto de países onde a participação é baixa e estagnou e a Espanha também. Nos dois países, após o período de participação acelerada na década de 1970, seguiu-se a normalização democrática.

Embora Inglehart e Catterberg não apresentem dados que permitam comparar a década de 1970, data das transições e revolução na Espanha e em Portugal para a democracia, é possível verificar esse tipo de comportamento nas novas democracias do Leste europeu caracterizadas por momentos de acelerada participação seguidos por períodos de menor envolvimento cívico. O que a leitura dos dados nos permite inferir é a relativa proximidade dos valores de participação entre todos os países que passaram nas três últimas décadas por transições para a democracia, independentemente de se situarem na Europa ou América do Sul. O efeito *pós-lua-de-mel* é significativo, mas o fato de se tratar de sociedades que viveram, durante longas décadas, regimes autoritários de esquerda e de direita justifica a fraca participação das populações.

Um terceiro fator na análise é o da relação entre participação e confiança nos outros. Ainda com base na World Values Survey (2001) verifica-se que países geográfica e culturalmente próximos de Portugal, como a Espanha, França e Itália, apresentam valores médios de afiliação a associações, relativamente próximos.

Na Espanha, 32% e 26% para homens e mulheres, respectivamente; na Itália de 46% e 38% e na França de 36% e 43%. Onde as diferenças são claramente maiores é na *relação com os outros*, pois Espanha com 35%, Itália com 32% e França com 20% estão claramente acima dos valores portugueses. Essa desconfiança dos outros é claramente outro fator nos motivos para baixos níveis de participação.

Outra explicação possível nesta análise sobre os fatores que condicionam a participação é a educação.

Tabela 15
Assinaram petição nos últimos 12 meses por grau educacional (%)

Países	Not completed primary education*	Primary or first stage of basic*	Lower secondary or second stage of basic*	Upper secondary*	Post secondary, non-tertiary*	First stage of tertiary*	Second stage of tertiary*
Portugal	0,91	4,63	2,11	15,26	–	19,44	50
Áustria	9,09	–	20	25,85	32,57	–	43,58
Bélgica	15,38	13,39	26,06	36,65	43,10	–	50,89
Suíça	35,29	–	29,03	38,03	50,74	52	60
República Tcheca	–	–	5,55	14,72	22,72	25,64	46,66
Alemanha	–	1,70	21,00	30,34	37,34	40,46	60,75
Dinamarca	–	16,66	24,50	23,26	36,73	42,25	33,33
Espanha	3,40	15,90	24,09	28,99	34,54	40,00	38,88
Finlândia	–	8,86	22,22	27,89		31,68	33,33
França	15,72	20,24	31,71	39,34	33,33	44,731	53,58
Grã-Bretanha	–	15,15	32,13	46,54	44,44	51,64	61,22
Grécia	1,75	2,56	2,68	4,51	7,46	12,93	20
Hungria	–	3,01	3,52	4,37	–	9,83	11,11
Irlanda	7,69	11,11	24	31,42	38	38,88	38,09
Israel	–	5,26	14,75	12,92	13,46	27,45	29,26
Itália	–	6,84	16,06	25,47	21,91	30,53	64,91
Luxemburgo	–	18,18	25	33,33	–	–	40
Holanda	10	10,07	17,26	22,80	30,76	34,44	20
Noruega	–	–	26	36,02	33,33	43,42	52,63
Polônia	–	2,48	4,94	9,90	7,46	20,80	12,37
Suécia	–	31,28	40,57	44,51	–	47,61	46,49
Eslovênia	–	12,5	7,31	7,69	17,64	11,11	21,42

Fonte: ESS, 2003.

* Por causa das diferentes denominações dos graus de ensino europeu, optou-se por usar as denominações originais da ESS.

A análise sobre as dimensões da participação merece ainda uma referência às avaliações de Putnam (1993) sobre a relação entre leitura de jornais e pertencimento associativo. O autor argumenta que a leitura de jornais está diretamente correlacionada com o pertencimento associativo (fora das associações religiosas) e que as regiões com os níveis mais elevados de leitura são também aquelas onde a norma são as comunidades cívicas fortes. Testando essas hipóteses verifica-se que, pelo menos na Europa, mais do que influenciar a participação, a leitura de jornais está (tal como o pertencimento associativo) ligada ao grau de educação das populações. A educação, mais do que a leitura de jornais ou assistir ao noticiário na TV, constituirá um elemento central para as opções de participação dos diferentes sujeitos.

Um dos indicadores de uma sociedade informacional passa também pela relação entre essa sociedade e a sua mídia, isto é, tanto a liberdade dos meios de comunicação, quanto a relação entre os consumidores e os produtores de informação.

Entre todas as sociedades em transição aqui analisadas, apenas a Itália, Argentina e Brasil figuram como países parcialmente livres em termos de liberdade dos meios de comunicação.

Para a caracterização da liberdade dos meios de comunicação são tomados em conta o enquadramento legal da atividade jornalística, as influências políticas e as pressões econômicas sobre a liberdade de comunicação. Portugal, entre 2001 e 2003, melhorou a sua posição geral em dois pontos (passando de 17 para 15) seguindo uma tendência similar à da Finlândia, enquanto os EUA tiveram um comportamento oposto (de 17 para 19) e Cingapura continua a ser considerado um país sem liberdade para os meios de comunicação.[28]

A evolução positiva pode, como no caso de Portugal, mascarar que o valor final deve-se a uma avaliação positiva da evolução das leis e da regulação que, eventualmente, influenciem o conteúdo da mídia, que é contrabalançada por uma deterioração das pressões econômicas sobre esse conteúdo. Segundo o relatório Press Freedom Survey (2003), "Embora a maioria dos meios de comunicação sejam independentes do Estado, no entanto, a posse de jornais, rádio e televisão encontra-se nas mãos de quatro companhias de mídia".

---

[28] Posições iguais surgem quando se olha para a análise da presença online na internet. Finlândia, Portugal e EUA encontram-se entre os menos restritivos às liberdades de comunicação e Cingapura encontra-se entre os moderadamente livres (Press Freedom Survey, 2003).

Tabela 16

Contatou políticos ou membros do governo no último ano, por grau educacional (%)

Países	Not completed primary education*	Primary or first stage of basic*	Lower secondary or second stage of basic*	Upper secondary*	Post secondary, non-tertiary*	First stage of tertiary*	Second stage of tertiary*
Portugal	3,66	10,62	8,45	17,42	–	20,83	–
Áustria	9,09	–	10,61	18,04	18,18	–	30,76
Bélgica	14,28	11,50	10,24	17,94	25,86	–	26,54
Suíça	17,64	–	4,34	14,89	25,37	30,26	23,80
República Tcheca	10,00	–	9,60	23,27	18,18	30	20
Alemanha	–	1,70	5,71	11,14	22,28	20,44	39,243
Dinamarca	–	20	12,74	15,84	22,44	26,76	33,33
Espanha	2,782	9,66	10,37	13,40	15,90	22,62	61,11
Finlândia	12,5	13,92	18,51	23,97	–	37,62	66,66
França	7,49	16,66	14,21	14,34	16,66	18,07	26,28
Grã-Bretanha	–	42,42	12,96	15,22	23,11	29,40	46,93
Grécia	10,52	12,82	13,42	12,99	19,40	20,68	40,0
Hungria	5,97	7,53	16	15,30	–	25	31,11
Irlanda	23,07	20	22,36	21,42	25,49	22,22	28,57
Israel	–	7,89	11,29	7,43	13,46	14,70	21,951
Itália	–	7,74	7,89	17,12	16,43	21,23	42,10
Luxemburgo	–	9,09	25	16,66	0	0	25,00
Holanda	–	5,38	10,28	13,18	11,53	27,66	20,00
Noruega	–	–	14,00	22,04	25,00	31,16	42,10
Polônia	0,89	3,41	7,08	11,20	13,33	18	23,10
Suécia	11,11	10,76	14,18	14,74		23,58	25
Eslovênia		12,5	7,31	7,89	15,38	11,11	26,66

Fonte: ESS, 2003.

* Por causa das diferentes denominações dos graus de ensino europeu, optou-se por usar as denominações originais da ESS.

Tabela 17

Relação entre ver notícias e ler jornais em função da escolaridade, por países (%)

Países		Not completed primary education*	Primary or first stage of basic*	Lower secondary or 2nd stage of basic*	Upper secondary*	Post secondary, non-tertiary*	First stage of tertiary*	Second stage of tertiary*
Portugal	Vê notícias na TV	92,15	95,87	97,18	98,48	0	97,22	100
	Lê jornais	9,25	48,38	63,88	70,67	–	82,19	50
Áustria	Vê notícias na TV	88,88	0	93,60	96,93	97,52	0	98,63
	Lê jornais	58,33	–	83,51	86,53	87,21	–	88,60
Bélgica	Vê notícias na TV	71,42	93,75	90,18	93,06	96,49	0	96,22
	Lê jornais	35,71	54,86	56,62	62,93	60,68	–	68,42
Suíça	Vê notícias na TV	93,33	–	92,13	95,40	96,82	95,38	100
	Lê jornais	94,11	–	83,87	90,88	91,30	89,47	90,47
República Tcheca	Vê notícias na TV	70	–	93,44	97,30	95,23	100	100
	Lê jornais	44,44	–	69,84	82,75	86,36	92,5	93,75
Alemanha	Vê notícias na TV	89,23	91,08	97,06	99,37	99,85	100	89,28
	Lê jornais	57,26	71,41	84,72	84,93	90,76	93,67	57,26
Dinamarca	Vê notícias na TV	100	100	93,87	98,5	100	98,59	100
	Lê jornais	100	80	68,31	77,22	79,59	83,09	100
Espanha	Vê notícias na TV	82,35	92,46	88,88	92,07	91,78	96,07	100
	Lê jornais	24,88	43,26	45,58	67,40	69,19	80,49	89,47
Finlândia	Vê notícias na TV	100	96,10	98,70	98,60	–	98,98	100
	Lê jornais	87,5	92,40	92,59	91,83	–	95,04	100
França	Vê notícias na TV	90,66	91,15	92,77	97,43	96,24	96,65	96,14
	Lê jornais	57,14	66,66	58,27	67,21	62,43	55,53	69,48
Grã-Bretanha	Vê notícias na TV	100	84,84	90,78	94,99	96,13	95,06	95,65
	Lê jornais	–	21,21	74,53	78,58	78,53	77,80	71,42
Grécia	Vê notícias na TV	100	84,84	90,78	94,99	96,13	95,06	95,65
	Lê jornais	6,14	22,97	38,00	42,69	52,23	62,93	80
Hungria	Vê notícias na TV	100	84,84	90,78	94,99	96,13	95,06	95,65
	Lê jornais	40,90	74,37	80,61	89,07	–	88,33	93,33

Continua

Países		Not completed primary education*	Primary or first stage of basic*	Lower secondary or 2nd stage of basic*	Upper secondary*	Post secondary, non-tertiary*	First stage of tertiary*	Second stage of tertiary*
Irlanda	Vê notícias na TV	84,61	87,5	89,33	92,95	94,11	94,44	95,23
	Lê jornais	76,92	85,45	84,21	88,88	82,69	94,44	90,00
Israel	Vê notícias na TV	71,42	91,42	86,20	89,05	91,30	91,30	94,87
	Lê jornais	22,22	47,36	64,51	72,29	75,00	72,81	80,95
Itália	Vê notícias na TV	80,93	97,30	93,75	96,34	89,04	97,56	100
	Lê jornais	16,20	51,61	68,28	82,64	94,52	92,79	100
Luxemburgo	Vê notícias na TV	90,90	100	91,66	100	100	100	90,90
	Lê jornais	–	72,72	75,00	83,33	100	100	80,00
Holanda	Vê notícias na TV	90,90	94,48	96,82	97,75	98,70	99,65	100
	Lê jornais	72,72	69,23	82,14	81,64	87,17	86,71	100
Noruega	Vê notícias na TV	–	–	98,03	97,82	100	100	95,00
	Lê jornais	–	–	96,07	96,25	88,88	97,40	100
Polônia	Vê notícias na TV	89,47	94,34	95,49	97,40	97,69	100	99,64
	Lê jornais	24,10	44,53	60,28	74,60	79,10	76	87,37
Suécia	Vê notícias na TV	88,88	95,36	97,12	95,42	–	98,03	97,39
	Lê jornais	88,88	90,30	93,57	89,10	–	88,67	93,96
Eslovênia	Vê notícias na TV	–	85,71	87,80	89,74	94	100	92,85
	Lê jornais	44,44	73,17	79,48	88,23	88,88	92,85	44,44

Fonte: ESS, 2003.

* Por causa das diferentes denominações dos graus de ensino europeu, optou-se por usar as denominações originais da ESS.

Tabela 18
Médias de ocupação diária do tempo em várias atividades em relação ao uso da internet (minutos)

	China		Portugal		Canadá		EUA		Chile		Japão	Macau
Mídia	**Usuários**	**Não-usuários**	**Usuários**	**Não-usuários**	**Usuários**	**Não-usuários**	**Usuários**	**Não-usuários**	**Usuários**	**Não-usuários**	**Usuários**	**Usuários**
Televisão	135,0	182,4	135,3	175,7	99,2	125,1	99,4	138,85	100,8	146,9	202,4	150,0
Rádio	27,6	30,0	147,5	155,4	117,4	95,14	66,8	69,4	66,4	106,0	21,1	36,0
Jornais	45,6	54,6	34,5	33,1	36,8	44,5	24,0	40,8	15,0	15,5	25,0	42,0
Celulares	n.d.	n.d.	36,3	19,7	27,4	21,4	n.d.	n.d.	n.d.	n.d.	n.d.	n.d.
Telefones	n.d.	n.d.	29,9	17,6	35,1	40,2	n.d.	n.d.	n.d.	n.d.	n.d.	n.d.

Fontes: CIES, pesquisa *Sociedade em Rede em Portugal* (2003), para Portugal; os outros países, World Internet Projet (2004).

No entanto, na análise da mídia deve-se considerar que não são apenas as formas como o sistema de mídia se organiza que determinam o que as mídias são num espaço nacional. Como mostra a tabela 18, a difusão do uso da internet e a relação histórica e afetiva com as diferentes mídias produzem realidades tão distintas como as médias diárias de rádio de 66 minutos dos EUA ou os 147 de Portugal ou tão similares como a tendência comum para a diminuição do tempo à frente da televisão, que parece ocorrer em países tão diversos como a China, Portugal, Canadá, Chile e Japão.

Outras diferenças em relação à mídia podem também ser encontradas na forma como a confiança na mídia é assumida em diferentes contextos nacionais. Por exemplo, embora geograficamente próximos, Portugal e Catalunha confiam de forma diferente na televisão que vêem ou nos jornais que lêem. A confiança nos jornais é em geral superior na Catalunha e a confiança na televisão por parte dos que utilizam a internet (Castells et al., 2003) é inferior à manifestada pelos portugueses (Cardoso, 2006).

Se aí encontramos diferenças há outros pontos de semelhança, como por exemplo quando estudamos a relação entre os públicos de um país e a mídia nacional e estrangeira. Mesmo em países com menor abertura democrática, como no caso da China, existe uma preferência quase sempre esmagadora pela mídia nacional (Liang, 2004) em relação à estrangeira. No campo das notícias online, que não possui fronteiras, os dados de Liang (2003) para a China, os de Castells (2003) para a Catalunha, e os de Cardoso (2006) para Portugal parecem demonstrar que a confiança continua muito ligada às marcas e aos veículos de disseminação tecnológica da informação mais tradicionais.

A comparação realizada de modelos de abertura social e cidadania, além da análise sobre indicadores de bem-estar social apresenta-nos muito mais as diferenças do que dados transversais a todas as sociedades aqui tratadas. No entanto, isso era esperado, pois embora partilhando valores, como a democracia e a procura de adoção de modelos de desenvolvimento informacional, cada sociedade possui uma história única e identidade própria, bem como modelos diferenciados de bem-estar.

A mudança social nas sociedades em rede

A caracterização das sociedades em transição feita neste capítulo, com maior profundidade na situação portuguesa, reflete a transição de populações com menores níveis de educação para uma sociedade onde as gerações mais novas já atingiram competências educacionais superiores. No entanto, essa análise também reflete sociedades que, embora tenham realizado elevados esforços na área do conhecimento, procuram ainda afirmar-se nas dimensões de infra-estrutura e produção tecnológica.

Esta análise reflete também uma transição sociopolítica, primeiro de ditaduras para uma politização institucional democrática e depois para uma rotinização da democracia. Um processo que combina um crescente ceticismo nos partidos e nas instituições de governo com um aumento da participação cívica, a partir de formas autônomas e por vezes individualizadas de expressão da sociedade civil.

É nesse contexto que se produz uma transição fundamental nessas sociedades: a tecnológica. Uma transição expressa por meio da difusão da internet, e a aparição na estrutura e na prática social da sociedade em rede.

Depois da leitura destes dados e análises há uma pergunta a responder: existe ou não uma lacuna geracional em todas as sociedades aqui analisadas? Se na sociedade portuguesa os dados confirmam essa lacuna, ela não está presente em todos os países analisados. Aparentemente as exceções ocorrem em alguns dos países do Leste europeu, como é o caso da República Tcheca, Eslováquia e Hungria.

A lacuna geracional não resulta de uma opção, é antes fruto de uma sociedade onde os recursos cognitivos necessários estão distribuídos de modo desigual entre gerações, por isso sociedades onde a aprendizagem e a alfabetização formal se encontram melhor implantadas historicamente apresentam processos de transição que enfatizam menos as diferenças geracionais.

Só assim se pode explicar, por exemplo para Portugal, que entre os que nasceram antes de 1967 encontremos uma parcela de atores sociais que se aproximam em algumas dimensões de práticas, e por vezes representações, dos portugueses mais jovens. Isto é visível na proximidade que há entre aqueles com competências similares, quando se trata da utilização da internet ou de sua perspectiva de valorização profissional.

A sociedade em que vivemos não é uma sociedade em cisão social. É sim fundamentada em um modelo de desenvolvimento informacional onde há competências cognitivas mais valorizadas do que outras, principalmente: a escolaridade mais elevada, a educação formal e as habilidades tecnológicas. Todas elas são competências adquiridas e não inatas, por isso não há lugar para uma inevitabilidade de cisão social, antes existe um processo de transição em que os protagonistas são aqueles que dominam essas competências mais facilmente.

Sociedades como a portuguesa e a catalã, ao mesmo tempo em que se deparam com múltiplos processos de transição, conservam uma forte coesão social sobre uma densa rede de relações sociais e de território. São sociedades em que se muda e se mantém a coesão ao mesmo tempo. Evolui-se na dimensão global, mas mantém-se o controle local e pessoal sobre aquilo que dá sentido à vida (Castells e Ince, 2004). Nas sociedades em transição esse equilíbrio entre a mudança e a coesão social poderá constituir outro dos traços comuns.

No entanto, embora partilhando redes globais, cada realidade social é única e só uma análise mais aprofundada de cada nação pode nos trazer os sinais de evolução futura em cada uma das sociedades: é esse o desafio da compreensão das transições em curso nas nossas sociedades para a sociedade em rede.

Modelos de comunicação e sociedade informacional

No que diz respeito aos fatos, a mídia fala sobre o que está acontecendo agora, mas na área da interpretação, apenas pode dizer o que já era previsível há 20 anos atrás.

Eco, 1997b

Eco pergunta até que ponto se pode esperar compreender a realidade apenas com as explicações proporcionadas pela mídia. A sua resposta é que não é possível.

A evolução do conhecimento interpretativo, desenvolvido nas universidades, é paralela à sua apropriação pela mídia e não obrigatoriamente confluente. Ou seja, as próprias características de organização e funcionamento da mídia impedem a sua atualização interpretativa rápida, embora não se refugiando no senso comum mas nas teorias mais conhecidas e, por vezes, menos atuais para tentar explicar fenômenos.

Seguindo um raciocínio semelhante, ao responder o que caracteriza a comunicação na sociedade contemporânea, não podemos nos limitar apenas a que se trata do uso de novas mídias para além da utilização da televisão, rádio, jornais e telefone fixo.

Essa é a resposta automática, produto de uma observação fugaz, e vezes sem fim repetida pelos discursos da própria mídia, e não da reflexão. Embora na sua gênese esteja correta, essa resposta não permite a interpretação das razões e dos modos como tais mídias se articulam entre si, as necessidades de estratégias econômicas de mercado e as representações a si atribuídas pelos utilizadores, as já citadas matrizes de mídia, e também as suas utilizações, ou se preferirmos os regimes de mídia.

Este capítulo, precisamente, discute o que caracteriza os modelos de comunicação atuais tentando captar a sua essência e interpretando-a.

Todos nós lidamos com a mídia diariamente, da escrita à oralidade e na nossa relação com a imagem, interpretando permanentemente e incorporando essa informação nas nossas decisões num processo que Giddens (1998) denomina reflexividade.

No entanto, nesse nosso convívio natural com as mídias somos tentados a interiorizar suas práticas e representações sem questionar sua articulação, características e funcionalidades.

Se a cultura da nossa sociedade é a da *virtualidade real* e se a *mediação* é o conceito-chave para perceber o que caracteriza o modelo organizacional, em rede, de uma sociedade que se desenvolve baseada num desenvolvimento informacional, como podemos identificar os seus modelos de comunicação?

Como as diferentes mídias se configuram como facilitadoras de *empowerment* individual e conseqüentemente de autonomia comunicativa? E que grau de autonomia tais relações configuram.

Em sintonia com a análise de Castells (2002) e Ortoleva (2004) sobre o papel predominante das redes, Colombo (1996b) sugere que para responder à questão de *quais são os modelos de comunicação, deve-se compreender antes que a mídia e os processos de mediação se desenrolam no contexto de um sistema tecnocultural, onde a mídia exerce a sua ação transformadora e é transformada.*

Um *sistema tecnocultural* é, assim, um fruto da interação de múltiplas dimensões, desde a econômica à cultural,[29] da técnico-científica à socioantropológica ou da política à ética.[30]

---

[29] Podemos identificar quatro níveis de cultura nesta nossa análise. *Cultura de elite*: definida como "o melhor que foi pensado e produzido" (Arnold, apud Colombo, 2000b) o que remete sempre para uma atualização para cada época e é definida por mediadores a quem é conferido capital simbólico entre a elite. *Cultura média*: fruto do sistema de educação como movimento de emancipação política, econômica e social e expressa no ideal de cultura moderna ("o ar do tempo em que vivemos") pela música, televisão, moda, estilos de consumo e de vida. *Cultura popular*: a do maior número de pessoas a qual hoje, por causa do gradual desaparecimento da classe operária saída dos campos, vai sendo vítima de uma desvalorização nos próprios meios populares. *Culturas particularistas*: a cultura popular vai dando lugar a culturas caracterizadas pela distinção em nome da diferença (por exemplo: mulheres, regiões e minorias), reduzindo assim a "dimensão universal" da cultura popular (Colombo, 2000b).

[30] As diferentes características enunciadas por Colombo englobam na dimensão econômica as regras e normas que atuam sobre os comportamentos de aquisição e consumo de cultura e informação e a sua relação com as atividades de produção e distribuição. Por sua vez a análise da dimensão cultural procura identificar as tendências em atuação na sociedade pela identificação das modalidades e critérios de valorização de conteúdos, linguagem ou saber, estilos expressivos e processos educativos que conferem interpretações do mundo e da sociedade.

A dimensão técnico-científica refere-se ao grau de desenvolvimento e à peculiaridade dos potenciais tecnológicos de uma dada sociedade.

Analisando essas diferentes dimensões é possível identificar dimensões-chave, de possíveis oportunidades e restrições na mídia para a construção de autonomia comunicativa na nossa sociedade.

Uma primeira caracterização pode ser dada constatando que, além de processos de globalização econômica, assistimos hoje também a processos de globalização comunicativa. Como veremos adiante, esse é um fator decisivo para a caracterização dos modelos de comunicação.

A globalização comunicacional do século XX

A sociedade onde vivemos é também produto de um momento de confluência histórica de acontecimentos ocorridos em diversas áreas da atividade humana (Castells, 2003a). Mas esse momento de confluência é o ponto de chegada de um processo iniciado durante o século XX.

A centralidade da comunicação e informação é um fenômeno relativamente recente, pois, até o final do século XIX, a própria idéia de *comunicação*, como entidade autônoma e independente do conceito mais geral de transporte (como a idéia da mídia como algo distinto de outros instrumentos úteis à troca ou ao deslocamento), estava ausente no debate de idéias (Ortoleva, 2004; Winston, 1999; Richeri, 1996b). O nascimento dos novos meios de comunicação — como o cinema e o rádio, as histórias em quadrinhos e o gramofone, a ligação telefônica — não foi visto, na época, como um fenômeno de modo algum unitário ou passível de ser reunido num único conceito (Ortoleva, 2004).

No entanto, a idéia de comunicação e de informação não só se impôs na sua especificidade e autonomia, como se afirmou como uma idéia central da vida social, até se tornar, no final do século XX, um objetivo de desenvolvimento (Cardoso, 2004). Hoje dispomos de uma variedade de comunicações sem precedentes históricos como, também, de uma possibilidade de escolha inédita entre meios aparentemente equivalentes (Eco, 2001). Essas são, para Ortoleva (2004), as duas bases da nossa vida no início do século XXI no mundo desenvolvido.

A dimensão socioantropológica está relacionada com os processos de adaptação e auto-organização social e a dimensão política na relação entre cidadão e sociedade sob a capa das regras explícitas e das instituições delegadas para a sua garantia.
Por último, a dimensão ética compreende os aspectos de escolha pessoal, de assunção de responsabilidades e de lógicas de comportamento relativos aos indivíduos como participantes na vida social (Colombo, 1996a).

Outra contribuição fundamental para o enquadramento desta discussão é o fato de, em relação a outros períodos da história da humanidade, o século passado ter sido um momento excepcional (Ortoleva, 2004), pois, tradicionalmente, a comunicação foi um dos recursos mais estáveis, objeto de uma prudente e conservadora gestão (como demonstra toda a história da escrita, desde a China na Antiguidade, até o Egito dos faraós ou a Idade Média).

Que tipos de procura social e de processos levaram a que as fórmulas e as técnicas de comunicação fossem privilegiadas, com largos recursos, de forma a sustentar a intensidade de desenvolvimento de que demos conta no início? Uma resposta possível é dada por vários pesquisadores quando citam a descontinuidade ocorrida a partir da década de 1970 (Castells, 2003a; Ortoleva, 2004).

Como analisamos, nas sociedades contemporâneas há lugar para uma mudança de paradigma econômico para um modelo fundamentado na informação. De fato, a informação parece ter substituído a energia como elemento central da vida econômica, primeiro dos países mais desenvolvidos e depois se expandindo para todas as áreas do planeta sujeitas às regras de mercado. Mas algo mais se altera.

Quando se fala de economia de informação no final do século XX entende-se não apenas uma economia na qual a livre circulação de informação é precondição para a existência de um mercado, mas também uma economia na qual o setor que produz e faz circular as comunicações assume também uma função de motor em relação ao setor da indústria que tradicionalmente dominava os mercados: a indústria de equipamentos. Nesse contexto analítico, Giddens oferece alguns pontos de partida importantes.[31]

Questionado sobre se o conceito de *sociedade de informação* poderia ou não caracterizar, de uma forma correta, as mudanças em curso nas nossas sociedades, Giddens (1997a, tradução do autor) respondia: "Não muito, não. (...) Sociedade de informação não nos dá muita percepção sobre o que está acontecendo". A *globalização econômica e a comunicacional*, e não uma sociedade de informação, são para Giddens as características mais visíveis de uma sociedade em mudança por causa de uma fusão cada vez maior entre tecnologias de informação, comunicação e informática.

[31] Embora concordando com Slevin (2000) sobre a não-existência, na obra publicada de Giddens, de uma análise direta do papel da mídia e da internet, pode-se no entanto encontrar nas suas entrevistas um conjunto de raciocínios e formulações que permitem conceber como fundamental a sua análise para o enquadramento teórico da compreensão do papel da mídia no *empowerment* individual.

Igualmente partindo dessas duas dimensões, Ortoleva (2004) nos propõe explicar o desenvolvimento da comunicação no século XX, utilizando, por um lado, a relação entre a *comunicação e a maior complexidade do sistema social* e, por outro, o papel da *comunicação no mercado*.

À medida que a sociedade moderna se torna mais complexa, por meio da especialização e de garantias simbólicas (Giddens, 1998), e se configura em sistema, confiando em organizações de tipo sistêmico (Beniger, 1989), impõe-se a necessidade de instrumentos que liguem entre si, o mais rápido possível, os diferentes pontos do próprio sistema (Ortoleva, 2004). Esses processos podem ser visíveis no desenvolvimento dos sistemas de redes de transporte (que teve como pressuposto o desenvolvimento do telégrafo e dos sistemas horários unificados nacionais e depois globais) ou, por exemplo, da adoção do telégrafo naval pelas marinhas de guerra só após a introdução dos navios a vapor já visíveis a grandes distâncias (Winston, 1999), ou, ainda, na relação entre o desenvolvimento dos grandes aparelhos produtivos e burocráticos e a comunicação hierarquizada vertical e horizontalmente (do papel à primeira informatização), em contraste com a internet e a comunicação em rede (Castells e Ince, 2004) ou, por último, no desenvolvimento da *publicidade* tornado necessário e possível através do desenvolvimento de um outro sistema, o da grande distribuição (Ortoleva, 2004).

A complexidade espacial e temporal da organização social é o ponto de partida para os modelos de comunicação nas sociedades informacionais, dando origem a uma globalização comunicativa.

Uma das dimensões da complexidade espacial e temporal que mais terá contribuído para essa globalização comunicativa terá sido a dimensão econômica e a evolução dos mercados. Tal como Castells (2002) demonstra, a necessidade de reestruturação do capitalismo impulsiona a adoção, a diversificação da mídia e o desenvolvimento das tecnologias de informação e da sua articulação em rede. No entanto, deve-se citar que a relação entre mercado e comunicação é uma constante, ao longo de todo o século XX, assumindo, consoante os momentos em que se manifesta, diferentes características.

Durante grande parte do século XX, assume um sentido diferente do da atual configuração em rede, isto é, a concentração hierarquizada. Entre a crise de 1929 e a de 1973, aconteceu um desenvolvimento dos modelos de comunicação que se caracterizou pelo *broadcasting* radiofônico e experimentação da televisão, simultaneamente com um impulso para um mercado de consumo alargado e massificado (Ortoleva, 2004).

A nossa realidade social em termos de modelos de comunicação é, assim, produto desses movimentos históricos ocorridos ao longo do século passado.

Hoje, na nossa sociedade, a televisão e a internet (no acesso à diversidade de fontes e instantaneidade das mesmas) representam um fator de mudança nas nossas vidas, pela partilha de um mesmo ambiente informativo entre eleitos e eleitores e de um papel cada vez maior conferido à reflexividade como instrumento de escolha.

Existe assim uma alteração das nossas dimensões temporais e espaciais, da vida social. Identificável na diminuição do tempo de entrega de formas simbólicas, da televisão aos textos passíveis de *download* na internet, ou no fato de a distância espacial não implicar proporcionalmente o distanciamento temporal. A nossa época é a primeira onde há lugar para a descoberta da simultaneidade *aespacial* (Thompson, 1995), ou seja, a coordenação e visualização de eventos ocorrendo ao mesmo tempo mas em espaços diferentes (como, por exemplo, as manifestações mundiais contra a Guerra do Iraque em fevereiro de 2003).

Mantendo as definições anteriores, a mídia, em função da sua contextualização histórica e da mudança tecnológica, também evolui. Por exemplo, as mídias nascidas com a inovação tecnológica do fim dos anos 1970 permitiram novas formas de organização da produção, do acesso ao conhecimento, novas formas de funcionamento da economia e conseqüentemente de cultura. Tal como Thompson (1995), Castells (2004b) sugere que as mídias, neste caso a internet, trazem uma gestão diferente do tempo e do espaço das nossas redes de relacionamento entre empresas, familiares, amigos, Estado e cidadãos ou nações.

Mas essa também é uma sociedade onde o nosso sentido do passado e as formas como percebemos o presente e o futuro são cada vez mais dependentes de um campo de exposição das formas simbólicas mediadas ou de uma virtualidade real (Castells, 2002; Thompson, 1995). A relação entre mídia e sociedade, fruto em particular da apropriação social alargada dos conceitos de alguns autores pela própria mídia, como no caso de McLuhan e a sua *aldeia global*, contribuiu em grande medida para que se aceite correntemente a existência de correspondências muito precisas entre os modelos de comunicação e os modelos de sociedade (Ortoleva, 2004).

Se parece claro que as tecnologias de comunicação e informação podem facilitar a adoção de modelos de organização social, será também possível sugerir a correspondência entre modelos de comunicação e modelos sociais? A resposta será sim. Mas, antes, vamos esclarecer alguns pontos.

Os laços apontados entre mídia e sociedade têm sido vários historicamente. Por um lado surgem aqueles que apontam relações determinísticas de causa-efeito, como a idéia de que os meios de massa "criam" a sociedade de massa. Essa é, por exemplo, a idéia do conjunto de autores caracterizados por Eco (1991a) como "apocalípticos" e que estabelecem ligações quase diretas entre o modelo de informação e entretenimento originado na mídia, e processos de massificação social e homogeneização cultural (Ortoleva, 2004; Colombo 2003a). Como referem as teorias determinísticas, como por exemplo o marxismo tradicional, comunicação de massa seria a expressão de um autoritarismo, produto do reduzido poder de controle do desenvolvimento técnico. É essa mesma visão já analisada que ressurge com o discurso tecnocultural no quadro da sociedade de informação no final do século passado, em particular com a oposição entre mídias interativas e mídias passivas ou, se preferirmos, novas mídias como a internet e velhas mídias como a televisão.

Em outra abordagem, surgem aqueles que consideram que a mídia expressa, tanto na sua estrutura quanto nos seus conteúdos, a própria natureza da sociedade onde é gerada (Ortoleva, 2004). Esse é o caso de autores como Poster (1999) ou McLuhan (1997).[32] Segundo Poster, existem três grandes fases do *modo de informação* que convivem entre si, mas não são consecutivas: as trocas simbólicas — mediadas oralmente, pela escrita e eletronicamente.

Em cada um desses estágios, a relação entre linguagem e sociedade, a idéia e a ação, o *eu* e o *outro* é, portanto, diferente. Do mesmo modo que no século XIX, a imprensa escrita teve um papel fundamental na formação da idéia do sujeito autônomo e racional, pela construção de uma esfera pública de debate — que na visão de Habermas (1996) criou as bases para as democracias do século XX —, as novas mídias, em particular a internet com suas características, promovem um sujeito múltiplo, descentrado e disseminado.

Segundo McLuhan (1997) não se pode falar de um único modelo de sociedade correspondente a todos os meios de comunicação de massa, mas de dois modelos bem distintos. O primeiro, o da imprensa e, mais tarde, o do cinema e, em parte, o do rádio, baseado sobre uma clara divisão de papéis e

[32] McLuhan (1997) concebia uma descontinuidade entre os meios de comunicação *quentes* — como a imprensa e o rádio, caracterizados por uma forte univocidade das mensagens e por uma recepção concentrada num mesmo sentido ou, no máximo, sobre o binômio visão/audição — e os *frios* — começando pela televisão, que apesar de aparentarem características passivas, na realidade exigem uma considerável atenção do espectador para se apropriar da informação fragmentada e incompleta fornecida.

uma ordem fortemente hierárquica. E o segundo, o que se apresenta com a televisão e que se reforça com ulteriores formas de comunicação eletrônica (informatização e automação), baseado num sistema de relações horizontais e fortemente interativas.

Os pressupostos centrais da análise de Poster (1995) e McLuhan (1997) parecem assim remeter para a visão da não-neutralidade dos meios de comunicação e para a idéia de que meios tecnologicamente diferentes são fruto da sociedade onde surgem e que promovem, pela sua utilização, realidades socioculturais diferenciadas.

Uma terceira abordagem, identificada por Ortoleva (2004) como de *relação de complementaridade*, sugere que existe uma reequação do alcance efetivo das comunicações de massa e dos seus denominados "efeitos" (Wolf, 2001), sublinhando que aos usuários da mídia corresponde também uma rede de relações interpessoais que medeiam, condicionam e filtram a recepção das mensagens. Numa abordagem complementar podemos encontrar Pierre Levy, ao propor para a relação entre tecnologia e sociedade a noção de influência, por oposição à de impacto. A ação de qualquer tecnologia, tal como a mídia, não pode ser considerada exterior à cultura e, portanto, interage com uma cultura que a acolhe e a modifica desde o seu nascer (Colombo, 2003a).

Contemplando as três dimensões enunciadas, a posição prevalecente na análise aqui realizada está mais próxima da proposta de Wolf (2001).

A reflexividade, permitida pelas tecnologias de informação e comunicação, é um elemento fundamental para a decisão individual e para a construção da vida, mas também nos demonstra que não é apenas com o desenvolvimento tecnológico e inovação científica que podemos, de alguma forma, controlar ou definir o futuro. Este é opaco e problemático e sabemos que o que dizemos contribui também para esse cenário, daí ele possuir uma dimensão muito reflexiva e problemática (Giddens, 1997a).

Se quisermos tipificar o processo de relação entre comunicação, informação e sociedade, ele é essencialmente o de uma relação biunívoca. No sentido em que, por um lado, a comunicação possibilita diferentes modelos de organização social (Ince e Castells, 2004; Beniger, 1989), mas ao mesmo tempo ocorrem necessidades sociais supervenientes (Winston, 1999) que impelem também novas formas de comunicação. Nesse sentido, é possível falar de correspondência entre modelos comunicacionais e modelos sociais.

Meios de comunicação de massa e nova mídia: a articulação de um novo modelo de comunicação?

É fundamental para a análise proposta que consigamos definir aquilo que designamos por *mídias* e quais as características que as diferenciam, pois é com esse processo que podemos discutir o que caracteriza os modelos de comunicação que surgiram ao longo da última década.

Embora esse objetivo possa ser atingido de vários modos, escolheu-se tentar desagregar os vários componentes da mídia a partir daquilo que supostamente ela influencia: as organizações, os processos políticos, o comércio global, o dia-a-dia etc.

Sendo as mídias aparelhos tecnológicos, e essa tecnologia também moldada pelo uso, é possível, a partir da desagregação de componentes, definir o que diferencia a televisão da internet ou dos celulares como tecnologias de mediação.

Uma primeira pergunta pode ser por que agregar as diferentes tecnologias expressas no parágrafo anterior. Todas elas, do telefone à televisão passando pela internet, são mídias, porque asseguram de diferentes formas (pelo som, texto e imagem) a transmissão codificada de símbolos, dentro de um quadro predefinido de estrutura de signos, entre emissor e receptor.

Entre elas encontram-se mídias multimídia, que utilizam de uma forma combinada e interligada (em hipertexto ou não) som, imagem e texto. Podendo a valorização das formas simbólicas (ou seja, como são avaliadas pelos indivíduos) ser, ou não, acompanhada também por uma valorização econômica (atribuição de valor econômico às formas simbólicas).

Ou seja, nem em todas as mídias existe uma contrapartida econômica direta (pagamento) pelo uso comunicacional (no telefone ela ocorre, nos jornais também, mas nem sempre na internet, nem na televisão ou quase nunca no rádio).

Se quanto ao telefone, no que se refere à sua funcionalidade de voz, parece existir uma opinião unânime de que não se trata de uma mídia de massa, já quanto à internet se assiste a uma polêmica maior.

Wolton (1999, 2000), por exemplo, considera que não, pois um meio de comunicação de massa pressupõe difusão simultânea generalizada para uma grande audiência, tal como ocorre com um jornal ou uma televisão de caráter generalista, fundamentados em uma concepção prévia do público-alvo. Algo que a internet na sua opinião não possui, sendo assim um *sistema de informação* e não um *meio de comunicação social.*

Já Slevin (2000), baseando-se no conceito de transmissão cultural de Thompson (1995), considera que a internet, como os meios de transmissão cultural anteriores, possui os atributos que nos permitem considerá-la um meio de comunicação de massa.

Slevin (2000) reconhece na internet atributos técnicos de mediação (como a fixação de informação, reprodução de conteúdos e participação dos que a utilizam), um *apparatus* institucionalizado de transmissão visível na seletividade dos canais de difusão e nos mecanismos de implementação restrita e, por fim, um certo tipo de distanciamento espaço-temporal envolvido na transmissão.

Para Thompson, meio de comunicação de massa é uma definição aplicável aos jornais, filmes e televisão mas não se trata de uma designação aplicável à maioria das mídias atuais e passadas. Um meio de comunicação de massa implica a imagem construída de uma vasta audiência constituída por milhares ou mesmo milhões de indivíduos. No entanto, a comunicação de massa não recebe esse atributo em função de um número fixo e estipulado de indivíduos que constituem a sua audiência, mas sim em função desses veículos de comunicação se encontrarem em princípio à disposição de uma pluralidade de indivíduos num processo de circulação pública de formas simbólicas, sendo outra das diferenças diante de mídias como o telefone, o vídeo, as teleconferências etc.

Wolton parte de uma premissa errada, ao sujeitar a definição de meios de comunicação de massa ao fato de a transmissão ter de se destinar à totalidade de uma população, por meio de um modelo generalista, e ao considerar que a internet não possui na sua gênese uma representação do seu público-alvo e uma relação entre uma escala individual e coletiva. Nenhum dos meios de comunicação de massa generalistas historicamente presentes se dirige ou dirigiu, em alguma fase, à totalidade de uma dada comunidade de valores, seja ela o país ou a região, mesmo que isso tenha sido afirmado editorialmente.

A comunicação de massa que se desenvolve na internet pode também ser designada por *mass media*. Não considerar estas tecnologias como meios de comunicação de massa com base no fato de que não se destinam a um público vasto é incorrer no erro de considerar o usuário da internet, ou o telespectador, um elemento passivo na equação comunicativa, algo que Eco (1985), na sua análise da década de 1970, desmistificou. O usuário, porque não é passivo perante a internet, como não o é com a televisão, partilha com as suas redes sociais, dos conhecidos aos amigos e família, gostos similares, e a função de difundir a palavra faz com que a atenção ampliada de muitos milhões de pessoas, em momentos diferentes ou coincidentes, percorra os mesmos endereços da internet em busca da mesma informação ou entretenimento.

A fundamentação de Wolton implicaria não considerar a existência de atividades como o *zapping* da televisão ou o *browsing*, ou se preferirmos o *ver vitrines*, na internet, bem como aceitar que quem procura informação e entretenimento o faz utilizando sempre os mesmos padrões de interesse. Implicaria igualmente que a comunicação interpessoal por recomendações oriundas das nossas redes de relacionamentos não nos induzisse na alteração de comportamentos e atitudes ou ainda que críticas de programas ou análises de páginas e software, na internet, não nos levassem a partilhar informação e entretenimento, simultaneamente, com milhares de outras pessoas que vêem uma mesma página no mesmo segundo.

Na realidade, existem várias internets e nem todas podem ser designadas como *meio de comunicação de massa*. Tentar discutir se a internet pode ou não ser *algo* é, dada a dimensão do objeto, uma tarefa ingrata pelo viés que encerra.

Esse é o erro conceitual tanto de Wolton quanto de Slevin. A internet com as características que Slevin lhe confere, de meio de comunicação de massa, existe mas não diz respeito à totalidade do seu universo. Wolton pelo seu lado comete um duplo erro, olha a internet apenas como um espaço de informação, esquecendo outras dimensões. E ao fazê-lo esquece também que num espaço de globalização onde flui uma língua franca, o inglês, e onde valores partilhados, globalmente, interagem com identidades pessoais e valores locais, o modelo de comunicação social, apenas baseado numa comunidade de língua, valores e referências localizadas, deixou de ser o modelo único para ser *um dos modelos* de comunicação social — da CNN à RTP, em televisão, ou do *correspondente.net* ao *slashdot.org* encontramos variantes dessa fórmula de comunicação social (Cardoso, 2004).

Quem constrói uma página na World Wide Web conhece o seu público-alvo, partilha línguas, valores e referências, mas o faz em diferentes escalas e formas. Faz comunicação social usando um meio de comunicação de massa e não cria apenas um sistema de informação.

Wolton tem no entanto alguma razão quando afirma que a internet não é um meio de comunicação de massa pois só uma parte da comunicação é desenvolvida com base em software que promove a produção institucionalizada e difusão generalizada de bens simbólicos, fixando e transmitindo informação e conteúdos simbólicos. Essa parte da internet que pode ser designada por meio de comunicação de massa é onde a comunicação da World Wide Web, por exemplo, ocorre. Quais são, nessa ordem de idéias, as outras dimensões da internet além da de meio de comunicação de massa?

Para responder necessitamos da ajuda de Pierre Bourdieu (Cardoso, 1998). Ao utilizar o conceito de *campo*, para designar a delimitação de análise de um objeto, Bourdieu proporciona-nos a ferramenta teórica para caracterizar as diferentes internets. Se dividirmos a internet usando o tipo de comunicação estabelecida por diferentes tipos de software, veremos que o e-mail e os programas de mensagens instantâneas — uma unidade de medida temporal que pretende significar que os eventos ocorrem quase ao mesmo tempo que no mundo fora da internet — fazem parte do *campo* da comunicação interpessoal, como o telefone ou a correspondência em carta. A World Wide Web, os programas de partilha de arquivos e os *newsgroups* constituem outro *campo*: o da comunicação de massa ou *mass media*.

Além de mídia a internet também é um meio de comunicação interpessoal e de comunicação social, ou de massa, um *mass media*.

Analisemos agora porque, às vezes, a designamos por uma nova mídia. Não apenas porque é tecnologicamente nova — datando do final dos anos 1960 — mas também porque o meio da sua utilização lhe confere novidade.

Como sabemos pela difusão acelerada de uma das tecnologias de informação e comunicação mais celebradas, a internet, uma das características de novidade que permite designar algo como uma nova mídia é a convivência sobre um mesmo suporte tecnológico, nesse caso os protocolos TCP/IP.

No caso da internet existe uma outra novidade, *pela primeira vez uma tecnologia apresenta um mesmo padrão para as comunicações interpessoal e de massa.*

Podemos assim deduzir que a novidade tem origem no fato de a tecnologia ser nova, mas o novo também pode residir no fato de tecnologias promoverem novas formas de comunicação e modelos de organização social e econômica, criarem novas audiências, possuírem novas formas de retórica e conteúdos ou ainda proporcionarem novas formas de conhecimento. O que podemos dar como certo é que, ao falar de novas mídias, pressupõe-se a existência de mídias cronologicamente mais velhas e pontos de diferenciação entre elas.

Colombo (1995b) define *novas mídias* assim: todos os meios, de comunicação, representação e conhecimento (isto é, *media*), nos quais encontramos a digitalização do sinal e do seu conteúdo, que possuem dimensões de multimídia e interatividade. Essa definição, embora orientada tecnologicamente, possui a vantagem de ser abrangente, permitindo incluir desde o celular à televisão digital e inclui também videogames ou a internet. Silverstone (1999) igualmente contribui na procura de uma definição para novas mídias quando ressalva que, olhadas isoladamente, as supostas características distintas das novas mídias (convergência digital, comunicação de muitos para muitos, interatividade, globalização e virtualidade) são, na maioria dos casos, não distintamente novas. A novidade é a sua conjugação num mesmo suporte tecnológico.

Para melhor clarificar a definição de nova mídia podemos ainda proceder a uma separação entre aquelas que são *digitais* e aquelas cuja origem é uma *migração digital*. Celulares de 3ª geração (UMTS), jornais, rádios e televisões online são exemplos de novas mídias com origem em migrações digitais, antes disponíveis noutros suportes.

Exemplos de nova mídia digital podem ser encontrados nos videogames (Playstation, X-Box, Sega, Nintendo), na generalidade dos campos de comunicação interpessoal da internet (e-mail, chats, *newsgroups*), de comunicação de *mass*as (World Wide Web e publicações de indivíduos e entidades criadas especialmente para a WWW).

As novas mídias podem assim ser apelidadas, pois são *mídia* por serem *mediador*es da comunicação e introduzem novidade porque incorporam novas dimensões tecnológicas, combinam em uma mesma plataforma tecnológica dimensões de comunicação interpessoal e meios de comunicação de massa, porque são indutores de mudança organizacional e de novas formas de gestão do tempo, porque procuram a síntese da retórica textual e visual, promovendo novas audiências e ferramentas de reconstrução social.

Com essas definições, *como poderemos especificar o modelo de comunicação que caracteriza uma sociedade informacional?*

É importante lembrar que aquilo a que assistimos, ao longo dos últimos 20 a 30 anos, é conseqüência da fusão entre diferentes tecnologias, isto é, as tecnologias de informação, as tecnologias de comunicação e a informática.

Da apropriação econômica e social resulta uma interessante relação entre mercado e democracia.

Embora a dimensão econômica da globalização seja fundamental, deve ser entendida não apenas como um fenômeno econômico mas também comunicativo (Giddens, 1999). Quando vivemos num mundo onde as notícias assumem um caráter quase instantâneo e onde a diversidade de contextos de informação é a regra (como, por exemplo, as diferenças de cobertura televisiva, por satélite, da CNN e das emissoras árabes, como a Al-Jazeera, da sublevação iraquiana de abril de 2004), temos de assumir que globalização quer dizer também uma mudança nos sistemas de comunicação. Essa mudança transforma as vidas locais das pessoas ao mesmo tempo em que modifica a sua estrutura econômica.

A ambivalência que caracteriza a mídia nesse contexto histórico pode ser encontrada também no seu papel de *gestão da autonomia comunicativa e na possibilidade de* empowerment *individual que pode conferir.*

A mídia em geral possui um duplo papel no mundo moderno. Por um lado, é instrumento da democracia, como demonstra o papel das televisões nas revoluções de 1989 no Leste europeu, no *putch* russo contra Gorbatchev e na subida ao poder de Ieltsin (Giddens, 1999) ou ainda na sensibilização da opinião pública para o drama do povo de Timor Leste em 1999 (Cardoso, 2003). Por outro lado, mídias como a televisão tendem a subverter os espaços que abrem, seguindo uma retórica de personalização e de trivialidades num processo de preocupação com personalidades, com o trivial, algo que muitas vezes assume um efeito negativo no diálogo social.

Fruto dessa dualidade, este será o primeiro momento histórico em que governos e cidadãos coexistem no mesmo ambiente informativo, algo que acontece, entre outras mudanças, também por causa da mudança tecnológica. Pela primeira vez os governos têm de mudar a forma como tratam os seus cidadãos. Quando governos e cidadãos vivem no mesmo ambiente de informação há muitas coisas que os cidadãos deixam de tolerar: a corrupção, negócios de bastidores, acordos secretos, redes de favorecimento. À medida que o mesmo ambiente é partilhado, tudo aquilo que parecia até há poucos anos normal, em política, é cada vez menos (Giddens, 1999).

Embora concordando com o diagnóstico de Giddens sobre o fato de a televisão comercial procurar as dicotomias (por exemplo, ao recorrer na informação a uma retórica de dramatização e distorcer o padrão da narrativa para apresentar os *bons* e *justos* em oposição aos *maus* e *injustos*), existe também uma chamada de atenção para a hipótese dos chamados efeitos múltiplos associados à mídia.

A comunicação pode atuar como um processo de livre e igual troca de sentido, desenvolvimento de comunidades e avanço na solidariedade social entre as nações e os indivíduos ou sistematicamente distorcer as percepções e criar inimigos fantasmas, fabricar consenso e consentimento para guerras de agressão e colocar grupos étnicos ou nações em categorias subhumanas (Tehranian, 1999).

A essa possibilidade de efeitos múltiplos, já presente na comunicação televisiva, juntam-se novas mídias. Dando origem a que nas comunicações modernas as explicações dualísticas se tornem muito mais difíceis ou até inviáveis. Como, por exemplo, a crítica à cobertura da CNN do conflito no Iraque feita pela Fairness & Accuracy In Reporting Media Analysis, Critiques and Activism

(Fair) usando uma lista de distribuição na internet.[33] Este é um exemplo prático de como não podemos continuar a pensar que o acesso e a gestão da informação são possíveis apenas com uma única tecnologia, nesse caso a televisão.

No atual contexto as mídias devem ser vistas como um conjunto e pensadas nas suas funções de agência e no seu alcance territorial, pois é dessa dupla dimensão que é possível compreender como se articulam entre si.

Uma proposta de classificação de mídia é dada por Tehranian (1999) quando sugere a possibilidade de classificar a mídia em *micromídia*, *mesomídia* e *macromídia,* procurando identificar como diferentes mídias se relacionam com o *empowerment* individual no campo da autonomia comunicativa e sociopolítica:

> As *macromídias da comunicação* (satélites de televisão e internet) parecem atuar como *agentes da globalização*. Pelas redes globais de satélites e de computadores, da transferência de dados, e-mail científico e profissional, publicidade comercial as macromídias apóiam a globalização dos mercados nacionais, sociedades e culturas.
>
> As *mesomídias da comunicação* (imprensa, cinema e difusão de televisão e rádio) encontram-se sob controle dos governos nacionais ou de grupos de pressão comercial e como tal funcionam mais como *agentes de integração nacional e mobilização social.*
>
> As *micromídias da comunicação* (telefone, fotocopiadoras, gravadores de vídeo e áudio, cassetes e CD de música, computadores e a internet) têm funcionado essencialmente como *instrumentos de poder para as forças na periferia do poder.*

---

[33] E-mail enviado pela Fair:
"CNN to Al Jazeera: Why Report Civilian Deaths? April 15, 2004.
As the casualties mount in the besieged Iraqi city of Fallujah, Qatar-based Al Jazeera has been one of the only news networks broadcasting from the inside, relaying images of destruction and civilian victims — including women and children. But when CNN anchor Daryn Kagan interviewed the network's editor-in-chief, Ahmed Al-Sheik, on Monday (4/12/04) — a rare opportunity to get independent information about events in Fallujah — she used the occasion to badger Al-Sheik about whether the civilian deaths were really 'the story' in Fallujah.
Al Jazeera has recently come under sharp criticism from U.S. officials, who claim the Iraqi casualties are 95 percent 'military-age males' (AP, 4/12/04). 'We have reason to believe that several news organizations do not engage in truthful reporting,' CPA spokesman Dan Senor said (*Atlanta Journal-Constitution*, 4/14/04). 'In fact it is no reporting.' Senior military spokesman Mark Kimmitt had a suggestion for Iraqis who saw civilian deaths on Al Jazeera (*New York Times*, 4/12/04): 'Change the channel to a legitimate, authoritative, honest news station. The stations that are showing Americans intentionally killing women and children are not legitimate news sources. That is propaganda, and that is lies.' (...)"

A proposta de Tehranian é um bom ponto de partida para a análise dos processos de mediação. Principalmente, porque introduz uma visão global da mídia não realizando, por exemplo, separações entre mídias, em função das tecnologias, mas sim em função do objetivo que a sua apropriação oferece.

A comunicação global é para Tehranian, tal como para Castells (2003a), um elemento fundamental para a criação de um mercado global. A comunicação global permitiu infra-estruturas para a comunicação de dados, notícias e imagens e assim aumentou a procura com o aumento do desejo de posse de produtos e acesso a serviços. Mas esse processo de associação, entre comunicação e mercado, produziu outro efeito complementar, isto é, deu poder às vozes silenciosas daqueles que reivindicam a autodeterminação e justiça social e que têm respondido ao consumismo por meio da afirmação da identidade.

As comunicações globais (da imprensa à internet) têm desenvolvido um papel múltiplo nesses processos.

A mídia global promove, ao mesmo tempo, a homogeneização e a diferenciação de mercados, conduz à centralização e ao mesmo tempo à dispersão de poder, realiza uma integração e também uma pluralização cultural.

Se as *macromídias* têm facilitado a globalização, as *micromídias* têm dado poder às periferias de resistência e oposição. Por contraste, as *mesomídias* (jornais de opinião, revistas científicas e profissionais) têm aproximado as comunidades de afinidade numa sociedade civil global que partilha o espaço de fluxos (Castells, 2002).

Um exemplo concreto desses processos de mediação é o impacto da comunicação global em várias áreas das relações internacionais (Tehranian, 1999). As comunicações globais permitem novos tipos de diplomacia pública, de pessoas e virtual. Dois exemplos do denominado *efeito CNN*, no qual se pode constatar que a visibilidade pública de um evento pode ter efeitos diferentes, são a Somália e o Curdistão e, por outro lado, Guerra do Golfo, Chechênia, Bósnia, Kosovo e Iraque.

Se no caso da Somália e Curdistão teve como efeito visível a realização de operações humanitárias, já nos casos da Guerra do Golfo, Chechênia, Bósnia, Kosovo e Iraque outro efeito parece manifestar-se, ou seja, uma simbiose entre o discurso dos governos e da mídia, na cobertura de questões internacionais.

Outro exemplo de mudança possibilitada pela mídia é aquilo a que Tehranian (1999) designa como *diplomacia das pessoas*, no sentido em que abre novas arenas de intervenção até então reservadas apenas aos políticos, em questões como a solidariedade humanitária, ecológica ou de direitos humanos ou levando por meio da televisão ao conhecimento do evento e à vontade posterior de contatar a organização (um exemplo é a *mailing list* da associação ecológica Quercus e os seus apelos à participação em diferentes projetos como por exemplo o projeto *EU Vote Watch* organizado para as eleições européias de 2004). Ou ainda, o exercício de diplomacia virtual em que com as gravações de vídeo e áudio de acontecimentos não cobertos pela mídia internacional e nacional (como as fitas de mensagens da resistência iraquiana ou os vídeos de mensagens de Bin Laden enviados para as cadeias de satélite internacionais) ou ainda no caso do protesto contra a repressão indonésia aos resultados do referendo de autodeterminação de Timor Leste em 1999 (em que com e-mail e fax criaram-se redes de solidariedade que causaram a interrupção nos servidores de e-mail e fax das delegações do Conselho de Segurança e das diversas chancelarias dos membros permanentes do Conselho das Nações Unidas).

As mídias não atuam isoladamente, mas em conjunto. Isto é, *as práticas dos atores sociais na sociedade em rede são práticas que combinam mídias na procura de obtenção de resultados, e não usos isolados de uma determinada mídia. Devemos olhar para as mídias não como tecnologias isoladas, mas como objetos de apropriação social diversificada e combinada em função de objetivos concretos definidos.*

Ao contrário do discurso normalmente produzido sobre a *sociedade de informação* no qual se propõe uma hierarquização das mídias ou se as faz subordinar à mais recente (como no caso da web-TV, que representa a subordinação da lógica da televisão à internet), elas constituem um todo, um sistema de mídias (Ortoleva, 2004), articulando-se entre si *em rede*, em função da dialética de objetivos entre quem as apropria e quem as gere: um todo que é apropriado a partir de escolhas individuais mas partilhadas socialmente, constituindo o que podemos designar como uma matriz de mídia (Meyrovitz, 1993).

As mídias não são elementos isolados, não nos limitamos apenas a ouvir rádio, a ler apenas jornais, a só navegar na internet. A prática geralmente difundida é a combinação entre várias mídias na vivência diária em casa, no trabalho, na escola ou nos deslocamentos.

Um exemplo concreto dessa interdependência entre mídias e a apropriação individualizada, mas socialmente partilhada, pode ser encontrado na análise dos processos comunicativos que ocorreram na Espanha entre os atentados de 11 de março em Madri e o dia das eleições gerais espanholas a 15 de março de 2004.

Antes de proceder à análise desse trágico acontecimento importa relembrar um texto intitulado "O público faz mal à televisão?", onde se argumentava (contrariando uma visão então comum, entre intelectuais e elites, de que a televisão se configurava como um instrumento capaz de controlar, por meio das suas mensagens, as mentes do público-alvo) que, embora uma mensagem tenha como objetivo produzir certos efeitos, pode confrontar-se com situações locais, outras disposições psicológicas, desejos ou medos e acabar por produzir um efeito bumerangue (Eco, 1985; Philo, 1999).

Num artigo publicado em março de 2004, Eco argumentava que o que assistimos na Espanha, após o atentado de 11 de março, configurava precisamente uma situação de aplicabilidade do seu argumento (Eco, 2004b, tradução do autor): "As mensagens do governo pretendiam dizer 'acreditem em nós, o atentado é obra do ETA' mas porque as mensagens eram tão insistentes e peremptórias a maior parte dos usuários leram 'têm medo de dizer que foi a Al-Quaeda'."

O segundo fenômeno analisado por Eco na lógica comunicativa que se seguiu ao 11 de março é aquilo que nos anos 1970 ele designou como "guerrilha semiótica" (Eco, 1985), ou seja, se não se pode ter controle sobre o emissor da comunicação, por exemplo, uma rede televisiva, então *deve-se ocupar as primeiras filas das salas onde vemos televisão*. A guerrilha semiótica é uma série de intervenções atuando, não sobre a origem da mensagem, mas sim sobre onde ela chega, induzindo os usuários a discutir a mensagem, a criticá-la, a não recebê-la passivamente (Eco, 2004b).

Na Espanha, o 11 de março ocorreu já não na época da televisão, rádio e jornais, mas sim na época em que o sistema de mídia incorporou numa apropriação por uma vasta parcela da população o celular e a internet.

A guerrilha semiótica contemporânea, ao contrário da anterior formulação de Eco, não se desenvolveu a partir da ação das elites, mas sim num processo de rede, de criação de *nós espontâneos*, reeditando a lógica do rumor ouvido e passado de orelha a orelha, oriundo da comunicação interpessoal. Só que dessa vez utilizando o celular com o objetivo de fazer passar uma mensagem, a de que "o governo mentia; por isso convidavam-se as pessoas para se juntarem próximo às sedes do partido do governo, o Partido Popular, ou de edifícios públicos, em protesto" (Eco, 2004b).

Aquilo a que assistimos foi a procura de um canal alternativo de comunicação, opondo a comunicação de difusão, realizada na televisão, à comunicação privada, que pode também se transformar num meio de comunicação de massa quando ocorre numa rede eletrônica (como a do celular). A comunicação privada assumiu assim uma dimensão de fenômeno coletivo em que as pessoas olhavam a televisão e liam os jornais, mas ao mesmo tempo se comunicavam e questionavam se o que era dito era ou não verdade, contrapondo as notícias lidas e ouvidas nos canais nacionais à informação que podiam obter na internet, consultando jornais estrangeiros e vendo canais de televisão via satélite (Eco, 2004b).

Outros exemplos similares e igualmente complexos de apropriação em rede da mídia encontram-se, por exemplo, no caso dos protestos de Seattle durante o Millennium Round da Organização Mundial do Comércio (OMC), em 1999. Como salientam diversos autores (Rodotá, 2000; Castells, 2004a; Wieviorka, 2003), os protestos ocorridos em Seattle foram organizados pela internet, mas só ganharam visibilidade e poder de mediação com as imagens difundidas pelas televisões para todo o mundo. A internet assumiu, assim, o papel tradicionalmente desempenhado pelas estruturas pessoais em redes locais, possibilitando que pessoas com interesses similares, ainda que dispersas, coordenem as suas ações. Além desse papel organizador da internet, o interesse em analisar essa forma de protesto reside no fato de se poder entrever a noção de complementaridade para a eficácia da mediação dos meios. Os participantes nas ações de protesto compreenderam bem que apenas o recurso à internet, uma mídia ainda minoritária em termos de aderentes, não conferiria a legitimidade nem a força necessária para colocar as negociações da OMC em um impasse. Daí a necessidade de tomar as ruas em ações de protesto, organizadas pela internet, mas difundidas pela televisão, o meio de comunicação de massa mais abrangente.

A principal evidência que se pode retirar da análise de Eco, Tehranian, Castells e Rodotá, é o papel decisivo da articulação das mídias pessoais que, quando ligadas em rede, transformam-se em meios de comunicação de massa configurando assim a sua flexibilidade e ambivalência. Conseqüentemente, uma análise sobre o *empowerment* individual associado à mídia tem de considerar, não apenas televisão, rádio, jornais e World Wide Web, mas também o telefone, o celular e as mensagens na internet (e-mail, *newsgroups*, chats, *instant messaging* etc.).

Uma hipótese que se retomará ao longo desta análise é que *a partir da relação entre a oferta tecnológica e de serviços por parte da mídia e das apropriações dos seus públicos, assistiremos a uma articulação em rede entre diferentes meios de comunicação de massa por intermédio de mídias interpessoais, dando origem a uma construção da retórica em rede onde à imagem difundida se pode também responder através do texto, caracterizada por um sistema de mídia também ele articulado, da dimensão econômica à política, social e cultural, em rede.*

Retórica, acessibilidade informativa e narrativas

Se o já exposto é o contexto de enquadramento onde se desenvolve a comunicação pela mídia, há ou não uma mudança de paradigmas comunicacionais? A resposta é que ela encontra-se em curso nas nossas sociedades.

Porque o desenvolvimento tecnológico e a apropriação da mídia colocam em convivência simultaneidade e interligação de mídias de massa — mídias de comunicação interpessoal e mídias que as combinam na sua própria matriz de gênese, como a internet, a principal característica que atravessa toda a esfera da comunicação é a de ambivalência, que, como veremos, pode ser visualizada nos paradigmas comunicacionais mas também em outras dimensões que contribuem para a definição de um modelo de comunicação.

O atual estágio de desenvolvimento econômico é caracterizado pela concentração da posse de conteúdos, da transmissão e do acesso, fato que levou a que os grupos econômicos incorporassem na sua estratégia a posse do fornecimento de acesso e difusão de informação. A época do modelo de grupos puramente comunicacionais está no fim (Ramonet, 1999). As grandes empresas estão presentes em vários setores econômicos e, entre eles, detêm também empresas de meios de comunicação de massa e telecomunicações. Para Ramonet as três dimensões que constituem tradicionalmente a atividade comunicativa estão transformando-se, a dimensão informativa e cultural tornou-se minoritária em relação à comunicação (que é o principal atributo das empresas e agentes de relações públicas, publicidade, marketing político, comunicação empresarial etc.), levando a que nos interroguemos sobre a existência, ou não, de uma contradição da noção de liberdade de imprensa, quando os donos da mídia são precisamente aqueles sobre quem importa fazer a notícia. Uma interrogação à qual não é possível responder com total clareza pois depende em muito das situações particulares com que cada jornalista se confronta e também da própria leitura que fazemos de como a definição do valor notícia, por parte do jornalista, ocorre (Wolf, 2001; Traquina, 2003).

Por ser da interdependência entre tecnologia, modelos econômicos de mídia e formas de retórica que se estabelece um sistema de mídia num dado momento histórico e que se moldam os paradigmas comunicacionais, se esses elementos se alteram, então também os paradigmas da comunicação se alteram.

Fruto dessas mudanças econômicas e tecnológicas, o *modelo de retórica* encontra-se em transformação. O visual tem ganhado predominância sobre o textual, sendo que o único campo onde o texto aparentemente ainda predomina é o da internet.

Fora da internet, o que predomina é a retórica baseada na cultura visual fundamentada na simplicidade, rapidez e emoção, em que "basta ver para estar, repetir para informar" (Ramonet, 1999). No entanto, ainda na esfera da retórica há uma questão não respondida por Ramonet, e também abordada por Eco (1996), a de saber como evoluirá a relação entre imagem e texto quando as novas mídias procuram suportes tecnológicos comuns e promovem a interdependência, por exemplo, pelo uso de chats e e-mail nos *talk shows* televisivos e quando as páginas web, das televisões, permitem a visualização em tempo real, dos seus canais.

Além da mudança na retórica e nas fórmulas narrativas, o surgimento da nova mídia introduz também a construção de novas audiências por meio de mudanças nos processos de apropriação social e difusão das tecnologias.

Segundo Livingstone (1999), todas as tecnologias são acompanhadas por processos de difusão que resultam de uma complexa interação entre os usos imaginados e os atuais, entre as representações culturais e as preocupações individuais e entre a forma emergente do mercado e o conteúdo para ele desenvolvido. Além do processo de difusão ocorre sempre um processo de apropriação, ou seja, domesticar um objeto não-familiar pela sua incorporação às práticas sociais preexistentes. Com a nova mídia, surge também um novo tipo de audiência (Roscoe, 1999). Assistimos à multiplicação das mídias pessoais nas famílias, à diversificação de formas e conteúdos na tentativa de adaptá-los aos diversos estilos de vida (canais temáticos, produção segmentada de informação, *design*), convergência de tecnologias e apagar de barreiras sociais (casa/trabalho, entretenimento/informação, educação/lazer, feminino/masculino) e, por causa da comunicação interativa, à construção da própria mídia pelos usuários e ao afastamento da sua dimensão de mero objeto (como, por exemplo, é o caso das imagens de *desktop* ou a programação de programas de *open source*). Podemos, pois, pela análise das audiências e da sua relação com as diferentes mídias, captar possíveis diferenças no nível dos modelos de comunicação.

A caracterização do que é o modelo de comunicação vigente tem também de ter presente a dimensão da *acessibilidade informativa*. Como já vimos, quer no discurso político quer em algumas dimensões do discurso acadêmico sobre a *sociedade de informação*, surgem freqüentemente as associações entre mudança tecnológica e maior disponibilidade de informação, a sua associação a uma maior criação de conhecimento que, por sua vez, alimentará os processos de inovação na economia e sociedade. Será que essa é também uma característica do modelo de comunicação?

Embora possamos integrar a dimensão da acessibilidade à maior informação como característica passível de marcar o modelo de comunicação vigente, numa sociedade informacional ela deve ser equacionada também quanto ao seu real alcance social. Porque a disponibilidade de informação depende de como se organiza o sistema de mídia, Eco (2000a) crê que, para analisar a relação entre disponibilidade de informação e modelos de comunicação, deve-se, em primeiro lugar, compreender as mudanças na estrutura da mídia e na sua retórica. Só a partir daí se pode inferir como essa maior disponibilidade se traduz em reais mudanças nos padrões de comunicação.

A disponibilidade de informação permite uma nova democracia cultural, pois nas sociedades tradicionais o mundo cultural é dividido em duas partes: produtores e consumidores — pessoas que escrevem livros e pessoas que os lêem (Eco, 2000a). As tecnologias de informação e a internet em particular mudam isso de uma forma positiva permitindo a todos escrever sobre tudo. Mas, ao mesmo tempo, essa possibilidade de democracia cultural significa que há um aumento exponencial de informação e, já que existem limites a partir dos quais muita informação é igual a nenhuma informação, essa disponibilização pode apenas ter efeitos muito reduzidos (Eco, 2000a). Durante o lançamento na internet do "manual interativo do saber", Eco mencionava que a internet pode ser olhada como o equivalente virtual do universo em que vivemos. Tal como no nosso universo físico há bosques e cidades e países (dos EUA ao Burkina Faso), também há de tudo na internet, das páginas nazistas, às que nos querem vender algo e também as pornográficas. A idéia de que apenas pela informação, mais convenientemente acessível e mais depressa consultável, encontramos solução para os nossos problemas individuais e coletivos, deve ser algo temperada pelo próprio contexto da sociedade em que vivemos (Eco, 1996a).

Até a grande disseminação da internet junto da população, as igrejas e as instituições científicas, entre outras, tinham a função de filtrar e reorganizar o conhecimento e a informação. Esses intermediários, ao agirem dessa forma, restringem a nossa liberdade intelectual, mas garantem que a comunidade acesse o essencial. A internet faz-nos perder o filtro das instituições ou, pelo menos, obriga-nos a repensar a necessidade de construir novos filtros e também a desenvolver filtros individuais (Eco, 1996a). Daí que a argumentação sobre o acesso à informação tem de levar em conta que, de fato, podem existir notícias[34] demais e que a única forma de asse-

[34] Segundo Denis McQuail (2000), *notícia* pode ser definida como a forma mais comum sobre a qual a informação, sobre eventos públicos, é transmitida pelas mais diversas mídias, existindo uma grande diversidade de tipos e formatos, bem como fortes diferenças culturais entre os seus diversos suportes de divulgação. As suas características-base são geralmente afirmadas como: atualidade, relevância e fiabilidade.

gurar o acesso à informação útil é dizimá-las (isto é, aplicar critérios de filtragem positiva e negativa escolhendo uma opção entre cada 10). Só que essa filtragem implica igualmente o conhecimento dos mecanismos que produziram a informação, o que nos leva também à discussão sobre as habilidades necessárias.

A existência de abundância de informação não constitui uma garantia da sua utilidade social, pois deve-se possuir os conhecimentos necessários para agir como filtro de informação, saber distinguir e selecionar, ou o acesso a toda essa informação será inútil (Eco, 2000a, tradução do autor): "Não se pode compreender, na acepção mais crítica e vasta do termo, um filme se não se tem a noção da técnica de filmagem e montagem".

A autonomia comunicativa não depende apenas do acesso, como a fruição de informação pode possuir pouca capacidade de *empowerment* individual se a habilidade necessária não for utilizada, ou não estiver presente, nos processos de seleção e filtragem. Como sugere Paquete de Oliveira (1994), o conhecimento é hoje um dos principais problemas dos Estados democráticos. Embora o mundo de hoje esteja inundado de informação, o conhecimento (como capacidade de manipulação e assimilação), pelo contrário, não acompanha proporcionalmente essa difusão (Morin, apud Oliveira, 1995).

Assim como acessibilidade não é uma categoria suficiente para definir um novo modelo de comunicação, "informação" também não é. É questionável se podemos descrever adequadamente as sociedades com apenas uma variável abrangente e, caso isso seja possível, pode-se questionar se a informação é uma categoria mais precisa que outras igualmente fortes como entretenimento, espetáculo, vigilância ou risco (Hamelink, 2004). Daí que, como corolário dessa crítica, "informação" não seja uma categoria passível de definir corretamente as tendências detectáveis em curso, pois não é possível estabelecer uma equivalência direta entre, por exemplo, informação e poder, bem como não é certo que, por as pessoas estarem mais bem informadas sobre umas das outras, se entenderão melhor e estarão menos inclinadas para o conflito. Isso por que a maioria das pressuposições acerca do papel e efeitos, da informação e conhecimento baseia-se em modelos de causa-efeito, sendo a informação e o conhecimento concebidos como variáveis-chave nos processos sociais, como se fosse possível assegurar que, devido à forma como forem tratadas, determinados efeitos sociais ocorrerão (Hamelink, 2004).

Hamelink (2004), ao focar a dimensão ética, levanta a questão de saber se um novo modelo de comunicação em formação se fundamentará no direito à informação ou no direito à comunicação. Isso porque a troca de símbolos[35] entre os seres humanos parece estar agora cada vez menos sujeita a restrições de espaço e tempo. As novas tecnologias de informação e comunicação, ao permitirem a comunicação entre as pessoas, a recepção simultânea, a alteração e a redistribuição de objetos culturais, promovendo o contato global instantâneo e colocando o *sujeito* numa relação em rede, estão de certo modo tornando, pelo menos tecnicamente possível, a *aldeia global* de McLuhan (Poster, 2000). Hamelink enfatiza uma das características das novas tecnologias, e da internet em particular, o fato de que todos podem ser produtores de informação, ou melhor, que além de todos poderem acessar a informação, também possuem o direito de comunicar a informação escolhida. A argumentação de Hamelink, seguindo semelhantes propostas de Eco (2000a) e Castells (2004a), é que a cidadania só pode ser completa quando se possui uma habilidade para o uso das novas tecnologias, o que também implica acesso ao domínio cultural e educacional e, conseqüentemente, exercício da liberdade de escolha.

> Um diálogo efetivo não pode ter lugar entre pessoas cujas vidas estão ameaçadas, que não têm liberdade para falar ou para se reunirem, que não possuem meios para expressar as suas vozes, que não podem falar em confidencialidade e em privado, ou a quem são negadas formas básicas de educação e participação cultural.
>
> Hamelink, 2004

Outra contribuição importante para o esclarecimento do que é o *empowerment* individual e autonomia sociocomunicativa na sociedade em rede é

---

[35] Poster propõe um novo paradigma que descodifique a dimensão das trocas simbólicas, recorrendo para isso à sugestão do *modo de informação*, baseando-se na existência de períodos diferenciados pela forma como as trocas simbólicas ocorrem e na importância que a cultura contemporânea confere à informação. As diversas fases do modo de informação não são consecutivas pois convivem temporalmente com: trocas mediadas oralmente (face a face), trocas mediadas pela escrita e trocas mediadas eletronicamente.
Para Poster, a cultura ocidental tende a tornar invisível o papel mediador dos meios de comunicação, não levando em conta que as máquinas não são, apenas, transmissoras mas participam ativamente na produção de formas diferenciadas de cultura: do sujeito autônomo e racional da era da imprensa, ao sujeito em busca dos 15 segundos de fama na era da televisão, ao sujeito criado na segunda era da mídia. Depois da *primeira era da mídia* vem a *segunda*, a dos meios eletrônicos, nos quais Poster inclui a televisão e as novas mídias. Os pressupostos centrais da análise do autor parecem assim remeter, tal como em McLuhan, para a visão da não-neutralidade dos meios de comunicação e para a idéia de que meios tecnologicamente diferentes promovem, pela sua utilização, realidades socioculturais diferenciadas, numa perspectiva de cultura como espaço de formação de identidades (Cardoso, 2000a).

que, ao contrário de outras perspectivas, como a de Schiller (1996), para Hamelink (2004) não há motivo para se estabelecer uma diferença entre a dimensão de consumidor e de cidadão. Isso, porque não coloca a ênfase no tipo de acesso à informação mas nas condições para expressar a opinião, seja na esfera econômica ou de participação. Se para Poster (1999) a informação, ao tornar-se um termo privilegiado na nossa cultura, dá origem à idéia de "indivíduo informado"[36] como novo *ideal social*, criando uma lógica de pertencimento a que a classe média — um grupo a que "todos" excetuando os "sem-teto" parecem pertencer — tende a conceder importância, já para Hamelink deverá contrapor-se a idéia de "indivíduo dialogante". O *empowerment* comunicativo, para Hamelink, depende da capacidade da mídia em contribuir para assegurar o ideal de comunicação como um processo interativo e não num mero acesso à informação. Assim como Murdock (1992, 1993), Hamelink concentra a sua argumentação na necessidade de uma quarta dimensão da cidadania, a dos direitos de comunicação e cultura, acrescentada à divisão original de Marshall (1964) sobre os direitos dos cidadãos.[37]

A maior disponibilidade de informação será um dos elementos considerados na análise da definição de um modelo de comunicação, mas que por si só não será um elemento de diferenciação determinante.

A caracterização de um modelo de comunicação tem também de considerar não apenas como se estabelecem as relações de apropriação da mídia por parte dos públicos, ou como a gestão econômica entre mídias ocorre (como no caso de concursos televisivos e SMS), mas também *como essa relação se processa*

---

[36] O ideal de homem informado não tem obrigatoriamente de se traduzir na idéia de alguém que tudo sabe, pois como Eco (2000a) respondia à pergunta feita por um jornalista sobre "O que é um homem culto?" é "alguém que não sabe nada, nem a data da morte de Napoleão, mas sabe onde e como encontrar a resposta num ápice". Daí que se possa argumentar que na era da informação uma das divisões mais comuns seja entre quem recebe a informação sobre o que acontece, proveniente de fontes públicas generalistas (jornais, televisão, páginas da mídia online) e quem possui as competências necessárias para encontrar entre a multiplicidade de fontes informativas dos meios de comunicação de massa, na internet e nas bibliotecas a informação pretendida. Ou seja, não é o domínio da tecnologia que diferencia dois sujeitos, mas sim a forma como lidam com as possibilidades oferecidas por essas tecnologias de mediação.

[37] Direitos civis: liberdade de ação na sociedade civil (associação, liberdade de crenças) contrapondo-se à liberdade de coação por parte do Estado (tortura, detenção arbitrária etc.); direitos políticos: direito de participação na formulação das leis e no sistema jurídico; direitos sociais: estabelece as regras de relação com os centros de poder econômico, no emprego, na saúde, na educação, no consumo etc.; direitos de comunicação e culturais: com o objetivo de permitir as tomadas de decisão e a expressão da sua identidade cultural.

no nível da definição daquilo que são notícias e do que são modelos de entretenimento ou, se preferirmos, da dimensão narrativa da informação e do entretenimento da mídia.

Fruto das necessidades de evolução econômica dos meios de comunicação de massa tradicional, que levaram à ampliação territorial dos seus públicos (via televisão por satélite e cabo), e da disseminação do uso da internet, assistimos ao desaparecimento, ou desvalorização, de alguns conceitos, até agora, social e culturalmente, valorizados. Um dos primeiros conceitos que a globalização da comunicação questionou foi a noção de fronteira. A queda de fronteiras comunicativas, que as novas tecnologias de informação e comunicação trouxeram, produziu dois fenômenos opostos. Por um lado, não existe mais uma comunidade nacional que possa impedir os seus cidadãos de saber o que acontece em outros países — mesmo nas ditaduras é cada vez mais difícil impedi-los. Por outro lado, a globalização comunicativa introduziu também modificações no nível da monitoração. Até há pouco tempo exercida, em quase exclusividade, pelos Estados, essa função passou a ser partilhada (e por vezes transferida) por outros centros de poder (Lyon, 1995; Poster, 2000; Castells, 2003a).

Para Eco, o *big brother* orwelliano não é o da televisão,[38] onde milhões de *voyeurs* olham um só exibicionista. Hoje o *big brother* que nos observa não tem rosto e não é apenas um: é a totalidade da economia global (Lyon, 1998; Rodotá, 2000). E é a partir dessa crescente partilha da monitoração que se está também produzindo um movimento de mudança cultural na percepção do que socialmente valorizamos diante da *reserva* (Eco, 2000a).

A dimensão cultural de valorização da privacidade, ou se preferirmos da reserva, não é de todo um dado adquirido. Pelo contrário. Se não nos referirmos aos grupos de ativistas da privacidade na internet (Castells, 2004a), poucos mais são os que abordam no contexto público essas questões, isto é, além daqueles que pretendem manter secretas as transmissões comerciais, de quem não pretende ver violada a correspondência pessoal, os seus rendimentos e de

[38] O nome "Big Brother" ("Grande Irmão", em português) foi inspirado no livro *1984*, do escritor inglês George Orwell. Na obra, todos os habitantes de um país fictício são vigiados diariamente por câmeras que funcionam como os olhos do governo. O primeiro programa da série foi ao ar no canal holandês Veronica, no dia 16 de setembro de 1999. Em 2000, o fenômeno *Big Brother* começou a ser exportado para outros 19 países, como Alemanha, Espanha, Estados Unidos, Inglaterra, Portugal, Suíça, Suécia e Bélgica. Em todos eles, o programa foi um fenômeno em termos de audiência e polêmica (Carola, 2002; ver também Graça, 2002, Mota, 2002; e Cintra Torres, 2002).

quem elabora dados de pesquisa que não pretende ainda ver publicados, poucos mais são os que aparentemente agendam essa temática da reserva (Eco, 2000b; Castells, 2004a).

Embora a evolução tecnológica possa interferir na percepção cultural do conceito de reserva, há razões que, baseadas também na própria evolução dos modelos econômicos dos meios de comunicação de massa, podem ajudar a explicar essa desvalorização. Ao longo das últimas duas décadas existe uma clara evolução da definição do critério de notícia, que até certo ponto pode ser explicada por motivos de sobrevivência econômica das mídias, mas que também envolve os próprios critérios de modelos de entretenimento.

A argumentação de Eco (2000b) é que a primeira variação, no campo da definição de notícia, surgiu com a imprensa escrita. Até há alguns anos só existiam publicações especializadas sobre o mexericar, aquilo que tradicionalmente classificamos de imprensa cor-de-rosa. Tratava-se, sobretudo, de escrever sobre pessoas que, pelo seu trabalho de atores, cantores, monarcas no exílio ou *playboys*, expunham-se voluntariamente à observação dos fotógrafos e dos cronistas. Os leitores sabiam que muitas vezes os acontecimentos, alvo das notícias, eram preparados pelas redações, mas os leitores dessas publicações não pediam notícias, ou se preferirmos a verdade (Traquina, 2003), mas entretenimento.

Com o objetivo de concorrer com a televisão e, por outro lado, diante da necessidade de preencher um número maior de páginas, também a imprensa generalista e de referência começou a ocupar-se de um número cada vez maior de eventos sociais, de costumes, de variedades e de rumores, passando assim a alterar os seus critérios sobre o que era notícia. O mexerico tornou-se matéria de informação de referência e chegou até aqueles que tradicionalmente não eram o seu alvo, isto é, monarcas no trono, líderes políticos e religiosos, presidentes da República, cientistas etc., dando, por sua vez, origem à idéia de que ser objeto de mexerico público se identificava com o adquirir *status social* no mesmo nível que um ator ou o político.

Essa foi uma importante mudança, porque introduziu uma alteração dos valores sociais e permitiu uma segunda evolução dentro da mídia que surge quando a televisão idealiza transmissões em que os elementos principais já não são aqueles que mexericavam sobre os ausentes, mas sim os que são objeto dos mexericos, que se apresentavam de bom grado publicamente para "fofocar" sobre si e os outros. Essa segunda evolução ocorre fundamentalmente na dimensão do entretenimento, o que lhe confere uma lógica de associação entre o concorrente e a sua atuação como modelo universal, pois o raciocínio é "se ele se expõe, qualquer um pode fazê-lo" (Eco, 2000b).

A exibição do concorrente convence o público de que nenhuma dimensão da reserva merece a privacidade, mesmo a mais íntima, e que a exibição desses mesmos acontecimentos é sempre premiada. No entanto, essa dimensão não é apenas atribuível à televisão visto que também na internet encontramos muitas páginas que seguem exatamente os mesmos valores de exibicionismo (Gauntlett, 2000). Ou seja, a profusão de webcams que, com ou sem intuito lucrativo, desvendam a privacidade de locais privados ou semiprivados, as páginas pessoais que revelam "quem sou eu?" e também a própria exposição fotográfica, mesmo de pormenores tão íntimos como o interior do próprio corpo (Eco, 2000b), são exemplos dessa alteração da relação com a reserva.

Essa contribuição de Eco para a compreensão da dimensão narrativa e da informação e do entretenimento é de dupla utilidade *porque, por um lado, demonstra a bidirecionalidade que se estabelece nas relações de influência entre mídia tradicional (como a televisão, imprensa e rádio) e a internet e, por outro, introduz a relação entre economia e conteúdos de mídia.*

Uma relação fundamental para poder questionar o surgir dos processos de globalização comunicativa; da articulação em rede da mídia e, conseqüentemente, da *mediação* em rede; da alteração dos modelos de notícias e entretenimento num quadro cultural correspondente a uma cultura da virtualidade real — gerada num modelo informacional de sociedade articulada em rede. Será isso suficiente para podermos mencionar a existência de um *novo sistema de mídia*?

Um sistema de mídia refere-se, na formulação de Ortoleva, ao quadro das interligações entre tecnologias e organizações que guiam as diversas formas de comunicação. Trata-se de uma categoria de origem essencialmente institucional e econômica, que nos ajuda a explicar, por um lado, a dinâmica evolutiva dos meios de comunicação e, por outro, como cada sociedade estabelece, entre as diversas mídias, uma divisão das funções, que nasce dos processos socioculturais complexos, mas que encontra *a posteriori* a sua legitimação nas empresas e quadros legislativos (Ortoleva, 2002). Tradicionalmente podemos distinguir quatro orientações, ou se preferirmos quatro modelos ideológicos que presidem a forma como a comunicação é encarada na organização institucional e econômica de um dado sistema de mídia (Williams, 1999; Ortoleva, 2004), sendo possível caracterizar o atual sistema de mídia como produto de uma procura de equilíbrio entre um modelo comercial e um modelo democrático de comunicação.[39]

A partir de um conjunto de constatações é possível argumentar que um novo sistema parece ter lentamente se estabelecido ao longo da última década. Durante esse período assistimos ao nascimento simultâneo de centenas de novos títulos de imprensa e ao recurso às mais variadas técnicas para a difusão de mensagens, num processo que pode ser caracterizado por a "*mídia precede a mensagem*" (Eco, 2001).

Nos anos 1960, McLuhan (1997) argumentava que a "*mídia era a mensagem*", o que significava que qualquer meio de comunicação induz comportamentos, cria ligações psicológicas, forma a mentalidade de quem o recebe, independentemente do conteúdo aí veiculado.

Por sua vez, Castells (2002) caracterizou a relação organizativa da mídia atual como baseada no fato da "*mensagem ser a mídia*", isto é, moldam-se as mídias em função da mensagem que se pretende fazer chegar procurando aquela que melhor serve à mensagem e à audiência a que se destina. E como essa mensagem tem por pressuposto uma componente econômica, produzida por um regime de concorrência, os suportes publicitários são dirigidos a quem produz mensagens mais apetecíveis para o maior número de pessoas, dando origem a um nivelamento de temas e programas entre os diferentes canais. O canal ou, se preferirmos, a mídia deixa de ser neutra quanto ao que por ela é transportado (Eco, 2001).

Por outro lado, a mídia precede a mensagem quando a aceleração tecnológica produz múltiplos novos canais que antecedem o que há para lá ser colocado, criando um novo desafio de caráter econômico que é viabilizar a transmissão sem ter equacionado o que transmitir (como no caso da televisão interativa e digital ou do CD-ROM interativo).

Para além do desafio econômico essa é também uma mudança cultural de monta, que marca um novo paradigma de organização comunicativa que também será visível no fato de a maioria dos novos canais comunicacionais

[39] O *modelo paterno* olha para a comunicação com uma finalidade educativa, guiada pela autoridade das instituições. Como a escola ou a televisão do Estado. O *modelo autoritário* é aquele no qual o poder político usa a sua força para impedir a circulação de informação imprópria. O *modelo comercial* é caracterizado pela troca comunicacional total e integralmente assimilada ao modelo de troca de mercadorias, assim sendo, a comunicação é vista como uma mercadoria, privatizável e baseada na auto-suficiência e desregulação. Por último, o *modelo democrático* tem como objetivo garantir a máxima liberdade não só na fruição comunicativa mas também na criação de mensagens em todas as áreas da sociedade (Williams, 1999; Ortoleva, 2004).

terem sido apresentados ao grande público num processo de experimentação ativa, naquilo que Castells (2002) designa como "aprender fazendo" uma prática característica das tecnologias de informação digitais e que pode ser exemplificado pelos projetos online de informação jornalística e a sua evolução, mas também pelo fato de termos assistido à assunção de responsabilidades jornalísticas por milhares de pessoas que se encontram ligadas a outras profissões e a quem a profusão de canais e a personalização da mídia permitiu o exercício dessas competências.

No entender de Ortoleva (2004) não se trata meramente de uma alteração conjuntural no sistema de meios de comunicação de massa. Sinal dessa transformação é o fato de o objeto da atenção dos seus intervenientes ter se deslocado dos conteúdos para abraçar também as dimensões econômicas, tecnológicas e jurídicas. Esse novo sistema de mídia, cuja fase de consolidação teria ocorrido entre 1990 e 2001, seria caracterizado por um conjunto de tendências globais contraditórias.

A denominada *convergência* é apontada como uma das características-base da década de 1990 no sistema de mídia. Por causa das alterações legislativo-jurídicas, quebraram-se uma série de barreiras à constituição de grandes grupos que agregaram em entidades únicas a anterior divisão do sistema de mídia (editoras, fornecedores de acesso e de telecomunicações, *broadcasters*, indústria do hardware comunicativo e de acesso à informação). Mas essa tentativa de superação de divisões culturais, institucionais, tecnológicas com o objetivo de permitir a formação de indústrias unitárias e modelos comunicativos mistos, isto é, multimídia, não se verificou.

Embora tenhamos assistido a processos maciços de fusões e aquisições e à queda de barreiras jurídicas, a idéia de hibridização generalizada da mídia, embora atraente no papel, verificou-se mais vezes impraticável (por exemplo, televisão e internet) do que bem-sucedida (celular e música em MP3). As fusões e aquisições só muito poucas vezes trouxeram uma efetiva unificação dos processos produtivos entre diversos tipos de mídia. Houve uma lógica financeira controlando as decisões e não tanto industrial, pelo que assistimos também a muitos recuos, como os presentes nos portais generalistas e nas perdas financeiras a eles associadas, ou à venda de ativos no setor da televisão, rádio e imprensa após uma aquisição precipitada por muitas empresas de telecomunicações.

Outra das características desse momento histórico da mídia é a denominada "aventura do conteúdo" (Ortoleva, 2004). Sem dúvida que a circulação de um mesmo conteúdo, sobre vários suportes, é uma grande possibilidade para a otimização de lucro das indústrias de mídia, como, por exemplo, a do cinema. Mas o que acabou por caracterizar o sistema de mídia dos anos 1990, em torno das questões do conteúdo, é mais a constatação de um terreno de batalha para conflitos sociais e culturais do que de uma fonte de receitas.

Por último, surge o que Ortoleva denomina papel central atribuído ao software e que consiste, na opinião do autor, no verdadeiro setor em crescimento dentro do sistema de mídia: o programa ou aplicação que não é classificável como *suporte*, isto é, aquele que define e condiciona em profundidade todos os conteúdos para produzir, mas que não é ainda conteúdo, pois a sua função é preliminar à elaboração da informação — exemplos verificáveis, entre outros, nos programas de televisão e concursos vendidos às diversas televisões.

Uma quinta característica a acrescentar às propostas de Ortoleva reside no papel central da internet. A internet surge como uma tecnologia que, pelas suas capacidades de adaptação e interação com outras tecnologias, se torna o paradigma das novas mídias. A internet constitui um exemplo de nova mídia, mas uma nova mídia que, fruto da sua difusão e apropriação social, se constitui como a tecnologia com as quais todas as restantes parecem procurar interagir pelo estabelecimento de links digitais (como, por exemplo, os e-mails nos rádios) ou analógicos (como as páginas de jornais que publicam pesquisas realizadas online).

Sendo a internet um meio de comunicação de massa e ao mesmo tempo interpessoal, as duas dinâmicas encontram-se presentes, em simultâneo. Como base tecnológica, a internet serve as duas dimensões e por essa razão o mercado e o Estado adotaram-na como o novo elemento central do sistema de mídia.

A comunicação sintética em rede

Todas as sociedades são caracterizadas por modelos de comunicação e não apenas modelos de informação (Wolton, 2000; Colombo, 1994).

A hipótese interpretativa proposta por Colombo (1994) para a caracterização do atual modelo comunicacional é a da passagem para um modelo de *comunicação sintética.*[40]

---

[40] Embora o conceito exposto por Colombo contenha um aprofundamento maior, optou-se nesta análise por concentrar a atenção sobre a característica considerada central para a comunicação. Para Colombo, a comunicação sintética é fruto das técnicas e processos de socialização que interagindo se alteram simultaneamente. Essa comunicação sintética é assim indutora, pela sua apropriação pelo uso das tecnologias de informação, de uma concepção de espaço e tempo.

Essa formulação constitui o ponto de partida para a caracterização do novo modelo comunicacional aqui proposto.

Um novo modelo se junta aos três modelos anteriores que podem ser ordenados em função dos seus ciclos históricos de afirmação social (Ortoleva, 2004) correspondendo o primeiro à comunicação designada como *interpessoal*, caracterizada por uma troca bidirecional de mensagens entre duas pessoas ou várias pessoas dentro de um grupo. Um segundo modelo, também ele profundamente enraizado nas nossas sociedades, é o da comunicação *de um para muitos*, na qual um único indivíduo dirige uma única mensagem a um grupo delimitado de pessoas: é a típica situação do discurso público, seja ele proferido em comício eleitoral, teatro ou numa esquina do Hyde Park em Londres, mas também o que caracteriza tradicionalmente o ensino.

O terceiro modelo, com que há menos tempo convivemos, é o da *comunicação de massa*, no qual, graças à utilização de tecnologias de *mediação* específicas, uma única mensagem é dirigida a uma "massa" de pessoas, isto é, enviada para um público cuja real dimensão se desconhece, e como tal não delimitado *a priori* e que se supõe ser de grandes dimensões.

O termo "sintético", que define o quarto modelo de comunicação sugere diversas chaves interpretativas, por um lado a essência e conseqüente rapidez associadas à lógica binária da linguagem de máquina — a fórmula comunicacional básica associada às tecnologias de informação. Por outro, pode-se sugerir a idéia de velocidade como valor na procura de proximidade com a interatividade humana. Assistimos assim a um processo de contração, pela redução do tempo nos fatores comunicativos, e ao mesmo tempo de dilatação, por força da resistência existente nos fatores não-comunicativos da nossa sociedade (Colombo, 1994).

Mas o adjetivo sintético também releva para a dimensão de imitação. A comunicação sintética é também uma comunicação de simulação ativa e pas-

1. O espaço sintético refere-se à mudança das normas e usos de convivência social, cujas características principais resultam da procura de manter o contato com a comunidade comunicante e ao mesmo tempo poder optar por isolar-se do ambiente circundante (walkman, celular, internet).

2. O tempo sintético é o aumento das possibilidades comunicativas pela contração do tempo, mas também da percepção dos momentos próprios para comunicar. O sujeito sintético está ligado à construção de identidade e à noção de comunidade e grupo, à construção de identidades sociais parciais do ponto de vista espaço-temporal.

A sociedade sintética possui também uma relação entre produção cultural e estatuto tecnológico que resulta das suas interdependência e influência, caracterizando-se por lógicas estéticas que bebem influências nas duas visões e na não-distinção entre tecnologia e uso social.

siva, procurando imitar outros modelos de comunicação e transpondo-os para o espaço das tecnologias de informação e comunicação (Colombo, 1994).

A proposta de Colombo (1994) permite conceber o primeiro elemento de identificação de uma nova forma de conceitualizar as relações comunicacionais na nossa sociedade, isto é, a gênese de um novo modelo de comunicação permitindo participar e isolar a compressão espacial e temporal e a síntese binária.

No entanto, existe uma segunda característica que é fundamental para a compreensão desse novo paradigma comunicacional, *a rede*.

A *comunicação sintética em rede* resulta da forma como as diferentes dimensões de um sistema tecnocultural interagem entre si e o paradigma tecnológico dominante, nesse caso, as tecnologias de informação propiciadoras de modelos de organização em rede e também de uma comunicação em rede.

Em que difere a *comunicação sintética em rede* dos dois tipos definidos de comunicação de massa, isto é, a imprensa e a difusão circular (mídias baseadas no *broadcasting*)?

No caso da imprensa escrita, ou jornal, o objetivo de chegar a muitas pessoas diferentes com a mesma mensagem baseava-se na reprodução pela cópia. O que implicava, por um lado, um hiato temporal entre o momento da emissão e o da recepção e um aparelho produtivo do tipo industrial.

No modelo de *broadcasting* é introduzida pela primeira vez a possibilidade do "ao vivo" para as massas, isto é, a possibilidade de criar, para uma vasta área, a experiência partilhada simultaneamente de acessar a mesma mensagem. Como menciona Ortoleva (2004), as mídias de massa que usam o *broadcasting* oferecem, pela primeira vez, *a possibilidade* de chegar ao espaço doméstico, sem filtros e mediações posteriores (Meyrowitz, apud Ortoleva, 2004). A terceira inovação introduzida pelo *broadcasting* refere-se à sua dimensão cultural. Ao contrário da imprensa não nos é oferecido um texto ou uma sucessão de textos, mas uma programação. Trata-se de um *fluxo* (Williams, 1999), uma forma de organização do discurso que não tem um início nem um fim, está ali e ali continua, independentemente do fato de estarmos sintonizados com a sua emissão.

A comunicação sintética em rede apresenta-se como uma nova forma cultural de relacionar audiências e emissores, pois funciona segundo uma lógica hipertextual, no sentido em que promove a articulação entre o conceito clássico de texto, o conceito de fluxo e a comunicação interpessoal.

No entanto, essa lógica hipertextual é diferente de afirmar a concretização de um suporte tecnológico hipertextual fundamentado numa convergência multimídia (Castells, 2004a). Tentemos esclarecer essa afirmação, recorrendo, por exemplo, a Eco (1997a), que menciona três diferentes possibilidades de conceber o hipertexto:

> O *hipertexto como sistema*, o qual é visível na enciclopédia, e que nos permite estabelecer novas relações, isto é, sabendo que duas personagens históricas partilharam um mesmo local ou círculo de amizades é possível pensar que tenham desenvolvido trabalho juntos etc.
> O *hipertexto como a transposição de um texto* em hipertexto por meio de uma história em que a narrativa é aberta (algo que Eco menciona não conter novidade literária e é possível encontrar na obra de Joyce) em que o texto não se configure como um sistema lingüístico ou enciclopédico. Um hipertexto textual é finito e limitado, embora aberto a inquirições inumeráveis e originais.
> E o *hipertexto como forma de criação*, ou seja, conceber o hipertexto como ilimitado e infinito em que a noção clássica de autoria desaparece.

O que todas essas definições possuem em comum é a existência de uma dimensão textual, de escrita *mediada*. Mas, para a definição de uma *comunicação sintética em rede*, é mais importante o recurso a uma definição cultural de hipertexto.[41]

O "hipertexto pode transformar cada leitor em um autor" é uma frase muitas vezes repetida a propósito da internet. No entanto, é possível propor a sua releitura à luz de um sistema de mídia organizado em rede, no sentido de afirmar que *a interligação entre diversas mídias, pelo hipertexto (ou hipermídia), de fluxos e textos permite a fusão da comunicação interpessoal com a comunicação de massas* fazendo-nos entrar em um mundo da comunicação que nos permite ser autores, emissores ou simplesmente receptores.

São as nossas decisões de uso, em interação com as possibilidades dadas pelas tecnologias, e a influência que exercemos sobre a própria produção e oferta de mídia (seja no nível do hardware ou software) que criam não um hipertexto (ou hipermídia) tecnológico, mas sim *uma articulação funcional em*

---

[41] Castells (2004a) já havia abordado essa dimensão do conceito cultural de hipertexto quando mencionava ser possível "que tenhamos criado uma imagem excessivamente material do hipertexto eletrônico (...) uma imagem do hipertexto como um verdadeiro sistema interativo, digitalmente comunicado e eletronicamente controlado, dentro do qual todas as peças soltas da expressão cultural passada, presente e futura, em todas as suas manifestações, poderiam coexistir e recombinar-se. (...). São as nossas mentes — e não as nossas máquinas — que processam a cultura, sobre a base da nossa própria existência".

rede das diferentes formas de comunicação usadas em função dos nossos objetivos individuais e coletivos.

Como observamos, as características de interdependência, ambivalência e síntese no universo da mídia (da dimensão cultural à econômica) permitiram que se desenvolvesse um sistema de mídia em rede fundamentado na convivência entre mídias de difusão (rádio e televisão ou jornais) e metamídia (Colombo, 2000a), isto é, mídia que, como a internet, e até certo ponto o celular (Eco, 2004a), combinam a comunicação interpessoal com a comunicação em massa.[42]

A comunicação nas sociedades informacionais é, assim, caracterizada por processos de globalização comunicativa, pela alteração dos modelos de notícias e entretenimento, de articulação em rede da mídia e, conseqüentemente, da mediação em rede, num quadro cultural correspondente a uma cultura da virtualidade real — a cultura gerada num modelo informacional de sociedade que articula os seus processos sociais em rede num modelo de comunicação sintético em rede.

Os exemplos desse caráter sintético do modelo de comunicação podem ser encontrados na articulação tecnológica hipertextual, e não-convergência tecnológica, entre diferentes mídias pelo uso de interfaces tecnológicas (normalmente a internet ou os SMS) na procura de uma expressão lingüística que combine os elementos escritos, visuais e auditivos.

A interdependência entre esses circuitos comunicativos é indiscutível, no entanto as interações entre eles são complexas e dificilmente previsíveis.

Mas é a partir deles que, fruto da relação entre a oferta tecnológica e de serviços por parte da mídia e das apropriações dos seus públicos, estaremos assistindo a uma articulação em rede entre diferentes meios de comunicação de massa por meio de mídias interpessoais, dando origem a uma construção da retórica em rede onde, à imagem ou som difundidos pelos meios de comunicação de massa, se pode também responder por outras mídias recorrendo, por exemplo, ao texto, gerando assim múltiplos processos de maior ou menor interatividade.

O modelo de comunicação gerado nas sociedades informacionais, onde o modelo de organização social prevalecente é a rede, é o da *comunicação sintética em rede, um modelo de comunicação que não substitui os anteriores, antes os articula, produzindo novas formas de comunicação, permitindo também novas formas de facilitação de* empowerment *individual e conseqüentemente de autonomia comunicativa.*

---

[42] Para Colombo (2000), a internet já não é um mero meio de comunicação de massa como a televisão ou o rádio, é algo entre o telefone, a carta, a televisão e o livro — uma *metamídia.*

Uma constelação de redes: mídia de massa, jogos, internet e telefones

Como observamos, a comunicação é sempre produto de três condições: a organização econômica do *sistema de mídia*, isto é, como se relacionam as diferentes mídias em termos de transmissão e produção de conteúdos, das diferentes *matrizes de mídia* que utilizamos para classificar as mídias em função das nossas necessidades e objetivos, ou se preferirmos as nossas representações ante as mídias, e das nossas *dietas de mídia*, ou práticas com as mídias.

Essa conjugação de dimensões produziu o modelo de comunicação em afirmação nas sociedades informacionais que se caracteriza pela sua estruturação em rede e por uma síntese de diferentes dimensões já presentes em outros modelos de comunicação, que se pode designar como *comunicação sintética em rede*.

Se, como se sugere, existe uma estruturação em rede, como se processa a sua articulação?

A hipótese aqui proposta é que o sistema de mídia se articula cada vez mais em torno de duas redes principais, que por sua vez se comunicam com diferentes tecnologias de comunicação e informação.

Essas redes constituem-se respectivamente em torno da *televisão* e da *internet* estabelecendo *nós* com diferentes tecnologias de comunicação e informação como o telefone, o rádio, a imprensa etc.

Um segundo nível de interrogação reside no porquê da existência de duas redes principais.

A hipótese explicativa passará pela compreensão de como as dimensões de interatividade possibilitadas tecnologicamente ocorrem, quer na internet quer na televisão, mas também pela forma como socialmente valorizamos as diferentes tecnologias em função das suas diferentes funções de entretenimento e informação.

Partindo da análise do papel das diversas mídias na sociedade em rede, são várias as questões que o conceito de um *sistema de mídia* levanta. A primeira tem a ver com o papel da televisão na sociedade informacional e em rede.

No início do século XXI, a televisão continua a ser a atividade cotidiana mais vezes realizada, seguida do encontro regular com familiares e amigos (Cardoso et al., 2005b).

Simultaneamente assistimos a uma diminuição do tempo de televisão por parte de quem utiliza a internet (Cardoso, 2004; Castells, 2003b), o que o que faz parecer ter o sentido a interrogação sobre se será ainda a televisão o elemento central quer do sistema de mídia (Ortoleva, 2004) quer da forma de cultura dominante nas nossas sociedades contemporâneas — a cultura da virtualidade real (Castells, 2002).

Seguindo o raciocínio exposto devemos igualmente nos questionar sobre se também conferiremos ou não à internet um caráter erosivo da centralidade da televisão.

Um metassistema de entretenimento em transição: dos jogos multimídia à televisão

Muito do futuro das utilizações de multimídia no quadro do novo sistema de *comunicação mediada pela tecnologia* (fruto da articulação entre os subsistemas de comunicação mediada por computador e da globalização da escolha no nível dos meios de comunicação de massa) dependerá das opções tomadas nas primeiras fases da sua utilização.

Se basearmos a nossa análise em torno dos investimentos dos setores público e privado na Europa e nos EUA, o que assistimos é uma dualidade de apostas.

Ou seja, no que diz respeito às novas tecnologias como a internet ou os celulares, o setor público está interessado essencialmente em promover a infra-estrutura e o acesso partindo da idéia de que a aplicação do potencial das novas tecnologias de comunicação e informação em setores como a educação, saúde e aprofundamento cultural permitirá melhorar as condições de vida e as oportunidades das populações.

Por outro lado, a estratégia do setor privado para a internet e para as novas tecnologias passa pela aposta no desenvolvimento de uma estrutura de entretenimento pois esta, junto às tecnologias mais tradicionais, como a televisão ou o cinema, tem sido o seu motor e assim se afigura a opção mais rentável.

A indústria do entretenimento era, em meados dos anos 1990 nos EUA, a de mais rápido crescimento, com mais de US$ 350 bilhões de consumo por ano e mais de 5 milhões de trabalhadores, com um crescimento de emprego de cerca de 12% ao ano, valores só ultrapassados pelas indústrias de tecnologias de informação nos últimos anos da década de 1990 (Castells, 2002).

Existem características que parecem ser transversais às sociedades informacionais da União Européia e EUA e que por isso merecem referência nesta análise.

Por exemplo, o tempo disponível para o lazer parece estar decrescendo, embora acompanhado por práticas culturais mais diversificadas (Cardoso, 2004), os orçamentos familiares não acompanham o ritmo de expansão oferecida pelas possibilidades tecnológicas e, por último, a quantidade dos conteúdos disponíveis não acompanha a transformação do sistema (Eco, 2001), o que, por sua vez, coloca a necessidade de adquirir bolsas de conteúdos já existentes e a sua adaptação aos novos meios de distribuição tecnológica.

Outro fator é também o de vários estudos (Castells, 2003a; Cardoso, 2004) indiciarem não ser certo que as pessoas pretendam, no uso de todas as novas tecnologias, apenas mais entretenimento em vez da utilização da multimídia para acesso à informação, assuntos da comunidade, envolvimento político e educação. Essa observação pode sugerir que a aposta na produção, em massa e diversificada, de entretenimento poderá não ser a escolha óbvia dos utilizadores de multimídia, embora seja claro que essa é a estratégia das empresas que atuam nesse campo.

A hipótese interpretativa aqui formulada é que, após um momento inicial de experimentação, caracterizado pela transposição para a internet de modelos de negócio e relacionamento com os consumidores característicos dos meios de comunicação de massa, esse ajuste resultaria de uma adaptação do *mundo produtivo* às exigências do *consumo*. A concentração empresarial no setor de multimídia, a aposta em produções *blockbuster* no cinema (acompanhada da diminuição do número de produtos e a concentração das receitas) e a consolidação, vertical e horizontal, no quadro das indústrias culturais podem ser vistas como resposta às tensões já enunciadas, tentando assim potencializar conteúdos facilmente vendáveis e apostando numa gestão de recursos escassos, como o tempo e o dinheiro disponível para o consumo e entretenimento por parte das famílias. Essas constatações não são contraditórias com a proposta de leitura do sistema de mídia em desenvolvimento na Europa, América e Ásia proposto por Castells (2003a). Um padrão de segmentação das mensagens e a conseqüente diferenciação cultural e social entre públicos, de crescente estratificação social entre usuários e de integração das mensagens num padrão cognitivo comum.

No entanto, esse é um sistema de mídia que diferencia entretenimento e informação.

No nível da informação existe uma multiplicidade de opções, podendo efetivamente tornar o usuário produtor e consumidor de informação quando olhamos, por exemplo, as possibilidades oferecidas pela internet. Mas é também esse mesmo sistema que, na esfera do entretenimento, torna as barreiras à entrada de novos produtores demasiado elevadas (excetuando talvez o caso da música na generalização do MP3) pela aposta nas produções de custo elevado e que, embora sendo inegável o aumento da oferta, continua a funcionar sob um modelo de controle da distribuição e gestão da capacidade de oferta.

No atual sistema de mídia, no nível do entretenimento oferecido pelas novas tecnologias digitais multimídia, a interatividade não passa, muitas vezes, do aumento das possibilidades de escolhas predefinidas em listas de opção como as que acompanham os filmes em DVD.[43]

No quadro multimídia de entretenimento, as lógicas de organização e produção são herança do sistema de difusão associado aos meios de comunicação de massa audiovisuais.[44]

Algo que não é de estranhar quando percebemos que os serviços audiovisuais, embora os jogos multimídia apresentem um papel cada vez maior dentro do sistema, são ainda hoje em grande medida dominados por uma estrutura de receitas baseada na televisão. Ou seja, dependem da sua distribuição para obter lucro.

Vale a pena salientar que, mesmo quando comparamos o volume de negócios associado à televisão com mídias de primeira geração, como a imprensa, existe uma tendência de valorização da contribuição econômica do volume de negócios em torno da televisão.

---

[43] Entretenimento descreve uma das atividades centrais de produção e consumo de mídia, cobrindo uma série de formatos que geralmente partilham as qualidades de atrair, divertir, desviar a atenção "para outros espaços". É dado o nome de *infotainement* para indicar quando os modos de entretenimento invadem a esfera do real — especialmente as notícias, publicidade, educação e política (Hartley, 2004).

[44] A soma do cinema, vídeo, DVD, difusão de TV e rádio, produção musical e jogos multimídia.

Tabela 19
Balança comercial (US$ bilhões)

	1995	1996	1997	1998	1999	2000	Média de crescimento
Receitas dos EUA no mercado da UE							
Cinema	1,178	1,392	1,494	1,734	1,721	1,750	
TV	2,026	2,645	2,880	3,187	3,781	4,384	
Vídeo	2,092	2,224	2,272	2,392	2,540	2,898	
Crescimento		18%	6%	10%	10%	12%	11%
Receitas da UE no mercado dos EUA							
Grã-Bretanha	426	499	536	550	705	691	
Resto UE	92	115	132	156	148	136	
Relação UE/Grã-Bretanha	22%	23%	25%	28%	21%	20%	
Crescimento anual das receitas		17%	7%	3%	28%	–2%	11%

Fonte: *European Audiovisual Observatory Yearbook*, 2002.

Os dois maiores mercados mundiais de serviços audiovisuais, o da União Européia e o dos EUA, valiam em 2000 cerca de €270 bilhões, apresentando uma estrutura de receitas bastante similar, na qual a televisão representa cerca de 60% do total, seguindo-se o rádio e a música, com cerca de 20%, e depois o vídeo (6,5% UE e 8,9% nos EUA) e os jogos multimídia (7% na UE e 4,5% nos EUA).[45]

Como as taxas de crescimento médias são idênticas entre os dois mercados, 11%, as diferenças têm de ser entendidas numa perspectiva cultural de proximidade. Ou seja, embora possua maior receptividade com as de língua inglesa, a cultura norte-americana não está familiarizada com as produções continentais européias. Algo que a Europa não possui diante da cultura produzida nos EUA.

Na comparação entre mercados de serviços audiovisuais da UE e dos EUA, a maior proximidade registrada ocorre no nível dos jogos multimídia.

[45] Falar de jogos multimídia é hoje analisar uma parcela do *sistema de mídia* que tende também a convergir para um espaço de interação aberto, a internet. Até hoje, assistimos à necessidade de separar os jogos em função dos seus hardware de suporte e da facilidade de destrinçar mercados para posterior análise. No caso dos consoles da Sega, Sony ou Nintendo, a designação inicialmente adotada foi de *videogames* por estarem ligados ao uso da televisão. No caso dos computadores pessoais (PC) a designação escolhida foi *jogos de computador*. A pergunta é se essa divisão continua a fazer sentido num momento em que parece que nenhum dos mercados tenderá a substituir o outro e em que os jogos para PC procuram na internet novos espaços de interação e os consoles de nova geração, de 128 bits, fazem o seu marketing com as novas capacidades de ligação à internet e à possibilidade de jogar online. Daí que se opte, cada vez mais, por designar o conjunto: jogos multimídia, mais baseado nas possibilidades e espaços de interação do que nas meras escolhas tecnológicas.

Nessa dimensão, o mercado europeu corresponde a 80% do mercado dos EUA enquanto o cinema representa apenas 54,4% e a televisão, 51,2%.

Embora exista uma aproximação na estrutura de receitas, nos mercados europeu e norte-americano existem também algumas particularidades dentro da própria União Européia que devem ser salientadas.

Figura 2
Comparação entre mercados audiovisuais (Europa e UE-15)

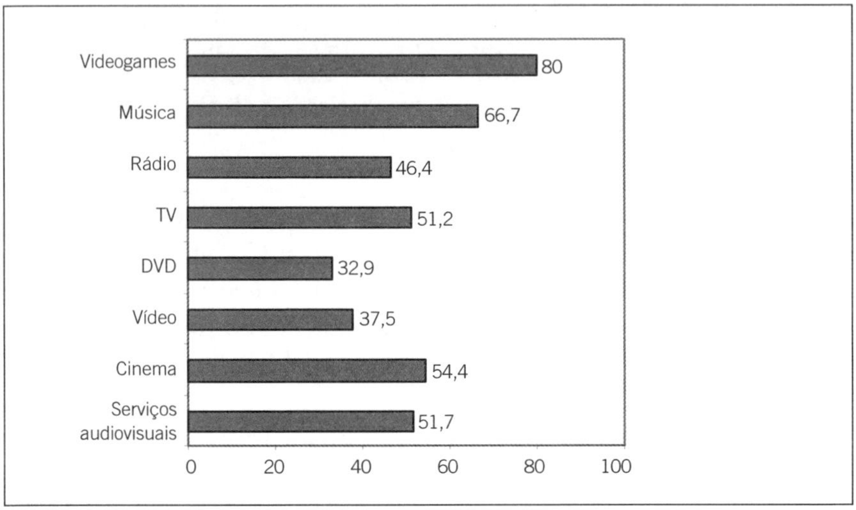

Fonte: Office for Official Publications of the European Communities, 2003.

Assim os países do sul da Europa (França, Portugal, Itália e Espanha) possuem uma maior participação do cinema na sua dimensão de vendas de bilheteria que a Alemanha ou a Grã-Bretanha.

Já no nível da estrutura de receitas do DVD e do vídeo existe uma maior proximidade entre a Grã-Bretanha e os EUA do que entre a Grã-Bretanha e todos os outros países europeus listados.

Tabela 20
Receita dos serviços audiovisuais, 2000 (€ bilhões)

País	Cinema	Vídeo	DVD	TV	Rádio	Música	Jogos	Total
EUA	8,413	15,916	4,237	105,403	20,891	15,231	8,012	178,103
UE-15	4,577	5,962	1,392	539,25	9,649	9,891	6,408	91,804
Alemanha	825	764	183	13,335	3,416	2,630	1,507	22,660

Continua

País	Cinema	Vídeo	DVD	TV	Rádio	Música	Jogos	Total
Grã-Bretanha	947	2,107	469	15,225	1,676	3,061	1,765	25,250
França	891	1,186	380	8,749	1,383	1,125	1,059	14,773
Portugal	66	44	4	416	109	154	64	857
Itália	545	545	73	4,969	628	368	383	7,511
Espanha	536	352	70	4,017	546	626	517	6,664

Fonte: Office for Official Publications of the European Communities, 2003.

No rádio, as maiores contribuições são registradas na Alemanha e em Portugal. Uma tendência que, no caso português, é ainda mais extremada quando se considera a dimensão da venda de música (Portugal contribui com 18% da estrutura de receitas contra apenas 4,9% da Itália).[46]

Tabela 21
Utilização do audiovisual, 2001 (unidades/ano)

País	Idas ao cinema	Compra de vídeo	Aluguel de vídeo	Compra de DVD	Aluguel de DVD	Compra de CD	Compra de jogos
EUA	5,2	4,4	33,5	11,9	21,6	9,2	–
UE-15	2,5	2,4	5,7	9,2	6,3	6,9	11
Alemanha	2,2	1,2	4,5	6	4,8	5,6	15
Grã-Bretanha	2,6	5,5	9	13,8	8,3	10,9	10,6
França	3,1	2,9	3,3	9,1	3,3	5,6	10,3
Portugal	1,9	3,1	2,8	18	4	7,6	6
Itália	1,9	2,5	3,7	9,3	3,1	5,6	10,3
Espanha	3,7	1,4	9,9	7,4	5,3	10,6	6

Fonte: Office for Official Publications of the European Communities, 2003.

Embora tenhamos até agora focado a nossa atenção essencialmente nas receitas para compreender as especificidades dos diferentes mercados devemos também introduzir nesta análise as dimensões de freqüência dos consumos por parte das populações. O que os dados parecem indicar é que existem regimes de mídia diferenciados também em função das culturas nacionais, aparentemente na Europa a ida ao cinema é uma atividade menos freqüente do que na prática norte-americana.

Nesta análise introdutória aos sistemas de mídia globais deve-se fazer uma breve incursão sobre a economia política da pirataria. A introdução das redes P2P originou um extremar de posições. Por um lado, os usuários de

[46] Sobre os mercados da música e a sua transformação devido à digitalização de conteúdos e do surgimento da internet, ver Mansell (1998), McCourt e Burkart (2003) e Richeri (2004).

internet aumentando o *download* de filmes e música de forma gratuita e ilegal; e, por outro, as associações fonográficas e de produtores de filmes procurando aumentar a repressão sobre essas formas de uso da internet. Posições extremadas são, por sua vez, sempre um indicador de que a mudança de sistema está próxima e embora não se possa prever como essa evolução irá ocorrer parece hoje claro que o modelo de produção e receitas associado às indústrias de música e filmes terá de ser alterado.

Sinais de mudança no campo da música são o sucesso agregado iPod e iTunes da Apple para a venda de músicas e as alternativas procuradas por bandas como o U2 na relação que estabelecem com o iTunes. Como sugere Bono Vox, vocalista do U2, no atual formato de negócio musical as gravadoras não potencializam sua relação com o público (Assayas, 2005). Daí que não seja de estranhar que hoje vivamos anos de posições extremas entre o público, aumentando o número de cópias ilegais de MP3, e gravadoras reprimindo judicialmente a sua própria base de consumo atual e futuro, os mais jovens. Como afirma Bono Vox, verificável pela análise da estrutura de comercialização do CD (Richeri, 2004), inicialmente o preço dos CDs foi elevado devido aos custos de produção, porém essa situação não se modificou com o passar dos anos. Uma análise da atual situação da indústria musical permite concluir que o modelo que se desenha não passará apenas pela aposta num único tipo de relação entre artistas, gravadoras e público, mas sim em vários combinados.

Por um lado, aposta-se em fornecer mais valor na compra de CDs, como livros ou DVDs, por outro, na distribuição online de música oferecendo aquilo que motiva parte das procuras ilegais de MP3, isto é, as versões ao vivo, acústicas, de estúdio etc. Mas o traço mais marcante parece passar pela alteração da filosofia baseada na promoção do produto para aprofundar a relação de fã. Ou seja, será cada vez mais necessário às bandas e aos músicos lidar com o seu público em termos de partilha de identidade para assegurar a fidelização e a proximidade entre ambos, pois só a empatia entre público e artistas pode assegurar a opção pela compra e não pelo *download* ilegal de MP3.

As implicações da alteração de modelos são grandes, em particular para as gravadoras, que sofrerão maiores problemas em termos da sua gestão de catálogos, principalmente para as bandas e músicos cujo tempo de vida comercial é considerado curto e pode não compensar o investimento. Novas bandas recorrerão também a novas formas de afirmar a sua identidade pela internet antes de recorrer a uma gravadora. Essa relação entre artistas e novos canais de distribuição não é futurologia, como mostram as práticas comerciais do U2: nos toques polifônicos em celulares, as trilhas sonoras para jogos (e não apenas filmes), a personalização de MP3s (como o *black* iPod do U2). Por outro lado, a música é hoje um fenômeno muito mais amplo do que há 20 anos, não só porque há muito mais rádios e ouvintes, mas também porque eles passaram a se comunicar em rede. Se há ameaças há também novas oportunidades, mas a criatividade nos negócios, que tradicionalmente pertencia às empresas, talvez tenha de passar em parte para os músicos, pois eles são parte da mesma geração que usa hoje o MP3.

Outro campo sujeito à mudança é o do cinema, pois também deve-se verificar o que se passa nas redes P2P no campo dos filmes. Uma das suas grandes utilizações é a troca de filmes pornográficos produzidos nos EUA por grandes produtoras como a Vivid ou a Digital Playground, além de compilações produzidas por amadores com excertos das cenas das suas *pornostars* preferidas. Essa é uma das utilizações principais e não atinge diretamente as grandes do cinema norte-americano. Por outro lado, deve-se considerar que parte do tráfego das redes P2P é ocupada por filmes europeus, que encontram nesse espaço de troca uma forma de difusão alternativa, embora não-remunerada, para as salas ocupadas na sua maioria por filmes produzidos nos EUA. Por último, muito do que circula nas redes P2P são versões dubladas dos filmes norte-americanos para o espanhol, italiano e francês.

A pirataria ou *download* ilegal parece, em alguns casos, ser entendida como moralmente mais justificável de músicos que não sejam os nossos preferidos, ou seja, aqueles de quem não compraríamos aquele disco ou de filmes produzidos longe de nós por grandes empresas globais, pelo menos para os usuários da internet fora dos EUA.

Tal constatação leva-nos a compreender que a pirataria é muito diversa e que aparentemente o uso da internet para a "troca de filmes" tem diferentes funções. Pode muito bem ser que para a cinematografia seja também verdade o que se aplica ao software, ou seja, não se podendo controlar legalmente todos os mercados no nível global talvez seja preferível deixar circular as cópias piratas de certos tipos de filmografia, pois assim se fidelizará clientes futuros de mercados que evoluam para a legalidade.

A questão da pirataria é complexa e provavelmente necessita de diferentes abordagens na compreensão dos porquês da sua realização e dos ganhos indiretos e perdas diretas a ela associados, e levada além das análises mais simplistas de sua defesa como arma contra as atividades vistas como monopolistas da indústria de cinema dos EUA ou de condenação como ato criminal *tout cour.*

Tabela 22
Estrutura de receitas do audiovisual (%)

País	Cinema	Vídeo	DVD	TV	Rádio	Música	Jogos	Total
EUA	4,7	8,9	2,4	59,2	11,7	8,6	4,5	100
EU-15	5,0	6,5	1,5	58,7	10,5	10,8	7,0	100
Alemanha	3,6	3,4	0,8	58,8	15,1	11,6	6,7	100
Grã-Bretanha	3,8	8,3	1,9	60,3	6,6	12,1	7,0	100
França	6,0	8,0	2,6	59,2	9,4	7,6	7,2	100
Portugal	7,7	5,1	0,5	48,5	12,7	18,0	7,5	100
Itália	7,3	7,3	1,0	66,2	8,4	4,9	5,1	100
Espanha	8,0	5,3	1,1	60,3	8,2	9,4	7,8	100

Fonte: Office for Official Publications of the European Communities, 2003.

A relação entre aluguel e compra é outro fenômeno interessante para a comparação dos regimes de mídia europeu e norte-americano. Aparentemente o aluguel é uma prática muito mais presente nos EUA do que na Europa, enquanto a compra de serviços audiovisuais de vídeo, DVDs ou CDs de música parece (apesar das particularidades entre países europeus) mais idêntica entre os países dos dois continentes. Quanto à TV, os EUA apresentam valores bastante superiores à média européia de 204 minutos por dia/pessoa, sendo a Grã-Bretanha o país europeu com maior tempo de assistência diária de televisão (218min), seguido pela França (197min) e Alemanha e Portugal (192min) (*Economia Pura*, 2004:28).[47]

Os dois mercados mais regulares em termos de estrutura de receitas são, no conjunto dos países escolhidos, a televisão e os jogos multimídia. E por que, de todos os serviços audiovisuais aqui analisados, os jogos são aqueles que correspondem mais fielmente à designação de novas mídias e também por causa da evolução do seu mercado é necessário que nos debrucemos, um pouco mais, sobre o seu papel no sistema de mídia na sua dimensão de entretenimento.

O novo *player* do entretenimento: os jogos multimídia

Entre 2000 e 2003 o mercado dos jogos multimídia cresceu na Europa cerca de 40% e nos EUA 50%, prevendo-se ao longo da primeira década

[47] Dados relativos a 1999 para Obercom e a 2000 para CE/Eurostat. 1. Os dados do Obercom referem-se a cinco países. 2. Supondo a duração média de uma sessão de 120 minutos, 0,50 representa 30 segundos. 3. Os dados sobre a UE-15 e os EUA têm como fonte Comissão Européia Eurostat (2002) (supõe uma duração média de 120 minutos por sessão).

do século XXI crescimentos sustentados a uma média de 10% na UE e 24%, nos EUA.

A consultora PriceWaterhouseCoopers (2004) apresentava os videojogos como o setor de crescimento mais acelerado dos próximos anos, com uma valorização prevista de 20,1% — atingindo, em 2008, US$ 55,6 bilhões. Segundo essas previsões, o mercado de jogos para PC irá reduzir-se e o mercado de consoles, com a nova geração de máquinas, expandir-se. Os principais canais de distribuição que acompanharão a nova geração de consoles serão o online e o *wireless*, incentivados pela crescente penetração da banda larga e pelos novos celulares, utilizados tanto para entretenimento quanto para comunicações.

Ainda que na nossa análise seja claro que os valores de crescimento inicial conhecidos para os anos 2000-2003 refletem o fato de ter surgido uma nova geração de consoles, de 128 bits, e, portanto, o valor do hardware contribuir em grande parte para o crescimento do setor, é previsível que esse crescimento volte a ocorrer quando a nova geração de consoles for comercializada como aquela simbolizada pelo Playstation 3, Xbox 360 e Nintendo Revolution, e pelos consoles móveis como o PSP e celulares como o Nokia NGage. Daí que as estimativas apresentadas e esta análise considerem isso.[48]

No entanto, há também outra componente que influi no crescimento do mercado dos jogos multimídia,[49] que não se deve apenas ao aumento da oferta ou da evolução da qualidade dos jogos ou ainda ao surgimento de novo hardware. Este é um mercado que se encontra igualmente em expansão no número de consumidores. Essa é uma conclusão relativamente pacífica quando olhamos para a estrutura etária e para a divisão por gênero.

Os usuários não são apenas jovens adolescentes do sexo masculino, a sua estrutura demográfica aproxima-se, ainda que lentamente, do universo da população em geral.[50] Assiste-se assim, por um lado, a uma tendência de equilíbrio entre os dois sexos na utilização dos jogos, seja dos consoles seja dos

[48] A pirataria em nível mundial terá representado para os produtores de software, em 1998, um montante próximo dos US$ 11 bilhões. Deve-se, no entanto, analisar que esses valores são estimados e que a realidade da pirataria é muito diversificada, indo da utilização dos gravadores de CD, nas universidades e escolas americanas e européias, até a pirataria em escala industrial nos países em desenvolvimento. A referência à pirataria tem o objetivo de dar-nos uma real dimensão do mercado de jogos multimídia, ou seja, o total que constitui a soma das vendas e da pirataria. Torna-se assim visível o que representa, hoje em dia, essa indústria cultural quer em termos de receitas quer de público-alvo.

[49] Os jogos multimídia incluem os consoles de vídeo e o software.

[50] IDC, 2003.

PCs, embora o equilíbrio seja maior nos jogos de computador. Por outro lado, a estrutura etária dos usuários parece também alterar-se. Os dados da Entertainment Software Association (ESA) disponíveis para os EUA mencionam que cerca de 50% dos americanos joga com jogos multimídia, 39% são mulheres, sendo que a idade média dos usuários de jogos multimídia é de 29 anos. Ainda recorrendo à estrutura etária, existem outros dados de igual interesse para a compreensão do uso dos jogos. A maioria dos usuários freqüentes tem mais de 18 anos; 41% dos utilizadores dos jogos multimídia para PC e 22% dos utilizadores de consoles, mais de 35 anos.

Outra das dimensões de análise para a compreensão das ligações que se estabelecem entre os jogos e outras tecnologias, num *modelo de comunicação sintético em rede*, é a relação com a internet.

No que se refere aos usuários de jogos multimídia, os dados disponíveis para Portugal indicam que aqueles que usam a internet para jogar representam 21% do total de usuários da internet, sendo a relação entre homens e mulheres de 75% para 25%.

Ao analisar esses valores, temos também que o surgimento dos jogos multimídia introduziu novas realidades no sistema de mídia: a contribuição dos jogos para as receitas dos serviços audiovisuais igualava, em 2000, as receitas de bilheteria do cinema nos EUA e superava-as em dois pontos percentuais na União Européia.

Essa é uma tendência que começou a desenhar-se no espaço europeu a partir de 1997, o primeiro ano em que as receitas de vendas de software interativo, na Europa, superaram as receitas de bilheteria do cinema, o que tem se mantido com taxas de crescimento constantes.

Tabela 23
Mercado global dos jogos de vídeo (milhões)

	2003	2004	2005	2006
Europa	9.068,4	8.482,0	8.736,2	11.844,5
Japão	4.416,7	4.157,2	4.978,7	7.513,5
EUA	12.055,4	11.319,2	11.077,5	14.729,0

Fonte: Idate (estimativas para 2005 e 2006).

Constata-se que se até há alguns anos o dinamizador na produção de ficção de entretenimento era essencialmente o cinema; parece que uma nova organização está tomando forma baseada na partilha de processos de dinamização e inovação entre as indústrias culturais do cinema e dos jogos.

A partilha de processos entre cinema e jogos multimídia não ocorre apenas com as receitas, mas também com a formulação do mercado e sua estrutura de produção, como pode ser exemplificado pela análise mais aprofundada do universo dos jogos e a sua participação no sistema de mídia.

Por causa da necessidade de orçamentos cada vez maiores na produção e da ampliação da capacidade de distribuição nos mercados mundiais, com o objetivo de amortizar rapidamente os custos, as empresas do setor dos jogos multimídia encontram-se diante de uma tendência para a consolidação e fusão empresarial, dando assim origem a um pequeno núcleo de empresas. Segundo a opinião dos intervenientes no sistema dos jogos multimídia, as empresas tenderão a constituir um grupo de cinco ou seis *majors*, que, pela sua capacidade de angariar financiamentos e abarcar grandes mercados de distribuição, podem assegurar a rentabilidade da presença no negócio do entretenimento multimídia (*Semanário*, 1999).

Os custos de produção de jogos para os consoles de nova geração (128 bits) rivalizam hoje em dia com os orçamentos dos filmes de Hollywood. O custo médio de um jogo é, hoje, muito próximo dos €3 a €4 milhões (quando em 1998 beirava€1,5 milhão), tornando-se assim um risco financeiro durante os até dois anos de desenvolvimento demasiado elevado para os pequenos estúdios independentes suportarem (só em 2002 duas empresas francesas do *top 20* europeu, a Kalisto e a Cryo, declararam falência).

Também no número dos temas passíveis de licenciamento e disponíveis no mercado, tem-se sentido uma diminuição das possibilidades. A maioria das marcas e personagens encontra-se hoje atribuída a empresas do setor multimídia, fruto das lógicas de consolidação, colocando assim entraves à utilização de conteúdos já previamente disponíveis sob outros suportes. Embora muitos jogos continuem a se basear em modelos tradicionais de desenvolvimento temático, hoje em dia assistimos a uma diversificação que passa ora pelo recurso a novos tipos de argumento ainda não explorados no mundo dos jogos (os livros de terror como *F13* de Stephen King ou *Half Life* ou ainda pela simulação de ambientes familiares em telenovelas ou *reality shows*, com os *Sims*), ora pela exploração de licenças baseadas em filmes, desenhos animados, livros ou séries televisivas.

Após a decisão de passar à produção, um jogo poderá levar até dois anos antes de ser lançado no mercado para comercialização. Essa necessidade de encontrar novos argumentos, por sua vez, traduz-se numa bidirecionalidade na troca de idéias entre os diversos setores das indústrias culturais. Os jogos multimídia deixam assim de ser meramente alimentados por conteúdos oriundos das indústrias do cinema, livro e televisão e passam a contribuir para o aparecimento de filmes inspirados em personagens de jogos (Super Mário, Outcast etc.) e outras formas de expressão cultural.

O cinema tem valorizado o papel dos jogos, seja na construção da narrativa baseada na imagem como em *The Matrix*, com o recurso de cenas de ação cuja estrutura é herdada dos jogos de combate como *Tekken* ou *Mortal Kombat*, ou como em *Existenz*, filme com o argumento que tem como base a própria indústria de jogos e sua evolução, colocando o aspecto central da história em torno da complexidade dos jogos e da relação entre o real e o imaginado que é vivido na primeira pessoa.

Outra das características desse setor passa pela crescente competição entre os jogos novos. Assim, só no primeiro semestre de 1999, foram apresentados cerca de 2.500 novos títulos mas destes apenas um reduzido número será alvo da preferência dos consumidores. As tabelas de vendas demonstram que os 20 jogos mais vendidos representam mais de 50% do total das receitas das empresas, o que implica que uma empresa para ter sucesso seja obrigada a desenvolver um elevado número de jogos de forma a reduzir as possibilidade de perdas financeiras. A capacidade para efetuar promoção dos jogos é uma necessidade para o sucesso e também aqui surgem as barreiras à entrada de novos competidores. Só as empresas com a dimensão da Electronic Arts (EA) podem anunciar os seus jogos de futebol no horário nobre das cadeias televisivas, concorrendo com outros produtos de consumo. É assim que empresas como a EA, Infogrames, Eidos, conjuntamente com as empresas japonesas tradicionais e a ascendente Sony, tenderão a dominar o setor tal como as suas "congêneres" de Hollywood, na área do cinema, souberam fazer através da institucionalização de um sistema que tolera as companhias independentes, mas que, com os grandes orçamentos e as cadeias de distribuição, assegura a sua hegemonia mundial.

O *top 20* global dos editores de jogos multimídia é hoje dominado pela Sony e Nintendo, ambas japonesas, seguidas pelas americanas EA e Activision e pelas japonesas Konami e Sega. A primeira editora européia surge em 8º lugar, a Infogrames, de origem francesa, como a maioria das demais empresas européias de dimensão mundial (Office for Official Publications of the European Communities, 2003).

A aproximação do cinema ocorre também no nível da estrutura de produção, como pode ser exemplificado com um dos primeiros jogos a enveredar por essa similitude de processos: *Half Life* (Office for Official Publications of the European Communities, 2003).

Um jogo como o *Half Life* encerra um elaborado processo de criação, do qual o primeiro passo é a constituição de uma equipe de trabalho multidisciplinar da qual fazem parte programadores, *designers*, roteiristas e músicos podendo chegar de 15 a 30 elementos. A qualidade e aceitação do jogo dependerão essencialmente da capacidade dessa equipe, na conjugação das diferentes componentes num produto final, que seja apelativo e que seja fácil de jogar. O roteiro do *Half Life* não foi fruto de programadores apaixonados pelos jogos ou de um animador gráfico, mas do trabalho do escritor premiado de histórias de terror, Marc Laidlaw. O jogo aposta assim em uma história complexa, mas fácil de jogar, onde se combina o suspense das novelas de Stephen King com a criação de uma personagem principal a cuja estruturação da personalidade é dada uma especial atenção.

Não basta apenas atirar, é necessário analisar o que a personagem pode ou não realizar e como interagir com o meio ambiente e as personagens secundárias. Também a apresentação do jogo, com o acesso de Freedman da entrada da montanha até o subsolo onde se situa o seu laboratório, acompanhada de uma música ambiente propícia às situações vividas remete-nos para uma construção do discurso muito mais próxima da produção cinematográfica do que da era dos jogos simbólicos (Bittanti, 1999).

Por último, importa destacar aquela característica que introduz uma nova dimensão de jogo, a possibilidade de interagir com outros jogadores online na internet, numa situação em que cenários mudam e que equipes de jogadores se defrontam (equipe vermelha contra a azul). Em muitas das situações de jogo não existe qualquer conhecimento prévio, embora se desenvolvam por vezes parcerias, continuadas em encontros diários online para jogar, muitos jogos terminam sem qualquer pista sobre quem são os seus companheiros e adversários. Existem, no entanto, equipes previamente formadas que se defrontam em torneios organizados nos milhares de servidores existentes para efetuar o jogo.

O que o *Half Life* trouxe de novo na internet foi a possibilidade de jogar de uma forma fácil e sem pagamento adicional, reduzindo as barreiras técnicas e de custo, o que propicia o desenvolvimento de novas formas de interação. A aposta nos jogos na internet por parte das indústrias culturais é, por um lado, na expansão do mercado pelo aumento do número de potenciais jogadores por meio da padronização dos modos de jogo, retirando a sua aura de criação quase artesanal por grupos de jogadores. Ao mesmo tempo são introduzidas possibilidades de criação de cenários pela disponibilização de simuladores de jogo que podem ser adaptados pelos jogadores. Assim, eles têm a possibilidade de utilizar uma realidade complexa, a do jogo previamente produzido, além da possibilidade de criação de espaços de interação com características próprias (por exemplo, recorrendo a um editor do jogo, qualquer jogador pode recriar o espaço do seu local de trabalho e aí jogar o *Half Life*) e da existência da possibilidade de, nesse universo criado, interagir com outros jogadores, expandindo redes sociais além das tradicionais fronteiras temporais e espaciais.

Os jogos multimídia atuais são produto da quarta geração dos jogos multimídia.[51] Esse novo tipo de jogos deve ser olhado em múltiplas dimensões, pela análise da sua lógica de produção, distribuição e consumo e dos processos de interação. O conteúdo (que na atual fase convive ainda com a idéia defendida por Mattoti da perspectiva romântica) tende a afirmar-se como algo diferenciado dos modelos anteriores, e podemos designá-los como *jogos de realidade complexa*, ou seja, conseqüência da aposta na construção de temas e roteiros fortes, que vão beber na produção cinematográfica muitas das suas características, capazes de cativar as audiências além da mera aplicação de tecnologias mais avançadas. Ao mesmo tempo, valoriza-se a criação de uma espécie de *starsystem*, usando personagens reais ou virtuais de personalidade relativamente elaborada (como Morgan Freeman, Lara Croft, Sonic etc.), e assiste-se a um aumento da complexidade da estrutura narrativa dos jogos.

Na interatividade, a aposta na internet representa mudanças qualitativas na lógica da interação social propiciada pelos jogos multimídia. Assim, a indústria dos jogos converge para uma alteração da lógica de interação, no espaço e no tempo. Da possibilidade de jogar com redes sociais de proximidade, amigos da escola ou da rua, passamos a poder também interagir, pela internet, com usuários apenas identificáveis por seus apelidos e numa dimensão temporal igualmente diferenciada, o tempo real.

Mas a constatação mais interessante reside na narrativa de permitir a intervenção de fatores secundários, na maior parte das vezes não diretamente perceptíveis ao jogador, que podem levar em uma direção o jogo, mas somente

---

[51] Depois da *era dos videogames simbólicos* (1971-84), em que, como afirma Mattoti, os limites tecnológicos do hardware prevaleciam sobre a elaboração sugestiva dos neo-artistas; da *era dos videogames clássicos* (1984-93) em que se apresenta um equilíbrio entre capacidade tecnológica e elaboração sugestiva; e da *era dos videogames românticos* (1993-) uma fase em que emergem tendências contrastantes — de um lado, um aumento exponencial das potencialidades tecnológicas e, de outro, um regresso ao passado com a recuperação de muitos temas — estamos agora prestes a assistir ao surgimento de uma nova geração de jogos multimídia que implica igualmente o desenvolvimento de novas dimensões de análise (Bittanti, 1999).

se o jogador estiver disposto. Essa estrutura narrativa permite ao jogador visualizar o que teria acontecido caso tivesse conseguido ultrapassar uma certa situação. O jogo é assim encarado como um espaço de múltiplas possibilidades, o jogador pode ou não seguir as regras da narrativa, e caso as pretenda quebrar poderá igualmente fazê-lo, mas essa opção demonstra também que não foi suficientemente ágil para dominar a situação criada pela narrativa.

Trata-se da valorização de um processo de aprendizagem, baseado num processo de tentativa e erro, mas no qual não podemos deixar de ter presente que na tentativa de construção de uma realidade complexa está sempre em primeiro lugar a jogabilidade. O objetivo do jogo é, em última análise, ser jogável, ainda que possuindo diversos graus de dificuldade para o jogador, pois só assim será vendável e realizará a sua função de objeto econômico além de objeto cultural.

Essa geração de jogos contemporânea pode ser designada como *jogos de realidade complexa*, denominação que pretende, por um lado, retratar a complexidade das relações de produção, da interatividade e da narrativa, mas também salientar, ou melhor, criticar a idéia de que o objetivo último dos jogos é o de criar um modelo de narrativa que recrie a realidade pela virtualidade.

Assim, mais do que querer reproduzir realidades pela tecnologia usando imagens quase reais e inteligências artificiais avançadas, os jogos multimídia devem ser olhados como tentativa de criação de relações complexas que pretendem simular o número elevado de hipóteses de escolha que a vida nos coloca diariamente.

Essa simulação é diferente de pensar a recriação de partes idênticas da nossa realidade sob um formato de realidade virtual. Mesmo os simuladores de aviões, carros ou esportes estão, no contexto multimídia, imbuídos de uma dimensão de entretenimento.

Como o cinema, na indústria de entretenimento, encontra-se imbuído de uma dimensão de fantasia por oposição ao documentário cinematográfico, também nos jogos multimídia deve-se considerar que o objetivo não é recriar a realidade, mas sim a complexidade das escolhas. Essa é a essência da interatividade na multimídia, a noção de que, tal como na nossa vida diária, não é possível optar por todas as hipóteses (embora elas não deixem de constituir um referencial na nossa construção social da realidade); também nos jogos multimídia o objetivo é tornar as hipóteses de escolha de tal forma extensas e as suas relações causais de tal forma dependentes que se crie a ilusão de que estamos construindo uma realidade paralela. Mais do que a simulação da realidade, tornar complexa a realidade construída é a característica central da dimensão histórica que atualmente vivemos nos jogos multimídia.

Uma outra manifestação da crescente complexidade advém de a própria estrutura narrativa dos jogos conceber, na base, toda uma panóplia de truques e senhas que não se encontram em princípio disponíveis ao jogador, mas que a imprensa e os sites dedicados aos jogos alimentam. Estabelecendo comunidades de troca de experiências e interesses, mas também o fomentar de uma indústria paralela de revistas, sites e programas de televisão criados em torno do universo narrativo do jogo e da possibilidade de explorar os seus limites, gerando assim novas fontes de receitas para a indústria de serviços audiovisuais.

Como McLuhan (1997) sugere, os jogos são extensões do nosso eu social, e por isso meios de comunicação de mídia de massa, já que os jogos são situações construídas para permitirem a participação simultânea de um número elevado de pessoas em algum padrão significativo das suas vidas sociais.

Partindo da proposta de Colombo, que considera os videogames um exemplo central da evolução das novas mídias e que manifestam todas as suas características, sejam de estrutura ou de dinâmica, parece possível entrever que os jogos multimídia estejam desempenhando o papel de elemento sintetizador das transformações em curso na indústria de conteúdos e nas lógicas de interação em rede. Podendo, portanto, na atual fase do seu desenvolvimento tornar-se parte fundamental do *metassistema de entretenimento*.[52]

Com o surgimento de uma narrativa interativa, o papel dos jogos seria o de assumir, além do cinema e da televisão, a alimentação do circuito das indústrias culturais e delas receber igualmente matéria-prima, constituindo, assim, no quadro do atual sistema de mídia, elemento central do *metassistema de entretenimento* criado em torno do surgimento das novas mídias.

A reafirmação da TV como elemento central do metassistema de entretenimento

Se, nesse novo sistema de mídia, o cinema continua a cumprir um papel central no *metassistema de entretenimento* e os jogos multimídia surgem como um novo elemento nas estratégias, que papel cabe à televisão na esfera do entretenimento?

---

[52] Com a utilização da expressão *metassistema de entretenimento* propõe-se que além de olharmos os jogos multimídia como meio de comunicação, devemos igualmente questionar se as atuais tendências de concentração, convergência e atuação em rede não tenderão a elevar a indústria cultural dos jogos multimídia, em médio prazo, ao segundo pilar do entretenimento em conjunto com a televisão e ultrapassando o cinema.

Embora muitas vezes olhemos a televisão como fonte de informação, ela é hoje (com exceção dos canais de 24 horas de notícias), em termos de programação, essencialmente uma fonte de entretenimento. No entanto, esse não é um ponto de partida mas de chegada, pois, como demonstra Colombo (2003a), a televisão nem sempre foi entendida assim.

Se pensarmos a história da televisão em três momentos diferentes podemos identificar uma primeira fase que na maioria dos países europeus correspondeu às duas décadas compreendidas entre os anos 1950 e 1970 (sendo 1957 o ano de início das transmissões em Portugal e que até 1974 decorre num modelo de governo ditatorial). Uma fase que podemos denominar monopólio, onde ocorre uma identificação de serviço público com o meio televisão, mas também com o rádio, e com a produção e difusão de conteúdos. A sua dimensão cultural é vista como de caráter educacional promovendo uma alfabetização complementar das populações e a idéia de cultura como um conjunto de repertório definido pela programação televisiva e onde os intelectuais desempenham um papel de divulgação. Nesse modelo o papel concedido à informação é ainda inspirado no modelo monopolista radiofônico e do cotidiano das elites, possuindo uma dimensão fortemente institucional e em que convivem dois modelos de relacionamento com os jornais diários: concorrência ou autonomia. Esse primeiro modelo é que o objetivo da televisão é fornecer informação e cultura de caráter educativo.

Uma segunda fase da televisão européia pode ser identificada com o período compreendido entre a segunda metade dos anos 1970 e a década de 1980 correspondendo à formação de um sistema misto de televisão pública e privada no qual a definição de serviço público passa a ser em função de atribuir-lhe um papel informativo, de identificação com a cultura institucional nacional e com modelos de linguagem televisiva que o diferenciem das práticas das televisões privadas. A função cultural da televisão pública desse período é democratizar a cultura pela ampliação do acesso à cultura com a descentralização (dos centros de produção cultural para as periferias). A cultura é assim vista como circulação espontânea de idéias, e não como um repertório definido fixo, abrindo lugar à experimentação e às vanguardas culturais. Nesse segundo período, a informação na televisão pública passa a representar o sentido literal da própria palavra, tudo aquilo que valer a pena contar, mas num quadro específico considerado como próprio do serviço público, deixando às emissoras privadas uma definição ainda mais alta do que é informação. Nesse quadro a concorrência passa a ser clara, não entre televisão e jornais, mas sim entre emissoras privadas e públicas.[53]

Embora em Portugal as fases 2 e 3, respectivamente, de *sistema misto* e de *codificação dos duopólios*, convivam num mesmo período histórico, isto é, entre 1992 e o final dos anos 1990, o panorama na primeira década do século XXI, em Portugal, é o da afirmação de um duopólio privado e de um operador público. A identificação do que é serviço público passa pela idéia de qualidade de serviço, com a elaboração de conteúdos *transmídia* (ou seja, conteúdos para rádio, internet, satélite e televisão por cabo e analógica, todos dentro de um mesmo modelo complementar de serviços) e a definição do que é público feita em função daquilo que é fornecido pelo próprio serviço público, num processo de autolegitimação.

Nesse modelo atual a cultura é encarada numa perspectiva pós-moderna em que convivem a pluralidade das instâncias produtoras de cultura e em que a cultura é vista como um gênero televisivo e não como um objetivo, conferindo aos intelectuais um papel de mercado, o da experimentação de novas abordagens que poderão no futuro ser novos produtos comercializáveis até pelo setor privado. O papel da informação na terceira fase da televisão pública é o de um gênero específico que tem múltiplos concorrentes, das cadeias televisivas comerciais à nova oferta pela internet.

A partir do momento em que o objetivo cultural deixa de ser de caráter alfabetizador e a cultura passa a ser entendida como um gênero em si, surge o convívio entre diferentes modelos de televisão que, embora proponham uma programação diferente, possuem uma ênfase muito maior na dimensão do entretenimento do que na informativa.

Essa é uma tendência histórica da televisão (Smith, 1998) já sugerida por Eco (1985) e Caseti (1990) pela periodização da história televisiva em dois grandes períodos, *paleo* e *neotelevisão*.[54]

---

[53] No caso português a segunda fase ocorre mais tardiamente, a televisão democratiza-se em Portugal em conseqüência da revolução de 25 de abril de 1974, mas só em 1992 começam as transmissões privadas. Em Portugal o sistema de monopólio perdurou até o início dos anos 1990, enquanto no resto da Europa havia começado a erodir-se já durante a segunda metade da década de 1970.

[54] Sobre esses dois modelos de produção televisiva, Ortoleva (2003) menciona que não só os gêneros televisivos mudam, mas também a estrutura de programação se altera podendo "(...) afirmar-se que as expectativas dos espectadores redefinem-se com a neotelevisão (...) o prazer narrativo ou cognoscível oferecido por um único programa deu lugar a uma faixa audiovisual de acompanhamento ininterrupto que ocupa segmentos inteiros".

Tabela 24
Gêneros televisivos e de transmissão em Portugal, 2002 (%)

Gênero	RTP	SIC	TVI
Religiosos e tempo de manutenção	1,5	0,04	0,00
Informação não-diária	2,2	0,95	0,00
Musicais e eruditos	3,3	0,74	0,00
Infantis e juvenis	7,6	13,53	11,7
Documentários e divulgação cultural	8,2	4,51	1,9
Informação esportiva	9,2	1,47	1,6
Continuidade da transmissão, comerciais, promoções e outros	11,7	24,78	26,4
Variedades, musicais e *talk shows*	16,3	18,72	14
Dramáticos e ficção	19,9	26,12	31,8
Informação diária	20,1	9,25	12,6

Fonte: Calculado com base em Obercom (2003a).

Nota: Como cada emissora usa categorias diferentes de classificação, podem acontecer diferentes lógicas de formação para as mesmas categorias.

Na primeira fase, descrita como *paleotelevisão*, predominavam as lógicas institucionalizadas do Estado e a comunicação pedagógica com o telespectador. A segunda fase, da *neotelevisão*, caracteriza-se por um conjunto de transformações traduzidas num aumento do número de operadores, na expansão dos horários de transmissão, na natureza e estrutura das transmissões mas, sobretudo, na alteração dos modelos de produção de programas e modalidades de consumo. Em suma, na reformulação do objetivo da comunicação televisiva, onde se privilegia essencialmente a criação de espaços de interação e convívio para um crescente predomínio do entretenimento como função primordial da televisão.

Em Portugal, no ano de 2002, a televisão aberta hertziana, composta por dois canais públicos (RTP1 e 2) e dois canais privados (SIC e TVI), apresentou uma relação média entre informação e entretenimento de 24,51% *vs.* 54,57%. No entanto, esses valores escondem uma relação mais desigual que distingue as televisões comerciais das públicas. Enquanto na RTP os valores da relação informação e entretenimento são de 41,2% *vs.* 47,1%, nas televisões comerciais são respectivamente para a SIC 16,22% *vs.* 59,11% e, para a TVI 16,1% *vs.* 57,5%.

Embora não seja possível utilizar metodologias comuns, com o uso de diferentes fontes sobre a realidade européia, pode-se traçar um perfil comparativo para a programação européia. Assim, para os anos de 2002/03 as televisões abertas européias ofereciam metade da sua programação com 24% de ficção e 26% de música e entretenimento (Colombo, 2003a). A outra metade da programação cabia à cultura (16%), informação (12%), publicidade (6%) e outros (16%).

Como se caracterizam então os modelos de entretenimento e informação na televisão atual? E como os telespectadores avaliam a informação e o entretenimento que lhes é oferecido?

Se tomarmos como medida de análise os programas mais vistos na televisão européia devemos considerar que, embora existam tendências comuns, há particularidades específicas nos países. Em segundo lugar, é importante também compreender que, embora existam novos formatos, domina uma continuidade dos gêneros televisivos.

Uma continuidade que não quer dizer obrigatoriamente a manutenção das mesmas relações de importância entre diferentes gêneros televisivos ao longo do tempo. Essas são as principais características da programação televisiva. Assim, para compreender o modelo de entretenimento televisivo da cultura da virtualidade real (Castells, 2004), deve-se considerar sete dimensões: o esporte, o cinema, os concursos, os *reality shows*, a ficção, a programação factual e a interatividade.

Figura 3
Número de eventos esportivos nos 20 programas mais vistos por países

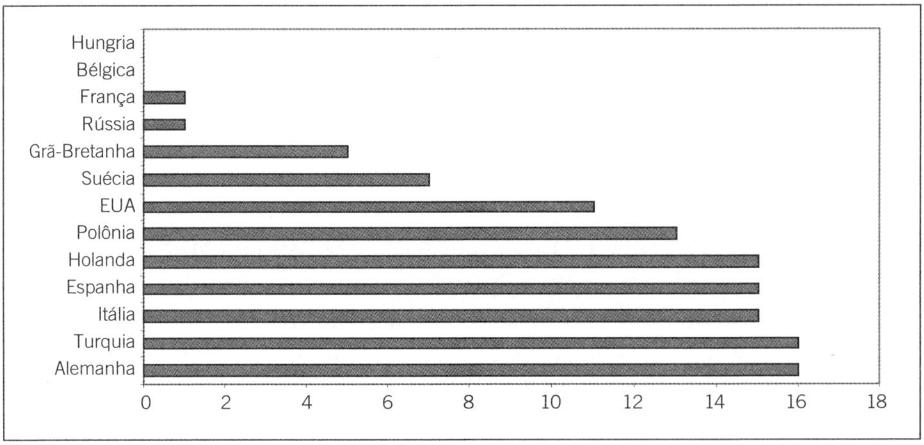

Fonte: IP Network GmbH, 2004.

A televisão aberta em nível global pode seguir padrões semelhantes de conteúdos e formatos (Wolton, 2000), mas continua a incorporar uma dimensão de identidade nacional forte. Essa afirmação tem menos a ver com as práticas políticas de defesa de conteúdos nacionais do que com as próprias práticas do regime da mídia perante a televisão.

Assim a Hungria possui, em conjunto com a Polônia e a Itália, os valores mais altos de consumo diário de televisão (acima dos 245 minutos), enquanto a Dinamarca, Áustria, Suécia e Noruega possuem os valores mais baixos (abaixo dos 170 minutos diários).

Igualmente os padrões de assistência diários são diferenciados. O sul da Europa, isto é, Portugal, Espanha e Itália, possui dois horários nobres diários entre 13 e 16 horas e às 20 e 22 horas, enquanto Alemanha, Suécia e Dinamarca possuem apenas um horário nobre: das 18 às 23 horas.

Essa diferenciação também ocorre nos conteúdos. Como se pode observar pelo conjunto das figuras anteriores o esporte é, em muitos países europeus (embora não no caso português como veremos a seguir), o gênero televisivo mais comum nos 20 programas mais vistos. Existe uma clara divisão entre os países onde o esporte representa mais de 75% dos programas mais vistos, numa clara aproximação aos dados dos EUA, e os países onde o esporte representa menos de 30%. Existe igualmente uma diferença entre os gêneros esportivos mais apreciados, que é claramente perceptível em termos geográficos e que denota uma diferente perspectiva cultural, com o futebol como esporte sem fronteiras e os esportes de inverno apreciados na zona alpina e do norte da Europa e Escandinávia.

Num relatório produzido por Kiefl (2003) para a Canadian Radio-television and Telecommunications Commission, são apontadas algumas tendências globais e também outras claramente nacionais, demonstrando, assim, que o universo televisivo resulta dessa interação entre o global e o local, apesar da sugestão de McLuhan (1997): a aldeia talvez possa ser global na dimensão informativa, mas é sem dúvida menos no nível do entretenimento.

No horário nobre norte-americano, europeu e australiano, apesar da evolução dos *reality shows*, o drama-ficção tem-se mantido como a mais importante categoria televisiva ao longo dos últimos cinco anos. No entanto, registram-se algumas diferenças, pois, se na Europa e Austrália o drama não sofreu grandes alterações, já nos EUA a situação foi diferente. Uma percentagem substancial da produção de comédia foi substituída pelos *reality* ou *game shows* (Kiefl, 2003). Como iremos verificar, o horário nobre europeu teve inclusive um aumento da produção nacional de ficção enquanto na Austrália a dimensão nacional diminuiu.

Figura 4
Ratings de audiência dos programas por evento esportivo, 2002 (adultos)

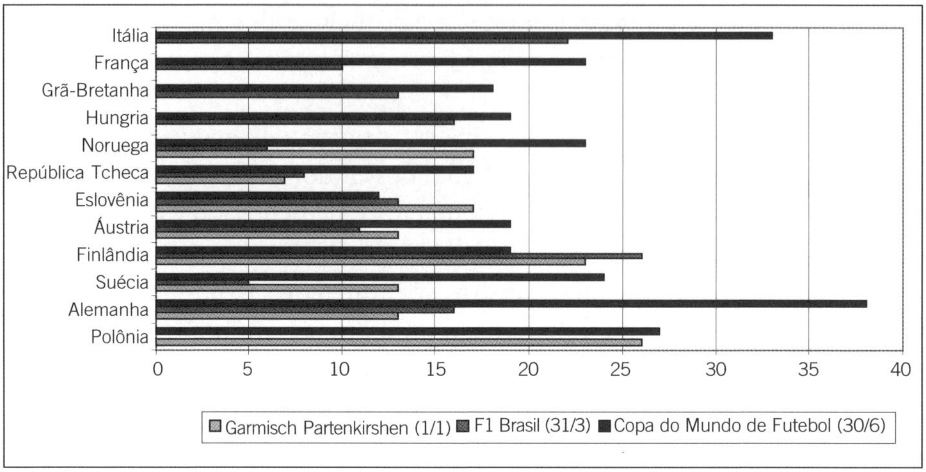

Fonte: IP Network GmbH, 2004.

As diferenças também ocorrem no espaço europeu, aí a televisão é também diferente no que diz respeito ao tipo de formatos de dramas que privilegia. Em 2001 as séries eram o formato prevalente na Grã-Bretanha e na Espanha, enquanto na Itália a aposta eram as minisséries, e na Alemanha e França se assistia ao predomínio de filmes produzidos para a televisão.

Outra relação a explorar é a existente entre o declínio da atenção dada aos concursos e o sucesso dos chamados *reality shows*. Essa é uma relação que os dados conhecidos por diversos países, como EUA, Grã-Bretanha, Alemanha, França e Holanda, parecem confirmar. No entanto, deve-se considerar outra relação mais direcionada para a política de gestão de curto prazo das programações.

Se as realidades européias são diversas, também a situação norte-americana e australiana se diferencia da tendência européia. Assim, em 2000 os 10 programas mais vistos dos EUA possuíam mais *reality/game shows* do que qualquer outro mercado aqui analisado: *Big Brother*, *Survivor* e *Who Wants to Be a Millionaire* eram alguns deles. No entanto, esses programas não destronaram o drama na programação americana, podendo ser encontradas, nesse mesmo padrão, séries como *E.R.* e *The Practise* ou ainda sitcoms como *Friends*, *Frasier* e jornalísticos como *60 Minutes* da CBS ou eventos como os Academy Awards e a SuperBowl (Kiefl, 2005).

A lista australiana contém apenas uma série, *Friends*, e um filme para TV, *Seachange series 3*, possuindo três programas jornalísticos e dois informativos além do concurso *Who Wants to Be a Millionaire* e do *reality show* musical *Popstar*.

Se quisermos comparar os dois países anteriores com o mesmo ano de 2000 na Grã-Bretanha, Itália e França, verificamos que a maior parte das escolhas se concentra em séries, entretenimento e filmes. A Grã-Bretanha possui uma lista de três novelas (*Coronation Street*, *Eastenders* e *Emmerdale*), duas séries (*Inspector Morse* e *Heartbeat*), um documentário, um evento (National TV Awards), um programa de entretenimento e um jogo de futebol. Na Grã-Bretanha, apenas *Who Wants to Be a Millionaire* ocupa lugar nos 10 mais vistos. Por sua vez a realidade italiana é dominada pelos programas de entretenimento, com três presenças, filmes, também com três presenças, notícias, Festival de San Remo e futebol. Tendo também apenas um *reality show* presente, *Il Grande Fratello*, a versão italiana do *Big Brother*. No caso francês são os filmes que dominam o panorama, com quatro referências, seguidos das séries, três referências de eventos, notícias e futebol (Kiefl, 2005).

Uma característica comum aos cinco países citados é o fato de a produção nacional (mesmo que de formatos adaptados) ser sempre majoritária.

A pergunta muitas vezes feita sobre se as formas tradicionais de ficção (séries dramáticas, filmes para TV, sitcoms etc.) estão, ou não, sendo substituídas por *reality shows*, como o *Big Brother* e *quiz shows* como *Who Wants to Be a Millionaire* e *The Weakest Link*, pode e deve ser aqui analisada.

O surgimento da televisão como divertimento da massa tirou o papel que o cinema tinha durante o início do século XX de motor das indústrias culturais.[55]

Morin (1976) propõe três períodos na história contemporânea da cultura de massas: entre 1900 e 1930 vive-se o período popular urbano, do triunfo do cinema (numa fase inicial sem som e das primeiras experimentações sonoras), uma época em que predomina a visão do entretenimento como elemento primordial; entre 1930 e 1955 o cinema falado conduz a uma nova mitologia, a da felicidade individual; com a melhoria do nível de vida, depois

---

[55] Numa análise do papel do cinema na sociedade, Morin considera a cultura de massas objeto sociológico, adotando uma definição de cultura que se inscrevia na tradição antropológica, como um corpo complexo de normas, mitos e imagens que penetram o indivíduo na sua intimidade, nos seus sentidos e emoções. Ela constituiria um sistema específico pelo fato de ser produzida de acordo com as normas da manufatura industrial e difundida pela mídia; ele procura identificar as dialéticas que articulavam a instância econômica (produção, criação, consumo) e a instância psicológica (projeção, identificação, transferências).

de 1945, tanto na vida como no cinema, cultivou-se a mitologia do *happy end*; de 1955 em diante, vive-se a época da crise da felicidade, da problematização da vida privada; o cinema deixa de ser o exemplo da cultura de massas sendo substituído pela televisão.

Figura 5
Audiência dos cinco filmes mais vistos, países selecionados (%)

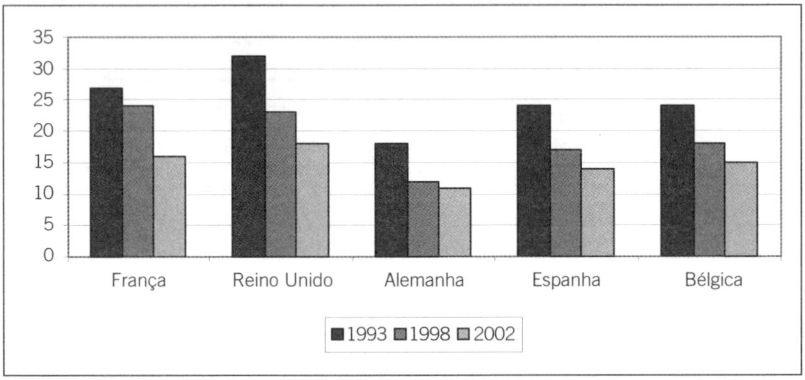

Fonte: IP Network GmbH, 2004.

No entanto, mesmo não sendo já comparável ao papel principal desempenhado pela televisão, o cinema com a audiência televisiva recuperou o contato com as massas, no caso de uma forma ainda mais ampliada, pelo menos numericamente. Esse modelo parece conhecer hoje o seu ocaso, ou pelo menos assim concluímos pela evolução do cinema no horário nobre televisivo.

Essa quebra e o estabelecer de um novo modelo, que na terminologia de Morin (1976) promove uma síntese entre a problematização da vida privada e o entretenimento, deve-se ao sucesso do DVD, dos canais premium de cinema, a cabo ou via satélite, mas também à evolução da relação entre ficção e televisão.

Embora assistamos às mudanças já enunciadas, há uma componente que se mantém constante, a origem dos filmes presentes nas televisões e mais vistos. Com a exceção da República Tcheca, em 2002, a produção norte-americana representou sempre mais de 50% dos filmes mais vistos, estando na maioria dos casos em sete dos 10 filmes mais vistos. E embora os valores para a produção nacional e européia se aproximem, na realidade aquilo que se parece assistir é a uma preferência das produções nacionais nas televisões nacionais e não um intercâmbio de produções européias.

Figura 6
Origem por país dos 10 filmes mais vistos em televisão, telespectadores adultos, 2002

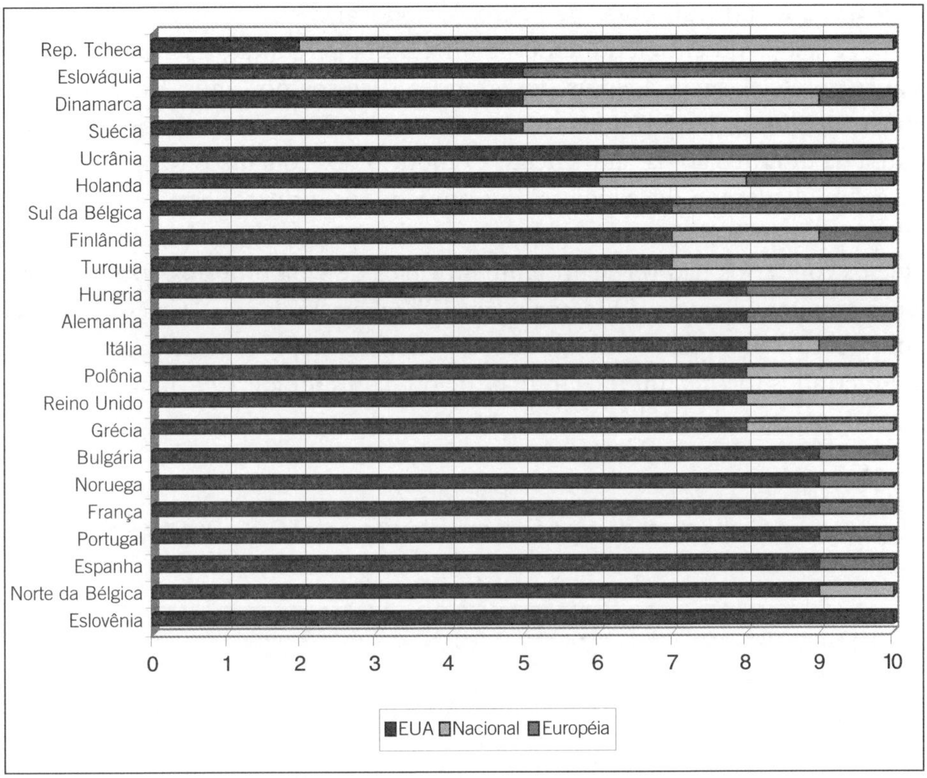

Fonte: IP Network GmbH, 2004.

Na Europa a opção parece ser a filmografia americana, seguida da nacional, e só em último lugar audiência televisiva de produções oriundas de outras culturas nacionais européias. Uma possível explicação para esse fenômeno pode ser, em primeiro lugar, questões econômicas de compras de pacotes para distribuição televisiva, bem como uma opção de programação, mas uma outra razão poderá radicar-se no modelo já descrito para o cinema neste início de século.

Enquanto o cinema de origem americana procura uma síntese entre a problematização da vida privada e o entretenimento, o cinema europeu procura muitas vezes apenas explorar uma das dimensões em separado e, quando o faz, limita a amplitude do seu alcance cultural do global para o nacional. Essa poderá ser uma das possíveis razões para a sua menor apetência além-fronteiras, comprovada no sucesso de filmes europeus além das fronteiras europeias e nos EUA quando a síntese do modelo é aplicada (exemplos desse sucesso podem ser encontrados em filmes, como *GoodBye Lenine*, *Jet Lag*, *Amélie Poulain*, ou ainda nas obras de Pedro Almodóvar).

Na área do entretenimento há uma outra pergunta, neste caso sobre os concursos televisivos. Depois dos grandes sucessos dos anos 1990, e ainda início de 2000, neste momento ocorre um decréscimo da sua presença por causa da diminuição das audiências. O modelo dos concursos televisivos parece assim obedecer a duas lógicas. Por um lado, os formatos estabelecidos com sucesso podem aspirar a uma vida bastante longa, por outro, isso não faz com que os concursos não possuam também ciclos de vida próprios. Ou seja, embora formatos como o "Elo mais fraco/Weakest Link" ou "Quem quer ser milionário/Millionaire" tenham estado presentes, respectivamente em mais de 20 mercados (desde 2000) e em mais de 60 países (desde 1998), há um limite para o interesse das audiências.

Figura 7
Audiência de concursos televisivos, 1999-2003
(%)

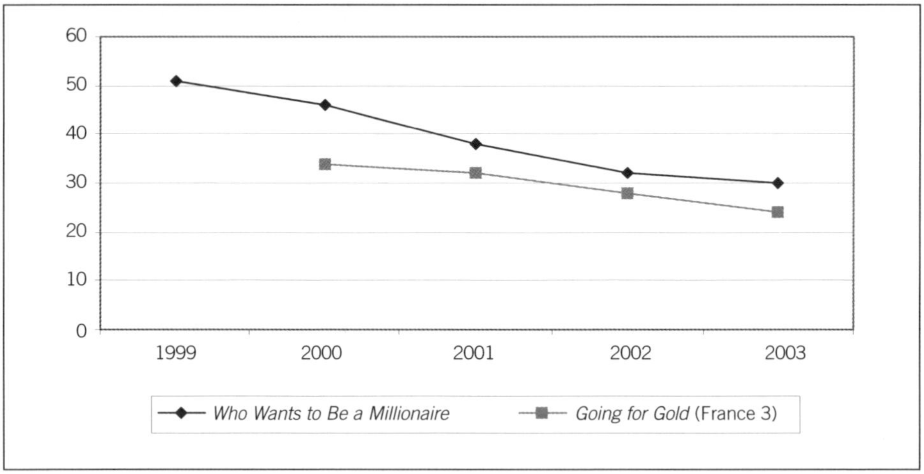

Fonte: IP Network GmbH, 2004.

Aparentemente, os dados confirmam uma diminuição dos concursos, ao mesmo tempo em que se assiste a um aumento dos programas de *realidade*. Mas se verificarmos há também um crescimento maior da parte dos outros programas.

Figura 8
Total de títulos de entretenimento, por gêneros, para EUA, Grã-Bretanha, Alemanha, França e Holanda, 1998-2002

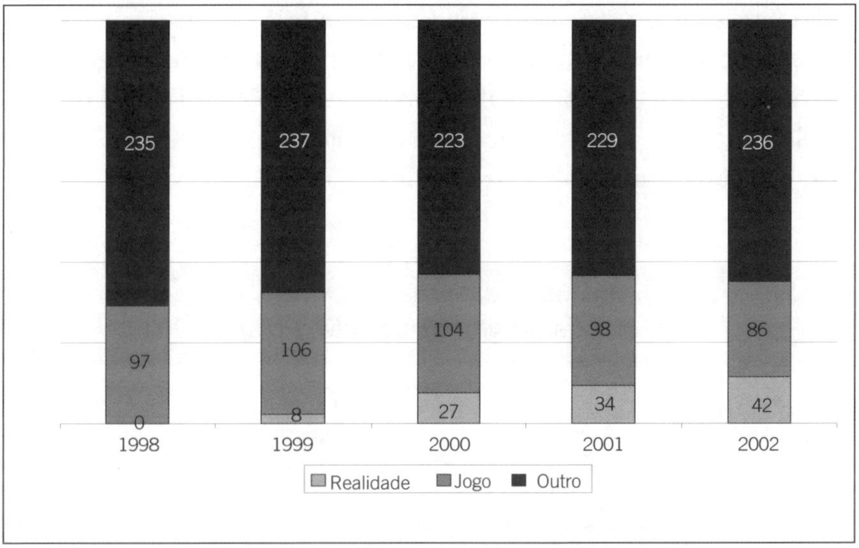

Fonte: IP Network GmbH, 2004.

Antes de analisarmos essa variável vale a pena aprofundarmo-nos um pouco mais no campo dos *reality shows*. Se quisermos definir três tipos de gêneros de programas de realidade podemos encontrar os chamados *reality games* (de que são exemplos: *Survivor*, sueco e iniciado em 1997; *Big Brother*, holandês de 1999 e o Bar da TV/*The Bar* também sueco, de 2000), as *novelas reality* (muitas vezes construídas em torno dos encontros amorosos, de que são exemplos *Temptation Island*, norte-americano de 2001 ou ainda os *Osbournes*, norte-americano de 2001) e os *concursos reality* (de que são exemplos a *Operação Triunfo*, espanhol de 2001; *Popstars*, neozelandês de 1999; *Academia das Estrelas*, francês de 2001).[56]

[56] *Big Brother* foi difundido em mais de 10 países europeus e nos EUA utilizando como base o mesmo formato. O conceito é baseado na observação de um conjunto de pessoas comuns (numa segunda edição deu-se a inclusão de celebridades) durante 24 horas. Quando foi transmitido pela primeira vez gerou em todos os países ferozes críticas, mas revelou-se um sucesso de audiência. *Survivor* representa um segundo tipo do mesmo formato em que os concorrentes trabalham em equipe e são desafiados a completar tarefas até que só reste um concorrente. Um terceiro tipo do mesmo formato são os programas que giram em torno da criação de artistas de rock.

Todas essas fórmulas não são transmissões da realidade não-mediada, mas sim realidades ficcionais. Segundo Sousa (2004), mesmo no caso do *Big Brother*, apresentado em Portugal como uma novela da vida real, "das 24 horas gravadas (vezes quatro *streams* de imagem) eram exibidos diariamente 35 minutos, que, obviamente, tendo sido alvo de uma seleção, serão sempre uma leitura do real e não o próprio real. O programa exibido, diariamente, procedia à seleção de imagens ainda no respeito pelas regras clássicas da narrativa, ou seja, não como evitar contar-se uma história (...)".

Figura 9
Publicidade nas receitas totais de grupos de mídia (%)

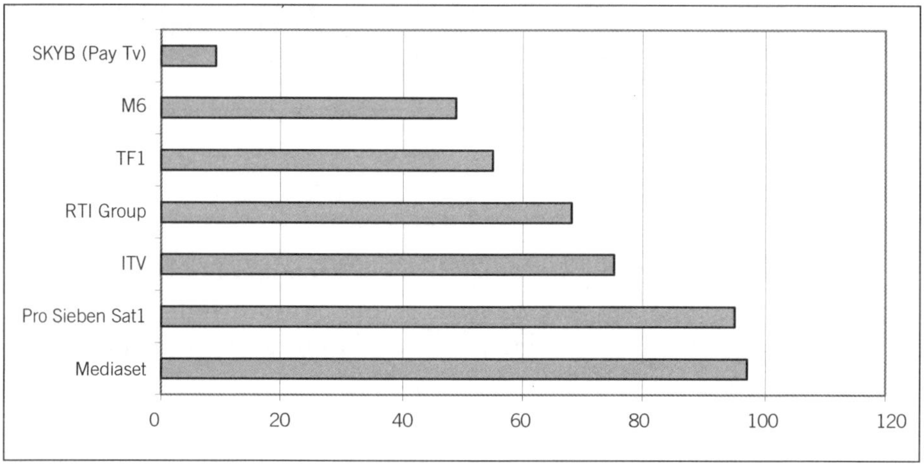

Fonte: *La Vie Financière*, 20 fev. 2004.

A hipótese aqui é que concursos e *reality shows* correspondem a armas táticas de curto prazo geridas pelas emissoras, muitas vezes como forma de substituir um programa que falhou (uma série cômica ou uma novela).

No entanto, há uma diferença fundamental entre concursos e *reality shows*, os segundos têm uma duração menor no tempo. Embora programas como *Big Brother* e *Survivor* tenham atingido audiências muito significativas em diferentes mercados, encontram-se hoje em declínio em todos os lugares. *Survivor* entre a série 1 e a 6 obteve em média uma queda de audiência de 40%, e na França nas três primeiras séries, de 18%. A situação do *Big Brother* é ainda mais significativa, entre a primeira e a última séries exibidas o programa teve uma queda de 66% de audiência na Holanda, de 43% na Espanha, de 36% na Suíça, de 30% na Dinamarca, e obteve quedas com valores próximos dos últimos também na França, Alemanha e Grécia. Ainda como exemplo, das 32 séries de realidade presentes no mercado americano em 2002/03, apenas 12 restavam em 2003/04 (IP Network GmbH, 2004).

Por isso, o seu aproveitamento financeiro em subprodutos (como revistas, vídeos, CDs e programas subsidiários) também tem de ocorrer numa velocidade muito maior e conseqüentemente numa estratégia de lucros de curto prazo. As fontes de receitas que não as da publicidade são em grande parte originárias de cadeias como Sky ou outros canais de assinatura por cabo ou satélite. Os *reality shows*, nos seus diversos modelos, têm permitido uma diversificação de receitas, bem como o reaproveitamento de séries televisivas para edição em DVD (como, por exemplo, *Arquivo X*, *Poirot*, *Sherlock Holmes* ou o *Polvo*).

No entanto, os *reality shows* permitem um grau de diversificação de fontes alternativas que não é possível com outros gêneros. Essa diversificação vai das ações de relações públicas dos concorrentes, às revistas oficiais, ao licenciamento do próprio programa (no caso do seu produtor), ao CD com músicas e vídeo/DVD, às votações via audiotel/SMS, aos sites oficiais na internet, aos jogos de sociedade mas também, em alguns casos, jogos multimídia ou atuações ao vivo.[57]

Os programas de realidade, embora se apresentem com um modelo de sucesso inegável, constituem apenas uma parcela do modelo de entretenimento televisivo e não uma influência radical de transformação dos modelos televisivos. Isso, apesar de o seu surgimento ter posteriormente dado lugar a dois novos ciclos em torno da realidade ficcional.

Primeiro assistimos, ao longo dos últimos anos, a um cruzamento de celebridades com realidade ficcional, em programas como *Big brother*, *Survivor* ou *Fear Fator*. Numa segunda fase surgiram cada vez mais os *roteiros híbridos*.

[57] Exemplos dessa complementaridade de receitas podem ser encontrados em muitos gêneros televisivos. Na cadeia alemã RTL II o *reality show PopStars* levou à comercialização de 2 milhões de CDs do grupo Bro'sis e de 3 milhões da banda No Angels. Mas os desenhos animados também são um campo fértil para a diversificação de receitas das cadeias televisivas. Por exemplo, *DragonBall Z* vendeu 200 mil unidades da sua trilha sonora e 300 mil DVDs/VHS; a série *Digimon* vendeu 130 mil números de uma revista; e *YuGioH*, 2 milhões e 600 mil unidades de cartas de jogo e 370 mil videogames.

Ou seja, programas em que se combina a realidade ficcional com a existência de roteiro. Nos EUA, os exemplos são os programas de comédias de costumes e o drama *Murder in a Small Town* ou *Big Fat Obnoxious Fiancé* ambos da Fox ou, na Alemanha, vários programas da Sat1 ou RTL em que detetives de polícia reais lidam com casos policiais construídos para os programas.

Figura 10
Origem das 10 séries de ficção mais vistas na União Européia em 2002

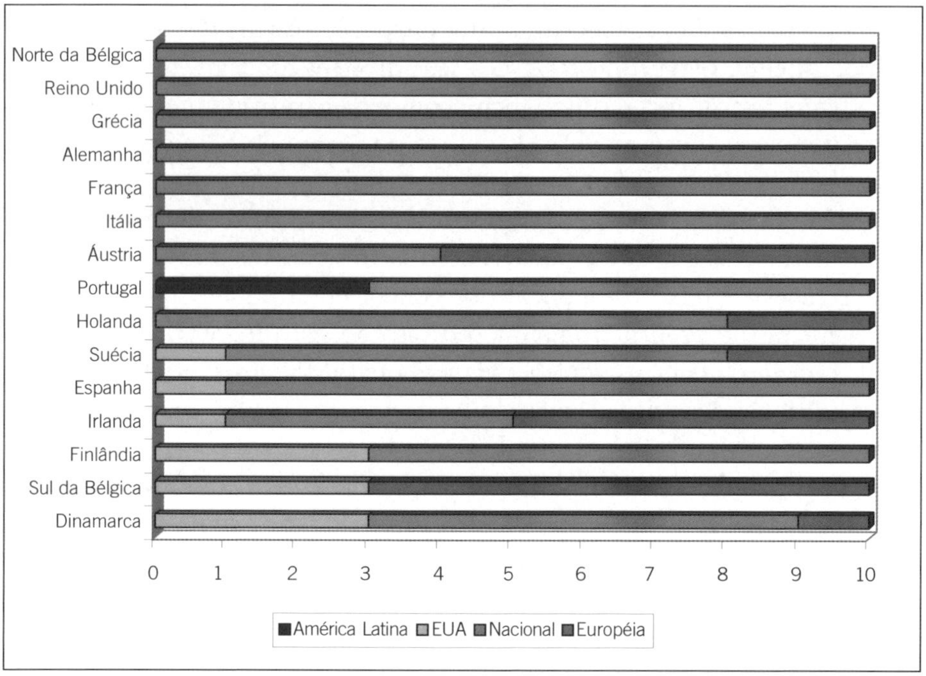

Fonte: IP Network GmbH, 2004.

Se regressarmos à análise da evolução dos gêneros de entretenimento no período 2000-02 verificamos que o crescimento mais consolidado foi o do grupo Outros (que cresceu 3% mas continua a representar mais de 65% da totalidade do gênero entretenimento) diante dos programas de realidade (embora tenham crescido mais de 50% continuam a representar pouco mais de 10%) ou dos concursos (que tiveram uma queda de 20% mas continuam a representar 24% da programação) (IP Network GmbH, 2004).

A programação que não é esporte, cinema, *reality shows* ou concursos continua assim a dominar a presença televisiva.

O que a comparação de diferentes mercados televisivos na Europa parece demonstrar é que nas séries de ficção, sejam elas de drama ou comédias de costumes, no horário nobre é preponderante a produção nacional, em seguida a européia e só depois a dos EUA (confinada a mercados específicos como o finlandês, o dinamarquês e o da Bélgica francófona).

O caso ímpar desta análise é Portugal e a presença significativa de ficção oriunda da América do Sul, neste caso o Brasil. Portugal, devido à proximidade cultural com o Brasil, parece assim não seguir tão fortemente a tendência de outros mercados europeus como os dos novos 10 membros da União Européia (excluindo Chipre e Malta) onde a presença de telenovelas entre as séries mais vistas decaiu 70%, entre 1999 e 2002, sendo substituídas por séries de ficção nacional (IP Network GmbH, 2004).

O porquê dessas mesmas opções pode ser visto em duas dimensões entrelaçadas: uma cultural e a outra econômica.

Culturalmente, entre todos os gêneros do entretenimento, a série é a que assegura uma maior lealdade de telespectadores. Economicamente, é ao mesmo tempo o gênero que garante maior amplitude demográfica, permite repetições, possui maior potencial de exportação e receitas auxiliares (como o DVD ou o *merchandising*). Isso embora seja, também, aquela que possui processos de produção mais longos e também maior risco.[58]

No entanto, se existe uma manutenção das opções por parte da audiência e programadores na ficção nacional, a influência do surgimento dos *reality shows* faz-se hoje em dia sentir numa outra dimensão, a do entretenimento factual.

O *entretenimento factual* é um novo gênero televisivo que não se enquadra nem nos modelos tradicionais de ficção, nem nos *reality shows* ou programas de *roteiros híbridos*. Embora comportando ainda uma pequena percentagem da programação, o seu crescimento na Europa atingiu em países como a França e a Alemanha, entre 2000 e 2003, cerca de 22% (81 programas em horário nobre na França: TF1, France2, France3, M6) e 88% (17 programas em horário nobre na Alemanha: ARD, ZDF, SAT1, RTL) (Freemantle Media, apud Network GmbH, 2004).

Muitos desses programas surgem em outros países importados ou copiados. Um dos programas mais conhecidos de *entretenimento factual* é *Changing Room* que em Portugal tem um sucedâneo em *Querido Mudei a Casa!* na SIC

[58] As séries americanas e alemãs dominam a área de exportação nos mercados televisivos europeus (IP Network GmbH, 2004).

Mulher. Dentro do gênero *entretenimento factual* existem vários modelos que vão desde os focados em crimes aos focados na família, mudanças na vida pessoal, propriedade de casas (mudanças de decoração, compra de casa etc.).

Da televisão interativa à televisão em rede

Se até aqui analisamos a dimensão dos conteúdos televisivos em função do gênero de entretenimento, é igualmente necessário ter presente que além da manutenção de alguns gêneros e do surgimento de outros a interatividade é um elemento fundamental para a caracterização do atual modelo de entretenimento, mas também do informativo, centrado na televisão.

A morte da televisão tem sido prevista quase desde o seu início e por um sem fim de pessoas, isto é, desde a Hollywood dos anos 1940, aqueles que viram no controle remoto o fim do modelo de publicidade televisiva e voltaram a afirmá-lo com a fragmentação do mercado televisivo pelo surgimento das redes de cabo e de satélite e agora os DVRs como o Tivo.

A televisão parece ser capaz de inovar sem perder a identidade, ou seja, sem ser o que faz dela o que é: oferta de informação e entretenimento de baixa interatividade. A capacidade de sobrevivência da televisão está associada à sua dimensão de apropriação social. Se compararmos os dados obtidos pelo World Internet Projet (2004) para os EUA e aqueles apresentados para o mesmo mercado pela Lyra Research (2004), verificamos duas tendências aparentemente contraditórias. Por um lado, quem utiliza a internet afirma ver menos televisão em geral, mas, por outro, quem adquire DVR satélite ou cabo, Replay TV ou Tivo informa ver mais televisão, pelo que haverá outros equilíbrios em construção, nomeadamente na substituição da audiência ao vivo pela diferida.

Na verdade, aparentemente, a nossa televisão, aquela com que crescemos, nunca será a televisão com a qual iremos morrer. A televisão, tal como as nossas sociedades, tem evoluído, mas a sua estrutura-base de conteúdos mantém-se, embora com a incorporação de novidades. Qual a efetiva mudança em curso na nossa televisão do início do século XXI? Até que ponto ela é diferente do que era há 10 anos e o que há de diferente hoje nela que nos faça prever a sua mudança? Se estivermos atentos ao que é produzido academicamente, publicado na mídia e alvo da atenção de futurólogos, a nossa resposta imediata será a interatividade.

A interatividade está hoje na maioria das práticas das empresas e do seu pensamento estratégico vinculada à idéia de televisão digital. No entanto, como

Colombo e Bellavita (2002) sugerem, a televisão digital, atualmente, pode ser considerada uma "mídia impopular", pois não conseguiu ainda penetrar na "agenda social das audiências", exceto na Grã-Bretanha (Born, 2003).[59]

A televisão digital pode ser definida a partir de dois atributos: primeiro, segue um padrão de maior interação com o telespectador, sendo por isso *interativa*; segundo, está associada à televisão paga, pois o modelo de negócios não se desenvolve a partir da publicidade, mas sim da escolha do telespectador, estando o *pagamento desse serviço* associado à possibilidade de escolha.

Nos últimos 20 anos, as experiências da televisão digital (seja por cabo, terrestre ou por satélite) têm registrado mais fracassos que sucessos (Richeri, 2004). Até meados dos anos 1990, a TV digital era sinônimo de televisão paga (*pay TV*), tendo-se desenvolvido com canais de cinema e de esporte (principalmente futebol), com sucesso em países como os EUA, Reino Unido, França, Espanha (Kleisteuber, 1998) e Portugal.

No entanto, mesmo o sucesso da TV paga tem sido desigual, pois não existe também uma uniformização do modelo digital global. Assim, o cabo é predominante nos EUA e em Portugal (30%), enquanto a televisão por satélite DTH obtém em países como a Alemanha e a Áustria penetrações próximas dos 40%, e em outros países como a Itália (16%), os EUA (15%), a França (18%) e a Grã-Bretanha (22%) se encontra abaixo de 1/3 da sua população (Kiefl, 2003).

Na segunda metade dos anos 1990, assistiu-se na Europa a um processo de disseminação da televisão digital terrestre (TDT). Esse aumento tem por base a decisão da maioria dos países europeus de realizar o encerramento das suas transmissões analógicas nacionais (*switch off*) até 2010. Assim, o desenvolvimento da televisão digital na Europa baseia-se, quase exclusivamente, num processo político aliado a imperativos econômicos (Papathanassopoulos, 2002), e não na exigência dos telespectadores suprirem uma necessidade social através da inovação tecnológica (Winston, 1999).

A introdução da TV digital constitui também um marco na evolução da televisão européia, dando origem ao que poderíamos chamar de terceira fase. O primeiro período foi dominado pelo monopólio dos serviços públicos de televisão, sendo seguido por uma fase marcada por um sistema dual de coexistência de emissoras públicas e privadas (Kleibeuster, 1998). No entanto, o que

---

59 Para uma contextualização da televisão digital nas suas dimensões políticas e econômicas, ver Papathanassopoulos (2002) e Galperin (2004).

poderá acontecer nessa terceira fase é ainda uma incógnita, muito por causa do aumento de uma tendência já existente de maior segmentação dos públicos e aumento de canais disponíveis. Até agora, a TV digital não alterou os formatos televisivos, quer no que diz respeito aos conteúdos acessíveis, quer na forma como os programas são conduzidos pelos apresentadores, intervenientes e jornalistas (Richeri, 2000). Nos modelos de *talk shows* e nos *reality shows* a introdução da interatividade continua a obedecer aos modelos tradicionais de distribuição de poder de controle sobre a transmissão e os conteúdos. E são esses os modelos de conteúdo mais explorados e vistos como o paradigma do conteúdo interativo na televisão do novo século (Corcoran, 2004). Segundo Kaitatzi-Whitlock (2004), existem três tipos de agência (produtores ou anfitriões dos programas, convidados e audiência) e a interatividade é controlada de forma decrescente por todos esses intervenientes, conferindo maior poder de interatividade aos produtores e menor às audiências. O mesmo acontece em programas de realidade ficcional, onde a interatividade se limita essencialmente às escolhas de candidatos e à sua continuidade colocando, portanto, a decisão do tipo de escolha na produção do programa.

Dada a similaridade de resultados apresentados em diferentes países, a nossa análise da interatividade na TV pode ser beneficiada por uma breve incursão nas realidades da televisão digital na Europa. A viagem tem como ponto de partida a Escandinávia e, de chegada, Portugal — objeto de um estudo mais aprofundado.

Atualmente o número de lares em *sistema multicanal*, isto é, lares recebendo TV por outros meios que não a difusão terrestre analógica, é de 51% na UE-15, de 53% nos novos 10 países da ampliação e de 84% nos EUA. Curiosamente as taxas de crescimento entre 1995 e 2002, na Europa, rondaram valores similares para os 25 países, cerca de 45%, e 30% para os EUA (IP Network GmbH, 2004).

No entanto, quando olhamos na Europa a penetração nos lares da televisão digital no final de 2002 encontramos três grupos de países. A maioria[60] dos países europeus possui valores de lares utilizando televisão digital que variam entre a ausência e os 10%, seguindo-se um grupo que inclui Dinamarca, Alemanha, Suíça, Espanha e França, que têm coberturas entre 10% e 20%, e

[60] O conjunto de países com penetração inferior a 10% dos lares é: Áustria, Portugal, Polônia, Finlândia, Holanda, Hungria, Estônia, Eslováquia, República Tcheca, Letônia, Bélgica, Lituânia, Grécia, Romênia, Eslovênia, Croácia e Bulgária.

por último apenas a Irlanda, Noruega, Suécia e Grã-Bretanha, que se encontram acima dos 20% (IP Network GmbH, 2004).

A análise e a explicação dada por Brown (2004, tradução do autor) sobre o fracasso do projeto da TDT sueca podem ser aplicadas, nas suas várias dimensões explicativas, a diversos países europeus:

> O maior defeito no desenho do projeto da DTTV sueca foi requerer dos telespectadores o pagamento de um valor mensal mesmo para receber programas que já existiam e eram assistidos de graça na TV analógica, incluindo os da SVT, pelos quais eles já pagavam uma taxa ao operador público. Os reduzidíssimos valores de lançamento, só 2,5% após quatro anos de transmissão, indicam que os suecos consideram que os custos de assinatura da DTTV são em muito superiores aos possíveis benefícios.

A Grã-Bretanha é uma exceção e oferece um exemplo interessante. Em janeiro de 2004 o valor de lares ligados à TV digital variava entre 45% e 50% (com uma predominância do acesso por satélite digital, com mais de metade das ligações, seguido pela DTT grátis e em último lugar o cabo digital pago).[61]

Esse caso difere de outras abordagens na medida em que passa por um forte empenho do governo na construção da sociedade da informação. Seguindo essas diretivas governamentais, a televisão pública (BBC e Channel Four) investiram como a estação privada Sky Television (Digital Satellite Service). Apesar de a televisão digital terrestre britânica já ter atingido cerca de 35% dos lares em 2001, uma grande parte dos telespectadores mostrava-se — e ainda se mostra — reticente. Entre 30% e 40% da população afirmam não sentir nenhum interesse na migração para o digital (Born, 2003).

Na Espanha, a emissora digital terrestre Quiero TV suspendeu as suas transmissões em 2002, apenas dois anos depois do lançamento. A fusão das duas plataformas de transmissões de televisão digital por satélite (o Canal Satellite Digital e o Via Digital) foi anunciada em maio do mesmo ano. Essas duas decisões tiveram por base a baixa penetração da televisão junto aos assinantes, que se manteve mesmo após a decisão da Quiero TV de complementar a sua oferta com serviços interativos e acesso à internet (Fleischner e Somalvico, 2002).

Num universo de 10 milhões de espectadores potenciais, a televisão aberta portuguesa oferece um total de quatro canais, transmitidos por ondas

---

[61] Estimativa de 50% para o OFCOM e 45% para a medição realizada pela FIVE-BARB (IP Network GmbH, 2004).

hertzianas, cabo e via satélite. Desses quatro canais, dois pertencem a empresas privadas, SIC e TVI (propriedade de grupos econômicos que detêm igualmente interesses na imprensa escrita e no rádio); e dois canais públicos, a RTP1 e a recentemente rebatizada "a Dois" (anterior RTP2).

No sentido de uma melhor compreensão do mercado televisivo português, é importante realçar outro elemento, a televisão por cabo. Atualmente, a plataforma cabo tem uma taxa de penetração de 30% dos lares em Portugal (embora a cobertura ainda não abranja a totalidade do território continental e ilhas), oferecendo aos assinantes mais de 60 canais e a possibilidade de acesso à internet e à televisão interativa.

Outra das particularidades associadas à difusão das novas tecnologias e que parece ser demonstrável em países com taxas muito diferenciadas de acesso à internet, como é o caso de Portugal (29%) e o do Canadá (72%), é que o fato de se acessar de forma digital à televisão (seja por cabo ou por satélite) é de fato um facilitador da decisão de uso da internet.

Tabela 25
Equipamentos e assinatura de serviços em casa em Portugal e no Canadá, 2003

Equipamentos e assinatura de serviços	Usuários da internet (%) Portugal	Não-usuários (%) Portugal	Usuários da internet (%) Canadá	Não-usuários (%) Canadá
Telefone	70,3	58,1	n.d.	n.d.
Celular para uso pessoal	96,5	61,9	73,0	40,0
Televisão	99,8	99,4	n.d.	n.d.
Televisão por cabo	55,4	29,1	67,0	64,0
Acesso livre à televisão por satélite	11,7	4,0	26,0	24,0
Assinantes de televisão por satélite	4,3	2,3	n.d.	n.d.
Acesso à TV interativa por cabo	1,2	0,2	n.d.	n.d.
Computador	75,1	19,0	75,0	25,0
Ligação à internet	57,8	6,2	88,0	n.d.
Consoles para jogos: PS2, Dreamcast, Xbox, Sega	23,4	5,3	44,0	22,0
Leitor MP3	n.d.	n.d.	22,0	3,0
Câmera digital	n.d.	n.d.	43,0	13,0
Palm Pilot	n.d.	n.d.	21,0	4,0

Fontes: Cies-ISCTE (2003) e WIP Canada Report (2004).

Considerando a análise das experiências digitais européias, bem como o fracasso dos projetos americanos, como o Qube em Columbus, Hi-OVIS em Higashi Ikoma, Orlando, Quebec entre outros (Richeri, 2004; Rodotá, 1997), podemos avançar com um conjunto de hipóteses explicativas que passam pela especificidade dos projetos de televisão interativa de cada país, principalmente quanto ao desenvolvimento histórico do sistema televisivo e às opções dos modelos de negócios.

Retornando ao caso inglês (Born, 2003), o qual revela das mais altas taxas de aceitação da televisão digital, verificamos que a passagem generalizada ao digital não poderá ser apenas dirigida pelo mercado. Por um lado, os novos passos do digital têm sempre de competir com sistemas digitais que neste momento já cobrem as necessidades sociais dos telespectadores, por outro, só a reformulação da idéia de serviço público poderá ultrapassar as reticências de uma grande fatia da população diante do desligamento previsto de sinais analógicos em muitos países. Isto é, a constatação de que a utilização da internet não chegará a toda a população e que haverá necessidade de prestar alguns serviços existentes na web aproveitando a tecnologia digital na televisão para os emular.

Contudo, a baixa apropriação social dessa nova tecnologia levanta outras questões. Uma das abordagens mais comuns na explicação desse fenômeno passa pelas limitações tecnológicas, que não permitem ainda ao telespectador satisfazer por completo a interatividade que pretende. No entanto, a experimentação no campo da interatividade tem evoluído, assim como a relação entre o telespectador e a televisão. Novas tecnologias como a internet e os celulares têm tido uma boa taxa de penetração, permitindo ao telespectador interagir com a televisão; por outro lado, a importância de tecnologias mais tradicionais como o teletexto tem aumentado, particularmente em combinação com os serviços SMS.

As emissoras de televisão perceberam a importância da combinação dessas tecnologias como gerador de receitas alternativas às publicitárias — e, no caso dos canais estatais, dos fundos públicos. Isso implica a implementação de novos modelos de negócio e de estratégias de conteúdos que permitam a incorporação dessas tecnologias nos seus programas.

A análise dos conteúdos das televisões abertas, canais por cabo e práticas de consumo da mídia em Portugal (Cardoso, 2004) demonstram que nos últimos anos houve uma evolução nas formas de apropriação social da televisão — visível sobretudo quanto à interatividade — apesar de se verificar ainda uma fraca presença de um modelo de televisão interativa digital.

Assim, é razoável defender que a interatividade *na* e *com* a televisão não está diretamente associada apenas ao formato televisão digital, antes devendo a compreensão do fenômeno ser procurada em outras dimensões, principalmente no que se designa como *televisão em rede*.

Para melhor compreendermos esse fenômeno, devemos primeiro reconhecer a existência de várias formas possíveis de interatividade, que são tecnologicamente associadas às diferentes mídias e socialmente apropriadas pelos usuários das tecnologias.

Qualquer tentativa de síntese da evolução das tendências gerais da televisão interativa enfrenta o problema da definição e discussão do conceito de *interatividade*.

Analisaremos primeiro as abordagens teóricas ao conceito, depois, consideraremos as suas aplicações práticas em duas tecnologias: a televisão interativa (iTV) e a presença online dos meios de comunicação de massa.

De acordo com Kim e Sawhney (2002) existem duas abordagens teóricas à comunicação interativa no contexto das novas tecnologias aplicadas à mídia: a *abordagem comunicacional* e a *abordagem ambiental* das mídias. A primeira concebe a interatividade como relação entre comunicadores e mensagens trocadas. Assim, não apenas as mídias eletrônicas, mas também as cartas aos editores, telefonemas para os programas e participação do público nos programas são considerados formas de interatividade. Nessa perspectiva, as mídias interativas são aquelas que conseguem simular trocas interpessoais por meio dos seus canais de comunicação. Pelo contrário, para a abordagem ambiental, a interatividade é definida como "uma experiência midiática oferecida tecnologicamente, em que o usuário pode participar e modificar as formas e os conteúdos da mídia em tempo real" (Steur, apud Kim e Sawhney, 2002). Segundo essa definição, características como a interação em tempo real e a resposta imediata são consideradas vitais para a criação de um ambiente interativo.

Outra proposta interessante é a tipologia constituída por quatro dimensões cumulativas de interatividade, criada por Van Dijk (Rafaeli, 1988; Van Dijk, 1999, 2000). A primeira é a *dimensão espacial* da interatividade, que se refere à comunicação *ponto a ponto*. A segunda refere-se à *comunicação sincrônica*; a interatividade é afetada por várias formas de comunicação não-sincrônica devido ao tempo excessivo entre a ação, reação e a reação à reação. A terceira é a *dimensão temporal da interação*, isto é, a possibilidade de troca entre emissor e receptor em qualquer momento ou lugar, tendo ambos igual controle e contribuição para a mensagem. Por último, a *dimensão de ação e controle* corresponde à possibilidade de contextualização e de entendimento partilhado, que, por enquanto, apenas pode ser encontrada na comunicação face a face.

Se focarmos a nossa atenção nas relações de poder dentro da estrutura comunicativa de diferentes tecnologias, temos também de reconhecer que a interatividade assume diversas formas, ou seja, diferentes apropriações.

Olhando para as diferentes possibilidades realmente oferecidas no quadro da iTV, verificamos que existe uma contradição cultural entre a interatividade como forma de comunicação e o modelo organizacional da televisão (Kim e Sawhney, 2002). A televisão interativa mantém a estrutura organizacional da televisão tradicional tanto nos formatos de programas quanto nos papéis que os jornalistas e apresentadores de programas de entretenimento assumem como *mediadores* e organizadores da interação com a audiência — a iTV é assim muito mais reativa que interativa.

Quadro 2
Tipo de interatividade das aplicações da televisão interativa

Tipo de atividade	Aplicação	Nível de interatividade
Escolha de canais e programas	Acesso condicional; EPG; descodificador vídeo	0 (televisão digital)
Escolha de menus/ transações	VOD; personalização; mais canais; *e-commerce*	1 -3 (televisão interativa)
Produção de informação	Participação em programas; reação a programas; contribuição para programas e canais (não dirigida por terceiros); produção de programas e canais	3 (televisão interativa)
Troca de comunicação	Comunicação sobre/ao mesmo tempo que os programas de TV; comunidades de telespectadores	4

Fonte: Adaptado de Corcoran (2004).

A liberdade de ação oferecida pela interatividade pode ser muito mais facilmente encontrada na internet e não nos modelos de interatividade propostos pela televisão interativa. São muito mais próprias de um computador em rede do que da TV interativa características como a comunicação de um para muitos e de muitos para um; a flexibilidade de utilização e comunicação, através de voz, texto e vídeo, seja em termos individuais ou em grupo; a utilização do meio como uma plataforma de produção e processamento de informação e a potencialidade de criação de mensagens próprias.

As experiências das últimas duas décadas quanto à iTV resumem-se, quase sempre, à criação de plataformas que incorporam várias tecnologias, permitindo aos usuários, pagando uma taxa fixa ou por utilização, escolher diferentes câmeras num jogo de futebol, votar em um *talk show* ou outro tipo de programa ou escolher um filme (Richeri, 2000).

A fraca inovação dos conteúdos deve-se, sobretudo, à incapacidade de investir substancialmente na iTV, para produzir novos conteúdos capazes de serem interativos. Como Richeri sugere, este é um período de fortes entraves à mudança, devido à pretensão de retorno rápido por parte das emissoras televisivas do investimento realizado. Essa é uma realidade dificilmente ultrapassável mesmo que consideremos a internet na TV, ou seja, a possibilidade descrita por Tadayoni (2002, 2004) de *out of band* (OOB) e *in band* (IB), ou seja, a transmissão do envio pela mesma via de difusão do sinal televisivo e o retorno por uma outra paralela (usualmente o telefone) ou a transmissão junto com outros sinais televisivos de difusão. Ou ainda a televisão na internet, algo que tecnologicamente se afigura mais difícil por causa da largura de banda necessária (HDTV necessita de 20Mbit/s e a SDTV de 4 Mbit/s).

No primeiro caso, a experimentação demonstrou que a internet é essencialmente uma atividade centrada nos locais adstritos ao trabalho intelectual (seja em casa, seja no emprego) enquanto a televisão está associada aos espaços de lazer de casa. Já quanto ao segundo, as possibilidades de integração poderão ser mais interessantes, mesmo tendo em conta as advertências de Grasso. Ele sugere que a questão não está na invenção tecnológica ou na de conteúdos, mas sim na própria necessidade de inventar uma nova audiência em que o telespectador que queira interagir, para procurar em um amplo espectro de escolhas, tenha muito tempo à sua disposição, o domínio de línguas e dinheiro para gastar. Ou seja, para Grasso (2004) deve-se ultrapassar também o *mental gap* e não apenas o *digital gap*.

Embora conferindo valor à abordagem de Grasso é no entanto possível constatar a existência de uma audiência interativa hoje, não constituindo no entanto a maioria da população.

Para proceder a essa análise é preciso retomar a idéia de que os usos da interatividade por parte das mídias de massa online na internet são muito superiores aos experimentados pela iTV, mesmo considerando que uma parte importante das possibilidades de interatividade não é utilizada pelas primeiras, como foi verificado em diversos estudos (Bayé, 2000; Seibel, 2000).[62]

Devido à sua estrutura organizacional, a interatividade oferecida pela televisão hoje tem majoritariamente por base a simulação das trocas interpessoais, seja pelas características dos formatos dos programas, seja pelo papel confiado ao apresentador ou jornalista. Por outro lado, a interatividade na

[62] Segundo Deuze (2003), a interatividade com os conteúdos em um ambiente online, proporcionado pela internet, pode ser caracterizada por três aspectos: a *navegação*, referente às ferramentas disponibilizadas nas páginas; a *funcionalidade*, relativa à utilização de meios para interagir com conteúdos e autores do site; e a *adaptabilidade*, isto é, as ferramentas oferecidas para a personalização do site.

internet, pelas características já referenciadas, é aquela que mais se aproxima do conceito de interatividade proposto pela abordagem do ambiente da mídia (Kim e Sawhney, 2002).

Seguindo o raciocínio já exposto sobre os modelos de interatividade, a análise da televisão e da dimensão da interatividade traz um problema que exige um esclarecimento: devemos analisar a televisão em função das possibilidades da interatividade ou das práticas concretas de interatividade?

A interatividade com que devemos contar, para compreender como se organiza a televisão nas suas esferas do entretenimento e informação e como se posiciona num papel central dos metassistemas de entretenimento e informação, é a interatividade das práticas atuais (numa lógica comunicacional) e não a das possibilidades imaginadas da televisão digital interativa, uma interface única incorporando pela convergência tecnológica várias tecnologias anteriormente disponíveis separadamente (numa lógica ambiental).

Como já afirmamos, tem sido muitas vezes mencionado que o final do século XX (e o início do século XXI), na mídia, é caracterizado pela convergência: econômica, tecnológica e de mercado. Mas podemos igualmente argumentar que no final aquilo que pode medir o sucesso dessa convergência é a forma como ela foi bem-sucedida ou não em termos da sua apropriação social. Os sucessos na convergência econômica são indubitáveis, principalmente quanto à aquisição e fusão entre emissoras e produtoras de conteúdos (ainda que, por exemplo, a Vivendi-Universal tenha enfrentado problemas e a Time Warner-AOL tenha acabado por se revelar uma decisão de eficácia duvidosa para a Time Warner).

Já, tecnologicamente, deparamo-nos com evoluções de várias ordens de sucesso e fracasso: a presença dos jornais online; a possibilidade de se ouvir rádio na internet; as ligações entre a música, o cinema e a internet (embora muitas de forma ilegal); o celular multimídia etc.

No entanto, a presença da televisão na internet fica claramente aquém das expectativas. Isso deve-se, entre outros fatores, à falta de capacidade de investimento dos canais, à baixa oferta de banda larga e à incapacidade de a televisão se afirmar no setor digital.

Por isso se argumenta que a atual fase não é caracterizada pela difusão da televisão interativa e convergência tecnológica, mas sim pelo sucesso da *televisão em rede* num processo de divergência.

O que é então a *televisão em rede*? A resposta encontra-se na análise das práticas dos telespectadores, nas fórmulas de interação com a televisão, mas também nas fórmulas de organização da interatividade por parte dos programadores televisivos e nas articulações tecnológicas que se desenham no atual sistema de mídia.

A oferta de interatividade televisiva digital é hoje simultânea em diferentes suportes tecnológicos, que vão da oferta de televisão sobre IP (Thadayoni, 2004) à oferta dos portais de internet das televisões, à aposta da Microsoft em televisão interativa, à televisão digital terrestre, às emissões via satélite e cabo, às redes móveis de celulares e, obviamente, à televisão onde se combina o uso da internet, SMS e telefones.

O modelo de televisão em rede pode ser explicitado pelas práticas de comunicação com a televisão, como no caso de Portugal no quadro 3.

Quando questionados sobre as formas de contatar a televisão e o rádio, tanto os usuários quanto os não-usuários da internet afirmam preferir o telefone e as mensagens escritas (SMS) em lugar do e-mail e das cartas (Cardoso, 2004).

Se as práticas, ou se preferirmos os regimes de mídia, privilegiam o SMS e o telefonema, porque são as tecnologias mais disseminadas junto à população e que mais facilmente convivem no mesmo espaço do lar com a televisão, como se organiza o sistema de mídia nas vias que oferece para a interatividade dos telespectadores?

Como se pode observar pela listagem de programas apresentados no quadro 3 parece existir uma tendência comum na esfera internacional para privilegiar a utilização das tecnologias onde a receita monetária seja mais facilmente associável à interatividade, isto é, um predomínio do SMS e telefone em detrimento da utilização da internet. Há ainda outra razão para esse predomínio. Atualmente na gestão de receitas das cadeias televisivas existe uma abordagem multicêntrica, isto é, já não é apenas a publicidade que deve assegurar o funcionamento do canal. Um exemplo é o *reality show Loft Story 2* da cadeia francesa M6 onde, além dos 240 mil assinantes do canal exclusivo (€ 12), adicionam-se 200 mil revistas vendidas, 1,3 milhão de CDs *singles* vendidos e 14 milhões de votos (35% por telefone e 65% por SMS) (EGTA, apud IP Network GmbH, 2004).

Uma pesquisa realizada com usuários de celular na Bélgica, na França, na Holanda, na Escandinávia, na Espanha e na Grã-Bretanha revelou que 42% dos indivíduos (e 70% dos adolescentes) se interessam pelas formas de interação disponibilizadas pelos *SMS-TV* (McKinsey Global Institute, 2004). Segundo o mesmo estudo, atualmente, as receitas publicitárias criadas pelos *SMS-TV* representam 2% do total de receitas publicitárias (€ 22 bilhões) geradas pelo mercado europeu das emissoras de TV de sinal aberto.[63]

Quadro 3
Análise de modos de participação da audiência em *reality shows*

Tipo de transmissão	*American Idol* (EUA)	*Operación Triunfo* (Espanha)	*Survivor* (EUA)	*Big Brother* (Grã-Bretanha)	*The Salon* (Grã-Bretanha)	*I'm a Celebrity* (Grã-Bretanha)
Aberta	X	X	X	X	X	X
Cabo/satélite/digital		X	X	X	X	X
Direto	X	X	X	X	X	X
Participação da audiência						
Voto telefônico	X	X		X	X	X
SMS com voto	X	X		X	X	X
SMS com pesquisa	X			X	X	X
Internet — chats	X	X	X	X	X	X

Fonte: Fremantle, apud IP Network GmbH, 2004.

Como a internet não produz receitas diretamente pela sua utilização em interação com o programa, o desenho da interatividade na concepção do roteiro dos programas privilegia outras tecnologias, conferindo à internet um papel mais de promoção do que de obtenção de receitas, conseqüentemente a sua utilização não é tão promovida quanto a do telefone.

Na Europa, alguns programas, afetos a emissoras televisivas européias em sinal aberto, que adotaram os *SMS-TV*, conseguiram aumentar as suas

[63] No entanto, esse modelo econômico não deixa de oferecer alguns problemas, pois devido ao seu sucesso colocam-se hoje várias dificuldades contratuais entre as emissoras de TV e as operadoras de celulares e o conseqüente desacordo quanto à distribuição das receitas. A principal preocupação das emissoras de TV refere-se à impossibilidade de manter uma distribuição de lucros semelhante entre as operadoras de rede fixa e as operadoras de redes móveis. A participação interativa por *voice-recognition software* das redes fixas conferia às emissoras de TV 80% do que era cobrado ao consumidor final (possível porque as operadoras de rede fixa pela ausência de concorrência apresentavam baixos custos fixos). Já o mercado das redes móveis apresenta índices de competitividade elevados e, conseqüentemente, altos custos fixos. Além de suportarem o custo de transmissão dos SMS, as operadoras de redes móveis comportam igualmente os custos de manutenção das suas redes e do faturamento. Por isso, as operadoras de redes móveis reclamam a maior parte das receitas geradas pelos *SMS-TV*. De acordo com Jacques R. Bughin, as emissoras de TV retêm entre 35% e 50% das receitas geradas pelos *SMS-TV*. Contudo, as receitas proporcionadas pelas mensagens *per si* são pequenas quando comparadas com os potenciais efeitos dos *SMS-TV* no marketing direto e no aumento da audiência (McKinsey Global Institute, 2004).

audiências em cerca de 20 pontos percentuais. A justificativa para a sua aceitação terá em parte a ver com a facilidade de uso e também na sua baixa dimensão de interatividade que se adapta excepcionalmente bem aos modelos televisivos atuais, pois os *SMS-TV* têm um caráter interativo, dinamizam a relação estabelecida entre a TV e o seu público-alvo e reforçam os índices de fidelidade.

De tal forma o SMS tem se tornado central na relação com a interatividade, que Ytreberg e Gunn (2004) propõem uma caracterização dos programas de televisão sustentados pelo SMS em três categorias: formatos tradicionais, mistos e puros (Cardoso, 2004).

Quadro 4
Formatos de utilização do SMS em televisão

Formatos de TV	**Descrição**
Tradicionais (debate; revista de informação e entretenimento; concurso; programa de música)	O SMS é lido em voz alta por um apresentador ou transmitido graficamente na tela
Mistos (SMS e vídeo)	Existe uma incorporação no *design* gráfico do programa de um *scroll de chat* com os textos de SMS
Puro SMS	Não há qualquer referência ao vídeo no *design* básico do programa

Se tomarmos como ponto de partida a constatação de Ytreberg e Gunn (2004) de que o *SMS-TV* nos apresenta não uma promessa futura mas a interatividade de uma forma mundana e já totalmente apropriada socialmente por nós nas práticas diárias de comunicação e mediação, podemos compreender melhor o sucesso dessa articulação em rede entre televisão e celular. Nas diferentes realidades televisivas na Europa e no mundo podemos identificar modelos específicos de *SMS-TV* e outros globais (como é o caso da MTV Re:action). Se em Portugal os programas que fazem mais uso das mensagens SMS são os *talk shows* matinais e da tarde para dar opiniões sobre o programa, enviar mensagens aos apresentadores e convidados, mensagens de amor a terceiros, promover encontros com amigos de longa data ou encontrar alguém; há também outras realidades como as do norte da Europa.

A utilização da interatividade na televisão portuguesa é caraterizada essencialmente pelo uso da interatividade em programas de entretenimento, sendo muito reduzida a dimensão informativa. A interatividade informativa, como iremos ver, é no atual sistema de mídia essencialmente uma característica da internet e não tanto da televisão.

Em países que levaram a exploração dos formatos *SMS-TV* mais longe podemos encontrar também três modelos (Ytreberg et al., 2005) quanto à influência dos participantes na estrutura do programa. O primeiro, "influência limitada", pode ser encontrado nos programas da MTV Europa (*MTV Access, Top Ten at Ten, Re:action*) e também em programas do norte da Europa e das zonas do sul europeu. Esse modelo baseia-se na apresentação de uma mensagem de cada vez e por vezes existe a possibilidade de votar seja em músicas ou em pessoas, como no caso dos concursos *Big Brother*. Não existe a possibilidade de os espectadores conversarem entre si. Por sua vez, o segundo modelo, "influência parcial", permite a quem interage algum *input* direto e formativo quanto à evolução do programa. Nesse modelo os participantes podem conversar entre si e com o apresentador. Por último, no terceiro modelo, "influência dominante", os SMS tornam-se o elemento central do programa, sendo toda a interação e conteúdo do programa dominados pela conversa que é gerada entre participantes e apresentador. Em alguns casos, nesse modelo "dominante" há uma aproximação direta aos modelos dos chats, transformando a tela da televisão num IRC. Há numerosos exemplos, mas os mais conhecidos são os canais Mikamika e 4deitti na Finlândia (Ytreberg et al., 2005).

Dessa análise da interatividade na televisão resulta que a maioria das pessoas ao interagir com a televisão o faz: para expressar uma opinião, seja sobre um assunto em particular ou numa votação; para comunicar-se com outras pessoas, como acontece com as mensagens enviadas para os programas com o objetivo de serem lidas por outras pessoas — por exemplo um namorado ou um familiar ausente; ou então para conversar por meio de SMS ou outras interfaces de comunicação oferecidas pela TV na internet (como os "fóruns"). Fundamentalmente num contexto de participação motivada no contexto do entretenimento ou de um aproveitamento com o intuito de socialização com terceiros, como é o caso da procura de parentes e colegas pelo SMS num modelo que lhe permite não depender da carta ou do e-mail que obrigam a uma maior disponibilidade e outro tipo de habilidades.

Como salientam Ytreberg e colaboradores (2005), a *SMS-based television* envolve uma mudança na concepção do público televisivo, que deixemos de olhar a atividade de ver televisão como uma atividade singular para concebê-la como uma multitarefa envolvendo várias tecnologias que atuam em rede entre si. Para a indústria televisiva, a *SMS-based television* representa também mudança no sentido em que apresenta novas formas de receita.

Dadas a exposição realizada sobre a relação entre o digital e os conteúdos televisivos e a exploração da apropriação social da interatividade, pode-se argumentar que, embora concordando com a idéia de que a televisão que hoje conhecemos é uma evolução da *neotelevisão* (Eco, 1985; Caseti, 1990), com uma maior abertura ao público (Vitadinni, Marturano e Villa, 1998), já não nos encontramos no período de experimentação de uma abertura necessária para legitimar a televisão num ambiente dominado pela chegada das novas mídias. Pelo contrário, há a afirmação de um novo modelo de televisão, a *televisão em rede*.[64]

A *televisão em rede* é aberta ao público porque a televisão continua a ser a mídia que chega ao maior número de pessoas, não necessitando de uma nova legitimidade (Vitadinni, Marturano e Villa, 1998). Em vez disso, a televisão assume-se como parte de uma rede maior de tecnologias de *mediação*, relacionando-se com outras tecnologias, mas não perdendo a sua característica de sucesso que reside no baixo nível de interatividade com o telespectador (ou se preferirmos no seu modelo de comunicação de interatividade).

A televisão, como Eco (2004a) constantemente nos lembra, provavelmente não será substituída pela internet ou por outra tecnologia em médio prazo, nem parece ter também sofrido tecnologicamente uma mudança radical. Precisamente porque continua a desempenhar um papel social e econômico diferente do da internet.

A televisão é um meio de entretenimento e de informação, informa-nos sobre o mundo e sobre o local nas mais diversas áreas da vida. É hoje em dia ainda o principal meio de difusão cultural do planeta e continua a ser um suporte fundamental do atual modelo global econômico ao permitir a passagem de um mercado de bens de necessidades primárias para um mercado totalmente multifacetado (Kiefl, 2003).

A televisão, pela abertura a outras tecnologias, foi capaz de manter o centro de uma das dimensões sociais da mídia, caracterizada por uma baixa interatividade na relação com o entretenimento e informação. Uma função social que geralmente é ativada quando chegamos em casa após um dia de trabalho, e que nos acompanha nas nossas refeições diárias enquanto compete com outras tecnologias pelo nosso tempo livre, quando não estamos falando com a família ou amigos.

---

[64] As transformações introduzidas pela *neotelevisão* caracterizam-se pela expansão do tempo de transmissão, o aumento do número de canais, mas essencialmente é caracterizada pela mudança de modelos de conteúdo de programas e gêneros de fruição. Como sugere Santiago (2003:36), "(...) a televisão entra cada vez mais na casa dos telespectadores favorecendo momentos de convívio, de distração, apelando às emoções e esquecendo o papel que antes desempenhara no campo da formação, e mesmo da educação dos indivíduos".

A *televisão em rede* diferencia-se também da televisão interativa no sentido em que não se desenvolve sob uma capa de convergência tecnológica. Combina várias tecnologias de comunicação, analógicas e digitais, interagindo em forma de rede com o intuito de promover a interatividade com os seus telespectadores.

Assim, a televisão em rede desenvolve-se num ambiente de divergência tecnológica, o que fica demonstrado pela análise dos dados recolhidos em que é patente a utilização de vários meios, como o telefone, SMS, e-mail e WWW como formas de os telespectadores interagirem com os programas.

A dimensão de rede da televisão pode também ser detectada graficamente, como Cooke (2005) na sua análise da dimensão visual das televisões, páginas de jornais e World Wide Web sugere.

Com o acesso à internet e uma cultura de aceleração da informação, procurou-se dotar todas as diferentes interfaces de um mesmo modelo de apresentação de notícias (Cooke, 2005), de algum modo a nossa visualização da informação noticiosa assemelha-se muito hoje ao *design* que nos habituamos a reconhecer nas páginas online onde buscamos informação.

Não é apenas na interatividade que se procura valorizar uma dimensão de rede na televisão, também culturalmente com o *design*, a emulação de uma lógica de rede com um *design* de interfaces que transcende as tradicionais fronteiras da mídia (Cooke, 2005) e aproxima a televisão de outras tecnologias como a internet ou o mundo dos celulares e do SMS (Ytreberg et al., 2005).

Por outro lado, a análise mostra que os restantes modelos de interatividade televisiva têm ainda um peso residual, tanto na sua penetração nos lares portugueses (mas também em muitos lares europeus), quanto na interação entre telespectadores e iTV.[65]

As implicações dessa análise não são irrelevantes; as estratégias de negócio das estações televisivas foram construídas durante vários anos em torno de duas idéias: que a interatividade se desenvolve a partir de um sistema de convergência digital; e que as audiências televisivas estariam dispostas a investir tempo e parte do orçamento familiar num nível mais elevado de participação.

Se a apropriação social da mídia evolui no sentido de uma televisão em rede e não de uma iTV digital, é possível que as estações de televisão e as empresas de tecnologia de software e hardware se vejam obrigadas a repensar

---

[65] Para uma análise mais aprofundada dos modelos de interatividade televisiva na Europa, ver Colombo (2004) e Born (2004).

as suas estratégias. Isso não quer dizer que não assistamos a uma evolução da televisão digital, da atual televisão de reduzida interatividade fornecida por ondas hertzianas, cabo ou satélite, para um aprofundamento das dimensões de interatividade e outros modelos tecnológicos.

A evolução das emissoras de televisão e dos telespectadores demonstra que a televisão está se adaptando a uma nova matriz de mídia (Meyrovitz, apud Ortoleva, 2002) determinada pelo uso social da mídia. Ao fazer isso, a televisão acaba por redefinir a sua posição no sistema de mídia.

E esse é um processo ainda em curso pois encontramos hoje muitos projetos e propostas de evolução da televisão que irão vingar e outros que não serão socialmente apropriados.

Mas, talvez, a maior mudança venha a ser menos tecnológica do que de formatos. Por força da necessidade de fomentar receitas poderemos ver a alteração da duração de formatos de séries dos 30 a 40 minutos para 15 minutos para poderem ser mais facilmente descarregáveis da internet para os laptops, celulares e para acompanhar as necessidades de tempo de publicidade. Outro campo de mudança e característico da televisão em rede será o promovido pela IPTV, mas só para aqueles que possuem as habilidades necessárias para o uso da internet e desde que os controladores da indústria musical e de filmes venham a se tornar confortáveis com novos modelos de receita que esse modelo de acesso à televisão promoverá. Nesse enunciar de possíveis mudanças há ainda lugar para a entrada de novos nós para a rede global de interligação entre televisão, internet, celulares, pessoas, música, filmes, séries, notícias, ou seja, a experimentação de velhos e novos modelos televisivos comerciais, públicos ou híbridos em novos mercados como o da televisão na China.

No entanto, mesmo essa relação será de complementaridade entre suportes e não de substituição da sala de estar ou quarto por assistir nos transportes públicos ou no local de trabalho e será ditada também pelos hábitos sociais de interação das diferentes sociedades.

A *televisão em rede* é o produto da apropriação social e econômica de uma das dimensões da interatividade: a baixa interatividade. A televisão é, ao mesmo tempo, a tecnologia central em termos de práticas, ou regimes de mídia, e das matrizes de mídia, ou representações dos atores sociais, quanto à informação e ao entretenimento. E é também motor do *metassistema de entretenimento* devido à sua dimensão econômica, sendo a sua presença na dimensão do entretenimento caracterizada por um sistema híbrido em que convivem gêneros televisivos tradicionais e novos gêneros influenciados pelo surgir dos *reality shows*.

Por sua vez, como analisaremos a seguir, a internet assume, no *metassistema da informação*, o papel emergente que os jogos multimídia, aparentemente, têm assumido na dimensão do entretenimento — sem no entanto obter receitas correspondentes (muito mais elevadas na indústria dos jogos do que na presença informativa na internet onde os modelos de gratuidade direta ou indireta ainda hoje predominam).

Ao mesmo tempo, a internet assume-se como o *nó* central da segunda rede de interatividade, a de alta interatividade.

A televisão e a internet constituem hoje as duas principais tecnologias de mediação, disputando cada uma o centro de duas redes de interatividade diferenciadas, interligadas entre si através dos links oferecidos pelas diferentes tecnologias de comunicação interpessoal.

Com processos de apropriação, social e econômica, diferenciados, a televisão e a internet constituem, hoje, os *dois nós centrais de uma mesma rede de informação.* Mas antes dessa constatação, devemos contextualizar o momento histórico da evolução dos meios de comunicação de massa em que a internet começa a se afirmar como parceiro no quadro da informação.

A internet mudou realmente os meios de comunicação de massa?

Se no capítulo anterior foram caracterizados os principais elementos do atual *metassistema de entretenimento*, a partir deste momento concentraremos a nossa atenção no *metassistema de informação.*

A televisão continua, além do seu papel em entretenimento, a ter também um papel central na disponibilização de informação na sociedade.

Isso se deve, não só ao investimento econômico nela realizado, mas também à sua escolha por parte dos agentes políticos e econômicos como veículo primordial para a comunicação pública e à sua elevada penetração nos lares.

No entanto, a televisão não se encontrava, no passado recente, sozinha nessa tarefa de transmitir a informação, partilhava-a com o rádio e com os jornais e hoje também com a internet.

A internet é um novo veículo para os jornais, rádio e televisão encontrarem novas formas de chegar ao seu público ou construir novos públicos.

Também é um espaço de florescimento de muitos projetos coletivos ou individuais de apresentação de opiniões, notícias e informação das mais diversas — da fauna e flora às compras, da mobilização social ao sexo e à educação formal, entre outros.

Como já verificamos, a internet oferece-nos comunicação de massa e comunicação interpessoal e nós, seus usuários, damos-lhe diferentes funções: socializamos em conversas via chat ou telefone *over IP*, no envio de cartões ou fotos; efetuamos transações com o banco e compras de livros, passagens etc.; desenvolvemos práticas de entretenimento como jogar online, trocar músicas e ver sites pornográficos;[66] pesquisamos informação para tomar melhor as nossas decisões de compra; procuramos informação específica destinada ao nosso trabalho, estudo ou interesses pessoais; e também nos inteiramos sobre as notícias da imprensa generalista ou esportiva.

É este último ponto, as notícias, que iremos ver agora, isto é, perceber como a internet mudou, ou não, as notícias e a forma como são disponibilizadas pelas televisões, rádios e jornais online e offline ou, se preferirmos, o que mudou nos conteúdos oferecidos e no modelo de jornalismo praticado.

Do fim do jornalismo à sua reconstrução

A pergunta "será que a internet vai levar ao desaparecimento dos jornais, rádios e televisão?" esteve presente nas confabulações de muitos profissionais do jornalismo no início da segunda metade dos anos 1990. Por mais estranho que possa parecer essa foi uma interrogação partilhada por muitos quando, em 1998/99, a generalização da internet a grandes parcelas da população começou a ocorrer.

Quando se caracteriza essa interrogação de "estranha" é porque a evolução da internet veio mostrar o quanto essa perspectiva do futuro estava errada.

Mas por que chegamos a colocar tal hipótese? Tecnologicamente, a internet possibilita a todos consumir informação e entretenimento e ao mesmo tempo produzi-los. Se existia a possibilidade de ir diretamente às fontes, para que seria necessário *mediadores* como os jornais, rádio, televisão e os seus profissionais?

No entanto, como se demonstrou, não foi esse o caminho.[67]

Há hoje em dia publicações em papel e online, televisão analógica e digital, e embora os blogs tenham multiplicado as possibilidades de ter uma coluna de opinião, o jornalismo continua a ser uma profissão presente nas nossas sociedades e a maior parte da informação noticiosa que hoje usufruímos continua a vir de redações jornalísticas.

---

[66] Segundo o estudo levado a cabo pelo Cies/ISCTE em Portugal em 2003 (Cardoso, 2004), ainda que os dados indiquem práticas muito baixas de visualização de pornografia na internet (10%), no entanto quando questionados no contexto de "Há estudos e pesquisas que dizem que muita gente utiliza a internet para ver pornografia de adultos. Pelo que sabe ou tem ouvido concorda ou discorda dessa afirmação?" obtiveram-se afirmações, tanto de homens quanto de mulheres, concordantes em mais de 70% dos casos.

[67] Tadayoni e Henten (2002) definem de uma forma clara os diferentes conceitos associados à televisão. Assim, TV digital refere-se à tecnologia distribuída pelo padrão DVB na Europa utilizando também um sistema de compressão mpeg-2. Já a IPTV se refere à distribuição de televisão com o protocolo IP, como por exemplo por meio da LAN. Por fim, internet TV refere-se à transmissão de TV e serviços de vídeo pela internet.

Também quando do surgimento do rádio, o dramaturgo Berthold Brecht (1932), centrava a sua atenção sobre o potencial inovador do rádio e da resposta que poderia oferecer na informação e produção jornalística.[68]

O que a leitura do pensamento de Brecht (1932) no contexto do início do século XXI nos permite enunciar é a necessidade de contextualizar a internet num ambiente mais vasto da evolução da comunicação e da mídia (Winston, 1999). Isso é necessário para que possamos entender a internet, não como uma descontinuidade tecnológica promovendo rupturas no jornalismo, mas como uma inovação apropriada por essa profissão no contexto de experiências prévias de apropriações de outras mídias e necessidades profissionais supervenientes (Winston, 1999).

A internet e a sua relação com as mídias de massa são mais um episódio na história da "(...) transformação dos meios de comunicação (...) causada pela complexa ação combinada de necessidades percebidas, pressões competitivas e políticas, e inovações tecnológicas (...)" (Resende, 2002:13).

A história dos meios de comunicação de massa demonstra que uma nova tecnologia não erradica outra, torna-se uma alternativa (Eco, 2004a; Lutfi, 2002). Na maior parte dos casos uma nova tecnologia constitui uma extensão das anteriores, considerando-se em mutação os modos de produção e não a substância noticiosa produzida (Lutfi, 2002). Assim, cada nova mídia é o resultado de uma metamorfose de uma mídia anterior, que evolui e se adapta à nova realidade em vez de desaparecer (Fiddler, apud Keck, 2000).

Embora por vezes já tenhamos esquecido, os anos 1970 e 1980 foram palco do desenvolvimento e utilização de dois meios eletrônicos de partilha de texto e imagem — o videotexto e o teletexto — que pretendiam responder a necessidades informativas não satisfeitas na emergente sociedade da informação (Boczkowski, 2002). A aposta nessas duas mídias obedecia igualmente a duas orientações estratégicas, principalmente o acompanhamento da informatização dos modos de produção e distribuição e o aumento da concorrência e dos custos de produção a ele associados e à crescente heterogeneização do gosto do público (Boczkowski, 2002), a tentativa de suplantação do papel como plataforma.

Ainda que essas mídias cumprissem os objetivos a que se propunham, não eram comercialmente apelativas por causa de algumas limitações logísticas,

[68] "*Radio is one sided when it should be two. It is purely an apparatus for distribution, for mere sharing out. So here is a positive suggestion: change this apparatus over from distribution to communication. The radio would be the finest possible communication apparatus in public life, a vast network of pipes. That is to say, it would be if it knew how to receive as well as transmit, how to let the listener speak as well as hear, how to bring him into a relationship instead of isolating him. On this principle the radio should step out of the supply business and organise its listeners as suppliers*" (Brecht, 1932).

como a velocidade de transmissão relativamente baixa ou a forte semelhança entre os seus conteúdos e os das plataformas já existentes (Boczkowski, 2002).

Nos anos 1980, a reprodução dos conteúdos disponibilizados pelas agências de notícias ou constantes dos jornais em papel revelou-se a prática mais freqüente nesses dois meios, sendo a criação de conteúdo, especificamente concebido para eles, uma miragem (Boczkowski, 2002).

Existem registros de utilização do videotexto por parte de jornalistas, mas essencialmente isto é feito por particulares, para o estabelecimento de canais de comunicação, como no caso do Minitel (Castells, 2003a).

No campo profissional, nas redações e com os jornalistas, a utilização afigurou-se como marginal, um subproduto não antecipado e relativamente inexplorado (Boczkowski, 2002).

Nos anos 1990, a massificação do uso de computadores pessoais, o desenvolvimento de infra-estrutura de telecomunicações e o aparecimento do primeiro *browser* decorrente do desenvolvimento da internet (Castells, 2003a) deflagraram uma nova onda de atividade na utilização de plataformas eletrônicas para a disponibilização de conteúdos noticiosos (Boczkowski, 2002).

A introdução da internet, por mais revolucionária que seja, e é, desenrolou-se num contexto onde a experimentação prévia com outras tecnologias de informação já havia ocorrido, embora sem o sucesso desejado, por causa da sua inadaptação às necessidades das práticas profissionais jornalísticas e de diferenciação e/ou complementaridade diante dos suportes já existentes e à falta de massa crítica em termos de número de usuários junto do público. A internet apresentou-se como uma tecnologia mais moldável às necessidades jornalísticas, capaz de agregar uma massa de público potencial. Por essas razões, a tecnologia internet não questionou o modelo jornalístico nem substituiu todos os outros modelos de acesso à informação, tendo, no entanto, ajudado a transformar, até certo ponto, essa relação entre produtor e usuário de informação bem como em outros níveis como as fontes (Colombo, 2000a; Regan, 2000).

Embora possamos compreender por que é possível estabelecer uma crítica à inevitabilidade da ruptura da existência de mediadores e por que o jornalismo se encontrava preparado para experimentar a apropriação de uma tecnologia como a internet, há ainda um ponto que deve ser abordado.

A razão pela qual a idéia do fim do jornalismo teve acolhimento não pode ser apenas explicada pela oposição entre novo e velho. Que neste caso pode ser expressa pela oposição entre os meios de comunicação de massa *clássicos* (caracterizados pela sua lógica de comunicação vertical e monodirecionalidade) representados pela televisão, rádio e jornais e as *novas mídias* (interativas, participativas e paritárias) cuja expressão emblemática é a internet. Trata-se de um conflito jogado essencialmente num nível simbólico, em que os primeiros encarnam um mito negativo, o passado, o *big brother* de Orwell (2000); e os segundos um mito positivo, o futuro, a liberdade (Scifo e Pasquall, 1998).

Existem outros fatores de caráter histórico, cuja referência é fundamental para a compreensão do discurso produzido em meados da década de 1990 sobre o fim do jornalismo. Esses fatores têm a ver com a percepção da sociedade do papel dos jornalistas e também com o modelo de organização econômica da mídia na segunda metade dos anos 1990 nos países mais desenvolvidos.

A hipótese aqui é a de que a possível substituição do modelo de jornalismo vigente e da reorganização dos meios de comunicação de massa encontra um campo fértil para germinar porque a expansão da internet entre a população coincide também com um momento de profunda crítica ao funcionamento do jornalismo (Bourdieu, 2000), a uma percepção negativa da profissão na Europa, colocando os jornalistas no nível da consideração oferecida aos empresários e imediatamente a seguir aos políticos (Eurobarometer, 2001), e também, embora de forma mais circunscrita, nos EUA — ainda no rescaldo da leitura da cobertura televisiva da Guerra do Golfo do início dos anos 1990 (Taylor, 1992).

Figura 11
Opinião dos cidadãos sobre as diferentes profissões na União Européia (% consideração)

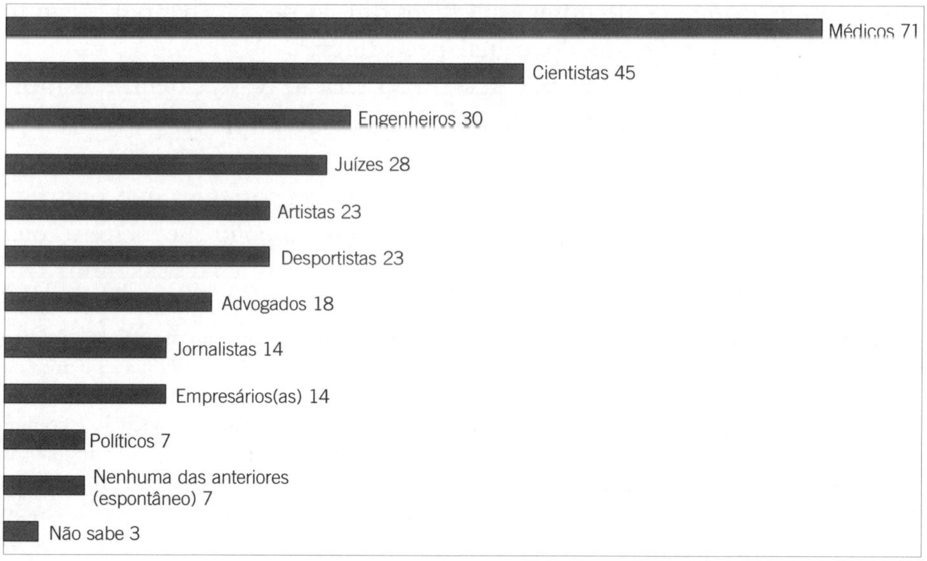

Fonte: Eurobarometer, 2001.

Outros dados igualmente disponíveis sugerem também que tomando por base o ano de 2001, em comparação com 1999, as pessoas acreditavam menos na mídia, uma tendência já presente nas análises realizadas em 1997 (Eurobarometer, 2001).[69]

Essa crítica ao jornalismo, em particular o televisivo, teve a sua maior visibilidade pública e também de mídia na Europa com a análise de Bourdieu (2000) sobre o jornalismo na França. Vale a pena aprofundar um pouco mais as análises de Bourdieu, e as críticas que lhe foram feitas, no campo da mídia, porque pode nos ajudar a compreender melhor o funcionamento do jornalismo.

Em Bourdieu podemos identificar três etapas na abordagem da mídia (Ducourant, 1999). Nos seus primeiros trabalhos, Bourdieu desenvolve uma crítica à análise da mídia na sua dimensão não-empírica atingindo, por exemplo, as abordagens de Morin (1976), considerando-as demasiado vagas e homogeneizantes. Posteriormente, junto com Champagne (1996, 2000), aborda a mídia analisando-a como instrumento de reprodução e dominação social — e nunca como meio de emancipação e autonomia individual — pela produção de uma ilusão: a existência de uma opinião pública como somatório puramente aditivo das opiniões individuais.

É apenas na sua última fase de vida acadêmica que a mídia e o jornalismo assumem o papel de objetos centrais na perversão do debate público e das atividades de reflexão e criação.

Para Bourdieu (2000), a mídia, com as práticas jornalísticas, constitui um *campo* de jogo para interesses específicos difíceis de perceber por quem se posiciona no seu exterior, isto é, os telespectadores.

Como em todos os *campos*, existe uma relação de força entre instituições e agentes na procura do monopólio de características específicas a essa prática profissional.

Existe geralmente uma solidariedade entre concorrentes que possuem em comum um mesmo objetivo: a salvaguarda do monopólio que exercem cole-

---

[69] No entanto, olhando separadamente os três meios de comunicação de massa em análise nos diferentes países europeus é possível delinear algumas outras tendências. Desde 1999, a confiança na imprensa escrita apenas registrou aumento em Portugal (+10) e Luxemburgo (+5). Os níveis de confiança mantiveram-se inalterados na Itália. E em todos os outros países a tendência é confiar menos na imprensa escrita. A confiança no rádio subiu apenas em Portugal (+7), sem mudanças significativas na Itália e na Dinamarca. Em todos os outros países, as pessoas encontram-se menos confiantes no rádio. Portugal é também o país onde se registrou um aumento em relação à televisão (+7), com a Dinamarca mantendo os mesmos resultados e os demais países com queda no nível de confiança na televisão.

tivamente sobre os instrumentos de produção e difusão de informação em grande escala. Trata-se de um campo onde se opõem dois princípios de legitimação: a consagração por parte dos seus pares jornalistas e a consagração pelo maior número de pessoas (isto é, audiência, leitores, circulação ou tiragem).

Ainda segundo Bourdieu (2000), o campo da mídia e do jornalismo possui uma característica específica que o diferencia dos outros campos de produção cultural — é o que possui menos resistências diante das forças externas e o pólo comercial. Essa característica é enfatizada pelo fato de a televisão ter se tornado o meio de comunicação de massa de maior presença junto à população e assim os seus efeitos vão além das práticas no campo profissional, estendendo-se a sua atuação aos efeitos sociais, culturais e políticos.

O maior desses efeitos seria a produção de uma censura estrutural e invisível que se exerceria entre os próprios jornalistas na escolha e interpretação dada à informação noticiosa, produzindo, em primeiro lugar, a despolitização — pelo reforço das lógicas que privilegiam as notícias *soft*, o esporte e certos tipos de moralismos em detrimento de concepções éticas —, e em segundo lugar, a uniformização —, ou seja, um fenômeno circular de fechamento ao mundo social por parte das elites do jornalismo, copiando-se entre si.

O corolário da análise de Bourdieu sobre a mídia e o jornalismo é que, sob a idéia de pluralismo, existiriam de fato entrincheiramento e fechamento do debate democrático, e sob a objetividade se assistiria à produção e à difusão de fantasmas sociais.

No essencial, as críticas de Bourdieu não constituíram algo de novo no discurso analítico sobre a mídia, a novidade foi o seu centrar na televisão e não nos jornais.

Já Eco (1997c) defendia que, na esfera da informação, ou melhor, na imprensa escrita, os anos 1960 e 1970 foram essencialmente caracterizados por um debate entre a *diferença entre notícia e comentário* e, conseqüentemente, a questão da objetividade, e, além disso, o poder de influência dos proprietários de grupos econômicos e dos partidos, sobre a orientação política da imprensa (Rebelo, 2002).[70]

---

[70] Como sugere Rebelo (2002), embora com uma formulação não coincidente com a proposta de Bourdieu, a objetividade assume o rosto de uma *defesa* a que os jornalistas recorrem quando confrontados com acusações de imparcialidade. A objetividade mais que uma consistência é uma ideologia profissional. Os jornalistas selecionam fatos e ocorrências que são notícia (desencadeando com essa ação o ocultamento de outros) por motivos ideológicos — entendendo-se aqui ideologia como um conjunto de valores e práticas partilhados por um dado grupo. A objetividade encontra resguardo

Embora a reduzida novidade da abordagem de Bourdieu deva ser considerada, a sua contribuição deve ser entendida como uma crítica útil para discutir quais as lógicas de funcionamento, e mudança, no quadro do sistema das mídias e da classe jornalística, mas não lida como explicação única e definitiva da complexidade das relações no quadro do jornalismo, as quais devem levar em conta a dimensão econômica e profissional, mas também as dimensões culturais e sociais que tem a mídia tanto como centro e meio de mediação (Heinonen, 1999).

A preocupação de Bourdieu, como de tantos outros pesquisadores do campo da mídia, reside no fato de, desde o seu surgimento, as mídias constituírem fontes de informação e de formação da opinião pública (Alger, 1998). Nas sociedades contemporâneas, a capacidade de disseminação de representações da realidade social está ainda mais concentrada na mídia, pelo que a influência dos conteúdos que ela difunde não pode ser ignorada (Miguel, 1998).

Além dessa constatação, vem o fato de as próprias categorias cognitivas e interpretativas de que o indivíduo dispõe para assimilar os conteúdos noticiosos serem, também, fruto direto ou indireto da ação da mídia, pelo moldar individual da percepção da realidade (Silverstone, 1999).

Assim, a mídia e os sistemas de comunicação contribuem para uma troca e circulação de informação vitais para as democracias modernas, pelo modo como transformam a percepção da realidade para os cidadãos.

Na argumentação de Bourdieu a dimensão da influência política, e em particular econômica, na mídia é vista como uma ameaça ao equilíbrio democrático nas sociedades contemporâneas porque o desempenho do papel social da mídia é realizado num contexto de concentração empresarial onde também os "*interesses políticos e empresariais, e não o interesse público, podem definir a agenda noticiosa*" (Lutfi, 2002:31).

Maffesoli (1998), na sua crítica à análise de Bourdieu, mostra precisamente que a mensagem subjacente ao livro de Bourdieu é que os mecanismos

---

nos princípios reguladores de uma classe profissional (os critérios jornalísticos em que se baseiam a seleção e a hierarquização da informação). A objetividade é fruto de um processo historicamente determinado associado ao surgir do modelo de comunicação de massas fundamentado na massificação dos públicos. A objetividade está assim ligada a um modelo de imprensa de informação (Rebelo, 2002) em detrimento de uma imprensa de opinião (Habermas, 1996). Para Rebelo, a idéia da informação isenta de subjetividade tem de ser contextualizada tendo presente que a realidade social é simultaneamente um reservatório à disposição dos produtores de informação e ao mesmo tempo efeito dessa mesma informação, estando o acontecimento no ponto de convergência entre a ocorrência e a respectiva percepção por parte dos jornalistas, pois esses são agentes de mediação simbólica.

da televisão, e por conseqüência da mídia em geral, sofrem restrições econômicas e políticas. Conseqüentemente esse funcionamento impediria os indivíduos de desenvolver uma consciência crítica.

No entanto, com base na diversificada pesquisa produzida ao longo das últimas décadas, Maffesoli (1998) critica essa postura de Bourdieu em relação à pretensa passividade do público. Como outros autores já analisados demonstraram (Eco, 1977; Castells, 2003a), o público deve ser visto como um conjunto de indivíduos ativos, críticos e autônomos perante a mídia, e que essas tecnologias não são passivas, mas sim eminentemente interativas, pois os públicos interpretam os conteúdos de acordo também com as suas aspirações individuais.

Embora a visão de Bourdieu sobre os perigos da concentração econômica seja real e partilhada por outros autores como, por exemplo, Correia (1999:1), para quem a concentração empresarial de vários meios de comunicação pode resultar em uma séria ameaça ao pluralismo e à salvaguarda do cumprimento do seu papel de defesa da democracia.[71] O fato é que Bourdieu recorre na sua análise a uma visão demasiado estreita dos elementos em ação no campo da mídia e induz uma descomplexidade dessa realidade, ao separar a recepção da sua análise.

Também a idéia de homogeneização temática da mídia sugerida por Bourdieu merece aqui uma crítica (Maffesoli, 1998; Colombo, 2001), pois as indústrias culturais, como a televisão, apesar de promoverem modelos industriais de concorrência, não deixam de produzir inovação e novidade, mesmo em torno da informação. Partindo da idéia de *margem ou fronteira* da indústria cultural proposta por Colombo (2001), é possível oferecer uma crítica à idéia de homogeneização cultural de Bourdieu. Para isso, é necessário olhar para a dimensão da audiência, pois tanto o consumo cultural quanto o informativo procuram variedade, diversidade e originalidade.

Mesmo que exista uma rígida estrutura de produção informativa e que nela existam forças homogeneizantes, deve-se considerar a existência de uma força contrária que é a autonomia dos papéis informativos dos jornalistas, que, em sistemas democráticos, é também alimentada pela audiência.

---

[71] A concentração dos meios de comunicação pode, efetivamente, conduzir a formas privadas de censura (Alger, 1998), se considerarmos condicionantes da definição de conteúdos informativos, fatores como a competição pela audiência e pelo mercado publicitário, ou mesmo pela disposição hierárquica organizacional intramídia (Correia, 2000:2).

A produção de informação é um compromisso entre as forças emergentes do fundo social e as potências de censura, de sublimação e normalização provenientes do aparelho econômico e de poder, é assim fruto de quem produz e quem frui (Paquete de Oliveira, 1989).

Bougnoux (1998) também critica a análise da mídia por Bourdieu, sugerindo que ela não deve ser unidimensional, pelo contrário, realizada com base na combinação de três abordagens complementares: a semiótica, a pragmática e a midialógica.[72]

O jornalismo deve ser entendido como evoluindo no quadro da sociedade onde se insere, e possui a possibilidade de transformar — e muitas vezes o faz — mas também se vê condicionado e mudado por força das dimensões socioculturais[73] associadas às audiências, dos poderes econômicos,[74] das dimensões normativas e profissionais, e tecnológicas (Heinonen, 1999; Silverstone, 1999).

Resumindo a crítica à abordagem de Bourdieu, sugerimos que as análises de *campo* e de *efeito de estrutura* propostas por esse autor apenas poderão caracterizar parcialmente a realidade da mídia, pois, ao deixar de lado duas dimensões-chave inerentes ao público, a paixão e a interatividade, estão con-

---

[72] Cabe à semiótica a análise da relação entre a imagem e o texto, tanto para as imagens quanto para os sons a sua característica de impressões indiciárias, de onde resultam vivos efeitos de realidade.
A pragmática dirige-se à polifonia enunciativa das mensagens audiovisuais, isto é, quem fala com as mídias, o texto, a imagem, o apresentador, a redação, a direção, a emissora. Embora não podendo lançar luz sobre a recepção, já que cada sujeito receptor é único, permitiria aprofundar essa dimensão.
Por último, a abordagem midialógica que considera o tipo de suportes e formatos, dos quais resulta uma gramática das mensagens que faz com que o espaço-tempo das diferentes mídias seja diferente do da escola, das instituições políticas e judiciárias etc.

[73] Heinonen (1999:21) exemplifica a mudança no jornalismo ligada à dimensão sociocultural quando cita o fato de a audiência ter se transformado ao longo do tempo. O crescimento da habilidade colocou novos públicos ao alcance do jornalismo e as mudanças no estilo de vida e condições de vida (urbanização, pais trabalhadores, famílias monoparentais, população em envelhecimento, desemprego etc.) afetam as formas como o público consome ou é possível consumir os produtos do jornalismo.

[74] "Economicamente existem três tradições diferentes quanto à influência econômica na mudança do jornalismo. A primeira, *negócio-economia*, tem origem na visão de que o jornalismo é um meio de produção de um produto, a notícia, e o público é visto como consumidor e a mídia em geral como indústria. A mudança aqui é vista como tendo origem em critérios puramente econômicos associados ao equilíbrio dos balanços. A segunda é a da economia política, que centra a análise da mudança em função da incompatibilidade de interesses entre jornalismo e interesses associados ao negócio. Por último, a dimensão mais política da abordagem, presente em vários autores (Philo, 1999; Schiller, 1996), em que no quadro de uma economia capitalista o papel da mídia é a defesa da agenda política, econômica e social dos grupos privilegiados de uma determinada sociedade" (Heinonen, 1999:23, tradução minha).

denadas a retratar apenas uma das dimensões — a *oferta* —, e ainda assim de forma parcial por não levar em conta as dimensões de mudança associadas à prática jornalística (Maffesoli, 1998; Bougnoux, 1998; Heinonen, 1999).

Com uma inovação tecnológica, a internet, e um momento de crítica particularmente acesa sobre a evolução do jornalismo e da organização do sistema de mídia (Ramonet, 1999), estavam criadas as condições para a existência de dois cenários sobre o efeito da internet na prática e evolução do jornalismo: o *revolucionário* e o *evolucionário* (Heinonen, 1999:74).

A característica principal da inclinação revolucionária é que a internet, e aquilo que ela representa (a comunicação digital, interatividade na comunicação horizontal e vertical, acessibilidade global etc.), marca um momento de mudança na história do jornalismo.

Por sua vez, da parte da inclinação evolucionária, a internet é vista como introduzindo mudanças no jornalismo, como instituição econômica e social, como prática profissional, e também para o papel do jornalista, mas na essência o jornalismo continuará a ser desenvolvido de um modo relativamente convencional.

Quanto à publicação, a inclinação revolucionária considera a plataforma tecnológica tão avançada e com tantas possibilidades de comunicação com a audiência que, na prática, o pensamento centra-se na idéia de que o jornalismo deve partir do princípio de que, ao criar uma matéria, o seu encaminhamento primário será a publicação online e daí para a publicação nos outros suportes tecnológicos.

Do ponto de vista evolucionário, as plataformas de rádio hertzianas (analógicas ou digitais), a televisão digital e analógica (por satélite, cabo ou hertziana), produzida para ser recebida no televisor — e não no computador —, e o papel continuam a ser as bases para o jornalismo. A internet é vista como mais uma forma de atingir a audiência, desde que não canibalize os produtos principais.

Esses dois pontos de vista diferenciados também encontram expressão no *empowerment* do jornalista. Assim, Heinonen diferencia a visão mais revolucionária — que vê a internet como o telefone, ou seja, mais uma ferramenta indispensável ao trabalho jornalístico — da evolucionária que propõe um uso mais cuidadoso, enfatizando a necessidade de compreender quais os verdadeiros impactos na prática jornalística. Como o telefone, que permite o contato mais direto substituindo o contato pessoal com as fontes, as tecnologias de informação introduzem alterações, por exemplo, quanto ao acesso aos arquivos e à memória produzida sobre um determinado assunto. Se a tecnologia pode facilitar procedimentos também pode mudar práticas, que podem trazer mudanças inesperadas em médio prazo (Colombo, 2000a), daí ser necessário, segundo a perspectiva evolucionista, pelo menos compreender o que muda, para assim poder questionar o seu efeito na dimensão ética do jornalismo.

A maior diferença entre as perspectivas está no papel profissional do jornalista. Para os revolucionários predomina a idéia de que o papel de mediadores tenderá a diminuir e o papel do jornalista será alvo de maior prestação de contas junto da audiência e mesmo da lógica colaborativa, aproximando mais audiência e jornalistas. A perspectiva evolucionária enfatiza o papel dos jornalistas como mediadores. Não descarta o interesse da interação com a audiência, mas não a considera um objetivo prioritário. Com o aumento da informação serão cada vez mais necessários os mediadores para destrinçar o caráter da informação disponível.

Embora, teoricamente, diante da idéia de desenvolvimento tecnológico, a abordagem revolucionária possa fazer sentido, no entanto, a prática dos últimos anos demonstrou também as suas muitas debilidades analíticas.

Dois motivos terão levado a que o modelo revolucionário não se implantasse. O primeiro tem a ver com uma das características básicas da comunicação social nos Estados democráticos: a credibilidade. Aquilo que os jornais, rádio e televisão oferecem é credibilidade ou, se preferirmos, *a verdade*. Alguém tem de assegurar e verificar que a informação é correta. Na maioria dos casos o usuário não possui a habilidade para isso na World Wide Web, necessita de alguém que valide a informação.

Mediadores, como os jornalistas, continuam assim a ser fundamentais para assegurar um processo de credibilização das notícias e outro tipo de informação. O papel do jornalista continua a ser central, não podendo ser tão facilmente substituído.

Em vez de substituição, o que assistimos durante a última década foi a complementaridade do acesso, por parte da audiência, aos produtos oriundos da prática jornalística. Isto é, as notícias e a sua complementaridade com informação acessada diretamente em fontes primárias, agências de informação ou, simplesmente, acervos de opiniões mescladas com notícias, como é o caso dos weblogs ou blogs.[75]

---

[75] Granado (2003), jornalista de *O Público*, apresenta uma clara descrição do evoluir do fenômeno blog e da participação portuguesa, e do português, no mesmo: "Quando Dave Winer fez aquele que é considerado o primeiro 'post' de sempre num weblog, no já longínquo dia 1 de abril de 1997, estava certamente longe de imaginar o fenômeno global que iria desencadear. Desde o início da

O segundo relaciona-se com a dimensão financeira e econômica. Os jornais, televisão e rádio perceberam que *tinham* de aderir à internet.

Fizeram-no por diferentes razões: por medo de perder a revolução em curso; porque a internet é uma ferramenta de trabalho para apoio ao jornalista; por pensarem que aí existia uma oportunidade de novos negócios; por uma estratégia de sobrevivência[76] pela transformação da internet, ou para se reposicionarem perante as outras mídias.

Mas se nem todos podem efetivamente assumir o papel de jornalistas, quer porque não possuem as capacidades técnico-profissionais, quer porque, embora todos teoricamente possam produzir informação, os meios financeiros e humanos a seu serviço são tão diferentes que, dificilmente fora de um contexto especializado, como um blog, um indivíduo ou um conjunto, poderá aspirar a competir com os serviços informativos de jornais, televisões ou rádios. Também é verdade que, dadas as críticas já assumidas ao funcionamento da mídia, poderia se esperar o aparecimento de um novo tipo de prática jornalística diferenciada dos modelos atualmente vigentes na televisão, rádio e jornais offline.

Até certo ponto, como sugere Deuze (2001), foi isso que aconteceu com o surgimento de novos modelos para abordar a produção noticiosa pro-

---

World Wide Web que muitos cibernautas faziam as suas páginas na internet e aí colocavam ligações para outras páginas que consideravam interessantes. No entanto, apesar dessa ligação próxima, as primeiras páginas construídas na WWW não podem nem devem ser consideradas como os primeiros exemplos de weblogs. A palavra weblog — como sinônimo de uma página ordenada cronologicamente, onde um autor coloca periodicamente as suas próprias idéias ou ligações para outras páginas que considera interessantes — só aparece pela primeira vez em dezembro de 1997 pela mão de Jorn Barger. No entanto, foi preciso esperar dois anos para que as coisas tomassem um rumo nunca antes esperado. No dia 23 de agosto de 1999 foi criado o Blogger.com, uma ferramenta gratuita para a criação de weblogs, que revolucionou a edição de textos na Web. Em 3 de setembro de 2000, a Pyra acrescentou a cereja em cima do bolo ao criar o Blogspot.com, um site que aloja gratuitamente milhares de weblogs, em troca de anúncios colocados no topo das páginas. O sucesso foi tal que, em pouco mais de dois meses (em 7 de novembro de 2000), o Blogspot viu nascer o seu 10.000º blog. Na semana passada, o Blogger anunciou que tem 1,5 milhão de usuários registrados, ainda que muitos weblogs não tenham mais do que alguns 'posts', ou tenham sido abandonados há muito. Aliás, várias tentativas têm sido feitas ao longo dos anos para descobrir quantos weblogs estão ativos no mundo inteiro. Uma das mais sérias tem algumas semanas e pode ser consultada no endereço http://www.idlewords.com/crawler/crawl_report.pl. Na altura em que o consultei para escrever este artigo, contavam-se 463.994 blogs, sendo o português atualmente a segunda língua mais falada na blogosfera, muito por culpa dos brasileiros".

[76] A necessidade de uma estratégia de sobrevivência surge porque do lado da oferta poderiam aparecer novos concorrentes dos jornais, rádios e televisões já existentes fora da internet. Pelo lado da procura, o usuário podia procurar, num universo mais vasto, a satisfação dos seus objetivos.

porcionados pela internet, e de projetos jornalísticos sem origem em apostas econômicas de jornais, rádios e televisões ou empresas de telecomunicações.

Na internet, o papel do jornalista é redefinido com o uso de novos questionamentos éticos (pressão comercial, uso de links, fontes, privacidade, regulação e métodos de recolha de notícias) e, como tal, faz sentido falar de um novo tipo de jornalismo (Deuze, 2001). Esse questionamento ético surge das características básicas que a internet coloca à disposição de quem pretende produzir conteúdos nesse meio, isto é, hipertextualidade, interatividade, multimídia, interligação em rede e usabilidade (Deuze, 2001; Heinonen, 1999).

O jornalismo online nas redações — aquilo que Deuze (2001) designa por redação assistida por computador (RAC) — não surgiu com um processo linear de introdução da tecnologia. Pelo contrário, é fruto das incursões, não organizadas, feitas nas redações por jornalistas, devido a opções de negócio da direção do jornal ou por uma intuição editorial da necessidade de inovar. A redação assistida por computador criou, através de experimentação e inovação — incluindo, por vezes, parcerias com equipes tecnológicas *freelance* não pertencentes à redação —, o seu próprio tipo de trabalho noticioso: *jornalismo online* (Deuze, 2001).

No entanto, a introdução da internet nas redações não originou apenas a presença online de meios de comunicação de massa tradicionais, foi, também, dominada pelo acesso dos jornalistas a arquivos pesquisáveis, a bases de dados e a fontes. Essa utilização trouxe benefícios à atividade jornalística pelo acesso a mais informação e fontes — na maioria dos casos de forma gratuita. Mas trouxe também desafios e questões menos pacíficas como a utilização de materiais, em diversos suportes, sem retribuição monetária ou mesmo a editorialização, segundo critérios diferentes, da mesma notícia em suportes diferentes. Outro aspecto relacionado com os desafios introduzidos pela internet foi que os jornalistas — além dos usuários — tiveram que aprender a lidar com a comunicação mediada por computador num ambiente onde a verificação da informação é extremamente difícil.

Como se diferencia então o *jornalismo online* de outros tipos de jornalismo, como o radiofônico, de imprensa ou televisivo?

Em primeiro lugar pela tecnologia associada — a internet. No quadro multimídia, o jornalista toma decisões sobre o formato mais indicado para um assunto — se é texto e som, se deve ter imagem e se essa deve ser animada ou não. Usando a interatividade tem de administrar as possibilidades e espaços para o público escrever, interagir e, com a hipertextualidade, tem de equacionar as formas de ligar o seu artigo com outros em arquivos ou outras contribuições com links.

O jornalismo online não será apenas um tipo de jornalismo, mas sim quatro tipos diferentes de utilização das possibilidades oferecidas pela internet, geridas em função do conteúdo e do grau de comunicação e participação dos usuários.

A partir dessa relação, Deuze (2001) identifica quatro tipos de jornalismo online: sites de notícias; sites indexadores e de categorias; sites de comentário e metassites; sites de partilha e discussão.

A forma de jornalismo online mais difundida é a do site de notícias, oferecendo conteúdo editorial e uma forma moderada e mínima de comunicação participante — por exemplo, os canais de televisão CNN, BBC, RTP, SIC online; jornais como *The Guardian* e *O Público*, ou as rádios como a TSF, a RR e a BBC.

Um segundo tipo de jornalismo online, sites indexadores e de categorias, é geralmente atribuído ao de lógica editorial presente nos sites de busca e portais — como o Altavista, Yahoo!, Sapo ou Clix. Aí são oferecidos links — algumas vezes categorizados e até anotados — por equipes editoriais a partir de outros sites de notícias na World Wide Web. Portais e sites de busca não oferecem, geralmente, muito conteúdo editorial próprio, mas, às vezes, áreas para chat ou troca de notícias.

Outra dimensão do jornalismo online, os sites de comentário, são os blogs, páginas de conteúdos, por vezes de caráter pessoal, produzidos por um indivíduo, normalmente não-jornalista, contando histórias sobre experiências online ou outras matérias de opinião e oferecendo ligações com comentários a conteúdos existentes na World Wide Web.[77]

Essa terceira categoria abriga também os *metassites noticiosos*, onde se escreve sobre notícias e a mídia em geral. São sites onde se analisa e critica o funcionamento da mídia — o Mediachannel e o Fair — ou sites extensivos de categorias noticiosas sobre a mídia — como o European Journalism Center Medianews ou o Europemedia. Esse "jornalismo sobre o jornalismo", ou metajornalismo, floresce particularmente online.

A última categoria de jornalismo online é a que diz respeito aos sites de partilha e discussão. Utiliza o potencial da internet promovendo plataformas para a troca de opiniões e artigos, algumas vezes centrados num tema específi-

[77] Para um aprofundamento da discussão sobre os blogs de caráter informativo, ver Matheson (2002).

co, como o ativismo antiglobalização, a plataforma Indymedia (Platon e Deuze, 2003), ou notícias sobre tecnologias de informação, como o Slashdot.

Todos esses modelos introduzem alterações na prática jornalística, e os que oferecem *jornalismo público* foram os que introduziram maior grau de interatividade e de alteração dos paradigmas de modelo jornalístico offline.[78]

Por sua vez, a migração para a internet dos títulos, canais e estações dos meios de comunicação de massa e a sua passagem a sites de notícias e indexadores e de categorias foram alvo de uma intensa experimentação e atribuição de recursos financeiros e humanos. O que além do sucesso ou fracasso dos projetos editorais associados produziu algumas mudanças no panorama da mídia e da informação online.

A internet, independentemente do modo como foi apropriada, mudou a forma de fornecer informação por parte dos meios de comunicação de massa porque os confrontou com um conjunto de possibilidades de mudança às quais tiveram que responder.

Essas possibilidades são identificadas na análise da migração para o digital por parte dos jornais, das rádios e televisões, por Sparks (2001), que identifica nove dimensões de questionamento e possível mudança para os meios de comunicação de massa: uma mesma tecnologia de entrega; redução dos custos de distribuição; padrões de consumo; erosão das tradicionais vantagens de localização; remoção de vantagens associadas ao tempo; maior competição pelos canais de receitas; desagregação editorial e publicitária; relacionamento direto entre publicitários e consumidores; enfraquecimento das fronteiras entre material editorial, de publicidade e de transação.

As mídias offline possuem tecnologias de entrega, claras e distintas, em material, em tempo, em função e em relação ao *lugar*. As emissoras de televisão operam no espectro radioelétrico e os jornais utilizam o papel. Possuem lógicas temporais, pois o jornal pode ser semanário ou diário e o telejornal ocorre à noite. Têm também uma função bem definida, escuta-se rádio ao dirigir ou quando se estuda, enquanto a televisão acompanha o nosso descanso. O lugar encontra-se associado também à função, lê-se o jornal fora de casa — à exceção do fim de semana — e vê-se televisão normalmente em casa. A internet, ao contrário, promove uma única tecnologia de entrega — a digital pelo

[78] Segundo Deuze (2003), o jornalismo público não retira o controle das notícias do jornalista, nem pode-se dizer que algo nesse tipo de jornalismo tire poder das empresas ou dos jornalistas que nelas trabalham. A noção de diferenciação entre nós e eles, entre jornalista e cidadão, continua a existir.

TCP/IP —, que pode ser entregue a qualquer momento e, teoricamente, em qualquer lugar e introduz uma segunda diferença que é a redução dos custos de distribuição — embora possa aumentar custos fixos e custos de pessoal.

O material em que as representações simbólicas se encontram inseridas offline tem distribuição dispendiosa — os jornais têm de ser impressos e enviados e o rádio e a televisão têm de operar ou pagar o aluguel das redes de distribuição de sinal e o aluguel do espectro de emissão. Os meios de comunicação de massa online não necessitam desses mecanismos, transferindo os custos de distribuição para o público que precisa de um computador, modem, impressora e pagar a ligação — não esquecendo que grande parte das vezes imprime para ler, logo temos de adicionar os custos de impressão e papel.

Os veículos de comunicação de massa online não possuem ainda padrões de consumo bem definidos. São normalmente consumidos solitariamente em frente a uma tela e encontram-se disponíveis todas as horas do dia. Essa indefinição traduz-se numa procura, por parte das próprias mídias, de modelos que permitam encontrar o seu papel no espaço de trabalho e de lazer das populações. Numa era em que o marketing de bens e serviços baseia-se em grande medida na distinção trabalho/lazer, é fundamental, para as estratégias dos veículos de comunicação de massa, a compreensão do fenômeno de uso online e dos seus públicos. Busca-se assim saber se, como a televisão — que é uma atividade em família e de lazer —, a internet também representará, para os meios de comunicação de massa, semelhante lógica ou se, como o rádio, será essencialmente um ambiente que envolve atividades simultâneas.

Outra das mudanças com a qual os meios de comunicação de massa tradicionais se deparam, na sua migração para o digital, é a erosão de tempo e espaço. Estão tradicionalmente ligados a lugares — refletindo-se essa mesma lógica muitas vezes nos próprios nomes, Rádio Televisão Portuguesa, *Washington Post* etc. — os jornais, pela rede de distribuição disponível, e os emissores de rádio e televisão, pela configuração da sua rede. Os meios de comunicação de massa operando na internet estão, ao contrário, em uma escala global não determinada nem pela distância nem pela geopolítica. Deixam de estar limitados, ou protegidos, pela localização — obviamente, a língua é uma barreira mas o caso da BBC online ou da CNN, com serviços online em português, deveria nos fazer pensar sobre os limites dessa barreira.

Há também a erosão das vantagens temporais. As mídias online estão acessíveis em tempo integral e o seu material — ao contrário de jornais e televisão — pode ser atualizado regularmente.

O que podemos considerar *igual* é o fato de quase todas as mídias, mesmo as de natureza pública, serem hoje conduzidas como empresas (Sparks, 2001:1), o mesmo sucedendo com a internet. No entanto, com a chegada da internet, surgem novos problemas para um mercado onde a concorrência *intra* e *intermídia* era já considerável: várias empresas de outros setores fazem a sua entrada no meio jornalístico. Seduzidas pela exploração de modos de produção e distribuição menos onerosos, bem como de novas fontes de receita, e pelo estabelecimento de novas audiências com a subseqüente sobreposição às associadas ao meio das edições em papel, alterando a geografia econômica do setor (Heinonen, 1999; Kamerer e Bressers, 1998; Chyi e Lasorsa, 2002). Num meio jornalístico empresarial, é a rentabilidade econômica o fator que determina as opções tomadas, e não a disponibilidade tecnológica (Sparks, 2001:10). A questão da sobrevivência de iniciativas noticiosas online não decorre da qualidade do jornalismo praticado, mas do quadro empresarial em que se encontram inscritas (Sauter, 2000), sendo a adaptação das rotinas de produção de conteúdos aos tipos de consumo determinada, majoritariamente, pelo seu custo (Maynard, 2000). Contudo, poucos são os jornais online que geram lucro. Na realidade, já foram várias as iniciativas jornalísticas online malsucedidas (Lutfi, 2002) ou cuja rentabilidade se revelou reduzida (Heinonen, 1999).

O modelo empresarial de cada mídia online dependerá das suas características e do mercado para o qual quer direcionar-se, pelo que provavelmente não existirá um único modelo, mas vários (Sparks, 2002b). A mídia offline tem, tradicionalmente, três fontes principais de receitas: subsídios — porte pago, taxas, transferências do orçamento do Estado, assinaturas — em particular no caso da imprensa — e publicidade e classificados. A mídia online coloca alguns desafios a esse modelo tradicional.

Os modos de financiamento direcionados para os jornais online compreendem, então, cinco tipos de formatos, sendo o primeiro a assinatura, pouco atrativa para usuários da internet habituados a conteúdos gratuitos, que apenas funciona para publicações especializadas.[79] Embora poucas vezes analisada pela redução do setor público de comunicação social no contexto europeu, existe uma outra prática de assinatura obrigatória também utilizada no online, a da taxa para o audiovisual. No entanto, esse é um modelo circunscri-

[79] A assinatura é relativamente inexistente — apesar do caso sempre citado do *Financial Times*, exemplo muito especial que reflete o seu público e as assinaturas empresariais, ou do caso do *Expresso*, em Portugal, cujo sucesso depende do seu público-alvo e da substituição de compras em papel por online.

to e gerador de controvérsia, em particular numa época de *recessão* econômica em que os meios de comunicação de massa públicos competem com os privados online pela atenção, exemplos são a BBC e RTP. O segundo modelo é o da cobrança por conteúdos individualizados, nem sempre viável por causa de algumas limitações tecnológicas, e a sua compatibilização com a privacidade das escolhas. Um terceiro formato consiste no aproveitamento das receitas publicitárias, modo mais freqüente, mas cuja receita real, em função da contabilização real do número de contatos, é difícil de estabelecer, produzindo por essa razão um retorno cada vez menor. Um quarto formato recorre aos anúncios classificados, que apelam à base local/regional de leitores, constituindo uma das fontes de receita de que os jornais não abdicam, mas que, no entanto, estão bem adaptados à lógica da internet, pelo que podem competir com as tradicionais fontes de receita, da mídia offline. Por último, o quinto modelo resume um conjunto de experiências em curso na tentativa de estruturar possíveis novos modelos e é, por exemplo, o caso das comissões sobre o comércio online (Kamerer e Bressers, 1998; Poole, 2001), ou da publicidade transmídia no seio de um mesmo grupo econômico procurando tornar a audiência de rádio em leitores, e leitores em telespectadores (Poole, 2001).

Outras formas de geração de receitas incluem a comercialização de acesso a arquivos, a venda de acesso à internet[80] ou a criação e hospedagem de sites (Mensing, 1998), e a venda de conteúdos para outras mídias (Regan, 2000). Esta última forma constitui, aliás, o futuro do financiamento dos jornais online; para esse autor, as receitas dos jornais online virão cada vez menos da publicidade e serão cada vez mais a soma de várias fontes, por isso, as iniciativas noticiosas online deverão se ver cada vez mais como fornecedoras de conteúdos e menos como simples jornais (Regan, 2000). Nesse cenário não será certamente estranho o fato de as notícias não gerarem diretamente as receitas, mas sim a rentabilização da sua audiência (Weir, 2000). Nesse contexto, os conteúdos noticiosos são cada vez mais preparados e apresentados como bens de consumo para a maximização do seu apelo (Poole, 2001) o que, associado aos mecanismos de medição de visualizações e conseqüente gestão da rentabi-

[80] Portugal, curiosamente, ou não, parece ter inovado na área da procura de receitas — por exemplo, a IOL. Portugal possui um modelo de integração vertical para a internet — empresas fornecedoras de conteúdos que possuem empresas de telecomunicações ou vice-versa — o que pode limitar o acesso a certos conteúdos só a quem se liga a partir de um dado ISP. Embora esse modelo não possa ser extrapolado para outros locais, na especificidade do caso português representa uma nova oportunidade para a geração de receitas sem pôr em xeque as das mídias offline.

lidade de certos artigos, poderá mercantilizar em excesso o conteúdo noticioso, aproximando-o de um produto para entretenimento (Rainie, 2000).

Outra dimensão de mudança listada por Sparks (2001) surge na relação entre o material editorial e a publicidade. A maior parte das mídias offline administra, em conjunto, publicidade e material editorial — por exemplo, os intervalos comerciais dos filmes e os anúncios ao lado de artigos no jornal. Quem pretende ver um tem normalmente de ter o outro junto. A natureza de indexação e pesquisa que a internet oferece questiona essa lógica. A audiência pode contornar a publicidade e ir diretamente ao conteúdo — há programas que impedem a publicidade de aparecer na tela ou a busca de um artigo pode levar-nos diretamente a ele, sem passar pelas páginas HTML que contêm publicidade. Por outro lado, a audiência pode procurar a publicidade sem passar pelas mídias — basta pensar nas marcas de carros e roupa e na sua presença online sem recorrer aos meios de comunicação de massa. Como já analisamos na primeira parte deste capítulo, a relação direta entre fornecedores e consumidores é uma característica do meio internet. Se fora da internet os meios de comunicação de massa são necessários para estabelecer essa relação, nela a audiência pode ir diretamente às fontes e os anunciantes diretamente ao consumidor. A possibilidade não implica concretização, mas os meios de comunicação de massa tiveram de levar em conta essa publicidade quando se posicionaram online, alterando também o seu modelo de atuação tradicional.

Por último, foquemos uma questão relacionada com a lógica jornalística, a erosão da fronteira entre material editorial, publicidade e transação. A mídia offline tem um conjunto de convenções que permite separar material promocional de material noticioso. Quando essas fronteiras são cruzadas, normalmente o resultado é desastroso para o meio de comunicação de massa, porque a sua credibilidade é questionada. Basta pensar no caso do programa *Big Brother*, da TVI, e na forma como o modelo de telejornal era aproveitado para transmitir o *reality show*, tornando confusa a percepção do que era o noticiário e o que era o programa de entretenimento. Online, as convenções não existem ainda e podem, na opinião de Sparks, ser mais fracas, o que pode dever-se à importância do material transacional para a sobrevivência dos meios de comunicação de massa. Imagine que você lê num jornal online uma notícia sobre um destino turístico e que — no portal em que está hospedado o jornal — também existe uma agência de viagens para a qual há um link. Se a viagem não correr bem, o jornal poderá sofrer na sua credibilidade por algo a que é alheio e não controla — a prestação de serviço da agência de turismo.

No seu conjunto, as propostas de Sparks para a análise de mudança nos meios de comunicação de massa traduzem um conjunto de desafios para a mídia offline pois desafiam a sua identidade, os seus nichos de mercado e as suas fontes de receitas. No entanto, esse processo de desafio não ocorre apenas num sentido. A mídia online também enfrenta desafios que advêm da sua presença na internet. Falta-lhe uma credibilidade própria — por exemplo, o sucesso de *O Público* online depende da credibilidade de *O Público* jornal e não meramente por ser uma presença online de referência. Não possui ainda um histórico de sucesso em termos comerciais — ou seja, público regular que efetue compras em função da publicidade aí veiculada — e como conseqüência tem dificuldade em fazer dinheiro.

Num dos até agora raros estudos comparativos de análise sobre os padrões de mudança na prática jornalística, Quinn (2002a) analisou 24 sites noticiosos online, oriundos de migração para o digital e novas mídias, da França, Dinamarca, Reino Unido e Irlanda. Partindo da individualização de quatro dimensões enunciadas em grande parte das abordagens teóricas sobre a mudança de paradigmas jornalísticos[81] procurou identificar as atuais tendências existentes na prática jornalística online. A sua conclusão foi a da pouca evidência de um "novo paradigma" emergente nos sites analisados. Isto é, pouca evidência do desaparecimento entre produtor e usuário ou da fusão entre o jornalismo e outras práticas não-profissionais (Quinn, 2002b). Ou seja, também o jornalismo baseado nos pressupostos criticados por Bourdieu (1997) e contextualizados por Maffesoli, Colombo e Bougnoux migrou igualmente para a internet sob a forma de televisões, rádios e jornais online.

A adoção de práticas de interatividade com os usuários é limitada e desigual, embora pareça ser mais visível nos sites de notícias mais tematizadas, normalmente novas mídias, e menos nos oriundos de uma migração digital. Uma comparação das análises realizadas por Quinn e Trench (2002a) e a coordenada por Aquino e colaboradores (2002) sobre a convergência nas redações e a presença online de televisões e jornais de quatro países parece confirmar essa idéia.[82]

---

[81] Respectivamente, os novos modos de interação entre produtores e consumidores; novas formas de contar histórias; novas formas de produção baseadas na coleta e partilha de informação entre usuários não-profissionais de jornalismo; e a mudança do papel do jornalista na sociedade (Quinn e Trench, 2002a).

[82] O estudo realizado na Grã-Bretanha incluiu a BBC, ITN, *The Times*, *The Guardian*, *The Financial Times*, *The Daily Mail*; na Suécia, SVT, TV4, *Dagens Nyheter*, *Aftonbladet*; na Espanha, Antena 3 TV, Televisio de Catalunya, VilaWeb, *El Pais*, *El Mundo*, *Marca*, *El Periódico*; na França, TF1, France 2, I.TV, *Libération*, *Le Monde*, *Le Telegramme*, *Le Parisien*, *Ouest-France*.

No entanto, o que transparece mais fortemente das diferentes análises é que o impulso para a mudança da prática jornalística deve-se muito mais a fatores externos que puramente à entrada da inovação tecnológica na sala de redação.

Essa inovação parece essencialmente depender da cultura associada à iniciativa online, ou seja, a sua dependência ou independência editorial ante a uma redação já existente e ao público a quem se dirige. São essas características que permitem uma maior aproximação entre público e produtor e conseqüentemente uma maior liberdade de experimentação orientada para os seus pontos comuns.

O metassistema de informação e a sua organização em rede

Vimos até aqui um conjunto de questões que a presença ou a migração para o digital trouxe para jornais, rádios e televisões e ao jornalismo por eles praticado.

No entanto, o *metassistema de informação*[83] também é constituído pelo offline, por isso temos de questionar sobre como a televisão, rádio e jornais mudaram os seus conteúdos, formas de jornalismo e estratégias econômicas com a chegada da internet.

Nesse estudo há, obviamente, lugar para uma análise dos conteúdos informativos, na tentativa de compreender como se processa a mediação oferecida na internet e fora dela. Mas uma análise aprofundada terá também de ver as práticas das audiências pois, como sugere Silverstone (1999), estudamos as mídias na tentativa de caracterizar a *experiência* que é a nossa movimentação no espaço e no tempo e as suas inter-relações.

Estudar a mídia é estudar a sua contribuição para a textura geral da experiência, pois as nossas distinções e juízos formam-se pela mídia também. A mídia medeia a dialética que se estabelece entre a classificação que forma a experiência e a experiência que dá cor à classificação (Silverstone 1999). É

---

[83] No início deste livro foi dada uma definição de informação como elemento econômico utilizando a acepção dada por Bell (apud Karvonnen, 2001) e, posteriormente, reutilizada por Castells (2003a). Ou seja, num sentido lato informação é o conteúdo de todas as formas de comunicação inteligível. No entanto, num sentido mais restrito, aqui referente ao campo dos meios de comunicação de massa, informação refere-se ao conjunto dos fatos verificáveis, e, como tal, fidedignos sobre o "mundo real", incluindo tanto opiniões quanto relatos sobre os fatos do mundo. Numa abordagem ainda mais restrita, aplicável à internet no seu papel de instrumento facilitador de práticas informativas, informação pode ser equacionada como os dados "comunicados" que, ao permitirem discriminar sobre um certo domínio da realidade, reduzem a incerteza do receptor.

assim necessário compreender a tecnologia e quais as novas maneiras de administrar a informação e de comunicá-la. Como se articulam os desejos, a influência e o agrado, isto é, a gestão e escolha dos acontecimentos? E quais são as novas maneiras de fazê-los, de transmiti-los e de lhes fixar significado?

Da análise até aqui apresentada o que parece ressaltar é que, se por um lado os meios de comunicação de massa — televisão, rádio e jornais — procuraram na dimensão da informação manter os seus suportes de comunicação tradicionais (como a difusão analógica pela rede hertziana e o papel), também se lançaram simultaneamente na tentativa de conquista de novos espaços de contato com o seu público, alterando as tecnologias de transmissão, isto é, migrando para o digital e, posteriormente, procurando múltiplos canais de interatividade — indo da votação SMS ou via internet para a publicação do resultado no jornal em papel, até as presenças online do rádio e a transmissão de televisão para os celulares de terceira geração já equipados para a recepção multimídia.

Por outro lado, surgiram diversas apostas editoriais na informação online, umas assumindo lógicas similares às estratégias adotadas pelos meios de comunicação de massa na sua migração para a internet e outras inovando. Algumas obtendo sucesso e deixando muitas outras para trás, como as cidades fantasmas dos velhos filmes sobre o Oeste americano, os restos abandonados de sites.

Tabela 26
Atividades realizadas utilizando a internet ou o e-mail

Atividade	Sim		Não		Total	
	n	%	n	%	n	%
Navegar pela internet sem objetivos precisos	454	64,9	246	35,1	699	100,0
Consultar bibliotecas, enciclopédias, dicionários, atlas etc.	335	47,9	365	52,1	699	100,0
Participar de chats ou *newsgroups*	278	39,8	421	60,2	699	100,0
Inteirar-se de notícias na imprensa geral	275	39,3	425	60,7	699	100,0
Download de músicas	238	34,1	461	65,9	699	100,0
Pesquisar informação sobre espetáculos programados	215	30,7	485	69,3	699	100,0
Fazer *download* de software da rede	201	28,8	498	71,2	699	100,0
Inteirar-se de notícias esportivas	199	28,5	500	71,5	699	100,0
Pesquisar informação sobre viagens	199	28,4	501	71,6	699	100,0
Pesquisar informação sobre serviços públicos	197	28,2	502	71,8	699	100,0
Pesquisar informação sobre a sua cidade	196	28,0	504	72,0	699	100,0
Pesquisar informação sobre cursos de formação	173	24,7	527	75,3	699	100,0
Realizar operações com o seu banco	170	24,3	529	75,7	699	100,0
Contatar com amigos quando está desanimado	164	23,5	535	76,5	699	100,0
Combinar ou marcar saídas com amigos	163	23,3	536	76,7	699	100,0
Jogar videogames pela internet	148	21,2	551	78,8	699	100,0

Fonte: Castells, 2002.

O estudo dessa evolução deve-se centrar igualmente em torno das práticas da audiência e não apenas na análise da oferta.

Como se pode verificar, entre as 16 atividades realizadas mais freqüentemente em Portugal na internet, as notícias são apenas uma das múltiplas dimensões da informação.

O que a tabela 26 nos deixa perceber é que, quando um usuário da internet define um objetivo preciso, a utilização é marcada pela pesquisa de informação.

Se pretendermos classificar a internet em Portugal em função dos seus usos, ela é em primeiro lugar um espaço de procura de informação (35,9%), em segundo de socialização (28,8%) e de obtenção de software (28,8%) e, só posteriormente, de entretenimento (27,6%) ou de comércio eletrônico (24,3%).[84]

Entre as práticas de procura de informação podemos destacar as didáticas (47,9%), as notícias da imprensa geral (39,3%) e esportivas (28,5%) e a pesquisa sobre serviços e decisão de compra (cuja média de utilização ronda os 28%).[85]

Figura 12
Importância da internet como fonte de entretenimento, para países selecionados (%)

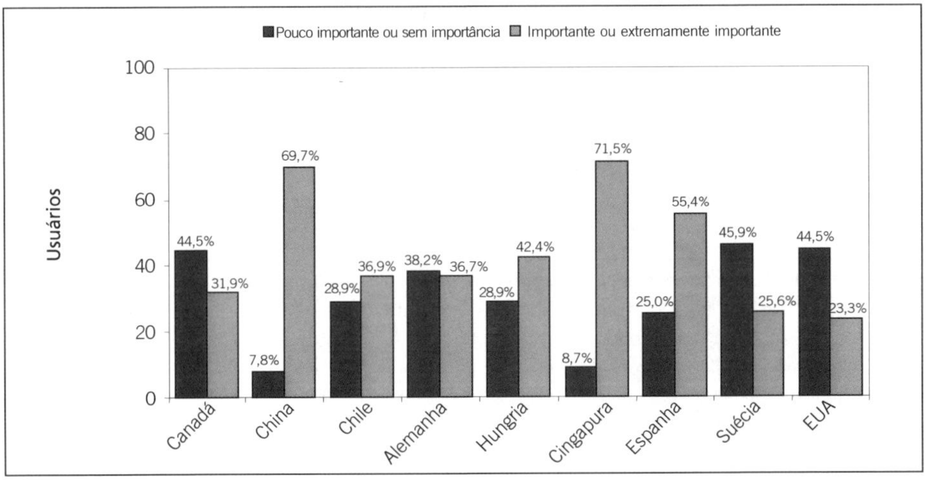

Fonte: World Internet Project, 2004.

[84] O cálculo dos valores de entretenimento é obtido pela média dos valores de *download* de música e prática de jogo online; para os valores médios de socialização foram usados participar em chats, contatar e falar com amigos; os valores de informação obtiveram-se pela média das diferentes pesquisas de informação, notícias e bibliotecas e outros acervos; comércio eletrônico corresponde à categoria listada no quadro como "realizar operações com os bancos" e outras compras.

[85] A categoria pesquisa sobre serviços e decisão de compra inclui pesquisar informação sobre espetáculos programados, viagens, serviços públicos, a sua cidade e cursos de formação.

Os dados para Portugal podem ser comparados com os de países como Canadá, China, Alemanha, Chile, Espanha, Hungria, Cingapura, Suécia e EUA (figuras 12 e 13) verificando-se, apenas com exceção da China, que as utilizações da internet são consideradas sempre mais importantes para a esfera da informação do que para a do entretenimento.

Se, relativamente à utilização da internet, não parece haver dúvidas quanto à importância do seu papel de tecnologia de informação e como tal de *nó emergente* no novo *metassistema de informação*, qual é o papel da televisão? Será que, como no *metassistema de entretenimento*, lhe caberá o de *nó central*?

Se relembrarmos dados já analisados, no ano de 2002 a televisão generalista hertziana portuguesa apresentava uma relação média entre informação e entretenimento, de 24,51% e 54,57%, respectivamente. Existindo, portanto, uma relação claramente de vantagem para o entretenimento. Embora essa relação se equilibre mais no caso da televisão pública,[86] isso não deixa de levantar algumas dúvidas quanto ao papel da TV no campo da informação.

Figura 13
Importância da internet como fonte de informação, para países selecionados (%)

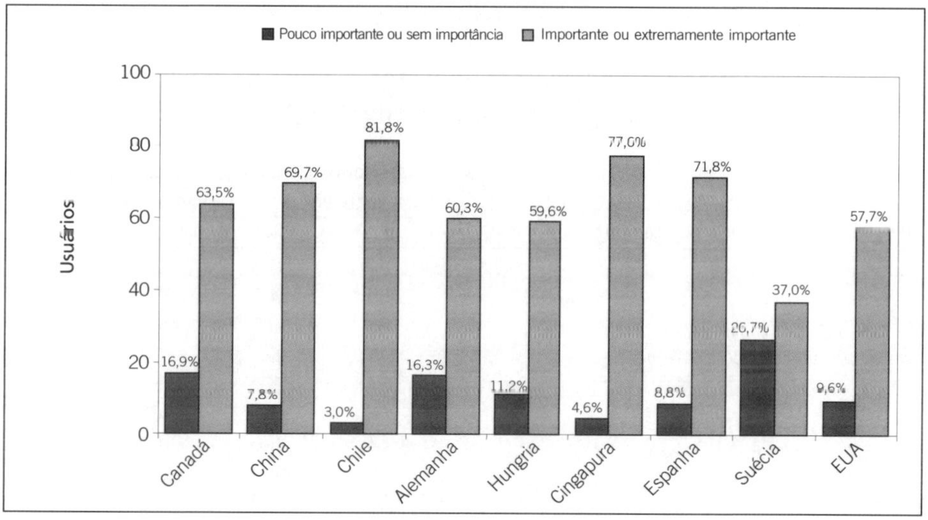

Fonte: World Internet Project, 2004.

[86] Os valores da relação informação e entretenimento para a televisão pública são mais equilibrados, respectivamente 41,2% e 47,1%.

Dúvidas que devem ser esclarecidas recorrendo à análise das práticas de uso da televisão em Portugal e comparando-as com o universo europeu.

Com base nos dados das práticas comunicativas dos portugueses (Cardoso e Firmino da Costa, 2004), o papel de *nó* central da televisão na rede de organização de informação parecerá muito mais claro.

Basta constatar que, quando comparamos a relação entre audiência de notícias e os três meios mais comuns de acesso (televisão, rádio e jornais), as notícias transmitidas pela televisão (telejornais) são habitualmente vistas por 97,4% da população enquanto apenas 67,2% leram durante a última semana qualquer jornal. E se 86,9% costumam ouvir rádio, já desses apenas 33,6% são ouvintes de rádios onde a dimensão informativa é relevante (Cardoso e Firmino da Costa, 2004).

Segundo os dados do mesmo estudo, a televisão ocupa um papel de destaque tanto na escolha de meios de informação sobre um acontecimento local/nacional quanto internacional. Quando questionados sobre "E quando há um acontecimento local/nacional, qual o principal meio que utiliza para se informar?" as respostas são sempre superiores a 85% para a televisão, exceto quanto aos grandes acontecimentos internacionais onde, para os que utilizam a internet, os seus valores como fonte informativa ascendem aos 11,5%.

Tabela 27
Programas de televisão mais vistos e mais apreciados, por gênero, em Portugal (%)

	Os normalmente mais vistos		**Aqueles que mais apreciou na sua vida**	
Programas de televisão por gênero	**n**	**%**	**n**	**%**
Noticiários	1.189	48,5	530	21,6
Telenovelas	354	14,5	350	14,3
Concursos	160	6,5	265	10,8
Outros programas de informação	146	6	134	5,5
Talk show da manhã	84	3,4	80	3,3
Talk show de celebridades	63	2,6	68	2,8
Talk show da vida real	64	2,6	101	4,1
Documentários	58	2,4	113	4,6
Humor	57	2,3	86	3,5
Programas musicais	54	2,2	89	3,6
Cinema	55	2,2	76	3,1
Esporte	28	1,1	26	1,1
Séries e séries *cult*	28	1,4	68	2,7
Programas de entretenimento e variedades	18	0,8	61	2,5

Continua

	Os normalmente mais vistos		Aqueles que mais apreciou na sua vida	
Programas de televisão por gênero	n	%	n	%
Teatro, ópera e dança	16	0,3	15	0,6
Reality show (vida privada e musical)	7	0,2	62	2,5
Desenhos animados	3	0,1	15	0,6
Outros	19	0,8	17	0,7
Não vê TV	14	0,8	35	1,4
Não respondeu	41	1,7	258	10,5
Total	2.450	100	2.450	100

Fonte: Castells, 2002.

Outro fator de argumentação, diante da centralidade da dimensão informativa da televisão, é a relação entre o aproveitamento de entretenimento e informação na televisão. Se a relação entre entretenimento e informação é claramente favorável ao primeiro na programação oferecida nos canais generalistas portugueses, nos hábitos de assistir à televisão o inverso parece ser verdade. Ver informação por parte da audiência corresponde a quase 50% das respostas sobre "qual é o programa que mais vê com regularidade", e a mais de 25% das escolhas relacionadas com o programa "que mais apreciou na sua vida".[87]

Os valores apresentados para as preferências relativas à informação em Portugal são ainda de maior interesse quando os comparamos com o tempo de grade da programação diária que cada um ocupa (tabela 28), ou seja, os telejornais, que ocupam em média apenas 12% do tempo de transmissão, são vistos regularmente por 48,5% da audiência.

Quanto aos programas de entretenimento, como as telenovelas, a relação entre tempo de transmissão e audiência é muito similar — com valores de ocupação de tempo da grade, nos dois canais que mais insistem nesse formato (SIC e TVI), em 13% e 14,5% para os programas habitualmente vistos.

Os dados para Portugal são de algum modo corroborados por outros estudos, principalmente o realizado sobre a participação dos europeus nas atividades culturais (Eurobarometer, 2001b). Segundo esse estudo, os quatro tipos de programas que os europeus mais vêem são os telejornais e programas de informação (88,9%), seguidos dos filmes (84,3%), documentários (61,6%) e esporte (50,3%).[88]

[87] Dada a periodicidade da notícia, os valores relativos à informação na memória de médio/longo prazo são de algum modo significativos. Pois, apesar do entretenimento constituir próximo de 80% das escolhas, existem mais de 20% que consideram ser o noticiário o programa que mais apreciou na sua vida.

[88] Há no entanto também especificidades nacionais: a Dinamarca é onde há mais pessoas vendo telejornais (97,7%), bem como documentários; os filmes são mais vistos na França (89,6%) e na Alemanha (89,4%); e é na Suécia (62,9%) e Finlândia (62,8%) que mais se vê esporte na televisão.

Tabela 28
Relação entre utilização de mídia e usufruto de notícias, por países, 2002/03 (%)

País	Tempo diário de televisão	Leitura diária de jornais	Tempo diário de rádio	Tempo diário de notícias na TV	Leitura diária de notícias sobre política e assuntos atuais*	Tempo diário de notícias no rádio*
Portugal	98,7 (2)	54,5 (-3)	70,7 (-3)	96,2	89,2	81,5
Áustria	94,3	86,7	89,0	95,9	91,7	93,8 (1)
Bélgica	97,2	60,6	83,5	93,0	79,5	81,6
Suíça	92,5	89,9	83,6	94,4	91,3	88,2
República Tcheca	98,9 (1)	83,3	85,3	96,6	88,8	75,0
Alemanha	97,9	84,1	87,8	96,7	93,7	91,8 (2)
Dinamarca	98,5 (3)	76,3	88,4	97,5 (3)	92,5	90,1 (4)
Espanha	97,6	53,5 (-2)	66,6 (-2)	90,4	84,9	71,9
Finlândia	97,0	92,6	84,5	98,2 (2)	91,7	74,2
França	95,7	61,7 (-4)	81,1	94,1	83,8	76,2
Grã-Bretanha	97,9	76,1	81,2	92,6	78,5 (-4)	76,4
Grécia	97,2	36,5 (-1)	60,2 (-1)	85,7	80,8	47,4
Hungria	96,5	79,2	80,6	94,5	82,1	89,7
Irlanda	98,2	87,1	92,4	90,9	83,3	82,7
Israel	91,3	70,9	81,8	88,7	75,6 (-3)	81,6
Itália	98,4 (4)	69,3	66,6 (-2)	95,1	67,0	58,1
Luxemburgo	96,4	77,8	84,3	92,8	75,0	88,1
Holanda	98,3	82,9	83,1	97,2 (4)	90,5	82,6
Noruega	98,7 (2)	96,4	87,8	98,5 (1)	92,4	90,8 (3)
Polônia	96,1	62,5	77,6 (-4)	96,1	75,0 (-2)	87,9
Suécia	98,2	90,9	79,6	96,5	88,6	83,3
Eslovênia	95,4	81,1	88,2	91,5	67,9 (-1)	79,9
Média	96,85	75,18	81,78	94,23	83,81	80,58

Fonte: ESS Survey, 2003.

* Os valores referem-se a ouvir também programas sobre política e assuntos atuais (definidos como: sobre assuntos governamentais e política pública e sobre as pessoas a eles ligadas).

Nota: Os valores apresentados para todas as colunas são a soma agregada de todas as respostas que indicam a realização dessa atividade, independentemente do tempo, e a regularidade semanal a ela destinado. Os números entre parênteses indicam a posição em relação ao primeiro do *ranking*.

Completando a análise iniciada sobre Portugal e as especificidades da prática de uso da televisão, a tabela 28 apresenta uma comparação entre televisão, jornais e rádio para 22 países europeus.

Como se pode observar, na maioria dos países a prática de aproveitamento da mídia obedece à ordenação pela regra *TRJ* (televisão, rádio e jornais). Apenas a Suíça, Finlândia, Itália, Noruega e Suécia colocam em maior ênfase a leitura de jornais perante ouvir rádio.

Quanto às notícias, quando comparadas com o entretenimento, e embora não possamos senão extrapolar os conteúdos oferecidos nas diversas mídias nos diferentes países, o padrão parece ser o domínio do informativo pela televisão, seguindo-se os jornais e em último lugar o rádio (regra *TJR*), tendo como únicas exceções a Hungria, Israel, Luxemburgo, Polônia e Eslovênia, países onde o rádio parece ser uma mídia menos dedicada ao entretenimento (isto é, à música e aos programas de *phone-in* e *talk shows*).

A conclusão que podemos tirar desta análise de dados é que, para a Europa, a *internet surge como o nó emergente* e a *televisão como o nó central*, constituindo hoje os dois pólos de articulação em rede do metassistema de informação.

A televisão: da dimensão generalista às novas funções online

Portugal oferece aos seus 10 milhões de habitantes quatro canais generalistas de televisão, que transmitem, majoritariamente, pela rede hertziana e a cabo — combinando as empresas de cabo também a transmissão via satélite, para zonas menos povoadas e menos rentáveis para o cabeamento.

Desses quatro canais, como vimos, dois são companhias privadas associadas, por sua vez, a grupos de mídia com interesses na imprensa escrita e no rádio, sendo os dois canais remanescentes públicos integrantes de uma *holding* da qual também fazem parte vários canais públicos de rádio — RDP1, RDP2 e Antena 3.

Quadro 5

Estratégias de ocupação de tempo de transmissão semanal por canal de televisão em Portugal

RTP1	RTP2	SIC	TVI
Outros programas de informação (1)	Outros programas de informação (1)	Desenhos animados (1)	Filmes (1)
Filmes (2)	Desenhos animados (2)	Telenovelas (2)	Telenovelas (2)
Talk shows de entretenimento (3)	Documentários (3)	Telejornal (3)	Telejornal (3)
Telejornal (4)	Telejornal (4)	*Talk shows* matinais (4)	*Reality show* (4)
Talk shows matinais (5)	Filmes (5)	*Talk shows* de entretenimento (5)	*Talk shows* matinais (5)
Concursos (6)	Programas esportivos (6)	Filmes (6)	Desenhos animados (6)

Nota: A classificação baseia-se na análise dos dados presentes na tabela 27. Os gêneros são apresentados em ordem decrescente do tempo de transmissão semanal.

Como se pode observar no quadro 5, em termos de ocupação de tempo da sua grade-tipo de emissão, os quatro canais partilham na maior parte dos casos os mesmos gêneros televisivos.

Assim, a maior diferença ocorre na atenção dada, na grade dos canais públicos, aos "outros programas de informação", enquanto os canais privados optam pelo maior destaque às telenovelas — brasileiras na SIC e portuguesas na TVI — e aos *reality shows* no caso da TVI.

Além dessas diferenças, sobressaem essencialmente as semelhanças entre opções de gêneros, apesar de os conteúdos sejam diversificados entre si.

Embora o universo midiático televisivo seja relativamente pequeno, também online ele tem seguido diferentes abordagens em Portugal.

Depois desta contextualização inicial sobre a televisão em Portugal, como podemos a partir daí tentar generalizar como a televisão generalista estabeleceu a sua presença online?

A tentativa de resposta passa, numa primeira fase, pela análise dos tipos de conteúdos e serviços disponíveis online pelas televisões generalistas, os modelos de rentabilização e como a identidade desses sites parece ser construída face a face com as transmissões dos canais de televisão.[89]

Podemos afirmar que as notícias são idênticas entre si? E a identidade criada fora da internet, pela televisão, influencia de algum modo a sua presença online? A seguir, tentaremos situar-nos num plano global comparando a realidade portuguesa com as de televisões de cinco continentes: Portugal, Alemanha, Austrália, Chile, China, Índia, Israel, Jordânia, Rússia, Àfrica do Sul e EUA (Shoemaker, 2005; Silveira, 2003).[90]

---

[89] Os dados analisados resultam de uma reformulação da análise dos elementos obtidos em dois estudos realizados em Portugal em 2002 e 2003. No ano de 2002 procedeu-se à coleta de seis semanas de telejornais, dos quatro canais, com o objetivo de analisar os critérios de escolha de notícias, esse estudo foi conduzido por Cardoso e Telo para a AACS. No ano de 2003, no quadro da rede COST A20, realizou-se um estudo comparativo entre sites e canais televisivos (Cardoso e Santos) dividido em três momentos. O primeiro, de análise descritiva dos sites da televisão generalista (RTP, SIC e TVI). O segundo foi dedicado à comparação online/offline, no que diz respeito à informação. O material recolhido corresponde aos telejornais em horário nobre das três emissoras: *Telejornal* na RTP1, *Jornal 2* na RTP2, *Jornal da Noite* na SIC, *Jornal Nacional* na TVI e *Jornal das Nove* na SIC Notícias, nos dias 11, 12 e 15 de março, o que corresponde a dois dias de semana e a um de fim de semana. Da mesma forma foram recolhidas as notícias constantes em cada site nesses dias. Numa terceira fase foram entrevistados os responsáveis por cada site, com o objetivo de estabelecer pontes entre a nossa análise e o trabalho real de cada projeto online.

[90] Todos estes países possuem diferenças nas articulações dos sistemas de mídia nacionais. Se a Alemanha é exemplo de um mercado onde a força dominante são ainda os canais públicos que representavam mais de 40% do *market share* em 2001, já a situação portuguesa é a de um mercado

Olhemos primeiro as notícias no fluxo televisivo na busca de uma especificação de diferentes identidades jornalísticas para depois regressar à análise noticiosa online.

Tradicionalmente, o espaço das notícias na televisão é organizado sob a forma de telejornais, que podem ser diferenciados em função dos seus conteúdos e também da sua dimensão enunciativa e de performance. Pelo que a análise dos principais canais generalistas portugueses e ainda do canal de notícias de maior audiência na televisão por cabo (SIC Notícias) realizada em 2003 (Cardoso e Santos, 2003) permite identificar, seguindo o modelo proposto por Simonelli (2001), como os modelos enunciativos influenciam a identidade dos telejornais em diferentes contextos nacionais.[91]

---

com três canais generalistas e uma divisão quase eqüitativa entre os três *players*. No caso dos EUA e da Austrália dominam os canais privados e não os de serviço público. Vale a pena um aparte no caso dos EUA porque se trata de um mercado onde também a fragmentação é muito elevada, isto é, as três maiores cadeias (ABC, NBC, CBS) possuem cada uma um *prime time* de cerca de 12-13%; a Fox, que assumiu a quarta posição, aproxima-se hoje de valores idênticos (Kiefl, 2003).

[91] Simonelli conduziu um estudo sobre os telejornais italianos onde identificou dois modelos enunciativos: o generalista objetivo e o interpretativo explicativo.

O modelo generalista objetivo concentra-se na informação, isto é, na matéria jornalística, tendo o jornalista um papel secundário. O âncora tem a função de ordenar e de estabelecer relações entre as várias matérias apresentadas. Segundo Simonelli (2001:21), "nesse modelo de telejornal, o espectador tem a impressão de se encontrar diretamente defronte aos acontecimentos, enquanto o discurso sobre os acontecimentos é feito através da apresentação dos mesmos". As matérias jornalísticas não se apresentam como um discurso sobre a realidade, mas como uma visão direta do acontecimento. O repórter tem um papel secundário, na grande maioria dos casos não aparece na imagem relatando os fatos em off.

O modelo interpretativo explicativo privilegia o ao vivo e o âncora como matérias-chave na transmissão de informação. Enquanto o primeiro modelo se define como objetivo pela primazia dada ao objeto jornalístico, ao acontecimento em si, este é caracterizado como interpretativo por concentrar no sujeito informador, pela importância dada ao espaço e ao tempo da produção informativa. O apresentador do telejornal, além de apresentar as notícias, também as interpreta, podendo o seu discurso assumir vários registros possíveis, de um tom paternalista ao coloquial, do discurso familiar ao uso de provérbios e clichês a um discurso de caráter mais erudito.

Enquanto no modelo generalista objetivo o primeiro bloco de notícias é o mais importante, no modelo interpretativo explicativo ocupa-se de temas mais ligeiros (curiosidades e histórias de interesse humano). Nesse modelo, o ritmo mantém-se de uma forma circular, sendo a última notícia muitas vezes um retorno à notícia de abertura. No modelo generalista objetivo as matérias jornalísticas são apresentadas usando a separação entre elas, já no modelo interpretativo explicativo as diversas matérias estão relacionadas entre si em dependência e integração recíproca, como as matérias de um quebra-cabeça que, no final, apresentam uma explicação dos problemas enfrentados. A marca distintiva do modelo interpretativo-explicativo de telejornal pode-se resumir assim: "não só representam o processo de transformação dos acontecimentos em notícia, a interpretação da realidade e os sujeitos informadores responsáveis por essa operação, como trazem também à cena o seu esforço de tornar compreensíveis e inteligíveis os acontecimentos" (Simonelli, 2001:27).

A partir da observação realizada aos telejornais transmitidos em horário nobre pelos quatro canais generalistas portugueses (a SIC Notícias, por se tratar de um canal de notícias, não é comparável, sendo analisada em separado), podemos concluir pela existência de diversidade de modelos de apresentação de notícias.

O *Jornal Nacional* da TVI é o que mais afinidade tem com o *modelo interpretativo explicativo*: na condução do apresentador, no alinhamento do telejornal e no uso do "ao vivo". A imagem de marca na apresentação desse telejornal é a jornalista Manuela Moura Guedes, que é também a responsável pela informação do canal.

A sua forma de condução do telejornal caracteriza-se pela introdução de comentários no início e no final das matérias jornalísticas, em que abundam as chamadas "frases feitas" e os provérbios, num tom muitas vezes de indignação diante dos temas apresentados, com o uso da adjetivação constante. Outra forma de interpretação das notícias apresentadas é a presença de comentadores com o objetivo de estabelecer quadros interpretativos dos acontecimentos nos níveis nacional e internacional.

Por sua vez, o alinhamento do telejornal apresenta uma circularidade das notícias pelas temáticas abordadas, não havendo uma distinção clara entre as notícias mais e menos importantes. A notícia de abertura pode ser desenvolvida no início, no meio ou no fim do telejornal, sendo a atenção do telespectador cativada pelo uso de chamadas da mesma notícia ao longo do alinhamento.

O jornal do canal público 2 (ex-RTP2) aproxima-se também do modelo interpretativo explicativo no sentido em que existe, no seu formato, uma maior preocupação com a explicação dos assuntos que são tratados. Para isso, muito contribuem os grandes espaços diários (em alguns casos até 10 a 15 minutos) dedicados a entrevistar um especialista ou protagonista do assunto em destaque. Por outro lado, esse noticiário tem uma "arrumação" das notícias mais próxima do *modelo generalista objetivo*, começando com os temas mais importantes e fechando invariavelmente com a previsão meteorológica e uma curiosidade ou efeméride, podendo considerar-se aquele que mais próximo se encontra de um híbrido, produto do equilíbrio entre os dois modelos propostos por Simonelli (2001).

Já o *Jornal da Noite* da SIC e o *Telejornal* da RTP1 são os serviços noticiosos que mais se assemelham entre si na forma como apresentam as notícias. Ambos privilegiam a imagem e o objeto jornalístico deixando para segundo plano a interpretação, aproximando-se mais do *modelo generalista objetivo*.

O *Jornal das Nove* da SIC Notícias, por estar inserido num canal a cabo de notícias, assume uma dupla filiação. A primeira metade do programa, sensivelmente a primeira meia hora, reporta-se mais ao *modelo generalista objetivo*, com a transmissão de reportagens e notícias curtas sobre a atualidade, em que o apresentador tem um papel secundário. A segunda metade, dedicada à discussão de um grande tema da atualidade por dois comentadores, revela uma componente mais próxima do *modelo interpretativo explicativo*, em que o apresentador passa a representar o papel de moderador e assume a responsabilidade pela condução do debate.

A caracterização dos vários canais demonstra assim que, no panorama televisivo português, existem tanto *modelos híbridos* (*Telejornal da 2* e *Jornal das Nove* da SIC Notícias) quanto um *modelo generalista objetivo* (praticado pelo *Jornal da Noite* da SIC e o *Telejornal* da RTP1) e um *modelo interpretativo explicativo* que é a imagem de marca do *Telejornal* da TVI.

Independentemente do modelo enunciativo pelo qual opta um telejornal é também um espaço de espetáculo da notícia, um espaço performático, no sentido em que pela associação da palavra, *e cada vez mais do texto*, à imagem, se transforma uma informação em representação. Como propõe Mazzei (2002:54-55), "nada no telejornal é imune ao elemento do espetáculo. O modo de sentar-se, vestir, gesticular, falar, o enquadramento escolhido pelos jornalistas para o seu *stand-up* ou para as ligações com o exterior, a administração do espaço no estúdio, o modo como o apresentador interpreta o seu papel, o alinhamento, tudo é espetáculo conjuntamente com as notícias e as suas imagens".

Essa espetacularização não é objetivamente negativa, pois nela reside a mais-valia da televisão. Quando se vê um telejornal na televisão esperamos visualizar, tal como nos habituamos desde a infância, uma conjugação entre texto, som e imagem, que nenhuma das outras mídias, antes do aparecimento da internet, podia oferecer.

O primeiro objetivo do telejornal é ser visto, dessa forma tem que captar a atenção dos espectadores desde o primeiro momento de transmissão. A primeira coisa a chamar a atenção do público (e que se mantém ao longo da transmissão) é o cenário. O cenário assume-se como a imagem do telejornal, funcionando como forma de estar perante o seu público.

O *Telejornal* da RTP1, canal principal do serviço público português, é facilmente associável a "uma janela para o mundo". Um local de acesso à informação, como um mediador que torna inteligível ao espectador o que é notícia em Portugal e no mundo, e é importante saber. Nos dois canais há uma associação entre cenários e a cor do canal. A RTP1 tem como cor o azul e a 2 o verde.

Ao contrário do serviço informativo do canal 2 da estação pública, o *Telejornal* da RTP1 pauta-se pela importância dada à inovação tecnológica.

Figura 14
Logotipo Telejornal RTP1 e 2 e cenário Telejornal RTP1

Fonte: Homepage da Rádio e Televisão Portuguesas (RDP e RTP).

O cenário do telejornal é a própria redação, na qual se destaca em primeiro plano a mesa onde se senta o apresentador, com uma tela incorporada, onde são exibidas imagens fixas relacionadas com a notícia, lida pelo âncora, e a imagem que faz a ligação à reportagem. Sobressaem na redação o grande número de computadores e televisores instalados.

Uma presença constante são as notícias em legendas no rodapé (ausentes do canal 2), só interrompidas nas exibições das matérias, e que correspondem aos títulos das notícias disponíveis no site da internet da RTP.

Essas legendas, por um lado, fazem publicidade e relacionam o telejornal com o site da estação televisiva e, por outro, dão um acesso rápido ao espectador às principais notícias do dia.

O *Jornal Nacional* da cadeia privada portuguesa TVI tem como diferencial procurar ser um "microfone aberto", no sentido em que é associado à passagem para a zona midiática de novos protagonistas, que raramente são notícia, e de novas temáticas, exemplificadas pela importância dada aos problemas sociais locais. O cenário baseia-se em tons de vermelho, amarelo e azul (as cores do canal). A mesa do apresentador está colocada à frente da redação, dando uma perspectiva geral do trabalho dos jornalistas da TVI. Além dos vários computadores dispostos ao longo da sala, existem vários televisores, dispostos tanto na parede do cenário quanto na mesa atrás do apresentador.

Durante a emissão do telejornal são constantes as legendas no rodapé. Ao contrário das que aparecem no *Telejornal* da RTP1, não são as notícias que estão na página online da TVI, mas os assuntos que serão desenvolvidos durante a transmissão do noticiário.

Com legendas no rodapé faz-se também publicidade do site. Em diversos momentos surgem três "janelas" virtuais do lado direito do apresentador, onde se apresenta a imagem-chave da notícia anterior, da que está sendo transmitida e da seguinte (uma idéia já explorada pelo canal de negócios Bloomberg).

Na TVI, as câmeras não se limitam ao enquadramento mais comum numa transmissão de telejornal, o *close* americano, diversificando o tipo de posicionamentos, o que permite ao espectador ter uma perspectiva geral da redação.

O *Jornal da Noite* da SIC, também privado, traz com o cenário uma imagem que combina inovação tecnológica com a idéia de "independência" jornalística. As cores da estação, o amarelo e o vermelho, revestem por completo o cenário que tem, na sua zona central, a mesa do apresentador ladeada por duas mesas para os eventuais convidados, por trás uma parede repleta de televisores, deixando entrever brevemente algum espaço de trabalho da redação. Tal como nos telejornais da RTP1 e TVI, passam notícias em legendas no rodapé, com a habitual publicidade do site na internet.

Como se depreende da descrição dos cenários e dos *modelos enunciativos* apresentados, o apresentador do telejornal é o mediador por excelência entre o telespectador e a informação.

O âncora tem a responsabilidade de assegurar simultaneamente quatro funções: a de *guia*, é ele que transmite a notícia; a *moderadora*, é ele que administra a palavra dos entrevistados; a *enfática*, ao comentar as matérias e as entrevistas; e, por último, a *delegada*, ao assumir o papel de telespectador quando dirige as entrevistas (Simonelli, 2001).

A essas quatro funções há ainda que acrescentar uma quinta que é a de *seleção noticiosa*, pois o apresentador do telejornal tem também alguma responsabilidade sobre a escolha das notícias que serão apresentadas e sobre o momento em que serão apresentadas — o *espelho*.[92]

A ausência de âncora, ou, se preferirmos, apresentador, e das funções identificadas por Simonelli (2001), à exceção da função de *seleção noticiosa*, constituem a primeira grande diferenciação entre os dois gêneros informativos, o do telejornal e o da página de notícias online.

---

92 "No esquema organizativo português das redações, e da RTP em particular, o papel do âncora é sobretudo de influência. Ele não decide tudo o que vai ser feito mas influencia muitas vezes... Influencia sempre 5%, 10% daquilo que se faz, dos assuntos que se tocam por dia, influencia muito mais do que isso, talvez 40% ou 50% a maneira como se tratam alguns assuntos... aquelas decisões, este assunto justifica ou não trazer um entrevistado, justifica ou não fazer um direto (...) E depois influencia sobretudo na maneira como a informação é apreendida pelas pessoas... por aquilo que ele puxa como *leads* de cada uma das histórias" (Carvalho, apud Cardoso e Santos, 2003).

E como é em torno da ausência dessa marca que se estrutura a formulação da identidade da presença da televisão na internet, isso leva, em princípio, a produção noticiosa de um site de um canal de televisão — independentemente da utilização, ou não, de áudio e vídeo — a assemelhar-se em muito à presença online dos jornais, sendo essa, como iremos ver, uma das questões que se coloca ao jornalismo televisivo na internet.

A presença online é assim em princípio caracterizada, na maioria dos sites televisivos, por um modelo generalista de prestação de informação, pelo uso de notícias não mediadas por um âncora.

Mas o conteúdo disponível também faz parte da diferenciação televisiva, ou melhor, o conteúdo do telejornal e a notícia de abertura escolhida. Pois a compreensão do que é identidade televisiva online passa também por perceber como, na transmissão do telejornal, as emissoras se diferenciam e até que ponto existe uma identidade de conteúdos partilhada entre os dois espaços de informação — televisão e internet.

Uma das tarefas diárias da redação do telejornal é a escolha das notícias, já que entre as centenas de notícias diárias têm que ser escolhidas 20 ou 30 para o programa. Trata-se assim da combinação de um exercício ao mesmo tempo subjetivo e objetivo. Objetivo, porque uma análise extensiva das notícias pode demonstrar a regularidade temática. Subjetiva, porque a escolha também tem a ver com a qualidade e o tipo de pessoas que em cada dia trabalham na redação e, conseqüentemente, com todos os fatores de contingência com que o jornalismo se confronta.

Embora muitas vezes enunciada, essa diferença de temas ("assuntos") entre diferentes canais só pode ser argumentada com base numa análise empírica comparada e extensiva.

A tabela 29 é uma análise comparativa de categorias de assuntos entre os canais generalistas de 11 países (Shoemaker, 2005), permitindo-nos uma melhor compreensão da gênese da identidade nacional dos canais televisivos a partir da escolha de temas.

Analisando a distribuição de tópicos nos diferentes telejornais, podemos concluir que na maioria dos casos, excetuando Alemanha, Austrália e China, quatro categorias de notícias são responsáveis por mais da metade da totalidade das notícias transmitidas (política interna, esportes, ordem interna e política internacional). Independentemente das dimensões qualitativas de apresentação e das diferenças entre culturas, parece haver uma adoção global de que tópicos são centrais para a informação das populações e para o sucesso de audiências ou prestação de serviço público a que as televisões se propõem.

Tabela 29

Distribuição dos tópicos abordados nos telejornais de diferentes países (%)

Tópico	Portugal	Austrália	Chile	China	Alemanha	Índia	Israel	Jordânia	Rússia	África do Sul	EUA	Total
Política interna	14,0	5,1	27,5	29,8	14,5	33,0	6,6	17,3	20,1	19,0	10,8	17,9
Esporte	14,9	26,0	7,5	0,6	5,6	8,4	18,0	9,2	3,9	14,6	29,1	13,8
Ordem interna	12,8	11,1	10,2	3,8	14,1	17,6	10,4	2,7	13,0	13,1	10,8	10,4
Política internacional	11,5	4,5	5,4	9,5	1,2	13,2	4,7	39,1	17,5	14,6	0,7	10,2
Negócios/indústria	2,3	4,3	3,6	12,1	8,8	6,6	1,4	3,1	2,6	7,3	5,2	5,6
Eventos culturais	3,1	1,8	4,2	7,6	11,6	0,7	19,9	0,0	3,9	1,5	1,8	4,6
Histórias de interesse humano	6,4	11,1	2,1	1,9	4,4	0,4	8,1	3,4	1,3	2,9	6,3	4,5
Tempo	2,0	7,1	0,3	0,6	5,6	5,1	0,0	6,1	3,2	0,7	9,6	4,3
Desastres/acidentes/ epidemias	6,1	9,8	2,7	0,6	7,6	2,9	2,8	0,3	3,2	6,6	2,2	4,0
Saúde/serviços sociais	5,4	3,3	5,1	7,0	3,2	1,5	1,4	3,7	2,6	2,2	4,5	3,7
Transportes	1,7	5,8	3,6	6,0	3,2	0,0	0,9	0,3	0,6	3,6	4,7	3,3
Cerimônias	2,9	1,8	5,7	2,5	2,0	1,5	2,8	3,4	5,8	1,5	1,6	2,7
Economia	3,15	0,5	3,3	6,0	2,0	0,4	2,4	2,7	3,9	2,9	2,2	2,5
Educação	1,9	0,8	3,9	1,0	2,0	0,0	3,8	4,1	0,6	2,9	2,9	2,2
Sindicalismo	3,8	1,0	6,0	0,3	0,4	0,7	0,9	0,0	0,6	3,6	0,9	1,5
Ambiente	0,4	1,3	1,2	2,5	0,8	1,1	4,3	0,0	0,0	1,5	1,3	1,4
Relações sociais	1,5	0,3	2,4	0,3	3,2	1,1	2,8	1,7	0,6	0,0	0,4	1,2
Habitação	1,0	0,0	1,5	1,3	5,2	0,4	2,4	0,0	1,3	0,0	0,4	1,1
Militares e defesa	0,9	1,0	0,6	0,6	0,4	0,7	0,5	0,7	9,1	0,0	0,4	1,0
Comunicação	1,4	1,0	1,5	1,0	1,6	0,7	1,4	0,7	0,6	0,0	0,9	1,0
Ciência/tecnologia	0,5	0,5	0,9	3,5	0,4	0,0	0,5	0,0	3,2	0,0	1,6	1,0
Energia	0,0	0,0	0,3	1,3	1,6	2,9	0,0	0,7	0,6	0,0	1,1	0,8
Entretenimento	0,0	1,3	0,6	0,0	0,0	0,0	0,0	0,7	0,0	1,5	0,0	0,5
Moda/beleza	0,4	0,3	0,0	0,0	0,0	0,4	3,8	0,0	0,0	0,0	0,0	0,3
População	0,6	0,0	0,0	0,0	0,4	0,7	0,0	0,0	1,3	0,0	0,4	0,2
Total*		100,0	100,0	100,0	100,0	100,0	100,0	100,0	100,0	100,0	100,0	100,0
(N)		(396)	(334)	(315)	(249)	(273)	(211)	(294)	(154)	(274)	(446)	(2.946)

Fontes: Shoemaker, 2005. Para Portugal, Estudo comparativo sobre a análise de conteúdo dos telejornais, encomendado pela AACS, dirigido por Joel Silveira (2003).

* N total pode não ser 100,0 devido a erros de arredondamento.

Nota: Os elevados valores para a categoria esporte devem-se à participação da seleção portuguesa de futebol no Mundial da Coréia de 2002.

No entanto, dentro dessa transversalidade temática é possível agrupar alguns países entre si e identificar também situações que são fruto da identidade nacional de cada país e do seu contexto histórico-político.

Assim como Portugal, os EUA, a Austrália e Israel parecem dar ênfase às denominadas histórias de interesse humano, enquanto essa categoria tem uma pequena representação nos outros países. Por sua vez, a política interna é essencialmente um atributo central em países como o Chile, a China, a Índia, a Rússia e África do Sul onde atinge valores entre os 20% e os 30% dos tópicos abordados. Nas democracias há mais tempo estabelecidas ou não mitigadas parece existir um menor interesse pelo agendamento político na informação televisiva.

Quanto à política internacional, os dados apontam para que a atenção dada a esse tópico seja maior em países com proximidade geográfica com zonas de conflito, como são o caso da Jordânia e Rússia. Israel aparece como a exceção, dado que o seu modelo de agendamento de tópicos incide mais sobre a ordem interna do que sobre a política internacional, talvez resultado da sua política em relação aos territórios palestinos.

Ainda no campo das particularidades partilhadas, é possível verificar que o esporte é rei nos EUA e Austrália, refletindo uma proximidade de modelos televisivos informativos entre esses dois países. O mesmo pode ser dito do destaque dado ao tempo. Por último, podemos verificar a ocorrência de escolhas que parecem ser apenas características de um país, como é o caso da Rússia com a atenção dada às matérias militares, à educação na Jordânia, aos desastres, epidemias e acidentes tanto na Austrália quanto na Alemanha ou à saúde na China e aos sindicatos no Chile.

No caso português as três categorias mais presentes são:[93] *ordem interna*, *política interna* e *política internacional*. No entanto, se estendermos a nossa análise a um maior número de subcategorias verifica-se que ocorrem algumas singularidades nos canais. Em Portugal, a TVI possui duas categorias temáticas: "saúde, bem-estar e serviços sociais" (cuja presença nos seus telejornais equivale percentualmente ao destaque dado à "política interna") e as "histórias de interesse humano" (correspondendo esta categoria à terceira mais utilizada nas transmissões informativas desse canal privado).

O que os dados traduzem é que, tal como em muitos outros países (Dahlgreen, 2002), existe uma popularização do jornalismo pelo uso, não apenas do sensacionalismo, do escândalo, personificação e excesso de dramatização, mas também de *ampliar o conceito de notícia* (Eco, 2000a) ao

[93] Excetuando nessa análise o tema "esporte", por causa do viés que a Copa do Mundo de 2002 representou nessa amostra.

dia-a-dia, a antítese do acontecimento, procurando assim estabelecer laços com a vida normal do cidadão.

Daí, alguns canais aumentarem a duração dos telejornais para responder a uma necessidade editorial de, para além das categorias tradicionalmente noticiáveis, dedicar igual atenção a *novas* categorias promovidas ao primeiro degrau de notícia — como algumas subcategorias dentro da categoria "saúde, bem-estar e serviços sociais" e as "histórias de interesse humano".

Esta abordagem dos temas televisivos nos leva a concluir a existência da procura de modelos diferenciadores das identidades dos diferentes telejornais, procurando assim responder ao aumento da quantidade de informação disponível e ao aumento da competição pela atenção (Eco, 1995a; Dahlgreen, 2002). Assim, em Portugal, a TVI é o exemplo de um modelo de identidade noticiosa que se pode designar como de *popularização do jornalismo* (Dahlgreen, 2002), enquanto os restantes três canais podem ser descritos como possuindo *modelos de valor de notícia similares* (Traquina, 2003) aproximando-se de uma concepção do jornalismo de serviço público (Raboy, 2001a).

No entanto, antes de dar por certa essa semelhança de *modelos de valor de notícia* devemos considerar outras duas dimensões, principalmente verificar o tipo de notícias encontradas nas categorias mais significativas das pautas dos telejornais. Isso porque, como salienta Raboy (2001a), os canais de serviço público de televisão possuem tradicionalmente um mandato que se expressa também por uma diferenciação informativa diante dos seus competidores privados. No entanto, o mesmo autor, no seu relatório sobre a situação do serviço público na Europa, cita que em Portugal e em outros países ele atravessa uma fase de crise de identidade aproximando-se, muitas vezes, das práticas dos seus competidores diretos (Raboy, 2001a).

Entre as temáticas que podem ser consideradas como fazendo parte de uma concepção mais fiel à noção de *serviço de interesse público* é possível identificar o ambiente, a cultura, a educação, a ciência e tecnologia e a saúde. Para Portugal, nas análises realizadas (Cardoso e Telo, 2003), verifica-se que a única categoria temática que se aproxima dos valores que ocupam os primeiros lugares de escolha noticiosa em todos os canais é a saúde. No entanto, uma análise mais aprofundada permite identificar na saúde uma lógica similar à praticada na personalização dos agentes políticos (Castells, 2004a), só que no caso da saúde tal não promove o indivíduo a uma condição de estrelato permanente, mas sim efêmero (Eco, 2000a). Em grande parte trata-se de um uso da lógica do *reality show* aplicada à informação, ou, se preferirmos, um modelo de *infotainement* (Dahlgreen, 2002).

A discussão sobre a alteração dos modelos noticiosos na televisão está também imbuída de condicionantes culturais e históricos, se na Europa esse debate parece centrado em torno da oposição televisão pública *versus* televisão privada nos EUA, ele parece estar centrado no eixo cabo *versus* difusão aberta de televisão (State of the News Media, 2005a).

Segundo o projeto Excellence in Journalism, nos EUA a relação entre a informação na difusão aberta de televisão e a cabo é caracterizada pela primeira oferecer mais reportagens do que a segunda, ocorrendo também uma maior correspondência entre as imagens e o relato. As histórias por cabo são também mais próximas de um modelo interpretativo explicativo e a função fática tende a ser menos equilibrada entre os diferentes ângulos da mesma história (State of the News Media, 2005a).

Uma análise de conteúdo realizada em três canais a cabo (Fox, MSNBC e CNN) mostrou que num dia comum a percentagem de notícias parcial ou totalmente repetidas entre as 7h e 23h atingia cerca de 70%. Esse modelo traz nos EUA uma menor abertura de tópicos a cabo do que nas transmissões de notícias na televisão de sinal aberto, para não citar a mídia online ou a imprensa onde a diversidade é ainda maior.

Tabela 30
Tópicos a cabo e na transmissão de notícias em sinal aberto, percentagem de todo o tempo (%)

Tópico	**Notícias a cabo**	**Notícias à noite em sinal aberto**	**Notícias de manhã em sinal aberto**
Governo	17	29	25
Defesa/militares	7	1	0
Assuntos estrangeiros	9	14	8
Eleições	14	11	8
Assuntos internos	11	20	15
Negócios	1	4	1
Crime	3	1	5
Ciência e tecnologia	1	4	3
Celebridades	14	2	4
Estilos de vida	9	4	7
Acidentes e desastres	2	4	3
Outros	12	6	21

Fonte: State of the News Media, 2005a.
Nota: Os totais podem não somar 100 devido a arredondamentos.

Como se pode observar na tabela 30, a cobertura notíciosa por cabo despende muito menos tempo na cobertura de material relacionado com a atuação do governo e cerca de metade do tempo destinado pela rede de sinal aberto na cobertura de questões como o ambiente, transportes, saúde, segurança social, educação, economia, tecnologia e ciência etc. No entanto, estilos de vida, entretenimento e celebridades, que são tópicos normalmente menos presentes nas notícias da noite ou nos jornais de referência, constituem o maior grupo nas notícias por cabo.

Como sabemos, as análises quantitativas possuem as suas limitações no estabelecimento de diferenciações e similitudes. Embora a sua contribuição seja essencial, não responde todas as questões, em particular quando sabemos que a dimensão enunciativa tem um papel fundamental na caracterização dos modelos de telejornais (Simonelli, 2001).

Partindo precisamente dessa premissa, apresenta-se a análise de três dias de noticiários televisivos portugueses de 11, 12 e 15 de março de 2003 (Cardoso e Santos, 2003).

Nesses três dias, as 15 notícias de abertura analisadas assumiram, sempre, um caráter excepcional, como por exemplo: o assassinato do primeiro-ministro da Sérvia; a queda de um helicóptero militar nos EUA; a reunião de cúpula em Lages entre Bush, Blair, Aznar e Durão Barroso; as relações diplomáticas na iminência de um conflito militar no Iraque; o processo de pedofilia na Casa Pia em Lisboa; e a contaminação de aves com nitrofuranos em Portugal.

Quadro 6
Notícia de abertura do telejornal por assunto, dias 11, 12 e 15 de março de 2003

Data	RTP1	2	SIC	SIC Notícias	TVI
11 de março	Nitrofuranos (nacional)	Desastre (internacional)	Pedofilia Casa Pia (nacional)	Diplomacia (internacional)	Nitrofuranos (nacional)
12 de março	Pedofilia Casa Pia (nacional)	Sérvia (internacional)	Pedofilia Casa Pia (nacional)	Sérvia (internacional)	Pedofilia Casa Pia (nacional)
15 de março	Cúpula em Lages (nacional)	Cúpula em Lages (nacional)	Pedofilia Casa Pia (nacional)	Pedofilia Casa Pia (nacional)	Pedofilia Casa Pia (nacional)

Fonte: Cardoso e Santos (2003). Análise comparada das emissoras portuguesas — 11, 12 e 15 de março de 2003.

Tomemos como exemplo as notícias de abertura do dia 11 de março de 2003, quando pelo menos dois canais abrem com notícias sobre saúde alimentar, uma temática que desde a crise da "vaca louca" se tornou um tema de primeiro plano (Philo, 1999). O tempo dedicado às notícias relacionadas com os nitrofuranos nas aves diferiu de acordo com os vários canais televisivos. O *Jornal Nacional* da TVI e o *Telejornal* da RTP1 escolheram-nos como notícia de abertura, enquanto no *Jornal da Noite* da SIC o assunto foi relegado a segundo plano, sendo transmitido no meio do serviço informativo, e, no *Jornal 2* da RTP2 as notícias relacionadas foram emitidas no final dos respectivos telejornais.[94]

O *Jornal Nacional* da TVI foi o que mais cobertura deu ao caso com 14 minutos de transmissão, com cinco reportagens, uma ao vivo, uma notícia de um assunto relacionado com essa matéria na Holanda e um comentário em estúdio. O assunto dos nitrofuranos nas aves foi apresentado com extrema gravidade e acentuando a incompetência do governo português, neste caso o Ministério da Agricultura, em lidar com o assunto. Na notícia relacionada com um problema semelhante na Holanda é ressalvada a rapidez com que o governo holandês soube resolver o assunto, "mas o governo de Haia reagiu de imediato...".

Os textos lidos antes da apresentação da reportagem e os que a acompanham têm um tom alarmante usando frases feitas e generalizações, "há nove anos que o nitrofurano é proibido, mas em Portugal esta proibição nunca passou do papel (...) conclusão há nove anos que os portugueses comem frangos com nitrofurano proibido (...) mas como não há fome que não dê em fartura, agora que ninguém come frangos é que as medidas aparecem".

Por sua vez, o *Telejornal* da RTP1 dedicou ao assunto cinco notícias, incluindo a notícia de abertura. As notícias consistem em quatro reportagens sobre os produtores de frangos, os aviários sob interdição, os produtores de ovos e galinhas e uma história que tenta reconstituir a vida de um animal numa propriedade avícola. Em contraste com o noticiário da TVI, não foi acentuada a incompetência do governo português mas sim algumas incapacidades técnicas e logísticas e o desconhecimento dos produtores do problema, "dezenas de milhares de frangos foram vendidos porque os produtores não sabiam que eram perigosos".

Já o *Jornal da Noite* da SIC apresentou três reportagens e uma notícia, sensivelmente no meio do programa. As reportagens consistiam em duas coletivas de imprensa, uma com os produtores de frangos e outra com os produtores de ovos e galinhas. As duas coletivas são noticiadas tanto na RTP1 quanto na 2, mas apenas a segunda é apresentada igualmente na TVI. A segunda reportagem apresenta os aviários sob interdição e a notícia tem como tema a

---

[94] Segundo Lopes (1999:119), a notícia de abertura "reflete a invulgaridade de uma realidade tida como anódina, integra-se num conjunto de que se espera uma certa coerência e assume-se como o mais importante do noticiário: é a primeira".

interdição de uma granja de coelhos e outra de porcos, sendo as imagens que acompanham o texto de arquivo.

No caso da RTP e da SIC, deu-se maior relevância às coletivas de imprensa, enquanto a TVI privilegiou a abordagem ao vivo com reportagens nas granjas interditadas. Curiosamente o ao vivo apresentado mostra apenas o jornalista a falar sobre uma entrevista que não conseguiu obter com um responsável de uma granja, tornando assim o recurso ao vivo questionável.

Como sugere Santos (Cardoso e Santos, 2003), comparativamente os serviços noticiosos da RTP e da SIC são aqueles que mais se assemelham, sendo dessa forma o *Jornal Nacional* da TVI o que mais se diferencia na forma como tratou as notícias.

A análise dessa notícia de abertura vem assim confirmar os diferentes posicionamentos já enunciados, entre um modelo de popularização do jornalismo e um modelo diferenciado, mais vocacionado para uma informação de serviço público.

Ainda na esfera das dimensões de influência dos modelos de telejornais na criação da sua identidade (Simonelli, 2001) vale também a pena compreender até que ponto a relação entre a notícia de estúdio e a produzida ao vivo pode diferenciar um modelo de telejornal.

O *ao vivo* é o gênero televisivo por excelência no sentido em que "ao transformar a atualidade em presencialidade, a proximidade em simultaneidade e a periodicidade em seqüencialidade" (Sanabria, 1994:69) a televisão diferencia-se das outras mídias.

No ao vivo, o repórter legitima o acontecimento, falando diretamente com o espectador, sem o uso da mediação do âncora, ou da redação, transmitindo uma sensação de imediato e de improvisação, nem sempre real, pois, tal como os outros serviços noticiosos, ele também é ensaiado. Segundo Lopes (1999:80), "o ao vivo assume-se uma narrativa original, havendo nele a coincidência de quatro tempos: o do acontecimento, o da narrativa, o da difusão e o da recepção".

No entanto, como se observa nas tabelas 31 e 32, mesmo no cabo o papel do ao vivo pode variar entre o seu uso como marca de diferenciação em relação às outras emissoras (caso dos EUA onde pode superar mais de 50% do tempo de transmissão do noticiário), como em alguns países, como Portugal, pode atingir valores inferiores aos da transmissão da rede de sinal aberto.

Tabela 31
Origem das histórias nos noticiários dos canais a cabo, percentagem do total do tempo (%)

Origem	Pacotes
Reportagem gravada	24
Repórter ao vivo	52
Voz de apresentador sobre reportagem/contando a história	17
Ao vivo sem intervenção de voz de repórter	6
Outros	2

Fonte: State of the News Media, 2005a.
Nota: Total pode não igualar 100, devido a arredondamentos.

Essa diferenciação entre canais também ocorre pela diversidade de opiniões. Se é verdade para os EUA (tabela 32) que a transmissão de notícias em sinal aberto tende, em geral, a ser mais diversificada nas opiniões, é também possível encontrar diferenças entre canais. Por exemplo, no tratamento de um tema como a Guerra do Iraque é possível identificar claramente diferenças entre canais a cabo.

Tabela 32
Gama de opiniões
Reportagens em TV a cabo *versus* em TV aberta

Discriminação	Programação de dia, a cabo	Notícias a cabo	*Talk shows* a cabo	Noticiário à noite, na televisão de sinal aberto
Mistura de opiniões	18	39	26	72
Quase só uma opinião	24	28	13	8
Só uma opinião	59	33	61	20

Fonte: State of the News Media, 2005a.
Nota: Total pode não igualar 100, devido a arredondamentos.

Enquanto em 98% das matérias sobre a Guerra do Iraque, cobertas pela CNN, e em 71% das cobertas pela MSNBC, não ocorreram comentários por parte dos jornalistas, já no caso da Fox em 73% das matérias o jornalista emitiu opinião (State of the News Media, 2005a).

Na amostra selecionada para Portugal foram transmitidas 64 matérias ao vivo, (14,4% do total) e 17 matérias num registro misto (sendo os telejornais da SIC Notícias e da RTP2 os que menos utilizaram este gênero). Há assim contribuições fundamentais para a identidade das estações televisivas no que diz respeito ao uso do ao vivo. No mesmo território televisivo coincidem emissoras que procuram mais as notícias de estúdio do que outras.

Tabela 33
Existência de ao vivo nas transmissões dos telejornais, em Portugal, dias 11, 12 e 15 de março de 2003

Emissora	Sim	Misto (estúdio + ao vivo)	Não	Total
RTP1	18	7	62	87
2	8	4	56	68
SIC	18	1	82	101
SIC Notícias (cabo)	6	3	52	61
TVI	14	2	109	125
Total	64	17	362	442

Fonte: Cardoso e Santos (2003). Análise comparada das televisões portuguesas — 11, 12 e 15 de março de 2003.

Pode-se argumentar, comparando dois países como os EUA e Portugal, que, mais do que oposição entre cabo e rede, aquilo a que assistimos é a coexistência simultânea de dois modelos de jornalismo televisivo que têm por sua vez origem na evolução a partir de dois estilos tradicionais de função enfática televisiva (interpretativo explicativo e generalista objetivo) e da ampliação do conceito temático de notícias.

Essa conclusão se apóia também no fato de que nos EUA, apesar de ocorrer uma tendência de diferenciação entre os modelos de cabo e de rede de sinal aberto, existem também diferenças no seu uso entre os diferentes canais.

Analisadas as dimensões performativa e enunciativa da produção noticiosa televisiva, que conclusões daí podem retirar-se para a caracterização da presença online das televisões?

Embora sendo duas tecnologias diferentes, a internet e a televisão também possuem pontos de contato, e não apenas na linguagem multimídia.

Um deles é a lógica associada à mediação e à proximidade que se estabelece entre quem transmite e quem recebe a notícia. Se tivermos em conta essa proximidade, o ao vivo televisivo aproxima-se da concepção da notícia online de última hora.

Para além dos paralelismos possíveis entre as duas formas de dar notícias, também se assiste a lógicas de contaminação entre as duas mídias.

Um exemplo pode ser encontrado nas notícias em legendas nas transmissões. A sua função é dupla, por um lado tenta simular a lógica de "última hora" das notícias das páginas de internet, criando um sucedâneo televisivo, por outro, estabelece as *redes de comunicação* escrita necessárias para fazer a televisão interagir com a internet e os celulares.

A "contaminação" entre tecnologias é também visível na influência que pode ter a internet nos modelos de organização da televisão. Principalmente o surgimento de seqüências de imagens baseadas no conceito hipertextual fornece novas formas de encarar a exposição na pauta dos telejornais.

Segundo Carvalho (apud Cardoso e Santos, 2003) quem organiza um telejornal e se depara, de repente, com dezenas de assuntos e tem que arrumá-los, tem também que encontrar uma seqüência lógica na sua cabeça para que tudo aquilo faça sentido.

Carvalho não se refere ao hipertexto mental sugerido por Castells (2004a) ou ao sistema de mídia em rede (Cardoso, 2004), pois não expressa a ligação entre usos de mídia, mas, se mantivermos as duas formulações, compreendemos que a análise proposta pelo jornalista e apresentador de telejornais é a de um outro nível de influência das novas tecnologias, ou seja, a demonstração de como a lógica da internet pode modificar também a nossa forma de organização mental e de apresentação da informação, mesmo em mídias que tecnologicamente não funcionam com um apoio de hipertexto.

Daí que se possa argumentar que a própria internet, ainda que de forma indireta, contamina o próprio discurso televisivo. Por vezes de uma forma evidente, outras, de forma mais sutil.[95]

Uma das dimensões dessa contaminação é a noticiabilidade, esses critérios encontram-se imbuídos de uma lógica de hipertexto com o objetivo de captar a atenção do telespectador. Dadas as suas características tecnológicas, a televisão tem de jogar muito mais com uma lógica hipertextual do que, por exemplo, um jornal em papel. Para o leitor de um jornal em papel a interatividade é muito maior em termos da gestão da informação, pode passar folhas, saltar notícias, gerir o seu tempo muito mais de acordo com a sua agenda de

---

[95] Com a internet, pela primeira vez, a nossa forma diária de organização da informação vê-se confrontada com uma mídia onde encontramos a mesma lógica de funcionamento da memória do nosso cérebro, ou seja, a ligação não-seqüencial de informação entre neurônios. De alguma forma, o hipertexto tecnológico recria o modelo de organização biológico do nosso cérebro, o que talvez seja uma das muitas razões do sucesso da tecnologia internet. Carvalho (apud Cardoso e Santos, 2003), jornalista da RTP e apresentador do *Telejornal*, argumenta de uma forma similar que "(...) as coisas são seqüenciais num livro, têm princípio, meio e fim e não se pode inverter aquela ordem. Na internet a ordem é o impulso. A estrutura narrativa na internet é completamente diferente por causa dessa possibilidade, daquela que existe e que nós estávamos habituados nos livros e que continuamos a ensinar às nossas crianças apesar da realidade em volta continuar a desmentir. Nós continuamos a ensinar às crianças a leitura seqüencial e a apreensão seqüencial dos fatos, as tabelas cronológicas. Eu percebo que isso faça sentido para ajudar a estruturar algum conhecimento. Mas não acho que seja a única e a última maneira de apresentar e de organizar as coisas (...)".

interesse individual. No caso da televisão a hipertextualidade tem de ser gerida pelo próprio espelho, pois a lógica da pirâmide invertida (Deuze, 2003; Traquina, 2003) não pode ser aplicada em um espelho de um telejornal sob pena de perder a atenção do telespectador.

No caso de um telejornal, o objetivo é informar, conseqüentemente um jornalista que aí trabalhe quer obter a atenção do telespectador da notícia de abertura até a última notícia. Tal como um diretor de um jornal pretende agarrar os seus leitores e aumentar o índice de leitura, de fidelização ou conceder informação sobre os mais variados assuntos ao seu leitor da primeira à última página. Essa lógica transposta para a televisão não pode ser atingida pela aplicação da pirâmide invertida, na qual os assuntos mais importantes são os primeiros e os menos importantes são os últimos, porque se isso acontecesse as pessoas concentrar-se-iam todas no início do telejornal e progressivamente, à medida que ele avançasse, mudariam de canal.

O uso de uma certa hipertextualidade, com a chamada das notícias mais à frente no espelho, de interligação de assuntos no espelho e também atuação do âncora são características fundamentais de um telejornal.

No entanto, a hipertextualidade televisiva nos telejornais, produto também de uma contaminação das lógicas subjacentes à internet, convive ainda com um modelo mais tradicional herdado do jornal em papel em que as temáticas no espelho se organizam do "nacional" ao "internacional", seguindo-se "esporte" e "*fait-divers*", e do mais importante para o menos importante, do geral para o particular.

Se quisermos aprofundar a temática da presença da hipertextualidade televisiva teremos de concordar que está muito mais presente na área do entretenimento televisivo, principalmente em emissoras como a MTV (Frith, 1993) que também combinam dimensões de entretenimento e informação e apresentam um modelo alternativo de gestão da informação num contexto televisivo, procurando deliberadamente uma construção hipertextual dos programas e dos espelhos.[96]

Se o conjunto das características até aqui citadas permite identificar modelos de telejornais, se é possível estabelecer que ligações ocorrem entre a

---

96 "(...) a MTV foi a primeira contribuição interessante para desconstruir este tipo de leituras tão compartimentadas das coisas. MTV conquistou milhões de espectadores, de jovens espectadores utilizando técnicas que os manuais de televisão até essa altura diziam que não se deviam seguir, que eram antitelevisivas como a duração média de um plano, como os enquadramentos, como as cores, tal como uma série de coisas" (Carvalho, apud Cardoso e Santos, 2003).

tela de televisão e o monitor do computador e se a dimensão performativa permite identificar pontos de contato entre as duas tecnologias, existirá também alguma relação entre as notícias lidas na televisão e as escritas nas páginas online dos diferentes canais? A análise conjunta realizada nos telejornais e páginas oficiais das televisões portuguesas (Cardoso e Santos, 2003) parece inferir que sim.

Na comparação entre as notícias veiculadas pelas várias televisões online e offline as mídias online disponibilizam, como seria de esperar, dadas as menores limitações da relação espaço-tempo, um maior número de notícias (574 notícias num total de 1.016 analisadas). Dos três sites analisados, o da RTP é o que apresenta o maior número de notícias (340) seguido pelo da SIC (156) e o da TVI, o que menos notícias disponibilizou (78).

Tabela 34
Tipo de assinatura dos artigos, comparação televisão *versus* presença online em Portugal (%)

Emissora	Agências noticiosas	*Press releases*	Jornalistas	Agências noticiosas e jornalista	Não-identificável	Total
RTP	4,6	–	82,2	1,1	11,5	100
RTP online	67,9	–	2,9	28,8	0,3	100
SIC	–	1	94,1	–	5	100
SIC online	3,2	–	44,2	6,4	46,2	100
TVI	2,4	–	86,4	2,4	8,8	100
TVI online	46,2	–	41,0	12,8	–	100

Fonte: Cardoso e Santos (2003). Análise comparada das televisões portuguesas — 11, 12 e 15 de março de 2003.

No que diz respeito à origem das notícias, a maioria das apresentadas nos serviços noticiosos televisivos é escrita por jornalistas (em média mais de 80%). Nas edições online esse número decresce consideravelmente, apesar de existirem diferenças entre os três sites.

O modelo de jornalismo praticado no online televisivo português é claramente diferente do modelo televisivo. Não só pela ausência do mediador âncora e pela substituição da imagem em movimento pela escrita, mas também porque confere um maior papel às agências noticiosas, que enviam texto em formato digital para as redações, que o trabalham e colocam online.

O padrão, comum aos três canais, parece ser o de uma clara complementaridade entre online e televisão.

Tabela 35
Os quatro temas mais citados nas televisões *versus* presença temática online (%)

Emissora	Política internacional	Política interna	Ordem interna	Esporte	Cultura	Economia	Saúde, bem-estar e serviços sociais
RTP	18,4	17,2	17,2	13,8	–	–	–
RTP online	–	19,1	–	24,1	11,2	12,1	–
SIC	22,5	12,4	26,4	–	–	7	7
SIC online	14,1	–	16	19,2	9	–	–
TVI	9,6	–	33,6	–	–	4,8	20
TVI online	35,9	6,4	14,1	–	–	–	11,5

Fonte: Cardoso e Santos (2003). Análise comparada das televisões portuguesas — 11, 12 e 15 de março de 2003.

As temáticas online exploram dimensões diferentes das que são mais valorizadas nas transmissões dos telejornais. Mas também aprofundam algumas das temáticas. O objetivo parece ser o de não perder a identidade temática entre as notícias presentes nas duas mídias mas, ao mesmo tempo, explorar novos segmentos de interesse noticioso.

Que modelos de relação entre internet e televisão podemos então identificar? Obviamente, a maior parte dos dados aqui apresentados sobre a presença da televisão na internet caracterizam a realidade das redações online das televisões portuguesas, num registro datado e também sujeito a evoluções. No entanto, a análise de diversos estudos sobre a realidade televisiva na Europa — Aquino, Bierhoff, Orchard e Stone (2002) ou Shain e Bierhoff (2002) — parece levar-nos à conclusão de que é possível apresentar uma tipificação da presença online das televisões (Tettamanzi, 2000).

A hipótese inicial para essa caracterização é de que além de casos de sucesso como o da BBC (Kung, 2002) onde, apesar de existir uma dimensão promocional dos programas (pela homepage http://www.bbc.co.uk/), o enfoque central é a produção informativa da BBCNews (pela homepage http://news.bbc.co.uk/), existem, também, outros modelos de relação televisão-internet.

Se a BBC News representa um dos paradigmas da apropriação da internet por uma emissora (favorecendo o caráter textual da informação e complementando-a ocasionalmente por vídeo e som), existem também outros modelos de apropriação do online para as emissoras. O modelo protagonizado pela BBC, que aqui designaremos como *noticioso* (num paradigma do regresso do serviço público à imprensa escrita, agora em formato digital), é também o modelo adotado por canais privados como a CNN. Em ambos os casos, as suas presenças online competem com todas as mídias, dos jornais ao rádio online, e até com as suas redações televisivas, pelo domínio do público que busca informação noticiosa.

Figura 15
Homepages da BBC e da BBC News da Grã-Bretanha

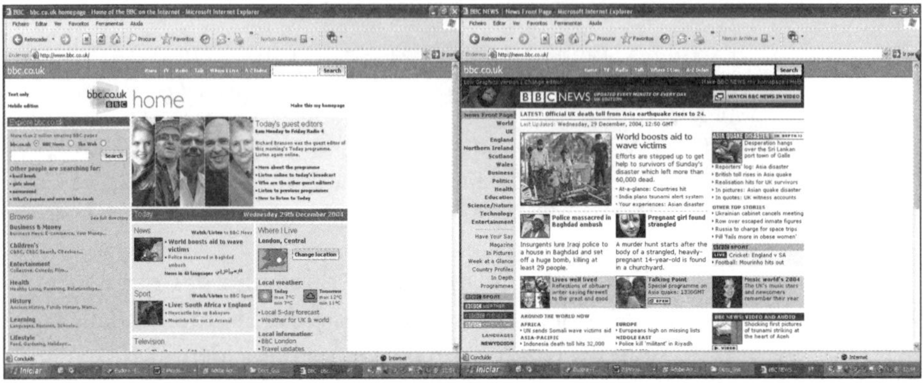

Figura 16
Homepage da CNN.com dos EUA

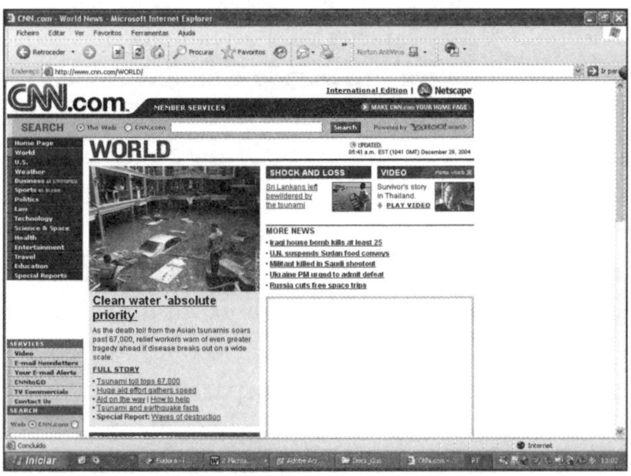

Essa é uma situação só possível quando as próprias redações de televisão (mas também como veremos dos jornais e rádios online) possuem uma forte identidade própria em que à marca de origem se juntam prefixos identificadores de uma cultura jornalística diferenciada, como são os casos da "BBC News", da "CNN.com", podendo como tal ser designados por *modelos noticiosos da internet.*

A segunda variante do modelo informativo pode ser exemplificada pelo caso da televisão portuguesa privada SIC e da pública France 2, onde o modelo informativo possui essencialmente uma função de complementaridade da informação prestada no canal televisivo. Essa segunda variante de presença informativa na internet pode ser designada como *modelos noticiosos de aprofundamento*.[97]

Figura 17
Homepages da TF1 francesa e do Canale 5 italiano

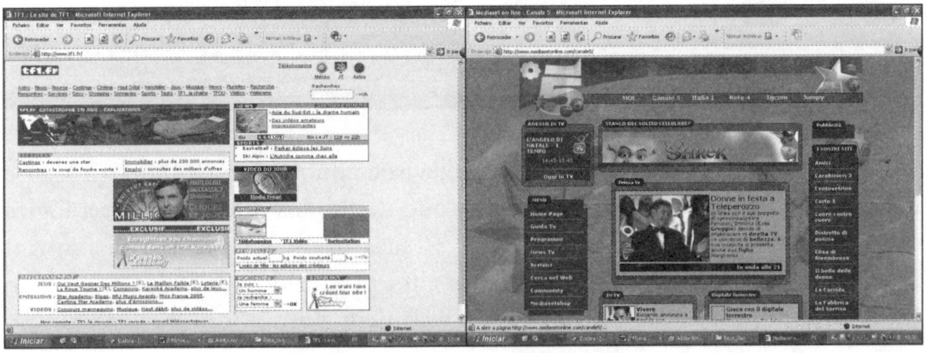

No pólo oposto ao modelo informativo, temos casos como a presença na internet de canais privados como a TF1 francesa e o Canale 5 italiano, da mediaset, em que o objetivo principal é a promoção dos seus programas de entretenimento. Levar quem navega na internet a ver os seus programas na televisão, promovendo as páginas temáticas em torno deles, procurando assim explorar uma dimensão de *culto*, tendo a informação um papel muito reduzido na função da página. Esse é o modelo que podemos designar por *EPG ampliado*.

[97] Mendes (2003) sugere que, no meio online, a televisão sai em vantagem em relação aos seus competidores porque pode promover o seu site junto da sua grande audiência. Uma promoção que pode funcionar reciprocamente, conduzindo os telespectadores para o site e os usuários do site para a transmissão. Essa divulgação obtém melhores resultados quando decorre em noticiários, principalmente quando menciona a existência de elementos adicionais sobre uma história transmitida. Nessa relação de elementos adicionais a possibilidade de utilizar infográficos afigura-se como um dos elementos da complementaridade da informação, que é atingida não apenas com o uso de mais informação sobre um tema, mas também pela utilização das ferramentas que mais aproximam a página da internet da transmissão televisiva, isto é, a infografia multimídia.

Figura 18
Homepages da TVE espanhola e da RAI italiana

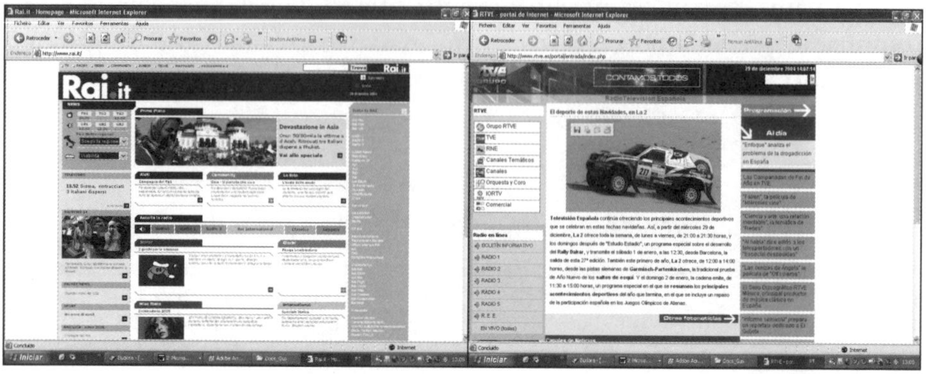

Por sua vez, sites como o das televisões públicas espanhola (TVE) e italiana (RAI) parecem partilhar, ainda que de modos diferenciados, a lógica do *modelo de portal televisivo*, ou seja, as suas páginas servem para mostrar tudo o que está ligado a essas entidades e foi produzido para a internet. Não existe uma afirmação de cultura para a web nem a atribuição de uma função específica que não seja a de acervo deixando ao usuário a escolha do que melhor servirá os seus interesses.

Figura 19
Homepage da Globo brasileira

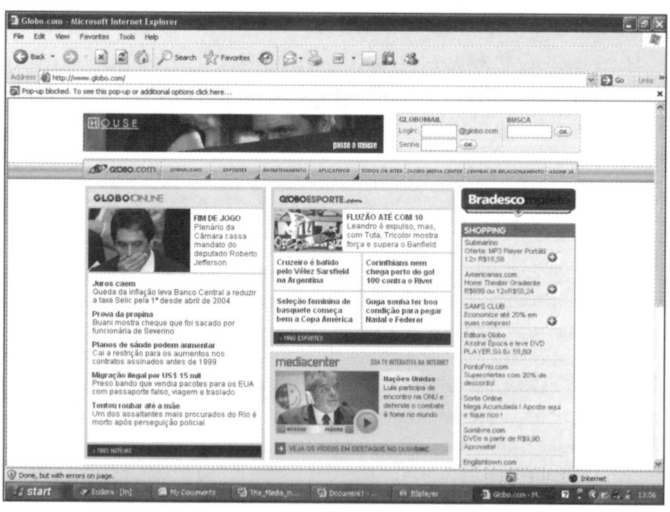

Se o portal da TVE é essencialmente institucional, valorizando as ligações institucionais ao grupo de mídia e, portanto, fazendo essencialmente valer a ligação com o que é transmitido nos canais, já no caso da RAI o apelo é à consulta do que há produzido especificamente para o online. A RAI tipifica o modelo de escolha de conteúdos ampliada em que, por exemplo, no campo da informação se pode escolher as notícias dos três canais nacionais ou ainda da rádio ou da RAINews24, esta última variante, como a proposta online da Globo no Brasil, pode ser designada como *de conteúdos*, e o modelo da TVE de *modelo de portal institucional.*

Quadro 7
Modelos de presença na internet dos canais televisivos

Modelo	**Características dominantes**	**Exemplos**
Internet de notícias	Função informativa predominante; forte identidade das redações online. Competindo atingir online o mesmo estatuto que a informação televisiva já possui.	BBCNews (Grã-Bretanha) CNN.com (EUA)
Aprofundamento de notícias	Complementaridade da informação prestada em canal televisivo. Aprofundamento dos temas tratados nos blocos informativos ou introdução de novas áreas.	SIC (Portugal) France 2 (França)
EPG alargado	Promoção dos seus programas de entretenimento. Levar quem navega na internet a ver os seus programas de entretenimento na televisão.	TF1 (França) Canale 5 (Itália)
Portal televisivo de conteúdos	Permitir ao usuário a escolha do que melhor servirá os seus interesses no acervo disponível. Apelo à consulta do que há produzido especificamente para o online.	RAI (Itália) Globo (Brasil)
Portal televisivo institucional	Portal de caráter essencialmente institucional. Informação institucional sobre os programas dos seus canais.	TVE (Espanha)
Interatividade em rede	Criar interatividade com os próprios programas de televisão durante a sua transmissão regular. A interatividade compreende a informação, chats e entretenimento. Combinação de diferentes tecnologias (SMS, internet, chat, legendas e televisão).	RTP (Portugal), TVI (Portugal) Televisio de Catalunya (Catalunha, Espanha)

Por último, surge o modelo de presença online da televisão, que pode ser designado como *interatividade em rede*. Embora todos os modelos já expostos confiram dimensões interativas (envio de e-mails, chats ou SMS), essa dimensão é apenas uma entre as outras.

No caso das presenças dos canais televisivos portugueses RTP, TVI e da Televisio de Catalunya, a função principal é a de criar interatividade, não com as redações online ou com os gestores do site de um programa específico, mas com os próprios programas de televisão durante a sua transmissão regular, ou seja, a presença na internet serve para promover o uso dos SMS, do teletexto e por vezes da voz por telefone e celular.

O uso do e-mail está por sua vez subutilizado; no caso da RTP só é disponibilizado quando se busca informação sobre um dado programa no EPG. Os SMS são enviados (como já foi analisado) na sua quase totalidade para programas de entretenimento, como concursos ou *talk shows*.

Figura 20
Homepage da Televisio de Catalunya

Quanto ao teletexto é essencialmente um meio de promover a interação por chats. Nesse modelo, a dimensão de informação é aquela que mais recorre à internet, os telejornais (nesse caso os da TVI e RTP),[98] com as legendas de notícias, estabelecem ligação com as notícias presentes nas páginas. E assim

[98] A análise dos dados disponíveis para as práticas dos usuários de internet na presença online é de algum modo taxativa. A consulta de páginas é feita na sua totalidade por quem vê televisão, ou seja, a presença online não gera mais audiência televisiva, quem as consulta o faz porque vê esse canal e quer de algum modo aprofundar essa interação, seja através de mais informação noticiosa ou interagindo com os programas. Chega-se à internet pela televisão e não ao contrário.

quem vê os telejornais pode ir à página em busca de informação complementar, quer de aprofundamento, quer de outras temáticas ou simplesmente de atualização. Este *modelo interatividade em rede* é o que melhor espelha a idéia de *televisão em rede*. Esse é também um modelo que só pode ocorrer em sociedades onde a penetração das redes tecnológicas de celulares, internet e teletexto, que são os suportes desse modelo, seja elevada.

O que mudou então na televisão com a chegada da internet? A tentativa de resposta baseia-se na idéia de que a mudança depende do modelo televisivo tradicionalmente praticado, isto é, da identidade televisiva construída em torno de uma relação entre entretenimento e informação. Mas, visto que o ponto de partida para a presença na internet das televisões tem quase sempre sido a oferta de uma página de notícias, a mudança está também dependente, até certo ponto, do modelo noticioso praticado na redação do telejornal de cada emissora.

A presença online da televisão, tal como dos jornais e do rádio, é produto da interação entre dois universos de referência em termos da comunicação: a informação publicada offline (que é o seu ponto de origem) e o ambiente da rede internet, ou melhor, a sua cultura, a qual constitui o seu ponto de chegada (Castells, 2004a; Scifo, 1998).

Assim como com as mídias offline, o objetivo das mídias online é encontrar reconhecimento e valor na sociedade. Esse reconhecimento deriva de quem o produz e projeta, mas também da pluridimensionalidade do ambiente comunicativo da internet (Scifo, 1998) e da relação estabelecida com a sua identidade offline de base.

Em última análise, o grau de mudança que a internet introduz na televisão depende da escolha que a empresa televisiva quiser fazer ou deixar realizar (Kung, 2002). A mudança introduzida pela internet na televisão ocorre em duas fases. A primeira corresponde à passagem da televisão para o espaço online. A segunda, dependendo da capacidade tecnológica, de estratégia e de modelo identitário original, apresenta a possibilidade de evoluir, ou não, para novos modelos televisivos que atentem para as lógicas de rede entre diferentes mídias. A presença na internet pode, na sua tendência maximizada, contribuir para o surgir de uma *televisão em rede* interagindo com diversos outros veículos de comunicação, pessoais ou de massa, e conteúdos diversificados ou, numa dimensão de menor mudança, estabelecer apenas pontes frágeis entre duas mídias sem real interação entre si: *a televisão para ser apenas vista* e a *internet para ser navegada*.

O impacto da internet na televisão, na Europa, é essencialmente visível no consumo e não na produção ou na distribuição.

Os modelos de programas de entretenimento e informação foram muito pouco alterados no seu conteúdo e forma pelo surgimento da internet.

Também em termos da distribuição o impacto é mais visível na digitalização do sinal utilizando tecnologias de distribuição como o cabo, satélite ou emissão digital terrestre do que pelas poucas experiências de transmissão por IP via internet (Colombo, 2004). A diferença é significativa na diminuição de horas de assistência televisiva por parte dos que utilizam a internet (Cardoso e Firmino da Costa, 2004; World Internet Project, 2004).

Devemos olhar para as presenças online das emissoras questionando se estão utilizando a internet para tentar minorar a perda de audiência?

No caso das emissoras que adotam o modelo de presença online de interatividade em rede há a atribuição de uma função de reencaminhamento do usuário da internet para a tela da sua televisão, servindo-se da interatividade possibilitada por diferentes tecnologias.

Da interatividade do rádio à gestão temporal do jornal: a rede midiática

Eco (1997c) sugere que no contexto da atual sociedade e da organização da sua mídia, existem três caminhos possíveis para os jornais de forma a não se tornarem escravos do modelo de informação televisivo. Na opinião de Eco, a estratégia dos jornais há vários anos reside no diário vir a tornar-se um semanário, aumentando o número de páginas e também ampliando a sua definição de notícia para além da noção mais tradicional, passando a dar mais destaque ao esporte, à moda, ao efêmero das celebridades e também aos novos protagonistas da atenção pública, como, por exemplo, os participantes dos Big Brothers (Eco, 2000b).

Embora com diferentes graduações de intensidade a agenda televisiva interage com a agenda dos jornais e vice-versa, mas para Eco aquilo a que assistimos não é apenas a utilização de manchetes de outra mídia, mas a simulação de um modelo noticioso próprio.

Na análise da relação entre televisão e imprensa (e, portanto, numa tentativa de encontrar uma lógica organizativa no quadro da informação), Eco (1997c:69) concluía sobre a imprensa italiana que "não há imprensa no mundo onde as notícias televisivas vão para a primeira página, a menos que na véspera Clinton ou Mitterrand tenham falado na televisão ou tenha sido substituído o administrador de uma cadeia (informativa) nacional". Ainda segundo Eco (1997a), a partir da década de 1970, com o surgimento da televisão, ela tornou-se a primeira fonte de difusão de notícias e o jornal diário, em resposta, ficou cada vez mais semelhante ao semanário e este último teve igualmente de, em resposta, mudar e falar das mesmas notícias que os diários, mas aprofundando-as e oferecendo ao mesmo tempo um conjunto ampliado de informação útil, que vai dos espetáculos às viagens ou ao imobiliário.

Como clímax de todo esse processo de adaptação também o que é notícia, primeiro nos jornais e a seguir na televisão, tende a alterar os seus padrões de definição ampliando-os, considerando que perderá o interesse se não for dada nesse momento temporal (*hardnews*), no sentido da crescente legitimação noticiosa de um tipo atemporal de notícias (*softnews*).[99]

Se tomarmos como válidos os pressupostos de Eco, que panorama encontramos na relação entre as notícias dadas pelas duas maiores fontes de notícias para a população em Portugal, isto é, a televisão e os diários e semanários de referência existentes? E será a realidade portuguesa comparável com a de outras zonas geográficas como, por exemplo, a norte-americana?

Ao analisarmos uma amostra de jornais e telejornais dos meses de março e julho de 2003, procuramos obter uma diversidade de temas abordados, quer em função dos jornais e canais escolhidos, quer também do tipo de eventos (monopolizadores da agenda midiática, como nesse caso o início da Guerra do Iraque e outros temas mais diversificados da atualidade).[100]

As leituras da informação contidas tanto nessa análise quanto na tabela 36 parecem sugerir que as propostas de Eco serão também adaptáveis à realidade portuguesa.

As televisões generalistas portuguesas utilizam nas suas edições de horário nobre entre 20% a 30% de notícias que são também primeira página do jornal da manhã desse dia. Por sua vez, na manhã seguinte, os jornais incorporam quase sempre as notícias que fazem parte do espelho dos telejornais, desde que não tenham ocorrido depois da hora de fechamento da impressão do jornal.

---

[99] Segundo Rebelo (2002), todos os fatos que correspondem a algo mais do que a normalidade são, numa perspectiva de senso comum, acontecimento. Nas teorias do acontecimento (Neveu, 2002), a essa expressão corresponde um caráter absoluto, singular, irrepetível e imprevisível. A definição de notícia é uma área desde há muito controversa, isto apesar da forma natural como todos os dias lidamos com elas. Como refere McQuail (2000), "parece existir uma percepção estável da parte dos decisores de notícias sobre o que é de interesse para uma audiência dentro dos mesmos parâmetros socioculturais". Como tal, a definição do que é *notícia* poderá ser diferente de sociedade para sociedade. Já para Shoemaker e Reese (1996), a definição de notícias é a de "um tipo especial de comunicação" sendo "uma nova informação sobre um assunto que possui interesse público e que é visto como tal por uma parte substancial do público". Como a informação que interessa ao público se transforma em notícia é uma pergunta que não se pretende responder, mas segundo Eco e os dados empíricos dos estudos comparativos internacionais realizados por Shoemaker (2005) e também na análise da produção televisiva portuguesa (Cardoso e Telo, 2003), se não parecem existir diferenças qualitativas nas temáticas escolhidas para constituírem as notícias apresentadas entre os diversos intervenientes, existem as quantitativas. Mas há uma tendência comum de alargamento da definição de notícia no uso do tipo atemporal de notícias (*softnews*).

[100] Embora o número de jornais disponíveis no mercado fosse superior aos do quadro, procurou-se escolher aqueles que, tanto nos estudos de mercado quanto nas análises das práticas comunicativas (Cardoso et al., 2005b), são os mais lidos pela população portuguesa.

Mas existem também algumas singularidades entre o aproveitamento feito pelas televisões, quer entre os jornais mais escolhidos, quer no que diz respeito ao tipo de notícias da imprensa selecionadas para integrar o espelho televisivo.

Assim todos os quatro telejornais, à exceção do canal TVI, alinham a sua escolha não em função dos jornais de maior circulação ou preferência, mas sim pelos que são considerados de referência,[101] isto é, o *Diário de Notícias* e o *Público*.

Registram-se também algumas sinergias com origem na posse econômica dos meios. Tanto o canal SIC como o semanário *Expresso* são propriedade do mesmo grupo econômico, daí não surpreender que o canal televisivo faça um aproveitamento superior, ao da média dos outros canais, das notícias desse semanário.

Tabela 36
Média de coincidência entre notícias dos telejornais e jornais selecionados em Portugal (%)

Emissora	*Expresso**	*Correio da Manhã*	*Jornal de Notícias*	*Público*	*Diário de Notícias*	Média de coincidência
RTP1	14,3	25,1	17,3	28,3	34,3	24
2	14,3	18,3	14,2	29,8	32,3	22
SIC	29,4	26,0	14,6	31,2	39,3	28
TVI	23,8	30,5	10,6	29,8	28,3	25

*É um semanário.[102]

Nota: As notícias analisadas referem-se ao alinhamento dos telejornais do horário nobre das quatro emissoras e das notícias presentes nas primeiras páginas dos cinco jornais para os dias 11, 12, 18, 19 e 22 de março de 2003 e 21 a 26 de julho de 2003.

[101] Tanto o *Diário de Notícias* quanto o *Público* são geralmente avaliados como, e se consideram, jornais de referência. Um jornal de referência demonstra um maior interesse por temas de natureza política e um maior distanciamento e sobriedade na análise de temas tratados em outros jornais. Rocha (2003) sugere que os jornais de referência visam preferencialmente uma opinião pública dirigente (associada à tomada de decisões políticas, econômica e culturais) enquanto os jornais populares têm por alvo a opinião pública generalizada. A utilização dessa definição deve considerar as críticas de Bourdieu (1979:518) sobre uma divisão demasiado maniqueísta entre jornais de tipo "sensação" e "informação", pois muitas vezes esse é um modelo ideal não presente no campo analisado. Os jornais de referência são para McLuhan a continuidade de um modelo de imprensa que se situa no prolongamento da mídia "livro", enquanto o modelo tablóide representaria a variedade e irregularidade da vida cotidiana e a influência de novas formas de comunicar (Mesquita, 1998). No seguimento dessa linha de análise podemos dizer que o *Diário de Notícias* e o *Público* cumprem as funções designadas como características de um jornal de referência, principalmente o uso por outros jornais, serem uma plataforma de expressão dos líderes e também utilizados no estrangeiro como referência para a realidade nacional.

[102] O grupo Portugal Global, criado em 24 de fevereiro de 2000, é a *holding* que agrega os canais públicos portugueses de televisão RTP, de rádio (Rádio Difusão Portuguesa — RDP) e a agência noticiosa Lusa.

Quanto ao tipo de notícia, em particular o gênero — *hard* ou *soft* — e os assuntos, há uma clara diferenciação no aproveitamento feito das notícias dos jornais, pois o canal TVI dá prioridade, no seu espelho, às notícias sobre pequenos crimes e acidentes presentes nos jornais que também dão maior ênfase a esses temas, que são, na nossa amostra, representados pelo *Correio da Manhã* e *Jornal de Notícias*.

Outra das análises possíveis sobre a articulação entre diferentes mídias no metassistema da informação é a análise comparativa entre as notícias de abertura dos telejornais e as notícias de primeira página. O interesse dessa comparação reside no fato de para as duas mídias, televisão e jornais, serem essas as notícias que marcam normalmente a tematização escolhida para as notícias desse dia. Como os jornais são publicados de manhã e o fechamento da edição ocorre durante a madrugada e por sua vez os telejornais ocorrem ao fim desse mesmo dia, normalmente entre as oito e as 10 da noite, o fato de as emissoras usarem notícias de abertura partilhadas pelos jornais pode dar-nos outra visão de como se organizam as relações entre ambos e até que ponto os pressupostos enunciados por Eco (1997c) na segunda metade dos anos 1990 podem caracterizar também, ou não, o panorama da imprensa e audiovisual portugueses.

Quadro 8
Coincidência da notícia de abertura do telejornal com a primeira página de um jornal em Portugal

Data	RTP1	2	SIC	TVI
11-3-2003	Com todos	Não	Não	Com todos
12-3-2003	Não	Não	Não	Não
18-3-2003	Com todos	Com todos	Com todos	Com todos
19-3-2003	Com todos	Com todos	Com todos	Com todos
22-3-2003	Com todos	Com todos	Com todos	Com todos
21-7-2003	*Correio da Manhã*	*Correio da Manhã*	*Correio da Manhã*	*Correio da Manhã*
22-7-2003	Não	Não	Não	Não
23-7-2003	Sim	Sim	Não	Não
24-7-2003	Sim	Sim	Sim	Não
25-7-2003	Sim	Não	Sim	Sim
26-7-2003	Sim	Sim	Não	Não

A SIC pertence ao grupo Impresa, que alia à estação de televisão vários jornais e revistas, com destaque para o semanário *Expresso*, com o qual o site da SIC online mantém uma relação privilegiada, bem como participações em portais, canais de televisão por cabo, produção cinematográfica e telecomunicações. O grupo Media Capital, presidido por Miguel Paes do Amaral, possui a TVI. Tal como o grupo Impresa, a Media Capital possui um diverso leque de participações em várias empresas do setor da comunicação, das telecomunicações, aos rádios, jornais e revistas, passando por empresas de publicidade e uma participação num clube de futebol da primeira divisão nacional.

Se analisarmos o quadro 8, verificamos que apenas quando o tema das notícias é tão abrangente e é visto como um acontecimento perturbador da normalidade é que encontramos uma total sintonia entre as primeiras páginas de jornais e a abertura de telejornais.

Esse é o caso da notícia sobre a "guerra iminente" ou concretizando a ameaça de ataque quase imediato que o presidente dos EUA, George Bush, lançava na época a Saddam Hussein — dias 18 a 22 de março de 2003.

A relação temporal diferente entre jornais (matinal) e televisão (entre 20h e 22h) influencia também a abertura dos telejornais.

Assim, em 22 de julho de 2003, a morte dos filhos de Saddam Hussein ocorre depois do fechamento dos jornais e a abertura dos telejornais em todos os quatro canais reflete esse acontecimento, tal como no dia 12 de março, em que as notícias de abertura ocorrem depois da saída dos jornais, ou ainda do dia 21 de julho, em que a abertura dos telejornais é ditada mais pela evolução dos incêndios florestais — embora o tema seja o mesmo do jornal *Correio da Manhã*, que havia escolhido tratar também os incêndios ocorridos no dia anterior.

Numa lógica de diferenciação entre as próprias estações televisivas, quando se percebe que nos dias anteriores a notícia tem a mesma origem, pode ainda ocorrer, como no dia 26 de julho de 2003, em que dois canais — RTP1 e 2 — escolheram para abertura uma notícia já presente na edição da manhã de um jornal, os restantes optem por estratégias diferenciadas, ou seja, nessa data o canal SIC decide manter um tema na agenda, neste caso, revisitando a questão da pedofilia e da instituição para menores Casa Pia. Enquanto o canal TVI escolhe abrir com uma notícia de última hora sobre outro tema.

Dessa análise, podemos concluir que, se por um lado a visão de Eco (1997c) sobre as lógicas de articulação entre televisão e jornais continua presente, deve-se considerar a existência de situações, embora menos correntes, em que existe coincidência total de temas quer de caráter internacional (Guerra do Iraque ou massacre de 1999 no pós-referendo em Timor Leste) quer nacional (como a queda da ponte de Entre-os-Rios ou o caso de pedofilia da Casa Pia em Lisboa).[103]

Focando agora a realidade norte-americana, embora não possuindo dados de comparação para as aberturas de telejornais e jornais, a tabela 37 permite-nos concluir que existe uma tendência para que as temáticas mais impor-

[103] Como foi analisado por Santiago (2003) no caso da tragédia do afundamento de um ônibus e carros na queda da ponte de Entre-os-Rios.

tantes dos jornais sejam também as mais importantes, em termos de tópicos, para as cadeias de cabo, emissoras de sinal aberto e online.

Tabela 37
Tópicos na 1ª página de jornais *versus* outras mídias, percentagem de todas as histórias nos EUA (%)

Tópico	1ª página de todos os jornais	1ª página dos jornais principais	Noticiário da noite em sinal aberto	Noticiário da manhã em sinal aberto	Cabo	Internet
Governo	35	30	27	20	14	32
Assuntos estrangeiros	14	17	14	7	9	16
Militares	2	2	1	0	6	1
Assuntos domésticos	14	15	21	16	13	19
Eleições	9	13	9	7	12	8
Entretenimento/ celebridades	1	1	2	6	13	3
Estilos de vida	10*	7*	5	5	10	5
Crime	4	3	2	4	4	2
Negócios/comércio	4	5	8	2	3	3
Ciência	3	3	3	3	1	1
Acidentes/desastres	3	1	4	5	3	6
Outros	2	2	4	25	11	3

Fonte: State of the News Media, 2005a.
*Inclui 3% de cobertura de esporte.
Nota: Total pode não igualar 100, devido a arredondamentos.

O interesse da contribuição de Eco, independentemente das suas premissas estarem ligadas a um contexto nacional específico como o italiano, reside no fato de a sua análise demonstrar a ligação entre mídias e como tanto os jornais como o rádio tentam reposicionar-se perante a mídia que consideram ser a líder no campo da informação: a televisão.

Uma segunda contribuição importante é Eco (1997c) identificar a internet como parte de uma das estratégias possíveis de resposta à televisão por parte dos jornais, aquilo que descreve como o "jornal feito em casa". À qual se junta a via *fidjiana,* de um jornal só com o essencial ou o modelo de "atenção ampliada" onde se recusariam todas as notícias de acontecimentos *soft* para só concentrar a atenção nas notícias, seu desenvolvimento, contextualização e possíveis evoluções.

Se a internet pode ser uma resposta às necessidades do rádio e dos jornais diante da televisão, qual é o papel instrumental da internet para os jornais e o rádio? E será essa tendência a mesma em todas as culturas?

A resposta passa naturalmente por uma dupla análise, por um lado por meio de um olhar ao que os jornais e o rádio fizeram com a internet num tipo de sociedade em transição para a sociedade em rede (como Portugal) e em outras sociedades informacionais, por outro, é fundamental olhar como as práticas diante dessas duas mídias parecem ter evoluído nos últimos anos.

Na Europa, segundo a pesquisa da participação dos europeus nas atividades culturais, cerca de um europeu em cada dois (46%) lê jornais cinco a sete vezes por semana, sendo os níveis mais elevados observados na Finlândia (77,8%), na Suécia (77,7%), na Alemanha (65,5%) e em Luxemburgo (62,7%). E os mais baixos na Grécia, Espanha e Portugal (respectivamente, 20,3%, 24,8% e 25,1%).

Por sua vez, cerca de 60% dos cidadãos da União Européia escutam rádio todos os dias. Uma taxa que ultrapassa os 70% na Irlanda, Suécia, Áustria, Dinamarca e em Luxemburgo.

Os programas radiofônicos preferidos são os de música (86,3%), seguindo-se as notícias e atualidades (52,9%) e o esporte (17,4%).

Os luxemburgueses e dinamarqueses proporcionalmente preferem ouvir mais as notícias. Quanto à música escutada, é essencialmente rock, pop (55,1%), seguindo-se a *lounge* (32,1%), a popular (29,9%) e a clássica (28%) (Eurobarometer, 2001).[104]

O estudo da realidade portuguesa em termos da presença online dos jornais e do rádio mostra que só 3,3% dos usuários de internet que lêem jornais online não o faz também em papel. Já no caso do rádio na internet, 3,6% afirmam que consultam rádios online, mas não ouvem.

Em qualquer um dos casos, ao contrário de certas pesquisas, a utilização do meio online parece pois ser mais complementar do que de substituição, lê-se o jornal na internet mas também se lê em papel, ouve-se rádio via hertziana e também através da internet.[105]

---

[104] Em termos nacionais a música escutada varia muito. Por isso a *lounge* tem 70,5% das respostas na Finlândia, e na Grécia, Áustria e Portugal a música popular seja a mais ouvida (respectivamente 62,5%, 44,8% e 65,1%). A música clássica é mais ouvida em Luxemburgo (45,8%), na Suécia (41,3%) e na Grã-Bretanha (40,9%).

[105] Estudos como o realizado pela NETsonda e publicados nos jornais *Público* de 29 de janeiro de 2004 ou no *Diário Econômico* de 28 de janeiro de 2004 apontavam para a menor freqüência de leitura em papel (em 49% dos casos inquiridos) desde que passaram a utilizar a internet. No entanto, existem outras pesquisas (Cardoso et al., 2004) que demonstram existir uma confortável maioria de não-alteração de comportamento (87%), que, conjugada com os valores de leitura exclusivamente online (3,3%), parece indicar um cenário diferente.

Quadro 9
Jornais e rádios mais lidos e ouvidos offline e online em Portugal (%)

Colocação	Rádios mais ouvidas	Rádios mais consultadas (web)	Jornais mais lidos em papel	Jornais mais consultados (web)
1º	Rádio Renascença (23,7)	Rádio Comercial (24,6)	*Jornal de Notícias* (31,9)	*Público* (18,7)
2º	RFM (20,2)	Antena 3 (14,2)	*Correio da Manhã* (23,8)	*Expresso* (14,8)
3º	Rádio Comercial (9,6)	TSF (12,1)	*Diário de Notícias* (11,2)	*A Bola* (14,3)
4º	Rádio Cidade (6,9)	RFM (11,4)	*A Bola* (7,0)	*Record* (10)
5º	TSF (6,2)	Mega FM (7,5)	*Público* (6,8)	*Jornal de Notícias* (9,5)

Fonte: Cardoso e Firmino da Costa, 2004.

Quanto aos jornais e rádios mais lidos e ouvidos offline e online em Portugal, vale a pena salientar algumas dimensões estruturantes. A primeira refere-se ao fato de entre as cinco rádios e jornais listados não existir um único meio de comunicação que mantenha a sua posição relativa.

No caso dos jornais a razão de ser dessa disparidade é dupla. Por um lado, muito daquilo que se procura em papel não tem correspondência com o que se oferece online ou acrescenta pouco ao que já é oferecido em papel, por outro, há a questão da quantidade de usuários *versus* a de leitores.

Sendo os usuários de internet em menor número que os leitores de jornais em papel ou ouvintes de rádio, e constituindo uma população mais jovem e com níveis de educação mais elevados, essa diferenciação apresenta-se na escolha de rádios destinadas a públicos mais jovens no online e ao maior número de jornais de referência também online.

Uma segunda dimensão estruturante é a da caracterização do cenário radiofônico e de imprensa.

Em Portugal, predominam as rádios de entretenimento e música, existindo apenas uma rádio de notícias (TSF) e duas generalistas (Antena 1 e Rádio Renascença), onde a informação é um pilar editorial assumido.[106]

[106] O panorama radiofônico em Portugal organiza-se em torno de quatro grandes grupos econômicos. A TSF é uma rádio de projeto informativo de âmbito nacional, pertencendo ao grupo PT/

No campo dos jornais, os esportivos representam cerca de 12,5% das preferências de leitura, estando, num dos casos, acima do número de leitores de um jornal de referência (Cardoso e Firmino da Costa, 2004).

Chegados a este ponto da nossa análise é possível tentar responder a como os jornais utilizam a internet.

A análise dos jornais e da sua relação com a internet oferece um conjunto de desafios, principalmente porque a comunicação escrita que praticam se adapta particularmente bem ao meio tecnológico da internet e também porque do conjunto de meios de comunicação de massa (televisão, rádio e jornais) eles são o local onde a profissão *jornalista* se estabeleceu e consolidou e constituem o exemplo mais duradouro de atividade jornalística, apesar dos sucessivos desafios que têm sido colocados por meios de comunicação de massa mais recentes.

Os jornais em papel constituem uma das mídias mais antigas e mais cristalizadas. Apesar das transformações conhecidas no conteúdo e no formato, a plataforma *papel* manteve-se, ao longo do tempo, implicando restrições específicas à atividade jornalística (Boczkowski, 2002). Entre as características do jornalismo tradicional destacam-se o caráter da primeira página — onde se encontram os títulos das principais histórias do dia —, o desenvolvimento de cada uma das histórias deixado para as páginas seguintes, tematicamente organizadas, a escrita concisa dos artigos decorrente das limitações de espaço ine-

---

Lusomundo. Já a RFM é, juntamente com a Rádio Renascença (rádio de inspiração católica) e a Mega FM, parte do Grupo Renascença, afirmando-se como rádio de caráter generalista destinada a ouvintes concentrando-se no grupo etário entre os 25 e os 35 anos. A Mega FM é rádio generalista, definindo-se como a rádio jovem do Grupo Renascença sendo os seus ouvintes majoritariamente do grupo etário até os 25 anos.

Quanto ao rádio público, a Antena 1 é a rádio pública generalista e que consagra grande parte da sua transmissão à informação. A Antena 2 é a rádio pública que tem como grande objetivo a divulgação cultural, com um relevo especial para a música clássica. O site, à imagem da rádio, assume esse papel de divulgação e informação.

A Antena 3 começou as suas transmissões em 1994, é o terceiro canal da RDP e define-se como a rádio pública dirigida ao público mais jovem. Uma das preocupações que a Antena 3 assume como fundamental é a de divulgar a música portuguesa.

O quarto grupo de rádios é constituído pela Rádio Cidade, fundada em 1989 como pequena rádio local do município da Amadora e faz neste momento (juntamente com a Rádio Comercial) parte do grupo Media Capital. A Rádio Cidade é especificamente direcionada a ouvintes entre 18 e 25 anos (mas também ao segmento entre 26 e 35 anos) e às classes A, B, C1 e C2. A Rádio Comercial assume-se como uma rádio de caráter generalista, dirigida ao público entre 25 e 35 anos e pretende atingir o mesmo público da RFM.

rentes à utilização de papel (Keck, 2000), e a associação a cada notícia de valores como a objetividade, a novidade e a contextualização (McNair, 1998).

Por outro lado, os jornais online raramente existem como entidades independentes, servindo a edição em papel como fornecedora de conteúdos em diferentes graus para a edição online.

Apesar de constituir um aproveitamento reduzido das potencialidades da internet, a reprodução online dos conteúdos do jornal em papel tem como vantagens o fato de tornar o estabelecimento no meio virtual mais fácil e menos oneroso, enquanto a transferência da identidade e credibilidade do jornal em papel para o novo meio o torna apelativo para o leitor (Keck, 2000). Esse pouco aproveitamento é também produto do processo de estabelecimento de serviços noticiosos online, caracterizado, por exemplo, pelo fato de as mídias já estabelecidas no meio tradicional serem as principais operadoras no meio online, pelos seus recursos econômicos — principalmente capacidade de investimento — e informativos — arquivos e redes de contato já existentes.

Para avançar mais nesta análise, devemos estabelecer também até que ponto os jornais publicados na internet e fora dela são semelhantes entre si, independentemente dos seus países de origem.

As tabelas 38 e 39 trazem a comparação entre quatro países europeus (Irlanda, Itália, Holanda e Portugal) mostrando como, mesmo nas edições em papel, existe uma diversidade de aproveitamento jornalístico e gráfico entre diferentes contextos nacionais (Cardoso e Neto, 2003, Portugal; O'Sullivan, 2003, Irlanda; Fortunatti, 2005, Itália; Van der Wurff, Lauff e Lancee, 2003, Holanda).

Por exemplo, nas edições em papel os jornais italianos dão nas primeiras páginas um destaque maior a notícias completas enquanto os irlandeses e holandeses possuem um maior número de chamadas para notícias no interior do jornal. Em termos de publicidade, os jornais portugueses são os que mais se promovem, com produtos vendidos em separado com o jornal, como livros e CDs, assim como referências a outras mídias do mesmo grupo econômico.

O modelo português é também o que mais recorre em todos os formatos a uma divisão quase similar entre o local, o nacional, nacional-internacional e o internacional. Enquanto nos outros países analisados nos formatos em papel a atenção é majoritariamente dirigida para as ocorrências nacionais e no online é dividida entre o nacional e o internacional.

Tabela 38
Tamanho relativo dos conteúdos da primeira página, por tipo, para países selecionados
(% do tamanho total)

Tipo	Meio/País											
	Jornal em papel				Versão do jornal online				Jornal só com existência online			
	IRL	IT	HOL	PT	IRL	IT	HOL	PT	IRL	IT	HOL	PT
Notícias	71	82	71	76	46	47	57	44	70	38	66	47
Anúncios	18	10	13	10	12	7	8	7	18	16	10	32
Autopromoção	0	3	5	8	17	6	3	10	0	0	4	1
Indicadores de notícias	11	5	11	6	25	31	28	31	8	46	15	17
Indicadores para não-notícias	0	0	0	0	0	9	3	8	3	0	5	4
Comunicação	0	0	0	0	0	1	1	0	0	0	0	0
Número de primeiras páginas analisadas	3	4	4	8	3	8	8	14	1	1	2	4

Tabela 39
Número relativo de itens de notícias para países selecionados (em % de todos os itens)

Tipo	Meio/País											
	Jornal em papel				Versão do jornal online				Jornal só com existência online			
	IRL	IT	HOL	PT	IRL	IT	HOL	PT	IRL	IT	HOL	PT
Teasers	66	21	36	100	93	88	93	87	91	100	100	80
Breve	0	33	11	0	0	1	5	0	0	0	0	0
Notícia incluindo foto	0	9	6	0	7	2	2	0	9	0	0	0
Notícia texto	34	16	28	0	0	4	0	6	0	0	0	20
Análise	0	5	2	0	0	0	0	0	0	0	0	0
Outros	0	16	17	0	0	4	0	6	0	0	0	0
Itens com ilustrações	22	32	30	59	52	22	49	27	9	0	100	100
Local	6	0	6	25	0	2	2	17	0	0	7	0
Nacional	63	65	60	28	66	53	50	41	64	80	43	25
Nacional-internacional	13	11	4	25	14	8	5	13	0	0	0	30
Internacional	16	19	28	22	21	27	30	26	36	0	43	45
Outro	3	5	2	0	0	10	13	3	0	20	7	0

Quanto ao número de itens de notícias presentes numa primeira página, nos diferentes jornais verifica-se que o modelo português é diferente dos outros países nas edições em papel. Enquanto em Portugal as primeiras páginas possuem normalmente apenas títulos ou *teasers*, a Holanda e a Irlanda apostam em cerca de 30% de notícias completas e a Itália recorre a um modelo em que mais da metade das ocorrências são títulos e notícias breves.

No entanto, a uniformização é muito maior online, em quase todos os países baseada no uso de títulos e *teasers*.

A realidade norte-americana das notícias online analisada pelo State of the News Media (2005a) difere em alguns pontos da dos países europeus. No estudo, inclui-se a presença online de canais de televisão, jornais e portais internet, pois para os EUA a oferta de notícias nas emissoras de TV online é significativa, já no caso português, como verificamos, a televisão tem uma contribuição reduzida na dimensão informativa sendo substituída pelo rádio online.

No entanto, existem pontos comuns entre as análises nos dois continentes, por exemplo, as tendências semelhantes na grande variedade entre jornais na forma como tiram vantagem do uso da web, mesmo entre as publicações mais populares online e offline. No entanto, parece continuar a registrar-se uma evolução positiva na presença online de jornais.

Os elementos de um jornal online podem ser sintetizados pela relação entre espaço de navegação e as funções atribuídas a ele. Assim, as funções principais de um jornal online podem ser decompostas em: espaços de informação, da memória, do comércio e da comunicação (Scifo e Pasquall, 1998).

O espaço de informação é dedicado à seleção, exposição e organização das notícias, ou seja, tem a função tradicional dos meios de comunicação de massa. O espaço de memória é o do arquivo da informação. O espaço do comércio é percebido pelos anúncios e também, na lógica de mercado, pela promoção de trocas comerciais de diferentes tipos. Por último, o espaço da comunicação refere-se à interação, da troca comunicativa, que se expressa em três formas diferenciadas: o comentário das notícias, a conversação com os interlocutores informativos (jornalistas, diretores etc. — todos os que tiverem o seu e-mail acessível à consulta) e por último o fórum ou chat entre os usuários da home page do jornal.

A análise da imprensa escrita entre o final da década de 1990 e o período que serviu de amostragem para este estudo insere-se num momento histórico caracterizado por uma vitalidade editorial significativa observada nas publicações de caráter popular ou temático, uma contração do consumo da imprensa generalista, um retraimento do investimento em iniciativas editoriais online, a ascensão relativa do *infoentretenimento* e de critérios de rentabilidade em contraste com os critérios de objetividade noticiosa com a conseqüente pressão sobre o jornalista, um aumento da concentração horizontal e vertical de meios de comunicação social e a internacionalização do seu capital (Correia, 2000).[107]

---

[107] Foram analisados sete jornais portugueses: os diários *Correio da Manhã*, *Diário de Notícias*, *Jornal de Notícias*, *Público* e *Diário Econômico*, e o semanário *Expresso*, as suas edições em papel dos dias 18 e 19 de março de 2003 (exceto o *Expresso*, em que foi analisada a edição em papel de 22 de março), e respectivas edições online como se encontravam às 9h e às 20h dos mesmos dias. Para comparação aprofundada, foram igualmente analisadas as edições exclusivamente online do *Diário Digital* dos mesmos dias e horários. Os objetos em análise foram 11 edições em papel, 22 edições online de jornais em papel, e quatro edições de jornais exclusivamente online (Cardoso e Neto, 2003).
O panorama editorial português é dominado por cinco grandes grupos: PT/Lusomundo, Impresa, Media Capital, Cofina e Portugal Global.
PT/Lusomundo — a *holding* do grupo PT para a comunicação social tem a TV Cabo — cerca de 10 empresas, o que corresponde a 90% do mercado de televisão por assinatura — e participações em três dos seus canais, uma rádio (a TSF), três diários generalistas (*Diário de Notícias*, *Jornal de Notícias* — respectivamente o 3º e o 1º diários portugueses em volume médio de tiragem — e *24 Horas*), um semanário (*Tal & Qual*), várias publicações especializadas nacionais, e três jornais regionais (*Jornal do Fundão*, *Açoreano Oriental* e *DN Funchal*), num total de 20 publicações. Possui ainda uma posição na distribuidora de imprensa Vasp e participação de cerca de 18% da agência Lusa. Possui igualmente ativos nos setores das comunicações móveis e da internet — sendo que as empresas da PT Multimédia para o mercado da internet lideram os segmentos de mercado onde operam, principalmente no fornecimento de acesso (Telepac) e em portais (Sapo).
Impresa — o grupo presidido pelo ex-primeiro-ministro Francisco Pinto Balsemão é proprietário do canal de televisão de sinal aberto SIC — um dos canais portugueses líderes de audiência —, bem como de vários canais a cabo (SIC Notícias, SIC Radical, SIC Gold, SIC Mulher), tendo um acordo com a TV Cabo que lhe dá prioridade na criação de canais de língua portuguesa neste meio. Na imprensa tem o semanário *Expresso*, o diário *A Capital*, a revista *Visão* (também semanal), várias publicações especializadas (*Executive Digest*, *Caras*, *TV Mais*, *Telenovelas*) e também o *Jornal da Região*, gratuito, num total de 32 títulos. Tem ainda uma participação de 33,3% da Vasp e de 25% na agência Lusa, uma empresa majoritariamente de capitais públicos.
Media Capital — o grupo construído por Miguel Paes do Amaral controla a TVI — outro dos canais líderes de audiência — e a principal produtora de telenovelas: NBP. No rádio, detém um importante conjunto de estações, entre as quais a Rádio Comercial e a Rádio Cidade (que se encontram entre as mais ouvidas), bem como a Best Rock FM, e o Rádio Clube Português. Na imprensa mantém uma série de publicações especializadas: as revistas *Fortuna* e *Expansão*, o *Diário Econômico* e o *Semanário Econômico*, revelando uma presença significativa neste nicho específico da imprensa econômica. É ainda proprietária dos jornais online *Portugal Diário* e do título econômico agenciafinanceira.com, bem como do portal IOL.
Cofina — é o grupo de Paulo Fernandes. Controla os jornais diários *Correio da Manhã*, *Jornal de Negócios* e *Record*, além de participações na revista *Máxima* e em cerca de uma dúzia de outras publicações especializadas, num total de 19. Possui igualmente ativos nas distribuidoras Vasp e Deltapress, as quais detêm mais de 90% do mercado da distribuição em Portugal.
Portugal Global — *holding* estatal que controla os canais televisivos RTP e radiofônicos RDP, controlando ainda a agência de notícias Lusa com uma participação de 51%.

Sabemos que além dessas tendências a presença de jornais online foi entendida como possibilidade de aumento da diversidade de notícias, em temas ou em dimensão geográfica, bem como a possibilidade de aprofundamento e atualização noticiosa. Entre essas possibilidades e a sua concretização qual foi a realidade da imprensa escrita online nos últimos anos? Olhando uma sociedade informacional, os EUA, e uma sociedade em transição, Portugal, as realidades têm mais situações em comum do que diferenças.

Em Portugal, o conteúdo das notícias publicadas online mantém a lógica seguida nas versões em papel do *Correio da Manhã*, *Jornal de Notícias* e *Diário Econômico*, que versam sobretudo sobre questões de âmbito regional ou nacional.

Inversamente no *Público*, a primeira página da edição em papel contém sobretudo artigos regionais/nacionais e a edição online contém mais questões européias ou mesmo mundiais, domínio ao qual se dedica também, e majoritariamente, o *Diário Digital*.

Tabela 40
Segmentação por país de notícias econômicas em jornais portugueses (%)

Segmento	Europa	EUA	Ásia	Outros	Todos	EUA-Europa
Agência Financeira	80	14	1	1	2	2
Canal de Negócios	82	10	5	1	1	1
Diário Econômico online	77	7	7	5	1	2
Diário Econômico última hora (web)	79	13	3	1	2	2
Diário Econômico em papel	79	8	6	4	2	2
Total	79	10	5	3	2	2

Fonte: Resende, 2002.

Aprofundando essa análise por países, nota-se que, embora existindo mais espaço disponível online, tal não se traduz num abandono de um modelo noticioso *eurocentrado* ou *americanocentrado*. Tal análise pode ser corroborada pelo estudo extensivo realizado por Resende (2002) sobre a relação entre a imprensa econômica online e offline em Portugal.

Quanto ao tipo de tema abordado nos artigos, constata-se que a tônica é também a da manutenção dos assuntos quando da migração para online, sem prejuízo do aumento do número de artigos. A única exceção a esse cenário em Portugal é o *Correio da Manhã*, cuja edição online se torna mais generalista, incluindo mais artigos de índole cultural, sem nunca abdicar de forte componente nacional e interna.

Tabela 41
Notícias repetidas nos outros sites e jornais de economia e negócios

	Número de notícias repetidas	%
Agência Financeira	161	58,5
Canal de Negócios	141	62,7
Diário Econômico última hora	148	57,8

Fonte: Resende, 2002.

Embora na análise dos diferentes jornais não tenha sido possível realizar uma comparação em Portugal quanto à diversidade de notícias, isto é, o número de notícias cujo tema se repete nos diferentes jornais, Resende (2002) o fez na imprensa econômica e verificou que os assuntos são os mesmos e tratados de forma muito semelhante.

Se a nossa interrogação fosse a de tentar perceber até que ponto existe uma *convergência de conteúdos* no jornalismo, concluir-se-ia que, embora exista informação original (produzida exclusivamente para aquele formato), ocorre também um elevado grau de repetição entre as diferentes presenças online. A concorrência gerada pela internet, em vez de gerar originalidade e diversidade, tende a favorecer a uniformidade da oferta.

Continuando a nossa análise, Resende (2002) conclui também que tratando-se de imprensa especializada, como no caso da econômica (Cocoa, 1990), quando se criam sites online a tendência para uma ainda maior segmentação temática ocorre.

Como se pode verificar na tabela 42, nos sites Agência Financeira, Canal de Negócios e *Diário Econômico* última hora, a percentagem de notícias econômicas é muito maior. Pelo contrário, quando já existe uma versão em papel a diversidade temática da oferta tende a manter-se mesmo online, como é o caso do *Diário Econômico*.

Tabela 42
Segmentação de artigos por tema (%)

Segmento	Economia	Política	Cultura	Sociedade	Mídia	Esporte	Economia + política
Agência Financeira	93,8	1,5	1,1	0,7	1,5	0,0	1,5
Canal de Negócios	96,0	0,4	0,0	0,4	2,7	0,4	0,0
Diário Econômico online	48,1	25,6	8,2	5,9	7,1	4,9	0,2
Diário Econômico última hora	93,8	2,7	0,0	0,0	1,2	0,4	2,0
Diário Econômico em papel	48,9	24,3	9,6	6,3	6,3	4,4	0,1

Fonte: Resende, 2002.

Em ambas as análises (Resende, 2002; Cardoso e Neto, 2003), verifica-se a inexistência de uma mudança do gênero jornalístico produzido pela imprensa escrita online e o tradicionalmente praticado nas edições em papel.

Apesar do aumento de espaço disponível, o número de crônicas de opinião não aumenta nas edições online, sendo ainda em maior número a relação entre notícias e outros gêneros jornalísticos como a entrevista, a opinião, o editorial etc. Também no que diz respeito à contextualização das notícias, isto é, a possibilidade de que por ser online poderia trazer ligação a outros sites, a uma escrita mais contextualizante procurando fornecer explicações mais aprofundadas e mais pontos de vista para a notícia, não ocorrem diferenças significativas entre online e o papel.

O mesmo acontece no que diz respeito à autoria ou origem dos artigos observados na primeira página dos jornais — voltam a verificar-se traços de continuidade editorial entre as edições em papel e online. Exceto o *Diário Econômico*, todos os jornais com edições em papel veiculam artigos cuja autoria é majoritariamente atribuída a um jornalista, que a assina, seja na edição tradicional ou na virtual. Já no caso do *Diário Econômico*, à maioria de artigos assinados na edição em papel corresponde, na edição online, a maioria de artigos com origem em terceiros ou a *press releases*. Destaque-se ainda o fato de serem inúmeros os artigos não assinados em todas as publicações, que são o tipo de artigo mais freqüente nas edições online, do *Diário Econômico* e do *Diário Digital*. Essa tendência portuguesa parece também ser comum nos EUA.

Tabela 43
Origem da notícia (2004), percentagem de todas as notícias

Origem	**Total**	**AOL**	**ABC**	**CNN**	**Dallas**	**Fox**	**Bloomington**	**MSNBC**	***Washington Post***	**Yahoo**
Redação	32	1	25	54	12	14	96	13	83	1
Agência e redação	9	0	1	15	14	24	1	24	2	0
Agência	58	98	74	30	73	62	4	63	15	99
Outras organizações	1	2	0	1	0	0	0	0	0	0

Fonte: State of the News Media, 2005a.
Nota: Total pode não igualar 100, devido ao arredondamento.

Na comparação da tabela 43, são precisamente os sites de jornais que mais apostam na originalidade. Quase toda a edição online do site Bloomington <www.pantagraph.com> é original, sugerindo que a decisão de aposta na cobertura local de eventos e 83% das histórias principais do Washingtonpost.com eram também originais. Por sua vez, as homepages referentes a entidades televisivas, como a MSNBC, ou apenas online, como o Yahoo, têm valores muito mais baixos sendo no caso dos portais online as notícias quase totalmente originárias de agências noticiosas.

No caso norte-americano, como em Portugal e outros países europeus analisados, há uma tendência para a aposta em novas notícias e não atualizações das notícias já dadas.

Tabela 44
Atualização da notícia, percentagem de todas as notícias

Atualização	Total de notícias	
	2003	**2004**
Repetição totalmente idêntica	**21**	**26**
Repetição: sem novos dados	14	2
Repetição: introdução de um novo ângulo	2	
Repetição: nova substância	14	11
Nova notícia	49	60

Fonte: State of the News Media, 2005a.
Nota: Totais podem não igualar 100, devido a arredondamento.

Com relação à interatividade *leitor/conteúdo*, no caso português e na maioria dos jornais europeus analisados, a dimensão mais comum é a da possibilidade de reenvio de artigos ou conteúdos, por parte dos leitores, para terceiros. Nesse domínio, observa-se que é possível reenviar todos os artigos constantes das primeiras páginas estudadas.

Ainda quanto à interatividade, não ocorrem pesquisas relacionadas com os artigos publicados. Quando há uma pesquisa, ela está mais relacionada com uma temática editorial do que com notícias publicadas.

Tabela 45
Interatividade de notícias online, EUA (%)

Origem	Total	AOL	ABC	CNN	Dallas	Fox	Bloomington	MSNBC	*Washington Post*	Yahoo
Comunicação	25	85	1	14	10	3	0	23	12	100
Interação	24	6	1	90	21	32	0	42	9	13

Fonte: State of the News Media, 2005a.

Finalmente, em relação à possibilidade dos leitores de comentarem cada artigo, foram observadas lógicas distintas: enquanto no *Correio da Manhã*,

Público, *Expresso* e *Diário Econômico* esse comentário é possível e, por isso mesmo, encorajado, no *Diário de Notícias*, *Jornal de Notícias* e *Diário Digital* isso não acontece.

Figura 21
Versões online dos jornais *Washington Post* e *Pantagraph.com*

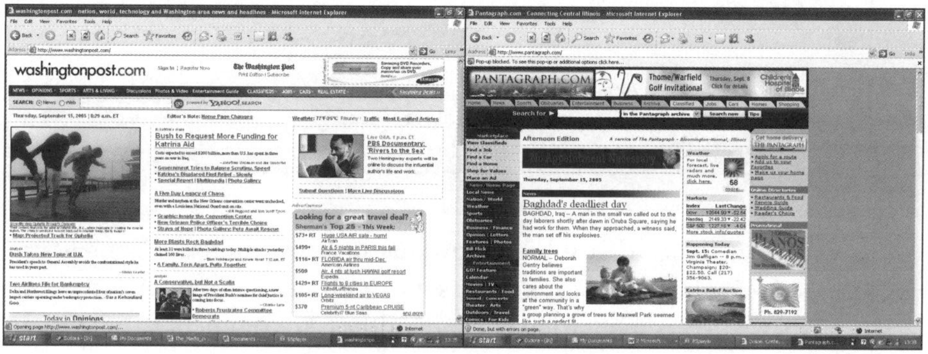

Também aqui a situação norte-americana não difere muito da européia, a maioria dos sites (sejam eles de jornais ou TV) permite a comunicação com o jornalista e, tirando o caso da CNN, com muito reduzidas funcionalidades para customização do conteúdo oferecido. No entanto, portais como o Yahoo! e a AOL possuem os mais elevados graus de comunicação.

No entanto, como sugere Castanheira (2003), a disponibilização de comentários online para os leitores não implica o reconhecimento do seu interesse para a prática jornalística diária nem sequer a sua credibilidade em termos de fonte de opinião.

Numa análise aos comentários feitos pelos leitores aos artigos do *Expresso* durante o ano 2000, Castanheira (2003) debruçou-se sobre a temática que nesse ano ultrapassou todas as demais em número de comentários (730): a criação da Fundação Jorge Álvares pelo último governador português do território chinês de Macau, general Rocha Vieira.[108]

---

108 Entre as temáticas mais comentadas pelos leitores do *Expresso* em 2000 sobressaem as relações entre Mário Soares e o governo de António Guterres, a beatificação dos videntes de Fátima e a crise na TAP, Angola, a violência urbana e a internet (Castanheira, 2003).

Figura 22
Versões online dos jornais *Público* e *Expresso*

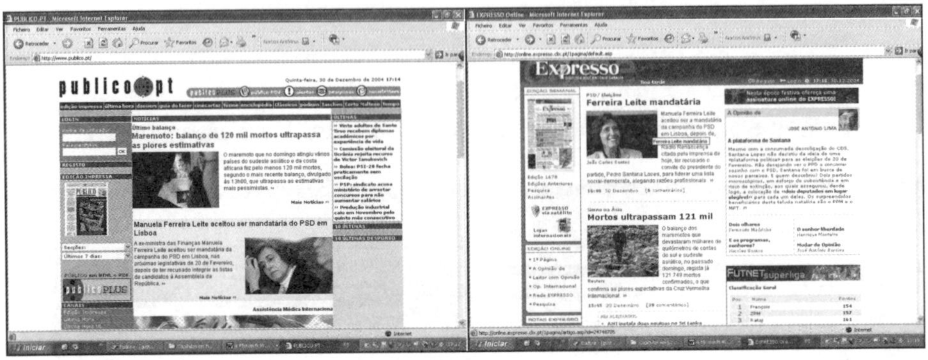

A sua conclusão recai sobre o fato que mais caracteriza o comentário nos jornais, ser o anonimato. Ao todo, sobre a Fundação Jorge Álvares contaram-se apenas 46 comentários com identificação completa — 6,3% do total de 730.

E como lidam os jornalistas com essa possibilidade de interatividade com os seus leitores? Embora apenas um estudo de caso, a análise de Castanheira (2003) constitui um exemplo de interesse para a caracterização do funcionamento dos jornais e da forma como a internet alterou ou não as práticas jornalísticas nesses espaços.

Questionando os 12 jornalistas e colaboradores do *Expresso* responsáveis pela autoria dos artigos comentados sobre a Fundação Jorge Álvares sobre a regularidade de acesso à versão eletrônica do jornal e à leitura dos comentários dos leitores, 41,6% responderam fazê-lo e a maioria que não o fazia nunca ou com pouca regularidade. Outro dado obtido nessa pesquisa são as respostas sobre se alguma vez responderam aos comentários eletrônicos dos leitores. Nunca nenhum dos 12 autores alguma vez respondeu aos comentários expostos online sobre os seus artigos.

Apenas no caso de e-mails enviados para o e-mail pessoal de cada um dos autores, dois dos jornalistas disseram que costumavam respondê-los. No entanto, quatro dos autores disseram que costumam responder ao correio tradicional, mas não ao e-mail. Entre as razões para não responder aos comentários dos leitores publicados online, a principal é a identificação dificilmente verificável, seguindo-se o tom insultuoso, provocativo de muitas das mensagens ou ainda a impossibilidade prática dado o número de comentários.

Figura 23
Evolução do número de comentários e artigos sobre a Fundação Jorge Álvares no jornal *Expresso*

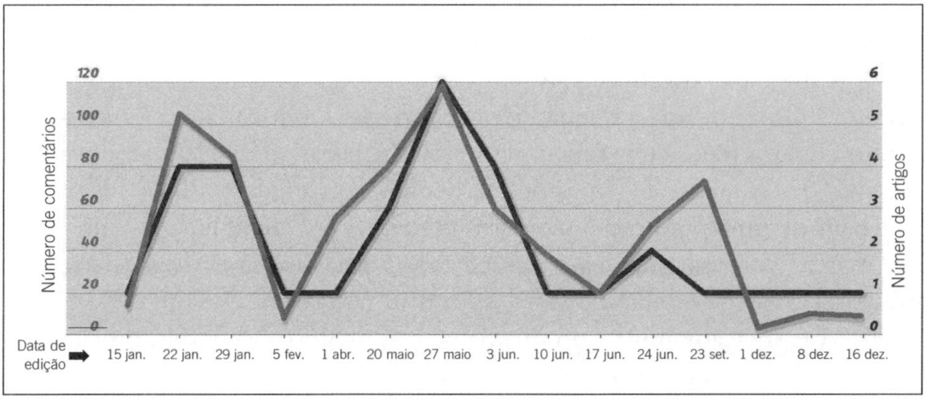

Fonte: Castanheira, 2003.

A principal conclusão dessa análise sobre a interatividade entre jornalistas e leitores nos jornais online é a de que na maior parte dos casos os leitores não pretendem assumir a autoria das suas afirmações, apenas procuram divulgá-las e aumentar a espiral de comentários. Normalmente esses comentários não têm outro objetivo que não o de expressar a opinião. Os leitores consideram não ser necessária a verificação da veracidade das suas conjecturas e os jornalistas não consideram que esse tipo de opinião tenha validade. Por isso muitas vezes a interatividade em chats ou comentários publicados na mídia tem uma função de puro escape social, da mesma forma que se tecem opiniões sobre as figuras públicas numa roda de amigos num café, também essas opiniões são escritas. Nessa função social da interatividade dos jornais apenas se obtém de diferente o número de pessoas a que se chegará.

Castanheira (2003) questiona se a interatividade estará em questão por causa do escasso valor do online como veículo de interatividade, visto não ser aproveitado nem pelos leitores nem pelos jornalistas de uma forma construtiva. No entanto, talvez a interatividade online tenha apenas introduzido uma nova dimensão da relação entre leitores e jornalistas. Por um lado, manteve a tradicional relação entre leitor e jornalista na troca de cartas sobre uma dada notícia, por outro, introduziu uma nova função que não promove diretamente a bidirecionalidade que é a expressão livre de opinião, mesmo que não fundamentada.

A questão é se os jornais podem aceitar a convivência num mesmo espaço (ou melhor em um mesmo endereço eletrônico) de duas formas de escrita e objetivos de comunicação totalmente diferenciados.

Desta análise sobre os jornais podemos diferenciar dois modelos de presença online: o *complementar* e o de *marca*.

A migração digital dos jornais pode ser efetivamente, como considera Scifo (1998),[109] devida à questão da concorrência com os outros jornais ou a procura de um reposicionamento em relação à televisão que leva ao desenvolvimento de estratégia de *marca* online. Como sugere Poole (2001), os principais bens de uma publicação são o seu conteúdo e a credibilidade atribuída à sua marca. Por isso, manter a reputação de uma marca é essencial para os primeiros anos de estabelecimento de um jornal no meio online (Keshvani, 2000). A reputação online é produzida com conteúdos confiáveis, procurando garantir o retorno dos leitores a um site noticioso (Dube, apud Resende, 2002).

Quadro 10
Estratégias de presença online dos jornais

Estratégia	**Complementar**	**Marca**
Diversificação de notícias por tema	Não	Sim
Aprofundamento temático	Em alguns casos	Sim
Interatividade multiusuário	Não	Sim
Referência às notícias de outras mídias	Não	Sim
Áreas temáticas de informação	Sim	Sim
Notícias de última hora	Não	Sim
Lógica de rede com edição de papel (SMS e internet)	Não	Sim
Conteúdo idêntico ao da edição em papel	Sim	Sim
Taxa de ocupação de notícias na primeira página	Menor	Maior

Partindo da identidade formada pelo jornal-mãe na sua edição em papel, o *jornal online de marca* procura ganhar um novo posicionamento de referência perante os outros veículos de comunicação. Ou seja, da mesma forma que existem jornais de referência no papel, rádios de referência e serviços

---

[109] Três são as motivações com origem na concorrência entre jornais, que conduzem os editores para a aposta na presença online. A primeira passa pela presença no mercado online como uma necessidade na gestão da política de imagem, ou seja, a idéia de modernidade de espírito do tempo atual. A segunda tem a ver com a expectativa de uma alteração radical dos modelos de distribuição e comercialização da informação que não se pode perder. E por fim a idéia de expansão do público de leitores (Scifo, 1998).

informativos de televisão mais críveis do que outros, o jornal online procura ser o *nó* de referência para a informação online. Ao assumir esse papel espera também dar um novo fôlego ao jornal em papel, fornecendo-lhe a rapidez de publicação de notícias e a criação de novos pontos de contato diários com os leitores em casa e no trabalho, simulando assim algumas das características tradicionais do rádio e da televisão, mas introduzindo também lógicas próprias que o fazem traçar um caminho singular, como, por exemplo, criar ligações via SMS e internet (com pesquisas e a sua publicação simultânea em papel e online) com a edição em papel, promovendo as novidades nela apresentadas mas evoluindo para uma linha editorial coerente com o papel mas com o explorar de novas áreas.[110]

A estratégia de *marca* online procura, assim, uma linha editorial diferenciada, mas mantendo parâmetros de associação com a marca-mãe em papel.

A estratégia *complementar* reproduz digitalmente o que é a edição em papel, limitando-se na maioria dos casos a transpor notícias e apostar no desenvolvimento de algumas outras áreas, com notícias produzidas mas não publicadas no papel por falta de espaço.

No entanto, a tipificação desses dois modelos não quer dizer que a presença dos jornais online possa ser considerada madura, pois como defende Salaverría (2002) os jornais na internet são ainda uma mídia imatura.

Ao analisar a cobertura noticiosa dos jornais online dos acontecimentos de 11 de setembro de 2001, Salaverría (2002) identificou uma série de debilidades. A primeira é a incapacidade técnica de lidar com afluxos fora do normal aos sites noticiosos. No dia 11 de setembro de 2001 houve uma drástica redução de acessibilidade a publicações em todo o mundo, causada pela procura anormal de notícias por parte do público. Jornais como o *Le Monde*, *NYTimes.com*, *DieWelt*, *Clarín*, *El Mundo* assistiram ao dobro da procura normal das suas páginas, deixando de poder prestar um serviço informativo capaz. Uma segunda questão concentra-se na falta de serenidade com as fontes. Por exemplo, o jornal *El Mundo* anunciava online que parte do Pentágono havia ruído e que um carro-bomba explodira no Departamento de Estado em Washington. Comprovou-se a falsidade de ambas as notícias, o jornal as atribuiu a agências noticiosas mas nunca as identificou.

[110] O caso do jornal *Público* é um exemplo, pois no jornal em papel é diariamente publicada uma pesquisa de opinião sobre um tema da atualidade, sendo os leitores convidados a votar nela na homepage do jornal ou por SMS. Os resultados são publicados em papel e também no site do jornal.

No fundo os jornais online vivem um paradoxo em torno da sua identidade, pois sendo extensões da sua versão em papel devem focar as mesmas dimensões analíticas e interpretativas que a informação assume tradicionalmente no quadro dos jornais, no entanto, ao mesmo tempo, lhes é solicitada informação imediata e concisa. E essa é uma duplicidade que não é fácil de resolver.

O rádio constitui o terceiro elemento do grupo dos meios de comunicação de massa de difusão. Se os jornais procuram como fim último reposicionar-se diante da televisão pela internet, já o rádio escolhe uma via diferente, procura com a internet explorar algumas das suas características-base, principalmente aprofundar a intimidade com o seu ouvinte, que online é também leitor.

O rádio é um meio não-visual, que funciona com base em códigos auditivos, pois tradicionalmente não existe nem imagem nem texto. O contato é essencialmente não-visual, e até o surgimento da internet os seus ouvintes não podiam ver o seu emissor. Os códigos simbólicos do rádio são quase sempre auditivos, consistindo em discurso, música, sons e silêncio (Crisell, 1994). O rádio é um meio íntimo, no sentido em que cada mensagem emitida é decodificada por cada indivíduo de modo distinto, gerando uma "fotografia mental" única (Taborda, 2000; Losito, 2002).

Outra das características do rádio é o seu imediatismo na difusão de notícias e informação, o que lhe permitia, até o surgimento da internet, considerar-se um *meio de comunicação de massa* de velocidade superior na gestão da atualidade, em relação aos jornais ou à televisão.

Uma outra propriedade do rádio é a *flexibilidade* (Crisell, 1994). O rádio, tal como outras dimensões da música, como por exemplo os videoclipes e canais como a MTV e o VH1, é compatível com o desempenho simultâneo de outras atividades e permite a gestão de níveis diferenciados de atenção.

No entanto, a flexibilidade do rádio nem sempre constituiu uma das suas características centrais. Segundo Eco (2000a), a função hipnótica do rádio, característica dos anos 1930-50, está desaparecendo.

Quando McLuhan (1997) introduziu a distinção entre mídias frias e quentes, ou seja, entre as que ocupam vários sentidos e aquelas que usam um só, claramente classificou o rádio como uma mídia quente.

As mídias quentes ao fazer uso de um só sentido não nos deixam espaço para interagir, são assim possuidoras de uma força hipnótica. Uma mídia fria ocupa-nos vários sentidos, o faz de modo fragmentado, e pede a nossa colaboração para preencher, conectar e elaborar o que recebemos. Para McLuhan (1997) são quentes uma conferência ou um filme, que seguimos seduzidos e de modo passivo, e frios um debate ou um serão televisivo, uma fotografia é quente e a faixa desenhada, fria, que representa a realidade fazendo uso de traços esquemáticos.

A caracterização do rádio como mídia flexível é produto de uma mudança no sistema de mídia, pois o rádio, ao longo das últimas décadas, teve de se reposicionar abandonando a sala e a noite. Como afirma Menezes (2003), a televisão não matou o rádio, mas segmentou-o por horas, locais de escuta e produtos especializados.

As estações de rádio disputam as suas audiências entre si, mas também com outros meios de comunicação social, como a televisão ou a internet, e com a oferta cada vez maior de atividades culturais e de lazer. Essa multiplicação de fatores conduziu a uma segmentação progressiva com uma programação dirigida a um público-alvo cada vez mais específico.

Mas a história dos meios de massa demonstra que a previsibilidade das profecias é extremamente reduzida. Por isso devemos nos interrogar também sobre se as inovações tecnológicas não voltarão a colocar o rádio no centro das nossas experiências mais memoráveis de calor, das quais não possuímos ainda idéia (Eco, 2000d).

O rádio vem sendo cada vez mais usado como ruído de fundo, as comédias são vistas na televisão, a música ouve-se em grande medida nos walkmen ou nos CDs ou na internet, no computador ou nos MP3. Segundo State of the News Media (2005b), ouvir rádio é até certo ponto um fenômeno de fundo. Nesse estudo, realizado nos EUA sobre os tempos de audição de rádio, concluiu-se que 83% da amostra ouviam rádio, mas só 72% tinham consciência desse fato.

Apesar do descrito, o rádio não é hoje um aparelho tradicional, tornado marginal pelo modelo televisivo baseado num afeto pouco empenhado pelas coisas mais nobres, cultas e de alguma forma de utilidade menos visível diretamente. O rádio continua a ser um importante parceiro econômico, caracterizado por uma distinta e elevada pluralidade da qual não encontramos traços nos modelos correntes da televisão generalista. É também um espaço para as atividades sem fins lucrativos, de voluntariado, de cultura e também de prece. É um espaço de inovação tecnológica, como é o caso do rádio digital. É um exemplo claro de relação entre o público e o privado. E tem um alcance global, renovado pela internet (Menduni, 2002).

Será que a internet poderá fazer-nos reformular a análise proposta por Mendelsohn (apud Ruggiero, 2000) sobre as funções do rádio? Existirão outras funções para o rádio além das de acompanhamento e estruturação dos ritmos diários, principalmente no período da manhã, da função de "companhia" (ajudando a preencher vazios criados, quer pela solidão, quer pela rotina e pela execução de algumas tarefas mais monótonas) ou ainda da de adaptar conteúdos diversificados aos humores e estados psicológicos dos ouvintes, e também da sua função de fornecer ao ouvinte informação e notícias?

Para compreender as possíveis novas funções do rádio e a forma como ele apropriou a utilização da internet é necessário contextualizar o atual cenário radiofônico.

A segmentação do rádio é hoje em dia de tal forma a sua imagem de marca que nos esquecemos que historicamente se tratava de uma mídia muito mais generalista. A segmentação é ainda hoje, em alguns países como Portugal, um processo relativamente recente. No entanto, trata-se de uma tendência que vem se manifestando mundialmente desde o surgimento da televisão.

A segmentação levou ao conceito de *rádio formatado*, que teve origem nos EUA como resposta ao rápido protagonismo da televisão na década de 1950. A designação "formato" remete-nos, por um lado, a certa estandardização em termos de programação, por outro, para uma estrutura que pode ser adaptada para um determinado público.

No rádio, um formato tende a servir toda a programação e não apenas um programa, como no caso da televisão. De fato, o rádio foi perdendo o conceito de programa, orientando, cada vez mais, a sua programação para um público-alvo predefinido.

O rádio de hoje, formatado, tornou-se uma mídia que, fruto da gestão da programação em função de públicos-alvo predefinidos, reflete os estilos de vida da própria sociedade, ou seja, considera as expectativas dos seus ouvintes simulando os seus gostos, valores e padrões culturais (Nordberg, 1996).

A grande pluralidade das experiências radiofônicas torna uma tarefa muito difícil a definição exaustiva dos formatos do rádio. Os formatos constituem a identidade da rede de rádio e representam a organização da estrutura de fluxo da textualidade radiofônica (Colombo e Vittadini, 2006). Os dois grandes macroformatos dizem respeito ao rádio falado e o da música. Para o rádio falado os formatos prevalentes são: *all news*, *talk*, *news & talk*, *sport*, *children*, *political*, *comedy/drama/art*, *ethnic/religious*. As estações de música marcam a sua identidade em torno de: *contemporary hit radio*, *adult contemporary*, *easy listening*, *country*, *album oriented rock*, *classical* e *vintage*.

Figura 24
Formatos de rádio mais ouvidos nos EUA, 2003
(% audiência)

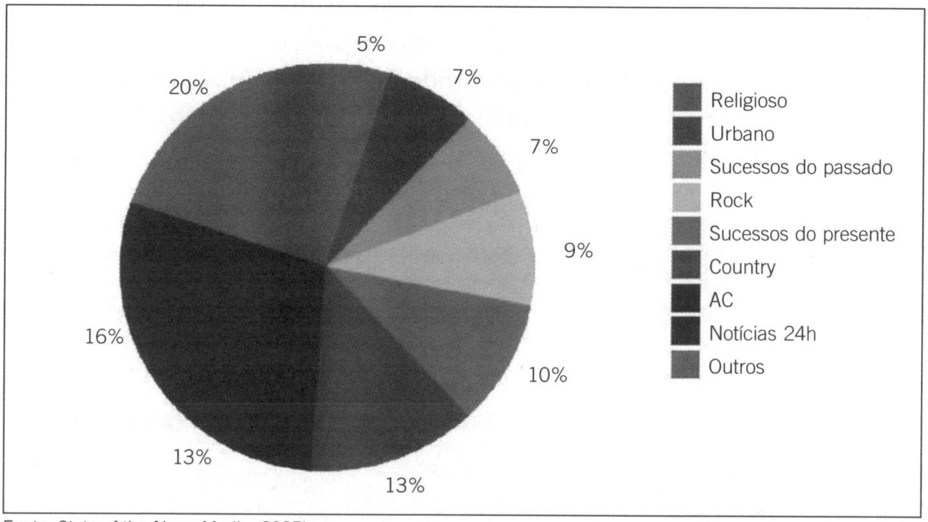

Fonte: State of the News Media, 2005b.

A diversidade de formatos no rádio é também produto da sua estrutura de custo, pois na Europa uma hora de televisão custa em média 20 vezes mais do que uma hora de rádio. Nos EUA, para 3.500 emissoras televisivas ocorre uma oferta de 11 mil emissoras radiofônicas (Colombo e Vittdini, 2006). No entanto, o faturamento para o rádio é extremamente baixo quando comparado com a televisão.

Por exemplo, entre os diferentes formatos podemos apontar o sucesso das rádios TOP 40, que se baseiam nos "tops" de vendas e nos pedidos dos ouvintes. O seu êxito é o do mercado (Bastos, 2002). Muitas vezes essas rádios, fruto da lógica de partilha intergeracional e de estratégias de aproximação comunicacional entre pais e filhos, levam a que as suas audiências incluam também ouvintes mais velhos.

As rádios formatadas conseguem, assim, graus de fidelização bastante rápida, no entanto, os seus níveis de *share* tendem a ser inferiores aos conseguidos em situações onde apenas existiam rádios de programação generalista.[111]

[111] "As audiências são uma medida de análise quantitativa como indicador comercial (Sorlin, 1997). As audiências não nos dizem se gostam ou não, se preferiam outra coisa, se há aspectos que gostariam de ver melhorados etc. Não estabelecem a qualidade ou as qualidades do programa" (Cintra Torres, 1998).

Por outro lado, existem também as rádios locais, que se encontram em um dilema (Reis, 2002). Embora sendo especializadas numa região, sua audiência é muito heterogênea, devendo optar por uma programação generalista. Essa dupla condição traz vários problemas, principalmente consolidar audiência em zonas de forte implantação das rádios nacionais.

Outro formato de rádio é o praticado pelas rádios AC (adultos contemporâneos), segmentadas para um público-alvo de jovens e adultos (dos 22 aos 40 anos). Essas rádios misturam música recente com clássicos pop de décadas anteriores. Perante os novos lançamentos elas normalmente preferem esperar pelas indicações das vendas, das outras rádios e dos pedidos dos ouvintes (e a internet é um novo meio de informação das preferências também).

Figura 25
Homepages das rádios portuguesas RFM e TSF

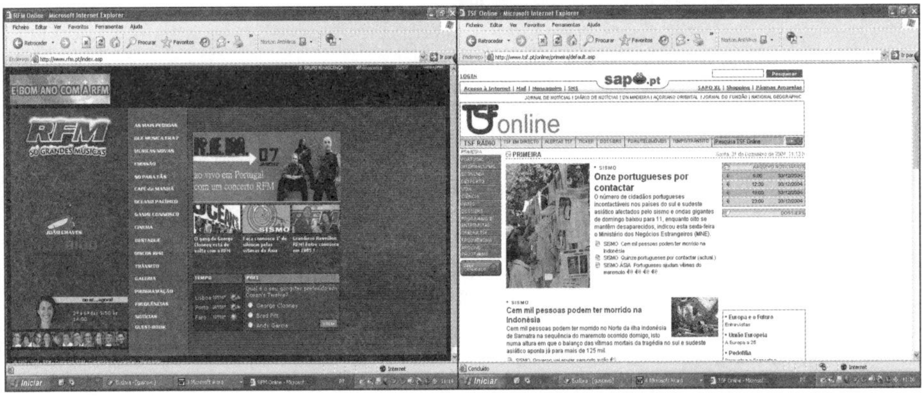

As únicas rádios que podem ter a certeza do que o seu público gosta são as *oldies* (Nordberg, 1996), pois não veiculam música que seja recente. A nostalgia é a ponte emocional com os seus ouvintes (Bastos, 2002). Ainda dentro dos formatos de rádio podemos encontrar a TSF, que é uma rádio temática de informação e onde a música é vista como um complemento de antena e por isso secundária (Catolfi, 2002).

Dentro do quadro de formatos que caracteriza o rádio atualmente, como é que a internet ajudou a renovar, ou não, a relação entre as rádios e os seus ouvintes?

Uma das questões para refletir é até que ponto a introdução da internet significa uma ruptura ou uma evolução continuada das características do rádio. Vejamos, ainda que de um ponto de vista meramente analítico, as grandes diferenças que a entrada da internet em cena poderia significar nas atuais valências e características das rádios.

Na verdade, em algumas questões fundamentais, o rádio é, entre os três meios de comunicação tradicional (televisão, jornais e rádio), aquele que apresenta menos diferenças em relação às características básicas das novas tecnologias de informação: a questão do *tempo*, do *imediatismo* e da *ausência de tempos e custos de distribuição* são os principais pontos de convergência entre essas duas mídias.

Se, por exemplo em relação aos jornais, uma das grandes características a considerar quando falamos dos impactos da internet era precisamente o fato de deixarem de existir espaços de tempo significativos entre a produção e a distribuição da informação, essa realidade não é significativa para o rádio.

Figura 26
Homepages das rádios Eldorado (Brasil) e Fox News Radio (EUA)

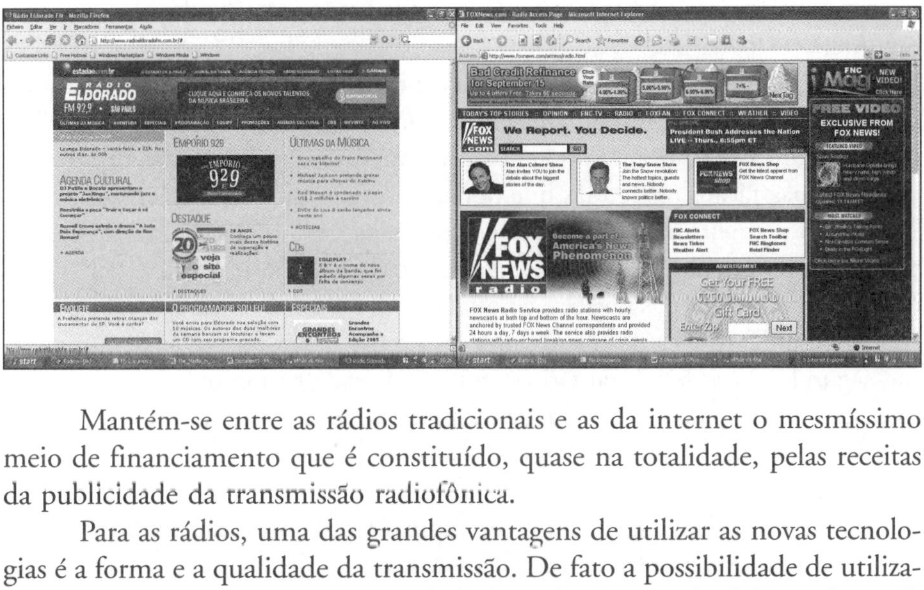

Mantém-se entre as rádios tradicionais e as da internet o mesmíssimo meio de financiamento que é constituído, quase na totalidade, pelas receitas da publicidade da transmissão radiofônica.

Para as rádios, uma das grandes vantagens de utilizar as novas tecnologias é a forma e a qualidade da transmissão. De fato a possibilidade de utilização da internet permite não só a unificação do sistema de difusão do sinal, como também o fim da dependência do sistema de satélite e difusão pelo espectro para as transmissões. Uma rádio, ao transmitir pela internet a partir de Lisboa, pode ser ouvida em Teerã, Seattle, Santiago do Chile, Camberra, Paris ou Pequim.

A influência que a internet tem no rádio pode ser medida essencialmente em dois níveis. O primeiro, que remete diretamente para o ouvinte e para a sua nova utilização do rádio e das novas potencialidades que a internet produz, e um segundo, que remete para a própria redação do rádio e para a forma como a internet transforma o trabalho diário de jornalistas e locutores. É nesse duplo sentido (na ótica do ouvinte-usuário e na ótica da própria rádio e dos seus jornalistas) que procuramos estudar a forma como a internet influencia o rádio.

O rádio, efetivamente, não procura se reposicionar perante a televisão com a internet, pois a velocidade de resposta já é um atributo seu. Se é verdade que, no caso dos jornais, a chegada da internet reduz, de fato, uma anterior limitação, no caso do rádio a relação com a variável tempo é diferente, já que ele tem em comum com a internet o imediatismo (não existe, como nos jornais e mesmo na televisão, a necessidade de considerar os tempos de produção). Também uma outra possível transformação que o rádio online permitiria, a da *memória do som* em uma forma pesquisável, não se afirmou na maioria das apropriações por estações de rádio.

A grande contribuição da internet para o rádio vem da interatividade proporcionada pelo rádio online de aprofundar a intimidade entre rádio e ouvinte.

No que diz respeito às estratégias de interatividade que se materializam nos chats, nos fóruns, nos e-mails e nos comentários sobre as músicas preferidas ou sobre uma notícia, podemos observar uma utilização de tipo muito diferente nas rádios analisadas que podemos organizar em dois níveis.

Um primeiro nível em que temos rádios com formas ainda tênues de promoção da interatividade. Nos casos das rádios de notícias ela é conseguida com os comentários das notícias, enquanto nas rádios de entretenimento pode ser conseguida através de fóruns simples de discussão ou envio de e-mail. E um segundo nível de interatividade em que as rádios mobilizam as várias formas de promoção da interatividade com e entre os ouvintes (e-mail, comentários, fóruns e chats) e que podemos associar às rádios para jovens que apostam claramente nesses instrumentos como forma de promoção de uma comunidade de ouvintes. Este último modelo explora também o uso de SMS numa lógica de estabelecimento de redes com dimensão de proximidade e intimidade entre ouvintes e transmissão.

Quanto às estratégias de personalização podemos destacar o registro e as *newsletters* como formas fundamentais. Mas, apesar de ser considerada uma das grandes vantagens da internet, essa é uma estratégia pouco utilizada pelas rádios.

Se as rádios de formato informativo apostam nos comentários das notícias, por parte dos seus ouvintes, as de entretenimento apostam na música *on demand,* caracterizando-se pelas escolhas personalizadas do usuário. Um exemplo pode ser encontrado nas rádios online, segmentando para transmissão, puramente online, diferentes rádios com variados formatos musicais e de informação e entretenimento. Outro pode ser dado pelas rádios cuja transmissão se baseia nas escolhas dos ouvintes nos seus sites.

Outra das questões abundantemente referidas pelos autores que estudam o impacto da internet nos meios de comunicação tradicionais (Deuze, 2004; Sparks, 2001; Castells, 2004a; Cardoso, 2003) é a utilização da *hipertextualidade* e da forma como permite o aprofundamento da informação, e a relação entre notícias do mesmo site e dos próprios sites com o exterior.

Focando a nossa atenção no estudo de caso português, essa constitui, de fato, uma das potencialidades da internet, mas, também aqui, a maioria das rádios nacionais tem um aproveitamento muito pequeno dessa oportunidade. Os links para outros textos ou notícias aparecem apenas no final de cada texto como "notícias relacionadas" e quase nunca no seio do texto como forma de aprofundamento de temáticas. Cada uma das rádios quase nunca estabelece ligações para outros sites nem promove a leitura de matérias sobre o mesmo assunto em outras homepages, mesmo quando elas são do mesmo grupo.

Se analisarmos a presença radiofônica online com base numa divisão entre dois grupos de rádios, um primeiro grupo que assume para o seu site a função informativa como prioritária e um segundo que utiliza o site essencialmente como forma de entretenimento, poderemos mais facilmente tipificar as suas estratégias de presença.

Uma das características no domínio da informação é a complementaridade entre transmissão de rádio e site online, um exemplo claro dessa relação é a Rádio Renascença, que assume no seu site uma vertente informativa muito mais forte que a atribuída à sua grade de transmissão. Essa relação surge, provavelmente, fruto de no grupo de mídia da Igreja Católica não encontrarmos uma forte presença televisiva, de imprensa ou rádio informativa, assim o site complementa essa lacuna assumindo uma parte da estratégia de grupo de mídia.

Observação semelhante poderia ser feita em relação à rádio TSF, propriedade do grupo PT/Lusomundo, em que a aposta do grupo na internet passou pela maior promoção da rádio em detrimento dos seus jornais (*Diário de Notícias* e *Jornal de Notícias*).

Na dimensão do entretenimento encontramos essencialmente estratégias cujo objetivo é a fidelização de ouvintes, pela leitura dos sites. A promoção do site é feita na própria rádio e o objetivo é, em última análise, que se ouça mais rádio tanto pela interface web quanto pela interface tradicional rádio. As estratégias são normalmente centradas no uso de passatempos em interatividade com o site e a construção de comunidades de ouvintes pela partilha de experiências enviadas em e-mails.

A conclusão que podemos retirar da análise das presenças online e da interação entre transmissão de rádio, sonora, e home page, escrita, quer no campo da informação quer no do entretenimento, é explorar a função *proximidade-intimidade* utilizando para isso os recursos disponíveis nas duas tecnologias.

A utilização da internet vem no seguimento de práticas como as do locutor animador de rádio que fala aos ouvintes ou do apresentador que se dirige especificamente a cada pessoa que, em casa, o acompanha pela televisão. Em qualquer das três mídias pretende-se desenvolver uma "intimidade a distância" (Abercrombie, 1996; Horton e Wohl, 1956), ou seja, agir de modo informal, mesmo íntimo, com cada um dos membros do público. A diferença fundamental entre a interação social genuína e essa interação parassocial é, respectivamente, a presença e ausência de reciprocidade (Abercrombie, 1996; Horton e Wohl, 1956).

O objetivo da apropriação da internet pelo rádio corresponderia a estender para uma nova mídia as práticas de interação que combinam a interação mediada entre os participantes (ouvinte-moderador, convidado-moderador) com a quase-interação mediada desses com os ouvintes que acompanham o programa sem intervir, características dos programas de antena aberta (Taborda, 2000).[112] Programas que tradicionalmente proporcionam um sentimento de maior proximidade e intimidade entre ouvintes, animadores e jornalistas. Como expressam Franquet (2002), Vittadini (2002) e Fondelli (2002), essa é uma tendência comum em diferentes países.

---

[112] Thompson (1995) define três tipos de interação: *interação face a face*, *interação mediada* e *quase-interação mediada*. A primeira ocorre com a presença e num sistema partilhado de referências espaço-temporais. Possui assim um caráter dialógico, como a interação mediada, que se diferencia por uma separação de contextos e fazendo uso de interfaces técnicas que permitem o intercâmbio de conteúdos simbólicos. Tal como a interação mediada, também a quase-interação ocorre em ambientes tecnologicamente mediados, no entanto, possui um caráter monológico, visto que se dirige a um universo não-definível de potenciais destinatários de quem não se espera reciprocidade comunicativa.
Crisell (1994) distingue três tipos de programa: programas *exibicionistas*, *confessionais* e *expressivos*. No modelo exibicionista o apresentador encoraja o ouvinte a falar de si e dos seus interesses. No modelo confessional, o apresentador desempenha o papel de conselheiro, a quem o ouvinte relata problemas pessoais, esperando que do outro lado da linha surja uma análise que proporcione uma contribuição para a sua situação pessoal. Por último, no modelo expressivo, ao ouvinte é pedido que exponha as suas opiniões sobre assuntos públicos.

Na Espanha, a emissora nacional espanhola, RNE, e as rádios das comunidades autônomas possuem seus sites na web tendo sido a Catalunya Radio a primeira a transmitir em catalão via internet em abril de 1996. Atualmente a maioria das estações de rádio autônomas transmite parte da programação via internet e procura desenvolver essa relação de proximidade e comunidade com os seus ouvintes (Franquet, 2002). E, na Itália, a presença online das emissoras radiofônicas é caracterizada, cada vez mais, pela oferta de instrumentos de criação de comunidades. Além dos instrumentos tradicionais (dados sobre os DJs e animadores, a transmissão e eventos especiais, informações locais) emerge uma significativa oferta de fóruns e chats que contribuem para a consolidação da comunidade de usuários (Vittadini, 2002).

Com o surgimento da internet o rádio mantém a sua lógica de segmentação, mas passou a concorrer com os jornais online na informação. Devido à lógica econômica e estratégias multimídia dos grupos de mídia, o rádio pode até liderar a presença de um grupo online, como no caso da TSF, ou preencher uma lacuna como a RR, pois o que a internet dá aos jornais (rapidez de atualização) o rádio possui como característica genética.

O rádio, quer no campo informativo, quer no de entretenimento, aproveita essencialmente a internet para aprofundar a sua lógica de comunidade, já não apenas recorrendo aos programas de antena aberta, mas com toda uma panóplia de opções tecnológicas de veículos de comunicação interpessoal e de massa (como o e-mail, os SMS ou a WWW), o que lhe permite aumentar a relação de intimidade e combater uma lógica de rádio como mera mídia de ambiente, ao mesmo tempo que retoma, em parte, a sua qualidade de mídia quente (já não na sedução passiva mas de um modo ativo pelos e-mails para dar opinião, escolher música, participar em concursos etc.).

A internet mudou realmente os meios de comunicação de massa? A leitura deste capítulo infere que sim.

No entanto, essa mudança pode ser olhada por partes, vendo cada mídia por si, ou numa perspectiva transversal. A mudança transversal é a do próprio modelo de jornalismo. O panorama dos meios de comunicação de massa é hoje de maior diversidade do que há 10 anos. Coexistem hoje diferentes modelos de jornalismo. O modelo tradicional de jornalismo de verificação, da procura da substanciação dos fatos, é hoje um modelo apenas. Ele convive com uma dimensão de popularização da informação, de caráter mais assertivo e que, em realidades como a norte-americana, encontra larga expansão quer no rádio falado quer no cabo. Por outro lado, a blogosfera traz para o campo da informação novas vozes e promove também um modelo de cultura assertiva, isto é, publique-se o que se quiser, e em particular pontos de vista (State of the News Media, 2005a), e a investigação e verificação ocorrerão *a posteriori* por parte dos outros membros dessa comunidade de bloggers. Outro exemplo híbrido poderá vir a ser o projeto da Current TV que Al Gore promoveu, um canal de televisão que aceite matérias produzidas por cidadãos munidos de câmeras e também difundido via internet. Esse é um modelo muito diferente do de verificação prévia com o qual nos habituamos a conviver ao longo das últimas décadas.

Os meios de comunicação de massa vêem também surgir novos modelos híbridos de jornalismo, como é o caso do serviço Ohmynews na Coréia do Sul e que apresenta 38 mil *citizen reporters* e obtém mais de 2 milhões de *hits* diariamente no seu website. Trata-se também de um jornalismo de características geracionais, o seu público é em grande medida constituído por jovens sul-coreanos. No entanto, há também pontos negativos, a sua qualidade é muito variável e ocorre uma tendência para a falta de objetividade. Nesse sistema de *citizen reporters* há também remuneração pelo trabalho, já que cada usuário pode atribuir um máximo de US$ 10 por cada artigo que goste, permitindo que os melhores artigos e repórteres sejam premiados.

O jornalismo e os meios de comunicação de massa no seu convívio com a internet foram transformados e nessa nova paisagem talvez tenham de alterar o seu papel ligeiramente. Talvez tenham de mudar o seu eixo central do controle para o de autenticação. Não bastará aos meios de comunicação de massa ter apenas bons profissionais com acesso privilegiado aos círculos de poder, seja ele político ou econômico, será igualmente necessário monitorar outras fontes de informação, pois essa será a melhor forma de ajudar os cidadãos a saber no que acreditar ou não.

A massificação da experiência da internet

Como observamos no capítulo anterior, jornais, televisão e rádio adotaram a internet de diferentes formas.

Paralelamente à ação da mídia assistiu-se também à adoção de uma lógica de transformação da própria internet com o intuito de maximizar a dimensão econômica de uma tecnologia altamente moldável pelo uso (Castells, 2004a).

Concretizando melhor a afirmação anterior sobre a estratégia de transformação da própria internet, podemos especular que ela começa a ser delineada em grande medida devido ao conjunto de aquisições e fusões a que assistimos entre os meios de comunicação de massa e as telecomunicações a partir da segunda metade dos anos 1990 e até a queda na Bolsa de 2001.[113]

Uma estratégia que passou pelo fato de jornais, rádios e televisões temerem que do lado da oferta aparecessem novos concorrentes e porque perceberam, do lado da procura, que o usuário de internet poderia procurar, num universo mais vasto, a satisfação dos seus objetivos de informação com novas fontes de notícias.

[113] A teoria econômica distingue as operações de fusão e de aquisição em três categorias: horizontal, ou seja, entre empresas que oferecem produtos similares e pertencem ao mesmo setor; vertical, entre empresas que pertencem ao mesmo ramo mas operando em estágios — montante ou jusante — diferentes; conglomerados, ou seja, empresas que pertencem ao mesmo setor, mas operam em mercados diferentes (extensões de mercado), empresas que pertencem a setores diferentes, mas relacionados em termos de produção ou distribuição (extensão de produto), ou mesmo entre empresas que pertencem a setores diferentes e não relacionados (Perreti, 2000).

No capítulo anterior analisamos até que ponto essas concepções tinham razão de ser, ou não, e aqui essencialmente analisaremos os resultados dessas estratégias para delinear o que é hoje a internet e como essa transformação pode influir na gestão da autonomia comunicativa dos sujeitos.

Ao longo dos últimos anos, assistimos a grandes fusões entre empresas de comunicação (como a Time Warner) e empresas de internet (como a AOL), também assistimos a acordos estratégicos, ou compras de empresas de conteúdos.

Essas parcerias econômicas ocorreram globalmente e, muitas vezes, juntando empresas, atuando em diferentes continentes (como no caso da Telefônica espanhola e da Portugal Telecom no mercado móvel do Brasil com a Vivo), representando por isso um fenômeno fundamental para compreender o que é hoje a internet.

Os grupos multimídia são o resultado desses processos de integração verticais e de extensão de produtos. Os primeiros interessaram sobretudo ao ramo de vídeo (ou seja, a junção entre empresas que produzem e distribuem filmes, do vídeo e DVD à televisão). O segundo modelo tem interessado a todos os ramos e pode ser distinguido entre os processos de extensão de conteúdos (isto é, entre empresas que realizam produtos de valor cultural ou de entretenimento) e os processos de extensão no ramo de informação (entre empresas que realizam produtos de valor informativo).

O setor da mídia é normalmente caracterizado por custos de produção muito elevados em comparação com o custo de reprodução (Perreti, 2000). Nos setores dotados dessa particularidade, o preço de venda dos produtos não está correlacionado com o custo da produção, mas sim com o valor que cada consumidor estará disposto a pagar pelo seu consumo. A estratégia associada a essa estrutura de custos assenta na diversificação de produtos e mercados, por isso quando a sua soma cobre o investimento na produção ocorre lucro. Essa lógica favorece a integração vertical (Perreti, 2000).

Mas essa integração ocorre de forma diferenciada entre segmentos culturais e informativos/noticiosos. Os processos relativos ao segmento conteúdos são influenciados pela possibilidade de um mesmo produto poder ser transformado para vários mercados.

O exemplo típico é o do livro, que pode dar origem a um roteiro de filme, um CD, e mesmo a um videogame, site e *merchandising* diverso.

Os processos de integração no segmento informação são, por sua vez, analisáveis à luz de economias de escala e de variedade no campo da venda de espaço publicitário. Os jornais, as revistas, o rádio e a televisão são os principais campos da atividade publicitária e a sua integração permite redução dos custos de transação, associados à gestão conjunta dos espaços.

Numa empresa multimídia, a integração entre segmentos de conteúdos e informação/notícias permite ainda a possibilidade de ganhos inerentes ao interesse da totalidade do grupo e não apenas de uma empresa em causa. No caso da presença online de grupos de mídia e telecomunicações, ambos ganham pelo fato de aliarem a presença de marcas de confiança já demonstrada, como jornais e canais de televisão e rádio, a outros conteúdos e serviços novos. Assim ao mesmo tempo em que o acesso, receita tradicional das telecomunicações, é rentabilizado, também o são, por sua vez, os conteúdos, já que a publicidade depende do número de acessos ou visualizações. Ou seja, como já visto, as empresas de comunicação social vivem majoritariamente das compras dos seus leitores e/ou da publicidade (deixaremos de lado agora o setor de comunicação público). As empresas de telecomunicações vivem das assinaturas e da ligação pela sua rede telefônica. Ambas têm como objetivo o lucro e esse lucro, na opinião expressa por muitos dos agentes sociais e econômicos, a partir do momento que a internet começa a se generalizar, só poderia ser aumentado (e no caso de algumas das empresas de comunicação social, mantido), se trabalhassem em conjunto com o objetivo comum de hibridizar a lógica de rede da internet no sentido de uma lógica mais tradicional de difusão.[114]

Para isso foi necessário criar pontos de entrada na internet que fixassem o usuário ou, pelo menos, o fizessem recorrer a eles com a maior freqüência possível. A rentabilização desses espaços seria oriunda da publicidade e no futuro poderia vir, ou não, a ser assegurada por conteúdos pagos. Esse conceito de pontos de entrada deu origem aos *portais* para onde o usuário é normalmente direcionado, quando liga o seu programa de navegação na World Wide Web, e onde pode encontrar entre outras coisas notícias, entretenimento, informação organizada, mecanismos de pesquisa, comércio e salas de chat.[115]

[114] Para explorar em profundidade essas opiniões, consultar "A mídia na sociedade em rede" e "As múltiplas dimensões da sociedade em rede", neste livro.

[115] Segundo o *Microsoft Magazine* (2004), a denominação *portal* refere-se a uma vasta variedade de websites, desde sites internos para funcionários (intranet) até sites externos para consumidores e parceiros (intranet e extranet). De forma geral, um portal é um website que agrega de forma contextual informação, aplicações e serviços relevantes.

Um portal filtra a complexidade e variedade da informação e serviços disponíveis ao usuário com uma interface única que é direcionada às suas necessidades e interesses. Os portais oferecem uma resposta direta à grande variedade e complexidade do mundo online.

A hipótese aqui analisada é de que internet não é o mesmo espaço da pesquisa de informação, cujas características traçaram a imagem que construímos sobre um espaço de informação ilimitada disponível a qualquer cidadão, que conhecemos quase até o fim da metade da década de 1990. Não é por causa de qualquer programa de vigilância (como o *carnivore* do FBI ou o *eschelon*, operado conjuntamente por vários países de língua inglesa), mas sim porque tem sido, por uma questão de sobrevivência econômica dos operadores de acesso a ela e das entidades tradicionais de produção de informação noticiosa, moldada para um uso mais organizado e limitado da informação disponível. Essa foi a motivação fundamental para a ligação entre essas duas dimensões econômicas e o desenvolvimento de instrumentos de presença na internet.

Quando se refere à mudança da lógica de rede (muitos para muitos) para um certo regresso ao modelo de difusão (o modelo tradicional de um para muitos), não se pretende dizer que a internet no seu todo esteja mudando, pois a sua estrutura tecnológica promove a existência de uma rede múltipla diversificada e interligada.

No entanto, as empresas de telecomunicações e de comunicação social, agindo no seu interesse e procurando dar ao usuário a satisfação das suas necessidades de organização e validação de informação, procuraram (e até certo ponto conseguiram) introduzir uma nova lógica na internet.

Isto é, o usuário não precisa navegar sozinho, pois é mais fácil para ele, sempre que possível, realizar uma navegação previamente definida, pelo portal. Essa lógica desenvolveu-se com o objetivo de maximizar o lucro pela publicidade e os conteúdos para acesso exclusivo dos clientes do operador de telecomunicações.

Mas, como sabemos, não é apenas a vontade da oferta que determina o sucesso de um produto ou um serviço. Muito do sucesso da institucionalização dos portais como elementos predominantes da paisagem da internet deveu-se à real necessidade sentida pelos usuários dessa tecnologia, que teve origem na própria extensão da internet.

As novas fronteiras e os seus portais de entrada

A extensão de um espaço é delimitada pelas suas fronteiras e os limites da internet são por vezes tênues. Numa entrevista de 1996, Gibson (1996) afirma que o ciberespaço é onde, desde o final da II Guerra Mundial, vivemos. Onde falamos ao telefone, as transações financeiras ocorrem e a informação flui. No fundo, onde a comunicação digital ocorre. As suas fronteiras, do ponto de vista do planeta Terra, são tão vastas quanto as distâncias que os nossos satélites de comunicações existentes no espaço alcançarem. A internet não é assim o mesmo que o ciberespaço, pois as suas fronteiras não são as mesmas. A internet encontra-se contida no ciberespaço, faz parte dos seus componentes.

Quando falamos de dimensão da internet, falamos em termos dos seus conteúdos. Em particular as homepages ou unidades de medida de informação digitalizada, como o bit e o byte que a compõem.

Medir só é possível em função da informação que se mantém pública (Sherman e Price, 2001) ou que pelo menos se sabe existir, daí que os dados se refiram majoritariamente à World Wide Web. Embora se possa medir o tráfego de e-mail, essa é uma comunicação não-pública entre destinatário e remetente e por isso não será analisada.

Para responder à pergunta já feita, em princípio, existe um problema de delimitação do universo em análise. Na maioria dos países não existe ainda disponível um sistema de arquivo sistemático, seja ele extensivo ou seletivo, de páginas da WWW ou de qualquer outra forma de publicação na internet. As experiências mais próximas passam pelo desenvolvimento de tecnologias de busca e indexação para pesquisa na internet — os chamados *mecanismos de busca* — por parte de alguns dos fornecedores de acesso à internet.

No entanto, existe pelo menos uma fórmula alternativa para o cálculo da dimensão da internet. Lawrence e Giles (1999) publicaram um estudo sobre a dimensão da informação disponível na internet e a distribuição temática dos conteúdos. Nesse estudo, apontava-se para a existência de uma parte indexável da internet, isto é, pública, constituída, em fevereiro de 1999, por 800 milhões de páginas distribuídas por cerca de 2,8 milhões de servidores web, que disponibilizavam cada um, em média, 289 páginas HTML e em cujos conteúdos predominava a informação comercial, com 83% da totalidade dos conteúdos, seguida da informação educacional (6%), de saúde (3%), páginas pessoais (2,5%), pornografia (1,5%) e governamental (1%).

Os dados apresentados por Lawrence e Giles e o estudo da Internet Systems Consortium, Inc. (ISC) sobre a evolução de *hosts* internet, entre 1999 e 2001, permitem estabelecer um valor estimado para a dimensão da internet em 2001, que deveria rondar os 2 bilhões de páginas HTML.

Embora a idéia de um depósito, ou acervo, do conhecimento global da humanidade acumulado ao longo de centenas, ou mesmo milhares de anos, seja um *desejo* que parece acompanhar a nossa espécie desde que a escrita foi inventada, a sua realização não deixou de se fazer acompanhar sempre pela necessidade de mapas, de localização da informação, ou por mediadores autorizados na procura de informação, os bibliotecários.[116]

A internet foi, e é, muitas vezes, comparada a uma nova Biblioteca de Alexandria. Uma biblioteca digital funcionando globalmente onde, por ação de uma nova tecnologia — a dos computadores em rede — e de uma velha tecnologia — a escrita —, se poderia arquivar e disponibilizar o *saber* a todos que o procurassem. Essa biblioteca funcionaria 24 horas por dia, percorrendo todos os fusos horários do planeta simultaneamente, seria alimentada, e cresceria, pelas contribuições individuais de cada um dos seus usuários.

No entanto, a internet não é uma biblioteca, ou pelo menos não uma como as herdeiras da Biblioteca de Alexandria, que hoje conhecemos como bibliotecas escolares ou públicas. A *nossa* internet está muito mais próxima da *Biblioteca de Babel*, sonhada pelo escritor argentino Jorge Luís Borges (1998), do que com a mítica Biblioteca de Alexandria.

Embora reúna muitos tipos de informação, a internet não é totalmente indexável e catalogável. Podemos adivinhar a sua dimensão mas não a podemos indexar (embora tecnologicamente o possamos idealizar), pois financeiramente isso não é entendido como um projeto viável. As variáveis, principalmente as decisões dos usuários que criam e apagam informação na internet num processo constante, são ainda demasiado complexas para que se possa concretizar um sistema, de caráter global, de elevado grau de confiança.

A internet também não possui bibliotecários — humanos ou um produto da gestão de inteligência artificial e bases de dados. Quando muito, possui mediadores de informação parcelada (como os portais) e fornecedores de pistas (como os mecanismos de busca) para uma dada informação ou página — e mesmo esses são difíceis de encontrar.

Ao contrário das bibliotecas públicas, a internet é um espaço onde não basta saber ler para acessar a informação.

Na internet a pesquisa de informação pressupõe a capacidade de ter aprendido a utilizar computadores e o software necessário para navegar nesse espaço e, também, uma capacidade analítica e relacional compatível com a cultura em que a informação é formada e disponibilizada. Em outras palavras, a internet também implica uma habilidade para as novas mídias, que não é apenas instrumental (o uso da máquina e do software) mas também cultural.

---

[116] Um desejo que foi finalmente concretizado quando, por volta do ano 700 a.C., surgiu na Grécia o alfabeto. A famosa Biblioteca de Alexandria, no Egito, iniciada cerca do ano 284 a.C. e destruída em 642 d.C. foi uma dessas tentativas de reunir o conhecimento existente no mundo antigo.

A internet possui ainda uma outra característica limitadora do seu uso como biblioteca. As bibliotecas públicas foram idealizadas como espaços democráticos do acesso à cultura e à informação. A internet segue os mesmos princípios, mas, por enquanto, é muito mais limitada, em termos da sua atual população-alvo.[117]

Por último, o acesso à informação disponível na internet, principalmente com os mecanismos de busca (como o *google.com* ou o *altavista.com*) e portais de acesso (como os portugueses *sapo.pt*, *clix.pt* ou *aol.com* ou o *yahoo.com*) não obedecem a critérios de interesse público, como as bibliotecas, mas sim a interesses comerciais das empresas que os gerem.

Desmistificada a idéia da internet como biblioteca à disposição de todos, importa introduzir uma questão relacionada com a forma como acessamos essa enorme diversidade de informação que é a World Wide Web. Como se pode depreender da tabela 46, apesar dos milhões de páginas disponíveis no universo da internet, existe uma concentração significativa na utilização de portais.

Assim cerca de 40,2% dos últimos sites visitados em Portugal são portais, ao mesmo tempo que são citados como um dos favoritos do *browser* por 34,2% dos usuários da web.

Essa tendência de utilização é acompanhada pela notoriedade conferida às diferentes presenças online. De acordo com dados obtidos junto ao Observatório da Comunicação e da Marktest, o *share* de popularidade dos sites portugueses entre 2000 e 2002 esteve sempre nas primeiras três posições, portais.

Tabela 46
O peso dos portais nas escolhas dos usuários da web em Portugal (%)

Primeiro site citado como um dos últimos que visitou	%	Primeiro site citado como um dos que constam nos favoritos	%
Sapo — portal	16,2	Sapo — portal	15,1
Clix — portal	4,1	Clix — portal	3,9
Google — mecanismo de busca	4,0	IOL — portal	3,2
IOL — portal	3,8	Hotmail/MSN	3,0
HotMail/MSN	3,7	Google — mecanismo de busca	2,9

Fonte: Cardoso e Firmino da Costa, 2004.

[117] Se quisermos exemplificar os custos dessas barreiras de entrada não precisamos recorrer à análise do secretário-geral das Nações Unidas, Kofi Annan, perante a União Internacional de Telecomunicações (ITU) — onde alertava para o fato de existirem em Nova York mais usuários da internet do que em toda a África — basta relembrarmos uma pequena notícia do semanário *Expresso*, datada de 2000, onde se lia que em São Tomé e Príncipe o acesso à internet custava quase quatro meses de salário mínimo.

As tendências detectadas para Portugal são também verdadeiras para outros países. Desde 2000 que, em países como a Alemanha e França, os portais vêm conquistando terreno e atenções (Heilidhe, 2000).

O portal francês Wanadoo, gerido pela France Telecom, recebia em 2000 mais de metade do tráfego francês na internet, sendo o yahoo.fr o segundo mais visitado. Na Alemanha o portal T-Online, da Deutsche Telekom, conseguia, na mesma data, atrair mais de 2/3 do total de usuários alemães.

Em 2004 o uso da internet na Grã-Bretanha, Austrália e EUA registrava igualmente entre os primeiros lugares um conjunto de portais, que incluíam a Microsoft, Yahoo, TimeWarner e BBC. Também na China (Liang, 2004), os quatro websites mais visitados pelos usuários chineses são portais (www.sina.com.cn; www.sohu.com.cn; www.163.com; e www.yahoo.com.cn).

Tabela 47
Utilização da internet na Grã-Bretanha, Austrália e EUA em 2004 (%)

Portal	Grã-Bretanha	Portal	Austrália	Portal	EUA casa	Portal	EUA trabalho
Microsoft	73,40	Microsoft	76,51	Microsoft	65,78	Microsoft	87,76
Google	52,38	Google	54,91	Yahoo!	57,18	Yahoo!	73,72
Yahoo!	45,45	Yahoo!	41,23	Time Warner	56,39	Time Warner	69,80
eBay	34,79	Telstra	35,30	Google	35,59	Google	60,79
BBC	33,34	eBay	30,02	eBay	26,79	U.S. Government	51,22
TimeWarner	30,25	Australian Gov.	25,66	U.S. Government	20,23	eBay	42,12
Wanadoo	24,88	Time Warner	21,76	Ask Jeeves	16,80	InterativeCorp	33,98
Amazon	22,76	NewsCorp.	21,14	Amazon	16,75	Amazon	32,75
AskJeeves	21,96	Fairfax Digital	19,41	InterativeCorp	16,42	Landmark Com	29,79
BT	20,37	Commonwealth	15,78	RealNetworks	15,97	Walt Disney	28,35

Fonte: Nielsen//NetRatings, 2004.

No entanto, embora partilhem entre si a denominação portais, é possível estabelecer, tendo por base o modelo sugerido por Montis (2000) para a classificação de sites, a existência de três modelos diferenciados de portais na rede, isto é, três lógicas de organização dos portais.

Os portais com caráter mais informativo, os que fundamentam a sua estratégia na criação de uma comunidade (definida mais pelos modelos de comunicação e interação do que pelas características socioculturais ou de procedência geográfica dos seus membros) e, por último, os portais de caráter comercial, que privilegiam a transação em comércio eletrônico.

A história dos portais iniciou-se com o Yahoo!, um mecanismo de busca fundado por dois estudantes universitários norte-americanos, Jerry Yang e David

Filo, em abril de 1994. Em Portugal, o surgimento de portais de conteúdos de informação e entretenimento data do final dos anos 1990. O início do ano 2000 foi caracterizado pela multiplicação de projetos de portais, alguns deles protagonizados pelos grandes grupos de comunicação social. Nessa guerra de conceitos, estratégias e audiências surgiram, além dos portais "horizontais", isto é, mais abrangentes, os chamados portais verticais, ou seja, mais especializados. Mas o mercado nacional, limitado e pequeno para tantas marcas, ditou o fim de alguns desses projetos e a sobrevivência de um número reduzido.

Entre aqueles que sobreviveram ao período inicial de experimentação, a grande maioria nasceu a partir de um mecanismo de busca em torno do qual foram sendo criados serviços e canais de informação, divididos por áreas como a economia, notícias, esporte, saúde, lazer, tecnologia, entre outras. Em maio de 2000 existiam 10 grandes portais em Portugal (entre generalistas e verticais), cinco anos mais tarde existem apenas três grandes portais generalistas em Portugal. Essa constatação tipifica a evolução dos próprios portais nos últimos anos, confirmando a análise de Picard (2003) sobre o portal Yahoo.com.

Inicialmente o Yahoo! apresentava-se como uma porta de acesso para os usuários da internet, mas, ao longo dos anos, ampliou o seu leque de atividades, de tal modo que se descreve hoje em dia como um líder na oferta de produtos e serviços online a consumidores e empresas. Para Picard (2003) essa mudança decorreu dos perigos associados a um modelo de negócios centrado na publicidade, o qual induziu a companhia a alterar o modelo de negócios pela diversificação de atividades.

Tanto em Portugal quanto no caso do Yahoo! (Picard, 2003) à medida que o seu modelo de negócio se modificou também se alterou o conteúdo disponibilizado pelos portais aos seus usuários, tendo-se aumentado exponencialmente o conteúdo de caráter comercial (Picard, 2003).

Se centrarmos a nossa atenção sobre a lógica funcional que preside a organização dos portais, podemos constatar que os portais apresentam se hoje como tendo por base, sobretudo, uma lógica comercial já não baseada apenas no acesso pago via ISP e majoritariamente constituindo-se como espaço de informação e de acesso a informação (onde se salientam duas vertentes fundamentais, a noticiosa e a de pesquisa) e também como espaço de comunicação e interação.

Quanto à sua dimensão informativa e retomando a proposta de Montis, (2001) pode-se dizer que todos os portais têm uma área de divulgação dos temas sobre os quais se pode obter informação. Os serviços disponíveis comuns aos portais portugueses são os horóscopos, meteorologia e trânsito. O modelo informativo possibilita ainda a existência de uma área de interação com os criadores e/ou gestores do portal.

Figura 27
Páginas de serviços SMS e horóscopo do Sapo.pt

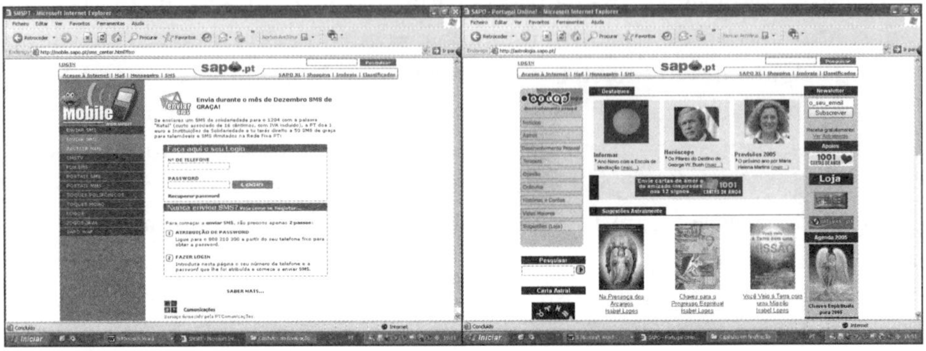

Quanto à disponibilização de notícias, todos os portais o fazem usando diversas alianças, normalmente com o seu próprio grupo editorial quando ele existe ou com serviços de agências noticiosas.

Ao combinar a lógica comercial com as lógicas da informação e da comunicação procura-se chegar a um mesmo objetivo por formas diferentes. Se o usuário privilegiar o modelo comercial aderirá a produtos e serviços estabelecendo com o portal uma relação de consumo. Se optar pelo acesso informativo lidará com a informação de jornais e revistas na sua maioria pertencentes ao mesmo grupo econômico. Se, por sua vez, optar pela comunicação (participação em chats, fóruns, sondagens), verá que a maior parte dos temas sugeridos serão também os que mais interessam aos grupos econômicos em questão, por exemplo, é clara a associação dos temas das sondagens ou dos passatempos com os interesses do grupo ou dos produtos que se quer promover.

Um portal é um infomediário (Mandelli, 1999), isto é, um agregador de informação sobre a World Wide Web, que oferece serviços de navegação ao usuário, facilitando a sua pesquisa na rede. Tendo-se desenvolvido, inicialmente, a partir de mecanismos de busca, os portais juntaram depois outro tipo de serviços de agregação de informações (canais, notícias última hora) e serviços personalizados (e-mail, agendas pessoais etc.).

O seu modelo de negócio é essencialmente baseado na publicidade e também nas transações comerciais, tendo o portal, por motivos comerciais, também evoluído para lógicas de integração vertical a montante, principalmente com *browsers* específicos (Netscape e AOL) e ISPs (Portugal Telecom e o Sapo).

Figura 28
Homepages dos portais yahoo.com e yahoo.com.br

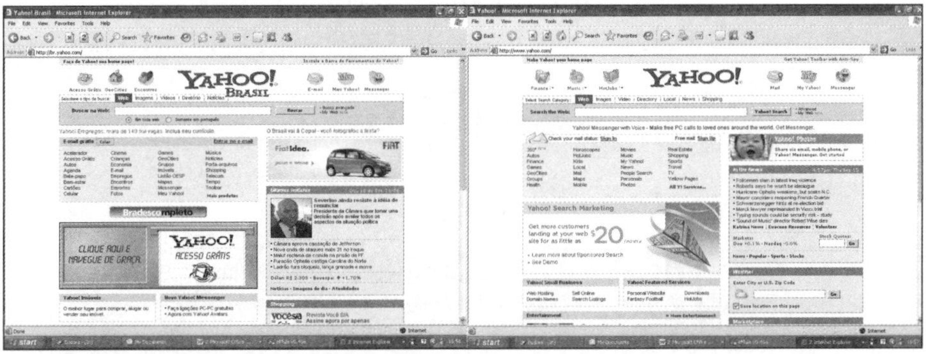

Os portais contribuíram, de forma decisiva, para a reconfiguração da oferta e disponibilização da informação.

Com a abertura da World Wide Web ao grande público, às empresas, aos órgãos de administração pública, a oferta e disponibilização de informação passou a processar-se, em grande parte, a partir de fontes institucionais.

Com efeito, em Portugal a ampliação progressiva do leque de usuários, além da crescente expectativa de certos setores e a atenção do governo e de grupos portugueses de mídia, acelerou o processo de institucionalização e profissionalização da oferta informativa na internet.

O aumento dos fluxos informativos-comunicativos na internet criou a necessidade de espaços direcionados para a organização, seleção e atualização dos conteúdos e do próprio conhecimento que os indivíduos possuem do meio. A organização, seleção e transmissão da informação na internet tornou-se, assim, uma atividade estrategicamente orientada.

Os novos guardiões (*gatekeepers*) da rede, atentos às características e ao perfil do próprio meio, apóiam-se em determinadas representações da recepção na configuração da oferta informativa que elaboram. O portal é, junto com o mecanismo de busca, por excelência, o veículo a partir do qual os sujeitos vão estruturar muitos dos seus usos, consumos e representações sobre esse meio.[118]

---

[118] Termo que se refere ao pessoal fundamental envolvido nos processos de decisão da produção noticiosa. Originalmente, o papel era entendido como estando situado entre quem reunia as notícias (os jornalistas) e o público. Os editores guardavam o portão, decidindo se a informação era digna de ser noticiada. Mais tarde alargou-se o seu campo aos gestores das mídias, bem como às agências noticiosas e aos proprietários dos canais (Hartley, 2004).

Figura 29
Definição das dimensões dos conteúdos online segundo Kung, 2002

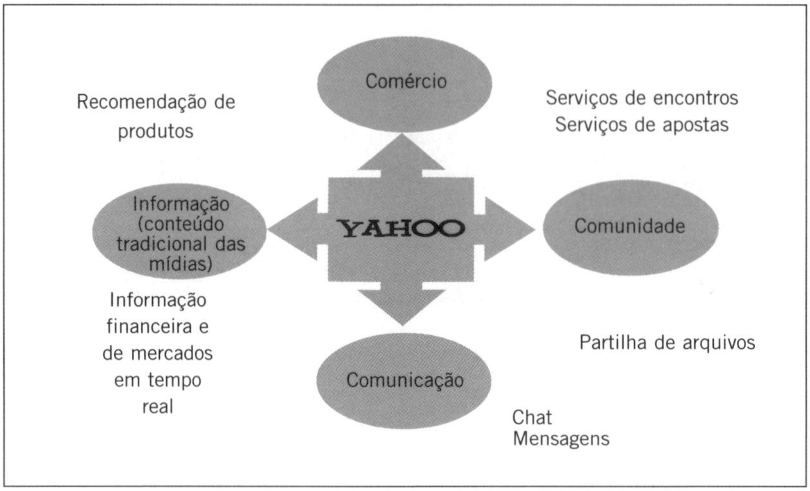

Fonte: Adaptado de Kung (2002).

O fato de a junção de interesses comuns a empresas de comunicação social e de telecomunicações dar origem à criação de portais ter se concretizado nesse momento histórico, quando ambas haviam realizado a travessia de grande parte do século XX em separado (Ortoleva, 2004), deve-se também à mudança cultural que o surgimento da internet desencadeou sobre as tradicionais definições de informação, como notícia, introduzindo o modelo de informação como conteúdo comercial.

Como Kung (2002) sugere, à medida que a internet se foi difundindo e que a cultura empresarial passou a moldar também a essência desse espaço (Castells, 2004a), assistimos ao surgimento de um novo paradigma de conteúdo.

Podendo-se afirmar que, tal como a figura 29 ilustra, os conteúdos online são virtualmente tudo o que surja na tela de um *browser* de navegação da internet.

Na opinião das companhias que traçaram essas estratégias de presença online, as principais características desse novo paradigma de uso de informação passavam pela implementação de um gênero híbrido que juntava, num mesmo suporte, informação, comunicação e serviços procurando realizar a sua oferta de uma forma interativa, em tempo integral, democratizando conteúdos em função do interesse dos consumidores, procurando oferecer possibilidades de pesquisa, criação de comunidades interativas e o acesso a notícias de última hora (Kung, 2002).

Quadro 11
Diferenças do modelo jornalístico e do modelo de portal de produção de informação

Características	**Modelo jornalístico**	**Modelo de portal**
Proposto ao consumidor	Informação, educação, entretenimento	Síntese de informação, comunicação e serviços
Paradigma básico de comunicação	Um para muitos, de massa	Bidirecional, personalizado, interativo, *on-demand*, mas comandado por um modelo de um para muitos
Relação entre conteúdo e tecnologia	Mensagem e não a mídia	Mensagem e mídia
O que é qualidade?	Qualidade de conteúdo preenche objetivos socialmente partilhados e tem mérito intelectual e artístico	Qualidade de conteúdo é o que mantém os usuários no site que é constantemente atualizado
Quem produz o conteúdo?	Especialistas. A criação de conteúdos depende de capacidade artística e mentes analíticas	O cliente decide o que, quando e em que formato. Fim da lógica de que o jornalista é quem melhor sabe. O conteúdo pode, até certo ponto, ser gerado pelos usuários
Relação com elementos comerciais	Conteúdos e comércio estão claramente separados e rotulados	Conteúdos e comércio estão diretamente interligados
Estrutura	Narrativa linear, pré-selecionada ou apresentada num horário fixo	Orientação em torno de uma matriz hierárquica, hipertextual mas igualmente pré-selecionada
Foco da criatividade	Elementos artísticos e intelectuais	Engenharia de informação

Fonte: Baseado em Kung (2002).

Esse elenco de características representou claramente um modelo diferente do praticado por jornalistas, baseado na preocupação da integridade editorial da informação prestada. Como Kung (2002) sugere, a internet produziu uma dicotomia entre as assunções "tradicionais" e "novas" sobre a significância do que é conteúdo informativo.

Por um lado, temos a visão tradicional em que o conteúdo é visto como o produto de uma profissão cujas principais características são as capacidades criativas e analíticas ante a informação, isto é, os jornalistas. Por outro, na visão mais recente, conteúdo é visto como podendo ser qualquer coisa e não tem que ser, obrigatoriamente, o produto de um especialista.

Para essa segunda abordagem, que predomina nos portais, o acesso aos consumidores e as marcas são tão importantes quanto o conteúdo.

No capítulo anterior discutimos sobre a existência ou não de novas formas de jornalismo, mas ao analisar a internet e as suas relações com as mídias tradicionais, nas suas diferentes formas de interligação em rede, *somos também levados a considerar que existem novas formas de comunicar informação que não podem ser descritas como jornalismo, pois partem de novos paradigmas comunicacionais, sendo os portais o seu campo de ação por excelência.*

Como verificamos, a intervenção conjugada, e orientada por razões econômicas, de meios de comunicação de massa e empresas de telecomunicações na internet teve como conseqüência, não apenas a institucionalização de um instrumento (embora previamente experimentado devido à necessidade de orientação na internet, mas agora estruturado com uma abordagem comercial) — o *portal* —, também originou o surgimento de uma nova concepção de modelo de produção de informação.

Mídia, memória e filtros

> *Chego aos campos e vastos palácios da memória onde estão os tesouros de inumeráveis imagens trazidas por percepções de toda a espécie. Aí está também escondido tudo o que pensamos, quer aumentando quer diminuindo ou até variando de qualquer modo os objetos que os sentidos atingiram. Enfim, jaz aí tudo o que se lhes entregou e depôs, se é que o esquecimento ainda o não absorveu e sepultou.*
> *(....) Quem poderá explicar o modo como elas se formaram, apesar de se conhecer por que sentidos foram recolhidas e escondidas no interior?...*
>
> Santo Agostinho

Anteriormente, em torno da acessibilidade da informação citamos a ilusão associada à comparação entre internet e biblioteca, no entanto a metáfora da *biblioteca* encerra em si outra *ilusão.*

Uma biblioteca é um espaço onde se encontra o registro da memória, fixada em história, da humanidade. Pelo contrário, a internet é um espaço de eleição para a memória não-histórica: memória de eventos, pessoas, idéias, memória social. Isto porque, sendo a publicação muito mais fácil na internet do que nos processos editoriais tradicionais, também as visões dos acontecimentos são muito mais diversas.[119]

A internet é sobretudo um espaço de publicação em primeira-mão embora, até certo ponto, também aí encontremos o tratamento analítico e organizado dos fatos.

Toda a lógica inerente ao processo histórico, isto é, a definição estrita de fatos históricos como de significância, entendida como uma matéria de valor e não de verdade, que acompanha a seleção do que é acadêmica ou editorialmente aceitável e, conseqüentemente, publicável em livro, não faz parte das regras de publicação na internet.

Que tipo de memória é produzido pela mídia em geral e quais as particularidades da memória criadas pela internet?

A resposta a essa questão é importante, pois a autonomia comunicativa dos sujeitos sociais não se constrói apenas em torno de informação e notícias sobre a atualidade ou sobre a perspectiva de uma determinada evolução.

A autonomia comunicativa constrói-se também em função do acesso a notícias e informação sobre o passado muito recente (como a semana anterior) ou o passado histórico (desde há milênios até o nosso século).

Para Eco, há três tipos de memória, a primeira é orgânica, ou seja, feita de carne e osso e gerida pelo nosso cérebro. A segunda é mineral, e desse tipo de memória a humanidade conheceu dois exemplos: há alguns milênios, a memória representada por placas de barro e obeliscos de pedra, mas é também mineral a memória dos computadores, feita de silício. Conhecemos ainda um terceiro tipo de memória, a vegetal, representada pelos primeiros papiros e os livros feitos de papel. Aqui iremos abordar a memória mineral proporcionada pela internet.

---

[119] As características-chave da internet são a descentralização de poder e o subseqüente *empowerment* do indivíduo, principalmente pela possibilidade de autopublicação e expressão individual de opiniões. Tradicionalmente a indústria cultural desenvolveu um conjunto de regras que deveriam ser cumpridas pelos autores antes que a publicação pudesse ocorrer. Embora a internet permita a publicação por qualquer um, o crescimento exponencial de documentos na web quer também dizer que nem tudo o que é publicado será lido por alguém. Pois uma vez publicada a informação terá ainda de ser encontrada. A internet depende dos mecanismos de pesquisa para estruturar os milhares de documentos colocados online diariamente (Heilidhe, 2000). Diante da complexidade, o cidadão comum preza a ajuda na escolha e, muitas vezes, tendo em vista que os mecanismos de busca apresentam muitos milhares de respostas à pergunta do usuário, surge a necessidade de encontrar processos de hierarquização da informação prestada pelo mecanismo.

Mas o que é memória? E por que insistir nessa dimensão para caracterizar a formação da autonomia comunicativa?

Para Silverstone (1999), memória é o que é realizado pela coleta, com ou sem tranqüilidade, com o testemunho oral e discurso partilhado. É quando as ligações privadas do passado se juntam para dar origem a uma leitura pública, oferecendo uma visão alternativa da realidade presente nos registros oficiais acadêmicos ou nos arquivos históricos.

Durante a maior parte do tempo não temos sequer consciência de usar a memória. Todos os nossos hábitos, conhecimentos e informação, esquemas de pensamento, valores, representações e linguagens fazem parte da nossa memória (Horta, 2001).

A memória individual é construída sobre um determinado evento, sendo essa construção passível de conhecimento direto, e vivido, do evento ou com o uso da mediação. O mesmo é verdade para a construção da memória social.

Na visão de Fentress e Wickham (1994), memória social consiste nas recordações que partilhamos com outros, porque são relevantes para nós e para eles, podendo ocorrer num contexto de grupo social de determinado tipo ou informal e temporário.

A memória é complexa, podendo incluir tudo desde uma sensação mental altamente privada e espontânea, possivelmente muda e sem repercussão pública, até uma cerimônia pública solene. A memória pode ser tanto ação quanto representação pois, segundo Connerton (1993), todos os indícios contêm um elemento de recordação.

A memória é ao mesmo tempo meio e mensagem. É social, porque é adquirida em determinado contexto, desenvolve-se em interação e com práticas, experiências e códigos simbólicos partilhados, é estruturada pela linguagem e é parte do processo de reprodução social (Sobral, 1999).

No entanto, tradicionalmente a mídia está afastada das definições de memória social. Esta resulta da interação entre memória histórica, memória coletiva e memória individual.[120]

Essa definição ofusca o papel da mídia, que pode ser mais bem percebido se introduzirmos o conceito de memória cultural. Ou seja, a memória partilhada fora do contexto histórico formal, com a partilha feita por meio de produtos culturais e impregnada de significado cultural (Sturken, 1997).

---

[120] A memória histórica refere-se a um processo de diferenciação temporal, cronológico; memória coletiva é entendida como um processo de identificação entre grupos sociais e memória individual como a capacidade de evocar acontecimentos em que se participou (Horta, 2001).

Estudar a formação social da memória é estudar os atos de transferência que tornam possível recordar, em conjunto, o que sugere Horta (2001); implica considerar que a linguagem e a comunicação sejam indissociáveis da memória.[121]

Indo um pouco mais longe podemos argumentar, como Luhmann (1992), que só em função do contexto conseguimos compreender o sentido do que os outros nos pretendem dizer, o nosso contexto é a nossa memória. E numa sociedade em rede caracterizada pela cultura da virtualidade real (Castells, 2003b) e onde a profusão dos espaços simbólicos da comunicação se multiplicam, a mídia é o contexto e conseqüentemente também nossa memória.

Na nossa sociedade, onde a mediação ocupa uma posição central na cultura, é a mídia que efetivamente permite a partilha dos acontecimentos que marcam a memória e que confere à atualidade uma aparência de presença e de autoridade histórica imediatas (Nora, 1990).

Os discursos da mídia constituem, assim, cartas mitológicas destinadas a uma comunidade (Fentress e Wickham, 1994), nacional ou internacional.

No entanto a memória midiatizada, como os gestores de marketing nos mostram, também pode ser comercializada, encorajando o consumo passivo do passado (Abramson,1998). A memória tornou-se, assim, um dos objetos da sociedade de consumo que se vendem bem (Le Goff, 1990).

A memória é importante porque é *aquilo* que *nós* temos, para em privado e em público, nos enquadrar no espaço e especialmente no tempo (Silverstone, 1999).

Desde que o registro oral deixou de ser central nas nossas vidas, que uma mídia como o livro, em conjunto com a ciência, entrou em cena para registrar e fixar a memória social e individual. No entanto, o surgimento do rádio, cinema, televisão — e mais tarde da internet — veio abrir portas para um espaço de fronteiras mais tênues sobre as múltiplas possibilidades do que se entende ser digno de registro pela mídia — ou seja, a construção pública do passado.

Basta lembrar as reconstruções históricas televisivas em canais como o Canal História da TV a cabo, para perceber de que forma se cria memória, além da cobertura televisiva de guerras como a do Kosovo e do Afeganistão,

[121] Como Horta (2001) sugere, a definição de Bourdieu (Cardoso, 1999) de *habitus* pode também ser considerada uma espécie de memória socialmente partilhada por um grupo de indivíduos que divide um campo de ação.

pós-11 de Setembro, ou, ainda, dos filmes norte-americanos de catarse sobre a guerra do Vietnã.

A diferença entre a internet e a televisão, ao representarem o passado, a memória, é que a televisão transmite, difunde uma determinada notícia ou programa e quem a vê pode construir a sua percepção de um dado evento. Finda essa transmissão, o registro, além da ocasional gravação de vídeo caseira, será mantido no arquivo do canal, acessível apenas mediante um processo burocrático de consulta. Na internet a página é criada e coexiste no tempo. Coexiste a versão de um lado dos intervenientes e a dos outros intervenientes, e talvez, embora seja menos provável, também a da análise histórica e jornalística dos mesmos eventos.

A guerra na Iugoslávia de 1999, entre a Otan e esse país, é um exemplo bastante interessante (assim como o poderia ser o das páginas da World Wide Web relatando o conflito na Chechênia, entre chechenos e russos) de como a nossa memória social dos acontecimentos pode ser diferente conforme a mídia utilizada.

Na internet existiam, à data do conflito iugoslavo de 1999, inúmeras páginas com as posições individuais pró-iugoslavas ou pró-Otan, as do governo da Federação Iugoslava de Milosevic, dos opositores internos de Milosevic, da imprensa livre iugoslava (a rádio B92, por exemplo), da imprensa governamental pró-Milosevic, da imprensa internacional, dos governos dos países da Otan e da própria Otan (Horvath, 1999; Pantic, 1998).

Dependendo da hierarquização dos resultados da consulta em um mecanismo de busca ou da minha página inicial, estarei perante uma das visões sobre o conflito.

Obviamente, poder-se-á argumentar que, caso esteja verdadeiramente interessado, poderei procurar a perspectiva do outro lado, sem me sujeitar apenas à leitura de um dos lados. Sim, é verdade. Mas é aí que reside precisamente a diferença entre a internet e outras mídias, não só o usuário tem a possibilidade de procurar a informação, como também depende da sua avaliação, de que páginas escolher para formar a sua visão do passado.

Isso é algo fundamentalmente diferente da forma como a televisão funciona. A televisão constrói uma visão pública e difunde-a. Podemos debatê-la, mas é esse o elemento disponível.

Na internet existem várias construções possíveis da memória, ou pelo menos da matéria disponível para um maior número de visões do presente e do passado.

Com uma combinação de sorte em encontrar uma página, os critérios do mecanismo de busca utilizado, a permanência ou não, no ar, da página, em conjunto com a avaliação pessoal dos acontecimentos, o usuário constrói a *sua* visão da *memória pública* dos acontecimentos passados.

A questão que não podemos responder é, ao longo do tempo, quais serão as páginas permanentemente disponíveis e, portanto, quais as possíveis combinações para as diversas perspectivas.

Como podemos verificar no parágrafo anterior, há, no entanto, uma característica comum entre a internet e as bibliotecas e arquivos — também na internet não é possível falar de memória sem falar de esquecimento.

Segundo Colombo (2000a), as tecnologias de informação não são a solução para superar o esquecimento. Tal como as tecnologias anteriores, do livro à televisão, as novas não são nem duradouras nem estáveis. A internet é um espaço composto por uma dimensão de arquivo, mas onde, ao mesmo tempo, coexiste o esquecimento, o apagar, o desaparecer da informação. Assim como as obras da Biblioteca de Alexandria não nos chegaram às mãos, também muito do que produzimos ou visualizamos na internet se perderá. As tecnologias de informação são, assim, tecnologias da memória mas também do esquecimento.

A perenidade dos suportes de informação foi sempre uma constante na história da humanidade, do livro ao disco de computador. O que a internet nos traz de novo é voltar a colocar questões sobre o esquecimento e a memória, mas, agora, à luz de uma tecnologia sobre a qual muitas vezes construímos uma falsa idéia de infalibilidade.

A internet significou para muitos a possibilidade de atingir públicos idênticos, em número e interesse, aos oferecidos pelas editoras em operação no mercado mundial, mas, ao fazê-lo, não resolveu como fazer perdurar essa comunicação no tempo.

Fruto da decisão do seu autor, do administrador da página ou da inadvertência de um criador qualquer sem "cópias de segurança", o que hoje existe num endereço pode amanhã já não estar disponível. Servidores e páginas são apagados, mudados, novas versões são colocadas no ar.

Se a memória das estátuas, das cidades, das culturas orais foi por nós integrada em outros suportes como o livro, o filme, ou mesmo os CDs, a verdade é que, além da falibilidade e pouca extensão da informação indexada nos mecanismos de busca, até hoje não existe na internet uma sistematização dos conteúdos.

Mas será possível determinar o número de páginas que um usuário pode esperar acessar?

Lawrence e Giles (1999) realizaram, igualmente, uma análise da cobertura dos diferentes mecanismos de busca acessíveis e concluíram que não só a cobertura era reduzida (no máximo 1/3 da totalidade da informação publicamente disponível na internet) como também a tendência era para o seu decréscimo à medida que aquela aumentasse de tamanho.

Atualizando essa análise e recorrendo aos dados apresentados pelo serviço online *Showdown* (2001), podemos concluir que as tendências parecem manter-se inalteráveis. A melhor cobertura da World Wide Web é dada pelo mecanismo Google, o que representa ligeiramente menos que 1/3 da dimensão total calculada para a World Wide Web. A mesma ordem de relação de cobertura para as páginas de HTML pode ser encontrada no domínio pt.

A dimensão da World Wide Web, passível de consulta direta em 2002, no domínio pt, situar-se-ia, assim, perto de 1,5 milhão de páginas HTML ou 27% daquilo que na realidade existe.

Como já citado, uma das dimensões de caracterização do que é a memória na internet é o tipo de informação disponibilizada. Nem toda a informação interessa a toda a gente, as motivações e os critérios de pesquisa são tão variados como os de publicação.

Tabela 48
Estimativa de cobertura da web pública pt
por mecanismos de busca

pt 2001	Estimativa relatório	Cobertura *vs.* Google (%)	Cobertura pt (%)
Google	929.000	–	27,1
Fast	384.131	41,3	11,2
MSN Search	369.763	39,8	10,8
AltaVista	805.847	86,7	23,5
Northern Light	852.203	91,7	24,9

Fonte: Showdown para estimativas e cobertura *vs.* Google, resto dos dados calculados.

Se a diversidade de conteúdos na internet pode ser constatada e se também se verifica que quem procura informação, utilizando para tal o mecanismo mais comum e funcional — os mecanismos de busca —, tem a sua escolha limitada a uma parte do universo disponível, será então possível falar de novos *gatekeepers* na internet?

Antes de responder é importante definir o conceito de *gatekeeping*. Wolf (2001) observa processos de construção das notícias, entre os quais o *gatekeeping*.

Segundo ele, a filtragem da informação, nos meios de comunicação de massa, é controlada ou por sistemas objetivos de regras ou por *gatekeepers* — isto é, guardiães. Neste último caso, trata-se de um indivíduo, ou grupo, que possui poder de decisão sobre deixar ou não passar uma informação para publicação ou difusão. O mérito dos primeiros estudos sobre o *gatekeeping*, nomeadamente o de White (apud Wolf, 2001), seria o de terem permitido a identificação de qual o ponto, dentro do aparelho de produção noticioso, onde a ação do filtro é exercida institucional e explicitamente. Num segundo momento, os estudos sobre a ação do *gatekeeping* passaram a privilegiar a idéia de seleção, associada a um processo hierárquico e em ligação com uma rede complexa de *feedback*.

O *gatekeeping* nos meios de comunicação de massa incluiria, assim, todas as formas de controle da informação que pudessem determinar a decisão de codificação de mensagens, selecionar, formação da mensagem, difundir, programação, excluir total ou parcialmente a mensagem (Wolf, 2001).

Uma terceira fase dos estudos de comunicação, no âmbito do *gatekeeping*, incide sobre a distorção não pretendida na produção de notícias, principalmente pela interação social no quadro das organizações burocráticas e econômicas.

Segundo Wolf (2001:182), os meios de comunicação de massa no quadro organizacional também se pautam por valores que tendem a exercer condicionantes sobre a atividade editorial: a autoridade institucional e as sanções; o sentimento de obrigação e estima diante dos superiores; as aspirações à mobilidade profissional; a existência de fidelidade entre grupos; a natureza agradável do trabalho; e o fato de que a notícia em si se transformou num valor.

Podemos, assim, definir *gatekeeping* como o papel de seleção e editorialização que a notícia sofre até atingir esse estatuto final nas organizações noticiosas. Os distribuidores de informação têm que decidir que eventos admitir através dos "portões" das mídias, baseando-se no grau de noticiabilidade e outros critérios. Questões centrais são os critérios e as lógicas sistematicamente aplicadas por parte de jornalistas e editores no exercício do papel de *gatekeeper* (Wolf, 2001; McQuail, 2000).

Usando a definição anterior como base, até onde ela pode ser reformulada à luz de uma nova mídia como a internet?

Onde, como vimos, a produção de informação não é apenas realizada por jornalistas e o acesso envolve novas lógicas de filtragem, como as oferecidas pelos portais, e o eventual desenvolvimento de novas competências de validação de informação e sua recepção pelos usuários finais.

Para Williams e Carpini (2000), a dimensão tradicional do *gatekeeping* insere-se na chamada teoria social da responsabilidade que introduziu, ou reafirmou, três distinções conceituais significativas. A primeira consiste na separação entre mídia noticiosa e mídia de entretenimento. A segunda se baseia na distinção entre fato e opinião e a terceira na separação entre público e elites mediatizáveis e políticas.

Como salientado por Williams e Carpini (2000), a teoria da responsabilidade social concebe a inevitabilidade de um sistema de mídia privado, centralizado e de um público pouco envolvido na participação cívica, transferindo, assim, a responsabilidade cívica para uma nova elite informativa criada em torno do processo de construção da notícia.

No entanto, o famoso caso Clinton-Lewinski não foi noticiado em primeira mão por nenhum dos grandes jornais e cadeias de televisão. Surgiu numa página da World Wide Web, gerida por Matt Drudge.

Exemplos como a mediatização do caso Clinton-Lewinski e a gestão não-editorializada da informação podem indicar a falência do modelo de *gatekeeping* à luz da internet. Onde, por causa das suas características tecnológicas e da apropriação por parte dos usuários, estaria surgindo um sistema onde não existiriam portões para o acesso à informação, curto-circuitando a própria lógica de construção tradicional da notícia. A conclusão para esses autores parece óbvia, se não existem portões, não há guardiães (Williams e Carpini, 2000).

No entanto, isso pode ser apenas uma meia verdade pois os processos de *gatekeeping* podem não estar sofrendo um processo erosivo.

Pelo contrário, o *gatekeeping* pode estar ressurgindo, adaptando-se às características da internet, que também promovem novas modalidades de comunicação.

O *gatekeeping* associado à internet, ou se preferirmos *internet gatekeeping*, questionará o modelo da teoria da responsabilidade social só no sentido em que, além do sistema tradicional de *gatekeeping* presente na mídia offline, desenvolve-se um sistema paralelo em torno da internet.

A internet, como sistema sociocultural (Colombo, 2000a), introduz novos produtores de informação; novos processos de mediação como os portais e seus sistemas de pesquisa; novas necessidades para o público e produtores de informação em termos de validação de informação.

Esse ponto de vista é secundado, por exemplo, por Hartley (2004) quando afirma que, com a internet, os mecanismos de busca podem ser entendidos como *gatekeepers* digitais. Eles desempenham a função de decidir qual a informação relevante para a entrada digitada pelo usuário. Os mecanismos de busca podem não estar ligados a ideologias pessoais, contudo são um produto dos procedimentos estruturais e organizacionais daquele que os fornece, bem como podem estar sujeitos à legislação que requeira filtragem da informação, fazendo com que desempenhem o papel de *gatekeeper* em nome do Estado (Hartley, 2004).

A situação de *internet gatekeeping* torna-se um elemento de análise mais sensível quando verificamos que, por força da sua qualidade técnica e de opções de mercado, existe hoje um quase monopólio da pesquisa online personalizado pelo Google.com.

A análise histórica da evolução dos mecanismos registra que, em 1998, o até então mecanismo de pesquisa líder, o Altavista, decidiu tornar-se um portal e assim desinvestiu na melhoria dos seus algoritmos de pesquisa da internet (Brandt, 2002).

O Altavista oferecia aos seus usuários muitas formas de limitar a dispersão de resultados das suas pesquisas, principalmente com a possibilidade de combinar operadores de lógica booleana (como AND, OR, NOT etc.).

No entanto, os usuários centram a sua atenção, normalmente, sobre os primeiros 20 resultados e não sobre os milhares que uma pesquisa pode produzir (Brandt, 2002).

O Google percebeu isso e lançou-se num projeto de mecanismo de busca baseado no algoritmo Pagerank.[122]

Existe uma clara noção dos diferentes tipos de critérios objetivos que caracterizam o funcionamento dos mecanismos de busca. Normalmente o critério pode ser de três tipos: popularidade do link (presente, entre outros, no Google), características da página[123] e análise de conteúdo[124] (Brandt, 2002).

---

[122] O Pagerank baseia-se na estrutura descentralizada da internet e na existência de hipertextualidade para formar um indicador de valor associado a uma página. Assim, o Google interpreta o link da página A para a página B como um voto positivo sobre o valor desta última. Mas o Google procura mais do que o número de votos, links, que uma página obtém a partir de outras, o seu *ranking* é também construído em função da página que origina esse "voto". Os "votos" de páginas que já por si possuem um *ranking* elevado dão origem a um voto mais importante para a definição do *ranking* final. A pesquisa e indexação do Google ocorrem com uma freqüência mensal, sendo os sites com um índice mais elevado de Pageranking os primeiros a serem percorridos e também a serem mais profundamente analisados na sua estrutura hierárquica interna, bem como de forma mais rápida.

[123] As características da página utilizadas na sua classificação compreendem o tamanho da fonte, título, *headings*, texto ancorado, freqüência de palavras, proximidade de palavras, nome de arquivo, nome da pasta e nome do domínio.

[124] A análise de conteúdo toma geralmente a forma de criação de *clusters* de classificação associados a uma determinada página em duas ou mais categorias. Isso permite a busca em dados já com uma classificação prévia.

Cada método tem a sua razão de ser e há mecanismos de busca que usam apenas um ou que combinam vários.

O que é então o *internet gatekeeping* e como influiu sobre a autonomia comunicativa dos sujeitos?

Para responder, teremos de recorrer a três dimensões: a coleta da informação, a produção de notícias e a validação da informação.

Por sua vez, essas três dimensões encontram-se, no campo da internet, sujeitas às condicionantes introduzidas por três fatores: a informação disponível online, a quantidade de informação acessível e a qualidade dessa informação.

Questões como a objetividade da informação, a posse dos meios de difusão (sejam eles portais ou outras presenças na World Wide Web) e a influência dessa posse na recepção da informação ganham uma nova dimensão quando olhadas já não no horizonte dos 500 canais globais, ou da rádio que vai em busca de notícias ao fim do mundo ou da rua, ou dos semanários e diários de referência, mas na dimensão dos milhares de milhões de páginas HTML da World Wide Web e da dezena de portais, nacionais e globais, que contribuem para construir a nossa representação da internet como espaço de vitrines, notícias e lazer.

O aspecto da qualidade e quantidade de informação e da forma como lidar com ela é fundamental para relembrar que nem tudo se joga no acesso às novas tecnologias de comunicação e informação. Para além da destreza no uso da informática, o pensamento crítico e dedutivo são ferramentas básicas para as diversas dimensões da interação social na sociedade em rede.

No princípio de novo milênio e de século, uma das questões centrais é a da quantidade de informação disponível. Como procurar informação na internet e como orientar-nos diante do extenso leque de opções?

Temos, aqui, que nos valer da análise da evolução histórica da própria internet: de espaço não regulado à regulamentação imposta pela necessidade de viabilizar o *e-commerce* e sustentar a nova economia.

Se a perspectiva de colaboração presidiu o surgimento dos primeiros serviços de busca e classificação na internet, a perspectiva comercial tomou conta da maioria desses serviços como exemplificado pelos casos dos diretórios como o Yahoo! e Sapo em Portugal. Inicialmente criados no meio universitário e, mais tarde, tornados elementos centrais na chamada nova economia com aquisições ou valorizações em Bolsa de grande dimensão financeira.

O que conduziu o interesse comercial pelos serviços de busca terá sido a mesma razão que levou à criação desses mecanismos: o valor atribuído à orientação na internet.

A percepção do valor da orientação, na internet, levou a que, por via de uma estratégia comercial de consolidação de presença no mercado da nova economia, e da necessidade de fidelizar os consumidores no acesso à internet, tenham surgido os portais.

Os portais, ao surgir, não são apenas mecanismos ou diretórios de informação, têm um valor comercial pelo fato de levarem até lá um extenso número de usuários, e o comércio, além de novos serviços e notícias, vem juntar-se às suas funcionalidades iniciais.

Mas não bastará perceber o papel central dos portais para a gestão da informação, importa igualmente ter presente que eles atuam como *gatekeepers*, como filtros, positivos ou negativos. A pesquisa realizada por meio deles tem base em opções de valorização ou desvalorização de ocorrências.

E quando essa pesquisa usa, por causa dos acordos comerciais entre portais e mecanismos, apenas um mecanismo mundial, a questão do *gatekeeping* ganha uma dimensão mais central nas análises da internet.

O usuário é, embora o desconheça, confrontado com um espaço limitado e com a forte correlação existente entre páginas da World Wide Web que possuem referências entre si, ou seja, quanto maior número de links apontando para uma determinada página, maiores as probabilidades de ela surgir num mecanismo de busca. Por último, é importante dizer que muitos dos próprios mecanismos de busca reajustam os seus resultados, hierarquicamente, em função das opções feitas nas pesquisas anteriores. A utilização de classificações de *ranking* de popularidade para escolha de resultados, para apresentar em buscas, tende a tornar as páginas já populares mais populares e as menos populares cada vez menos visíveis.

O usuário também, muitas vezes, desconhece a limitação temporal da informação (Wouters, Hellsten e Leydesdorff, 2004).

Todos os mecanismos de busca apagam os documentos mais antigos e os substituem pelos que apresentam uma marca temporal mais próxima do presente. Isso leva à perda de informação numa dimensão histórica, fazendo com que os mecanismos de busca sejam essencialmente objetos de apresentação do presente e não do passado. Tornam-se assim instrumentos não-fiáveis para a coleta de informação, com o objetivo de reconstruir informação sobre um dado momento histórico. E fazem com que numa análise temporal estejam limitados à utilização de páginas que, em concreto, tenham a indicação de quando foram publicadas, como é o caso de uma edição de jornal.

Essa perda de informação não é resultado de uma instabilidade técnica, mas sim de uma opção de indexação. Como também cada mecanismo opera segundo um diferente relógio temporal, isto é, a coleta e a indexação processa-se em tempos diferenciados, a probabilidade de existência de buracos negros temporais, não cobertos por nenhum mecanismo, é elevada (Wouters, Hellsten e Leydesdorff, 2004).

Uma terceira dimensão, também normalmente ausente da percepção do usuário, é a autocensura comercial ou imposta pelo Estado aos próprios mecanismos de busca. Existem, portanto, outras limitações à indexação que não as puramente técnicas.

Numa análise do mecanismo de busca Google.com e dos seus sites nacionais Google.fr e Google.de (respectivamente na França e na Alemanha), Zittrain e Edlman (2002) verificaram que centenas de milhares de sites que podem ser pesquisados nos EUA não o podem por usuários na França e na Alemanha.

Esses são na sua maioria sites de índole racista ou que negam a existência do Holocausto. O motivo para essas diferenças reside em evitar a possibilidade de ações legais contra a empresa proprietária do mecanismo de busca Google.

Na internet estar disponível não é igual a ser acessível ao usuário, pois, mesmo que o leitor saiba o que pretende encontrar, fica dependente das escolhas dos produtores de informação, dos criadores dos mecanismos de busca e das equipes de marketing, dos próprios mecanismos, que especificam critérios de apresentação de resultados.

Das três condicionantes apontadas como responsáveis pela forma de recolher informação, produzir notícias e validar informação na internet, duas já aqui foram analisadas: a informação disponível online e a quantidade de informação acessível.

A terceira condicionante refere-se à qualidade da informação, que por ser produto de um julgamento de valor, do próprio usuário ou do *mediador*, introduz uma noção de arbitrariedade elevada, em qualquer análise.

No entanto, podemos caracterizar os mecanismos que determinam a qualidade. Na internet as motivações para publicar algo são muito diversas. É essa a razão pela qual (junto com o custo associado à tarefa e os interesses de quem procura informação) a maioria dos portais não faz uma avaliação prévia da informação aí disponibilizada.

Os portais apenas seguem os critérios tradicionais de validação para as notícias que publicam, pois elas são produzidas por jornalistas ou retiradas de agências noticiosas. Fora isso, a informação contida, mesmo a que existe em listas organizadas de assuntos, não sofre validação por especialistas: páginas médicas, páginas de alimentação, de construção de explosivos, de crítica literária ou notícias originárias de publicações puramente online.

Mesmo quando algum utilizador fornece uma URL para registro, num diretório ou mecanismo de busca, na maior parte dos casos a única validação é de caráter temático e não de veracidade, razoabilidade ou suporte da informação aí contida.

Existem, no entanto, alguns serviços que avaliam assuntos. Não têm ambições de identificar todas as páginas HTML existentes na World Wide Web sobre um tema específico, mas apenas as consideradas mais importantes. São os chamados portais de assuntos. São menos numerosos e, normalmente, menos conhecidos do público em geral. Esse tipo de serviços, que cobrem assuntos específicos ou conjuntos temáticos, recorre à intervenção humana no processo organizativo da informação e procura assegurar a máxima qualidade do resultado.

Na maior parte dos casos, o usuário comum da internet, ou quem a utiliza profissionalmente, tem de recorrer apenas a si mesmo para conduzir o processo de avaliação da informação aí disponível.

Embora as teorias da recepção sobre a informação na internet não estejam ainda muito consolidadas, podemos recorrer a estudos sobre outros meios de comunicação e à validação de informação comparando-os com a realidade da internet. Podemos, no entanto, recorrer às experiências no quadro dos estudos sobre a televisão como pontos de partida para o estudo da validação de informação na internet. Esta, apesar de interativa e incluindo uma dimensão de produção/consumo de informação, retoma no essencial muitos dos traços desenvolvidos nos trabalhos publicados sobre as teorias da recepção pelos membros do Glasgow Media Group.

Por exemplo, Philo (1999) aponta o papel da experiência direta, do uso da lógica, dos sistemas de valores individuais/grupais e da credibilidade da fonte como dimensões onde se joga a aceitação ou não da mensagem emitida.[125]

---

[125] O papel da *experiência* refere-se à maior ou menor experiência direta com a realidade a que reporta a mensagem recebida. Quando existe contato direto com a ocorrência a informação é, por norma, mais vezes questionada do que quando não há conhecimento direto. O uso da *lógica* refere-se à percepção de uma mensagem anterior tomada como pouco crível ou uma contradição que pode desencadear uma rejeição da mensagem.
Os *sistemas de valores de grupo/individuais desempenham* o seu papel no caso de uma mensagem que se apresente distante em face de suas convicções. Nessa situação ela pode ser mais facilmente rejeitada pelo receptor.
Por último, a *credibilidade da fonte* refere-se ao fato de o usuário assumir igualmente o papel de credibilizador, pela confiança estabelecida nas fontes de informação durante sua relação com elas e pela comunicação que estabelece com as suas redes de sociabilidade.

Qualquer dessas dimensões pode ajudar a perceber os fatores que podem influir na filtragem que o usuário faz da informação com que contata na internet.

No entanto, continua a existir uma questão não resolvida que é a das teorias da recepção vocacionarem para um tipo de informação: a da mídia tradicional que tende a apresentar um caráter generalista dirigido para um usuário habituado a interagir com um número escasso de alternativas.

Ora, a internet, pelas suas próprias características, apresenta a informação de caráter mais segmentado e menos generalista, ao mesmo tempo que a qualidade não é assegurada por uma entidade em particular, sendo igualmente caracterizada por um sistema de regulação extremamente tênue.

Essas características transferem assim para o usuário algumas das responsabilidades de validação da informação que nos meios de comunicação de massa tradicionais dependiam do Estado ou de entidades com responsabilidade pública.

Nos meios de comunicação de massa tradicionais a credibilidade antecede ou acompanha o evento informativo ou de entretenimento com o qual o usuário contata. Quando alguém pensa na RTP, na TVI, na CNN, na BBC ou RAI confere-lhes um determinado grau de credibilidade. No caso da internet o processo tende a ser diferente.

A credibilização e o aceitar da informação são construídos pelo usuário à medida que interage com a informação. Se quisermos hierarquizar as dimensões da recepção propostas por Philo (1999), podemos sugerir que o papel da experiência direta e dos sistemas de valores individuais/grupais é aquele que mais facilmente poderá ser transportado para a realidade da internet enquanto o uso da lógica e da credibilidade da fonte se torna menos influente, pois a possibilidade de construir, ao longo do tempo, uma relação causal entre fatos afigura-se menos plausível.

A busca de informação não é feita com base nas mesmas fontes, bem como a construção da sua credibilidade na internet remete a redes de sociabilidade, inerentes à internet, ou à avaliação prévia por alguma outra entidade que lhe seja exterior.

Descrevemos o que é a coleta e a validação de informação na internet e como a mesma é influenciada pela tecnologia, opções econômicas e pelos próprios usuários. Respondemos em parte ao que é o *internet gatekeeping*, digo em parte porque devemos ainda analisar a relação que se estabelece entre meios de comunicação de massa e internet na construção da memória.

Exemplificando o já enunciado, a pergunta é se ao procurarmos saber algo mais sobre um determinado tema, o que nos surge será *opinião* ou *notícia*?

Se atentarmos às probabilidades — porque há mais páginas HTML de outra origem que não a noticiosa —, será que quem procura na internet informação sobre um determinado tema encontrará menos notícias oriundas de páginas de jornais, rádios e televisão e mais informação, caracterizada como opinião, sobre um determinado tema, vinda de organizações e sujeitos individuais. Será esta dedução correta?

Com base em uma análise realizada por Cardoso e Morgado (2002) sobre o funcionamento dos mecanismos de busca associados aos maiores portais generalistas portugueses (Sapo, Clix e IOL) e o estudo da representatividade da mídia nos resultados dos portais (Cardoso, 2003), é possível traçar o ponto de partida necessário para a análise da contribuição da internet pela informação obtida a partir de mecanismos de busca para a construção da memória social.

A conclusão é que a memória de um determinado acontecimento na internet é, sobretudo, a fornecida pelas organizações e a mídia, ou seja, a informação a que um usuário tem acesso ao realizar uma pesquisa por meio de um mecanismo de busca na internet é essencialmente fornecida por organizações ou pelos meios de comunicação social, e não por indivíduos.

Constatou-se na análise dos resultados produzidos por pesquisas sobre 11 temáticas da atualidade em mecanismos de três portais portugueses (todos usando o Google para a pesquisa internacional em inglês e em português) que 60% dos resultados eram produzidos por organizações, cerca de 30% por meios de comunicação de massa que haviam migrado online e apenas cerca de 10% por páginas individuais ou blogs. De fato, e num plano conceitual, a internet oferece a todos, pessoas e organizações, a possibilidade de expressar opiniões sobre determinados temas, mas, na realidade, a elevada presença de ocorrências com origem nas rádios, jornais e televisões, que os mecanismos de busca oferecem, não corresponde proporcionalmente ao número de entidades de mídia presentes online, estando, portanto, inflacionada perante os outros produtores.

Numa análise experimental realizada em 2001 sobre um tema internacional, o movimento zapatista (Cardoso, 2003), havia-se procurado compreender o peso da mídia nos resultados dos mecanismos de busca.[126] Pôde-se constatar que a maioria dos mecanismos possuía mais ocorrências relacionadas

[126] O Exército Zapatista de Libertação Nacional (EZLN), do subcomandante Marcos, que atua em Chiapas (México) e que, desde 1994, tem protagonizado uma campanha insurrecional midiática das suas ações pela internet (Castells, 2004a).

com órgãos de comunicação, isto é, notícias (nove em 15), do que referências a páginas pessoais de opinião (quatro em 15). Das 15 notícias selecionadas, seis eram utilizadas também nos resultados de outros mecanismos.

A análise comparativa de mecanismos de busca em ISPs portugueses, na pesquisa internacional, apresentava igualmente algumas peculiaridades. O número de repetições era muito superior, sendo que a primeira ocorrência em cinco dos seis portais era idêntica. No entanto, surgiam aí um maior número de páginas de organizações e pessoas do que de órgãos de comunicação social.

Embora essa análise fosse um pequeno teste exemplificativo do papel de filtragem dos mecanismos de busca, levantava questões fundamentais como acesso à diversidade de informação e às posições dos diversos intervenientes, ao equilíbrio entre a informação produzida por indivíduos e a apresentada pelos órgãos de comunicação presentes online.

Apesar de existirem apenas 4.923 jornais, 4.090 revistas, 2.158 rádios e 1.428 estações de televisão com presença online (Sparks, 2002b), a sua incidência em certos temas, nos resultados de mecanismos de busca, era muito superior à sua representatividade percentual na internet.

Desde 2001 o panorama dos mecanismos de busca mudou substancialmente em Portugal e no mundo devido a uma concentração da oferta, situação que levou à existência de uma quase única escolha para os portais para pesquisa nacional e mundial, centrada em torno do uso do Google.

A escolha temática para essa nova análise obedeceu a um conjunto de temas que fizeram a atualidade noticiosa, nacional e internacional, em Portugal durante 2002, sendo os resultados desse período comparados com os de datas compreendidas entre 1997 e 2001 e um evento marcante da realidade portuguesa das décadas de 1960 e 1970, a guerra colonial.

O conjunto de temas escolhido para essa análise pode ser visualizado no quadro 12 e incluiu temas tão diversos como o Nobel de Literatura para José Saramago, o 11 de Setembro, o alegado caso de corrupção na Universidade Moderna em Lisboa ou a vitória de Lula nas eleições brasileiras.

O padrão para a apresentação de informação na internet parece quase sempre obedecer à lógica de hierarquização valorizando em primeiro lugar as organizações, depois a mídia e por fim as páginas ou blogs de autoria individual, num modelo de disponibilização de ocorrências que podemos designar por *OMP*, isto é, as primeiras iniciais de cada grupo de autoria (tabela 49).

Trata-se de uma hierarquia estruturada em torno de um maior número de resultados, em primeiro lugar, em organizações com interesse direto no tema abordado pela pesquisa, sejam elas sem fins lucrativos (ONGs), empresas ou Estado, em segundo lugar na mídia e em terceiro, nos indivíduos expressando opiniões pessoais sobre as matérias da atualidade.

Quadro 12
Quadro síntese dos temas para pesquisa em mecanismos de busca, 2002

Tema de pesquisa	Dimensão geográfica	Dimensão temática	Dimensão temporal
11 de Setembro	Internacional	Terrorismo e guerra	Passado próximo (2001)
Guerra no Kosovo	Internacional	Terrorismo e guerra	Passado próximo (1999)
Naufrágio do *Prestige*, Galícia	Portugal e internacional	Catástrofe ambiental	Presente (em 2002)
Morte da princesa Diana	Internacional	Social e cultural	Passado próximo (1997)
Ida do papa a Cuba	Internacional	Político	Passado próximo (1998)
Vitória de Lula no Brasil	Internacional	Político	Presente (em 2002)
Independência de Timor	Portugal e internacional	Político	Presente (em 2002)
Nobel de Saramago	Portugal e internacional	Social e cultural	Passado próximo (1998)
Caso Moderna	Portugal	Político	Presente (em 2002)
Casa Pia	Portugal	Político	Presente (em 2002)
África/guerra colonial	Portugal	Terrorismo e guerra	Passado (décadas 1960/70)

Apesar de os valores relativos à mídia serem aqui menores que os presentes na análise sobre o movimento zapatista, a sua representatividade online é muito superior percentualmente ao número de presenças de meios de comunicação de massa na internet, onde se pode concluir pela existência de um viés na disponibilização da informação online que tende a valorizar as ocorrências da mídia nas pesquisas realizadas sobre temas abordados por ela offline.

A razão desse número de ocorrências será em parte responsabilidade dos algoritmos dos mecanismos de busca, mas também da influência das escolhas dos seus usuários, já que é óbvio que as pessoas continuam a pretender informação verificada, avaliada e editada por profissionais.

Apesar da diversidade de informação disponível na internet, muitos dos endereços mais populares são os que editam, organizam e geram informação em nome dos consumidores, estando, normalmente, associados a mídias, como jornais e televisões (Hartley, 2004), ou seja, existem temas da atualidade midiática que, mesmo quando se pretende recorrer à internet para informação complementar, os resultados das pesquisas continuam quantitativamente a ser dominados pela informação produzida pelas mídias e por elas disponibilizada online.

Essa tendência é ainda maior quando os temas se referem a matérias de caráter internacional cuja pesquisa seja feita com o intuito de obter resultados em português. A probabilidade de aí existirem páginas de opinião em português é normalmente inferior à ocorrência de páginas de notícias.

Tabela 49
Classificação das entidades presentes nas 25 primeiras ocorrências por pesquisa online realizada (%)

Tema de pesquisa	Organizações	Pessoas	Mídia	Data
11 de Setembro	57,50	3,33	39,17	Passado próximo (2001)
Guerra no Kosovo	72,82	3,88	23,30	Passado próximo (1999)
África/guerra colonial	87,00	8,00	5,00	Passado (décadas 1960/70)
Nobel de Saramago	58,65	21,15	20,19	Passado próximo (1998)
Morte da princesa Diana	47,52	25,74	26,73	Passado próximo (1997)
Ida do papa a Cuba	83,33	7,14	9,52	Passado próximo (1998)
Vitória de Lula no Brasil	44,66	0,00	55,34	Presente (em 2002)
Caso Moderna	44,83	20,69	34,48	Presente (em 2002)
Casa Pia	29,03	9,68	61,29	Presente (em 2002)
Naufrágio do *Prestige*	80,00	3,33	16,67	Presente (em 2002)
Independência de Timor	85,00	10,00	5,00	Presente (em 2002)

Uma outra tendência nas ocorrências referentes à mídia é a de que quanto mais antigo o tempo de ocorrência do evento, menor a referência presente em páginas de mídia.

No entanto, essa dimensão temporal também é afetada por outras variáveis como os temas em causa. Assim, temas que propiciam o envolvimento cívico e de participação por parte de organizações ecológicas, de direitos humanos ou similares (como, por exemplo, no caso do naufrágio do petroleiro *Prestige*, na Galícia, ou no caso da independência de Timor Leste) possuem uma maior probabilidade de a proporção de notícias de mídia ser menor, diante das informações publicadas por organizações.

Quanto aos blogs ou páginas produzidas por indivíduos, a sua probabilidade de maior presença nas ocorrências dos mecanismos parece estar ligada à lógica de personalização. Ou seja, temas mediatizados que baseiem a sua exposição numa dimensão de celebridade — como no caso da morte da princesa Diana, da entrega do Nobel de Literatura a José Saramago ou a suposta corrupção em torno do ministro da Defesa português, Paulo Portas, no caso da Universidade Moderna — produzem uma maior proporção de ocorrências, para a web, com base em indivíduos sem identificação de afiliação a organizações.[127]

Quadro 13
Organizações e pessoas identificadas nas ocorrências obtidas nas pesquisas realizadas nos mecanismos

Tema de pesquisa	**Identificação**
11 de Setembro	Fundos de apoio; instituições de educação analisando acontecimentos
Guerra no Kosovo	Ativismo contra a guerra
África/guerra colonial	Entidades educacionais analisando os acontecimentos, antigos combatentes
Nobel de Saramago	Pessoas que se identificam com a obra
Morte da princesa Diana	Admiradores
Ida do papa a Cuba	Organizações católicas (pró), organizações oficiais de Cuba (pró), organizações de exilados (contra)
Vitória de Lula no Brasil	Partidos e empresas
Caso Moderna	Partidos e sindicatos, pessoas em blogs que tomam posição partidária
Casa Pia	ONGs ativistas internacionais
Naufrágio do *Prestige*	ONGs ecológicas
Independência de Timor	ONGs de apoio à causa timorense

Se fica claro quais são as mídias que dão origem às ocorrências obtidas nos mecanismos de busca (as mídias com presença simultânea online e offline), já é menos claro quanto às organizações e indivíduos. Quem são eles? Será possível detectar algum padrão de análise nas ocorrências?

O quadro 13 está organizado pela dimensão temática das pesquisas realizadas e, como se pode observar, a diversidade é substancial.

O fator comum a todas as organizações é o envolvimento direto nos acontecimentos das organizações católicas e organizações de exilados, na ques-

[127] Para Hartley (2004), a *celebridade* é a semiótica da identidade. Tal só se encontra em sociedades onde a identidade é uma importante questão sociocultural e política. As celebridades são indivíduos notáveis pela sua identidade na mídia. Em termos gerais, podem ser oriundos de qualquer área: músicos, esportistas, modelos, criminosos, personalidades do cinema, televisão e rádio, bem como participantes na televisão-realidade.
Como categoria descritiva, normalmente a celebridade não incluiria, por exemplo, políticos no poder ou membros de famílias reais. O conceito de *celebridade* difere do de *estrela* pelo fato de o último ser considerado produto de um meio em particular, a indústria cinematográfica. A construção das celebridades baseia-se em matérias que seriam consideradas cotidianas ou vulgares (Hartley, 2004).

tão da visita do papa João Paulo II a Cuba, ou das diferentes ONGs envolvidas na denúncia do naufrágio do *Prestige*, ou ainda na crítica à questão da pedofilia na Casa Pia.

Além das diferenças já expostas sobre a dimensão de temáticas acerca de celebridades, as maiores diferenças no campo das organizações ocorrem no que diz respeito ao tema "guerra e terrorismo", ao qual se associam muitas vezes instituições educacionais que se debruçam sobre a análise dos acontecimentos.

Aparentemente, nesse campo temático as diferenças de caráter temporal não parecem influir nas ocorrências associadas às entidades educacionais, como se pode concluir pela comparação entre os resultados obtidos para os ataques do 11 de Setembro e para a guerra colonial portuguesa.

Já que o idioma das páginas é um fator a considerar nas nossas análises, é interessante verificar também que a pesquisa mundial oferece ao usuário sempre mais registros que a nacional, mesmo quando a temática é claramente interna.

Tabela 50
Valores totais de ocorrências para cada tema em 2004

Tema de pesquisa em 2004	Em português	Mundial
11 de Setembro	307.000	24.600.000
Guerra no Kosovo	27.900	2.110.000
África/guerra colonial	56.300	147.000
Nobel de Saramago	9.550	56.100
Morte da princesa Diana	4.780	441.000
Ida do papa a Cuba	58.400	218.000
Vitória de Lula no Brasil	164.000	51.900
Caso Moderna	133.000	533.000
Casa Pia	29.400	38.800
Naufrágio do *Prestige*	3.010	11.300
Independência de Timor	18.500	515.000

Outros dados de destaque sobre o papel do idioma são o número de usuários cuja língua materna é o português, o número de sites em português e a divisão dos usuários por países lusófonos.

Segundo a Global Reach (2002) existem cerca de 25,7 milhões de usuários brasileiros, portugueses e norte-americanos de origem lusófona, sendo a primeira língua falada por cerca de 161 milhões de pessoas representando os usuários da internet, em 2003, quase 29% para uma população de cerca de 10 milhões, em Portugal, e no Brasil 7,8% para uma população de 184 milhões (Cardoso et al., 2005b; Nielsen NetRatings, 2004).

Por sua vez, a percentagem de sites públicos em inglês, em 2002, correspondia a 72% da totalidade da informação disponível na internet para uma percentagem de usuários cuja língua materna é o inglês, de 37%. Já os sites em português representam apenas 1% da informação disponível na internet, enquanto o número de falantes com acesso à internet representaria 3,1% da totalidade dos usuários, sendo a proporção entre sites e usuários de 0,2, enquanto para o inglês é de 1,9 (OCLC e Global Reach, apud Castells, 2003).

Quadro 14
Usuários da internet por mil habitantes em alguns territórios lusófonos (%)

País	Fonte	Usuários da internet por mil habitantes
Portugal	UNDP	193,5
Macau	ITU	225,0
Brasil	UNDP	82,2
São Tomé e Príncipe	UNDP	72,8
Cabo Verde	UNDP	36,4
Moçambique	UNDP	2,7
Angola	UNDP	2,9

Fontes: UNDP, 2001; e ITU, 2002.
Nota: Segundo dados da Timor Telecom, número de usuários de Timor Leste seria de mil para uma população de cerca de 900 mil indivíduos.

Diante do conjunto de casos aqui apresentados, todos eles bastante aprofundados pelos meios de comunicação de massa tradicionais, a hipótese que se pode levantar sobre a pesquisa de informação online é que o número de páginas apresentadas por um mecanismo de busca será tanto maior quanto envolva temas onde ocorra participação cívica prévia ao acontecimento em si.

Um exemplo disso será o fato de o naufrágio do *Prestige* produzir mais registros num mecanismo de busca que um caso de corrupção política, como o Caso Moderna, ou um caso de pedofilia, como a Casa Pia. Há uma tradição maior de ativismo organizado em torno das matérias ambientais do que o existente em torno do combate à corrupção política ou ao abuso sexual de crianças e menores. Assim como os portais, o papel central dos mecanismos de busca para a gestão da memória social, que se tem sobre determinado acontecimento, é a sua função de filtro com base em opções de valorização ou desvalorização de ocorrências e de universos de ligações.

O que é então *internet gatekeeping*? É a relação entre a presença dos mecanismos de busca nos portais, resultado da aliança das telecomunicações e da comunicação social, e o modo como a informação é hoje disponibilizada e avaliada pelo usuário da internet. Se isso for verdade então como podemos detectar as influências dessas mudanças nas práticas informativas dos cidadãos?

Por um lado, no modo como se altera a relação com a dimensão informativa da internet, pois os portais produzem uma nova realidade sobre o que é a internet. Com os portais, a internet deixa de ser o espaço anárquico de informação e, pela *classificação prévia da experiência*, fornece os elementos disponíveis que devem informar essa classificação da experiência (Silverstone, 1999), um processo que decorre da emulação das lógicas dos meios de comunicação de massa tradicionais, como a imprensa e a televisão. Por outro, pelas associações e promoção do uso de mecanismos de busca altera-se também o modo como *a internet ajuda a construir a memória social.* São essas as duas formas com as quais os meios de comunicação de massa e as empresas de telecomunicações procuraram mudar, e até certo ponto mudaram, a internet.

O *internet gatekeeping* é assim produto do surgimento dos portais e dos mecanismos de busca e do modo como nos apropriamos deles.

Esse é um conceito fundamental para compreender como a autonomia comunicativa na sua dimensão de memória se constrói hoje.

Nos últimos capítulos analisamos como o sistema de mídia se organiza na sociedade em rede. Procuramos também definir metassistemas de entretenimento e informação e qual o papel da internet neles.

Seguindo essa linha de atuação, procurou-se definir como internet e meios de comunicação de massa estabelecem as suas redes de interdependência e como as empresas de telecomunicações tiveram um papel central no desenvolvimento dos portais e do que definimos como *internet gatekeeping* e da sua influência na autonomia comunicativa dos sujeitos.

No entanto, analisamos as utilizações dos meios de comunicação de massa e da internet como se os regimes e as matrizes de mídia fossem idênticos para todos os sujeitos, mas esse não é o caso. Essa diferenciação manifesta-se na forma como diferentes gerações lidam com a mídia produzindo condições de formação da autonomia comunicativa diferenciadas.

Essa análise e compreensão do fenômeno da diferenciação geracional e a sua relação com a criação de autonomia comunicativa e gestão da cidadania é o objetivo do próximo capítulo.

Mídia e cidadania na sociedade em rede

Como sugerem Silverstone (2005) e Castells (2002), a *realidade* durante as três últimas décadas do século XX transformou-se, e não só por ação dos inúmeros acontecimentos vividos pelos que neles participaram na primeira pessoa, da crise de Cuba à queda do muro de Berlim, de Tiannamen a Seattle.

A nossa *realidade* transformou-se também porque uma nova forma de percebê-la tomou forma sob a capa de uma *cultura da virtualidade real* (Castells, 2002).

A cultura do nosso dia-a-dia é hoje uma mistura entre o físico e o virtual, (Silverstone, 2005) ou como Thompson (1995) a descreve, o dia-a-dia é agora um complexo de mediações, do face-a-face para o quase face-a-face.

A nossa experiência do mundo é enquadrada pela mediação eletrônica, e por isso o nosso cotidiano é produto do vivido e do representado (Silverstone, 2005).

A mídia, no início deste século, confere-nos o espaço simbólico fundamental para o desenvolvimento da democracia. Mas é um espaço com regras criadas, por um lado, pelos instrumentos de regulação dos Estados e, por outro, pela convivência entre interesses lucrativos e não-lucrativos (Cardoso, 2003; Castells, 2004a).

É um espaço cujo funcionamento requer informação sobre os fatos, isto é, as notícias providenciadas pela mídia e informação; sobre "o estado da opinião", fornecida pelas pesquisas, "que constroem uma representação permanente da opinião pública" (Wolton, 1999).

É um espaço simbólico em permanente mutação, induzida pelo modo como as novas tecnologias que vão surgindo são domesticadas, isto é, como as matrizes de mídia (Ortoleva, 2002) dos cidadãos vão se formando, além de como os regimes de mídia (Colombo, 2003b) marcam o uso dos diferentes componentes tecnológicos presentes.

Essa mutação é visível no modo como a internet e os SMS, em conjunto com televisão, jornais e rádios, deram lugar a novas formas de fruição de informação e entretenimento, mas também no modo como permitiram o surgir de novas formas de opinião individualizada, de protesto de massa com o uso de tecnologias de comunicação interpessoal (como o celular) ou na forma como a internet permite organizar protestos de rua e críticas a políticos e empresários (Castells, 2004a).

A questão é compreender até que ponto a mídia influencia, pela forma como nos oferece as condições básicas em que iremos moldar o espaço simbólico de participação e conseqüentemente a construção da nossa autonomia comunicativa, a forma como a nossa cidadania se desenrola pelas nossas práticas cívicas mediadas.

Sabemos que, em grande medida, níveis de participação cívica estão associados a fatores como o nível de educação das populações e a confiança nos outros. Mas até que ponto diferentes formas de assimilar, domesticar, fruir, olhar a mídia podem querer significar diferentes apetências para o seu uso no exercício da cidadania?

Ou seja, até que ponto a nossa partilha geracional de formas de perceber o mundo pela mídia e a nossa compreensão, ou, se quisermos, habilidade, das funcionalidades associadas à mídia (Mansell, 2001) influenciarão a maneira como nos posicionamos no espaço simbólico para exercer a cidadania de uma forma ativa?

A mediação da cidadania e a habilidade informacional

A mídia é a nossa conexão entre o vivido e o representado. Faz parte do nosso dia-a-dia e é uma das formas que, além de outras como a proximidade com a nossa família, os nossos colegas, na escola ou nas empresas, enquadra a nossa experiência, a nossa identidade, e nos ajudam a dar sentido à vida (Castells, 2004a; Silverstone, 2002b).

No entanto, aceitar esse papel da mídia na nossa ligação ao mundo e na nossa capacidade de lidar com o cotidiano tem um preço: aceitando esse papel da mídia como parte da representação do cotidiano dificilmente podemos passar sem ela (Silverstone, 2002b), ou seja, o exercício da cidadania é cada vez mais uma combinação entre o mediado e o face-a-face.

Esse exercício da cidadania, na sua complexidade de interações diretas e mediadas, depende do desenvolvimento de um sentido crítico adequado para que quando, no cotidiano, nos for necessário possamos nos colocar fora dessas estruturas (Silverstone, 2002b), visto que nem sempre as imagens, os sons, a escrita nos transmitem uma mediação da realidade livre de ruído, de presunções enviesadas ou de leituras baseadas apenas em senso comum. Segundo Silverstone (2002b), podemos abandonar o campo, virar as costas às imagens, sons e textos midiáticos, mas não podemos, sem grande esforço e dificuldade, colocarmo-nos contra eles.

Por outro lado, a cidadania na sociedade em rede depende também do domínio dos instrumentos que nos permitem lidar com a mídia como mais uma linguagem natural, o desenvolvimento de uma habilidade além da sua definição mais tradicional.

Tradicionalmente, essa habilidade tem sido definida como as competências reais de leitura, escrita e cálculo (Benavente et al., 1996; Gomes, 2001, 2003), isto é, capacidades de processamento de informação escrita na vida cotidiana.[128]

No entanto, essa não é uma definição que se coadune com uma sociedade onde a mediação escrita é apenas uma das várias formas de mediação existentes na representação do cotidiano.

De acordo com a American Library Association (ALA, 2004), a habilidade deve ser compreendida de um modo mais genérico. Partindo da sua definição, podemos propor, assim, que *habilidade informacional* seja definida como um conjunto de capacidades requeridas aos indivíduos, no sentido de reconhecerem quando uma informação é necessária e possuírem a capacidade de a localizar, avaliar e utilizá-la eficientemente.

Em suma, um indivíduo literato deve ser capaz de determinar o tipo de informação que lhe é necessária e útil, acessá-la de forma eficaz e eficiente, avaliar a informação e as suas fontes de forma crítica, incorporar essa informa-

[128] A habilidade não é, nem nunca foi, um atributo pessoal ou uma aptidão ideologicamente inerte que só possa ser adquirida por indivíduos. Também não é uma mera tecnologia, embora requeira um meio de produção, tanto físico (caneta e papel, computador e rede) quanto social (uma notação reconhecida ou alfabeto e uma forma de transmitir o conhecimento necessário para manipulá-lo) (Hartley, 2004).

ção na sua base de conhecimento, utilizá-la para atingir os seus objetivos específicos e compreender as dimensões econômicas, legais, sociais e éticas que condicionam o seu uso. Embora a ALA não o afirme expressamente, esse é um conceito de habilidade que vai além da escrita e pode ser aplicado mesmo a mídias que funcionem em fluxo (Williams, 1999), como a televisão, pois de acordo com Basili (2003) existe uma crescente proliferação de fontes de informação e de múltiplos meios de acessá-las.[129]

Nesta nossa *era da informação*, em que assistimos ao desenvolvimento de processos multidimensionais de transformação social e tecnológica, que assinalam a emergência de um novo paradigma social — a sociedade em rede — em que a recolha, processamento e partilha de informação constituem as principais formas de geração de riqueza (Castells, 2002), tanto o exercício pleno da cidadania quanto o sucesso econômico dependem da habilidade informacional dos indivíduos, pois, tanto para descodificar e agir no campo político quanto para perceber as necessidades de clientes e compreender os sinais fracos de mudança (Mendonça et al., 2004) nos mercados, é necessário analisar a informação, compreender como é gerada e dominar os instrumentos de gestão da informação e comunicação.

Com esse quadro, onde as estratégias informacionais adotadas pelos diversos agentes sociais constituem uma das mais determinantes formas de exercício de poder na modernidade (Castells, 2001; Silverstone, 2002b), faz sentido considerar a mídia em sentido lato, como um objeto cuja análise é extremamente relevante para a compreensão da cidadania (Webster, 2001; Tarrow, 1998).

Em primeiro lugar, o desenvolvimento de uma opinião pública informada pela mídia desempenha um papel determinante na definição de direitos políticos, do pluralismo e na criação de uma esfera pública (Pakulski, 1995:73), condição *sine qua non* para a sobrevivência da própria mídia e um elo essencial entre as instâncias políticas e os cidadãos (Melucci, 1995). Para esse cenário contribui o fato de os veículos de comunicação de massa constituírem o meio pelo qual a maioria dos cidadãos estabelece contato com a esfera política. A

[129] A habilidade acabou associada à escrita alfabética e, normalmente, não é aplicada à decifração de meios audiovisuais como a televisão. Uma das razões foi o fato de para a maioria das pessoas tal se resumir apenas à capacidade de ler a televisão e não a produzir. No entanto, com a queda do preço das filmadoras e com a difusão de software e do acesso à internet a habilidade midiática e a habilidade informática, como modos amplamente disseminados de uma comunicação bilateral, encontram-se presentes (Hartley, 2004).

própria consciência de alguns problemas sociais é muitas vezes o resultado da assimilação e interpretação, por parte da mídia, de determinadas situações (Neveu, 1996), conferindo-lhes visibilidade e incluindo-os na agenda política, alterando também assim o campo político (Crook, Pakulski e Waters, 1992; Gibbins e Reimer, 1999).

Podemos ainda encontrar referências à mídia numa perspectiva instrumental, associada ao seu papel como mecanismo de mudança no quadro da cidadania, isto é, a forma como é exercida e o tipo de direitos envolvidos nessa prática.

Por exemplo, para Giddens, a mídia desempenha uma característica-chave na vida moderna atual e no exercício da cidadania pelo seu papel de agente de reflexividade.

Porque as pessoas enfrentam um maior número de escolhas acerca das quais têm de tomar decisões (Giddens, 1991) também precisam basear essas decisões em escolhas informadas onde se baseiam e interpretam informação fornecida por "peritos" (Van de Donk et al., 2004), sendo a mídia um dos "peritos" a que mais vezes recorrem.

Mas a mídia não só exerce uma função reflexiva, como contribuiu ao longo do século XX para ampliar as dimensões da cidadania, atuou, e atua, como garantia da cidadania e também como instrumento prático do exercício dessa cidadania, quer de forma individual, quer coletiva (Murdock, 1992, 1993).[130]

Analisando a sua contribuição para a reflexividade, Murdock (1992, 1993) identifica três formas de a mídia contribuir para *o exercício da cidadania*.

A primeira consiste na oferta de informação e aconselhamento sobre os seus próprios direitos. Em segundo lugar, a mídia fornece acesso a um vasto conjunto de informação, pontos de vista e debates sobre temáticas políticas e questões públicas. Em terceiro, a mídia faculta os meios para que os cidadãos possam expressar críticas e propor soluções alternativas às que lhes são apresentadas. Por último, na dimensão da experiência, a mídia constitui um referencial de representações, que tanto podem ser assimiladas quanto rejeitadas.

[130] Murdock (1992, 1993) inclui os meios de comunicação modernos entre os mecanismos de descontextualização das relações sociais, pois considera que os mediadores de informação e entretenimento alargaram o seu campo de ação pelo aumento das audiências potenciais, o que, por sua vez, permitiu-lhes uma gestão temporal não-seqüencial das mensagens. Ou seja, a utilização da informação contida nas mensagens poderia ser feita nos contextos e no tempo que fosse mais útil às audiências.

A mídia pode igualmente operar como *instrumento de extensão da cidadania* (Murdock, 1992, 1993).

Isso ocorre porque o surgimento da mídia permitiu a reconfiguração das relações sociais e de poder. Por exemplo, pela possibilidade de se comunicar por telefone, por e-mail etc. com alguém que nos é próximo em outro local ou país, a mídia produz fenômenos como a *extensão da intimidade* (Murdock, 1992, 1993), gerando uma alteração dos nossos conceitos de distância e espaço (Castells, 2003a).

Mídias, como o rádio e a televisão (Murdock, 1992, 1993) e a internet, possibilitaram *novas formas de sociabilidade*, desde os amigos que se juntam em casa ou num café para ver um jogo de futebol na televisão, à interação mediada por computador entre adolescentes, em chats, até a forma como as usamos nas nossas rotinas diárias: dirigir ouvindo rádio, jantar vendo televisão etc.

Murdock (1992, 1993) concede também à mídia o papel de *garantia da cidadania*, no sentido em que não é suficiente dispor de direitos.

Caso não existam as condições básicas para exercer esses direitos é igualmente necessário que existam os recursos simbólicos que permitam denunciar essas situações.

Talvez se possa afirmar que a contribuição de Murdock (1992, 1993) de maior alcance para compreender a interação entre mídia e cidadania seja que as mídias, ao permitirem o estabelecimento de relações sociais com pessoas que nunca conhecemos previamente ou com quem nunca falamos face a face, introduziram uma nova forma de exercer a cidadania. É essa característica que permite a organização de indivíduos com objetivos comuns, embora partilhando espaços territoriais diversos. A mídia permitiu, assim, que se gerassem novas formas de espaço, sem terem que ter correspondência com locais físicos específicos.

Como sugere Scannell (1996), a mídia produziu uma mudança na vida pública, pelo rádio e pela televisão.

O rádio e a televisão levaram o ponto de encontro e partilha de espaços, como o café ou estádio, para um espaço de difusão onde um conjunto de pessoas pode ser dividido com populações inteiras.

Por sua vez, a internet permitiu levar esse conceito ainda mais além, introduzindo dimensões interativas de informação e organização de atividades (Cardoso, 2003).

Com esse processo de ampliação do universo comunicativo, a mídia é responsável pela difusão da idéia de direitos comunicativos (Scannell, 1996), ou seja, a idéia de que todos têm direito de ser ouvidos e de se fazerem ouvir, além dos direitos políticos de voto.[131]

Igualmente de interesse para a compreensão do papel da mídia no exercício da cidadania é a análise de Livingstone e Lunt (1994) sobre os programas com participação de público na televisão.

Os *talk shows* televisivos, tal como os programas de linha aberta e alguns fóruns na internet (principalmente nos jornais), podem ser vistos como mais do que entretenimento, pois funcionam também como canal de expressão de posições das pessoas junto aos seus governantes e até certo ponto das elites de peritos, transportando opiniões, experiências, informação e crítica às elites.

Do mesmo modo, a mídia também permite ao público questionar diretamente e responsabilizar políticos e peritos, fornecendo um espaço para a comunicação entre o público e a legitimação dessas opiniões (Livingstone e Lunt, 1994).[132]

Existe, no entanto, outra contribuição importante na análise de Livingstone e Lunt (1994), embora menos citada. Ao reconhecerem novos papéis para a mídia, introduziram a idéia de que, embora possamos lidar com as mesmas tecnologias ao longo de grandes períodos, como é o caso da televisão, elas podem sempre ser alvo de diferentes formas de domesticação (Silverstone, 1994), isto é, novas e velhas tecnologias podem ser apropriadas para o exercício da cidadania de muitas formas diferentes e acima de tudo pode haver lugar para interações em rede entre diferentes tecnologias, algumas vezes por meio de uma interface tecnológica comum, como é o caso das redes estabelecidas entre internet, SMS e televisão, outras simulando gêneros de outras tecnologias, como é o caso dos programas radiofônicos com participação de ouvintes e a recriação desse gênero na televisão.

Ao falar de mídia e cidadania, deve-se considerar que a mídia não é objeto de análise livre de controvérsia (Eco, 1991a).

Se para alguns a mídia é vista como propiciadora e instrumento do exercício da cidadania, há também lugar para críticas quanto à mídia agir essencialmente como redutora ou simuladora da cidadania.

---

[131] A teoria clássica da cidadania, baseada no trabalho de Marshall (1964) reconhecia três fases históricas da cidadania, a das liberdades cívicas (direitos individuais), a das liberdades políticas (direitos eleitorais) e a das liberdades sociais (direito à assistência social e ao emprego). Por sua vez, o reconhecimento do papel da mídia na sociedade contemporânea deu lugar ao surgimento do que se designa por *cidadania cultural* (Hartley, 2004), referindo-se à conquista de liberdades culturais ou direitos de identidade.

[132] Mesmo salientando a dimensão positiva associada aos novos gêneros de conteúdos da mídia, Livingstone e Lunt (1994) não deixam de criticar o modelo de interação que os caracteriza.

Exemplo dessa visão é a denominação *infotainment* dada a programas, de rádio e televisão, que privilegiam a emoção sobre a razão (Hartley, 2004).

Muitos desses programas combinam a presença de especialistas com a de um público que encontra, na sua experiência pessoal, a base argumentativa necessária ao contraditório que se procura gerar no programa. Exemplos de privilegiar a emoção sobre a razão podem ser encontrados em programas de atualidades tipo tablóide, bem como formatos educativos ou de estilos de vida, como programas de cozinha, jardinagem e decoração. E é precisamente essa oposição entre o racional, ou científico, e o emotivo, ou senso comum, que é criticada, por exemplo, em autores como os pertencentes à denominada escola de Frankfurt (Adorno, Horkheim e posteriormente Jürgen Habermas), caracterizando a mídia em geral por uma espetacularização do debate político, assim como por uma ausência de informação econômica, social e política criticamente fundamentada (Kellner, 1989).

No campo da mídia essa crítica herdada da escola de Frankfurt pode ser exemplificada por Poster (1995), quando relata que parece faltar às relações sociais contemporâneas um nível básico de práticas interativas que, no passado, eram a matriz da política democrática na ágora grega, na igreja local, no café, na praça pública, num parque, numa fábrica ou numa esquina, colocando a esfera pública como questão central na reconceitualização da democracia.[133]

Sendo hoje a televisão a tecnologia de mediação mais difundida no nosso planeta, é também sobre ela que a maioria das análises sobre cidadania e mediação tendem a incorrer.

Numa perspectiva igualmente crítica do papel da mídia, um dos autores mais conhecidos e respeitados no campo da comunicação política, Putnam (2000), considera que um dos responsáveis pela erosão do capital social, isto é, do envolvimento cívico dos cidadãos desde o final da II Guerra Mundial, se situa na televisão, enquanto, pelo contrário, a imprensa escrita seria um elemento de fomento à participação. Segundo o autor, em primeiro lugar ver televisão constitui a principal atividade de lazer que inibe a participação fora

133 Embora o conceito de esfera pública tenha sido formulado por vários autores no século XX, como Lippman (1997), essa noção tende a ser geralmente expressa segundo o quadro conceitual formulado por Habermas, que se refere à análise das relações entre a mídia, a comunicação e a democracia. Na sua análise, Habermas descreve como a opinião "pública" era socialmente formada pela burguesia européia do fim do século XVIII e princípios do século XIX: um grupo de pessoas, majoritariamente do sexo masculino, que discutiam assuntos políticos, presencialmente, num contexto de locais de encontro como clubes e cafés, recorrendo à utilização e leitura de jornais, livros, publicações de opinião etc.

do espaço doméstico, particularmente encontros sociais ou conversas informais. Em segundo, a televisão influencia uma visão mais negativa do mundo e das pessoas, podendo induzir uma maior desconfiança diante do *outro*.

Essa perspectiva de colonização do campo político e da esfera pública pela mídia ainda encontra formulações nas perspectivas contemporâneas de autores como Meyer e Hinchman (2002). Segundo eles, encontramo-nos atualmente em uma "democracia da mídia" como novo regime político. A seu ver, o processo político atual caracteriza-se por dois elementos cruciais: por um lado, a forma como a mídia representa o campo político de acordo com as suas próprias regras, e, por outro, o modo como a política é transformada como resultado da sua submissão ao poder dessas regras. Assim, levanta-se uma questão central que é: até que ponto os processos democráticos se encontram em perigo quando as regras do sistema político são substituídas pelas regras da mídia?

Há, no entanto, também formulações críticas a essas análises, consideradas demasiado simplistas na sua concepção de domínio da política e da opinião pública por parte da mídia.

Vários autores defendem que as relações entre a mídia e a política são mais complexas, podendo oscilar entre o apoio ou o conflito mútuo. Ou seja, essa descrição de "midiacracia" (Meyer e Hinchman, 2002) possui também uma natureza plural e competitiva e como tal não deixa de ser uma democracia (Castells, 2004a).

Na essência as regras são as mesmas, os atores é que assumem novas configurações na sua presença pública.

Como pressuposto-base, para Castells (2004a) os meios de comunicação encontram-se sempre inseridos num determinado contexto social, com um grau elevado de indefinição, na interação que possuem com o sistema político, devido à variabilidade das estratégias dos atores políticos e das interações específicas entre diversos campos sociais, culturais e políticos. Dado que o atual modelo democrático vinca fortemente a separação entre comunicação social e Estado, deixando na maior parte das vezes a este apenas o controle indireto sobre um serviço público de rádio e televisão, pelo menos na Europa. O Estado perde o controle sobre a mídia e a comunicação, o que faz com que o controle da informação e entretenimento e, conseqüentemente, das imagens e opiniões, deixe de ser um domínio em grande parte controlado por aquele. Essa perda de controle é ainda mais enfatizada em virtude da expansão e diversificação da comunicação via satélite, da privatização da maioria dos canais de comunicação, televisão, rádio ou jornais e da crescente globalização de capitais, tecnologia e autoria.

A independência política da mídia como fator crucial da sua credibilidade (embora sujeita a pressões dos grupos financeiros e da publicidade como principal fonte de rendimentos) transforma-se então no seu principal atributo.

A mídia de difusão por fluxo e a imprensa escrita tornam-se intocáveis por parte dos regimes políticos democráticos, que vêem assim restrita a sua capacidade de controlar diretamente a informação (Castells, 2004a).

Segundo Carpini e Williams (2001), esta evolução da mídia contribuiu sem dúvida para a erosão da distinção entre assuntos públicos, ou de política, e o entretenimento.

A divisão das organizações de mídia em seções distintas de notícias, entretenimento e esporte tornou-se mais fluida e indeterminada, sendo os jornalistas, executivos, políticos e *entertainers* mais livres para movimentar-se entre diferentes tipos e gêneros de mídia. Por outro lado, dentro dos grupos empresariais as áreas de produção de notícias (sejam elas televisão, rádio ou jornais), anteriormente consideradas um serviço público, passaram a ser também consideradas fontes potenciais de rendimento, enquadradas numa gestão centralizada das diversas indústrias de conteúdos, que englobam filmes, música, cabo e televisão em conglomerados mundiais.

Nas três últimas décadas do século XX, a televisão, rádio e imprensa operaram, essencialmente, seguindo dois princípios fundamentais sendo o primeiro a luta por maiores índices de audiência, em forte concorrência entre canais. E o segundo foi a aposta no entretenimento como forma de liderar o mercado, pautando-se pelo distanciamento do campo político como forma de afirmar a sua credibilidade (Eco, 1997a).

Essa combinação de fatores traduziu-se, em muitos países e em alguns canais e jornais, em que as notícias se assemelhem a entretenimento, com a inclusão de elementos dramáticos de suspense, conflito, rivalidade, ganância, subestimando o conteúdo das mensagens políticas dos diversos agentes (Carpini e Williams, 2001:163).

Nesse contexto, ocorre uma tendência de simplificação extrema das notícias políticas, com uma personalização crescente dos acontecimentos tendo os políticos e não as políticas como atores principais, e uma associação negativa sobre a prática de propaganda política, transformando o modelo de adversários políticos num permanente escrutínio na procura de "vencidos" e "vencedores" (Castells, 2004a).

O recurso principal dos atores políticos para chegar ao "teatro midiático" é, assim, na teatralização das suas práticas, na medida em que recorrem a mecanismos de performance, tais como a dramatização dos eventos, a personificação, os "duelos" verbais, as figurações simbólicas etc. (Meyer e Hinchman, 2002). E a vida política baseia-se em grande parte em símbolos de condensação, isto é, os símbolos não têm nenhum significado intrínseco, mas resultam das crenças das pessoas, condensando esperanças, medos e emoções (Chadwick, 2001).

Os cenários simbólicos da política nunca são neutros, mas organizam e estruturam os tipos de ação possíveis para os cidadãos, sendo geralmente encenados e artificiais, com uma "qualidade heróica" de majestade e formalidade, funcionando assim como espetáculos extraordinários e dramáticos, mesmo sem conteúdo substantivo em algumas ocasiões.[134]

Embora essas análises nos alertem para as mudanças em curso no campo da mediação, em particular da televisão, não devemos esquecer que o público, ou se preferirmos os cidadãos, não se limita a receber sem crítica a informação que lhe é transmitida.

Eles não deixam de interpretar, com base em formulações próprias, e outras socialmente adquiridas, a informação, apresentando elevados níveis de racionalidade na sua análise política, apesar de "(...) serem bombardeados com mensagens políticas estratégicas e muitas vezes emocionais e também apesar da distração que representam os espetáculos criados pela mídia" (Bennett e Entman, 2001:7, tradução do autor).

Esse novo ambiente, além de escapar ao controle direto dos Estados, é um desafio direto à autoridade das elites (jornalistas, políticos, acadêmicos etc.), pois dá mais espaço ao público, como ator mais ativo na construção do significado social e político, e a novos grupos ou tradicionalmente marginalizados. Além desse processo de mudança o surgimento de novas mídias como a internet vem ainda transfigurar mais a mídia como espaço da comunicação política.

---

[134] Embora muitas vezes tida como exemplo negativo de fechamento do campo da política, a promoção de acontecimentos políticos especialmente orientados para a mídia (por exemplo, a marcação de comícios ou coletivas de imprensa para a hora dos telejornais da noite, para garantir a transmissão ao vivo) não é mais do que a partilha de regras comuns aceitas por ambos os intervenientes. Em si não é limitadora da liberdade política, pois o conteúdo político e a existência de confiança entre eleitos e eleitores são bem mais importantes do que a forma da comunicação. Isso não quer dizer que não existam também problemas de fundo na comunicação política, como já observamos. O importante para a análise do modelo de política informacional reside em compreender se, por exemplo, em um determinado contexto, na televisão coexistem ou não diversos modelos de informação, alguns mais de acordo com modelos noticiosos, outros mais de acordo com modelos híbridos entre entretenimento e notícias, ou seja, certificar a existência de diversidade de conteúdos mas também de formas de os comunicar, pois normalmente os seus públicos são diferenciados (Cardoso, 2004a).

A transformação da política, e dos processos democráticos e de participação, decorre não só das condições de fragilidade dos Estados-nação num contexto de globalização e de menor participação política formal por via da quebra de confiança entre eleitores e eleitos, mas também da influência das mudanças no quadro das tecnologias de informação e comunicação.

As práticas políticas, e conseqüentemente as estratégias de procura de poder, tiveram também de mudar para dar resposta às mudanças do ambiente de mediação e do entorno social, econômico e cultural.

Surge então a necessidade de realizar uma política informacional (Castells, 2004a) que atente para o funcionamento da mídia e dos seus modelos comunicacionais, quer por parte dos partidos políticos, quer por parte dos movimentos sociais ou dos cidadãos que perseguem objetivos individualizados.

No entanto, a *política informacional* não corresponde a um modelo único de prática política.

O problema no exercício da cidadania não é a mídia, não é a televisão, ou a internet. É o próprio sistema político, pois é a sociedade que modela a mídia. Focando o caso da internet, Castells (2004a) cita que, onde há mobilização social, a internet converte-se num instrumento dinâmico de troca social, onde há burocratização política e política estritamente midiática de representação dos cidadãos, a internet é simplesmente um painel de anúncios.

A mídia eletrônica (rádio, televisão e internet) em conjunto com a imprensa constituem o espaço privilegiado da política, da participação e do exercício da cidadania. Um espaço simbólico no qual circula a maior parte da comunicação e informação políticas produzidas nas democracias.

Toda a mídia pode ser extraordinário instrumento de participação e cidadania, de informação da classe política, dos governos e dos partidos, aos cidadãos, e de relação interativa.

No entanto, quando é mera via unidirecional de informação para captar a opinião, converter simplesmente os cidadãos em votantes potenciais (para que os partidos obtenham informação para saber como ajustar a sua publicidade) perde o seu papel mobilizador e de participação social, de aproximação entre eleitos e eleitores (Castells, 2004a).

Assim a *política informacional* tanto pode ser utilizada como um instrumento dinâmico de mobilização social e participação quanto como instrumento puramente midiático de representação de papéis.

Ela é *informacional* porque se desenvolve num quadro onde a mediação desempenha um papel fundamental e desenrola-se em sociedades que privilegiam modelos de desenvolvimento informacional e baseados em organização em rede, mas não preconiza um modelo único de comunicação política.

A mídia atual tanto constitui a principal fonte de informação para a maioria da população, a partir da qual forma a sua opinião política, quanto é um instrumento de organização e participação em protestos ou movimentos de participação cívica.

Conseqüentemente, os diversos partidos e agentes políticos, movimentos sociais e cidadãos utilizam a mídia para difundir, influenciar e persuadir-se mutuamente das suas opções, programas e objetivos políticos, culturais e sociais (Bennett e Entman, 2001).

Se estiver garantido um grau de autonomia por parte da mídia em relação ao poder político e econômico, os atores políticos sujeitam-se, pelo menos em parte, ao seu modo de funcionamento, em particular na televisão, rádio e jornais.

No entanto, quando essa autonomia é entendida como reduzida, então os atores políticos procuram alternativas, como, por exemplo, as oferecidas pela internet pelos blogs ou o recurso ao movimento Indymedia (Cammaerts e Van Audenhove, 2003).

É certo que um dos modelos predominantes da política informacional baseia-se, nas democracias européias, asiáticas, sul-americanas e norte-americanas, em uma relação tripartite entre atores políticos de topo com carisma midiático, as mídias e as sondagens permanentes, criando um ritmo de interação onde a deliberação política e a participação perdem peso. Mas a *política informacional* é também uma maneira de combinar diversas formas de mediação tecnológica, da internet à televisão, e nem todas as descrições difundidas sobre o que é a política hoje se aplicam a todas as formas de mediação a serviço da cidadania.

O domínio da mídia sofreu grandes alterações nos últimos 15 anos, em virtude da proliferação dos vídeos e dos controles remotos da televisão, da televisão a cabo e satélite, do crescimento da internet, da integração horizontal e vertical das mídias etc. Essas mudanças aumentaram drasticamente a quantidade de informação disponível, a velocidade de acesso à mesma, as oportunidades de comunicação em massa interativa e a convergência de tipos, propriedade e gêneros de mídia.

Essas mudanças permitem compreender que a proposta de definição de democracia, sugerida por Dahl (1998), se aplica de forma muito clara ao nosso mundo de hoje.

Para esse autor, a democracia define-se como um ideal de governo realizado pela distribuição igual de poder.

Com efeito, a maioria das sociedades consideradas em geral como democracias possuem diferentes níveis de capacitação e deliberação por parte dos seus cidadãos.[135]

Assim, Dahl propõe a utilização de um *continuum* de poliarquia — governo por muitos — para distinguir entre diferentes níveis de soberania popular.

No pólo do *continuum* encontram-se as condições mínimas de poliarquia definidas pela igualdade de oportunidade para votar e a existência de eleições livres e justas. Por sua vez, o pólo simétrico compreende o ideal de governança democrática como igualdade dos cidadãos na definição, compreensão e decisão da agenda política.

De fato, apenas os sistemas que combinem meios de comunicação de massa e de comunicação individual permitem uma aproximação a modelos que oferecem informação alternativa e transparente aos cidadãos, assegurando que a informação provém de diferentes fontes.

A nossa sociedade é, espacial e temporalmente, caracterizada pela apropriação das novas mídias eletrônicas pelos cidadãos, por uma parte das elites políticas, por organizações efêmeras e por outras de permanência mais duradoura, abrindo assim um espaço de participação e exercício de cidadania.

No entanto, isso não quer dizer que as tentações para o domínio político da informação desapareçam, mesmo nas democracias. Porque hoje a informação é ainda mais *poder*, do que em contextos anteriores as mesmas forças dialéticas encontram-se em jogo na arena da mediação.

Por isso, a oposição entre forças centrípetas e centrífugas, ou seja, aquelas que propiciam maior controle ou maior liberdade (Colombo, 1999), continua a caracterizar a arena da mediação e da participação cívica.

As novas mídias, presentes no espaço da mediação, embora ofereçam novas possibilidades também à política parlamentar, parecem promover uma maior facilidade na condução da política extraparlamentar (Dahlgren, 2001; Sparks, 2001; Sassi, 2000) já que na maior parte das vezes a política parlamentar aceita as regras do jogo em que se movimenta a política informacional praticada pela televisão, rádio e jornais, mesmo quando a autonomia desses é percebida como problemática.

---

135 Mesmo no caso em que uma parte dos cidadãos não participa em determinadas decisões, nenhum cidadão, numa democracia desenvolvida, é excluído com base numa política discriminatória ou em obstáculos que o impeçam de obter informação ou de exprimir suas preferências.

A política extraparlamentar, gerida pelos movimentos sociais e cidadãos com agendas políticas individualizadas, porque recusa as regras desse modelo de política informacional (ou porque essas mesmas regras a marginalizam), encontra, no acesso às novas mídias, fórmulas para chegar até as populações ou recriar novas ligações com os espaços simbólicos tradicionais de mediação da cidadania.

A nova mídia permite assim novos espaços comunicativos para viajar, visitar e participar; possibilidade de gerar novos espaços, como sites, *newsgroups*, salas de conversação, redes, grupos de ação etc.; a estrutura hipertextual segundo uma extensa "interespacialidade"; a capacidade de movimentação livre entre diferentes espaços comunicativos; personalização das informações a partir de inúmeras fontes; desenvolvimento de canais de interatividade com o sistema político formal, seus contatos com partidos e representantes; organização de grupos e movimentos online.

Mas não obstante os discursos que defendem o potencial da ação comunicativa das novas tecnologias de informação e comunicação, elas não se isentam de críticas. Em particular porque entre o seu potencial e a realização dessas potencialidades existem algumas debilidades.

Por exemplo, segundo Dahlgren (2001) os problemas da grande parte das esferas públicas como *newsgroups* ou salas de conversação são evidentes pela sua separação, tornando-se espaços para indivíduos que partilham as mesmas idéias e sem espaço para perspectivas divergentes; pelo caráter desincorporado da comunicação online; e pela ausência de referências geográficas que sugerem limites para a inter-subjetividade necessária numa esfera pública, restringindo o sentido de propósito comum e compreensão mútua coletiva por parte dos indivíduos.

No entanto, essas críticas poucas vezes têm levado em conta a necessidade de olhar a mídia como um todo articulado em rede entre diferentes tecnologias e diferentes formas de mediação. Na realidade existindo diferentes mídias haverá também probabilidade do uso de diferentes utilizações e representações das mesmas, no quadro de um modelo de *comunicação sintética em rede*.

Há claras articulações entre as diferentes especificidades das mídias, permitindo que o espaço simbólico de exercício da cidadania seja apropriado de diferentes formas consoante os objetivos delineados (Bennett, 2004; Castells, 2004a), mas também em função das matrizes de mídia dos seus usuários (Ortoleva, 2002).

Por exemplo, nota-se uma ligação estreita entre a esfera pública internet e a esfera pública dos meios de comunicação de massa (Sassi, 2000). Por um lado, as microesferas públicas dependem das mídias mais tradicionais (como a televisão, rádio e imprensa escrita) para serem conhecidas e mais eficazes politicamente. Por outro lado, a informação presente na internet, anteriormente menosprezada pela mídia, tornou-se largamente aceita, potencializando o funcionamento da internet também como um meio de comunicação de massa e deflagrando uma alteração dos discursos dominantes das outras mídias (contra-informação ou novos temas).

Pela análise dos conteúdos disponíveis online é possível também caracterizar as diferentes especificidades da mídia.

Ao analisar páginas e grupos de conversação da Usenet, Hill e Hughes (1998) verificaram que a política não representa uma utilização central na internet, em comparação com outros temas, como sexo, televisão, filmes, religião etc.

Porém, a internet acrescenta algo de novo no campo da participação e exercício da cidadania, pois nos sites cujo conteúdo era político cerca de 20% encontram-se fora do campo tradicional da política refletido pela mídia mais tradicional, nomeadamente imprensa, rádio e televisão (Hill e Hughes, 1998), ou seja, para os seus usuários, a internet pode expandir as margens políticas da esfera pública. Na internet os indivíduos também privilegiavam alguns fornecedores especializados de informação, tal como acontece nos meios de comunicação de massa, sendo o recurso a esses fornecedores motivado pela procura de um aprofundamento de notícias vistas na mídia tradicional.

O que essa análise introdutória sobre a mídia e a cidadania na sociedade em rede nos mostra é que não é suficiente dispor de direitos, porque o campo da mediação é diversificado, contendo diferentes tecnologias, e porque as mesmas estabelecem interações em rede entre si.

O exercício da cidadania, numa cultura da virtualidade real onde a experiência é formada e ocorre também, em grande parte, no espaço simbólico proporcionado pela mediação, depende de se possuir a habilidade informacional necessária. Mas que fatores influenciam a escolha de uma mídia em detrimento de outra?

Uma primeira resposta já foi enunciada. Mesmo numa democracia, o grau de autonomia que atribuímos a uma mídia diante de interesses de terceiros é um fator condicionante da sua escolha, bem como o é o alcance geográfico e temporal por nós pretendido (Theranian, 1999).

Numa cultura em que o nosso contexto da experiência é em grande parte produto da mediação televisiva, da internet, da rádio, jornais e telefones, um sistema de comunicações livre e diversificado é fundamental para o exercício, de fato, da cidadania pelas populações.

No entanto, podemos aventar a hipótese que poderão existir outras dimensões, oriundas das nossas próprias experiências de vida, que orientem, condicionem e promovam a escolha de uma mídia em detrimento de outra ou que nos levem a ter representações diferentes das suas funções (Aroldi e Colombo, 2003).

As diferentes idades da mídia

Com a articulação entre diferentes mídias em função de uma diferenciação de conteúdos e igualmente a especialização da mídia em diferentes funções de mediação, será possível sugerir que diferentes gerações de cidadãos possuem representações diferenciadas da mídia?

E se isso for demonstrável será que essa diferenciação de representações, perante a mídia, se traduz em diferentes práticas mediadas de participação?

Se tomarmos como base de análise uma situação comum a várias sociedades desenvolvidas, a chegada da informatização num momento histórico partilhado, poderíamos encontrar resultados similares aos apresentados para Portugal, na tabela 51.

O que se verifica é que quando questionados sobre o interesse que associam a diferentes tecnologias de informação e comunicação, várias gerações partilham entre si alguns pontos, mas fornecem também respostas diferenciadas que permitem identificar representações identitárias singulares em relação à mídia.

Embora a televisão tenha a primazia de todas as escolhas das diferentes gerações, deve-se notar também que as gerações que conviveram com a internet na sua infância e adolescência têm valorizações muito mais baixas do interesse conferido à televisão do que aquelas que apenas conviveram com a informatização em fases mais avançadas da idade adulta (41,2% *vs.* 80,4%).

Em relação ao segundo nível de valorização de interesse, é possível dividir as gerações em dois grupos, as que conheceram computadores pessoais na infância e consideram a internet no segundo lugar como a tecnologia mais interessante e as que, não tendo lidado com tecnologias pessoais informatizadas, apontam a leitura de jornais.

Existem assim dois grupos claramente diferenciados, aqueles cuja idade vai dos 15 aos 37 anos e os que, em 2003, tinham entre 38 e mais de 50 anos.

Igualmente diferenciadora é a forma como diferentes gerações lidam com as tecnologias sonoras, como o rádio e os CDs. Assim, parece existir uma divisão geracional baseada na valorização da escolha individual da música.

Ou seja, se a geração dos 26 aos 37 se encontra numa posição de fronteira, em que valoriza de igual forma o rádio e a escolha musical oferecida pelos CDs, já a geração dos 15-25 claramente opta pela individualização musical conferindo maior valor à música em CDs, bem como nos canais televisivos temáticos de música e o P2P de troca e audição de MP3.

Tabela 51
Atividade que considera mais interessante por geração, primeira escolha (%)

Atividade	15-25	26-37	38-50	> 50 anos
Jogar videogames	6,7	0,7	0,6	0,1
Falar ao celular	6,7	4,3	1,9	1,0
Ouvir música em CD	15,3 (3)	9,5 (3)	4,9	1,6
Ouvir rádio	9,3	9,5 (3)	9,3 (3)	7,1 (3)
Ver televisão	41,2 (1)	54,9 (1)	66,0 (1)	80,4 (1)
Ler jornais	3,9	8,3	11,3 (2)	8,3 (2)
Usar a internet	16,7 (2)	12,8 (2)	5,8	0,7
NS/NR	0,4	0,0	0,2	0,7
Total	100	100	100	100

Fonte: Cardoso e Firmino da Costa, 2004.
Notas: Definição de *interessante*: adj. 2 gênero, digno de interesse; que desperta interesse; simpático; que tem encantos; atraente; diz-se do estado de mulher grávida. *Dicionário universal da língua portuguesa.*
Os números entre parênteses indicam a posição em relação ao primeiro do *ranking*.

Por outro lado, as gerações mais velhas olham para o rádio, com a sua predefinição musical, como uma tecnologia claramente definida, como uma escolha de interesse, embora não muito distante da leitura de jornais.

A geração dos 15-25 anos é também a que maior importância concede à música, conferindo no total das suas escolhas cerca de 25% do seu interesse à audição de música em CDs e ao rádio e também a única que considera videogames e celular no mesmo plano de interesse, apenas encontrando na geração dos 26 aos 37 anos alguma similitude em relação ao interesse concedido ao celular.

Nessa nossa tentativa de estabelecer uma diferenciação geracional perante a apropriação da mídia e a construção de autonomia comunicativa e práticas de cidadania, escolhemos analisar em maior profundidade os usos da televisão e da internet.

A escolha que recai sobre essas duas tecnologias deve-se ao fato de ambas se assumirem como os *nós* principais do sistema de mídia atual, em particular no campo da informação, sendo a primeira a tecnologia que continua a ser a mídia mais generalizada junto ao público e a segunda a tecnologia emergente que registra maior crescimento junto à população.

Outro dos motivos para a escolha passa por, cronologicamente, as últimas três tecnologias de informação e comunicação, de larga disseminação, a serem domesticadas terem sido a televisão, internet e celular. Por isso faz sentido, nesta análise, escolher as duas que são tecnologias de comunicação de massa de raiz (embora como já vimos as tecnologias de comunicação interpessoal, como a internet e o celular, possam também transformar-se em tecnologias de comunicação de massa).

Como já mencionamos, a mídia é a nossa conexão entre o vivido e o representado, é também com ela que se constrói a experiência. Partindo desse contexto, qual o papel da visão geracional na construção da experiência?

Segundo Aroldi e Colombo (2003), a infância e a adolescência são períodos essenciais para a criação de um perfil de mídia numa audiência, pela definição das expectativas, gostos, preferências, familiaridade de gêneros e textos, padrões de interpretação, ou seja, todas aquelas dimensões que nos caracterizam como audiências.

Existe assim durante esse período a criação de uma matriz, uma espécie de alfabetização de mídia, uma abordagem que define padrões de consumo e hábitos futuros dessa audiência. No entanto, deve-se considerar que as gerações não são elementos estanques, pois existem trocas intergeracionais e processos de contaminação entre gerações. Essa contaminação pode ocorrer em relações verticais (*pais-fihos*) e pode levar a que uma influencie os padrões de consumo da outra (Aroldi e Colombo, 2003).

Um segundo fator é a dimensão intrageracional de criação dessas matrizes. Ou seja, certas necessidades que se manifestam estão diretamente ligadas à idade biológica dos sujeitos e relacionadas com os objetivos característicos de um determinado grupo e, em diferentes épocas, podem também ser supridas por diferentes mídias.

Conceitos fundamentais, para esta análise geracional, são os de *biografia da mídia* e *memória da mídia*. O objetivo é compreender até que ponto indivíduos de um mesmo grupo etário partilham as mesmas memórias de mídia, as mesmas histórias de consumo, e portanto padrões de consumo similares, que também podem ser observados nos hábitos midiáticos dos indivíduos no seu dia-a-dia (Aroldi e Colombo, 2003).

As experiências históricas das quais se foi testemunha durante a juventude e os consumos culturais (livros, cinema, televisão, música, revistas e quadrinhos) usados durante essa mesma época são assim considerados como decisivos tanto na formação da sensibilidade e dos gostos de cada indivíduo quanto para cimentar a experiência que faz integrar um indivíduo numa mesma geração.[136]

Como demonstra Eco (2004a), a mídia constitui, pela sua produção cultural e usos, a memória comum e tradução do espírito geracional.

O fato de fazer parte de uma mesma geração, ter vivido uma série de experiências, históricas e de consumo, comuns faz com que os indivíduos, ainda que separados por muitas outras variáveis (como, por exemplo, o sexo, área de residência, nível de instrução etc.), partilhem determinados valores e mentalidade (Gnasso, 2003). O processo de partilha de determinados valores e mentalidade geracional está assim intimamente ligado aos processos de domesticação da mídia.

O termo domesticação, quando aplicado às tecnologias de informação e comunicação, refere-se ao processo de adoção dessas tecnologias nas vidas das pessoas, particularmente nas suas casas ou em estruturas como organizações (Ward, 2003).

A domesticação foca o uso individual da mídia e a situação sociocultural em que decorre. O conceito de domesticação sugere que a adoção de uma tecnologia no cotidiano deve ser entendida como uma forma de integração numa carreira ou num estilo de vida. O artefato é inserido em padrões preexistentes da vida de todos os dias, de utilização de tecnologias, e mergulhado em padrões sociais.

Não se trata, pois, de um processo harmonioso ou livre de conflitos. O dinamismo é uma característica, uma vez que não existe fixação permanente quanto à relação com o objeto (Silverstone, 1994; Sorensen, apud Ward, 2003). Competências e práticas têm de ser aprendidas ao longo desse processo, enquanto significados são construídos no mesmo processo.[137]

---

[136] Qualquer geração é definida em primeiro lugar como um grupo de idades em relação a um período histórico. Segundo Mannheim (apud Hartmann, 2003), uma geração só pode evoluir de duas formas, ou tornar-se uma geração perdida *an sich*, isto é, que passa sem experiências significantes de caráter histórico ou social baseadas no tempo e no espaço, ou pode passar por elas e tornar-se uma geração real, uma *fur sich*. Só o último tipo possui uma consciência coletiva e conseqüentemente um grande impacto na sociedade. Aspectos igualmente importantes para a formação de uma geração são o acesso inovador a recursos culturais e a criação de um estilo geracional próprio (Winkels, apud Hartmann, 2003).

[137] Silvestone (1994) identifica o processo de domesticação atribuindo-lhe seis etapas na integração de uma tecnologia: comodificação, idealização, apropriação, objetificação, incorporação e conversão. Comodificação refere-se ao processo inicial de produção do artefato em termos industriais e de comércio. Idealização refere-se à entrada da tecnologia na consciência do seu possível usuário. Apro-

Domesticação no seu sentido lato, isto é, a incorporação de novas tecnologias na vida de cada um, na vida de todos os dias (usá-las, abusar delas, usá-las mal, ignorá-las), é um processo vivido em permanência por todos nós.

A domesticação de uma tecnologia ocorre quando deixamos de olhar as tecnologias a ponto de significarem diferentes noções, como, por exemplo, no caso do celular (Ward, 2003) ou da internet, que para muitos passaram a ser uma extensão de nós, no sentido de estar permanentemente alcançável para quem valorizamos, como os amigos, família etc.

É através da domesticação da mídia e da forma como diferentes grupos de pessoas a conduzem que podemos estabelecer a importância da dimensão geracional para a compreensão do fenômeno da construção da experiência pela mídia.

Aroldi e Colombo (2003), na sua análise da dimensão geracional no campo da mídia, partem de dois pressupostos iniciais, os quais também estiveram na base da análise aqui apresentada.

O primeiro pressuposto é o de considerar os indivíduos responsáveis pela construção de diferentes e complexas dietas de consumo de mídia. O segundo é a relevância da geração como variável de construção de uma identidade sociocultural partilhada por um conjunto de indivíduos, esclarecendo também que a idade só se torna uma variável central quando olhada como denominador comum de um grupo que partilha, durante um mesmo período histórico, o mesmo ambiente cultural, acessando o mesmo sistema de mídia e as mesmas mídias (Aroldi e Colombo, 2003).

O primeiro exemplo, sugerido por Aroldi e Colombo (2003), é o da televisão na Itália, que é completamente diferente entre os períodos 1950-70 e daí até a atualidade.

Depois de uma primeira fase designada por *paleotelevisão* em que a televisão era vista como uma instituição pública com horários compartimentados e direcionada pedagogicamente, seguiu-se uma segunda fase, também designada por *neotelevisão*, caracterizada por uma vertente comercial orientada numa lógica de fluxo, ainda que com uma mesma mídia, que traz à audiência uma experiência totalmente diversa, desta vez baseada no entretenimento, dando

priação é a aquisição do objeto e a sua entrada inicial na casa. Objetificação refere-se a questões espaciais, à localização e integração do objeto na casa. Incorporação relaciona-se com matérias de tempo, refere-se ao uso da tecnologia de modo previsto ou sob novas formas. Conversão relaciona a casa e o mundo exterior, tanto em forma material quanto simbólica, e a percepção pública da posse e uso da tecnologia.

também origem a um sistema de mídia radicalmente diferente (Aroldi e Colombo, 2003).[138]

Essa diferença influencia também a existência de quatro gerações de espectadores de televisão na Itália, que se caracterizam por quatro períodos históricos da vida daquele país e da Europa. As quatro gerações italianas podem ser agrupadas em *nostálgica*, nascidos entre 1945 e 1952 (isto é, os que viveram o *boom* econômico e paleotelevisão entre o final da década de 1950 e o fim dos anos 1960) e nascidos entre 1953 e 1965 (que viveram a contestação juvenil, terrorismo, a reforma da paleotelevisão e a paleoinformática, do fim dos anos 1960 ao início dos anos 1980), que partilham a mesma abordagem televisiva da infância, a paleotelevisão (1954-78). Essas são as pessoas que na Itália têm entre 37 e 57 anos de idade. Eram estas as pessoas que quando a internet de disseminou, por volta de 1994, tinham entre 30 e 50 anos.

O grupo geracional caracterizado como *desencantado*, compreendendo as pessoas nascidas entre 1978 e 1988 (isto é, que viveram os anos 1980 com o surgimento da neotelevisão e a primeira informatização, conheceram a segunda república italiana e o duopólio na neotelevisão e tomaram conhecimento da internet em primeira mão) são os que hoje têm entre 14 e 24 anos e acessaram a internet pela primeira vez entre os seis e os 16 anos (entre a sua adolescência e pré-adolescência).

Com essa caracterização da relação entre a televisão e os seus espectadores na Itália, será possível encontrar um paralelo entre a análise qualitativa realizada por Aroldi e Colombo (2003) e a situação portuguesa?

A hipótese, quanto à escolha das datas marcantes para a análise da relação geracional entre televisão e público em Portugal, obedeceu também à identificação dos imperativos históricos dos modelos televisivos vigentes, à partilha de momentos comuns da história nacional e mundial.

Pode-se argumentar que em Portugal tenhamos apenas duas gerações claramente diferenciadas. A primeira corresponde àquela que aqui designamos por *geração iniciática*, ou seja, aquela que pela primeira vez viveu a sua

---

[138] As transformações que caracterizam a *neotelevisão* traduzem-se em diversos aspectos, como o aumento do número de emissoras, a expansão dos horários de transmissão, a natureza e estrutura das transmissões, mas, sobretudo, na alteração dos modelos de produção de programas e modalidades de consumo. Em suma, na reformulação do objetivo (o "fim último") da comunicação televisiva.

infância (pelo menos desde os sete anos até o fim da adolescência) com a *paleotelevisão*, mas ainda em regime ditatorial (1957-73).[139]

A *geração iniciática* é a que nasceu entre 1950 e 1966. Um período caracterizado pela presença do Estado Novo, autoritário, em que televisão e Estado se confundem servindo de propósito propagandista e ao mesmo tempo educativo (*paleotelevisão*).[140]

São aqueles que se socializam com a televisão entre o seu nascimento e o final do regime do Estado Novo (1957-73) e que internacionalmente viveram o período pós-Guerra Mundial, a Guerra Fria e a guerra colonial portuguesa, bem como os períodos de contestação estudantil e o final da colonização européia na África e Ásia. Esse grupo corresponde a todos aqueles que tinham, em 2003, entre os 54 e os 38 anos.[141]

A segunda, claramente possuidora de uma identidade diferenciada, é aquela que se designou por *geração multimídia*, visto ser também a que pela primeira vez lida, desde o seu nascimento, com uma dualidade de telas, a da televisão e a do computador, sendo a da televisão também muitas vezes um portal para jogos, filmes em DVD ou usufruto de música. São os que nascem depois de 1985, um período que coincide, em Portugal, com o lançamento das novas emissoras comerciais e politicamente corresponde ao período de

---

139 Optou-se por considerar a data de sete anos como marco etário nesta análise, já que esta é a idade a partir da qual a socialização fora de casa, pela entrada na escola e pela afiliação a outras organizações como escoteiros ou atividades juvenis, vem se juntar ao convívio familiar e à interação com a televisão. É sensivelmente em torno desse momento que a função de socialização da mídia no quadro familiar entra em interação com outros quadros de socialização mediada como ver televisão com os amigos e colegas, ampliando assim o papel da televisão também para fora do lar.

140 No modelo de programação que caracteriza a paleotelevisão (Ortoleva, 2004), além dos filmes e os gêneros filmados de destaque, surgem também as importações do "universo" radiofônico, como o concurso e a telenovela. O modelo paleotelevisivo dos dois lados do Atlântico alterna nas suas grades o teatro de prosa, as variedades, a conversa com personalidades da cultura e da política, os jogos de futebol, os desenhos animados e o telefilme, isto é, uma narrativa por episódios construída para ocupar um período de tempo preciso durante a programação. Para uma análise histórica do modelo de serviço público de televisão, ver Scannell (1997).

141 Em 1956 (como já acontecia há alguns anos no resto da Europa) em Portugal é assinado o primeiro contrato de concessão de serviço público celebrado entre o governo português e a RTP. Nesse documento consagram-se os três princípios clássicos: informar, educar, entreter. Segundo Lopes (1999), a gênese da RTP é indissociável do seu papel como porta-voz do Estado, e é nesse misto de receio e fascínio, por parte do poder ditatorial, que a televisão surge, aos poucos, no espaço público. Como porta-voz da nação, programada de acordo com o que o Estado considerava ser o interesse público. Durante essas duas décadas, que medeiam 1957 e 1974, a televisão acompanha em Portugal a cobertura de importantes acontecimentos de atualidade: a guerra na África nos anos 1960/70, a chegada do homem à Lua em 1969 ou a morte de Oliveira Salazar em 1970 (Teves, 1998).

estabilidade de governo mais longo, com a segunda maioria de governo do professor Cavaco Silva e o surgimento da alternância socialista com o engenheiro António Guterres. É também essa geração que internacionalmente está perante a um mundo que é já um espaço pós-Guerra Fria e onde a guerra ao terrorismo e a construção européia parecem marcar as agendas midiáticas.

É essa geração que conhece a televisão a partir da década de 1990, que marca o fim do monopólio da televisão pública, a RTP, e o surgimento das emissoras privadas a partir de 1992. Podemos caracterizar esse período como o momento em que o fenômeno da *neotelevisão* surge em Portugal na sua máxima força, alimentado pelas dinâmicas de programação, entretanto introduzidas pelas emissoras privadas. Uma programação com fortes impactos no estilo e estratégias dos jornais televisivos e no entretenimento proposto. Se na Itália, o período 1976-91 corresponde aos anos da grande transformação da comunicação televisiva, em Portugal a *revolução neotelevisiva* (Eco, 1985; Caseti e Odin, 1990) ocorre mais próximo do início das transmissões das emissoras comerciais, no início da década de 1990.

A *geração multimídia* é a que conheceu apenas a televisão a partir de 1992, como *neotelevisão*, numa democracia consolidada e que em 2004 tinha menos de 20 anos.[142]

Entre essas duas gerações encontramos, em Portugal, uma terceira geração com características de *geração de transição*, que viveu a adolescência entre a revolução e a normalização democrática do fim dos anos 1980.

Os seus membros são os que assistiram à experimentação da paleotelevisão em democracia e a sua lenta evolução para a neotelevisão. Incorporam semelhanças com a geração iniciática nas suas práticas de uso televisivo, principalmente nos conteúdos, mas estão também já muito próximos da geração multimídia em muitos campos.

A *geração de transição* nasce entre 1967 e 1984, num período que corresponde, *grosso modo*, à revolução democrática do 25 de abril de 1974, à normalização democrática e ao nascimento do serviço público de televisão concebido como entidade democrática. Vive a sua infância, e grande parte da adolescência, com um modelo de paleotelevisão, mas acompanha também as

---

[142] Um modelo de televisão onde, segundo Ortoleva (2004), se passa de uma programação baseada nos programas semanais para os essencialmente cotidianos, onde também os programas matinais e noturnos assumem maior destaque e o peso dos programas de conversação cresce em relação aos mais "clássicos" (isto é, séries, filmes e documentários). No campo da produção de ficção, as séries longas em episódios, anteriormente confinadas a espaços relativamente marginais e destinados aos segmentos menos instruídos do público, assumem um papel dominante e impõem-se, também, gêneros completamente novos, como o videoclipe musical.

mudanças de programação e estilo que preparam a passagem para a concorrência no mercado televisivo e a experimentação de abordagens aos modelos neotelevisivos, então em fase de implementação na Europa (1974-91). Internacionalmente, é a geração que cresce durante os anos 1980, anos de passagem entre uma época de contestação social e o crescimento econômico para um modelo de globalização de caráter liberalizante.

A *geração de transição* é constituída por aqueles que conheceram a televisão na sua infância/adolescência entre 1974 e 1991 e que tinham, em 2003, entre 37 e 21 anos.

As diferenças entre as três gerações podem ser apreendidas quer em função da sua partilha geracional de valores, quer das suas memórias e biografias ante a televisão, mas também a mídia em geral.

Tabela 52
Análise das representações e práticas geracionais perante a televisão em Portugal (%)

Representação	Geração iniciática 1957-73	Geração de transição 1974-91	Geração multimídia 1992-
A televisão permite-nos enriquecer o nosso conhecimento do mundo e das coisas que nos rodeiam	38,1	38,7	37
Ver televisão é essencialmente uma prática realizada na companhia da família	25	22,7	19,3
A televisão permite aproximar a família e discutir os mesmos temas e programas	18,6	21,4	22,3
A televisão é um meio para manter as tradições e a história de uma comunidade e a sua herança cultural	21,9	21,1	18,8
A televisão é essencialmente uma forma de relaxar e entretenimento	39,6	42	36,2
Comparando a televisão de hoje com a da infância/adolescência, diria que ela é melhor, igual ou pior?*	46,2	32,9	25,6
Quando vê televisão, durante os telejornais no rodapé da tela são anunciados notícias e dossiês acessíveis nos sites de internet. Costuma consultá-los?**	22,6	34,3	32,8
Quando vê algo na televisão que lhe interessa costuma consultar páginas de internet ou procurar informação online sobre esse tema?**	34,7	47,4	40,5
Quando vê televisão costuma mudar de canal?***	49,7	59	59,5

Fonte: Cardoso e Firmino da Costa, 2004.

*O cálculo aqui realizado pretendeu identificar aquela geração que mais convictamente acredita ser a televisão de *hoje* melhor que a de *ontem*, para tal escolheu-se calcular a variação com base na relação entre "melhor" e as restantes duas categorias.

**A análise baseia-se na agregação das respostas "muitas vezes" e "algumas vezes".

***Os valores referem-se à categoria "muitas vezes".

Nota: A análise aqui apresentada baseia-se nos dados recolhidos na fonte citada, no entanto os valores registrados na tabela são obtidos a partir da variação registrada entre as respostas positivas (concorda totalmente com a afirmação) e negativas (discorda totalmente da afirmação).

No entanto, nem todos os valores expressos permitem individualizar a *diferença*, pois a televisão também cria acervos de valores transversalmente partilhados pela maioria dos telespectadores. Por exemplo, quando questionados sobre se a televisão permite enriquecer o nosso conhecimento do mundo e das coisas que nos rodeiam, os valores registrados (tabela 52) demonstram um forte traço de valor positivo associado à televisão como fonte de conhecimento. Trata-se de um traço intergeracional, ao qual se junta também uma elevada confiança na informação recebida, em média mais de 75% confia, e muito, na informação que recebe da televisão.

Comparando a televisão de hoje com a da infância/adolescência, os telespectadores consideram ser quase sempre melhor. A *geração iniciática* que viveu uma *paleotelevisão* sob um regime político autoritário é aquela que considera ser a televisão hoje claramente melhor. Por oposição, a *geração multimídia* é a que nota menos melhorias. Essa apreciação tem a ver com a proximidade etária da juventude, tratando-se de jovens adultos, mas indica também que a televisão muda mais lentamente as suas estruturas-base do que parecemos aceitar, pois muitas vezes julgamos ver, na mudança de programações e formatos, mudanças profundas quando mais não são que fenômenos de passagem ou ocasionais.

Por sua vez, a *geração de transição* que cresceu com a mudança de paradigma revê-se no atual modelo considerando-o também positivo.

Ver televisão é em grande medida uma prática realizada na companhia da família. Para os mais velhos, a televisão tem uma maior conotação como instrumento de socialização familiar do que entre as gerações mais novas. Para a *geração iniciática,* a televisão está no centro do seu regime de mídia e a família é o elemento central dessa relação midiática.

No entanto, a dimensão ritual de ver televisão é mais valorizada, pelas gerações mais novas, na aproximação familiar permitida pelo discutir dos mesmos temas e programas, ou seja, a aproximação familiar produzida pela televisão parece ser mais no sentido de possibilitar aos mais novos estar mais próximos dos mais velhos, de ter algo em comum com eles, e não no sentido de dotar os últimos dos códigos simbólicos necessários a uma aproximação com os mais novos. A maleabilidade dos regimes televisivos das *gerações multimídia e de transição* é, assim, aparentemente maior permitindo-lhes utilizar a televisão como um elemento de aproximação em relação aos mais velhos.

Quanto ao papel da televisão como elemento de manutenção das tradições, da história de uma comunidade e da sua herança cultural, embora seja um valor partilhado pela *geração iniciática* e pela *de transição*, é claramente menos valorizado pela *geração multimídia*. A dimensão de memória e construção de identidades da televisão parece, assim, ser uma prerrogativa das gerações mais velhas. A geração multimídia parece procurar, não em uma, mas em muitas mídias diferenciadas, a construção identitária.

Numa análise mais funcional do papel da mídia encontramos também diferenças intergeracionais. Para a *geração de transição* a televisão é essencialmente uma forma de relaxar e de entretenimento. Para os mais velhos a televisão possui também uma forte conotação de fonte primária de informação, mas na dimensão do entretenimento é vista como proporcionando um escape, uma forma de ir em busca de melhores mundos por meio das histórias contadas (Aroldi e Colombo, 2003). Enquanto os mais novos valorizam também outras mídias como fonte de entretenimento, como os jogos multimídia, os celulares, a música pré-gravada etc.

Essa multiplicidade de relacionamentos com a mídia é algo que nos chama também a atenção para que as mídias devem ser olhadas como parte de um sistema de mídia na sua globalidade, com os efeitos de retorno e interação recíproca na definição social da própria mídia (Aroldi e Colombo, 2003).

Como se estabelece, então, a relação entre duas mídias diferentes, mas complementares em particular no campo da informação, como a televisão e a internet?

A atenção dada durante os telejornais às entradas de legenda no rodapé da tela, onde são anunciados notícias e dossiês acessíveis nos sites de internet, ou a procura na internet de algo que se vê na televisão descrevem-nos um panorama geracional onde, em termos multimídia, são as duas gerações mais novas que estabelecem mais ligações entre internet e televisão, quer na dimensão noticiosa quer na informativa geral ou de entretenimento.

No entanto, é a *geração de transição* que mais integra essa relação, entre internet e televisão, nas suas práticas. É ela que, pela sua inserção na vida ativa, atribui usos mais diversificados à internet, principalmente pela combinação dos campos profissional, educativo, noticioso e de entretenimento.

Ainda no campo da relação de apropriação prática da televisão, as *gerações de transição e multimídia*, ao contrário da geração mais velha, são caracterizadas por fazerem mais *zapping* entre programas. Manifestam assim uma menor fidelidade de canal ou mesmo ao início e final do programa. A sua televisão é a dos fluxos e não a dos horários predeterminados, mais próxima dos modelos de organização textual.[143]

Dessas diferentes formas de atuar diante da televisão pode-se também concluir pela existência de uma *percepção emocional da mídia* diferenciada entre as mídias (Aroldi e Colombo, 2003).

Enquanto a *geração iniciática* partilha um interesse idealizado em torno da televisão dos primeiros anos de transmissão, relembrando títulos de filmes e nomes de séries, as *gerações de transição e multimídia*, embora continuando a afirmar a televisão no centro de seus regimes de mídia, oferecem-nos a visão de um regime menos estático e mais aberto a outras comparações perante diferentes mídias.

As gerações mais novas realizam mais facilmente novas recomposições entre mídias e estando mais cientes da diversidade de gêneros e formatos televisivos envolvem-se menos emocionalmente com essa mídia. No caso mais evidente, o espelhado pela *geração multimídia*, o seu envolvimento emocional privilegia os videogames, celulares e música, e não a televisão.

A análise das práticas televisivas, em termos de conteúdos e de memória, apresenta-nos também algumas contribuições interessantes sobre como diferentes gerações parecem apropriar-se de forma diversa da televisão.

Nesta análise existem semelhanças entre práticas, mas também há claras lógicas de diferenciação, não passíveis de ser apenas atribuídas a diferentes necessidades geracionais.

Essas diferenças devem, conseqüentemente, ser lidas como produto de representações diferenciadas sobre o que a mídia televisão é para diferentes gerações, as quais cresceram também com diferentes *televisões*.

Se as *gerações iniciática* e de *transição* partilham entre si os cinco programas que mais vêem regularmente, e se quatro dessas referências são noticiosas (sendo a quinta as telenovelas), já no que diz respeito à forma como a sua memória registra a televisão há diferenças mais substanciais.[144]

---

143 Como menciona Ortoleva (2003) sobre a definição de fluxo televisivo proposta por Williams. "Para o autor, o fluxo é um modelo diferente de organização da comunicação, do discurso. Ao texto, fechado e baseado em regras internas, segue-se uma outra forma de comunicação, aberta e baseada sobretudo na negociação permanente entre emissor e receptor. Não se trata de escolher entre um e outro, mesmo porque, segundo Williams, e não obstante as suas fortes especificidades, o fluxo é por outros aspectos a continuação e o desenvolvimento de processos que perduram há dois séculos: daquela profunda mudança da 'estrutura do ouvir' que nasce com a revolução industrial."

144 Valerá a pena introduzir aqui um breve parêntese, ou seja, um dos fatos mais interessantes desta análise é como a memória televisiva, quando questionada de uma forma direta, se centra no tempo quase presente. Em todas as gerações analisadas, nas 15 respostas contabilizadas (quadro 15) só num caso há referência a um programa de há mais de um ano, o concurso *1, 2, 3*. Nas gerações mais novas a memória de programas de que mais gostaram com mais de um ano é praticamente inexistente, salvo no caso das séries *cult* como, por exemplo, *Arquivos X*.

Quanto à memória televisiva, apenas a hierarquia entre as duas primeiras referências é comum, informação e telenovelas.

A *geração de transição* introduz as séries como gênero televisivo valorizado em termos da memória, bem como os programas de humor.

Na memória da *geração de transição* o humor e o entretenimento têm um lugar mais valorizado que no quadro de valores da *geração iniciática.*

Outra forma de analisar os dados apresentados no quadro 15 é verificar o que é único em termos de referência para cada geração.

No que se refere à *geração iniciática* observamos que o singular, e apenas na dimensão de memória, é a referência aos documentários de vida selvagem ou outro tipo.

Por seu lado, se deixarmos de lado a dimensão *mangá* da biografia televisiva de animação, a *geração multimídia* introduz a singularidade dos programas de música e as séries *cult,* isto é, aquelas que remetem para outros formatos de mídia que vão dos livros às páginas da internet, aos filmes, desenhos animados, jogos de carta, jogos de computador etc.

Quadro 15
Análise das práticas geracionais de audiência televisiva, primeira escolha, em Portugal (%)

Geração iniciática (paleotelevisão em regime autoritário) 1957-73 (54-38 anos)		**Geração de transição (entre revolução e normalização democrática, a paleotelevisão em evolução para a neotelevisão) 1974-91 (37-21 anos)**		**Geração multimídia (neotelevisão em democracia consolidada) 1992- (> 20 anos)**	
Programa que mais vê regularmente	**Programa que mais gostou ou teve mais interesse**	**Programa que mais vê regularmente**	**Programa que mais gostou ou teve mais interesse**	**Programa que mais vê regularmente**	**Programa que mais gostou ou teve mais interesse**
Noticiários (25,6)	Informação em geral (17,8)	Noticiários (19,9)	Informação em geral (12,2)	Outras telenovelas (10,2)	Outras séries (8,8)*
Telejornais SIC (10)	Outras telenovelas (6,8)	Telejornais SIC (8,3)	Outras telenovelas (4,6)	Humor *Levanta-te e Ri* (7,3)	Humor *Levanta-te e Ri* (7,7)
Telejornais TVI (9,6)	Telejornais SIC (3,8)	Telejornais TVI (7,4)	Música *Reality show Operação Triunfo* (3,4)	Noticiários (6,8)	Outras telenovelas (6)
Telejornais RTP1 (7,3)	Futebol (3,5)	Telejornais RTP1 (5,4)	Filmes (3,2)	Telenovela *New Wave* (5,6)	Filmes (4,4)
Outras telenovelas (5)	Filmes (3,3)	Outras telenovelas (4,6)	Concurso *1, 2, 3* (3,2)	Filmes (5,6)	Programas esportivos (4,4)
Telenovela *Saber Amar* (2,9)	Concurso *1, 2, 3* (3,2)	Humor *Herman Sic* (3,7)	Outras séries (3,1)	Programas esportivos (5,6)	*Reality show Big Brother* (3,8)

Continua

Geração iniciática (paleotelevisão em regime autoritário) 1957-73 (54-38 anos)		Geração de transição (entre revolução e normalização democrática, a paleotelevisão em evolução para a neotelevisão) 1974-91 (37-21 anos)		Geração multimídia (neotelevisão em democracia consolidada) 1992- (> 20 anos)	
Programa que mais vê regularmente	**Programa que mais gostou ou teve mais interesse**	**Programa que mais vê regularmente**	**Programa que mais gostou ou teve mais interesse**	**Programa que mais vê regularmente**	**Programa que mais gostou ou teve mais interesse**
Futebol (2,9)	Música *Reality show Operação Triunfo* (3)	SIC Notícias (3)	Futebol (3)	Futebol (4,5)	Informação em geral (3,3)
Informação *Prós e Contras* (2,7)	Documentários de vida selvagem (2,6)	Filmes (2,9)	Humor *Herman Sic* (2,9)	Humor *Herman Sic* (4,5)	Futebol (2,7)
Telenovela *A Casa das Sete Mulheres* (2)	Programas esportivos (2,6)	Futebol (2,9)	*Reality show Big Brother* (2,7)	Telenovela *Saber Amar* (4)	Telejornais SIC (2,7)
SIC Notícias (2,1)	*Reality show Big Brother* (2,6)	Telenovela *Saber Amar* (2,8)	Telejornais TVI (2,6)	Humor *Os Malucos do Riso* (4)	Humor *Herman Sic* (2,7)
–	Telenovela *Esperança* (2,4)	Informação *Prós e Contras* (2)	Humor *Levanta-te e Ri* (2,4)	Outras séries (4)	Telenovela *New Wave* (2,7)
–	Informação *Prós e Contras* (2,3)	Esporte *Domingo Esportivo* (2)	Programas de entretenimento (2,4)	Música *Top +* e MTV (3,4)	Música *Reality show Operação Triunfo* (2,7)
–	Outros documentários (2,3)	Música *Reality show Operação Triunfo* (1,9)	Programas esportivos (2,1)	Programas de entretenimento (3,4)	Desenhos animados/ mangá (2,2)
–	Programas de entretenimento (2,1)	–	–	Música *Reality show Operação Triunfo* (2,8)	Telenovela *Saber Amar* (2,2)
–	Telejornais TVI (2)	–	–	Telejornais SIC (2,8)	–

Fonte: Cardoso e Firmino da Costa, 2004.

* Único caso em que uma série é individualizada (*Arquivos Secretos*, 1,1%).

Nota: Registram-se todas as categorias de resposta que obtiveram pelo menos 2% do total de respostas dos inquiridos.

Apenas a *geração de transição* não apresenta características singulares, as suas práticas de aproveitamento de conteúdos televisivos são produto de uma transição, apoiando-se nas práticas da geração anterior e abrindo caminho para a afirmação de um novo modelo, o da *geração multimídia*.

Um ponto igualmente importante é o que resulta de uma análise da diversidade, ou seja, a geração que nas suas práticas e memórias apresenta maior quantidade de referências e diversidade entre elas é a *geração multimídia* e a que menos possui, a *geração iniciática*. Para ela, a televisão parece ter poucos gêneros e formatos valorizados, provavelmente porque esse foi o modelo que conheceu nas suas primeiras interações com essa mídia.

Focando agora a nossa atenção em dois gêneros televisivos presentes em todas as gerações, os *reality shows* e as telenovelas, podemos igualmente descortinar fórmulas diferentes de valorização.

Assim, se a *geração iniciática* parece valorizar na sua biografia televisiva as telenovelas de origem portuguesa em detrimento das de origem brasileira, já a *geração multimídia* parece escolher a relação inversa, ou seja, se a telenovela de origem portuguesa *Saber Amar* é citada como mais vista que *A Casa das Sete Mulheres* pela *geração iniciática*, já a brasileira *New Wave* recolhe, entre os mais novos, preferências sobre a *Saber Amar*. No entanto, ambas as gerações nas suas memórias parecem privilegiar as novelas brasileiras. Por sua vez, a geração de transição parece preferir as novelas portuguesas.

No que diz respeito aos *reality shows* deve-se registrar singularidades. No caso daqueles que elegem o concurso musical *Operação Triunfo* como parte de sua biografia televisiva, a relação de audiência parece crescer em função das gerações mais novas. Ou seja, ele é mais escolhido pela *geração multimídia* e está ausente das escolhas da geração mais velha, a *iniciática*. Também no caso do programa *Big Brother*, à medida que nos aproximamos das gerações mais novas o interesse também é crescente.

Ambas as conclusões anteriores sobre os *reality shows* parecem vir ao encontro da análise de Aroldi e Colombo (2003) sobre as narrativas, onde se sugere que a relação das gerações mais novas com os programas factuais (ou seja, os programas onde se simula a realidade, a interação social e a manipulação de identidade) se realiza com maior facilidade.

Nesse tipo de programas a narrativa é baseada em ações, cada participante é único porque aquilo que faz é diferente do que os outros fazem. Nesse tipo de programa essa é a componente mais valorizada em detrimento dos valores que ele(a) possuem ou representam. Por contraposição, as audiências mais velhas parecem preferir o estilo novelístico, que propõe um ambiente imaginado com uma história derivada de gêneros tradicionais presentes em livros, filmes e programas de televisão e onde a construção narrativa é baseada em valores e não em competências (Aroldi e Colombo, 2003).

Caracterizadas as diferenças e similitudes geracionais de domesticação, práticas e valores da televisão em Portugal iremos agora concentrar a nossa análise sobre a relação geracional com a apropriação da internet.

Tradicionalmente tem-se associado ao surgimento da internet a idéia de uma nova geração criada a partir do uso dessa tecnologia. Essa idéia pode ser caracterizada como *geração* web e é definida por Hartmann (2003) como partindo do pressuposto de que há uma cultura geracional definida pelas tecnologias de informação baseada nas gerações mais novas, que, ligadas ao mundo pelas redes, adotam as novas tecnologias de forma pioneira e usam-nas facilmente em qualquer momento e em qualquer lado (Tapscott, 1997; Kellner, 2003).

Heibecker (apud Hartmann, 2003) define também uma geração em função da sua relação com as tecnologias, mas o faz salientando que existem diferentes subculturas associadas. A sua argumentação é a de que não é tanto o número de usuários que define uma cultura, mas, sim, como alguns as usam e como são vistos ao fazê-lo que cria um horizonte comum, mas não suficiente para dar origem à denominação geracional.[145]

Na análise aqui desenvolvida sugere-se que, embora cada geração partilhe diferentes subculturas, existem traços comuns na relação com diferentes tecnologias que permitem individualizar uma partilha geracional de práticas e valores em relação à mídia no seu todo e, como tal, a existência de gerações sem o recurso à tipificação de subculturas.

Em vez de uma *geração* web (Hartmann, 2003) dotada das características enunciadas, sugere-se a existência de duas *gerações informacionais* com duas formas distintas de lidar com a internet e estabelecer relações com outras mídias.

Duas gerações caracterizadas por uma relação diferenciada com a internet mas, ao contrário da relação com a televisão, ainda minoritárias em muitas sociedades, considerando aqueles que ainda não fazem uso dessa tecnologia.

Partindo da tipologia sugerida por Aroldi e Colombo (2003), construiu-se uma nova tipologia compreendendo duas gerações informacionais e duas não-informacionais.

A *geração não-informatizada* corresponde àqueles que viveram a sua infância e adolescência sem o contato direto com computadores ou com os resultados práticos do seu uso pelas instituições da sociedade e suas empresas, isto é, os nascidos entre 1943 e 1952 e que em 2004 teriam entre 52 e 61 anos.

---

[145] Entre as diferentes subculturas sugeridas pelo autor encontram-se, por exemplo, o *otaku*, para quem a tecnologia é um fetiche, o *cyberpunk*, para quem a tecnologia é um estilo de vida, o *hacker* que faz parte de uma subcultura organizada e hierarquizada, e o *cyberflaneur*, que se diferencia pela estética e a extroversão.

A *geração paleoinformacional* é aquela que, apenas em algumas situações, conviveu com os *mainframes* e indiretamente viveu a sua adolescência numa sociedade onde as políticas públicas e os negócios foram influenciados pelo seu uso. O contato direto com o computador ocorre, normalmente, apenas quando se desenvolve a vida profissional no quadro técnico ou superior. A *geração paleoinformacional*, tendo nascido entre 1953 e 1965, tinha entre 39 e 51 anos em 2004.

A *primeira geração informacional* é a que conviveu com computadores como os videogames, os Atari e Zx Spectrum e conheceu os primeiros computadores pessoais (PC) no final da adolescência. Tinha em 2004 entre 27 e 38 anos, tendo nascido entre 1966 e 1977.

Por último, a *segunda geração informacional* é aquela que passou a infância e a adolescência com os PCs em rede e com a massificação do acesso à internet. Essa geração tinha, assim, em 2004, entre 16 e 26 anos e nascera entre 1978 e 1988.

Tabela 53
Freqüência de uso da internet, por gerações informacionais, em Portugal (%)

Freqüência	**16-26 anos 2ª geração informacional (internet)**	**27-38 anos 1ª geração informacional (PCs)**	**39-51 anos Geração paleoinformacional (*mainframes*)**	**> 51 anos Geração não-informatizada**
No trabalho	15,4	47,8	69,4	56,4
Em casa	50,2	56,4	68,3	75,7
Na escola/universidade	47,7	4,4	5	0

Fonte: Cardoso e Firmino da Costa, 2004.

Nota: Valores referem-se à percentagem de usuários da internet que faz uso dela pelo menos uma vez por mês em um dos locais referidos.

Em Portugal, o local de escolha para o uso da internet é a casa. No entanto, existem obviamente diferenças geracionais. Assim, a *2ª geração informacional*, a mais nova em percurso escolar, partilha a casa com a escola ou universidade como pontos complementares de acesso (tabela 53).

Por sua vez, a geração mais próxima da aposentadoria, a *geração não-informatizada* na adolescência, é aquela que mais escolhe a casa como ponto de acesso. Poderemos conjecturar que o menor uso no trabalho tenha a ver também com presenças em locais de trabalho onde a informatização terá ocorrido tarde ou mesmo não terá penetrado. Por outro lado, a casa oferece a essa geração um espaço de experimentação livre de apreciação, por terceiros, quanto às dificuldades sentidas no processo de aprendizagem e às estratégias de navegação e uso temporal.

Tabela 54
Competências instrumentais para a utilização da internet, por geração, em Portugal (%)

Competência	16-26 anos 2ª geração informacional (internet)	27-38 anos 1ª geração informacional (PCs)	39-51 anos Geração paleoinformacional (*mainframes*)	> 51 anos Geração não-informatizada
É capaz de receber e enviar e-mails com anexos?	74,5	79,8	70,2	67,6
É capaz de utilizar um mecanismo de busca ou de encontrar o que precisa a partir de pesquisas na internet?	86,5	91,9	89,2	100
É capaz de fazer *downloads* da internet para o seu computador?	73	73,6	66,1	63,2
É capaz de construir uma página web?	35,7	33	30,8	32,4

Fonte: Cardoso e Firmino da Costa, 2004.

Enquanto a *1ª geração informacional* é caracterizada por uma situação intermediária de substituição das práticas de acesso escolar pela procura de iguais tempos e lógicas de acesso no trabalho, mantendo ou aumentando o acesso em casa, a geração que combina o uso em casa e no trabalho de forma mais equilibrada é a geração *paleoinformacional.*

Uma das questões que acompanha a análise das diferenças de utilização entre idades é a de saber até que ponto as competências, a sua posse ou falta delas, condicionam os usos.

Da análise dos dados na tabela 54 verifica-se que, ao contrário do que por vezes se supõe no discurso público, os usuários de internet, independentemente das suas idades, partilham competências similares.

Das quatro competências analisadas, apenas a que respeita à capacidade de realizar *downloads* é claramente diferenciada entre as duas gerações mais velhas e as duas mais novas.

Outra partilha quase transversal às quatro gerações diz respeito a duas representações sobre a internet, principalmente a idéia de que "a internet é um local onde existe muita informação útil para mim" e que me "permite estar atualizado(a)".

No entanto, se analisarmos as respostas presentes na tabela 55, como fato de recorrer ou não em primeiro lugar à internet para obter alguma informação que precisa, compreendemos que as gerações delimitadas pelos intervalos de idade dos 27 aos 51 anos são as que valorizam mais a internet enquanto dimensão de atualidade informativa.

Ou seja, a *1ª geração informacional* e a *paleoinformacional* são aquelas cujas representações mais se aproximam da descrição da internet como espaço informativo de recurso prioritário ante outras mídias.

Tabela 55

Representações sobre a internet, por gerações informacionais (%)

Representação	**16-26 anos 2ª geração informacional (internet)**	**27-38 anos 1ª geração informacional (PCs)**	**39-51 anos Geração paleoinformacional (*mainframes*)**	**> 51 anos Geração não-informatizada**
Quando precisa de alguma informação recorre em primeiro lugar à internet *	19,6	23	14,9	21,1
Concorda totalmente que a internet é um local onde encontra muita informação útil	54,8	58	56,6	47,5
Concorda totalmente que a internet lhe permite estar atualizado(a)	54,5	62	60,2	55
A utilização da internet permite-me maior facilidade de comunicação com pessoas de outras gerações**	62,7	53,9	56,1	64,2
Navegar na web é uma forma de passar o tempo, combater o tédio e alternativa a outras mídias**	65,5	63,9	45,4	45
Procura na internet músicas em MP3 para trocar com amigos e ouvir no celular	20,7	12,9	8,3	0
Costuma utilizar a internet e ao mesmo tempo ver televisão ou ouvir rádio*	13,6	13,9	5	7,9

Fonte: Cardoso e Firmino da Costa, 2004.

*A análise aqui apresentada baseia-se nos dados recolhidos na fonte citada, no entanto o valor aqui apresentado pretendeu identificar aquela geração que mais convictamente defende essa posição, pelo que se escolheu apresentar o valor referido na categoria "muitas vezes" como indicador.

**A análise aqui apresentada baseia-se nos dados recolhidos na fonte citada, no entanto os valores registrados na tabela são obtidos a partir da variação registrada entre as respostas positivas (concorda totalmente e em parte com a afirmação) e negativa (discorda totalmente e em parte da afirmação). As respostas analisadas têm por base toda a população inquirida, usuários e não-usuários.

Em termos da função de aproximação intergeracional que a internet possa desempenhar, os dados contidos na tabela 55 dão também lugar a algumas conclusões de interesse — tanto a geração mais nova quanto a mais velha são as que mais valorizam função de proximidade intergeracional, mas por diferentes motivos.

Assim, para a *2ª geração informacional* a internet confere um poder simbólico ao inverter as relações de exercício de poder no quadro familiar. Os mais novos são os que ensinam aos mais velhos a utilização das novas tecnologias, invertendo assim a relação tradicional pais (educadores) e filhos (receptores). Essa funcionalidade da internet confere assim um novo canal de aproximação entre progenitores e filhos no quadro da família.

Já para a *geração não-informatizada* na adolescência as razões serão diferentes. Para os mais velhos a internet atua como um instrumento cujo domínio lhes permite conquistar um lugar no tempo presente, na modernidade vivida pelas gerações mais novas.

Outra das inferências a retirar da análise das representações em relação à internet em termos geracionais é o fato de (quando confrontados com a idéia de essa tecnologia ter para si uma dimensão de diversão, de ocupação dos tempos livres, isto é, de se constituir no domínio do entretenimento, como uma alternativa a outras mídias que já desempenham essa função no nosso dia-a-dia, como a televisão) ocorrer uma clara divisão geracional em dois grandes grupos.

Assim, as duas *gerações informacionais*, que na infância e adolescência tiveram contato com as novas tecnologias na sua dimensão de computadores pessoais, encaram a internet também como uma forma de passar o tempo e não apenas como instrumento direcionado para a coleta objetiva de uma informação qualquer.

Por sua vez, as gerações mais velhas aderem em número muito menor a esse ideal, aparentemente conferindo à internet uma identidade muito própria não passível de substituir outras mídias, ocorrendo assim uma maior fidelidade do usuário a tecnologias cronologicamente anteriores, como a televisão ou o rádio.

Para as gerações mais velhas, as novas tecnologias vêm dar novas respostas a novas necessidades e não substituir a resposta já dada pelas antigas.

Nesse sentido as gerações mais novas são muito mais multimídia, por serem capazes de apropriar diferentes mídias para diversas funções, independentemente das representações tradicionais quanto às funções de uma tecnologia.

A prática multimída, aparentemente também como forma de vida, parece estar essencialmente presente na *2ª geração informacional*, embora também existam afloramentos significativos dessa forma de lidar com as tecnologias na *1ª geração informacional.*

A *2ª geração informacional* é a que cresceu com a internet, que procura músicas online e as troca com amigos, num processo de valorização social da música como forma de construção de identidade comunal, ao mesmo tempo em que estabelece relações de rede entre tecnologias diferenciadas, como a internet e o celular. É também a que melhor exemplifica a lógica *multitasking*, isto é, a habilidade que os sistemas informáticos possuem de processar várias tarefas simultaneamente. O *multitasking* nas práticas midiáticas refere-se assim ao fato de se fazer uso simultâneo de diferentes tecnologias, como por exemplo utilizar a internet ao mesmo tempo que se vê televisão e/ou se ouve rádio.

Mikami (2004) e Ishii (2004) nos seus estudos sobre a realidade do acesso à internet no Japão aprofundaram a realidade do *multitasking*, embora os seus resultados não nos permitam identificar geracionalmente os seus protagonistas, mostram-nos como essa forma de agir faz parte das nossas rotinas diárias. As cinco atividades que na sociedade japonesa permitem o maior número de *multitasking* são, respectivamente: a utilização da internet para consulta de BBS; a utilização de programas de mensagens como o Messenger da Microsoft; a audição de música no PC; a utilização de programas de chat; a navegação na internet usando telefones celulares; e o jogar usando celulares.

Tabela 56
Percentagem de padrões de utilização simultânea de informação no Japão

Padrão de utilização	Ver TV	Ouvir CDs/MD	Conversar com amigos e família	Falar ao telefone	Falar no celular
Falar no celular	11,8	1,1	7,8	7,3	–
E-mail usando celular	22,9	4,5	16,4	0,9	4,2
Navegar na internet usando celular	20,3	12,4	14,7	1,1	1,1
Jogar usando celular	22,0	13,2	5,5	0	0
Usar e-mail no computador	11,4	1,7	7,3	8,1	2,1
Mensagens usando internet	24,2	1,8	8,4	0	2,9
Chat usando internet	12,4	0	10,1	0	0,6
BBS na internet	7,9	0,7	7,4	19,1	0,7
Navegar na internet	12,4	0,8	7	6,1	1,6
Transferir arquivos usando a internet	7,4	0	0	2,8	3,9
Jogos online na internet	3,1	0	9	0,9	0
Processamento de texto etc. com PCs	2,8	0,5	1,4	8,3	3,8
Ver TV no PC	17,7	0	20,6	0	0
Ver gravações de TV no PC	3,7	0	0	0	0
Ver DVD usando PC	0	0	0	3,7	0
Ouvir música no PC	2,5	10	11,3	0	0
Jogar no PC	14	5,4	3,6	0	0,4

Fonte: Mikami, 2004; e Ishii, 2004.

Da informação apresentada na tabela 56 sobre a realidade japonesa pode-se concluir que das cinco atividades listadas (ver TV, ouvir música, conversar e falar ao telefone e ao celular) aquela que mais facilita o *multitasking* é assistir à televisão. No entanto, esse *multitasking* é essencialmente obtido com uso de celulares para outras funções que não a conversação (por exemplo, envio de e-mails, navegação e jogos) ou pela navegação na internet utilizando um PC. Já a audição de música parece facilitar, em primeiro lugar, a conversa com amigos e família e não tanto outras mediações tecnológicas.

Outra das dimensões de análise geracional perante uma tecnologia é a forma como se usa a mediação na definição de objetivos específicos.

Tabela 57
Objetivos de utilização da internet, por gerações informacionais em Portugal (%)

Objetivo	**16-26 anos 2ª geração informacional (internet)**	**27-38 anos 1ª geração informacional (PCs)**	**39-51 anos Geração paleoinformacional (*mainframes*)**	**> 51 anos Geração não-informatizada**
Enviar ou receber mensagens de e-mail	72,9	76,6	69,4	71,1
Navegar pela internet sem objetivos concretos	68,2	65,4	54,5	65,8
Consultar bibliotecas, enciclopédias, dicionários	51,2 (1)	45,0 (2)	43,3 (2)	48,6 (2)
Participar em chats ou *newsgroups*	47,9 (2)	37,3 (5)	29,8 (4)	15,8 (–)
Download de músicas da internet	42,9 (3)	31,1 (10)	20,7 (–)	15,8
Inteirar-se de notícias na imprensa geral	35,2 (4)	46,4 (1)	33,9 (3)	52,6 (1)
Inteirar-se de notícias esportivas	31,5 (5)	32,5 (9)	16,7 (–)	15,8 (–)
Fazer download de software da rede	30,7 (6)	32,7 (8)	20 (10)	18,4 (10)
Pesquisar informação sobre espetáculos	30,1 (7)	37,3 (5)	22,3 (8)	26,3 (7)
Combinar ou marcar saídas com amigos	28,6 (8)	25,8 (–)	7,5 (–)	13,2 (–)
Jogar videogames pela internet	27,9 (9)	15,4 (–)	15 (–)	10,8 (–)

Continua

Objetivo	16-26 anos 2ª geração informacional (internet)	27-38 anos 1ª geração informacional (PCs)	39-51 anos Geração paleoinformacional (*mainframes*)	> 51 anos Geração não-informatizada
Contatar com amigos quando está desanimado	26,7 (10)	27,3 (–)	12,5 (–)	7,9 (–)
Pesquisar informação sobre viagens	19,3 (–)	39,9 (4)	29,2 (5)	42,1 (4)
Pesquisar informação sobre a sua cidade	23,7 (–)	34,4 (7)	26,4 (7)	36,8 (5)
Pesquisar informação sobre: a sua saúde; de pessoas próximas	13,5 (–)	23,4 (–)	20,8 (9)	23,7 (8)
Pesquisar informação sobre serviços públicos	13,0 (–)	40,9 (3)	45,8 (1)	35,1 (6)
Comprar outras coisas*	8,1 (–)	9,6 (–)	7,4 (–)	21,1 (9)
Realizar operações com o seu banco	13,9 (–)	35,1 (6)	28,3 (6)	43,2 (3)

Fonte: Cardoso e Firmino da Costa, 2004.
*Outras coisas que não sejam produtos alimentícios e de limpeza, livros ou CDs, produtos de informática, nem ingressos para espetáculos.
Obs.: os números entre parênteses indicam a posição em relação ao primeiro do *ranking*.

Se compararmos os dados existentes para a globalidade das populações usuárias da internet, em nações como Portugal (Cardoso, 2006), Catalunha (Castells, 2003a), EUA (Cole, 2006), Japão (Mikami, 2004), Canadá (Zamaria, 2004), Espanha (Marina, 2004) e Chile (Godoy, 2004), todos eles apontam para a primazia das preferências em utilizações mais generalistas como a do e-mail e a navegação sem fim totalmente definida, isto é, o *browsing*.

Embora existam similitudes entre as práticas das diferentes gerações na internet, há também diferenças a registrar, pois mesmo quando as práticas são similares a sua hierarquização é diferenciada.

A *geração não-informatizada*, isto é, dos maiores de 50 anos, é a que mais corresponde ao estereótipo de internet como *tecnologia de informação* (Cardoso, 1998).

As suas práticas dão em primeiro lugar atenção às notícias, à consulta de acervos de informação e a componentes específicos de informação (as viagens, a cidade onde se vive, os serviços públicos, os espetáculos e a sua saúde e dos seus próximos). É também essa a geração que mais valoriza a mediação com o seu banco, pela internet, e que mais valoriza a mediação nas compras. O download de software tem nesta geração e na seguinte um elemento residual, sendo a 10ª atividade mais desenvolvida.

A *geração paleoinformacional* mantém quase as mesmas características da geração dos maiores de 51 anos. No entanto, ao mesmo tempo em que surge entre as 10 práticas mais freqüentes participar de chats ou *newsgroups*, a sua valorização das utilizações é hierarquizada de forma diferente.

O fato de essas duas gerações demonstrarem práticas essencialmente vocacionadas para a obtenção de informação não será alheio à sua formação midiática ter sido dominada por uma tecnologia de informação como a televisão, num contexto de paleotelevisão, onde predominava uma construção social dessa mídia como distribuidora de informação e instrumento de formação.

Quanto às duas gerações informacionais o panorama é diferente. A *2ª geração informacional* é aquela que mais claramente aponta para uma diversificação das representações (que confere) e práticas (que realiza) com a internet.

Para essa, tal como para a *1ª geração*, a utilização da internet como acervo de informação e biblioteca é prioritária. No entanto, há uma clara presença da idéia de internet como *tecnologia social* (Cardoso, 1999).

A segunda atividade mais freqüente é participar de chats e *newsgroups* e, embora se possa argumentar que a socialização e construção de redes de amizade é essencialmente característica dessa idade (e daí a sua sobrevalorização), há outros fatores a ter em conta pois, numa demonstração clara da incorporação da internet como tecnologia social, a *1ª geração informacional*, com os seus mais de 27 e menos de 39 anos, coloca também como quinto uso mais freqüente da internet os chats e *newsgroups*, assim como utiliza a internet para combinar saídas com amigos e contatá-los em momentos de desânimo (embora na 11ª e 12ª posições e, portanto, mais longe da 8ª e 10ª posições que lhes são conferidas pelos mais novos).

Idêntica análise poderia se submeter à valorização dada pelas duas gerações informacionais à realização de jogos em rede com amigos. Esse constitui um exemplo como a internet é, em particular para a *2ª geração*, um espaço social de entretenimento.

Ainda na análise das duas gerações informacionais, valerá a pena referir a presença da música nas suas atividades mediadas pela internet. A música é para a *2ª geração* a terceira atividade mais freqüente no uso da internet (e a 10ª para a 1ª geração informacional). A dimensão geracional dessas atividades de chat e audição musical não é uma característica eminentemente portuguesa, pois como comprovam os estudos de Liang (2004) sobre a China, cerca de 60% dos usuários chineses com idades entre os 17 e os 24 anos fazem download de músicas da internet enquanto só 18% dos usuários entre os 45 e os 60 anos o fazem, e a mesma tendência pode ser encontrada no chat (Liang, 2004). A importância da música nas práticas online pode ser evidenciada pelos dados de diferentes países, que lhe atribuem semelhantes expressões nas preferências dos usuários, como é o caso da Catalunha com 37,4% dos seus usuários (Castells, 2003a), Portugal com 34,1% (Cardoso, 2006), Japão com 23,2% (Mikami, 2004), Chile com valores próximos dos 40% (Godoy, 2004), Canadá com médias semanais de audição de música na internet de 3,5 horas e de 2,7 horas para o download (Zamaria, 2004) e dos EUA onde 4,3% do tempo dos novos usuários e 2,7% dos mais experientes são passados com o download de música (Cole, 2006).

Assim, para ambas as gerações informacionais a internet além de ser uma *tecnologia informacional* é também *social* em três diferentes dimensões: como espaço de gestão das redes sociais; como espaço social de entretenimento; e como espaço de gestão de identidade por meio, entre outros instrumentos, da música.

A *1ª geração informacional*, a geração pioneira no uso dos PCs e da internet, descobriu e domesticou a internet à sua imagem, criando, parcialmente, a internet que todos os outros hoje conhecem. Olha para ela como uma fronteira a explorar. Realiza um forte investimento identitário e emotivo na sua fruição, que é ao mesmo tempo focalizada e produtiva. Ritualiza o tempo passado online e investe na aprendizagem de novas técnicas para se aproximar das gerações mais novas e não perder a dianteira.

Por sua vez, a *2ª geração informacional*, que se socializou com a internet em casa ou na escola, mantém uma relação mais fria com a internet, sendo o seu universo emotivo maior diante dos videogames, música e celular. A internet ganha apenas uma dimensão emotiva quando é utilizada como espaço de gestão das redes sociais. No geral, é normalizada como mais um meio que faz parte da vida cotidiana. Promove um uso em rede com outras mídias (ou em alternativa a outras mídias) e é caracterizada por uma utilização que se pauta pela eficiência e *multitasking* (ritmo rápido, alta velocidade de navegação e múltiplas janelas).

Uma outra característica associada ao maior domínio do meio, e propiciadora de uma justificação para a fraca penetração do comércio eletrônico nas gerações informacionais, é o fato de, conhecendo melhor a mídia, se avaliar mais as limitações de segurança existentes e conseqüentemente criar novas barreiras ao seu uso.

É nas gerações informacionais que também parece existir uma tendência para substituir mais algumas mídias por outras (principalmente a televisão), mas o tempo de exposição e uso da mediação tende a aumentar. Outra tendência parece ser criar redes entre mídias, isto é, ouvir rádio online ou consultar a internet sobre programas de outras mídias.

No entanto, no campo dos jornais há uma tendência para nas gerações mais novas encontrar uma maior atenção às notícias esportivas do que nas gerações mais velhas. Quanto à imprensa generalista online existem sinais contraditórios em realidades tão diversas como os EUA, Portugal e a China.

Em Portugal, é nas gerações mais velhas que encontramos uma leitura online superior a 50% dos usuários, enquanto na China os valores em todas faixas etárias são sempre superiores aos 50,8% dos usuários com idades compreendidas entre os 17 e os 24 anos. Nos EUA a realidade parece ser mais próxima da vivida em Portugal, pois, segundo o Pew Research Center, cerca de 36% dos jovens adultos com idades compreendidas entre os 18 e os 29 anos consultavam regularmente notícias online, sendo também esse o grupo etário que mais faz uso de notícias pela internet e mais usa sites como o Yahoo! ou AOL News do que sites de jornais nacionais (State of the News Media, 2005a).

Esse conjunto de análises sobre as práticas geracionais ante as notícias online permite-nos tirar duas conclusões. Por um lado, há diferenças culturais que podem justificar em alguns casos a maior adesão de jovens à leitura online de jornais, como é o caso da China, e noutros menor, como nos EUA e em Portugal. Por outro lado, aparentemente, a tradição de maior ou menor leitura de jornais em papel num determinado contexto nacional parece não influenciar diretamente a leitura de jornais online ou a adesão dos mais jovens à procura de notícias em jornais online. Tomando como base a realidade dos EUA, pode-se argumentar que não se trata de os mais jovens não se interessarem por notícias, mas sim em que formato estão os jovens mais interessados em obter notícias? A resposta pode ser que não serão os jornais online, obrigatoriamente, o destino da busca de notícias pelas gerações mais novas, mas sim, como refere o relatório do State of the News Media (2005a), pode estar ocorrendo uma mudança no sentido dos mais jovens recorrerem mais aos meios que lhes oferecem notícias com menor ou sem editorialização, tais como os portais. Pode-se sugerir assim que, tal como alguns estudos parecem apontar (Cole, 2006; Cardoso, 2006), a internet não promove a canibalização entre suportes online e offline de uma mesma mídia, mas sim uma utilização junto com as fontes já previamente utilizadas. No entanto, devemos ter presente que a internet não torna não-consumidores de notícias em seus consumidores, dado que os estudos parecem indicar que os maiores consumidores de notícias online são também os maiores consumidores de jornais e revistas e os que tradicionalmente devotam mais tempo à informação televisiva (Cole, 2006). Logo, se os mais novos consomem menos mídia, como os jornais, será provável que também o online não altere muito esse comportamento.

No entanto, há questões em aberto, uma vez que novos tempos de relação com as notícias se abrem e podem também influenciar as práticas geracionais. Por exemplo, a consulta de notícias online não veio sobrepor-se aos tempos tradicionais de consumo de notícias (a manhã, a hora do jantar e o final de noite), mas sim criar uma rotina socialmente aceita de consumo permanente ao longo do dia (State of the News Media, 2005a).

A dimensão social que caracteriza as gerações informacionais é também fruto de uma maior domesticação das novas tecnologias de informação e comunicação e a sua articulação em rede, pois o que aqui analisamos, sobre a internet, poderia também ser mencionado, por exemplo, sobre o celular. A personalização é mais evidente nos celulares que nos computadores, ou seja, escolhem-se toques, mas, por exemplo, não se escolhe que tipo de notícias pretendemos receber. O celular é uma mídia pessoal, mas o computador é uma mídia individual (Hartmann, 2003).

São também as gerações informacionais que mais têm celular. Em média nas duas gerações informacionais apenas 10% não utilizariam celular para uso pessoal enquanto os valores para a *geração paleoinformacional* são o dobro e para a *geração não-informatizada* atingem mais de 57% das pessoas com mais de 50 anos.[146]

Essa análise oferece-nos a constatação de que as necessidades específicas de uma geração no uso de tecnologias como a internet, como sejam os problemas de saúde nas gerações mais velhas ou a criação de redes de amizade e da procura de parceiros na geração mais nova, se manifestam no tipo de práticas específicas de mediação de cada geração.

[146] Em Portugal, 61,6% das famílias possuem um telefone fixo em sua casa e 71,9% das pessoas com mais de 15 anos possuem um celular para uso pessoal (Cardoso e Firmino da Costa, 2004).

Tabela 58
Número de horas diárias vendo televisão, por geração, em Portugal (%)

Discriminação	Tempo	16-26 anos 2ª geração informacional (internet)	27-38 anos 1ª geração informacional (PCs)	39-51 anos Geração paleoinformacional (*mainframes*)	> 51 anos Geração não-informatizada
Usuários de internet	Até 2 horas	59,7	70,3	71,6	67,5
	> 2 horas	40,3	29,7	28,4	32,5
Não-usuários de internet	Até 2 horas	53,5	52,9	59,4	34,9
	> 2 horas	45,6	47,1	40,6	65,2

Fonte: Cardoso e Firmino da Costa, 2004.

No entanto, porque essas especificidades não ocupam a totalidade do espectro das práticas, é possível confirmar a existência de outros fatores determinantes para a estruturação das representações e práticas midiáticas de uma determinada geração perante uma tecnologia de comunicação e informação específica.

Numa perspectiva quantitativa e se considerarmos o tempo passado vendo televisão e utilizando a internet, verificamos quanto é desequilibrado o sistema das mídias em relação às práticas. As pessoas mais velhas passam muito mais tempo vendo televisão enquanto entre os mais novos esse tempo decresce.

No entanto, entre os que utilizam a internet, é a *2ª geração informacional* a que diminui menos o tempo de horas diárias vendo televisão, provavelmente devido à sua capacidade de *multitasking* e ao uso da televisão como som e imagem ambiente, isto é, ligada mas sem requerer atenção permanente. As gerações mais novas parecem ser muito mais produtivas com o seu tempo, visto que abordam o meio de uma perspectiva *multitasking*, ou seja, realizam várias tarefas ao mesmo tempo, enquanto as audiências mais velhas fazem uma coisa de cada vez. A televisão parece assim ser mais orientada nesse sentido para os mais velhos e a internet para os mais novos (Aroldi e Colombo, 2003).

A hipótese que se considera é, assim, que efetivamente a partilha de momentos históricos comuns e consumos midiáticos específicos (Aroldi e Colombo, 2003) molda de alguma forma as representações futuras em relação à mídia e aos usos que dela realizamos.

Diferentes idades da mídia, diferentes formas de cidadania?

Pode-se inferir da análise anterior que também a forma como olhamos a mídia moldará as nossas matrizes e regimes de mídia quando o nosso objetivo é exercer a participação quer num quadro de participação parlamentar entre eleitor e eleito, cidadão e administração pública, quer num quadro extraparlamentar de campanha de protesto ou em apoio de algo ou alguém?

Como forma de contextualizar as práticas de cidadania em Portugal valerá a pena relembrar que apenas 20,9% dos portugueses pertencem a alguma associação, clube, ONG, sindicato, partido ou entidade associativa.

Dos que pertencem a alguma estrutura associativa, fazem-no em média em 1,33 associação. O valor é ligeiramente superior entre os usuários da internet (1,41) em comparação com os que não a utilizam (1,27).

Quanto à participação ativa dos portugueses nas associações a que pertencem, o valor médio é de 0,95, sendo um pouco maior a diferença entre usuários (1,04) e não-usuários da internet (0,88).

Relativamente ao uso da web para se relacionar com as associações a que pertencem, o valor médio desce para 0,33. A tabela 59 evidencia essas distribuições tendo em conta o número total de associações.

Apesar das queixas bastante comuns sobre o funcionamento da administração pública portuguesa na sua relação com os cidadãos, uma larga maioria de 89,6% dos portugueses nunca colaborou ou desenvolveu qualquer tipo de iniciativa de envio de cartas a entidades oficiais (Cardoso e Firmino da Costa, 2004).

Tabela 59

Entidades associativas a que pertence, participa e em relação às quais usa a internet em Portugal (%)

Número de entidades associativas a que pertence, em que participa e em relação às quais usa a internet		**Usuários (n = 211)**	**Não-usuários (n = 302)**	**Total (n = 513)**
Número total de associações a que pertence ($p < 0,01$)	Uma associação	69,8	76,6	73,8
	Duas associações	19,6	19,9	19,8
	Três associações ou mais	10,6	3,5	6,4
	Total	100	100	100
Número total de associações em que participa ($p < 0,01$)	Nenhuma	18,9	26,6	23,4
	Uma associação	57,9	59,0	58,5
	Duas associações ou mais	23,2	14,4	18,0
	Total	100	100	100
Número total de associações em relação às quais usa internet ($p < 0,01$)	Nenhuma	73,2	100	89,0
	Uma associação	20,5	0,0	8,4
	Duas associações ou mais	6,3	0,0	2,6
	Total	100	100	100

Fonte: Cardoso e Firmino da Costa, 2004.

Nota: Valores referentes aos inquiridos que pertencem a alguma associação.

Na população em geral, apenas 3,1% dos inquiridos referem já ter escrito uma carta para manifestar a sua opinião a um diretor de uma publicação, valor que sobe para 14% quando se trata dos contatos com os órgãos do poder local — Câmara Municipal ou Junta de Freguesia.

As duas gerações intermediárias, isto é, a *1ª geração informacional* e a *geração paleoinformacional* são as que mais interagem com a administração pública e os seus eleitos.

No entanto, é a *1ª geração informacional* que mais investe no uso do e-mail e da web como forma de contato, porque possui uma representação mais positiva quanto à eficácia do uso desse instrumento ou por ser a geração que utilizou a internet para os contatos na escola e que, portanto, incorpora mais facilmente esse uso na vida ativa e na participação cívica.

Seguindo essa tendência, as *gerações não-informatizada* e *paleoinformacional*, de valorização da imprensa como uma das mídias consideradas como mais interessante, são as duas gerações que mais escrevem para publicações. No entanto, são os mais novos que mais utilizam o e-mail para essa comunicação.

Embora preferindo o e-mail, se ele estiver disponível, para as gerações mais novas, parece existir uma valorização similar entre papel e e-mail. Como se o meio fosse menos importante que a mensagem.

Tabela 60

Formas de participação mediada em Portugal, por geração (%)

Forma de participação	**16-26 anos 2ª geração informacional (internet)**	**27-38 anos 1ª geração informacional (PCs)**	**39-51 anos Geração paleoinformacional (*mainframes*)**	**> 51 anos Geração não-informatizada**
Em alguma ocasião subscreveu abaixo-assinados ou escreveu cartas para protestar com um órgão do Estado ou administração pública?	9,7	13,5	13,2	6,4
Alguma vez utilizou o e-mail ou a internet para isso?	25	31,9	21,4	30
Alguma vez se dirigiu à sua Câmara Municipal* ou Junta** para se informar sobre algo que afeta o local onde vive?	8,5	16,7	17,7	13,8

Continua

Forma de participação	16-26 anos 2ª geração informacional (internet)	27-38 anos 1ª geração informacional (PCs)	39-51 anos Geração paleoinformacional (*mainframes*)	> 51 anos Geração não-informatizada
Alguma vez utilizou o e-mail ou a internet para isso?	5,7	19,3	10,5	12,5
Em alguma ocasião escreveu ao diretor de uma publicação para manifestar a sua opinião?	2,6	3,3	3,9	2,9
Alguma vez utilizou o e-mail ou a internet para isso?	53,8	43,8	23,1	33,3

Fonte: Cardoso e Firmino da Costa, 2004.
*A Câmara Municipal corresponde à prefeitura, no Brasil.
**A Junta de Freguesia é um órgão local, correspondente mais ou menos a uma "prefeitura" de bairro. Freguesia: divisão administrativa de um município (Concelho).

Quanto à participação ativa em protestos e causas, apenas 15,1% dos portugueses respondem ter alguma vez participado em campanhas cívicas e sociais sobre temas como a defesa dos direitos humanos, ecologia, igualdade da mulher, pobreza, defesa de crianças ou outras similares.

Embora os valores referentes à participação sejam baixos, isso não quer dizer que não seja elevada a confiança individual na capacidade de influenciar os acontecimentos, caso decidam mobilizar-se, em particular internacionalmente e entre as gerações mais novas e os que utilizam a internet (tabela 60).

A utilização da internet em aspectos relacionados com esse tipo de campanhas é de apenas 23,1% dos usuários (cerca de 2% da população portuguesa).

Entre os que apóiam ou participam, de forma freqüente, de campanhas ou ações para a defesa dos direitos humanos, ecologia, igualdade da mulher, pobreza, defesa de crianças ou outras similares, de forma habitual cerca de metade (49,4%) partilha também a afiliação a uma associação. Já entre os que apóiam e participam ocasionalmente, a maioria não pertence a nenhuma associação (61,3%). Pelo que se pode estabelecer uma ligação entre a afiliação e a participação, ou seja, quem participa ativamente está igualmente disposto a pertencer a uma entidade, já os que o fazem de forma irregular preferem manter-se não-filiados a organizações, assegurando assim uma maior liberdade de avaliação, caso a caso, sobre a sua participação ou não. Pode-se inferir que além da análise da afiliação a associações é igualmente importante, para a compreensão da participação nas nossas sociedades, apreender como a participação, ocasional e associada a causas diferentes e por tempos relativamente curtos, decorre.

Tabela 61
Capacidade de influenciar acontecimentos políticos internacionais e nacionais, por geração, em Portugal (%)

Resposta	16-26 anos 2ª geração informacional (internet)	27-38 anos 1ª geração informacional (PCs)	39-51 anos Geração paleoinformacional (*mainframes*)	> 51 anos Geração não-informatizada
Concorda com o fato de as pessoas poderem influenciar os acontecimentos mundiais com mobilizações políticas e sociais (usuários da internet)	70,2	74,2	67,5	70
Concorda com o fato de as pessoas poderem influenciar os acontecimentos mundiais com mobilizações políticas e sociais (não-usuários da internet)	61,6	54,4	56,4	48,2
Concorda que é impossível influenciar as decisões políticas (usuários da internet)	60,7	59,9	55,7	87,5
Concorda que é impossível influenciar as decisões políticas (não-usuários da internet)	73,7	70,6	74.3	66,1

Fonte: Cardoso e Firmino da Costa, 2004.

Como se pode observar na tabela 62, são as gerações intermediárias, a *1ª geração informacional* e a *paleoinformacional*, que mais pertencem a associações e também as que mais participam.

A *2ª geração informacional* — embora apoiando campanhas num valor próximo da média nacional, incorporando a internet nas campanhas e focalizando o seu interesse na recepção de informação e no comunicar com outros — não é aquela que melhor integra o uso da internet no quadro da participação.

É a *1ª geração informacional* que usa de uma forma mais instrumental a internet, conferindo-lhe ao mesmo tempo uma função de concretização de objetivos. Já a *geração não-informatizada* apenas utiliza a internet para o recebimento de informação.

Ou seja, a *1ª geração informacional* não usa a internet apenas para receber informação ou trocar experiências com os outros, incorpora-a também como instrumento de atuação direta na resolução de problemas ou ações de protesto.

Tabela 62
Participa ou apóia campanhas ou ações para a defesa dos direitos humanos, ecologia, igualdade da mulher, pobreza, defesa de crianças ou outras similares, por geração, em Portugal (%)

Resposta	**16-26 anos 2ª geração informacional (internet)**	**27-38 anos 1ª geração informacional (PCs)**	**39-51 anos Geração paleoinformacional (*mainframes*)**	**> 51 anos Geração não-informatizada**
Pertence a uma associação	19,2	24,7	25	17,4
Apóia ou participa de campanhas dessa natureza	15	19,6	16,4	11,2
Utiliza a internet nessas campanhas	21,2	26,6	20,6	15,4
Para receber informação	85,7	80,9	42,8	100
Para se comunicar com outras pessoas com os mesmos interesses	57,1	38,1	57,1	0
Para atuar diretamente (individualmente ou em grupo)	14,2	33,3	14,2	0

Fonte: Cardoso e Firmino da Costa, 2004.

Uma forma de perceber melhor e de maneira mais aprofundada o modo como a mídia é domesticada no quadro da participação, passa pela análise de um caso concreto de mobilização e participação. Por isso, procurou-se analisar um evento de grande participação da população, como a crise do pós-referendo de 1999 em Timor Leste e o modo como essa situação foi vivida em Portugal.

No conjunto da população portuguesa inquirida, 14,4% declararam ter participado em alguma ação de protesto ou solidariedade para com o povo de Timor. No entanto, considerando os níveis de participação da população portuguesa já citados, esses valores apresentam-se como bastante elevados e oferecem um excelente ponto de partida para a análise que pretendemos realizar sobre os regimes de mídia associados à participação.

Entre os usuários de internet são 22,2% os que participaram, em setembro de 1999, de alguma ação de protesto ou solidariedade para com o povo timorense, enquanto no segmento dos que não utilizaram a internet contra a atuação do governo indonésio ou das milícias paramilitares indonésias apenas 11,2% afirmam ter desenvolvido algum tipo de iniciativa.

Tabela 63
Formas de participação em protesto pró-Timor Leste em Portugal, 1999, por geração (%)

Em 1999	16-26 anos 2ª geração informacional (internet)	27-38 anos 1ª geração informacional (PCs)	39-51 anos Geração paleoinformacional (*mainframes*)	> 51 anos Geração não-informatizada	Entidade promotora
Participou de alguma ação de protesto ou solidariedade com o povo de Timor?	13,5	19,1	16,9	10,4	—
Envio de fax ou e-mail para a ONU	3,9	14,6	5,7	3,5	*Jingle* Rádio TSF e seu website
Envio de fax ou e-mail para o Conselho de Segurança da ONU	5,2	6,8	1,2	2,4	Website da Rádio TSF
Envio de fax ou e-mail para presidência da Indonésia	1,3	2,9	0	1,2	Website da Rádio TSF
Votação na web, CNN e BBC, em apoio à intervenção militar da ONU	3,9	4,9	0	0	E-mail
Abaixo-assinado em páginas web	6,5	3,9	5,7%	0	E-mail
Adesivo no carro em apoio a Timor	6,5	18,6	6,9	9,3	Indefinido
Branco por Timor (9 de setembro de 1999)	37,7	38,8	33,3	23,3	Jornais *DN* e *JN*; Rádio TSF; TVs: RTP, SIC e TVI
Lançar flores nos rios	6,5	7,8	0	1,2	Anúncio TSF
Parar o país por três minutos (8 de setembro de 1999)	76,6	76,7	80,2	80,2	Centrais sindicais e mídia
Manifestação junto à embaixada dos EUA em Lisboa	5,2	7,8	4,7	2,3	Sociedade civil e mídia
Manifestação na embaixada da Indonésia em Madri (12 de setembro de 1999)	1,3	0	0	0	Sociedade civil; Rádio Antena 3 e RDP

Fonte: Cardoso e Firmino da Costa, 2004.

Quanto às formas de manifestação/participação, as que mais se destacaram foram a paralisação do país por três minutos (78,3%), o vestir branco ou colocar faixas brancas nas janelas (33,3%) e colocar um adesivo no carro em apoio a Timor Leste (10,9%).

As *gerações paleoinformacional* e *não-informatizada* são as que optam quase sempre pelos modos de participação que requerem menor envolvimento pessoal e que se afiguram de mais simples execução (por exemplo, "parar o país por três minutos"). Já quando o envolvimento pessoal é maior, são os mais novos que protagonizam os atos de protesto (por exemplo, "vestir branco", "manifestação junto à embaixada dos EUA em Lisboa ou da Indonésia em Madri").

No que se refere ao papel mobilizador da mídia verifica-se que as ações de maior participação são aquelas em que existe um maior envolvimento da mídia mas também uma maior diversificação, isto é, as que são promovidas em conjunto pelo rádio, jornais e televisão são também as que concentram maior participação (por exemplo, "parar o país por três minutos" e "vestir branco").

A *1ª geração informacional* é claramente a mais envolvida na participação nos protestos, encontrando-se decidida até a expor publicamente o seu envolvimento pelo uso de propriedade privada para demonstrar o apoio, como no caso dos automóveis.

Analisando de forma isolada o papel das diferentes mídias na mobilização, verifica-se que, quanto ao envolvimento radiofônico da estação de rádio TSF nos protestos, sempre que existiu associação de *jingles* radiofônicos aos anúncios nas páginas web da rádio, as adesões ao envio de e-mails e fax para a ONU ocorriam também entre as gerações mais velhas. Já quando a mobilização era realizada exclusivamente pela página da Rádio TSF na internet (envio de fax ou e-mail para o Conselho de Segurança da ONU, envio de fax ou e-mail para a presidência da Indonésia), e sem o uso da transmissão radiofônica, a participação atingia sobretudo as gerações mais novas. Os dados parecem assim corroborar as análises já realizadas sobre a associação de interesse pelo rádio e as *gerações paleoinformacional* e *não-informatizada*.

Quando a mobilização não é midiatizada pelo rádio, jornais ou televisão e, ao mesmo tempo, envolve diferentes mídias online geograficamente dispersas, como abaixo-assinados ou pesquisas de opinião, elas são mais escolhidas pela *2ª geração informacional* enquanto as outras gerações focam a sua atenção nos abaixo-assinados.

Essa é uma análise importante porque das 14 pesquisas online internacionais disponíveis apenas três (Times, CNN e BBC) eram de mídia de referência internacional, enquanto os 47 abaixo-assinados disponíveis eram todos de origem nacional.

O que evidencia esse comportamento, de opção pelas pesquisas online (e em particular a adesão às das cadeias televisivas), é uma maior habilidade digital por parte da *1ª geração informacional*, um reconhecimento da mídia internacional como mais útil para fazer ouvir a sua voz de uma forma que pudesse influenciar o rumo dos acontecimentos.

Da mesma forma que diferentes gerações constroem diferentes matrizes e regimes de mídia e possuem biografias e memórias de mídia diferenciadas, também a apropriação do espaço simbólico mediado, com o objetivo de mobilizar e protestar, ocorre de forma diversa em diferentes gerações.

As conclusões das análises aqui apresentadas permitem apontar, por exemplo, para o fato de ser a *1ª geração informacional* a que melhor combina uma habilidade sobre a mídia tradicional e estratégias de ação e organização em torno da internet, com o ativismo tradicional, isto é, a manifestação pública presencial.

Por sua vez, a *geração não-informatizada* parece participar mais quando se combina a organização por parte de movimentos sociais tradicionais, como os sindicatos, com a mobilização realizada pela televisão, rádio e jornais. Aposta, assim, quase exclusivamente nos *media happenings*, mas menos em acontecimentos como manifestações.

A geração mais nova, a *2ª geração informacional*, possui práticas muito similares às da *1ª geração informacional*, no entanto a sua gestão é ainda experimental, menos articulada. Por outro lado, a sua habilidade perante a mídia tradicional (televisão, rádio e jornais) é diferente da que a *1ª geração informacional* possui, por isso a combinação entre aqueles e a internet é igualmente menor.

Num mesmo contexto social e cultural e partilhando os mesmos objetivos de cidadania, as mesmas mídias são utilizadas de forma variada em diferentes contextos geracionais.

Como se demonstrou pela análise das práticas geracionais, há portanto diferentes representações e diversas práticas e lógicas de articulação em rede entre mídias. Essas diferenças também se espelham na forma como o campo simbólico da mediação é apropriado por diferentes gerações.

Com esses dados como ponto de partida será que poderemos caracterizar a cidadania que a sociedade em rede nos disponibiliza? Como é que a autonomia comunicativa construída no quadro de um sistema de mídia, cujas características são as expostas neste capítulo e anteriores, pode nos ajudar a gerir as nossas práticas de cidadania?

Os próximos dois capítulos tentarão ajudar-nos a responder utilizando, para tal, a análise de um conjunto de estudos de caso sobre a participação, mobilização e protesto no quadro da mediação política parlamentar, isto é, institucionalizada entre cidadãos e órgãos de soberania, e também no quadro da mediação política extraparlamentar, não-institucionalizada, e com recurso a diferentes movimentos de cidadãos e movimentos sociais.

A política mediada: cidadãos e partidos políticos em democracia contínua

> Mas na democracia eletrônica, acredita? Tanto quanto acredito na democracia. Sabemos todos que vivemos numa democracia imperfeita e que, como dizia Churchill, é um péssimo sistema, mas todos os outros são piores, em suma, é uma direção.
>
> Eco (1995c)

A política informacional, como já analisamos, tanto pode ocorrer no espaço institucional dos órgãos do governo, centrada na relação entre eleitor e eleito e num quadro parlamentar, quanto fora desse espaço.

Como também observamos, as novas mídias presentes no espaço da mediação têm sido alvo de interesse e estudo por diversos investigadores ao mesmo tempo em que a sua utilização tem sido explorada por elites políticas e por cidadãos no quadro daquilo que se pode designar por um ideal de democracia contínua (Rodotà, 1997).

Quando Rodotà elege o conceito de *democracia contínua* como paradigmático do nosso posicionamento perante a democracia contemporânea, o faz para se referir aos instrumentos que se diferenciam daqueles que estamos habituados a citar como representativos: o voto.

Instrumentos apropriados sem se referirem à existência de um *mediador*, isto é, partido ou representante eleito, preferindo antes eleger novos espaços de *mediação*.

No entanto, esse conceito não deve ser confundido com o de democracia direta, visto que o último se refere apenas ao momento final de uma decisão ou à presença em um determinado processo de decisão (Rodotà, 1997).

A tônica no conceito de democracia contínua é colocada no fim da intermitência do processo político no que diz respeito à presença do cidadão e no fato de essa nova continuidade partir, sobretudo, dos próprios interessados (Rodotà, 1997).

Mas, entre esse ideal de presença quase permanente da prática democrática e a real apropriação das diferentes mídias, e em particular da internet, por cidadãos, mas também pelas elites políticas, existem grandes diferenças.

A definição de Rodotà tem a força de nos fazer fugir das definições eletrônicas de democracia centradas em fórmulas de apropriação tecnológica (Norris, 2004) para nos fazer focar o que mais diferencia as práticas de uma *política informacional* de modelos anteriores (Castells, 2004a). No entanto, possui também limitações, principalmente porque parte do princípio de que os novos espaços da mediação, proporcionados pela internet e pelos celulares, se sobreporiam aos anteriores, protagonizados essencialmente pela televisão, rádio e jornais. Esquecendo, desde logo, que para a comunicação ocorrer é necessário que ambos os lados possuam igual interesse em promover esses novos canais.

Por outro lado, Rodotà parece esquecer também que na política informacional não existem apenas dois lados, cidadão e eleito, mas também a própria mídia tradicional (televisão, rádio e jornais) que não está disposta a perder o seu papel de mediador central da política informacional.

A idéia de *democracia contínua* captura duas dimensões fundamentais da política informacional, *continuidade* em detrimento de intermitência e *valorização dos espaços de mediação* em detrimento do momento de eleição. No entanto não valoriza suficientemente, por um lado, o poder do processo de domesticação da mídia tradicional pelas elites políticas e, por outro, o fato de a real mudança de paradigma político só poder ocorrer se a vontade de mudança por parte das elites políticas existir de fato, não apenas nas suas representações mas também nas práticas.

Algo que depende de os ganhos e perdas percebidos na mudança trazerem vantagens, pois, caso contrário, a tendência será a de manutenção dos atuais canais de mediação em vez de mudança.

O processo de democracia contínua está relacionado com os novos espaços de mediação, no entanto, não pode ser apenas visto como um processo de *bottom-up*. Ele também depende da vontade dos eleitos e da forma como os mediadores, jornalistas e mídia tradicional, o perceberem ou não como ameaça ao exercício do seu poder simbólico (Bourdieu, 1989).

A compreensão dessa relação entre espaços de mediação e elites políticas é um dos objetivos deste capítulo. Iremos, assim, analisar como cidadãos e políticos no quadro institucional português (Parlamento, partidos políticos, governo e Presidência da República) se relacionam no quadro dessas práticas contínuas e de múltiplos espaços de mediação, comparativamente com outros quadros parlamentares europeus, procurando ao mesmo tempo compreender a política informacional que essas relações parecem gerar, ou seja, que democracia contínua oferece a atual política informacional quando praticada no quadro institucional parlamentar de uma democracia européia como a portuguesa.

Um quadro institucional e parlamentar para a democracia contínua

Onde nos situamos na compreensão das relações entre usos tecnológicos e práticas de democracia nos quadros parlamentares das nossas democracias?

Para começar a tentar responder é necessário relembrar que, ao longo das três últimas décadas, as tecnologias de informação e comunicação têm sido apresentadas majoritariamente como forma de minorar as desconfianças existentes da parte de eleitores da democracia em que vivem. Quais as origens dessa desconfiança?

Ela resulta de um processo de transformação mais vasto da economia, cultura e sociedade que tem se manifestado ao longo das últimas décadas, e que pode ser caracterizado num contexto global da emergência de uma era da informação, potencializada pelas tecnologias da informação e da comunicação, mas também pelas próprias fragilidades dos atuais processos, instituições e atores políticos em fornecerem respostas às ansiedades dos cidadãos (Castells, 2003b).

Diante dessas transformações, as sociedades democráticas encontram-se numa fase de reavaliação das suas práticas políticas que lhes apresenta sinais de crise de legitimidade do Estado-nação, da democracia e da participação dos atores individuais e coletivos, num cenário geral de alteração do próprio sistema político que sofreu também uma ampliação das suas competências e esferas de influência, levando vários autores a falar de um *modelo em rede do sistema político* que engloba as relações entre governos e instituições globais, o governo (nos níveis local, regional e nacional), outras instituições reguladoras, as organizações da sociedade civil, as corporações e os cidadãos (Van Dijk, 2000; Castells, 2003b).

O final do século XX, e princípio do XXI, é um tempo de coabitação de fenômenos contraditórios (Giddens e Hutton, 2000; Castells, 2003b). Exemplificando essa noção, Giddens e Hutton (2000) apontam como o desenvolvimento das comunicações globais potencializou o desenvolvimento democrático nos regimes políticos na Europa, América Latina, África e Ásia, ao mesmo tempo em que contribuiu para limitar o alcance dessas mesmas estruturas democráticas.

Num contexto de globalização, a economia capitalista mundial, também baseada nessa lógica de comunicação em redes globais, introduz processos de deslocalização dos centros, ou *nós*, de poder até então geridos pelos múltiplos centros políticos, os Estados-nação (Lyon, 1992).

Conseqüentemente, os Estados perdem parte do seu poder de controle da política monetária e orçamental, resultando isso, por sua vez, em menor poder de organização da sua produção e trocas, e de atribuição e gestão de benefícios sociais.

Além dessa perda de poder econômico, existe também outro tipo de condicionamento à soberania dos Estados, em grande medida devido à partilha de soberania na gestão de assuntos globais econômicos, ecológicos e de segurança, que necessitam de respostas e soluções globais.

Esse processo leva Castells (2003b) a indicar a emergência de um *Estado global em rede*.

A ordem política é, assim, uma pluralidade de instituições e organismos que interligam os diferentes Estados (encarados como atores estratégicos), mediante inúmeros acordos, convenções e relações de troca, que deslocalizam determinadas decisões e campos de ação anteriormente da responsabilidade exclusiva de países individuais.

Desse processo de partilha da soberania em determinados temas (como a segurança, a economia e o ambiente) resultam tanto ganhos quanto também uma erosão sistêmica do poder dos Estados. Isso porque, segundo Castells (2004a), os processos contínuos de conflito, aliança e negociação também desgastam a credibilidade das instituições internacionais, e a criação de burocracias globais ou regionais tem, muitas vezes, como efeito colateral, a paralisia da capacidade dos Estados de agir individual ou multilateralmente.

Esse processo de articulação em rede ocorre também internamente nos diferentes Estados-nação pela descentralização da política do Estado-nação (com as suas instituições governamentais e administração pública) para outros atores dentro e fora do sistema político. Essa dispersão é caracterizada por diferentes autores e encontra nas análises de Beck (1992) a denominação *displacement of politics* ou "pluralidade das fontes de poder" por Held (1987, 2000).

Num sistema policêntrico, os centros de poder encontram-se ligados entre si por relações de informação e comunicação, baseadas em redes complexas de capital, produção, comunicação, crime, instituições internacionais, aparelhos militares supranacionais, organizações não-governamentais, religiões transnacionais, e movimentos da opinião pública (Castells, 2004a).

Embora a tendência de descentralização do Estado-nação seja uma das formas de lidar com as tensões de gestão do poder criadas pela necessidade de ação em diferentes níveis, do local ao global, *não é a única*.

Assim, encontramos também o uso de políticas, de tendência oposta, principalmente de concentração da política no Estado, um processo que ocorre de acordo em duas dimensões principais (Van Dijk, 1999). A primeira é a *modernização da burocracia*, pelo uso de tecnologias de informação, procurando tornar-se uma rede que combina um aumento do controle central e uma descentralização das tarefas executivas, prenunciando um Estado mais transparente e eficiente, com possíveis benefícios para os cidadãos.

Uma segunda fórmula dessa concentração consiste numa maior fusão entre Estado e política institucional, dando origem pelas práticas políticas a uma nova relação entre *Estado* e *partido*. Isto é, os partidos políticos, como candidatos a eleições, preferem integrar o governo ou a administração pública, do que servir como representantes dos cidadãos no Parlamento. Para atingir esses objetivos, os partidos políticos transformam-se em organizações de campanhas eleitorais, alterando assim as suas funções tradicionais como associações programáticas de organização e mobilização política de cidadãos.

Nessa procura por novos equilíbrios por parte do Estado, seja com outros Estados seja global ou localmente, surge, no entanto, uma certeza: apesar das suas debilidades o Estado continua a apresentar-se como um forte candidato à permanência como instituição central das nossas sociedades na era da informação.

Os Estados continuam a ser os atores mais importantes no campo das relações políticas (Van Dijk, 1999; Giddens e Hutton, 2000) devido ao seu controle de um determinado território (políticas nacionais de trabalho, produção e regulação de serviços), ao monopólio dos meios de violência e ao estatuto de entidades com legitimidade para criar os mecanismos multilaterais de caráter global.

Também não parece existir um caminho inevitável para um dado e único modelo de mudança para o Estado. Até porque a soberania dos Estados não diminuiu de forma progressiva e linear.

Devido ao caráter dialético da globalização e à influência dos processos de desenvolvimento desigual — em alguns casos, fruto de alianças, guerras ou mudanças políticas e econômicas —, verificam-se, nuns aumentos de soberania e noutros uma real diminuição daquela.

Não argumentar o fim do Estado como entidade política é diferente de dizer que o mesmo está a salvo de profundas mudanças, que não têm obrigatoriamente que advir de efeitos econômicos diretos.

Num mundo de redes globais aculturais e transnacionais, e perante fenômenos de crescente valorização de dimensões de base identitária das sociedades, deve-se considerar que a nossa própria noção de Estado como Estado-nação pode sofrer mudanças substanciais também por causa de diferentes formas de fundamentalismos (Castells, 2004a).

Essa crise de legitimidade do Estado-nação, devido aos fatores enunciados da dinâmica das redes de riqueza, informação e poder transorganizacional, interliga-se de forma estreita com a crise de credibilidade do sistema político, isto é, com um sentimento persistente de desilusão e desconfiança em relação aos políticos e à política em geral, por parte dos cidadãos.

Condicionado em grande parte pela mídia, dependente de estratégias de marketing político de manipulação tecnológica, e conduzido por uma política de personalização e esvaziamento da discussão política na mídia, o sistema partidário perdeu muita da sua legitimidade na opinião pública (Castells, 2004a).

Perda essa que, como mostra a tabela 64, é, no quadro europeu, uma característica transversal às diferentes opiniões públicas, apenas com a ressalva de alguns países escandinavos.

Como é sugerido por Vedel e Catinat (2000) a forma como as democracias, no seu quadro parlamentar e institucional, têm olhado para as novas tecnologias de comunicação e informação, da televisão à internet, tem sido majoritariamente regida pela pergunta "como podemos utilizar essas tecnologias para melhorar a governança e a participação política?", isto é, como gerir a legitimidade da democracia?

Existe ao longo da história uma forte idéia de ligação entre tecnologias de informação e comunicação, mudança social e gestão política da mesma.

No século XX não é com a internet que se inicia o discurso sobre as vantagens da democracia eletrônica. Por muito estranho que isso hoje possa parecer, Hagen (1997) lembra que o mais antigo conceito de democracia eletrônica está ligado à utilização da televisão. A introdução do cabo no início dos anos 1970, nos EUA, levou muitos a considerar que na década de 1980 — com conteúdos diversificados e informação localizada — existiria um revitalizar da democracia pela televisão.

Tabela 64
Confiança nas instituições na Europa (%)

		Partidos políticos	**Governos**	**Parlamento**	**União Européia**	**Nações Unidas**
Portugal	+	17	39	46	61	59
	–	78	55	46	25	25
Bélgica	+	22	38	40	45	43
	–	72	54	52	47	48
Dinamarca	+	39	53	68	40	74
	–	48	39	24	47	16
Alemanha	+	12	24	31	35	41
	–	80	65	56	42	39
Grécia	+	20	47	54	65	36
	–	77	50	43	30	59
Espanha	+	23	42	41	57	55
	–	69	50	46	30	31
França	+	12	30	33	37	40
	–	82	64	55	49	45
Irlanda	+	22	31	34	53	62
	–	67	59	55	27	19
Itália	+	11	27	33	57	50
	–	78	62	53	25	33
Luxemburgo	+	26	60	53	52	51
	–	60	31	33	38	35
Holanda	+	26	37	41	38	51
	–	65	57	51	45	37
Áustria	+	19	40	43	36	50
	–	72	51	45	52	36
Finlândia	+	19	49	52	33	62
	–	70	41	40	53	24
Suécia	+	18	42	53	28	73
	–	71	49	38	61	18
Grã-Bretanha	+	12	24	27	20	51
	–	79	68	62	58	31

Fonte: Eurobarometer, 2003.

Segundo Zittel (2001), as visões de mudança política iniciaram-se nos anos 1970 com o surgimento de redes de computadores, TV a cabo interativa e outros mecanismos digitais de telecomunicações, potencializando noções de democracia eletrônica e objetivos de tornar a democracia mais participativa por essas novas tecnologias. Sobretudo com a introdução da televisão a cabo nos EUA no início dos anos 1970, ativistas, cientistas políticos e sociólogos defenderam as suas potencialidades (Barber, 1984, 1996, 1999; Dahl, 1986, 1991, 1998).[147]

Os usuários podiam responder a questões de programas a cabo, recorrendo a um sistema ligado a uma caixa com cinco botões. Isso foi visto por futurólogos como Toffler (1984) como um exemplo das possibilidades de democracia direta que o futuro ofereceria (Dahlberg, 2001, 2002).

Porém, no final dos anos 1970 e nos anos 1980, inúmeros autores (Arterton, 1987; Laudon, 1977; Abramson, Arterton e Orren, 1988) criticavam já as concepções de determinismo tecnológico associadas ao desenvolvimento de novos meios de comunicação e a sua influência nos processos políticos.

Existia assim um sentimento de desilusão pela incapacidade de a televisão a cabo melhorar as formas de democracia direta e a participação política dos cidadãos. A crítica central a esse sistema foi, e é, que as pessoas não podem tomar uma decisão informada apenas recorrendo ao que está na televisão. Essa crítica foi uma das razões do abandono desse tipo de projetos de democracia eletrônica associados à televisão.[148]

Nos anos 1990, as teorias sobre democracia e tecnologia sofreram um novo impulso devido à utilização, nas campanhas eleitorais norte-americanas, de encontros dos candidatos com os eleitores, gravados pela televisão; e também aos novos avanços tecnológicos da mídia (multiplicação dos canais disponíveis, novos formatos televisivos e o crescimento das redes de computadores).

Hagen (1997), com base em quatro conceitos analíticos (tecnologia, formas de democracia, dimensões de participação política e agenda política), identifica três tipos de relação entre democracia e tecnologia: *teledemocracia, ciberdemocracia* e *democratização eletrônica.*

Embora todos os três tipos de democracia partam da utilização das redes de computador, cada um assenta num conjunto diferente de objetivos, e leituras, do atual funcionamento das democracias.

A denominada *teledemocracia* argumenta que a comunicação mediada por computador (CMC) pode finalmente permitir formas de participação política julgadas impraticáveis devido a condicionantes espaciais ou temporais.

---

[147] Um dos projetos mais elaborados em torno desse conceito foi o Qube em Ohio (EUA).

[148] Ironicamente, o seu fracasso para a democracia tornou-se um sucesso comercial para as televisões privadas e públicas que os recuperaram com o intuito comercial. As televisões em Portugal parecem haver redescoberto as possibilidades da interatividade com os telespectadores para gerar receitas alternativas à publicidade com números, de valor agregado, publicados durante telejornais ou outros programas.

As formas tradicionais de democracia representativa não conseguem gerir a complexidade da era da informação, por isso, formas locais de democracia e o fortalecimento do indivíduo são necessários, permitindo a CMC a sua execução perante a necessidade de promover os usos democráticos da mídia como forma de criar um equilíbrio diante dos abusos da mídia comercial. As formas de participação política promovidas pela teledemocracia são a prestação de informação, a possibilidade de discutir as temáticas e inclusive a votação pela CMC. É um modelo de uso das redes de computador, como a internet, cujo último objetivo é fortalecer a democracia com uma democracia direta.

A *ciberdemocracia* possui outros pontos de partida e de formas preferidas de participação política, embora promova o mesmo ideal de democracia direta. Esse modelo considera que a criação de comunidades virtuais e, com elas, de novas formas de comunidades físicas é central para a construção de uma democracia do século XXI. Na sua perspectiva, a informação tornou-se um bem econômico central, por isso negócios e indivíduos devem promover o uso da CMC, a tecnologia que pode assegurar o seu sucesso como empreendedores e cidadãos. Isso porque a CMC permite formas de governo descentralizadas e autogeríveis, fornecendo uma defesa concreta contra os abusos de autoridade do Estado quanto à privacidade ou a censura de conteúdos.

As formas de participação política centrais para a ciberdemocracia não contemplam a votação, mas sim a discussão e a promoção de atividade política.

Para os apologistas da ciberdemocracia, a CMC fornece as ferramentas para uma democracia direta, mas eles não pretendem substituir a democracia representativa. Promovem também a CMC paralelamente às instituições democráticas representativas possibilitando, pela criação de comunidades virtuais e revitalizando comunidades físicas, criar novas formas de gestão das necessidades dos cidadãos.

Ao mesmo tempo em que essa nova gestão democrática se implementa, os cidadãos podem promover a sua liberdade individual, pois a CMC dá-lhes as ferramentas necessárias para a sua privacidade e gestão do acesso à informação, curto-circuitando a ação do Estado.

Por último, Hagen analisa um sistema que não procura a criação de democracia direta, mas sim a melhoria das instituições democráticas representativas.

A argumentação dos defensores da *democratização eletrônica* apóia-se no fato de os sistemas políticos, baseados na CMC, permitirem mais e melhor acesso à informação crucial sobre os governos.

Criar e gerir encontros eletrônicos entre cidadãos e representantes, utilizando a CMC, pode contribuir para a deliberação política baseada na opinião dos cidadãos e para trazer novos sentidos de afiliação ao eleitorado.

Trata-se de um modelo que, assumindo os problemas da democracia representativa contemporânea, olha para a CMC como forma de resolver os problemas de apatia e participação.

Porque a CMC permite baixar os custos de comunicação e organização, é vista como uma forma de dar mais poder à sociedade civil na sua relação com o Estado. Esse é um modelo que valoriza a utilização das CMCs como forma de promover a discussão e o acesso à informação.

Procurando um equilíbrio entre as diferentes propostas presentes sobre definição da relação entre democracia e tecnologia, creio que aquela que nos permite um melhor ponto de partida para a análise da política informacional é a proposta por Trechsel e outros (2003), em que *democracia eletrônica* é definida como *consistindo em todos os meios eletrônicos de comunicação que permitem ou fornecem* empowerment *ao cidadão nos seus esforços de responsabilização das ações dos políticos/governantes publicamente.*

Dependendo dos aspectos da democracia promovidos, a democracia eletrônica pode utilizar diferentes técnicas: para aumentar a transparência do processo político; para aumentar o envolvimento direto e participação dos cidadãos; e, por último, a melhoria da qualidade de formação de opinião pela abertura de novos espaços de informação (Trechsel et al., 2003). A essa definição acrescentaria que tal pode traduzir-se na evolução para um modelo de democracia participativa ou na manutenção das atuais lógicas presentes nos modelos de democracia liberal.[149]

Como verificamos, existem várias definições sobre a utilização da internet no processo democrático. Igualmente podemos encontrar, na vasta bibliografia publicada sobre este tema, descrições dos efeitos da internet na democracia que variam entre a pouca diferença que a internet trará à democracia até as

---

149 Segundo Hague e Loader (1999), o debate sobre a utilização das tecnologias de comunicação e informação na política concentra-se num *continuum* entre um modelo de democracia participativa (a mais próxima da democracia direta) e uma concepção de democracia representativa. Enquanto ideais-tipo de democracia, a democracia participativa tende a perceber a pessoa como parte de uma comunidade política, procurando envolver os indivíduos o mais possível no processo político, adicionalmente, este modelo percebe os representantes como delegados dos seus constituintes e advoga um fluxo constante de comunicação entre os eleitos e os eleitores, com vista a um conhecimento das expectativas dos seus constituintes por parte dos representantes, e um processo aberto e transparente para assegurar a responsabilidade dos eleitos. Por outra parte, o modelo de democracia liberal considera os indivíduos como autônomos e independentes da comunidade política, assumindo um antagonismo básico entre os indivíduos e a comunidade. Os indivíduos são assim considerados, nesta última perspectiva, consumidores que não demonstram interesse no envolvimento político, e que desenvolvem interesses fora da comunidade política e freqüentemente em conflito com esta.

visões do seu papel revolucionário. Qual é, então, a realidade da apropriação da internet no processo democrático? O trabalho de Norris (2001) sobre as teorias da internet e democracia oferece uma resposta relativamente concisa.

Norris (2001) propõe uma classificação de teorias em função da visão que os autores possuem sobre o papel da internet.

Os *ciberotimistas* sugerem que as novas tecnologias de informação e comunicação possuem a capacidade de nos *salvar* das nossas tendências cívicas mais apáticas. Espera-se, assim, que a informação disponível na internet tenha a potencialidade de permitir ao público tornar-se mais conhecedor dos assuntos políticos, mais organizado na expressão dos seus pontos de vista por e-mail, grupos de discussão online, chats e mais ativo na mobilização em torno de assuntos das suas comunidades.

Como novo canal bidirecional de comunicação, a internet pode funcionar para fortalecer e enriquecer as ligações entre cidadãos e organizações de intermediação como os partidos, movimentos sociais e grupos de interesses, a mídia, entidades locais, nacionais e globais.

Com a erosão de barreiras à participação política, como a possibilidade de juntar informação de diversas fontes sobre um determinado assunto, da mobilização de redes, de ligar diversas coligações globais em torno de questões políticas ou no contato com os representantes eleitos, a internet pode possuir o potencial para ampliar o horizonte da participação na vida pública.

Em contraste, os *ciberpessimistas* sugerem que a internet irá reforçar, mas não mudará radicalmente, os padrões existentes de comunicação política e participação democrática. Desse ponto de vista, a internet pode aprofundar o fosso entre os já participantes ativos e os mais apáticos, no interior do processo de participação.

Exemplos de ciberotimistas, para Norris (2001), são: o caso de Rheingold (2000) pela sua visão das comunidades virtuais como nova esfera pública e troca de idéias, debate e mobilização de opiniões; Loader (1999), que sugere que a internet tem o potencial para uma maior responsabilização do governo perante o público e para uma cidadania mais informada, facilitando a participação nos processos de decisão; Tsagaroussianou (1998), que defende o uso da internet como fonte de revitalização das redes cívicas em zonas urbanas e em bairros; Budge (1996), que acredita que a internet permitirá a democracia direta sob a forma de referendos online diários. O pensamento ciberpessimista é concretizado nas análises de autores como Margolis e Resnick (2000), que argumentam que o uso da internet para a promoção da cidadania falhou porque os interesses estabelecidos, os grandes partidos e a mídia tradicional tudo fizeram para manter a política tal como ela era; Bimber (1998), que sugere que o que muda com a internet é a forma de transmissão e não os conteúdos, que são os mesmos que já se encontram na mídia tradicional; ou Abramson, Arterton e Orren (1988), quando argumentam que a democracia plebiscitária pelo voto eletrônico equivale a contarem cabeças sem dar oportunidade ao debate deliberativo.

Mas, embora tenha a sua utilidade conceitual, talvez essa divisão peque por se centrar em demasia numa medição de impactos positivos ou negativos associados à internet e não aprofunde conceitualmente os contributos para os modelos de democracia atualmente vigente.

Procurando fugir a essas condicionantes positivas e negativas do impacto tecnológico, Gibson e Ward (2000) propõem traçar três cenários do impacto institucional e organizacional das tecnologias de comunicação e informação e em particular da internet.

O primeiro cenário refere-se a uma perspectiva de *revolução*, erosão e democracia direta, no qual o papel representativo das organizações políticas será substituído pela intervenção direta dos cidadãos no seu autogoverno. Essa visão também tem apoiadores na esfera política, especialmente entre partidos ou candidatos anti-sistema, sendo provavelmente o exemplo mais famoso o documento da Progress and Freedom Foundation (1994).

O segundo cenário é o de *reforma*, no qual as organizações políticas, de modo a sobreviver, têm de se adaptar às novas tecnologias, procurando uma maior transparência e responsabilidade na relação com os cidadãos. Assim, o governo procurará recrutar e equilibrar as exigências dos cidadãos de uma forma atenta, em vez de oferecer planos de reformulação da sociedade e da democracia.

Nesse cenário, os parlamentos e os partidos têm de se adaptar a modos mais diretos de participação que diminuirão a sua função representativa, mas continuarão a fornecer uma liderança política útil, mediando e agregando os agentes políticos.

O terceiro cenário compreende uma visão de *politics as usual* de impacto reduzido das tecnologias de informação e comunicação nas práticas e concepções políticas.

Já que tecnologias anteriores, como o telégrafo, o rádio e a televisão, também proclamavam grandes alterações nos processos políticos, as forças políticas tradicionais podem por meio de processos de domesticação controlar e neutralizar novas tendências pluralistas da nova mídia, devido ao seu poder econômico e de regulação, e à sua influência simbólica.

Por outro lado, nesse cenário os atores políticos utilizam as tecnologias de informação para replicar as suas práticas anteriores, utilizando-as mais para disseminar propaganda e marketing político, e menos para reais mecanismos de interatividade com os cidadãos, concentrando a sua atenção prioritariamente nos cidadãos mais politicamente ativos. Este último cenário fundamenta-se na continuidade de um modelo já experimentado de *política informacional*, com base na televisão, e em que as novas tecnologias serão preferencialmente usadas para a gestão de informação e marketing, recusando a sua inovação (Van Dijk, 2000:41).

Nesse modelo de continuidade, as tecnologias de informação serão utilizadas majoritariamente para campanhas eleitorais e de informação onde, pela televisão e mídia interativas como canais diretos para atingir uma audiência selecionada, os eleitores são alvo de campanhas. Por sua vez, o público interessado também pode acessar informações com sistemas públicos de informação mais avançados e vastos, ao mesmo tempo em que novos sistemas de registro no governo e na administração pública são desenvolvidos. Outros meios de consulta e conversação, como pesquisas online e reuniões interativas, são apenas utilizados para o benefício da liderança política e da sua popularidade.

Tendo presente as diferentes caracterizações do histórico e possibilidades do uso das tecnologias de comunicação e informação no exercício da democracia e dos seus possíveis impactos, que resposta podemos dar sobre o que é hoje o papel da internet nas políticas informacionais de caráter institucional e parlamentar?

A análise do papel da internet na reformulação, ou não, das políticas informacionais oriundas de um espaço de mediação dominado pela mídia tradicional, televisão, rádio e jornais, depende de três dimensões analíticas.

A primeira corresponde à *disponibilidade de existência de interfaces tecnológicas entre eleitos e cidadãos*, isto é, até que ponto, e como, partidos, parlamentos e outros órgãos legislativos e executivos se posicionam quanto à sua presença online pela disponibilização de sites e e-mails.

A segunda dimensão remete para a *análise das práticas e representações dos eleitos* e partidos ao interagir com os cidadãos nesse campo simbólico de mediação, ou seja, trata-se de compreender como funciona essa interação e quais as forças que a moldam. E, por último, a terceira dimensão é o real *interesse e predisposição dos cidadãos em participar* fazendo uso dessas ferramentas tecnológicas.

Uma quarta dimensão, de caráter contextual, e que percorre toda a análise, é a compreensão de como a televisão, rádio e jornais se posicionam como propiciadores ou, pelo contrário, como entraves ao uso dessas novas modalidades de mediação entre cidadãos e eleitos.

Na sua análise dos parlamentos e partidos europeus, Trechsel e colaboradores (2003) chegaram a um conjunto importante de conclusões sobre a primeira dimensão, a *disponibilidade e existência de interfaces tecnológicas entre eleitos e cidadãos* na promoção da democracia na Europa por parte das elites políticas. O estudo consistiu na análise das presenças online de partidos e parlamentos europeus em 25 países durante o ano de 2003. Ele sugere a existência de diferentes técnicas utilizadas nas presenças online dos parlamentos e partidos e também das dimensões que cada técnica tende a valorizar em termos da democracia.

As técnicas destinadas ao aumento de transparência podem ser agrupadas na definição *e-acesso*, ou seja, a utilização da internet para melhorar o acesso por via eletrônica a documentos oficiais e informação política.

O *e-acesso* é técnica mais difundida em termos de páginas de parlamentos e partidos sendo normalmente caracterizada por modelos de informação de viés partidário. Existem, no entanto, alguns exemplos de informação plural como o caso do Partido Radical Italiano (Trechsel et al., 2003).

As experiências de partidos holandeses e finlandeses com ferramentas que permitem, por meio de questões colocadas ao visitante, esclarecer a sua proximidade com as políticas de um determinado partido, constituem outro exemplo de *e-acesso*.

As técnicas destinadas a incrementar a participação podem ser de três tipos: *e-consulta*, *e-petição* e *e-voto* (Trechsel et al., 2003).

E-consulta refere-se à utilização da internet para disseminar informação perante um público mais amplo, peritos e grupos de interesse, solicitando a sua resposta às questões aí tratadas. O objetivo final é o de levar à participação pública nos processos de decisão. A *e-consulta* pode assumir diferentes formas tecnológicas (fóruns, convite ao envio de e-mails, chats com líderes políticos e focar muitos tópicos diferentes). Exemplos podem ser encontrados no *Today I Decide* na Estônia e em debates no conselho municipal de Issy-les-Moulineaux, na França (Trechsel et al., 2003).

Quadro 16
Relação entre e-técnicas e aspectos da democracia promovidos

E-técnicas	Aspectos da democracia promovidos		
	Incremento da transparência	Incremento da participação	Incremento da deliberação
E-acesso	X		
E-consulta		X	
E-petição		X	
E-voto		X	
E-forum			X

Fonte: Trechsel et al., 2003.

Uma segunda técnica é a *e-petição*. Essa ferramenta permite aos cidadãos iniciar uma petição sobre uma matéria pública. Na Grã-Bretanha é possível enviar uma e-petição diretamente ao primeiro-ministro, o seu site aceita e responde a petições online. Em 2003, o website continha 14 petições numa diversidade de temas que iam do fechamento de uma escola, com 360 assinaturas, até uma petição contra a Guerra no Iraque, com 14.479 assinaturas (Trechsel et al., 2003).

A abordagem da Grã-Bretanha é do tipo *top-down*, porque promove na sua página a recepção de assinaturas. Mas há também exemplos de petições via eletrônica numa perspectiva *bottom-up*, como no caso português Guia/Pasig em que uma petição a favor da acessibilidade de pessoas com deficiência à internet foi lançada e realizada totalmente pela internet, sendo o primeiro caso de aceitação de e-petições pelo Parlamento português.

O *e-voto* é a última das técnicas de incremento de participação que Trechsel e outros (2003) analisam no seu estudo. Dois modelos podem aí ser identificados, sendo o primeiro a simples *substituição de voto em papel* por *voto mediado por computador*. No segundo modelo é oferecida a possibilidade de votar a partir de um terminal ou computador de qualquer local. Um exemplo pode ser encontrado no projeto piloto português de e-voto "Voto eletrônico para um Portugal moderno".

O voto eletrônico em eleições tem normalmente respostas positivas junto aos seus usuários, e esse é o caso tanto em Portugal (2004) quanto na América

Tabela 65
Avaliação do projeto piloto de voto eletrônico em Portugal, 2004 (%)

Pergunta	Sim	Não
Apreciação da experiência de voto eletrônico presencial.		
Gostou da experiência?	98,6	1,4
Disposto a votar eletronicamente?	97,2	2,8
Qualificação do sistema de voto eletrônico.		
Fácil	96,4	3,1
Rápido	95,6	4
Seguro*	86,1	3,4
Abstenção eleitoral diminuiria?	56,8	39,7

Fonte: Umic, 2004.
*Quanto à segurança, os votantes informaram não se sentir seguros quanto ao anonimato do voto (48,1%) e à sua inalterabilidade (40,1%).

Latina (Diez, 2004).[150] É essencialmente uma maneira diferente de fazer algo, que possui pontos positivos e negativos (tabela 65), e não uma apropriação tecnológica que tenha como objetivo desenvolver um quadro mais participativo da democracia (Loader, 2002; Paquete de Oliveira et al., 2004).

Em termos do tipo de resultado a atingir podemos ainda diferenciar o *e-voto* em duas categorias. O *e-referendo*, em que o resultado pode ou não ser condicionante das políticas ou ter caráter meramente informativo e ser iniciado por cidadãos ou governos. Um exemplo pode ser encontrado no *e-referendo* realizado em janeiro de 2003 na comuna de Anières (Cantão de Genebra, Suíça), em que metade dos 65% de participantes votou pela internet (Trechsel et al., 2003) ou na *e-eleição*, que se refere ao uso da internet

[150] A avaliação da utilidade de mudança do processo de voto depende das vantagens percebidas pelos votantes. Por exemplo, o voto eletrônico no Brasil assegura maior rapidez na contagem e é visto como proporcionando mais confiabilidade aos resultados do que o modelo de transporte de urnas entre local de votação e contagem, mas, por outro lado, países como o Uruguai, onde a confiança na democracia é elevada (45%), não encontram vantagem no modelo de voto eletrônico (Diez, 2004). Deve-se igualmente considerar que os dados aqui apresentados sobre Portugal foram fruto de uma experiência sem que o debate sobre a segurança, como no caso das eleições presidenciais dos EUA de 2004, tivesse tido eco prévio ao momento da experiência. Como se verifica, a questão do anonimato é central em democracias onde a confiança no sistema eleitoral é elevada. Um ponto demonstrável pela análise dos dados referentes sobre tecnologias de voto a distância em Portugal (Umic, 2004) é que quanto maior a ligação direta ao domicílio e a uma tecnologia percebida como pessoal é menor a concordância na sua utilização — voto por telefone (54,1%); por SMS (49%); por ATM (57,4%); por internet (59%). Ver também para contextualização da América Latina, Gomez (2000) e Altman (2002).

para votações como por exemplo a realização de primárias para a eleição de líderes de partidos.

Quanto às *e-técnicas* para o incremento de espaços de deliberação, o modelo mais usual é o do desenvolvimento de *e-foruns* cujo objetivo é proporcionar aos cidadãos ferramentas que lhes permitam trocar idéias e partilhar as respectivas opiniões entre si. O espaço para os fóruns parece situar-se fora dos sites dos parlamentos e partidos para se posicionar na mídia. Um dos maiores jornais poloneses, o *Rzeczpospolita*, assim como o português *Público* possuem fóruns online moderados onde discussões ocorrem, embora a sua freqüência e intensidade não sejam muito grandes.[151]

Além da caracterização das fórmulas de apropriação da internet por partidos e parlamentos, Trechsel e outros (2003) apresentam conclusões claras quanto às similitudes e diferenças entre países no quadro europeu.

Existe, assim, uma considerável variação no uso das tecnologias de informação e comunicação tanto em nível nacional quanto supranacional, por parlamentos e partidos.

Essa diversidade não está relacionada diretamente com os níveis de riqueza e desenvolvimento dos diferentes países, já que esses fatores não asseguram diretamente melhores presenças online quer para parlamentos quer para partidos. Também a natureza do sistema de partidos, isto é, a sua fragmentação, orientação ideológica, níveis de votação em eleições, e a distribuição entre grandes e pequenos, não parece ter um efeito significativo no desenvolvimento dos sites parlamentares e partidários.

Por exemplo, em Portugal durante o último ato eleitoral para o Parlamento Europeu, em 2004, o partido com melhor presença online na campanha foi o PND, que participou pela primeira vez e obteve valores próximos do 1% de votos.

No entanto, fora de campanha os sites mais desenvolvidos em termos de e-técnicas são o do PSD (socialdemocrata, centro-direita), gerido por uma empresa de software, e o do PCP (comunista), gerido pelos militantes. O primeiro foi o partido mais votado em 2002 e o segundo é um partido de pequena para média dimensão com representação parlamentar.

151 <www.rzeczpospolita.pl>.

Tabela 66
Índice e-legislature (e-LIS) separado por componentes e países europeus

Informação		Interatividade bilateral		Interatividade multilateral		Facilidade de uso		e-LIS
Grã-Bretanha	89,9	União Européia	100	Alemanha	72,7	França	81,3	68
Itália	89,4	Grécia	100	Dinamarca	45,5	União Européia	62,5	67
Alemanha	89,1	Bélgica	85,7	União Européia*	27,3	Grécia	62,5	65
Dinamarca	81,6	República Tcheca	85,7	França	27,3	Grã-Bretanha	62,5	57
Grécia	79,3	Finlândia	85,7	Polônia	27,3	Finlândia	56,3	56,5
Polônia	78,7	Alemanha	85,7	Finlândia	18,2	Itália	56,3	53,3
União Européia*	78,3	Itália	85,7	Grécia	18,2	Suécia	56,3	58,5
França	77,8	Lituânia	85,7	Lituânia	18,2	Dinamarca	50	62,1
Suécia	73,7	Suécia	85,7	Malta	18,2	Estônia	50	40,3
Lituânia	72,4	Grã-Bretanha	85,7	Suécia	18,2	Portugal	50	46,3
Espanha	71,5	Dinamarca	71,4	República Tcheca	9,1	República Tcheca	43,8	51
República Tcheca	70,9	França	71,4	Itália	9,1	Alemanha	43,8	58
Hungria	69,5	Hungria	71,4	Luxemburgo	9,1	Bélgica	37,5	49,8
Bélgica	69,3	Letônia	71,4	Holanda	9,1	Letônia	37,5	39,2
Eslovênia	67,7	Holanda	71,4	Eslováquia	9,1	Lituânia	37,5	53,5
Finlândia	66	Polônia	71,4	Eslovênia	9,1	Malta	37,5	34,3
Portugal	63,7	Portugal	71,4	Grã-Bretanha	9,1	Polônia	37,5	46
Holanda	58,4	Áustria	57,1	Áustria	0	Eslovênia	37,5	38,9
Áustria	56,5	Estônia	57,1	Bélgica	0	Áustria	31,3	36,2
Irlanda	54,7	Irlanda	57,1	Chipre	0	Chipre	31,3	27,6
Luxemburgo	54	Eslovênia	57,1	Estônia	0	Irlanda	31,3	35,8
Estônia	54	Luxemburgo	42,9	Hungria	0	Eslováquia	31,3	34,2
Eslováquia	53,6	Eslováquia	42,9	Irlanda	0	Espanha	31,3	45,9
Malta	53	Espanha	42,9	Letônia	0	Luxemburgo	25	32,7
Chipre	50,4	Chipre	28,6	Portugal	0	Hungria	12,5	38,3
Letônia	47,9	Malta	28,6	Espanha	0	Holanda	12,5	42,8
Média	68,1	Média	69,2	Média	13,6	Média	42,5	

Fonte: Trechsel et al., 2003.[152]
*Refere-se apenas aos 15 países.

O estudo de Trechsel e colaboradores (2003) conclui também que apenas se encontram diferenças significativas quando analisamos os 15 Estados-mem-

[152] O estudo coordenado por Trechsel e outros (2003) e realizado em Portugal por De Sousa e Cardosos (2003) definiu quatro funcionalidades distintas presentes nos sites parlamentares: disponibilidade de informação, interatividade bilateral, interatividade multilateral e facilidade de uso. Interatividade bilateral e multilateral baseiam-se numa distinção proposta por Römmele (2003) no que diz respeito ao potencial de ligação disponibilizado pelas tecnologias de informação e comunicação entre os partidos políticos e os seus membros: "Essas ligações podem tomar uma forma bilateral, como um e-mail entre o partido e os seus votantes ou membros ou um caráter multilateral, envolvendo muitos atores em chat, em *bulletin boards* ou em sessões programadas de conversa".

bros comparando-os com os 10 novos membros da União Européia. Aí os partidos e parlamentos dos 15 Estados possuem presenças online mais elaboradas que as dos novos membros da União. Também existe uma propensão para que os países maiores, com mais população e conseqüentemente parlamentos de maior dimensão, apresentam presenças parlamentares online de maior qualidade.

Assim, a opção de desenvolvimento de presenças na internet e a sua valorização no quadro do sistema político não parecem ter origem em fatores externos ao funcionamento dos partidos, sejam eles o modelo parlamentar ou o desenvolvimento do seu país.

Uma outra possibilidade seria que a presença online fosse de algum modo dependente da percepção dos políticos sobre a dimensão do uso da internet nos seus países. No entanto, Trechsel e outros (2003) demonstraram a não-relação entre essas duas dimensões.

O nível de presença de tecnologias de comunicação e informação e o acesso da população a elas não possuem um impacto correspondente sobre os parlamentos e partidos no seu desenvolvimento de presença online. Ou seja, países com taxas tão diferentes de uso da internet, como Portugal, Finlândia, Holanda e Dinamarca, poderão apresentar entre si qualidades similares na oferta de dimensões de informação, interatividade e facilidade de uso (tabela 66).

Portugal, nessa análise, apresenta resultados médios no nível da disponibilização de informação e bons no da interatividade bilateral assim como facilidade de uso da presença online, mas, ao mesmo tempo, resultados nulos em termos de interatividade multilateral.

Quanto ao índice de partidos e a sua utilização da internet, Portugal ocupa o sexto lugar a contar do fim da tabela, revelando um fraco aproveitamento das funcionalidades oferecidas pela internet no quadro democrático. Assim Portugal apresenta valores muito baixos no nível da disponibilização de informação pelos partidos (42,2, penúltimo lugar do índice) e valores de cerca de 1/3 do índice mais elevado para as dimensões bilaterais e multilaterais de interatividade (34,4 e 21,4) diante dos partidos dos países líderes nesta área, Áustria, Malta e Alemanha.

No caso da análise da presença online dos partidos devem-se considerar ainda duas novas dimensões: a dimensão de *rede*, referindo-se à possibilidade de criar pontos de contato entre os seus membros, e a capacidade de *mobilização* dos partidos pela internet.

A maioria dos partidos de todos os países apresenta valores de mobilização bastante baixos, só superiores à fraca facilidade de utilização dos próprios sites, dando assim a perceber que as presenças online de mobilização tenderão a ocorrer segundo um modelo bastante intermitente, provavelmente seguindo o calendário eleitoral, no qual os sites renascem para durante o período de campanha oferecerem novas funcionalidades aos seus usuários.

Tabela 67
Índice e-party por países europeus

País	E-party	Desvio-padrão	N
Alemanha	62,3	5,4	5
Espanha	52,8	6,8	3
Áustria	52,4	12,5	4
Suécia	52,3	6,9	7
República Tcheca	50,5	3,6	5
Itália	49,9	11,6	6
Grã-Bretanha	49,6	7,8	3
Grécia	48,1	7,5	4
Polônia	47,6	6,1	6
Holanda	47	13,5	7
Bélgica	46	8,7	10
Malta	45,9	3,9	2
Finlândia	45,9	7,8	7
Luxemburgo	41,4	10,5	5
UE	40,7	21,4	6
França	39,9	4,1	3
Dinamarca	39,8	7,4	6
Hungria	35,8	14,5	4
Lituânia	34,9	7,1	5
Letônia	31,9	10	9
Portugal	30,6	20,4	4
Irlanda	30,3	9,9	6
Eslováquia	30,1	7,5	8
Estônia	28,6	15	6
Eslovênia	27,5	13,8	8
Chipre	13	5,1	5
UE-15	45,8	12,1	80
AC-10	33,3	13,6	58
Média/total	41,3	9,6	144

Fonte: Trechsel et al., 2003.

No entanto, recorrendo mais uma vez ao caso português e eleições européias de 2004, comparando a análise dos sites dos partidos e a análise da atuação online dos partidos portugueses durante as eleições européias em 2004, a conclusão que se pode tirar é que mesmo durante os períodos de campanha eleitoral a utilização para finalidades de mobilização se reduz à possibilidade de downloads de imagens e logotipos, além do programa para o dia de campanha (De Sousa e Cardoso, 2003).

Embora não se possa extrapolar o caso português para o resto da Europa, a análise das eleições norte-americanas de 2004 demonstra como a internet pode ser aproveitada pelos partidos, em períodos eleitorais, com sucesso demonstrado no campo da mobilização. Daí que mais uma vez se possa aventar que os motivos para o uso ou não da internet de forma eficaz, por parte dos partidos, dependerem não de fatores externos mas essencialmente da sua perspectiva sobre a utilidade dessa utilização e das suas representações quanto à comparação entre a internet e outras mídias para a mediação política.

A conclusão clara do estudo de Trechsel e colaboradores (2003) reside precisamente no fato de se verificar que a introdução de novas tecnologias sem a existência de objetivos claros por parte das elites políticas, ou seja, a ausência de representações positivas que permitam desenvolver boas práticas de utilização, dificilmente se pode traduzir em mudanças radicais na natureza da democracia liberal.

Figura 30
Quatro *clusters* relacionais entre e-legislature e e-government na Europa

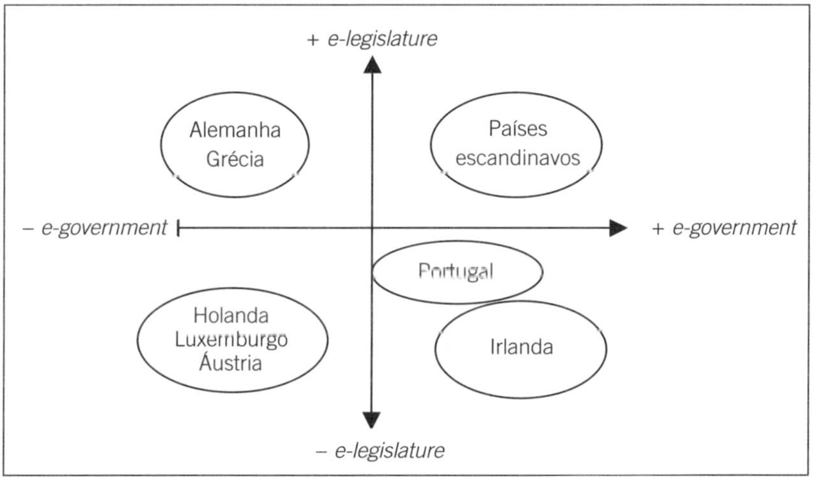

Fonte: Adaptado de Trechsel et al., 2003.

Essa mesma conclusão pode ser demonstrada por outra via, a da relação entre e-government (governo eletrônico) e democracia eletrônica (e-democracy),[153] ou seja, como demonstram várias análises da OCDE (2003a) a prioridade dos governos em termos de definição de objetivos quanto ao uso das tecnologias de informação e comunicação passa, em muito, pelo governo eletrônico. Poderia-se levantar a hipótese de que elevados investimentos e interesse no governo eletrônico manifestar-se-iam também no incentivo à democracia eletrônica (Trechsel et al., 2003). O que a figura 30 mostra é que, embora existam casos em que isso acontece, nem sempre tal sucede. Os dados sugerem, de novo, que sem que partidos e parlamentos partilhem o interesse e incentivem boas práticas de uso da democracia eletrônica ela não prosperará em termos de iniciativas de cima para baixo.

Tabela 68
Índices de relação entre participação e e-government, para países selecionados

	Portugal	**Finlândia**	**Cingapura**	**EUA**
Índice e-government *readiness*	0,646 (26)	0,761 (10)	0,746 (12)	0,927 (1)
Web *measure*	0,507	0,603	0,703	1,000
Telecom Index	0,409	0,691	0,666	0,801
Human Capital Index	0,94	0,99	0,870	0,98
Índice e-participation	0,448 (14)	0,448 (14)	0,466 (13)	0,966 (2)
e-information	11	9	11	16
e-consultation	12	9	10	25
e-decison making	3	8	6	15

Fonte: UN, 2003.
Nota: Números entre parênteses indicam posição relativa ao primeiro no *ranking* mundial.[154]

[153] E-government, ou governo eletrônico, refere-se ao uso de tecnologias de comunicação e informação para permitir aos governos o seu funcionamento mais eficiente (Trechsel et al., 2003).

[154] A criação dos índices leva em conta a existência de três componentes para o índice e-government (respectivamente web *measure*, ou seja, a análise do tipo de aprofundamento da presença online dos governos; Telecom Index, ou seja, um índice composto pelo número de PCs por mil habitantes, usuários da internet por mil habitantes, celulares por mil habitantes, linhas de telefone por mil habitantes; população online por mil habitantes e número de TVs por mil habitantes; a última componente do índice e-government *readiness* é o Human Capital Index, que é composto pela percentagem de adultos em termos de habilidade digital de adultos e o número total de estudantes dos três graus como percentagem da população em idade escolar para esses níveis. Por outro lado, o e-participation índex é composto por e-information (isto é, os sites do governo oferecem informação sobre políticas, orçamentos, leis e regulação); e-consultation (oferecem uma escolha de tópicos de política pública para discussão e encorajam a participação) e e-decision making (isto é, o governo indica que levará em conta as opiniões dos cidadãos na sua participação e oferece *feedback* em questões específicas pelos resultados).

A tabela 69 mostra-nos sobre outra perspectiva a relação que se pode estabelecer entre o encorajamento à participação dos cidadãos por parte dos governos e a preparação dos países para o exercício do e-government. A leitura desses índices apresenta-nos uma situação em que não é o tipo de sistema político vigente, menos democrático em Cingapura e mais democrático na Finlândia, que condiciona o tipo de participação, pois os valores para as três dimensões da participação são muito similares, entre um modelo de sociedade informacional autoritário como Cingapura e um modelo democrático de previdência, a Finlândia. Como demonstra o caso português, pode existir incentivo à procura de informação e discussão, mas isso pode ocorrer sem que os mecanismos de influência concreta, por parte dos cidadãos, sejam disponibilizados.

Embora tenhamos, até aqui, baseado a nossa análise em muito do que o estudo de Trechsel e outros (2003) nos oferece, é também verdade que ele merece alguns reparos. Uma vez que se concentra quase exclusivamente na perspectiva da oferta de funcionalidades e serviços e dá pouca atenção à dimensão de comunicação vertical (entre eleitos e eleitores), bem como à comunicação horizontal (entre grupos parlamentares e dentro dos partidos), há um campo extenso sobre o qual não nos é permitido fazer inferências.

Como a análise da presença online de partidos e parlamentos na Europa demonstra não basta medir a sua presença em termos de páginas e do seu conteúdo, é necessário perceber também até que ponto as práticas e representações dos eleitos e dos responsáveis dos partidos ante a internet moldam também a forma como a internet é disponibilizada aos cidadãos.

Como já mencionamos, a segunda dimensão de análise sobre as contribuições da internet para a reformulação das práticas da política informacional no quadro institucional leva-nos à *análise das práticas e representações dos parlamentares*, e partidos.[155]

---

[155] A análise comparativa dos dados dos diferentes parceiros na pesquisa "Elites parlamentares e tecnologias de informação", no âmbito da Ação Européia sobre Government and Democracy in the Information Age (GaDIA), COST A14, compreendeu sete países, incluindo Portugal (PT): Áustria (AU), Noruega (NR), Holanda (NL), Dinamarca (DK), Escócia (S) e Alemanha (G). Essa comparação baseia-se na pesquisa por questionário comum realizada nesses países (cada equipe de pesquisa possui liberdade para incluir ou retirar perguntas do questionário, ou alterar as categorias de resposta). As taxas de resposta foram as seguintes: Portugal com 34,8% (80 de 230 deputados); Áustria com 43,7% (80 de 183); Noruega com 41,8% (69 de 165); Holanda com 40% (89 de 225); Dinamarca com 49,7% (89 de 174); Escócia com 39,5% (51 de 129) e Alemanha 10% (60 de 603). Em todos os países a aplicação dos questionários foi preparada com contatos com os líderes ou porta-

A análise das representações dos parlamentares europeus demonstra respostas majoritariamente positivas sobre a relação entre democracia e internet. Quando questionados sobre se a internet encorajava novas formas de democracia e participação, se melhorava o diálogo entre representantes e cidadãos e se proporcionaria uma ampliação dos assuntos políticos, as respostas foram sempre positivas.

Tabela 69
Opinião sobre o impacto das TICs no desenvolvimento do país, para países selecionados (%)

Opinião	PT	AU	NR	NL	DK	S	G
Encoraja novas formas de democracia	60 (1)	55 (4)	70,5 (2)	68,3 (1)	50,5 (3)	78,5 (2)	61,8 (3)
Encoraja a participação política dos cidadãos	40 (4)	86,3 (1)	50,8 (4)	40 (3)	50,5 (3)	80 (1)	73,5 (1)
Melhora o diálogo dentro do sistema político e entre representantes e cidadãos	55 (2)	75 (3)	78 (1)	45,9 (2)	79,8 (1)	–	63,3 (2)
Amplia os assuntos políticos	53,8 (3)	77,5 (2)	60,3 (3)	40 (3)	57,3 (2)	68,6 (3)	48,5 (4)
Não haverá influência na política e nos políticos	11,3	16,5	37,9	27,7	21,3	12,9	29,4

Fonte: Nascimento e Cardoso, 2003.
Notas: Os valores referem-se ao acordo e total acordo com as afirmações por parte dos inquiridos (as percentagens não somam 100% porque a leitura do quadro se restringe a cada uma das categorias em colunas relativas às opções dispostas em linha). Os números entre parênteses indicam a posição em relação ao primeiro do *ranking*.

No entanto, quando hierarquizamos as respostas em função da maior concordância com as afirmações verificamos que são precisamente os países em que se manifesta uma maior confiança entre eleitores e eleitos, como a Dinamarca (Eurobarometer, 2003), que colocam em primeiro lugar a hipótese de a internet permitir melhorar o diálogo entre representantes e cidadãos.

vozes dos diferentes partidos e/ou com os grupos ou administrações parlamentares. No entanto, devemos estar cientes de que em universos de pequena dimensão como os parlamentos existe uma forte probabilidade de as respostas nos países de menor penetração do uso das tecnologias de informação, como Portugal, poderem representar mais os deputados que usam e não a totalidade da população em estudo. Ou seja, quem não usa isenta-se de responder. Portanto os dados devem ser analisados levando em consideração que mais do que compreender taxas de utilização entre países aquilo que nos interessa é compreender as regularidades e diferenças entre os que usam nos diferentes parlamentos nacionais a internet. Para uma análise mais desenvolvida, ver Cardoso Gustavo et al. (2005a); Hoff, Coleman, Fitzmaier e Cardoso (2004). Para uma comparação com a realidade suíça, ver Galland e Chappelet (2001).

Aparentemente, nos países onde a confiança dos eleitores nos seus representantes é menor (Áustria, Alemanha, Portugal e Holanda) os parlamentares tendem a valorizar mais o papel da internet como forma de encorajar a participação e novas formas de democracia, ou seja, têm a noção de que ela por si só não assegurará a melhoria do diálogo visto ser necessário resolver as causas dessa situação que não são passíveis de ser ultrapassadas apenas com o uso de uma nova tecnologia. No entanto, as suas representações não deixam de ser majoritariamente otimistas.

Se quisermos estabelecer uma tendência comum aos diferentes países (Hoff e Webster, 2003) a encontramos na autocompetência pessoal demonstrada e no grau de utilização das tecnologias, ou seja, os deputados com uma competência pessoal mais elevada na utilização da internet estão, em geral, menos preocupados com os possíveis efeitos negativos dessas tecnologias no campo político.

Os dados analisados permitem constatar que existem também diferenças, embora mais tênues, no que diz respeito à posse tecnológica por parte dos parlamentares. A posse de computador pessoal por parte dos deputados não difere significativamente entre os países em análise, apresentando Alemanha e Noruega os valores mais elevados (100% e 98,6%, respectivamente). Quanto à posse de laptops ou computadores pessoais portáteis, os parlamentares alemães destacam-se igualmente (89,7%), seguidos dos noruegueses e austríacos — nesse ponto, os parlamentares portugueses (19%) e noruegueses (23,3%) apresentam os valores mais baixos. Já no que diz respeito à posse de celular verifica-se que os deputados portugueses apresentam maior taxa de uso (59,5%), dados que confirmam a penetração dessa tecnologia no próprio país (ITU, 2003).[156]

A domesticação (Silverstone, 1994) do e-mail como ferramenta de comunicação (acima dos 90%) é sobretudo visível entre parlamentares noruegueses, holandeses, dinamarqueses e escoceses, em contraste com os austríacos e os portugueses (sendo que os últimos apresentam o valor mais baixo da comparação, 56,4%), verificando-se igual tendência na utilização de *newsgroups*,

[156] Países com uso de celulares por mais de 80 em cada 100 habitantes: Taiwan (110,84); Hong Kong (105,75); Luxemburgo (106,05); Itália (101,76); Islândia (96,56); República Tcheca (96,46); Israel (95,45); Espanha (91,61); Noruega (90,89); Portugal (90,38); Finlândia (90,06); Suécia (88,89); Dinamarca (88,72); Eslovênia (87,09); Suíça (84,34); Irlanda (84,47); Grã-Bretanha (84,07); Áustria (87,88); Macau (81,51). Esses valores representam a quantidade global de celulares atribuídos e portanto não refletem o número real de pessoas que usam celulares num país, embora sejam uma boa medida de comparabilidade de grandeza entre países.

com os deputados portugueses sendo os que menos utilizam esse meio de comunicação, juntamente com os austríacos e os alemães.

São os deputados escoceses os que mais utilizam os *newsgroups* (25,4%), destacando-se devido à constituição recente do seu Parlamento que permitiu a introdução intensiva das TICs no trabalho parlamentar e uma conseqüente integração dessas tecnologias na comunicação com outros agentes, desde a decisão de reativar o Parlamento até a sua abertura.

Em termos de meios de acesso à informação, os deputados alemães (89,7%) e dinamarqueses (77,5%) afirmam-se como os que mais acessam a World Wide Web, em contraste com os deputados portugueses como os que menos acessam (apenas 46,2%).

Tabela 70
Utilização freqüente/permanente da internet no trabalho parlamentar para países selecionados (%)

Utilização	PT	AU	NR	NL	DK	S	G
E-mail	56,4	81,3	94,2	95	92,2	94,3	89,7
Newsgroups/grupos de discussão	2,6	3,8	10,4	10,8	11,2	25,7	4,4
Linhas de conversação/chat	1,3	1,3	0	0	2,2	–	2,9
Página pessoal	5,1	17,5	15,4	26,8	40,4	28,6	63,2
World Wide Web	46,2	68,8	65,7	70,8	77,5	71,4	89,7
Intranet	30,8	53,8	54,4	44,4	41,6	90	88,2

Fonte: Nascimento e Cardoso, 2003.
Nota: Os valores referem-se ao acordo e total acordo com as afirmações por parte dos inquiridos (as percentagens não somam 100% porque a leitura do quadro se restringe a cada uma das categorias em colunas relativas às opções dispostas em linha).

Independentemente do nível de utilização do e-mail e da World Wide Web por parte dos deputados, aquilo que os dados permitem inferir é que a internet é vista mais freqüentemente como uma ferramenta de comunicação interpessoal do que como uma ferramenta de informação pela generalidade dos parlamentares. A hipótese aqui levantada é de que isso sucede porque, para eles, existirão outras ferramentas de mediação mais valorizadas para essa função de informação.

No entanto, quando olhamos as suas práticas verificamos que as áreas de eleição para o uso da internet se encontram aparentemente em contradição: a procura de informação é quase sempre mais citada que a comunicação.

Julgamos que essa aparente contradição baseia-se no fato de a internet ser também uma ferramenta utilizada para fins pessoais e não apenas de trabalho (Cardoso et al., 2005b; Castells, 2003b). Assim, quando os deputados são inquiridos sobre as áreas de utilização respondem não apenas no quadro parlamentar mas em utilizações mais generalizadas.

Tabela 71
Áreas de utilização das TICs para países selecionados (escala 1 a 7)

Área	PT	AU	NR	NL	DK	S	G
Procura de informação generalizada	5,3 (1)	3,2	4,5 (1)	5	5,2	5,5 (2)	3,4
Procura de informação específica	4,6 (2)	2,9 (2)	4,7 (2)	5,3	5,1	5,8 (1)	2,4 (1)
Comunicação interna	3,4	2,5 (1)	4,7 (2)	6,5 (1)	5,9 (1)	5,5 (2)	2,9 (2)
Comunicação externa com constituintes	3,4	3,5	5	5,5 (2)	5,3 (2)	5,2	3,4
Comunicação externa com outros	2,8	3,5	5	5,1	5,1	4,7	4
Campanha política	2,2	5,5	5,5	0,7	3,9	4	5
Outros	1,4	6,9	5,7	–	1,5	–	5,9

Fonte: Nascimento e Cardoso, 2003.
Notas: As percentagens não somam 100% porque não foram incluídas as categorias de não resposta ou não sei/não responde; as escalas utilizadas na Áustria, Noruega e Alemanha devem ser lidas como 1 (mais) e 7 (menos) enquanto nos outros países 7 representa mais e 1, menos; os valores entre parênteses refletem a posição relativa na coluna.

Confirmando um dado já citado, em termos de campanha política, os deputados, com exceção de dinamarqueses e escoceses, raramente utilizam a internet. Outro dado de importância para a formação de opinião e atribuição de valorações a uma tecnologia é a existência de uma relação direta com ela ou o uso de "procuradores especializados".

No seu trabalho parlamentar, os deputados portugueses são os que mais utilizam pessoalmente a internet (52,5%), seguidos dos noruegueses (47,8%) e escoceses (45,7%), sendo que os deputados alemães são os que mais dependem de terceiros (apenas 5,9% utilizam pessoalmente enquanto 51,5% delegam as tarefas).[157]

Dadas as baixas taxas de posse e utilização de páginas pessoais (com exceção dos deputados dinamarqueses e alemães) valerá a pena explorar um pouco mais a dimensão comunicativa dos usos da internet em termos de práticas como o e-mail, para testar a hipótese de que, apesar das possibilidades oferecidas pela internet na comunicação interpessoal, os deputados são geralmente pouco proativos não desenvolvendo iniciativas *top-down* junto aos seus constituintes.

[157] Deve-se salientar que o valor da utilização pessoal portuguesa da internet resulta também um pouco da inexistência de pessoal de apoio aos parlamentares que se ocupe, em parte, das tarefas relacionadas com a informação e comunicação pela internet.

Tabela 72
Origem dos e-mails recebidos por parlamentares para países selecionados (%)

Origem	PT	AU	NR	NL	DK	S	G
Eleitores/cidadãos	21,3 (1)	13,6 (3)	13,7	20,6 (2)	21 (1)	18,8 (2)	20,1 (1)
Staff pessoal	17,9 (2)	21,6 (2)	19,5 (2)	14	14,4 (3)	13,4	16
Colegas de partido	15,4 (3)	9,7	15,5	22,3 (1)	16,7 (2)	-	11,5
Grupos de interesse	14,6	12,1	20,2 (1)	16,8 (3)	9,6	20,3 (1)	13,4 (2)
Organização do partido	11,5	21,9 (2)	18,6 (3)	10,3	12,8	10,8	10,7
Burocracia/governo	10,9	8,9	5,8	4,5	8,9	15,7 (3)	13,3 (3)
Imprensa/jornalistas	8,4	–	4,8	4,2	11,3	13,6	–
Parlamentares	–	–	–	–	–	7,4	–

Fonte: Nascimento e Cardoso, 2003.
Obs.: os números entre parênteses indicam a posição em relação ao primeiro do *ranking*.

Quanto às origens dos e-mails recebidos pelos deputados, se tivermos presente que os cidadãos tanto podem contatar individualmente (eleitores/cidadãos) como de forma organizada (grupos de interesse) verificamos que em média o valor desse contato ronda os 30%, sendo os deputados escoceses (39,1%) os que mais recebem e-mails de cidadãos e os austríacos (25,7%) os que menos os recebem. Se considerarmos os e-mails enviados por jornalistas, apenas no caso escocês mais de metade dos e-mails tem origem em outros remetentes que não o *staff*, partido ou governo.

Já que os conteúdos recebidos se centram em torno de assuntos de política nacional (e que apenas nos casos da Holanda e Escócia os assuntos locais ou de áreas de especialização têm maior preponderância), será que a utilidade conferida e o estímulo deles retirado é tido como positivo pelos parlamentares?

Se possuírem elevada utilidade é possível inferir daí que, mesmo em pequena quantidade, a contribuição dos cidadãos será valorizada e se poderá sugerir que esse pode ser um sinal de formas alternativas de incremento de deliberação. Por sua vez, se forem portadores de elevado estímulo para o trabalho parlamentar pode encontrar-se aí a gênese de novas oportunidades de incremento de participação, se o cidadão tiver *feedback* nesse sentido por parte do seu representante eleito.

Tabela 73
Conteúdos dos e-mails recebidos pelos parlamentares para países selecionados (escala 1 a 11)

Conteúdo	PT	AU	NR	NL	DK	S	G
Assuntos de política nacional em geral	6,9 (1)	2,7 (1)	2,7 (1)	8,2 (2)	8,7 (1)	7,6 (2)	2,4 (1)
Assuntos partidários	5,9 (2)	3,5 (3)	2,4 (2)	7,8 (3)	8,4 (2)	6,3 (3)	4,6 (3)
Assuntos de política nacional na sua área de especialização	5,5 (3)	3,1 (2)	1,8 (3)	8,7 (1)	–	–	–
Perguntas/*feedbacks*/críticas dos cidadãos	4,6	5,3	1,2	7,9	7,2 (3)	6	4,2 (2)
Assuntos de política local/regional da sua circunscrição eleitoral	4,4	4,6	1,2	6,8	6	8,5 (1)	4,8
Contatos da mídia	3,8	5,6	0,9	5,9	6,5	5	6,7
Pedidos de informação/materiais	3,5	8	0,6	5,7	4,1	–	7,4
Lobbying	3,3	5,4	1,5	7	6,4	8	4,5
Anúncios	2,6	7,7	0,6	3,8	3,3	3,6	7,6
Insultos	1,7	9,8	–	2,9	3,2	2,6	8,5
Outros	2,2	10,3	–	2,8	–	5,2	5,8

Fonte: Nascimento e Cardoso, 2003.
Notas: as escalas utilizadas na Áustria e Alemanha devem ser lidas como 1 (mais) e 11 (menos) enquanto nos outros países 11 representa mais e 1, menos; os valores entre parênteses refletem a posição relativa na coluna.

Na análise das respostas quanto à utilidade dos e-mails recebidos, as posições mais negativas surgem da parte dos deputados alemães e as mais positivas por parte dos deputados escoceses e noruegueses.

Tabela 74
Utilidade dos e-mails recebidos pelos parlamentares para países selecionados (%)

Resposta	PT	AU	NR	NL	DK	S	G
Freqüentemente	7,5	16,3	41,5 (2)	0	–	81,4 (1)	1,5
Muitas vezes	16,3 (2)	37,5 (2)	53,8 (1)	27,1 (2)	–	11,4 (2)	32,4 (2)
Às vezes	62,5 (1)	41,3 (1)	3,1	62,4 (1)	–	4,3	42,6 (1)
Raramente/nunca	12,6	2,5	1,5	10,6	–	1,4	22,1

Fonte: Nascimento e Cardoso, 2003.
Notas: As percentagens não somam 100% porque não foram incluídas as categorias de não resposta ou não sei/não responde. Os números entre parênteses indicam a posição em relação ao primeiro do *ranking*.

Portugal, Áustria e Holanda manifestam um posicionamento cauteloso salientando o caráter irregular das contribuições recebidas dos cidadãos. Dada a variação geográfica das respostas pode-se concluir que, provavelmente, o incremento de formas de deliberação, possibilitadas pela dimensão de comunicação interpessoal da internet, dependerá mais de fatores de cultura política e de representações de eleitos perante os eleitores do que apenas das possibilidades oferecidas pela tecnologia.

Quanto ao estímulo para o trabalho parlamentar dado pelos e-mails recebidos, as tendências detectadas pela utilidade manifestam-se de novo. Apenas para os deputados escoceses parece o estímulo ser menor que a utilidade conferida.

Tabela 75
Estímulo dos e-mails recebidos pelos parlamentares para países selecionados (%)

Resposta	PT	AU	NR	NL	DK	S	G
Freqüentemente	6,3	13,8	32,8 (2)	2,4	19,1	37,1 (2)	0
Muitas vezes	28,8 (2)	26,3 (2)	54,7 (1)	32,1 (2)	33,7 (2)	52,2 (1)	14,7
Às vezes	55 (1)	50 (1)	9,4	57,1 (1)	37,1 (1)	5,8	61,8 (1)
Raramente/nunca	10,3	7,6	3,1	8,3	6,7	4,3	22 (2)

Fonte: Nascimento e Cardoso, 2003.
Notas: As percentagens não somam 100% porque não foram incluídas as categorias de não resposta ou não sei/não responde. Os números entre parênteses indicam a posição em relação ao primeiro do *ranking*.

No entanto, a análise desenvolvida em torno do estímulo associado ao recebimento de e-mails não refuta o fato de a utilização de e-mail poder enunciar novas oportunidades de incremento de participação. É importante verificar também se o cidadão obtém *feedback* por parte do seu representante eleito.

Os deputados dinamarqueses (42,7%) e noruegueses (36,3%) são os que mais respondem a todos os e-mails recebidos, seja qual for a proveniência ou assunto, e, portanto, a maioria dos inquiridos apenas responde a e-mails quando os mesmos contêm perguntas concretas, seria de esperar também que a mesma posição fosse expressa em outros estudos. No entanto, não parece ser esse o caso.

Tabela 76
Resposta aos e-mails pelos parlamentares para países selecionados (%)

Resposta	PT	AU	NR	NL	DK	S	G
Sim	27,5	36,3	23,9	–	42,7	22,9	–
Só em caso de perguntas concretas, pedidos de informação/materiais etc.	58,8	58,8	55,2	–	43,8	–	–
Não, só e-mails da minha circunscrição ou assuntos especiais	11,3	3,8	3	–	9	–	–

Fonte: Nascimento e Cardoso, 2003.
Nota: As percentagens não somam 100% porque não foram incluídas as categorias de não resposta ou não sei/não responde.

Trechsel e colaboradores (2003) analisaram também taxas de resposta de parlamentares, recorrendo ao envio de e-mails com uma questão concreta sobre a posição individual dos deputados perante o voto eletrônico.

A tabela 77 apresenta os resultados na escala européia. Os valores de resposta nunca ultrapassaram os 45% do caso holandês sendo a média dos parlamentos dos 15 Estados-membros da União Européia, em 2003, de 5%. No caso português (De Sousa e Cardoso, 2003), de 230 deputados contatados, só 54 responderam, tendo a maioria das respostas (92%) origem nos dois maiores partidos (PS e PSD) representados no Parlamento.

Parlamentares de países como Portugal e a Áustria, que afirmam responder à maioria das perguntas concretas feitas por e-mail, apresentam baixos valores de resposta à pergunta formulada no estudo de Trechsel e outros (2003) registrando-se, assim, uma aparente contradição entre as afirmações proferidas e a sua demonstração prática.

Embora não seja possível generalizar, existem indícios nos dados analisados de que o valor atribuído, pelos deputados, à comunicação via internet com os seus eleitores é baixo. Será efetivamente assim? E se for esse o caso onde poderá então residir a resposta para essa pouca valorização dada à apropriação da internet pelos eleitores no quadro das democracias européias?

Embora não podendo aprofundar todos os contextos dos diferentes países valerá a pena analisar em maior profundidade a realidade portuguesa pois, se encontramos certo tipo de similitudes em outras áreas de análise, será natural que algumas das leituras aqui feitas sobre Portugal possam igualmente ser transpostas para outras democracias européias.

Antes de tudo importa compreender como os cidadãos utilizam *essas ferramentas tecnológicas para participar e como os parlamentares encorajam ou não essa mediação simbólica, oferecida pela internet, à participação cívica.*

Tabela 77
Resultados de um teste interativo junto a deputados europeus

País	Taxa de resposta	N	% de deputados com endereço de e-mail	n	Número de deputados
Estônia	44,6	45	100	101	101
Dinamarca	42,3	71	93,9	168	179
Eslovênia	42,2	38	100	90	90
Finlândia	40	80	100	200	200
Holanda	30,2	13	57,3	43	75
Luxemburgo	28,6	8	46,7	28	60

Continua

País	Taxa de resposta	N	% de deputados com endereço de e-mail	n	Número de deputados
Grã-Bretanha	27,7	133	73	481	659
Eslováquia	26,7	40	100	150	150
Áustria	26,6	42	86,3	158	183
Portugal	23,5	54	100	230	230
Lituânia	22,6	31	100	137	137
Letônia	16	13	81	81	100
Alemanha	14,4	87	100	603	603
França	11,9	67	97,9	565	577
Suécia	9,7	34	100	349	349
Espanha	9,7	22	64,6	226	350
Grécia	9,6	16	55,3	166	300
Hungria	9,3	36	100	386	386
Itália	7,1	45	100	630	630
UE	5,1	21	65,4	409	625
Polônia	2	9	100	460	460
Média	21,4	43,1	86,7	267	307

Fonte: Trechsel et al., 2003.

São apenas 10,2% dos portugueses que afirmam já ter subscrito abaixo-assinados ou cartas de protesto ou reclamação a órgãos do Estado e da administração pública. Os mais ativos são os usuários da internet, sendo 18,7% os que referem já ter efetuado em alguma ocasião uma dessas ações, contra 6,7% de não-usuários.

Tabela 78
Subscrição de abaixo-assinados, cartas de protesto ou reclamação a órgãos do Estado e da administração pública em Portugal (%)

Resposta	Usuários	Não-usuários	Total
Sim	18,7	6,7	10,2
Não	81,0	93,1	89,6
Não sabe/não responde	0,2	0,3	0,2
Total	100,0	100,0	100,0
	(n = 711)	(n = 1.739)	(n = 2.450)

Fonte: Cardoso e Firmino da Costa, 2004 ($p < 0,01$).

Dos que já tomaram esse tipo de iniciativa, 27,1% indicam que o fizeram por e-mail. E essas ações, quando feitas pelos usuários da internet, foram dirigidas em maior número a ministros ou outros elementos do governo (41% dos casos), seguidos pelos deputados da Assembléia da República (16%) e pelo presidente da República (13%).

Já os não-usuários dirigiram essencialmente essas iniciativas a prefeituras (presidentes ou vereadores, 28%), e também a ministros (20%) e a deputados (19%). As escolas e as juntas de freguesia são as instituições às quais menos se dirigem esse tipo de iniciativa.

Com base em uma pesquisa com responsáveis pela gestão da comunicação eletrônica do governo, Parlamento e presidência da República portuguesa (*Diário de Notícias*, 2004), a comunicação por e-mail entre cidadãos e os seus representantes eleitos é utilizada para múltiplos fins, desde tecer críticas, apresentar felicitações, formular pedidos que vão de emprego a casas ou, muito simplesmente, dinheiro.

Em média o e-mail representa entre 10% e 30% da comunicação recebida sendo o restante cartas comuns. Uma outra pergunta de interesse para a nossa análise é se existem, ou não, diferenças substanciais na caracterização sociodemográfica de quem faz uso da carta e do e-mail, para escrever aos parlamentares portugueses.

Como acontece com a caracterização dos usuários da internet, mais escolarizados e mais jovens, os dados da tabela 79 confirmam que os menos escolarizados e mais velhos dão preferência ao uso da carta. Bem como, em termos de distribuição por categorias socioprofissionais, existe uma maior concentração nos quadros superiores e intermediários entre os que usam o e-mail para essa comunicação com os parlamentares portugueses.

Tabela 79
Caracterização dos cidadãos que se comunicam com os parlamentares portugueses por carta e e-mail (%)

Caracterização	E-mail	Carta
Sexo		
Masculino	60	54,5
Feminino	40	45,5
Idade		
15-24	30	36,4
25-39	50	36,4
> 40	20	27,3
Nível de escolaridade		
Ensino básico	30	36,4
Ensino secundário	30	18,2
Ensino superior	40	45,5
Categorias socioprofissionais*		
Quadro ou técnico intermediário	42,9	**
Empregado administrativo, comércio e serviço qualificado	28,6	20
Quadro técnico ou superior; empresário	28,6	40

Fonte: Cardoso e Firmino da Costa, 2004.
* Maiores categorias que compõem a amostra relativa ao uso de carta ou e-mail na comunicação.
**Surge igual distribuição (10%) nas categorias "operário"; "operário não-qualificado; "quadro ou técnico intermediário" e "empresário".

A população que escolhe utilizar o e-mail na comunicação com os parlamentares é, assim, mais escolarizada ou ocupa cargos mais elevados e trata-se na sua quase totalidade de empregados no setor privado.

Outras formas de utilização das tecnologias de informação no relacionamento com os parlamentares são as petições.[158] Quando em abril de 2002 teve início a IX Legislatura, em Portugal, 103 petições, de subscrição majoritariamente coletiva, encontravam-se pendentes no Parlamento, tendo-se juntado, a essas, 62 novas petições durante 2003 (*Público*, 2004a).

No entanto, para encontrarmos uma petição com origem eletrônica submetida ao Parlamento português temos de recuar até 1998. A Petição pela Acessibilidade da Internet Portuguesa pretendia facilitar o acesso à internet dos cidadãos portugueses com necessidades especiais, como pessoas com deficiências e idosos, pela criação de algumas regras básicas que deveriam ser aplicadas quando se concebe informação e serviços para a internet.

A petição foi a primeira a ser exclusivamente recolhida pela internet e submetida por via eletrônica, tendo obtido parecer favorável da Assembléia da República e foi aprovada como resolução do Conselho de Ministros durante 1999. Obteve cerca de 9 mil apoiadores e foi promovida pelo Grupo Português pelas Iniciativas em Acessibilidade (Guia). Embora o seu número de participantes seja inferior ao de iniciativas de petição (como, por exemplo, no caso do pedido de realização de novo referendo sobre o aborto em que participaram 75 mil pessoas), o fato de ter obtido sucesso deixou uma clara indicação da possibilidade de usar a internet como forma de realizar petições perante os órgãos do governo.

No entanto, não existe memória institucional desse evento nem dentro do Parlamento nem entre a população em geral, isto é, além do site do próprio Guia muito poucas são as referências ao evento que podem ser detectadas, mesmo recorrendo a pesquisas online fazendo uso de mecanismos de busca (Hock, 2001).

O fato de não existir memória coletiva da eficácia da realização de petições online em Portugal é também fruto de os deputados não promoverem exemplos de boas práticas.

---

[158] Entende-se por petição, em geral, a apresentação de um pedido ou proposta a um órgão do governo ou a qualquer autoridade pública, com exceção dos tribunais, no sentido de que tome ou adote ou proponha determinadas medidas. O direito de petição pode ser exercido individual ou coletivamente. As petições podem versar qualquer matéria desde que a sua pretensão não seja ilegal e não se refira a decisões dos tribunais.

Tal sucede em parte porque, dado que não possuem funcionários individuais de apoio, como sugere um parlamentar: "(...) um deputado que se coloque, em contato direto com o universo dos eleitores via internet, bom, arrisca-se a ser inundado com um conjunto de comunicações (...)" (Cardoso et al., no prelo).[159]

Gerar frustração nos cidadãos pela incapacidade dos deputados em responder é um perigo de que os parlamentares estão cientes.

No entanto, recorrendo a um conjunto de entrevistas realizadas com parlamentares portugueses (Cardoso et al., no prelo), é possível identificar também que, além da justificação da falta de meios, existem outras razões para a pouca valorização do uso da internet para a comunicação vertical e conseqüente pouco incentivo por parte dos parlamentares a um incremento do uso desse instrumento.

Podemos identificar no discurso dos deputados uma posição que reconhece que os parlamentares deveriam ter, em geral, um papel mais proativo. Mas que, ao mesmo tempo, considera que a internet representa um instrumento de aplicação possível ao incentivo à participação.[160]

Segundo o discurso dos parlamentares, se a internet pode ajudar a resolver o problema da participação, deve-se, no entanto, procurar combater primeiro as causas gerais do afastamento entre cidadãos e representantes e só depois valorizar meios de participação que só atingem a população parcialmente, como a internet.[161]

---

159 Para uma contextualização dos partidos de centro-direita em Portugal, ver Frain (1997:77-111). Sobre o recrutamento parlamentar e o sistema eleitoral, ver Freire (2002), Léonard (1998), Sablosky (1997) e Magone (1997).

160 Como sugere um deputado do PS (centro-esquerda), o problema da participação antecede o da participação pela internet e ela não pode resolvê-lo, pois "há responsabilidades de parte a parte. Por um lado, a participação cívica, a partir dos mecanismos habituais em qualquer democracia, não é estimulada em Portugal. Os cidadãos, preferem dizer que não sabem quem é o seu deputado, a realizar o esforço de o contatar. Por outro lado, a Assembléia da República não faz a necessária divulgação para que as pessoas possam contatar diretamente os seus representantes". Por sua vez, um deputado do BE (esquerda) considera que termos de influência direta da internet na participação, "(...) o meio é importante para melhorar as condições de participação, mas não é o que decide essa participação...", sendo mais determinante o sistema e a cultura política dominante. O primeiro tende a ser "paternalista, com barreiras muito fortes já à intervenção", condicionando assim a cultura política portuguesa, enquanto "(...) cultura de passividade, de marginalização. Portanto esse é o obstáculo fundamental a que as pessoas se sintam à vontade, se sintam respeitadas (...)" (Cardoso et al., no prelo).

161 Por exemplo, um deputado do CDS-PP (direita) alertava para uma "quase crise de fé no sistema que se começa a instalar", em que, segundo a sua opinião, terá de haver uma "(...) evolução muito grande de mentalidades muito mais que outra coisa, com um esforço nosso, porventura também (...)". Já um assessor do PCP (esquerda) argumentava que a internet não resolve por si só o problema da participação, já que implica questões mais profundas, pois "(...) o distanciamento entre as decisões políticas e os cidadãos políticos que as tomam é uma distância que tem que ser resolvida por

O argumento aí exposto é o de que a internet não é um meio principal de informação e comunicação para os cidadãos (um argumento que é até refutável, até certo ponto, se tivermos presentes os estudos dos usos dos cidadãos de diferentes mídias, em vários países, e funções a eles atribuídas) e que quem a usa já participa ativamente (outro pressuposto igualmente refutável pelos dados disponíveis sobre Portugal e outros contextos europeus).[162]

Um segundo tipo de argumentação expressa pelos parlamentares como justificativa da baixa relação vertical entre eleitos e eleitores sustenta queixas quanto ao caráter pouco reflexivo das participações dos cidadãos na internet ao mesmo tempo em que integra imagens abundantemente negativas dos eleitores em geral. Como, por exemplo, um assessor do PCP (esquerda) que, embora considerasse que o e-mail oferece dimensões positivas, como mais um veículo de comunicação para os usuários da internet, no entanto sugeria igualmente que grande parte dos e-mails recebidos continha quase sempre comentários pouco elaborados, não oferecendo mais-valias de informação (Cardoso et al., no prelo).

Ainda no mesmo registro, e de forma mais incisiva, um deputado do PSD (centro-direita) citava como causa da falta de interesse pela internet dos parlamentares na comunicação vertical a fraca participação política e cívica dos cidadãos que não se encontram nem sensibilizados, nem suficientemente relacionados com os temas políticos da sociedade para fazer um uso normal da internet como forma de comunicação com os deputados (Cardoso et al., no prelo).

Independentemente do tipo de razões mencionadas, o resultado visível é uma resistência não-declarada, por parte dos políticos e das instituições políticas, à influência de novas formas de informação e comunicação políticas para uma comunicação vertical com origem nos cidadãos, ou seja, a abertura de novos canais de mediação com os responsáveis políticos, onde se privilegia a interatividade em detrimento da comunicação unidirecional (mesmo quando a comunicação ocorre e constitui um sucesso, como no caso das petições eletrônicas), encontra eco reduzido junto dos representantes políticos. Por quê?

---

variadíssimas razões e que não se resolve por via da internet". Por isso, na sua opinião, a questão da melhoria da participação política dos cidadãos pela internet parece-lhe "uma visão demasiadamente otimista (...)" (Cardoso et al., no prelo).

[162] Um deputado do BE (esquerda) critica o fato de que o ganho em democracia e em participação seja efetivo para uma pequena parte da população, isto é, diferenciado segundo o estrato social e a capacidade de adaptação às novas tecnologias. Assim, em termos de influência direta das TICs na participação, ele considera que "(...) o meio é importante para melhorar as condições de participação mas não é o que decide essa participação (...)" (Cardoso et al., no prelo).

A resposta parece ser complexa, isto é, é necessário atentar para a análise do papel da internet na política informacional, o *tipo de representações dos eleitores com os seus representantes, as representações dos eleitos com os eleitores e as condicionantes externas como o funcionamento do sistema de mídia.*

Da análise das respostas dos parlamentares não podemos deixar de levar em conta que eles estão cientes da existência de representações fortemente negativas de eleitores com os eleitos. Por outro lado, os próprios políticos (pelo menos no caso português) parecem possuir também representações negativas com a capacidade de os eleitores desempenharem um papel ativo de utilidade para o processo democrático. O que, em última análise, leva também à inexistência de maiores incentivos por parte dos parlamentares, a uma maior participação pela internet.

Assim, as representações dos parlamentares com a internet (como elemento potencializador da democracia), embora sejam majoritariamente positivas, não podem deixar de ser enquadradas na desconfiança recíproca entre eleitos e eleitores.

A internet, para os parlamentares, é vista como fórmula eficiente para incrementar as relações democráticas apenas quando a confiança entre as partes é previamente elevada. Quando a confiança é fraca, a internet é vista apenas como uma esperança de renovação futura das práticas democráticas, funcionando mais como um desejo positivo de algo a acontecer no futuro, do que como um elemento de mudança dos modelos de política informacional atualmente realizados.

A internet como refém da política informacional institucional?

Analisamos a possível contribuição da internet para uma mudança do modelo de política informacional, privilegiando o seu papel como ferramenta de comunicação interpessoal, entre eleitor e eleito.

Analisamos, assim, a *disponibilidade e tipo de interfaces tecnológicas entre eleitos e cidadãos, as práticas e representações dos eleitos* com a internet como veículo de participação e o *interesse e predisposição dos cidadãos em participar* fazendo uso dessas ferramentas tecnológicas.

Deliberadamente, deixamos de fora da análise a que identificamos como uma quarta dimensão, isto é, a compreensão de como a televisão, rádio e jornais se posicionam como propiciadores ou, pelo contrário, como entrave a novas modalidades de mediação entre cidadãos e eleitos oferecidas pela internet. Esse será o elemento condutor da nossa análise a partir de agora.

Como já observamos neste livro, a internet quando utilizada de uma forma proativa, com o e-mail, pode também desempenhar papéis similares aos tradicionalmente conferidos a televisões, rádios e jornais, isto é, pode tornar-se uma tecnologia de comunicação de massa (Eco, 2004b).

Como é sugerido por Hoff e colaboradores (2004), a utilização da internet no quadro institucional parlamentar não é apenas produto das competências e representações de quem lida com essa tecnologia no quadro dos órgãos do governo.

A utilização depende também de muitos fatores internos, como a estrutura legal e administrativa do Parlamento, a relação entre votantes e eleitos (resultado do sistema eleitoral), métodos de trabalho e organização dos partidos; a cultura política, ou forma como os parlamentares se vêem a si mesmos, e a origem social dos próprios deputados. Os fatores externos são também tanto ou mais importantes que os internos e podem incluir a estrutura de governo e a sua relação com este; aspectos gerais da cultura política; a sociodemografia da utilização da internet e *o funcionamento do sistema de mídia*.

A hipótese é que, *de certo modo, as mídias, como a televisão, rádio e jornais, contribuem também como instrumentos de inércia nas mudanças dos modelos de comunicação política por parte dos parlamentares.*

Isso acontece porque, por um lado, os deputados vêem na mídia (em particular a televisão e jornais) espaços de mediação que funcionam bem (embora nem sempre com regras do seu agrado) para a comunicação vertical.

Por outro lado, o fato de a relação entre mídia e políticos ser, do lado da mídia, normalmente proativa (são eles que contatam os parlamentares para obter notícias) e reativa por parte dos políticos (embora os políticos também explorem a necessidade da mídia por notícias) constitui igualmente um entrave para o desenvolvimento de um modelo de política informacional alternativa em que parlamentares e partidos desenvolvam uma postura muito mais proativa no campo da mediação.

Obviamente, pelo poder que lhes é atribuído como únicos espaços de mediação, deve-se ainda considerar o interesse da própria mídia, televisão, rádio e jornais, em manter essa sua relação de mediadora.[163]

---

163 Deliberadamente, decidi não incluir aqui toda a discussão já realizada em "Constelação de redes..." e "A internet mudou..." sobre a substituição das mídias tradicionais pelas novas mídias. Pois já explicitei a minha visão sobre o seu modelo de complementaridade e articulação em rede.

Na maioria dos parlamentos analisados, os deputados valorizam em primeiro lugar os jornais (Áustria, Dinamarca e Alemanha) ou a televisão (Portugal e Noruega) como principal instrumento de comunicação política.

Tabela 80
Mídias consideradas importantes/muito importantes para a comunicação política por parlamentares de países selecionados (%)

Mídia	PT	AU	NR	NL	DK	S	G
Televisão	82,3 (1)	90 (2)	97,1 (1)	–	96,6 (2)	–	91,1 (2)
Jornais diários	65,4 (2)	100 (1)	95,6 (2)	–	97,8 (1)	–	97,1 (1)
Semanários	62,8 (3)	100 (1)	95,6 (3)	–	97,8 (1)	–	–
Rádio	–	90 (2)	94,1 (4)	–	92,1 (3)	–	70,6 (5)
Revistas	34,6 (4)	86,3 (3)	39,6 (6)	–	40,5 (5)	–	73,6 (4)
Internet	31,2 (5)	70 (4)	41,3 (5)	–	50,5 (4)	–	79,4 (3)

Fonte: Nascimento e Cardoso, 2003.
Notas: As percentagens não somam 100% porque a leitura do quadro se restringe a cada uma das categorias em colunas relativas às opções dispostas em linha. Os números entre parênteses indicam a posição em relação ao primeiro do *ranking*.

No entanto, em relação ao papel conferido à internet há claramente dois modelos. Um em que a internet é quase tão valorizada quanto outras mídias (Áustria e Alemanha), refletindo uma maior apropriação do seu uso para a comunicação de massa. E um segundo, onde manifestamente o predomínio, além dos possíveis diferentes motivos, continua a ser da televisão, jornais e rádio, cabendo à internet um papel similar ao conferido às revistas, ou seja, um meio de comunicação política de massa, segmentado, para públicos específicos interessados em temáticas particulares.

Nesse segundo modelo a internet representa sobretudo um papel de mídia complementar ou mais-valia, principalmente durante as campanhas eleitorais.[164]

Também o fato de não existir uma relação direta entre o número de usuários e as representações dos parlamentares, quanto à importância da internet na comunicação política de massas, parece apoiar a nossa hipótese inicial.

O argumento de que a valorização do uso da internet na comunicação política de massa está ligada ao número de usuários de um determinado país é muitas vezes utilizado no contexto português quando, por exemplo, menciona-se que "(...) em comparação com outros países" da União Européia e EUA,

[164] Para mais informação de como a mídia, por exemplo de serviço público, cobre as campanhas eleitorais nas suas páginas da internet, ver Paulussen e Coppens (2003).

há um número pequeno de usuários e tendo os políticos essa noção "não querem correr esse risco" e que a televisão tem "muitíssimo mais audiência efetiva" do que a internet (Cardoso et al., 2005a).

Como sintetiza outro parlamentar português, também responsável governamental pela área da sociedade da informação, numa "sociedade midiatizada como a nossa", a televisão continua a ser central na comunicação política

> porque é mais vista, tem um certo brilho, e porque as marcas comerciais e as identidades de pessoas, criam-se na televisão, não se criam nos jornais, não se criam na internet, não se criam no rádio. As pessoas tornam-se efetivamente conhecidas na televisão, as idéias têm impacto na televisão.
>
> (Cardoso et al., 2005a)[165]

Parece, pois, ser claro que a maior ou menor valorização da internet como instrumento de comunicação política está relacionada em grande medida com a forma como o sistema de mídia está organizado, mais proativo ou mais reativo na relação com os deputados. E não tanto com o número real de leitores de jornais, telespectadores de um telejornal ou de usuários da internet. Tanto mais que, ao longo do século XX, as tecnologias de comunicação não "mataram" ou substituíram aquelas que cronologicamente as antecederam (Eco, 2003). Pelo contrário, deram essencialmente lugar a processos de adaptação e complementaridade.

Embora os atores políticos parlamentares e partidários pareçam não favorecer essa *relação de complementaridade em rede* que a internet introduz no sistema de mídia, os cidadãos estão cientes dessas possibilidades e aparente-

---

[165] Idênticas análises podem ser encontradas em outros discursos de parlamentares. Por exemplo, um deputado do CDS-PP afirma que, tendo em conta que a classe política deseja chegar ao maior número possível de pessoas, obviamente privilegiará a televisão, depois os jornais, as revistas, o rádio (os veículos de transmissão com mais audiência) e só depois a internet. Essa audiência superior também é salientada por um novo deputado do CDS-PP, segundo o qual a "(...) importância da televisão prende-se mais com a eficácia na transmissão da mensagem, ou seja, meio minuto num telejornal, vale por páginas permanentes na internet, do que toca à eficácia política da mensagem, percebe?". Em síntese, a questão da audiência dos meios de comunicação política apresenta-se como essencial para os deputados portugueses entrevistados. "Por muito bons que sejam [os debates] aqui em um nível parlamentar, se não se conseguir fazer passar essa mensagem a nível da comunicação social e, sobretudo, no nível da comunicação social de maior impacto (televisões e jornais de grande tiragem) a política por muito boa que seja, em termos de conteúdo e de questões de fundo, não consegue fazer passar a sua mensagem, e depois não tem reflexo em termos de eleitorado. E isso é importantíssimo para a classe política" (deputado do CDS-PP).

mente fazem uso delas, como se demonstra pela análise da comunicação vertical estabelecida com órgãos do governo como, por exemplo, a presidência da República portuguesa.[166]

Tal como acontece com a caracterização dos cidadãos que contatam os parlamentares, também quem se dirige ao presidente da República, e o faz via e-mail, são os mais jovens (a faixa dos 25 aos 39 anos representa 60%), no entanto há menos diferenças, em termos de escolaridade entre os cidadãos que procuram o presidente da República.

Em termos de distribuição por categorias socioprofissionais existe uma maior concentração nos quadros superiores, intermediários e empresários (81,9%). A população que escolhe utilizar o e-mail na comunicação com o presidente da República possui categorias socioprofissionais altamente qualificadas.

Comparando com os contatos com os parlamentares, o número de funcionários públicos que o faz, independentemente de usar e-mail ou carta na sua comunicação, atinge cerca de 30% dos contatos.[167] A comunicação com a presidência da República ocorre via formulário web disponível na página ou, ainda que em menor número, por e-mail. Os acessos ao site são na maioria feitos a partir de Portugal, seguindo-se alguns países do continente norte-americano (EUA) e sul-americano (Brasil) e, um pouco mais distante, da Europa.

---

[166] Criada em 1998, a página oficial da presidência da República na internet — www.presidencia republica.pt — possui como objetivos, à luz da temática da sociedade de informação e da importância de que o acesso à informação se reveste, contribuir para reforçar o regime democrático português pelo estabelecimento e solidificação da relação de proximidade e transparência entre os cidadãos e o poder político, os quais não podem deixar de implicar um empenho na utilização dos instrumentos e meios de acesso à informação disponíveis. No sentido da tradução desses objetivos, e como modo de promoção de um maior e melhor conhecimento sobre a atividade institucional do presidente, nas suas dimensões contemporâneas e historicamente enquadradas, a página disponibiliza conteúdos como a biografia e estatuto constitucional do presidente da República, informação referente à sua atividade diária, "(...) bem como quanto à promulgação e assinatura de leis, decretos-lei, decretos regulamentares e demais decretos da República portuguesa, e à ratificação ou assinatura dos tratados e acordos internacionais (...)" dos quais Portugal toma parte. Os serviços disponibilizados pela presidência na página são "(...) informação referente à natureza a composição dos serviços de apoio pessoal, técnico e de gestão patrimonial, administrativa e financeira (...)" deste órgão do governo, bem como uma biblioteca virtual da qual constam "(...) documentos escritos, áudios e vídeos referentes à intervenção do presidente da República portuguesa em vários domínios da sua esfera de competência (...)".

[167] Ao compararmos os dados dos cidadãos que se comunicam com o presidente da República por carta e e-mail com o perfil dos que o fazem com os parlamentares portugueses, verifica-se que na sua essência não existem diferenças significativas. Uma constatação que permitirá, embora considerando as diferenças institucionais entre órgãos, extrapolar as práticas de complementaridade entre mídias também no que se refere ao Parlamento português.

Na figura 31 podemos observar como se processa a utilização da página da presidência da República na internet: o número de mensagens enviadas a partir da página da presidência da República, o número de *hits* (cliques por página) e o número de *visits* (visitas contabilizadas pelo servidor usado por quem acessa a página), proporcionando estes dois últimos uma aproximação possível da freqüência de acesso do site. Para Neto (2002), da análise desse gráfico resultam dois fenômenos. Em primeiro lugar, constata-se que os *hits* e as *visits* descrevem curvas de freqüência muito semelhantes, podendo oferecer uma perspectiva clara da evolução de interesse de consulta da informação presente na página.

Em segundo lugar, a análise demonstra que as consultas não aumentam em função da atualidade midiática, apresentada nas televisões e jornais, já as mensagens recebidas parecem variar em função de contextos políticos e sociais midiatizados, os quais tendencialmente motivam uma maior necessidade de expressão de opiniões junto aos órgãos do governo, ou seja, sempre que uma ocorrência ganha o estatuto de acontecimento (Rebelo, 2002), e portanto se verifica uma modificação do estado do mundo fenomenal (desequilibrante e sentida pelos sujeitos), existe um efeito de relevância que, por sua vez, influi na propensão para se comunicar com os órgãos do governo.

Outro dado de caracterização do envio de mensagens decorre da análise das rotinas diárias de acesso à página. As horas de utilização da página e do e-mail, tanto em um mês típico ou atípico, como o setembro de 1999 (crise de Timor Leste), são semelhantes. Os picos de uso ocorrem das 15 às 18 horas, existindo uma tendência crescente entre 9 e 12 horas, que decresce a partir das 18 horas. Ou seja, os ritmos de participação via internet ocorrem em função do horário de trabalho e são pouco pós-laborais.

A análise das freqüências horárias de utilização permite também situar a relação diária entre envio de e-mails e rotinas de informação perante outras mídias. Quando um acontecimento de destaque, nacional ou internacional, preenche a agenda midiática, a leitura de jornais matinal e a audição do rádio, bem como a consulta dessas mídias online, serão a referência mais influente para o envio de e-mails entre 10 e 13 horas. Por sua vez, os valores entre 14 e 18 horas serão influenciados pelo acesso às notícias dos jornais televisivos, da hora do almoço, e pela informação online disponibilizada pelos jornais e pelo rádio. A hora do jantar, entre 20 e 21 horas, e a habitual presença televisiva que o acompanha serão também elementos informativos na retomada do número de acessos a partir das 22 horas.

Neto (2002) oferece-nos, também, uma breve caracterização das mensagens enviadas, o que nos permite contextualizar, em termos de conteúdo, a utilização do e-mail como instrumento de participação. Quanto ao idioma utilizado, a esmagadora maioria (cerca de 85,7%) utiliza a língua portuguesa nas suas comunicações, seguindo-se a inglesa, presente em 12,1% dos casos.

Em relação ao país de origem das mensagens, destaca-se, por um lado, o fato de as mensagens oriundas de Portugal representarem 71,5% do total; por outro, verifica-se que na América do Sul e na África o número de mensagens provenientes de países, com laços históricos e lingüísticos mais fortes com Portugal, é superior ao total das mensagens enviadas por outros países no mesmo continente. Igual destaque merece o fato de o número de mensagens enviadas da Europa ser quase idêntico ao número de mensagens enviadas da América do Norte.

Figura 31
Utilizações, em número de horas por dia, de envio de e-mail e consulta de informação da página da presidência da República portuguesa (set. 1999)

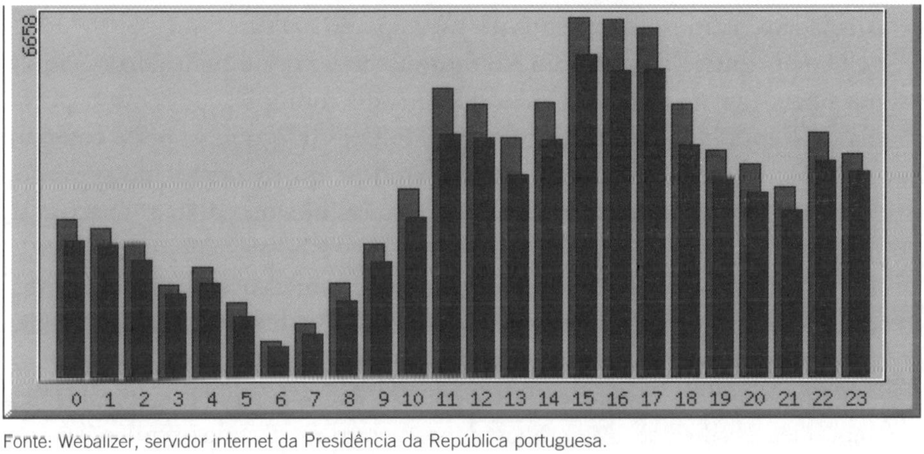

Fonte: Webalizer, servidor internet da Presidência da República portuguesa.

Quanto aos conteúdos, focando a dicotomia *competências presidenciais versus. competências de outros órgãos de soberania,* 18,7% das mensagens abordam o exercício de funções do presidente da República, enquanto 31,3% fazem referência às funções de outros órgãos, fato que parece indiciar uma ênfase colocada pelos cidadãos nas competências de análise e acompanhamento da ação do governo e de outras instâncias, por parte do presidente da República (Neto, 2002).

Tabela 81
Evolução do número de cartas e e-mails recebidos na presidência da República portuguesa, 1998-2004

Ano	Cartas	E-mail	E-mail (%)	Total	Taxa de crescimento de e-mails (%)	Taxa de crescimento de cartas (%)
1998*	12.278	256	2,04	12.534	—	—
1999	13.768	821	5,63	14.589	220,70	12,14
2000	13.857	2.250	13,97	16.107	174,06	0,65
2001	12.638	1.462	10,37	14.100	- 35,02	-8,80
2002	15.619	7.069	31,16	22.688	383,52	23,59
2003	11.719	2.935	20,03	14.654	- 58,48	-24,97
2004**	1.814	414	18,58	2.228	—	—

Fonte: Adaptado de informação cedida pelo Centro de Documentação da Secretaria-Geral da Presidência da República portuguesa.
*Valores referem-se apenas ao 2º semestre de 1998.
**Valores referem-se apenas ao 1º trimestre de 2004.

Quanto à comunicação estabelecida entre cidadãos e presidente da República, a tabela 82 apresenta-nos a evolução do número de cartas e e-mails recebidos na presidência da República, entre 1998 e 2004, e oferece-nos um conjunto de pistas interessantes para a compreensão da apropriação do e-mail, pelos cidadãos, como instrumento de participação cívica.

Uma primeira constatação é o fato de, desde o momento do início da página oficial na internet, 1998, o número de comunicações com a presidência da República ter aumentado globalmente. Do que se pode concluir que ou existem mais pessoas se comunicando com os órgãos do governo, desde que esses disponibilizem a sua presença online, ou então as mesmas se comunicam mais vezes.

Já que se verifica que com o aumento do e-mail não acontece um decréscimo do envio de cartas, teremos de concluir que há novas oportunidades de comunicação e conseqüentemente mais pessoas escrevendo.

Comparando as variações entre e-mails e cartas recebidas na presidência da República verifica-se que ambas demonstram as mesmas tendências, ou seja, quer quando cresce ou quando decresce o número de itens recebido o mesmo ocorre nas duas formas de mediação.

O que esses valores traduzem é o maior imediatismo do e-mail, ou seja, quando ocorrem aumentos do número de e-mails recebidos é porque um dado acontecimento está em curso. Enquanto ele estiver na agenda midiática televisiva, radiofônica ou da imprensa escrita, ocorre um aumento muito rápido e intenso de e-mails. Isso acontece porque os seus autores esperam que a sua intervenção junto ao presidente da República ocorra em tempo útil, isto é, enquanto o acontecimento tem valor midiático. Já que, por vezes, o tempo de vida midiático de um acontecimento é curto, o e-mail, pelas suas características técnicas de imediaticidade de envio e recepção, parece estar particularmente bem adaptado para acompanhar as mídias que noticiam em fluxo como o rádio e a televisão. Quanto à evolução da utilização de cartas como meio de comunicação, embora possam ser também potenciadas pela dimensão midiática de um acontecimento, parecem ser mais usadas para questões menos midiatizáveis e de maior foro pessoal ou institucional (Neto, 2002).

Tabela 82
E-mails recebidos (1998-2002) por temas na presidência da República portuguesa (%)

Tema	1998	1999	2000	2001	2002*	Total
Ambiente	4,08	6,12	57,14	32,65	0	100
Ciência	9,23	13,85	49,23	18,46	9,23	100
Comunicação social	3,03	15,15	21,21	51,52	9,09	100
Comunidades	2,09	13,61	28,27	40,84	15,18	100
Culturais	6,67	25,83	33,33	22,50	11,67	100
Econômicos/sociais	4,79	14,16	28,77	38,81	13,47	100
Jurídicos	2,86	20,71	30,71	41,43	4,29	100
Juventude	10	5	60	25	0	100
Educação	6,75	20,25	36,81	26,38	9,82	100
Julgamento*	15,44	21,32	31,25	27,57	4,41	100
Pessoal (insulto)	22,22	22,22	44,44	11,11	0	100
Políticos/parlamentares	6,04	6,79	31,32	44,53	11,32	100
Regionais e locais	11,36	5,68	30,68	37,50	14,77	100
Relações internacionais	2,73	19,13	35,52	38,80	3,83	100
Expediente	7,67	12,88	19,94	45,40	14,11	100
Outros	25,10	22,39	27,03	21,62	3,86	100

Fonte: Centro de Documentação da Secretaria-Geral da Presidência da República portuguesa.
*Valores referem-se apenas ao 1º trimestre de 2002.

A tabela 82 mostra-nos a evolução das matérias escolhidas pelos cidadãos para submeter à apreciação do presidente da República, demonstrando uma variação dos interesses temáticos favorecidos ao longo do período em análise. Explicadas em função do envio generalizado de mensagens sobre um tema, num curto espaço de tempo. Os casos de envios associados temporalmente a uma cobertura midiática de um tema na televisão, rádio e jornais são mais freqüentes do que as estratégias organizadas por grupos de indivíduos ou organizações que procurem chamar a atenção do presidente da República para uma matéria. Ou seja, a midiatização antecede normalmente o início do envio maciço de e-mails temáticos.

Uma outra conclusão dessa análise reside no fato de não existir uma correlação direta entre o tempo de atenção midiática conferido a um evento, na televisão, e a intensidade de comunicação pela internet. Também não é o fato de um tema possuir os condimentos necessários para a melhor audiência televisiva, como no caso da queda da ponte de Entre-os-Rios, em Portugal, em que se conjugavam "(...) um acidente trágico, vítimas mortais, famílias despedaçadas (...) junto a tudo isso, uma autêntica novela envolvendo demissões ministeriais, alterações no governo e em conhecidos institutos públicos, tudo seguido a par e passo em direto" (Santiago, 2003), que se assegura a ligação necessária entre o contato com a realidade midiática e o efetivo uso da internet num contexto de participação.

Como exemplifica a tabela 83, a relação comunicativa parece estar muito mais ligada à temática e à existência de uma opinião prévia formada sobre o assunto, ou militância de fato nessa causa, do que à forma como a televisão, rádio ou jornais lidam com o tema ou o tempo de transmissão que lhe é concedido. Dois exemplos podem justificar essa conclusão: em 2002 as matérias sobre as quais mais e-mails chegaram à presidência da República foram a questão dos touros de morte em Portugal e o possível encerramento do canal público RTP2. Os dois traduziram-se no recebimento de 4.628 documentos, contra a descriminalização dos touros de morte em Portugal, e ainda dezenas de e-mails contendo milhares de assinaturas e abaixo-assinados a favor da manutenção do canal de televisão público.

No entanto, se atendermos apenas à atenção midiática, embora os dois casos citados tenham estado fortemente presentes na agenda televisiva, não foram os que mais tempo de transmissão televisiva obtiveram.

Segundo *Mídia Monitor* (2002) nenhuma das duas matérias teve coberturas aprofundadas nos quatro canais nacionais (RTP, SIC e TVI). Em 2002 os três temas mais presentes foram a questão da *pedofilia na Casa Pia* com 676 notícias (equivalentes a 30 horas e 49 minutos de transmissão), o segundo mais presente nos noticiários televisivos foi o naufrágio do navio *Prestige* na Galícia, que teve 770 notícias (equivalentes a 30 horas de transmissão), e o terceiro, o caso de alegada corrupção política e malversação de verba da universidade privada Moderna, conhecido como *Caso Moderna*, que teve 466 notícias (equivalentes a 17 horas e 5 minutos de transmissão).

Seguindo a mesma linha de pensamento, verifica-se que em 2003 dois dos temas mais presentes nos noticiários, *Guerra do Iraque* e *Casa Pia*, obtiveram diferentes recepções por parte dos cidadãos. Assim um tema como a *Guerra do Iraque*, que se insere numa abordagem recorrentemente noticiada e onde existe um envolvimento elevado e clara definição prévia de opiniões, sobre o papel dos EUA na sua relação com o mundo e a Europa, obteve 229 e-mails.

Tabela 83
Número de e-mails recebidos na presidência da República portuguesa (1998-2003) integrados em campanhas organizadas ou por coincidência temporal de envio

Assunto	1998	1999	2000	2001	2002*	2003	Total
Touros de morte (direitos dos animais)	5	39	109	19	0	–	172
Promoções de sargentos (militar)	–	–		14	–	–	14
Institutos Politécnicos da Saúde (educação)	–	–	22	–	–	–	22
Situação Instituto Piaget (educação)	–	–	–	–	31	–	31
Instituto Pupilos do Exército (educação)	–	–	–	1	4	–	5
Legislação de professores (educação)	2	3	5	19	8	–	37
Descriminalização do consumo de drogas (política nacional)	–	–	64	3	1	–	68
Desastre de Entre-os-Rios (catástrofe)	–	–	–	14	–	–	14
Lei de programação militar (militar)				15			15
Diminuição da taxa alcoólica (política nacional)				4			4
Anulação visita Áustria (política internacional)			15				15
11 de setembro (catástrofe)				17	1		18
Crise Kosovo/Balcãs (guerra)		77	1				78
Situação de Cuba (direitos humanos)	13			2			15
Entrega de Macau à RPC (descolonização)		5	16	1			22
Crise em Timor (direitos humanos/ descolonização)	1	203	15	8			227
Guerra do Iraque (guerra)*						360	360
Caso Casa Pia (pedofilia)						36	36

Fonte: Centro de Documentação da Secretaria-Geral da Presidência da República portuguesa.
*Valores referem-se apenas ao 1º trimestre de 2002.

Outra temática de caráter nacional que configurava muito mais o que Santiago (2003) define como ingredientes atraentes para uma cobertura jornalística direta e em permanência, como o caso Casa Pia, apenas totalizou 67 e-mails recebidos durante o ano de 2003.

Embora não se possam extrapolar os resultados aqui apresentados para outras esferas do uso da comunicação mediada por computador (como por exemplo a comunicação com as mídias e os fóruns criados por jornais online), cremos que as conclusões aqui apresentadas são exemplificativas da forma como os cidadãos interligam em rede diferentes mídias, isto é, como criam o seu hipertexto mental entre diferentes mídias (Castells, 2004a), na comunicação com os órgãos do governo, sejam eles parlamentos, governo ou Presidência da República.

O que se pode concluir sobre a política informacional institucional, entre cidadãos e órgãos do governo e entre os agentes políticos e partidários (que são os parlamentares) e os mesmos cidadãos, num contexto de democracia contínua?

A primeira conclusão é que a política informacional, como é descrita por Castells (2004a), Van Dijk (2000) e Gibson e Ward (2003), ou seja, a predominância da televisão (e em menor grau da imprensa escrita) como instrumentos de comunicação política, mantém-se atual porque, embora partidos, parlamentos e governos (seja em sistemas parlamentares presidencialistas ou semipresidencialistas) tenham investido e disponibilizado *interfaces tecnológicas na internet entre eleitos e cidadãos*, as elites políticas as usam majoritariamente de forma reativa. Tirando os momentos de campanha eleitoral, a sua utilização numa abordagem *top-down* (iniciativa de contato originada nos órgãos do governo) é reduzida. O e-mail e as páginas online são disponibilizados para quem quiser se comunicar com os órgãos do governo, mas não existe uma vontade política forte para fomentar essa participação.

Essa subutilização das potencialidades da internet deriva, em grande parte, das *representações dos eleitos* que não crêem, fruto da experiência própria ou de preconceitos, que a contribuição da participação dos cidadãos para o seu trabalho represente uma mais-valia considerável.

Existem também sinais, em alguns países, de que a utilização da internet no quadro institucional não terá obrigatoriamente de ser tal como se descreveu aqui. Casos de países europeus como a Alemanha e a Áustria demonstram que a utilização da internet pode ser valorizada no quadro da criação de canais alternativos de comunicação de massa. No entanto, da intenção à prática há ainda um longo caminho a percorrer, principalmente porque a utilização das mídias mais tradicionais na comunicação de massa continua a ser vista como preferível pelos resultados demonstrados (Kleisteuber et al., 2004; Fitzmaier et al., 2004). E também porque as televisões e jornais, nos seus modelos tradicionais de difusão, têm interesse na manutenção do modelo vigente durante os últimos 20 anos de comunicação política, a internet até certo ponto encontra-se *refém da política informacional institucional. Não é do interesse nem do sistema de mídia nem dos atores políticos institucionais de soberania conceder espaços de crescimento da utilização da internet na comunicação política de massa.*

A internet é vista mais como uma tecnologia que substitui o envio de cartas, que mantém o caráter dessa comunicação postal, do que como uma tecnologia de difusão de informação e comunicação multilateral.

A atual *política informacional* privilegia as estratégias de marketing político de personalização e esvaziamento da discussão política na mídia. Naturalmente, a domesticação do uso da internet pelas elites políticas e pela mídia, quanto à política, seguiu também muito essa lógica.

Por isso, após cerca de 10 anos de convivência entre política e internet, entre os diferentes cenários preconizados por Gibson e Ward (2003), aquele que será mais realista sugerir como atual é o de *politics as usual*. Um cenário de impacto reduzido das tecnologias de informação e comunicação nas práticas e concepções políticas no quadro institucional de relação entre cidadãos e órgãos do governo.

Nesse cenário, os atores políticos utilizam as tecnologias de informação para replicar as suas práticas anteriores, utilizando-as mais para disseminar propaganda e marketing político, e menos para reais mecanismos de interatividade com os cidadãos, concentrando a sua atenção nos cidadãos mais politicamente ativos.

A *política informacional* que hoje conhecemos, independentemente do surgir da internet, continua a se basear numa concepção "demo-elitista" (Hoff, Horrocks e Tops, 2000) da democracia, e menos num modelo mais orientado para a participação dos cidadãos como o "modelo neo-republicano" (Hoff, Horrocks e Tops, 2000).[168]

O demo-elitismo é um modelo que preconiza várias reformas nas agendas dos governos contemporâneos, defendendo propostas para promover a qualidade democrática da política eleitoral e reforçando a componente representativa cujos exemplos podem ser encontrados nas propostas para colocar os manifestos partidários, os registros de voto e as tomadas de posições dos políticos na internet, assim como conversas eletrônicas entre cidadãos e representantes eleitos etc.

Entretanto, paralelamente a esse quadro de práticas das elites políticas, processos de *bottom-up* demonstram que se estabelecem ligações entre diferentes tecnologias de comunicação, pelas utilizações dos cidadãos.

---

[168] Como teoria comunicacional, este modelo defende uma esfera pública virtual, mediada por redes eletrônicas, como promotora de cidadãos ativos no processo político. Os seus defensores encontram-se tanto nos novos movimentos sociais, quanto no novo comunitarismo do movimento cívico em rede e as suas reuniões coletivas eletrônicas e praças públicas virtuais. Na sua maioria, eles defendem o acesso às tecnologias de informação como um direito social fundamental, que deveria ser assegurado a todos os cidadãos na sociedade da informação.

Isso não quer dizer que o padrão da atual política informacional institucionalizada esteja mudando, apenas indica que as mudanças não decorrem apenas da vontade das elites políticas e do interesse das mídias.

A mudança é provavelmente mais visível no quadro da comunicação organizada em torno dos movimentos sociais e da forma como eles se apropriam das tecnologias de informação e comunicação, do que no quadro institucional de comunicação entre cidadãos e órgãos do governo. Essa é a análise proposta no próximo capítulo.

Mídia, mobilização e protestos

Como sugere Bennett (2004), as esferas públicas criadas pela internet e a web são mais do que universos paralelos de informação que coexistem independentemente dos meios de comunicação de massa tradicionais.

Este capítulo questiona como a relação entre internet e meios de comunicação de massa (televisão e jornais) se estabelece em momentos de mobilização e protesto em torno de causas protagonizadas por movimentos de cidadãos e novos movimentos sociais.

Os três estudos de caso da nossa análise são específicos e de difícil integração nas tipologias tradicionais de caracterização do uso da internet em ações de protesto e mobilização e, por isso, escolhidos como exemplos paradigmáticos de estudo.

Assim, o primeiro caso em análise, o Terràvista, configura um protesto organizado pelos usuários do portal financiado pelo governo português para a difusão de conteúdos lusófonos, em 1998. Esse é um exemplo, claro, de como os protestos na sociedade em rede, mesmo os que pretendem resolver problemas relacionados diretamente com o uso da internet (como a censura de conteúdos), não podem passar sem a conquista da notoriedade na mídia.

O caso Terràvista permite-nos compreender como um pequeno grupo de ativistas, pouco representativo dos prejudicados pela medida censória do então ministro da Cultura, pôde, num contexto de pouco interesse sobre a internet na opinião pública, fazer valer as suas posições pela conquista de espaço de notícias e opinião nos jornais e televisão.

No segundo estudo de caso iremos debruçar-nos sobre o protesto em torno do possível encerramento do canal da televisão pública RTP2, protagonizado pelo então ministro da Presidência, os trabalhadores da televisão pública e os seus telespectadores.

Durante o mês de maio de 2002, após o anúncio público pelo governo de um plano de reestruturação da RTP, originou-se um aceso debate entre líderes de opinião, cidadãos e partidos, sobre o futuro da televisão.

Dados os interesses econômicos envolvidos, isto é, as receitas de publicidade da RTP e sua provável passagem para os canais privados e o fato de a maioria dos jornais pertencer aos mesmos grupos econômicos com interesse na alienação da RTP, a opinião pública viu-se confrontada com um momento em que as mídias não podem ser imparciais nem objetivas. Em particular quando a notícia são elas próprias.

Durante esse mês de maio de 2002 configuraram-se dois espaços de informação sobre a RTP, o protagonizado pelas mídias, por notícias e colunas de opinião, e o dos cidadãos no site da televisão pública.

A análise desse acervo de jornais, transmissões televisivas e *posts*, no fórum online da RTP, permite-nos compreender melhor qual o papel que cada mídia assume e como os cidadãos lidam com as mídias quando elas são vistas como juízes em causa própria.

Por último, iremos analisar o movimento de protesto pró-Timor Leste que, em setembro de 1999, procurou em diferentes meios de mediação, da internet à televisão, rádio e jornais, mobilizar a opinião pública portuguesa e mundial (no pós-referendo e do "sim" à independência de Portugal e à ocupação ilegal indonésia) para a tragédia humanitária em Timor Leste e para a necessidade de envio de uma força de paz das Nações Unidas para aquele território ao norte da Austrália.

A sua dimensão atípica reside no papel central da mídia na mobilização popular em que, por exemplo, ao contrário das "Marchas brancas contra a pedofilia" na Bélgica (Walgrave e Manssens, 2000), as mídias colaboraram ativamente com estruturas formais e informais de mobilização social assumindo claramente a sua parcialidade a favor de Timor Leste e contra o regime indonésio.

A análise do movimento pró-Timor Leste permite-nos compreender não só a divisão funcional de tarefas num protesto em escala global, entre cidadãos, movimentos organizados e mídia, mas também como alguns dos instrumentos de mediação lidam com uma situação de mobilização e protesto, levando-nos assim a perceber como uma *mailing list* funciona, durante um período de mobilização para a ação, e como uma mesma matéria "a situação em Timor Leste" é vista pelas diferentes mídias de Portugal, Europa, EUA, Oceania e Extremo Oriente, ou seja, as diferentes lentes da objetividade jornalística em ação.

Todos os três exemplos inserem-se na complementaridade e articulação em rede que é característica das mídias e dos que delas se apropriam com o intuito de utilizar o espaço simbólico de mediação por elas proporcionado a fim de atingir os seus objetivos precisos.

Um exemplo da relação entre diferentes espaços de mediação é a relação micromeios de comunicação de massa protagonizada pela troca de e-mails entre a Nike e John Peretti, que chegou até a página online do Slashddot para depois passar para a revista online *Salon* e posteriormente para o jornal *USA Today* e para o *The Wall Street Journal*, aproximando-se a cada passagem, cada vez mais, de uma notícia do que daquilo que, originalmente, era apenas uma troca de mensagens entre um ativista e uma empresa comercial (Bennet, 2004).

Embora noutro registro, podemos estabelecer lógicas semelhantes de interligação em rede entre espaços de mediação, quando recordamos o processo de divulgação de imagens das sevícias praticadas pelos soldados americanos a prisioneiros de guerra em Abu Graibh, em que fotos que circulavam pela internet acabaram em manchetes de telejornais e primeiras páginas por todo o mundo. Ou ainda, quando olhamos as estratégias de comunicação da Al Qaeda, usando páginas web para difundir vídeos de comunicados de Bin Laden ou a decapitação de reféns, e a sua passagem posterior para as cadeias globais televisivas da Al Jazeera ou CNN.

Outro exemplo da apropriação por movimentos ou sujeitos, perseguindo agendas individuais, pode ainda ser encontrado nos novos modelos de rumores, que surgem muitas vezes sob a forma de envios de *powerpoints* contendo narrativas em imagem e texto através de e-mails que mostram o *outro* lado das notícias diferente daquelas que são em geral mostradas pelas agências internacionais. Exemplos desses *rumores multimídia* podem ser encontrados no caso da intervenção israelita em Nablus e Jenin, em abril de 2000, ou dos motins na Argentina, quando da crise de 2001.

Se essa lógica de rede estabelecida entre diferentes espaços de mediação se configura como uma novidade, também o mesmo pode ser dito das mudanças em curso na natureza da participação cívica, que tem se alterado consideravelmente ao longo das últimas décadas.

Por exemplo, a filiação não é mais um parâmetro adequado para medir o grau de participação numa sociedade civil ou organização. O envolvimento é hoje muito menos medido em termos de ideologias e processos políticos formais (Cammaersts e Van Audenhove, 2003). Além disso, as grandes causas de caráter estrutural e emancipatório já não são as únicas razões de envolvimento. Assim, as matérias mais próximas de casa (*do local*) ou orientadas para matérias específicas (direitos dos animais, ecologia, abuso de crianças etc.), ou ainda matérias ligadas ao que Giddens (1997) designa por *life-politics* têm também envolvido as populações (Cammaersts e Van Audenhove, 2003).

Também em termos de estratégias ocorrem novidades no panorama da participação. Por exemplo, enquanto algumas organizações e movimentos sociais procuram explicitamente influenciar a política através de *lobby*, relacionando-se diretamente com partidos políticos, muitas outras desligam-se dessa relação direta com a política representativa formal e preferem fazer política pela ação direta, mudança de valores, estilos de vida alternativos ou pelo desenvolvimento de contra-hegemonias (Cammaersts e Van Audenhove, 2003).

Nesse quadro de mudança no sistema de mídia e na natureza da participação cívica qual é a atração realizada pela internet para a sua apropriação por parte de organizações de cidadãos e movimentos sociais?

Scott e Street (2001) enumeram quatro razões pelas quais a internet é atrativa para os movimentos sociais. A primeira reside no fato de ela permitir a *mesomobilização*, isto é, a coordenação entre movimentos, consentindo a ligação em rede pelas fronteiras, sem usar uma fórmula hierárquica transnacional.

A segunda reside no fato de a internet permitir elevados impactos sem necessitar de grandes recursos. A terceira razão está ligada ao fato de a internet deixar as organizações reterem o controle editorial sobre o conteúdo e comunicações externas. Por último, a internet permite ladear o controle do Estado e comunicar em um ambiente seguro.

Além das quatro, podemos ainda sugerir que a internet oferece o fortalecimento da esfera pública pela mediação do debate político e a expansão da esfera política (Dahlgren, 2001; Sparks, 2002a).

Mas isso não quer dizer que a internet seja apenas um espaço de participação forte por parte de quem a escolhe com objetivos de participação cívica. Como nos espaços tradicionais de protesto também a participação online pode ser mais ativa ou passiva.

Uma participação ativa forte offline pode-se traduzir na participação em protestos, ou outra forma de ações diretas, realizar trabalho voluntário, participar em reuniões ou envolver-se ativamente numa organização.

Um envolvimento passivo offline pode referir-se, por exemplo, a ser apenas membro de uma organização ou participar em reuniões sem o fazer de uma forma ativa.

Por sua vez, a participação cívica online também pode ser mais passiva ou ativa. Colocar mensagens ou participar em ações diretas online é vista como uma atitude mais ativa do que a mera recepção de uma *newsletter*, visitar um fórum ou subscrever uma *mailing list* sem colocar nela qualquer mensagem (Cammaersts e Van Audenhove, 2003).

Procurando especificar um pouco mais as apropriações do uso da internet para a participação cívica podemos igualmente proceder à caracterização dos usos em função dos objetivos propostos. Existem vários tipos de organizações que têm sido descritas como "organizações virtuais". Dentro dessa definição, quatro tipos ideais de organização podem ser identificados (Cammaersts e Van Audenhove, 2003).

O primeiro é o da *organização guarda-chuva*, que realiza certas tarefas em nome dos seus membros autônomos facilitando-lhes o trabalho pela oferta de recursos e peritos em diferentes áreas (um tipo não muito comum no quadro global de organizações mas que pode ser encontrado, por exemplo, na APC.org).

O segundo é a *organização portal*, que funciona como uma vitrine que direciona os seus usuários para informação, sites e organizações com links. A organização portal não fornece informação, embora possua funções de seleção e editorial, podendo ser resultado tanto de organizações individuais quanto de redes de organizações (um exemplo pode ser encontrado na LabourStart.org sobre sindicalismo e questões do trabalho).

Por sua vez, a *organização plataforma* oferece uma plataforma virtual de interação, organização e comunicação. Idealmente a interação não será moderada, nem informação é editada ou censurada, promovendo uma plataforma para o desenvolvimento de discursos alternativos, com o objetivo de influenciar a opinião pública e favorecer políticas (um exemplo é a attac.org analisada por Le Guinou e Patou, 2004).

Por último, surge a *organização web*, que se refere ao uso das ferramentas mais interativas da web como os fóruns, listas de discussão e comunidades virtuais (Cammaersts e Van Audenhove, 2003). A interação é muitas vezes realizada entre indivíduos como cidadãos ou profissionais. O seu objetivo é a mobilização e a oferta de fontes alternativas de informação (um caso típico é o oferecido pela estrutura de mídia do indymedia.org).

Na maior parte dos casos analisados por Cammaersts e Van Audenhove (2003) e em dois dos casos de estudo presentes neste capítulo (Timor e RTP), o e-mail e as *mailing lists* desempenham um papel central. Isso deve-se ao fato de fóruns e *mailing lists* poderem ser muito vibrantes em termos de participação e como tal serem um instrumento de sucesso comprovado.

No entanto, não deixam de possuir também restrições. Por exemplo, as organizações com bases locais normalmente encontram-se mais inclinadas a desenvolver estratégias offline, devido ao elevado número de pessoas que não está online. Por isso, o seu uso é mais comum quando as causas são nacionais ou globais, exceto em sociedades onde a penetração da internet é muito elevada.

No uso de *mailing lists*, por vezes, há também uma homogeneidade de pensamento devido ao baixo número de pessoas que ativamente participa, gerando desmotivação e discursos monocórdicos (Cardoso, 1998).

Por sua vez, quando ocorre participação em grande número, e não moderada, os problemas também surgem como os insultos ou o terminar abrupto de conversas etc. Em qualquer das duas situações, pouca ou elevada participação, muitas vezes não é perceptível onde a discussão irá levar os participantes, visto não surgirem conclusões.

Embora sendo patente que diferentes organizações adotam estratégias diversas para atingir os seus objetivos políticos, tanto online quanto offline, o aparecimento da internet desenvolveu um importante papel na obtenção de apoio, na organização de protestos e manifestações e na obtenção de informação independente do público, marcando, portanto, uma mudança no panorama de mobilização e protesto. Mas, se a internet é um instrumento importante e de reconhecido mérito de utilização para atingir objetivos de protesto, não deixa de ser verdade que algo mais é necessário para assegurar que uma ação obtenha sucesso, pois a ação e o seu objetivo têm de atingir tanto o público quanto a agenda política.

O papel da imprensa, do rádio e da televisão na amplificação da ação e seus objetivos é fundamental nesse ponto, bem como contar com simpatia e apoio por parte das populações diretamente envolvidas, geograficamente ou por sofrerem impactos diretos do problema em análise, continua também a ter uma importante função, sem a qual, muitas vezes, o sucesso de uma determinada ação não é possível.

O sucesso na apropriação dos espaços de mediação simbólicos é, assim, produto da combinação de diferentes fatores.

Os estudos de caso a seguir são produto de situações limite, atípicas, e de difícil reprodução em outros contextos nacionais ou globais.

No entanto, é precisamente nessa atipicidade que reside o seu interesse. Pois, compreendendo como se desenrolam as práticas dos diferentes intervenientes, isto é, os cidadãos, mídia e governos, é possível traçar um quadro conceitual que identifique as componentes centrais dos processos em análise e, assim, dar uma contribuição para a compreensão de outros processos de mobilização e protesto, menos complexos do que os aqui analisados.

Goku *versus* ministro da Cultura: Terràvista, televisão e jornais

O Terràvista apresentava-se em 1997, ano do seu lançamento pelo Ministério da Cultura português, como um projeto de caráter público oferecendo espaço livre e gratuito para alojamento de informação, não-comercial, em língua portuguesa, na World Wide Web.

O seu objetivo era estimular a comunidade virtual de expressão portuguesa a crescer e fazer ouvir a sua voz. Existindo cerca de 200 milhões de falantes de português, o seu intuito era potencializar o uso da internet na educação, como forma de ligação das comunidades portuguesas no estrangeiro, como por exemplo o Canadá, mas também funcionando como um ponto de ligação com o Brasil — origem do maior número de usuários da internet falantes de português. Assim, foram protocolados acordos, entre os ministérios da Cultura do Brasil e de Portugal, para a criação de um portal Terràvista em São Paulo.

Exemplo dessa dimensão da lusofonia global era a escolha de nomes de praias de Portugal, Brasil, Angola, Moçambique e Cabo Verde para as páginas pessoais dos usuários, como Água D'alto, Baía das Gatas, Bilene, Copacabana, Enseada, Fernando de Noronha, Guincho, Ilha do Mel, Meco, Meia Praia, Mussulo, Nazaré, Porto Santo e Vila Praia de Âncora.

Por sua vez, quanto aos seus usuários, os dados sociográficos do espaço Terrávista mostram que a sua população era majoritariamente masculina (89%), sendo constituída por portugueses e brasileiros.

Os grupos etários mais representados eram os compreendidos entre os 11 e os 35 anos, somando 85,7% (entre os 19 e os 25 anos concentravam-se 40,2% dos criadores de páginas). Quanto aos conteúdos desenvolvidos no Terràvista, distribuíam-se, na maioria, pelas temáticas generalistas (*mar*), de computadores, noite e esporte.

O caso Terràvista começou em 29 de julho de 1998, após um telefonema do jornal tablóide *24 Horas* alertando para conteúdos impróprios — isto é, pornografia com desenhos mangás da série *Dragon Ball*. Em resposta, o ministro da Cultura, professor doutor Manuel Maria Carrilho, decidiu encerrar o serviço Terràvista, deixando mais de 26 mil páginas inacessíveis. Nesse mesmo dia anunciou uma data de reabertura em 9 de agosto.[169]

A questão central de todo o processo de encerramento do Terràvista pode ser resumida numa decisão política, por parte do ministério, de encerramento com o intuito de diminuir os impactos negativos de uma notícia na mídia (do tipo pornografia subsidiada pelo Ministério da Cultura) e da sua interpretação por parte dos usuários como censura às páginas de todos aqueles que, utilizando o serviço, nada tinham a ver com a colocação de conteúdos censuráveis.

A questão da liberdade de expressão é uma matéria de importância nas sociedades democráticas e é recorrente na mídia. Se o primeiro caso de censura à liberdade de expressão na internet ocorreu com o Terràvista, em 1997, mais recentemente, o caso do blog Muito Mentiroso salientou como, ainda, questões de censura e liberdade de expressão podem aparecer, apesar de a internet já fazer parte do nosso sistema de mídia, de uma forma algo generalizada desde há alguns anos. Esse blog divulgou informação não-sustentada sobre o processo Casa Pia, até acabar por desaparecer (*Público*, Suplemento Computadores, de 15 de novembro de 2004). No entanto, durante a sua permanência

---

[169] O Terràvista foi, originalmente, um projeto que fez parte da iniciativa Mosaico, do Ministério da Cultura, que visava facultar a milhares de cidadãos a hospedagem gratuita de páginas e a criação de uma vasta comunidade virtual de língua portuguesa fomentando a "produção nacional" na internet. Lançado em março de 1997, ao longo do mesmo ano e no ano seguinte foi sendo apontada a existência de páginas pornográficas no servidor, entretanto, sucessivamente eliminadas do portal. Mas em julho de 1998, após uma notícia que denunciava mais páginas do gênero, o ministro da Cultura então em exercício, Manuel Maria Carrilho, decidiu encerrar o portal. Como solução para afastar o Ministério da Cultura da responsabilidade dos conteúdos hospedados no Terràvista — forma como se escrevia na época — foi criada em 7 de agosto de 1998 a Associação Terràvista, sem fins lucrativos, para gerir o projeto. O percurso do serviço continuou em expansão, até fevereiro de 2000, quando a associação, com custos de manutenção elevados, acabaria por vender o Terràvista à Jazztel Internet Fatory, do grupo de telecomunicações Jazztel. Integrado na Ya.com, a divisão para a internet da operadora, o projeto foi começando a mudar de identidade, transformando-se em um portal com conteúdos próprios, mas mantendo as comunidades de cibernautas e o serviço de hospedagem gratuito. Entretanto, as páginas no Terràvista passaram a ter *banners* publicitários, uma alteração que não agradou aos clientes do serviço, avisados da alteração da política com apenas dois dias de antecedência. Em 4 de setembro de 2000 o portal Terràvista mudou novamente de mãos, quando a Jazztel anunciou a venda da Ya.com Internet Fatory — que integrava os portais português Terràvista e o espanhol Ya.com — por € 414,3 milhões à T-Online, uma empresa fornecedora de acesso à internet, subsidiária da operadora alemã Deutsche Telekom. Foi nessa altura que o projeto e o site passaram a denominar-se Terravista, sem o acento no primeiro "a", tendo posteriormente a administração decidido não manter um produto gerador de tráfego maciço não identificado, que economicamente não era rentável.

muitas questões surgiram, desde saber se se deveria mandar fechá-lo, pela difamação que eventualmente conteria, até o questionar, por parte dos jornais, se deveriam ou não fazer uso dessa informação anônima.

Figura 32
Imagem do protesto Terràvista

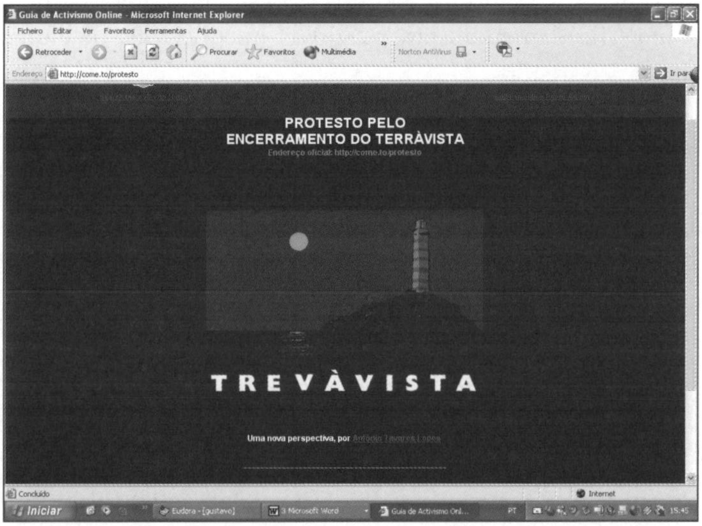

Numa perspectiva histórica, Ortoleva (1991) analisa a evolução da regulação e do uso da censura nas democracias européia e norte-americana traçando a evolução desde a preponderância da utilização da idéia de "escândalo moral" (isto é, "aquilo que é considerado capaz de corromper pelo próprio fato de ser visto ou conhecido") até o estabelecimento de um consenso cada vez maior em torno do que é considerado um conteúdo lícito.

A contribuição de Ortoleva (1991) é fundamental para nos apercebermos de duas tendências constantes na evolução do sistema de mídia.

A primeira é a de que cada vez que existe inovação tecnológica, existe igualmente resistência, e que esta tem sempre a tendência para assumir o receio das tendências eventualmente corruptoras da nova mídia.

A segunda tem a ver com a esfera da infância. Além da difusão da idéia de que o Estado não tem o direito de interferir nas escolhas morais dos indivíduos adultos surgia igualmente a idéia de que as crianças, de idade inferior à puberdade, vivem uma condição de particular necessidade de proteção, no plano moral e psicológico.

A condição de *infância* torna-se assim, desde o século XIX até os nossos dias, a motivação para as campanhas contra o funcionamento do sistema de mídia. Segundo Ortoleva (1991), "dá-se o caso de cada geração defender o sistema de mídia com o qual nasceu e cresceu contra aquele que numa certa altura desponta".

Esse conjunto de tendências recorrentes no sistema de mídia deu origem a uma solução de compromisso nos países democráticos, onde apenas as tendências mais fundamentalistas, religiosas ou políticas, defendem ainda a pura censura de conteúdos.

Essa solução de compromisso é baseada mais na estrutura dos mercados do que na partilha de uma ética comum. Assim, os bens considerados escandalosos por uma parte considerável da população são vedados aos menores e direcionados para um mercado paralelo, mais segmentado, onde a máxima será "a cada um o seu próprio (verdadeiro ou presumido) vício" (Ortoleva, 1991).

Esta contextualização da censura e regulação encontra em Slevin (2002) igualmente uma contribuição interessante para o enquadramento do porquê da assunção, por parte do Estado, de um contínuo interesse pela regulação do sistema de mídia e a forma como a internet é vista, é herdeira dessas visões. Segundo Slevin (2002), o uso das modernas tecnologias de informação tem sido sempre olhado por parte dos Estados-nação como prioridade para os seus interesses e por isso pede alguma regulação, pois, no entender do Estado-nação, "(...) as tecnologias que podem ser utilizadas para transmitir algum tipo de mensagem para audiências relativamente amplas (...) possuem uma profunda significância como fator de influência dos valores e padrões morais das sociedades modernas".

No entanto, a internet representa também um desafio para os Estados-nação pois continua a constituir uma certa incerteza sobre qual a melhor maneira de regular essa mídia e como conciliar a regulação e os interesses dos seus cidadãos.

Como salienta Slevin (2002), na tentativa de dotar a internet de um sistema regulatório que defenda ao mesmo tempo os interesses do Estado e dos cidadãos, temos assistido ao longo da última década ao debate entre dois modelos. Os governos tendem a defender uma abordagem da internet como tecnologia que facilita a difusão pública de material, e assim está próxima do sistema de *broadcasting* — uma atividade para a qual foram, ao longo das últimas décadas, desenvolvidos sistemas de regulação de conteúdos. Por outro lado, os indivíduos e organizações da sociedade civil têm primado por defender uma abordagem da internet como tecnologia derivada do sistema telefônico, que foi desde sempre caracterizado por um sistema de regulação bastante tênue dos seus conteúdos. Em ambos os modelos procuram-se sempre analogias entre diferentes mídias (já conhecidas e novas) e os sistemas de regulação já implantados. Tal como no caso Terràvista, os debates sobre a regulação e/ou censura da internet têm sido desencadeados com base na detecção da existência de um problema prévio, que assume uma midiatização ampla, o que por sua vez implica a atuação das entidades públicas que fazem saber do desencadear de um processo regulador para o sistema. O debate que, normalmente, se segue tende a tomar lugar ou entre especialistas, que debatem argumentos nas mídias tradicionais, ou entre grupos parlamentares atingindo por vezes associações representativas da sociedade civil quando se julga estarem em causa direitos, liberdades ou garantias conferidas constitucionalmente aos cidadãos. Foi esse também o caso do Terràvista.

No entanto, a inexistência de uma estrutura organizada, participação ampla das vítimas ou de um interesse na opinião pública sobre a defesa de direitos, liberdades e garantias, deu origem a um protesto algo atípico, que se valeu da possibilidade de interligação entre diferentes esferas da mediação para atingir os seus objetivos.

Quando analisamos o papel da mediação política das mídias, num contexto de democracia e de difusão inicial de uma tecnologia, existe normalmente uma condicionante a ter em conta: a de *o processo de mediação só poder ocorrer quando todos os intervenientes conferem ao meio em causa, ou à mídia, um igual poder simbólico.*

O caso vivido pelo projeto Terràvista, no verão de 1998, é um exemplo de não-partilha pelos intervenientes — ministro e organizadores do protesto — do poder simbólico atribuído a um meio, a internet. E, como tal, influencia os processos de mediação. Nesse caso, a necessidade de reação pública por parte do Ministério da Cultura só tomou forma quando as críticas, que eram já difundidas há vários dias na internet, obtiveram eco na mídia tradicional.

O Ministério da Cultura, ao atribuir um maior peso à visibilidade das críticas nos jornais e televisão, em detrimento das expressas na internet, estaria apenas demonstrando que podem existir, num processo de mediação, atribuições de poder simbólico diferentes de interveniente para interveniente. Podendo, assim, criar-se situações em que a mediação não se desenrole, não pela falta de acesso a uma mídia, mas pela não-partilha de poder simbólico a ela atribuído.

A análise da cronologia do protesto Terràvista explicita mais claramente esta linha de argumentação.

No dia 30 de julho é elaborada uma "Carta aberta ao ministro da Cultura sobre o Terràvista" que é distribuída nos *newsgroups* portugueses pt.geral, pt.internet e pt.internet.www e enviada por e-mail ao ministro da Cultura. Paralelamente toda a mídia, rádio, jornais e televisão, dá destaque ao encerramento, não tanto pela importância do fato, por tratar-se da internet e um reduzido número de usuários, mas sim porque lidam com um ministro extremamente midiático, Manuel Maria Carrilho.

Tendo essa percepção, os organizadores do protesto, que incluíam alguns jornalistas e *hackers*, decidem que o fundamental é conseguir a visibilidade midiática da televisão e jornais para o acontecimento e, menos, desenvolver ou tentar organizar protestos pela internet.

Toda a estratégia de envio de e-mails aos órgãos do governo, como o presidente da República, segue essa lógica, isto é, a produção de fatos para aproveitamento midiático pelos meios de comunicação de massa e não a procura de, por meio de um espaço de mediação único, a internet tentar forçar o ministro a alterar a sua posição. O espaço de combate entre organizadores de protesto e ministro é a mídia tradicional.

Seguindo a estratégia portuguesa, usuários brasileiros fazem chegar a notícia aos jornais no Brasil, mais uma vez procurando a midiatização do evento, como foi o caso do jornal *O Globo* (7 ago. 1998), que publica um artigo intitulado "Portugal censura site por causa de desenho japonês" criticando a decisão do ministro e citando a onda de protestos online.

Surgia, assim, uma situação onde existiam quase mais notícias sobre o evento do que subscritores do abaixo-assinado contra a atitude do ministro, e o acontecimento tornou-se não um mero caso nacional, mas com os elementos necessários para a sua midiatização internacional.

Após 72 horas de estratégia midiática, em 4 de agosto, o ministro da Cultura vê-se obrigado a responder aos 149 assinantes do protesto indo à televisão, ao canal SIC, onde, no *Jornal da Noite*, é interpelado sobre o encerramento do Terràvista, reafirmando a sua reabertura só no dia 9 de agosto.

Numa segunda fase, em 5 de agosto (contando o protesto com 317 simpatizantes, entre mais de 26 mil páginas de usuários), começam os contatos internacionais de modo organizado, com o lançamento da versão em inglês da página do protesto, e dá-se início ao protesto em vários *newsgroups* (incluindo *newsgroups* brasileiros br.noticias e br.bras-net).

Numa mescla de mídia tradicional e online, onde os jornais e as televisões são o alvo principal, contam-se entre os que recebem, por e-mail, o *press release* para divulgação do protesto: a Agência Reuters, a revista *Time*, a MSNBC, a revista *Wired*, o site Disinformation, o jornal *USA Today*, os sites Yahoo, Newsday e Universo Online, os jornais *O Globo* e *Folha de S. Paulo*, as revistas brasileiras *Veja* e SuperInteressante.net, *Computer World*, *Network World*, *PC World*, Associated Press, Bloomberg.com, Sky News, BBC, US Newswire, CNN, Agência France Press, *Washington Post*, *The Independent*, United Press International (UPI), Fox News, DrudgeReport.

A Fundação da Fronteira Eletrônica (FFE, criada como elemento agregador dos envolvidos no protesto) desenvolve outro acontecimento midiático, procurando um advogado para avançar com ação judicial contra o Ministério da Cultura, independentemente da reativação do serviço Terràvista, e anunciando essa intenção publicamente.

É também neste dia que, pela primeira vez, um meio de comunicação de massa faz referência ao movimento de protesto online. É a partir do momento em que a imprensa internacional dá eco ao protesto (como o jornal brasileiro *O Dia*) que a estação de televisão portuguesa SIC, no seu *Jornal da Noite*, divulga o movimento de protesto online. Independentemente de o seu âncora ser também subscritor do protesto, para a linha editorial da televisão um protesto online não seria notícia, só passando a sê-lo quando outras mídias, de outros países, valorizam o evento introduzindo-o na agenda midiática.

A partir desse momento a notícia passa a ser *mainstream* e é repetida, amplificada e aprofundada por todos os jornais de grande tiragem nacional em Portugal (*JN*, *24 Horas*, *Independente*, *DN*, *Público* e *Expresso* do qual também outro jornalista apoiava o protesto).

Em 9 de agosto (já com 604 simpatizantes, muitos deles levados a participar pela notícia do evento na televisão e jornais) dá-se a reabertura do site, mas o protesto continua porque os seus participantes pretendem mais garantias de que isso não se repetirá. Para isso, ocorre um reforço da campanha de divulgação na mídia internacional.

São enviados *press releases* para Bruxelas, para vários indivíduos e instituições da Comissão Européia, alertando para a forma de construção da sociedade da informação em Portugal e para o respeito pelas diretivas comunitárias expressas no Livro Verde. O protesto deixa de ser contra uma atitude do ministro e passa a ser contra a política do governo no campo da sociedade de informação.

Tabela 84
Participantes do protesto
Terràvista por país (%)

Portugal	73,04
Holanda	9,93
Outros Europa*	3,03
Brasil	8,67
Macau	0,42
Cabo Verde	0,21
Moçambique	0,10
Austrália	0,10
Estados Unidos	3,34
Canadá	0,63
Geórgia	0,10
Usbequistão	0,10
Japão	0,10
México	0,10
África do Sul	0,10
Total número	957

* Inclui Grã-Bretanha, Noruega, Bélgica, Dinamarca, Itália, Espanha, Suíça, Áustria, Alemanha, Polônia e Israel.

Nesse mesmo dia o ministro da Cultura, cinco dias após a sua primeira presença num canal de televisão onde falou sobre os motivos de encerramento do Terràvista, é obrigado a voltar a abordar o tema.

Em 12 de agosto acaba o protesto, tendo sido em 10 do mesmo mês enviado o último abaixo-assinado ao ministro da Cultura, contendo na altura 957 simpatizantes de 27 países. Como é citado no final do protesto, na carta disponibilizada online, os objetivos foram cumpridos.

Embora o Terràvista contasse com mais de 20 mil usuários apenas perto de 900 subscreveram o abaixo-assinado enviado ao ministro. No entanto, a partir do momento em que jornalistas e usuários do Terràvista simultaneamente se envolveram no protesto foi possível delinear uma estratégia de amplificação do evento online pela mídia. Fazendo em primeiro lugar uso das características da política informacional, que privilegiam a midiatização das personalidades políticas, tentou-se colocar o ministro sob o *fogo* da mídia nacional e internacional, levando-o até a arena de que inicialmente havia procurado afastar-se. O efeito foi potencializar o fraco número de participantes para uma cobertura maior. Esse passo foi conseguido alcançando a mídia brasileira para depois ganhar o interesse dos portugueses.

Segundo os organizadores,

> Este protesto online, o maior realizado até hoje em Portugal, foi um sucesso em todos níveis! Com o esforço de todos, conseguimos: (...) ampla cobertura noticiosa nas televisões e jornais nacionais, ao longo de mais de 10 dias! (...) fazer uma vastíssima ofensiva internacional para a divulgação deste protesto em organizações e órgãos de comunicação (...) em jornais brasileiros e em importantes sites de notícias americanos (...).[170]

O que a análise deste evento demonstra é que os protestos na internet só podem funcionar numa lógica unimidial, isto é, com recurso apenas à internet, quando dos dois lados existe igual valor simbólico atribuído à mídia.

No caso do Terràvista o ministro da Cultura, ao não partilhar da mesma atribuição de valor simbólico à mídia internet levou os promotores a alterarem a sua estratégia. Foi o uso da internet como motivo para alimentar a notícia nos jornais e televisão e não ela própria como instrumento de protesto.

Por causa da fraca mobilização dos seus usuários, apenas se houvesse uma amplificação do protesto poderia haver sucesso. Este foi possível porque os envolvidos na coordenação do protesto eram detentores de habilidade com a mídia tradicional, pois eram jornalistas, e da habilidade no uso da internet, pois eram também *hackers* e usuários iniciais imersos na cultura da internet (Castells, 2004a). Essa combinação permitiu-lhes realizar um exemplo de articulação em rede entre televisão, jornais e internet numa lógica de *guerrilha de mediação*, ou seja, tal como a acepção de Eco (1991a) de guerrilha semiótica se referia ao explicar o que se via e como interpretar, a figura de *guerrilha de mediação* pretende sublinhar como o domínio das habilidades para a mídia, em certas condições, permite potencializar protestos de poucos indivíduos ou temáticas marginais para uma sociedade em percepção aprofundada de uma temática, pela opinião pública, e atingir resultados efetivos em face dos objetivos traçados.

O encerramento da RTP2: a televisão vista da internet

A análise das transmissões televisivas dos telejornais dos três canais generalistas portugueses (RTP, SIC e TVI), no período compreendido entre 10 e

---

170 Para mais informação ver <http://come.to/protesto>.

21 de maio de 2002, mostra-nos um exemplar *estudo de caso* sobre o que pode acontecer quando a mídia mais emblemática, e de maior penetração na sociedade (a televisão), se torna notícia.

O contexto onde se desenrola o protesto analisado é o de um sistema de mídia de caráter europeu onde as televisões de serviço público representam, ao contrário dos EUA ou do Brasil, em média entre 30% a 40% do *market share*. Sendo as exceções, com valores próximos ou acima dos 50%, a Grã-Bretanha, a Dinamarca, Espanha e Áustria, já nos 10 novos membros da União Européia, em particular nos países do Leste europeu, os valores de *market share* das televisões públicas tendem a ser menores, oscilando entre os 15% e uma média de 20% a 30% (Kiefl, 2003).

Durante esses 11 dias de maio de 2002 gerou-se um clima de conflito entre a televisão pública e o governo, decorrente das afirmações do ministro da Presidência, dr. Morais Sarmento, das quais se podia depreender a existência de uma clara convicção, por parte do governo, da necessidade de encerrar o segundo canal de serviço público, como primeiro passo para o saneamento financeiro da RTP.

Dada a notícia do fim da RTP2 no próprio telejornal da televisão pública, aquilo que de início pareceu ser uma cobertura de um acontecimento de agenda, como tantos outros, transformou-se numa luta pela sobrevivência do serviço público de televisão em relação ao modelo das outras emissoras generalistas portuguesas, mobilizando cidadãos a favor da RTP, ou seja, contra "o seu fim", e cidadãos a favor do governo, ou seja a favor do seu encerramento, todos se manifestando na internet no fórum criado no site da RTP para debater este tema.

Simultaneamente multiplicavam-se os abaixo-assinados por e-mail dirigidos ao presidente da República, provedor de Justiça, parlamentares.

Paralelamente, líderes de opinião discutiam o mesmo que na internet nas páginas dos jornais nacionais, enquanto ministro e trabalhadores da RTP encetavam uma guerrilha midiática que acabou por envolver os serviços noticiosos do canal privado SIC e a aprovação, em tempo recorde, de legislação extinguindo o Conselho de Opinião da RTP, que se opunha à nova administração nomeada para a emissora.

O ponto de partida para a caracterização do que aconteceu durante esses 11 dias pode ser encontrado na parcialidade das notícias transmitidas pelos três diferentes canais, que pode ser detectada tanto na dimensão quantitativa quanto na qualitativa quando se analisa a produção noticiosa desses dias de maio de 2002.

Assim a RTP, o objeto da crise e do protesto desencadeado por figuras públicas e cidadãos anônimos, produziu 108 peças jornalísticas sobre o tema "Fim da RTP" enquanto a SIC se limitou a 31 peças e a TVI a 47.

Com o intuito de contextualizar um pouco mais o quadro social e econômico dessa situação é necessário mencionar também que a crise em torno da RTP teve outros contornos particulares.

Como, por exemplo, o caso do jornal *Expresso*, da mesma empresa acionista majoritária do canal SIC, a Impresa, o qual desencadeou, antes e durante essa crise, uma campanha assumida pelo fim da RTP. Ou ainda, o fato de ambos os canais de televisão privados serem os dois potenciais beneficiários de uma eventual alienação ou encerramento dos canais públicos.

Completando o potencial de dramatização narrativa televisiva (Santiago, 2003) associado a essa temática, a administração da RTP havia contratado, fazia poucos meses, o ex-diretor da SIC, que havia trazido consigo vários jornalistas e apresentadores, criando assim um clima de animosidade emocional e comercial entre aos dois canais.

Numa situação como esta, percebida pelo público como conducente à perda de imparcialidade por parte dos meios de comunicação de massa, como é que a internet é apropriada para discutir essa temática e servir como via de protesto?

E de que forma os discursos aí produzidos são ou não diferentes dos presentes na mídia que tradicionalmente dá visibilidade pública à escrita de opinião, isto é, aos jornais?

O movimento de protesto contra o encerramento da RTP demonstrou que, quando se ameaça fortemente o serviço público, existe uma contra-resposta importante por parte dos cidadãos, ao mesmo tempo que nos permite compreender como, na arena midiática, as forças em ação identificadas por Tracey (1998), Raboy (2001) e Bustamante (2002) se defrontam.

Retornando aos nossos questionamentos iniciais sobre como, durante o protesto sobre o *Fim da RTP*, foram a internet e a televisão apropriadas, da figura 33 podemos inferir, já que os noticiários televisivos mais vistos ocorreram majoritariamente entre 20 e 21 horas, que se vêem as notícias na RTP, SIC ou TVI para depois se usar o computador e a internet para participar do protesto, já que as horas de maior tráfego de *posts* se situam após a hora do jantar.

Por sua vez, analisando o posicionamento geral das transmissões televisivas dos três canais nos seus diferentes jornais televisivos da manhã, tarde e noite, pode-se dizer que o canal mais imparcial na análise foi a TVI.

Quanto à SIC, depois de uma estratégia inicial de confrontação, baseada em respostas e contra-respostas a notícias publicadas no *Telejornal* da RTP, optou por menor foco sobre a matéria defendendo-se assim de críticas de estar "julgando em causa própria" e questionando a sua objetividade jornalística.

No seu conjunto, SIC e RTP produziram pelo menos três episódios de confrontação noticiosa que transmitiram para o público até que ponto a própria televisão pode tornar-se refém das notícias que produz e transmite.

Figura 33
E-mails sobre o tema RTP2 enviados por média horária para a RTP (24 horas)

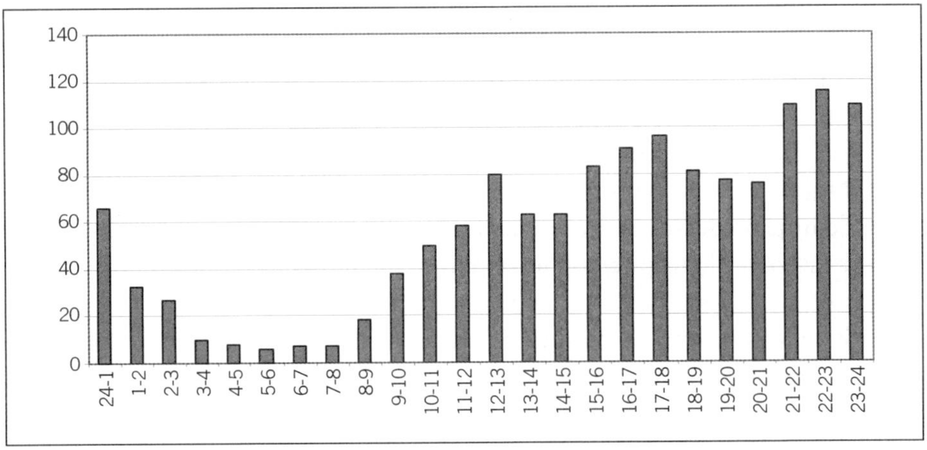

O início do "caso RTP" ocorreu com o jornal *24 Horas* da RTP, onde se noticiou pela primeira vez que o governo queria o serviço público de televisão (SPT) com apenas um canal e não com os atuais dois canais. Essa notícia só é dada pelos outros canais na manhã do dia 10 de maio.

Em geral, as notícias de abertura, na RTP ou nos outros canais, são apresentadas de forma isenta, dando lugar à contradição e enfatizando a idéia de que não se trata de fechar a RTP, mas apenas um dos seus canais, argumentando o valor elevado da despesa de suportar uma empresa com o atual formato da RTP.

No entanto, a RTP dando voz à sua comissão de trabalhadores passa pela primeira vez a idéia de que os maiores beneficiários dessa alteração no Sistema Público de Televisão (SPT) serão os canais de televisão privados, SIC e TVI. Complementando com uma peça de análise de como a decisão política se traduziu numa subida das ações da Impresa (detentora da SIC) na Bolsa.

Durante 10 de maio surgem outras notícias, na RTP e SIC, cuja conseqüência será a troca de acusações e interpretação dos mesmos dados, de forma diferente, pelas duas estações televisivas.

Assim, no *Jornal da Tarde* da RTP, do mesmo dia, uma âncora faz um apelo direto ao público para que todos os que não querem que a "RTP acabe" façam manifestações públicas. Pela primeira vez, fora do debate político, é dada força à idéia de que as alterações ao atual modelo não são meras mudanças conjunturais, mas sim a aposta no fim do SPT e da RTP. Essa será a visão que dominará a contestação enquanto o ministro da Presidência, Morais Sarmento, afirma que o que está em questão é a reestruturação e não o fim da RTP. No entanto, as discussões públicas a partir desse momento serão dominadas pelo "Fim da RTP".

A SIC contribui também para o clima de confronto, no campo simbólico da mediação, com a apresentação de uma matéria no *Jornal da Noite* sobre as dívidas da RTP e a sua má situação financeira, centrando a análise na má gestão dos fundos públicos.

A RTP por seu lado responde à notícia da SIC no mesmo dia, fazendo-o como se a SIC representasse a mera transmissão do modelo argumentativo do governo, desenvolvendo uma matéria sobre a situação da empresa com a argumentação contrária. Intitulada "O governo anunciou as decisões com o argumento que a situação financeira da RTP é insustentável", a resposta da própria RTP é dada às afirmações públicas por parte do ministro da Presidência e outros comentaristas da situação.

A RTP explica que cerca de metade do dinheiro público nunca entrou na emissora. Segundo a matéria, a RTP nunca havia recebido metade do dinheiro público a que tinha direito, além de ter perdido receitas pela abolição da taxa de televisão e ter vendido a sua rede de transmissão própria. A conclusão da notícia é clara, de 194 milhões de contos devidos, em nove anos a RTP só recebeu 99 milhões, por isso o argumento do governo não é correto.

A RTP informa assim aos seus telespectadores de forma implícita que este e os anteriores governos nunca cumpriram as suas obrigações e que os motivos que levam à reestruturação agora proposta só podem ter origem em outras causas, interesses econômicos ou políticos. A confrontação entre televisão pública *versus* governo e SIC está então lançada.

Entretanto a RTP vai dando voz às populações nas suas críticas "ao fim da RTP" fornecendo novos argumentos como a associação pública entre a RTP e a memória social do país e a apresentação da RTP como elo com as comunidades de emigrantes portugueses no mundo.

Ao mesmo tempo incita ao protesto e à manifestação pública, mostrando a manifestação de trabalhadores, cidadãos e figuras públicas em Lisboa, Porto e outras cidades do país, pedindo ao público que não "nos desligue" pois a RTP é a TV dos portugueses.

Em todo o discurso produzido pelos intervenientes nas manifestações surge quase sempre a sugestão de tentativa de controle da informação por parte do governo como motivação central da atual situação.

O segundo episódio paradigmático dessa quebra de imparcialidade ocorre em 14 de maio em torno da audiência realizada na Assembléia da República com o ministro Morais Sarmento sobre o estado da televisão pública RTP.

Os três canais nos seus telejornais da noite — respectivamente o *Telejornal* da RTP, *Jornal da Noite* da SIC e *Jornal Nacional* da TVI — cobrem o evento, e em particular a polêmica entre o ministro Morais Sarmento e o anterior responsável do governo socialista pela RTP, Arons de Carvalho.

Cada canal analisa essa polêmica de forma diferente, enquanto a RTP menciona que "os trabalhos da discussão sobre a RTP aqueceram devido a uma afirmação de Nuno Morais Sarmento e Arons de Carvalho, ex-ministro do PS, o ministro da Presidência afirma que Arons de Carvalho passou uma carta de aval para um empréstimo ao banco sem o conhecimento do Ministério das Finanças", a SIC centra-se sobre o fato de que "no Parlamento a posição do deputado do PS, Arons de Carvalho, sobre um empréstimo bancário para a RTP proporcionou o momento quente da discussão, Morais Sarmento afirma que nem toda a documentação lhe foi facultada".

Ou seja, enquanto a RTP insiste na afirmação do ministro e na resposta de Arons de Carvalho, em que este afirma que tem as provas da má-fé do ministro Morais Sarmento e sugere a ele que leia um documento e ele se recusa a fazê-lo, a SIC cobre o evento não insistindo na recusa do ministro e dando uma conclusão satisfatória para ambas as partes do sucedido.

O terceiro episódio de clara confrontação informativa entre canais televisivos surge por causa do caso da taróloga Maya em 14 de maio.

Num contexto de crítica aos custos da RTP, a SIC noticia no seu *Jornal da Tarde* que o canal público contratou a sua colaboradora nos programas matinais, Maya, por um salário de 2 mil contos mensais.

A notícia é desenvolvida no *Jornal da Noite*, onde se diz que "a RTP tinha convidado a cartomante Maya para apresentar um programa, acordo verbal feito onde iria receber 2 mil contos mensais, mas hoje a administração da RTP voltou atrás e recusou essa contratação".

A RTP, por sua vez, encerra o seu *Telejornal* da noite com um comunicado da direção de Antena em que desmente a SIC, a qual, por sua vez, no primeiro jornal do dia seguinte coloca como segunda notícia que a "Direção de Antena da RTP tentou desmentir notícia da SIC" e no jornal da noite cita que "A RTP negou a contratação da taróloga Maya, notícia ontem divulgada pela SIC. A SIC mantém as afirmações fundamentadas nas declarações do produtor do *SIC 10 Horas*".

O público televisivo vê-se assim confrontado com uma situação em que aqueles em quem é suposto confiar, os jornalistas e a informação televisiva, são apanhados numa teia de contradições e meias-verdades fruto do fato de eles próprios se terem tornado *notícia*, fazendo do ato de noticiar uma arma de luta na afirmação da maior verdade das notícias de cada canal.

Quando as notícias sobre uma matéria se aproximam da expressão de opiniões pessoais por parte de jornalistas, e eles perdem a sua função de filtros dos acontecimentos, o que acontece ao espaço de mediação? A resposta é que a factualidade narrativa dos acontecimentos é substituída pela dialética da opinião.

Numa situação como a descrita, a televisão e, como veremos, os jornais também, transformam-se em listas de discussão cujos intervenientes em canais não-moderados são os jornalistas. Assim, os meios de comunicação de massa tornam-se, nas suas características comunicativas, extremamente semelhantes à comunicação interpessoal dos chats, no caso da televisão, recorrendo não só à escrita, mas também à imagem.

Nessa situação, jornalistas, políticos, líderes de opinião e cidadãos ocupam a esfera simbólica da mediação, que nos é oferecida pela mídia, aproximando-se de uma igualdade de oportunidade de fazer valer a sua voz em particular quando os fóruns de opinião na internet são eles próprios abertos e geridos pela televisão.

Aqui importa compreender o que diferencia no metassistema de informação três dos seus nós: televisão, jornais e internet.

A televisão e o seu funcionamento foi já aqui descrito e a oportunidade que surge é por meio da análise do uso dos jornais e da internet tentar compreender como se constrói e se comunica a opinião na sociedade em rede.

O que diferencia a comunicação de opinião nesses dois espaços, quando por causa de uma situação fortuita estão criadas as condições para uma participação e protesto de mais pessoas do que os habituais líderes de opinião com coluna semanal nos jornais e quando ao mesmo tempo a temática em análise é a mídia mais presente nas nossas vidas, a televisão?

Nos jornais, a maioria dos artigos publicados são de opinião, traduzindo o quanto essa é uma matéria mais de opinião e definição de conceitos da idéia de serviço público de televisão, o que é a razão da sua existência. Os jornais de referência são onde mais artigos são publicados.

Tabela 85
Tipo de artigo publicado em jornal sobre o tema RTP2, de 10 a 21 de maio de 2002 (%)

Publicação	**Artigo de opinião**	**Notícias**
24 Horas	–	100
O Primeiro de Janeiro	–	100
A Capital	–	100
Euronotícias	25	75
Diário de Notícias	69,73	30,26
Diário Econômico	59,25	40,74
Independente	75	25,00
Jornal de Notícias	45,16	54,83
Público	61,53	38,46
Semanário	66,66	33,33
Correio da Manhã	33,33	66,66
Expresso	73,07	26,92
Visão	58,33	41,66

Nota: De um total de 299 artigos publicados, 171 (57,2%) são artigos de opinião e 128 (42,8%), notícias.

Se a televisão não conseguiu ser imparcial na análise, até que ponto a análise dos artigos de opinião nos jornais retrata essa imparcialidade?

Utilizando apenas os artigos de opinião onde se expressam posições claras do seu autor, é possível verificar algumas tendências.

No cômputo geral existe uma ligeira tendência de expressão contra o fechamento da RTP2 (52,8%). No entanto, há jornais que, crendo apenas na opinião publicada, são claramente pró ou contra o encerramento.

Público (Sonae) e a revista *Visão* (da Impresa) são majoritariamente contra o encerramento da RTP2 enquanto o jornal *Expresso* (Impresa) e o *Diário Econômico* (Media Capital, TVI) são a favor. Os jornais que procuram um maior equilíbrio pertencem ao Grupo Losumundo/Portugal Telecom, *Jornal de Notícias* e *Diário de Notícias*, sem interesse direto na obtenção de publicidade televisiva da RTP.

Tabela 86
Relação entre as opiniões expressas em colunas de opinião nas publicações sobre o tema RTP2 (%)

Publicação	A favor do encerramento do canal 2 da RTP	Contra o encerramento do canal 2 da RTP
Euronotícias	100	–
Diário de Notícias	50	50
Diário Econômico	60	40
Independente	100	–
Jornal de Notícias	50	50
Público	18,80	81,30
Semanário	50	50
Correio da Manhã	100	–
Expresso	66,7	33,3
Visão	–	100

Fonte: Análise de lista de jornais selecionados publicados entre 10 e 22 de maio de 2002.

O que a análise da figura 34 demonstra em primeiro lugar é que os picos relativos aos e-mails refletem de muito mais próximo a evolução da atualidade tal como é relatada na televisão, ou seja, quando as notícias nos telejornais são geradoras de polêmica o número de *posts* com tomadas de posição aumenta também, quando o número de notícias televisivas decresce também decrescem os *posts*.

Figura 34
Evolução dos artigos de opinião em jornal e e-mails sobre a temática RTP2 (10 a 22 de maio de 2002)

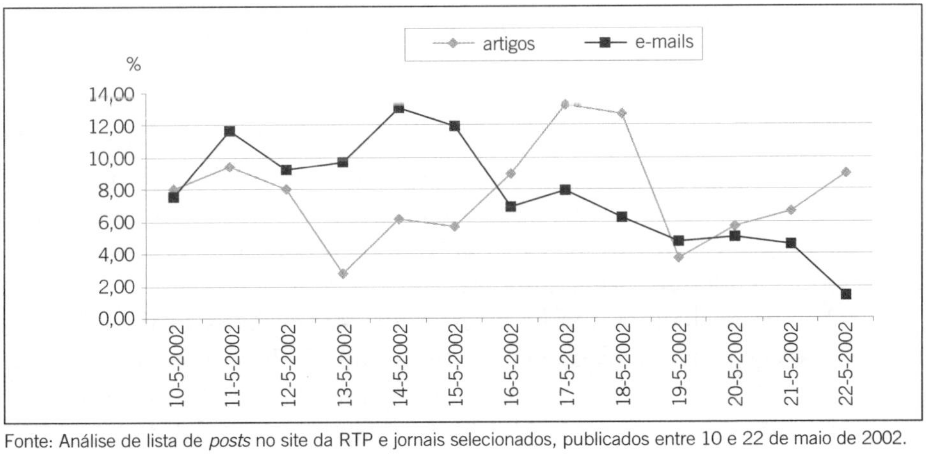

Fonte: Análise de lista de *posts* no site da RTP e jornais selecionados, publicados entre 10 e 22 de maio de 2002.

Quanto aos jornais, a relação entre artigos de opinião e a evolução dos acontecimentos sofre um desajuste temporal maior, fruto do modo como a publicação de opinião é gerida nos jornais, ou por sugestão dos autores ou pela existência de colunas predefinidas.

Um dos dados interessantes para a nossa caracterização é o fato de, apesar do grande desequilíbrio entre gêneros em qualquer das dimensões em análise, a igualdade ser maior na expressão nas novas mídias como a internet, do que nos jornais que se afiguram tradicionalmente como um território de opinião mais masculina.

Tabela 87
Relação de gênero entre artigos de opinião no jornal e *posts* online sobre o tema RTP2 (%)

Gênero	Opinião nos jornais	Opinião online
Masculino	91,90	74,40
Feminino	8,10	19,50

Fonte: Análise de lista de mensagens no site da RTP publicados entre 10 e 22 de maio de 2002.

Dos participantes do fórum da RTP, 85,8% residiam em Portugal enquanto os restantes 10,2% residiam no estrangeiro (não sendo possível aferir a origem de 4%). Na maior parte dos casos (97,6%) os *posts* não tinham como objetivo responder diretamente a um outro participante.

No que diz respeito ao posicionamento da opinião manifestada a favor ou contra o fechamento da RTP2, se nos jornais a relação é de maior equilíbrio entre as duas posições, talvez fruto também de políticas editoriais de fazer valer a mesma oportunidade aos dois campos em confronto, já nos *posts* ela é esmagadoramente contra (76,30%). Quem é a favor do encerramento de alguma parte da RTP está na maioria em Portugal (15,4% *versus* 7,7%).

Nenhum dos dois campos pode ser transposto para uma pesquisa de opinião sobre um determinado assunto, por ambos possuírem viés (a opinião dos jornais por ser fruto de decisão editorial e a internet pelo número reduzido de usuários) daí que, na realidade, a sua leitura seja complementar para quem quiser compreender de forma aprofundada uma realidade.

Quando analisamos a linha de exposição das posições também encontramos diferenças substanciais entre os dois campos. Um primeiro exemplo é o de que a opinião na internet possui também componentes de organização de protestos, algo inexistente num modelo de opinião num jornal. Depois também verificamos que, quando se escreve opinião na internet se é muito mais direto quanto ao campo em que nos posicionamos. Por exemplo, o número de pessoas que em artigos de opinião em jornais apenas analisa os eventos sem nunca demonstrar concordância ou discordância é anormalmente elevado (28,9%) enquanto essa linha de exposição é inexistente online.

Tabela 88
Linha de exposição central nos artigos e e-mails sobre o tema RTP2 (%)

Linha	Jornais	E-mails
Promove ações de protesto	–	3,90
Fala sobre a necessidade de reestruturação da RTP	1,80	9,40 (3)
Critica o governo partindo do contexto da RTP	11,40 (4)	9,40 (3)
Critica o governo sem analisar RTP	–	5,10
Fala sobre o fim da RTP	1,20	18,70 (1)
Debate sobre um ou dois canais	2,40	8,30 (4)
Discute serviço público indicando definição pessoal	25,30 (2)	10,90 (2)
Centra-se sobre a idéia de pagar custos das privadas com a RTP	1,80	3,30
Contra os elevados salários dos profissionais da RTP	–	5,50
Solidariza-se com trabalhadores da RTP	–	6,30
Manifesta apoio à decisão do governo	14,50 (3)	2,20
Argumenta que a RTP é vítima do poder político	1,20	2,40
RTP como garantia da democracia e da identidade	–	2,70
Analisa apenas os acontecimentos, sem tomar posição a favor ou contra	28,90 (1)	–
Outros assuntos	7,20 (4)	9,40 (3)

Fonte: Análise de lista de *posts* no site da RTP e jornais selecionados publicados entre 10 e 22 de maio de 2002.
Obs.: Os números entre parênteses indicam a posição em relação ao primeiro do *ranking*.

A definição direta do que é serviço público de televisão é mais corrente nos jornais, mas como já vimos online, a definição é feita a partir do que não é serviço público.

Online existe aparentemente maior diversidade de opiniões e exploração de possibilidades do que quando se escreve um artigo de opinião num jornal, como demonstram as hipóteses de discussão sobre o "Fim da RTP" ou a reestruturação da RTP ou o debate sobre um ou dois canais, todas elas menos presentes ou inexistentes nas linhas de exposição dos jornais.

Tabela 89
Tipo de expressão utilizada na formulação da opinião sobre o tema RTP2 (%)

Tipo	Jornais	E-mails
Questiona algo ou alguém	1,70	7,50
Manifesta posição	–	57,30
Argumenta e defende posição	98,30	29,90
Insulta algo ou alguém	–	3,50

Fonte: Análise de lista de *posts* no site da RTP publicados entre 10 e 22 de maio de 2002.

Outra dimensão de análise é o tipo de expressão utilizada, esta é uma dimensão importante pois muitas vezes existem críticas ao estilo pouco cuidado ou à lógica pouco organizada de idéias da exposição da escrita online.

Vale a pena mencionar que ambas são fórmulas de escrita com validade e são comparáveis desde que consideremos que da mesma forma que a escrita acadêmica é diferente da jornalística, também a escrita de opinião online é diferente da de artigos de opinião em jornal, mas não é por isso de menor valor.

A grande diferença entre os dois modelos é que online existem menos exposição argumentativa e de defesa de posição pela comparação dos contrários, ou seja, o online vive mais da manifestação de posição, mesmo argumentando o porquê dessa escolha. No entanto, a opinião online dá menos atenção à procura de justificativa do porquê da escolha entre duas posições.

A escrita online vive muito mais da manifestação de opinião e da valorização dessas opções sem uma comparação direta com a outra opção.

Diante da atenção aqui conferida à opinião na internet, vale também a pena realizar uma pequena incursão sobre o espaço dos blogs, ou blogosfera, para tecer algumas considerações sobre o que diferencia a opinião aí expressa daquela a que nos referimos no quadro do protesto em torno do *Fim da RTP*.

Embora nas sociedades informacionais mais avançadas, como por exemplo a norte-americana, os blogs possam funcionar como mídia alternativa ou de referência para jornais, rádios e televisões, nas sociedades em transição, como a portuguesa, a situação parece ser diferente. Os blogs em Portugal podem ser vistos essencialmente como uma "extensão das colunas" de opinião dos jornais, embora o seu âmbito seja claramente diferente. Não pretendem obter lucro pela sua venda (embora muitos tenham se tornado livros) e normalmente a sua escrita é um híbrido entre o modelo do *post* num fórum e o artigo de opinião em coluna de jornal.

Baptista (2004), na sua análise do fenômeno da *blogosfera* em Portugal, cita que cerca de 60% das respostas obtidas da parte de criadores de blogs menciona ter criado o seu blog pela necessidade de expressar opiniões, ou que o fizeram para partilhar informação que se encontra na internet ou fora dela (32%) ou ainda pelo prazer de escrever.

A blogosfera é um espaço que se alimenta dos acontecimentos do *mundo* que rodeia os seus autores, seja ele a instituição, o país etc., mas também da leitura de outros blogs e da crítica do que aí se lê.

Figura 35
Páginas de dois blogs administrados por políticos e comentaristas portugueses

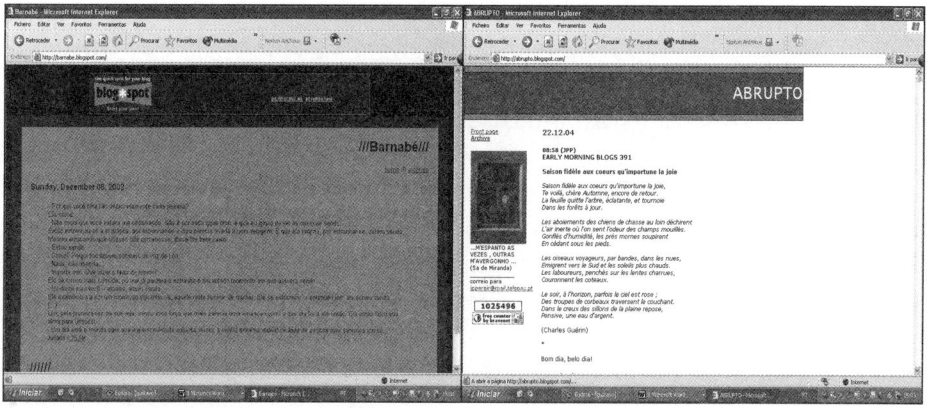

Segundo Baptista (2004), mais de 90% dos inquiridos assumem que lêem outros blogs preferindo aqueles escritos por personalidades já conhecidas do mundo político ou com experiência jornalística.

O perfil dos usuários de blogs centra-se nos professores (de diversos níveis de escolaridade), nos jornalistas e nos estudantes, sendo ainda forte a presença de administradores, advogados e arquitetos, situando-se as suas idades entre os 25 e os 39 anos e, tal como nos artigos de opinião dos jornais, majoritariamente homens (Baptista, 2004).

Obviamente as motivações podem ser tão diferentes como as expressas em Baptista (2004), no entanto, o blog quando administrado por personalidades da esfera do jornalismo ou da política constitui também uma forma de esses ganharem um posicionamento de destaque como fontes alternativas para os próprios meios de comunicação de massa, televisão, rádio e jornais.

São assim, além do prazer da escrita e do reconhecimento entre os seus pares, também para os seus autores mais um instrumento de influência do agendamento político e midiático.

Os blogs não são também uma alternativa aos meios de comunicação de massa, mas antes complementares.

O objetivo não é, na maior parte dos casos, o protesto ou a proposta de agendas alternativas, mas quando muito influenciar a agenda segundo as mesmas regras e temáticas já presentes nos modelos de *gatekeeping* da imprensa generalista de referência.

No entanto, mais do que no campo do jornalismo tradicional, os blogs parecem oferecer diversas fórmulas de apropriação entre culturas diferentes.

Quando analisamos a realidade norte-americana verificamos que o papel dos blogs, ainda que também limitado, possui outras características de articulação em rede com a mídia mais tradicional, como o rádio, a TV e os jornais.

Segundo um estudo realizado pelo Pew Internet and American Life Projet, em 2005 cerca de 27% dos usuários norte-americanos liam blogs, representando um crescimento de 10 pontos em relação a 2004. A blogosfera é assim, como a internet, uma realidade em mutação. No entanto, só 7% dos americanos alguma vez criaram um blog e, tal como em Portugal, os seus leitores (e talvez produtores) são majoritariamente jovens e possuidores de competências educacionais muito elevadas.

A grande vantagem dos blogs, na lógica de complementaridade citada, é a de apresentarem histórias que estão normalmente fora do circuito central e tradicional da reportagem jornalística. Exemplos dessa complementaridade e antecipação são conhecidos: como o caso Monica Lewinski e Bill Clinton ou a situação do President Bush's National Guard Service. No entanto, os blogs são na sua maioria mais uma câmara de eco e canais de comentários e opinião do que fontes alternativas generalizadas de notícias.

Os blogs oferecem vantagens, sem dúvida, mas também novas perguntas por causa das suas próprias características. Dada a sua facilidade de criação, os blogs tornam-se mais facilmente diários online do que jornais, nem todos ganham audiência, no entanto, os de maior sucesso podem competir com muitos jornais nas suas edições online ou em papel. Por outro lado, os blogs representam uma nova cultura paralela que torna tanto mais interessante como mais difícil a vida dos jornalistas. Como característica central os blogs possuem a capacidade de manter uma história viva muito além do tradicional ciclo noticioso de curta duração e, pelas suas características tecnológicas, oferecem igualmente a capacidade de permitir pesquisas quase imediatas quanto ao sucesso de um determinado assunto.

Apesar dos possíveis vieses enunciados, a opinião expressa na internet em fóruns, como o em torno do *Fim da RTP*, oferece uma base mais democrática, no sentido em que amplia o número de cidadãos que pode expressar a opinião além da tradicionalmente publicada apenas no jornal ou em blogs. Tanto mais que essa opinião de artigo de jornal ou blog está normalmente associada não apenas a quem tem "opinião" sobre um tema, mas também quem possuiu o domínio dos códigos simbólicos de forma a produzir um modelo relativamente bem elaborado de escrita.

O caso Fim da RTP pode ser tipificado como um protesto de opinião, ou seja, um protesto que tem como objetivo fazer mudar a posição dos governantes sobre um determinado assunto recorrendo à publicação da opinião como se se tratasse de uma autopesquisa. O que constituiu, obviamente, uma forma de protesto apenas possível num contexto democrático.

Os seus participantes tinham opiniões contrárias sobre o que deveria ser o futuro da RTP, embora majoritariamente a favor da RTP e contra o governo. Assistir aos canais de televisão e ler notícias e artigos de opinião nos jornais os fez compreender que, mais do que uma disputa entre forças políticas com o seu número de deputados ou comissões parlamentares, o que se passava era uma guerra de opinião protagonizada por diferentes ministros, deputados, jornalistas e colunistas. Por isso, a melhor forma de participar foi percebida como protestar pela expressão de opinião, recorrendo a abaixo-assinados, mas também a fóruns de opinião online.

O fato de os jornalistas terem abandonado temporariamente a produção de notícias, passando a produzir peças com formato jornalístico de notícia, mas conteúdo de opinião, facilitou também a adoção generalizada da opinião como forma de protesto e assim tentar influenciar o resultado final da posição do governo.

Embora esse protesto não possa ser tipificado como um movimento social, de algum modo viu os seus objetivos cumpridos, já que o governo, apesar de ter procedido a uma reestruturação profunda da RTP, não a extinguiu nem alterou visivelmente a carta de objetivos, delineando o que deve ser o papel do serviço público de televisão.

O que os participantes nesse protesto de opinião obtiveram foi um reforço do serviço público, pois passaram a mensagem de que as audiências querem um serviço público, mesmo que depois não o vejam com tanta regularidade, concedendo-lhe uma função de importância no panorama audiovisual. Por fim, também obtiveram uma RTP mais próxima da prática de serviço público do que a que existia em 2002.

O movimento pró-Timor Leste: direitos humanos, comunicação de massa e internet

> *When it gets its nationhood, as it surely will, East-Timor will be the first country to have been created in the internet age, in part by the internet age.*
>
> (Ellis, 1999)

Esta seção explora e analisa o Movimento por Timor, ocorrido em Portugal e globalmente em setembro de 1999, e o papel dos meios de comunicação de massa e da internet e de outras tecnologias de informação e comunicação no seu despontar, desenrolar e atingir de objetivos.

Até os acontecimentos de setembro de 1999, a participação política da sociedade civil portuguesa — sob a forma de movimentos sociais — concentrara-se sobretudo em questões nacionais e locais.

Assistira-se a uma incorporação da mídia por parte de movimentos sociais, principalmente de sindicatos e organizações ambientalistas, mas isso acontecera essencialmente na mídia tradicional, televisão e imprensa. Por outro lado, a utilização da internet, até essa data, no contexto do ativismo social havia sido apenas marginal, com exceção da Campanha da Acessibilidade (Cheta, 2004) e do protesto Terràvista em 1998.

O Movimento por Timor representou, portanto, um marco na participação cívica em Portugal por várias razões: introduziu um novo conjunto de questões, principalmente a defesa dos direitos humanos; desenvolveu-se em torno da necessidade de um alcance global, projetando a ação coletiva do âmbito nacional para o global; novos atores sociais tomaram posições políticas, de indivíduos a empresas nacionais; e as mídias tradicionais (McQuail, 1998) e novas mídias (Silverstone, 1999) assumiram um papel central nos protestos, tendo os próprios jornalistas tomado parte ativa na mobilização de cidadãos e na coordenação do movimento.

Como se pode inferir dessa análise, argumentamos que o Movimento por Timor é de grande importância para o estudo dos movimentos sociais, em Portugal, e para a evolução daqueles no contexto da modernidade tardia (Giddens, 1998).

A seguir discutiremos o modo como esse protesto deve ser considerado um *movimento social em rede*, centrado em valores culturais, agindo de uma base local com o intuito de exercer influência global, incorporando a internet como uma nova ferramenta para o sucesso dos protestos (Castells, 2003b).

No entanto, tentando contribuir para a caracterização dos movimentos sociais, defendemos igualmente que *para um movimento social poder ser considerado em rede, terá de fazer uso de estratégias combinadas envolvendo diferentes tecnologias*.

Sem o uso dessa combinação, da internet e da televisão, rádio e jornais, o sucesso da constituição de uma rede atingir os objetivos propostos pelo movimento social dificilmente será atingido.

Castells (2004a) destaca que os movimentos sociais contemporâneos tendem a assimilar a internet como um instrumento de ação e organização.

Contudo, apesar de a internet ter se tornado o centro da sua ação global, não devemos ignorar nem a integração da mídia tradicional operada por esses movimentos, nem o papel desempenhado pelos jornalistas e outros atores sociais — como as empresas da nova economia — no processo.

Por isso se defende precisamente que a capacidade desses movimentos de administrar a combinação das diferentes mídias, em torno de nós, de atribuição de tarefas específicas de mobilização e protesto, pode ter se tornado um traço comum na organização e funcionamento dos movimentos sociais deste início de milênio.

Para compreender o Movimento por Timor é necessário entender a estrutura social em que se desenvolveu, em nível nacional e internacional. Nessa perspectiva, para compreender não apenas a emergência dos movimentos sociais, mas também as suas características, não devemos considerar a ação coletiva fora da estrutura social na qual se desenrola, mas sim no contexto histórico, como o das transformações em curso nos campos econômico, social e cultural, principalmente a decomposição de estruturas sociais de base classista e a crise na representação política tradicional dos cidadãos (Crook, Pakulski e Waters, 1992). A relativa estabilidade econômica e militar das nações ocidentais permitiu o desenvolvimento de várias instituições que têm (até certo ponto) sido capazes de atender as necessidades básicas dos seus cidadãos.[171]

Contudo, a estabilidade, alcançada através do desenvolvimento e expansão dos mercados, tem uma outra face: a ação do Estado é freqüentemente limitada, o que muitas vezes tem conduzido ao recrudescimento da ação da sociedade civil como forma de compensar a perda do poder regulador estatal (Garner, 1996).

Se os movimentos sociais definem a sua identidade e o âmbito da sua ação a partir de um determinado conjunto de possibilidades e oportunidades devemos atentar aos traços culturais de cada sociedade (Cohen e Rai, 2000).

Portugal, uma nação recém-chegada ao mundo dos Estados democráticos e membro, apenas desde 1986, da União Européia, encontra-se num processo de transição entre uma sociedade proto-industrial e uma sociedade informacional. Devemos, portanto, atentar para que somente nos últimos anos se tornaram uma preocupação mais generalizada algumas das metas sociais já presentes na ação coletiva de outras sociedades modernas. É este, segundo a nossa opinião, o caso do Movimento por Timor.

---

[171] Veen e Inglehart estabelecem mesmo uma relação causal entre esse contexto e a mudança que observamos nos valores defendidos nas sociedades desenvolvidas, mais relacionada com consumo e expressão cultural que propriamente com a esfera da produção (apud Crook, Pakulskie Waters, 1992:145-146; e Neveu, 1996:69).

Os movimentos sociais devem ser compreendidos nos seus próprios termos, ou seja, *são o que dizem ser*. As suas práticas (e entre elas, sobretudo as discursivas) são a sua autodefinição (Castells, 2004a).

Ainda que assumindo diversas formas, o Movimento por Timor veiculava um objetivo comum: acabar com o sofrimento do povo maubere ou travar os abusos em curso, principalmente a morte indiscriminada de timorenses, a ausência de liberdade de expressão e culto, e os abusos sexuais a mulheres. Nesse sentido, devemos analiticamente considerar o Movimento por Timor como um movimento de defesa de direitos humanos (Garner, 1996:149).

Uma segunda questão diz respeito ao fato de se dever ou não considerar um movimento de defesa de direitos humanos como um movimento social.

Segundo Cohen e Rai (2000), os movimentos que visam acabar com genocídio ou etnocídio, tortura, prisão sumária sem julgamento, pena capital e prisão por credo religioso ou comportamentos individuais específicos não têm sido devidamente integrados na análise dos movimentos sociais, principalmente na literatura consagrada aos novos movimentos sociais (Garner, 1996).

Mas é pela própria emergência da questão dos direitos humanos ser inconcebível fora da dinâmica dos novos movimentos sociais que a construção social da dor e o modo como se constitui como mobilizadora da prática social devem ser integrados na teoria dos movimentos sociais (Baxi, 2000).

Castells (2004a), ao reinterpretar a categorização proposta por Touraine (1981), afirma que a definição de um movimento social baseia-se em três princípios: a sua identidade (a sua autodefinição e a dos atores sociais que diz representar); o seu adversário; e o seu objetivo social (a ordem social que a sua ação coletiva pretende alcançar).

No caso do Movimento por Timor, o adversário era o conjunto de agentes políticos e sociais diretamente responsáveis pelos abusos cometidos contra o povo maubere ou indiretamente imputáveis pelo mesmo, por omissão ou inação.

Como objetivo, o movimento exigia o fim da violência e a presença de uma força internacional de intervenção no território.

Quanto à sua identidade, pretendia representar todos os timorenses que não conseguiam fazer ouvir a sua voz fora do seu território e era o resultado de uma coligação informal de cidadãos portugueses, associações e refugiados timorenses, organizações não-governamentais, associações cívicas, empresas privadas e membros do aparelho de Estado.

Uma vez que todos esses elementos são identificáveis no protesto por Timor, faz sentido considerá-lo como um movimento social. Mas o Movimento por Timor apresenta igualmente traços distintivos de um movimento social da era da informação (Castells, 2004a).

À semelhança do que sucedeu nos protestos contra a OMC em dezembro de 1999 (Castells, 2004a), embora aqui se centre na defesa dos direitos humanos, o movimento agiu localmente no sentido de exercer influência global — principalmente para chegar às esferas de decisão no âmbito das Nações Unidas — realizando uma instrumentalização dos meios de comunicação de massa e da internet para alcançar os seus objetivos.

Após o início de um processo de independência de Portugal depois da revolução de 1974, a Indonésia invadiu o território de Timor Leste — situado ao norte da Austrália e com fronteira terrestre com a República da Indonésia — em setembro de 1975.

Durante os 24 anos seguintes ocorreu uma ocupação ilegal do território timorense e foi travada uma longa guerra com o povo maubere, com o Exército de Libertação Timorense (Falintil) e com o seu líder, Xanana Gusmão.

Em 30 de agosto de 1999 foi realizado um referendo na antiga colônia portuguesa de Timor Leste, sob os auspícios das Nações Unidas. Os 400 mil cidadãos que nele tomaram parte rejeitaram, por 78,5%, a proposta de autonomia avançada nessa consulta, abrindo caminho para a independência do território.

Pouco depois de serem conhecidos os resultados irrompeu uma onda generalizada de violência, responsável pela morte de milhares de pessoas em Timor Leste.

Simultaneamente, em Portugal, os cidadãos que tentavam agir em defesa do povo maubere desenvolviam um movimento social sem paralelo, comparável apenas ao ocorrido no país nos anos que se seguiram à revolução de 1974 e ao regresso à democracia em Portugal.

O período entre 4 e 20 de setembro de 1999, de uma intensa atividade diplomática por parte do governo português, contemplou igualmente, e sobretudo, ações de solidariedade e de promoção da defesa dos direitos humanos em Timor, num vasto movimento social de proporções nacionais.

Quem quer que visitasse Portugal durante esses 16 dias teria assistido a sinais e marcas de participação cívica nas ruas, nas quais as formas mais criativas de protesto aconteceram. De murais pintados até manifestações diárias à porta das embaixadas dos países das Nações Unidas e do seu Conselho de Segurança em Lisboa, utilização de roupa branca, carros transportando bandeiras brancas, mensagens escritas de apoio encheram o dia-a-dia dos portugueses.

Numa das muitas iniciativas, o país parou, de forma direta ou indireta, durante três minutos e também foram jogadas flores nos rios.

Nesses protestos, como em outras atividades durante esse mês, os meios de comunicação de massa tradicionais — o rádio, a televisão e a imprensa — deram uma decisiva visibilidade aos protestos, contribuindo significativamente para alcançar os objetivos do movimento.

Os protestos virtuais, ainda que menos visíveis, desempenharam um papel igualmente importante: mais de 100 mil e-mails opondo-se às ações indonésias foram enviados para as Nações Unidas; dezenas de websites foram criados de modo a constituir um fórum público de discussão e as linhas de fax dos representantes dos cinco países-membros permanentes do Conselho de Segurança das Nações Unidas foram literalmente entupidas com o elevado número de chamadas recebidas.

O aqui descrito parece em grande medida dar razão à idéia de que a maior parte dos acontecimentos nas nossas vidas têm lugar em contextos decisivamente influenciados pela informação (Melucci, 1995b).

O papel dos meios de comunicação de massa e da internet é de particular interesse para a compreensão das especificidades do Movimento por Timor pois é nelas que deve ser procurada a sua estrutura organizacional, muitas das iniciativas e a sua divulgação.

A mídia tradicional, como o rádio, os jornais e até certo ponto a televisão, além da internet, foi decisiva no surgimento, organização e desenvolvimento do movimento. Por um lado, a sua instrumentalização permitiu aos participantes a posse de ferramentas que facilitaram a sua ação em nível nacional e internacional, por outro, foi pela ação sobretudo dos meios de comunicação de massa, que a janela de oportunidade cultural e política foi aproveitada para a eclosão daquele protesto.

A contextualização histórica do acontecido em setembro de 1999 permite-nos também compreender melhor a força que o papel da mídia assumiu ao longo do tempo na luta do povo timorense.

Foi graças ao trabalho de dois jornalistas *freelances* (Etan, 2002) que a população portuguesa foi, de forma generalizada, alertada para o drama do povo maubere.

Em 12 de novembro de 1991 foi registrado em vídeo o massacre do cemitério de Santa Cruz, em Dili, permitindo que o evento fosse transmitido para todo o mundo. Se esse massacre produziu um impacto significativo em nível internacional, em Portugal teve um efeito tremendo, sobretudo pelo fato de serem discerníveis orações em português durante os tiroteios.

Essas imagens e som seriam responsáveis por algo que os partidos políticos e organizações não-governamentais não haviam logrado atingir desde a invasão de Timor em 1975: o estabelecimento de um elo cultural entre o sofrimento do povo maubere e o povo português pela constatação da partilha da língua e da religião. Os traços comuns de identidade foram assim redescobertos para uns e descobertos por outros na televisão.

Concebidos como veículos significantes, os movimentos sociais constituem enquadramentos para a ação, transformando, por aproximações às disposições culturais de cada sociedade, tensões e dificuldades em padrões de ação social (Tarrow, 1998; Maheu, 1993, 1995).

É por isso que o conceito de enquadramento ou matriz (uma matriz interpretativa que simplifica e condensa o mundo exterior ao selecionar e codificar objetos, situações e eventos) é uma ferramenta particularmente importante para a análise de movimentos sociais (Tarrow, 1998).

Uma vez que cada uma das diversas identidades sociais de um indivíduo é socialmente construída e atendendo ao fato de que a ação coletiva é uma das formas pelas quais a identidade individual é sintetizada, faz sentido considerar que cada movimento social tentará atrair o apoio dos cidadãos veiculando uma determinada matriz interpretativa. Já que ela decorre da especificidade de cada contexto, os mediadores representantes do movimento tendem a personalizá-la, num processo designado "alinhamento da matriz", um denominador comum entre a cultura da população, cujo apoio se pretende atrair, e os valores e objetivos do movimento (Garner, 1996).

Contudo, ainda que o consenso sobre uma determinada questão seja alcançável, apenas a mobilização desse consenso orienta os indivíduos para a ação, não só pelo eco que produz na identidade individual de cada um mas também pela ligação desse consenso a práticas e não somente a idéias (Tarrow, 1998; Garner, 1996).

É por isso que o simbolismo visual é tão importante, sobretudo nos meios de comunicação de massa, uma vez que desempenha um papel decisivo na síntese de identidades coletivas e na projeção da imagem adequada a potenciais simpatizantes e adversários (Tarrow, 1998).

Foi o caso do massacre de Santa Cruz, em que o simbolismo visual transmitido agiu efetivamente como catalisador de uma identidade coletiva junto aos portugueses, criando as condições para surgir, em setembro de 1999, uma ação coletiva.

Os meios de comunicação de massa tradicionais são o meio pelo qual a maioria dos cidadãos estabelece contato com a esfera política. Não só alguns problemas sociais são muitas vezes o resultado da assimilação e interpretação, por parte da mídia, de determinadas situações como também lhes conferem visibilidade ou midiatizam certos fatos, incluindo-os na agenda política, criando novos modos de discurso e alterando o próprio campo político (Neveu, 1996; Crook, Pakulski e Waters, 1992; Gibbins e Reimer, 1999).

Ainda que a mídia tenha se tornado um instrumento de que os movimentos sociais não podem abdicar para alcançar potenciais simpatizantes, a sua utilização também coloca problemas específicos.

Em primeiro lugar, a matriz discursiva do movimento é condicionada por ele pretender atrair cobertura midiática (Garner, 1996). Em segundo, com o leque de temas privilegiados pela mídia e o grau elevado de competição por midiatização para um espaço limitado, a ação dos movimentos assume freqüentemente o caráter de performances emocionais (Neveu, 1996; Tarrow, 1998; Touraine, 1981).

Os movimentos sociais têm que usar estratégias de informação de modo a atrair a midiatização de que necessitam para mobilizar o apoio e a interação com os poderes público e político. É nesse campo que o Movimento por Timor apresenta características mais atípicas em movimentos sociais, principalmente o modo como conseguiu captar a atenção da imprensa, televisão e rádio. Nesse caso, as estratégias foram criadas e veiculadas pela própria mídia, em muitos momentos idealizadas por jornalistas.

Para melhor compreender a real importância da mídia em todo esse processo, temos novamente de entender as especificidades estruturais e o contexto de oportunidade política nacional quando o movimento eclodiu.

Portugal, ainda que integrado à União Européia, é um país com influência diplomática média na cena internacional e não era possível enviar forças militares para Timor devido a várias limitações institucionais — o que era de domínio público há muito tempo com a cobertura da mídia aos abusos dos direitos humanos timorenses.

Assim, a questão que pairava sobre os portugueses poderia ser sintetizada assim: por causa da relativa impotência da esfera político-militar para uma ação unilateral, de que modo poderiam os cidadãos contribuir para a solução do problema?

A resposta foi dada pela própria mídia no modo como decidiram amplificar os protestos até que fossem audíveis nas esferas de decisão política internacional.

Na sua análise do papel do rádio no Movimento por Timor, Proença (2000) defende que a Rádio TSF, durante o período de transmissão ininterrupta — as primeiras 100 horas sem pausas para comerciais, entre 7 horas do dia 5 de setembro e 23 horas do dia 9 do mesmo mês —, agiu não apenas como um serviço noticioso mas como uma rádio de ativismo social.

Se o diretor de notícias da TSF pretendia criar nas ruas um efeito capaz de captar a atenção da mídia internacional, como forma de alcançar audiências em todo o mundo, principalmente nos países com direito de veto no Conselho de Segurança das Nações Unidas, apenas o conseguiria promovendo iniciativas de caráter fortemente emocional, adequado a transmissões televisivas (Proença, 2000).

Entre as iniciativas promovidas pela TSF, mais tarde abraçadas pelos canais nacionais de televisão e a imprensa, destacam-se como as mais eficazes para a mobilização individual o "dia de branco", o "jogar uma flor no rio", e a paralisação de toda a atividade no país durante três minutos, em conjunto com as centrais sindicais nacionais.

Na sua análise, Proença (2000) descreve a forma como a escolha dessas iniciativas decorreu do simbolismo e do grau de midiatização que poderiam colher (Mazzoleni, 2002).

No "dia de branco" o objetivo era estabelecer um elemento comum a todos os protestos no mundo: a cor branca, por ser facilmente interpretada por diferentes culturas (significando pureza no Ocidente, alegria e felicidade no Oriente, e respeito para a comunidade muçulmana) permitia que a sua mensagem fosse amplificada internacionalmente. Ela foi assim adotada como cor de protesto, dos âncoras televisivos vestidos de branco aos cidadãos usando peças de roupa ou bandeiras brancas nas suas janelas e automóveis.

A segunda iniciativa pretendia lamentar a perda de todos os que pereciam em Timor. Na ausência de cadáveres para chorar, era sugerido aos cidadãos que atirassem flores nos rios de modo a unir ambos os países no símbolo e na dor. De forma a tornar a ação mais sedutora para a mídia, os cidadãos eram igualmente convidados a reunir-se em frente à embaixada dos EUA em Lisboa.

A última iniciativa, novamente coordenada pelas várias mídias e dessa vez abraçada igualmente pelos sindicatos, visou a paralisação da atividade no país durante três minutos. Este evento foi amplamente divulgado pela mídia internacional uma vez que muitos portugueses pararam os seus automóveis nas estradas e abandonaram os seus empregos para saírem às ruas, nas quais se detiveram à hora convencionada.

Essas formas de protesto pretenderam essencialmente dois objetivos: por um lado, unir todo o protesto; por outro, criar as sinergias necessárias para que o desrespeito pelos direitos humanos em Timor caísse no domínio público internacional.

Os diretores de informação e os radialistas desempenharam um papel decisivo no processo de mobilização em torno do caso timorense e forneceram aos cidadãos um meio pelo qual lhes foi possível expressar a sua solidariedade participando nas ações, papel este amplificado a partir do momento em que a imprensa escrita e a televisão se juntaram ao processo.

Durante o mês de setembro de 1999 os dois jornais diários de referência portugueses, *Público* e *Diário de Notícias*, publicaram sobre a questão de Timor respectivamente 399 e 350 artigos, tendo o semanário *Expresso* publicado 176 artigos no mesmo período.

As manchetes dos jornais portugueses não incluíram referências a Timor apenas em quatro ocasiões, tendo a agência Lusa transmitido uma média diária de 100 notícias sobre o assunto.

À definição dessa agenda informativa deve acrescentar-se a midiatização diária de diversas iniciativas de pequena escala promovidas por cidadãos ou alunos de escolas, a revelação dos nomes de empresas dedicadas à venda de produtos indonésios, apelando ao seu boicote, ou dos números de contas bancárias destinadas a recolher donativos para ajuda humanitária.

Da análise dos dados empíricos disponíveis sobre a produção de notícias durante o mês de setembro resulta a constatação de que os jornalistas decidiram abdicar da imparcialidade que habitualmente caracteriza a linha editorial — que, em geral, promove as agendas dos partidos políticos e dos grupos de pressão (Gibbins e Reimer, 1999) — conferindo prioridade à defesa de valores culturais, como os direitos humanos.

Essa decisão provou-se fundamental uma vez que o seu conhecimento do funcionamento da mídia, como catalisador da partilha de um sentimento de identidade timorense, possibilitou à sociedade civil a expressão dos seus sentimentos de uma forma coletiva e direcionada para a mídia.

Como citou, em entrevista, o diretor de notícias da TSF, Carlos Andrade (1999), no que diz respeito à relação entre Portugal e Timor Leste desde 1975 e até os protestos ocorridos em 1999, deve-se considerar três vetores: a classe política, que viveu a situação sem muitas esperanças na sua resolução; a mídia, que desde muito cedo compreendeu a sua essência; e os cidadãos, que mantiveram Timor junto dos seus corações.

Muitas das ações promovidas e editoriais publicados, durante o período em análise, parecem enquadrar-se no que Shah (1999) designa *jornalismo de desenvolvimento*, uma forma de jornalismo dedicada aos aspectos sociais, culturais e políticos do desenvolvimento, além dos aspectos meramente econômicos. Trata-se de um modo de jornalismo mais democrático e que enfatiza a comunicação "de baixo para cima". Um tipo de jornalismo pragmático e não-convencional na sua abordagem das questões tratadas, que incentiva a ação, a criação e a manutenção de um espaço de mobilização.

Shah (1999) considera, inclusive, a atitude dos jornalistas uma possível substituta da ação das elites intelectuais sob cuja orientação é habitualmente criada uma predisposição para a ação coletiva.

Podemos considerar que os jornalistas, à semelhança dos intelectuais (Garner, 1996) noutros contextos de protesto social, podem desempenhar um papel essencial no enquadramento e síntese de identidades coletivas para a mobilização de uma base de apoio ao movimento, tendo esse seu papel sido construído dialeticamente em simultâneo com a eclosão do movimento. A identidade desses jornalistas e a do movimento que impulsionaram criam-se assim de forma interativa (Shah, 1999).

Até aqui estabelecemos que a comunicação social, isto é, os jornais, rádios e televisões, desempenharam um papel fundamental no Movimento por Timor, à semelhança do ocorrido em outros movimentos sociais (Van Aelst e Walgrave, 2004; Downing, 2000).

Apesar disso, os movimentos sociais parecem regularmente procurar outras plataformas comunicativas para alcançar possíveis apoios à sua causa (Garner, 1996:375). Não deixando de inovar no uso das tecnologias de informação e comunicação desde que possam ser úteis para atingir os objetivos propostos.

Mesmo os movimentos sociais mais influentes necessitam de legitimidade e apoio que lhes é atribuído localmente, mas têm igualmente de agir em nível global uma vez que o poder político, difuso, atua também simultaneamente em vários níveis (Castells, 2004a).

No caso, muitos dos simpatizantes do Movimento por Timor encontravam-se geograficamente distantes, impedindo uma interação face a face (Smelser, 1988).

O movimento viu-se obrigado a promover ações simultâneas em quatro continentes. Na Ásia (onde se situam Timor Leste e a Indonésia), na Oceania (onde se encontravam as forças de intervenção militares mais próximas do teatro de operações, e onde ocorria a reunião de cúpula Asean), na América do Norte (onde se situava o maior aliado da Indonésia, os EUA, e onde se reúne o Conselho de Segurança das Nações Unidas) e na Europa.

A partir do momento em que, veiculado pelas organizações de resistência timorense e pela diplomacia portuguesa, constituiu-se como objetivo central a atingir pelo protesto o envio para Timor de uma força militar de manutenção de paz das Nações Unidas, a utilização da internet foi grandemente encorajada e promovida pelos próprios meios de comunicação de massa, por empresas privadas no setor de telecomunicações e por cidadãos anônimos.

O site Guia do Activismo Online (Silva, 2000), um diretório de protestos, continha, em 3 de fevereiro de 2000, um total de 60 ações de protesto em prol de Timor. Ainda que muitas dessas ações não dispusessem de um contador de visitas, prevê-se que cerca de 190 mil pessoas tenham usado esses sites para enviar e-mails para, entre outros, o presidente norte-americano, Bill Clinton, o presidente indonésio, Habibie, e o secretário-geral das Nações Unidas, Kofi Annan.

As primeiras ações que instrumentalizaram a internet, sobretudo pelo envio de e-mails e faxes, começaram em 5 de setembro por ação da Rádio TSF. Um usuário da internet oferecera os seus préstimos à estação, reunindo pouco depois os números de fax e os e-mails das personalidades citadas para divulgação maciça.

À semelhança da Rádio TSF, outras mídias e sites comerciais iniciaram ações de protesto, permitindo que os contatos reunidos circulassem facilmente e de modo informal e que se tornassem do domínio público os textos-padrão enviados para as Nações Unidas e para a Casa Branca.

Ainda que o volume exato de e-mail e de faxes enviados entre 5 e 15 de setembro seja de difícil contabilização, o que se sabe sobre o sucesso dessa iniciativa é que conduziu ao bloqueio de várias linhas telefônicas no edifício das Nações Unidas e que os servidores da Casa Branca rejeitaram, a partir de 7 de setembro, e-mails provenientes do domínio pt (Viegas, 1999).

Os portais das empresas de acesso à internet e as empresas de telecomunicações desempenharam um papel de destaque: mais de metade dos e-mails enviados foram reunidos no Sapo — o portal da principal empresa portuguesa de telecomunicações, a Portugal Telecom — tendo esta última estabelecido uma linha exclusiva de fax e números de fax gratuitos pelos quais os cidadãos podiam enviar faxes diretamente para a Casa Branca e para as Nações Unidas a custo zero (Portugal Telecom, 1999).

Quadro 17
Petições e coleta de assinaturas para envio de e-mails de apoio a Timor Leste

Solidariedade com Timor Leste	Situação	Simpatizantes	Duração
Campanha "Militia: terror still in refugee camps"	Em curso	458	Desde 6-11-1999
Petição "Contra o desarmamento das Falintil II"	Em curso	278	Desde 14-10-1999
Petição "Contra o desarmamento das Falintil I"	Em curso	276	Desde 16-10-1999

Continua

Solidariedade com Timor Leste	Situação	Simpatizantes	Duração
Petição "Science with East Timor"	Terminado	349	Entre 11 e 15-9-1999
Campanha "Cordão humano mundial online por Timor"	Em curso	425	Desde 12-9-1999
Campanha "Cordão humano por Timor na internet" (Guia)	Em curso	323	Desde 10-9-1999
Campanha "SOS Timor" (Portugal Telecom)	Terminado	3.382	Entre 9 e 15-9-1999
Campanha "Um e-mail por Timor" (Sapo)	Terminado	100.627	Entre 6 e 15-9-1998
Petição "Contra o massacre em Timor I" (TSF)	Terminado	42.865	Entre 5 e 15-9-1999
Petição "ONU em Timor Leste II" (SOS Timor)	Terminado	9.600	Entre 5 e 6-9-1999
Petição "ONU em Timor Leste I" (Lusitânia Expresso)	Terminado	32.163	Entre 22-4 e 15-9-1999

Fonte: Análise de http://members.tripod.com/~Protesto_MC/timor.html.
Nota: Situação em 3 de fevereiro de 2000.

Essa participação de empresas — cuja atividade tem por princípio o lucro — é um dos elementos mais interessantes desse movimento.

É possível considerar que, num contexto de descontentamento popular generalizado com a Indonésia e de apoio à causa maubere, essa prática das empresas possa assumir contornos de oportunismo de relações públicas ou que em certos eventos a identidade nacional pode assumir-se como elemento decisivo para a estratégia das empresas privadas.

Mas a explicação para tal comportamento pode igualmente residir na cultura específica da internet (Castells, 2004a).

As empresas que apoiaram esse protesto, no nível tecnológico ou financeiro, pertencem à nova economia (Castells, 2004a), setor no qual a cultura da internet se encontra difundida em maior grau, e nas quais a crença no progresso humano pela tecnologia é mais consensual.

Sendo detentoras da tecnologia — sob a forma de portais ou de linhas de fax — necessária ao alcance dos objetivos do movimento, podemos considerar que os movimentos sociais da era da informação podem incluir nas suas fileiras não apenas cidadãos e organizações não-governamentais mas também empresas da nova economia.

Outro exemplo de protestos conduzidos pela internet foram os fóruns organizados por meios de comunicação de massa globais, principalmente a CNN e a BBC.

Os fóruns promovidos pela BBC são um dos elementos empíricos mais interessantes reunidos nesta análise, uma vez que apenas metade das mensagens e respostas aí publicadas vieram de Portugal, o que atesta bem a evolução do movimento do local para o global.

Quadro 18
Pesquisas online de apoio a Timor Leste

Fóruns online	Situação	Simpatizantes	Duração
Send Portuguese soldiers to East Timor? (Virtual Azores)	Terminado	84% Sim	Entre 12 e 15-9-1999
Send US troops to East Timor? (Mojo Wire)	Terminado	64% Sim	Entre 10 e 15-9-1999
Send UN troops to East Timor? (Time)	Terminado	65% Sim	Entre 8 e 14-9-1999
International force in East Timor? (Jakarta Post)	Terminado	94% Sim	Entre 9 e 10-9-1999
Naciones Unidas en Timor? (El Mundo)	Terminado	98% Sim	Entre 9 e 14-9-1999
UN peacekeepers to East Timor? (CNN)	Terminado	95% Sim	Entre 7 e 10-9-1999
Militares portugueses para Timor? (D. Digital)	Terminado	94% Sim	Entre 8 e 15-91999
Imposto excepcional por Timor? (Público)	Em curso	54% Não	Desde 8-9-1999
East Timor: time to intervene? (BBC)	Terminado	96% Sim	Entre 7 e 9-9-1999
Indonesia and East Timor (CNN)	Terminado	52% Sim	7-9-1999

Fonte: Análise de http://members.tripod.com/~Protesto_MC/timor.html.
Nota: Situação em 3 de fevereiro de 2000.

No website da BBC era possível encontrar mensagens de apoio de cidadãos britânicos e norte-americanos e destacando as semelhanças entre a situação timorense e a kosova, e a necessidade de a comunidade internacional encontrar um critério comum para violações de direitos humanos (Viegas e Gomes, 1999).

Outro exemplo da extensão global do protesto é a análise dos sites disponíveis ainda hoje sobre Timor e o número de seus idiomas. Análise semelhante é igualmente possível sobre a origem e quantidade de mensagens enviadas para *newsgroups* durante o mês de setembro de 1999.

A ênfase da era da informação não deve ser a informação mas o acesso. A tecnologia não tornou a informação um novo recurso, já que sempre o foi; em vez disso transformou o modo como a acessamos e as TCIs, com isso redefiniram as formas pelas quais contatamos outros cidadãos, serviços e tecnologias (Dutton, 1999). A capacidade de acessar e processar informação mais rapidamente e de estabelecer ligações entre indivíduos de todo o mundo, em tempo real, permitiu ao movimento atingir os seus objetivos.

Quadro 19
Envio de mensagens em *newsgroups* referentes a Timor (set. 1999)

Pesquisa na internet sobre Timor, em fevereiro de 2002		Mensagens enviadas incluindo o termo Timor	
Sites em	**Quantidade**	***Newsgroups* em**	**Mensagens enviadas**
Inglês	600.000	Inglês	27.400
Português	38.800	Português	3.390
Espanhol	35.900	Indonésio	982
Francês	24.900	Italiano	786
Alemão	20.000	Holandês	784
Indonésio	19.300	Francês	534
Italiano	18.200	Espanhol	429
Holandês	7.410	Alemão	208
Total de webpages	1.140.000	Total de mensagens enviadas	190.000

Fonte: Análise Google e Dejanews 1 a 30-9-1999.

Até aqui avaliamos as estratégias de mediação no quadro dos movimentos sociais centrando-nos essencialmente no *local*, isto é, como a partir de um país se estruturam surgimento, mobilização, organização, coordenação e protesto pelos meios de comunicação de massa, internet e outras tecnologias de informação como o fax.

No entanto, se pretendemos compreender como essa mobilização, organização e ação se estruturam em torno do uso da internet, em escala global, teremos de aprofundar um pouco mais a nossa análise, recorrendo para tal ao estudo de como uma *mailing list* funciona durante um período de mobilização para a ação, nesse caso a *mailing list east-timor* da East-Timorese Action Network (Etan).

O mesmo se pode dizer em relação aos meios de comunicação de massa, ou seja, ampliar nosso horizonte sobre o papel da mídia na construção da autonomia deve também considerar que uma mesma matéria, "a situação em Timor Leste", pode ser vista pela mídia de Portugal, Europa, EUA, Oceânia e Extremo Oriente, com diferentes lentes da objetividade jornalística em ação.

A internet ao permitir-nos consultar diferentes mídias online pode nos dar uma perspectiva mais diversificada, e talvez mais correta, ao nos fazer ver diferentes abordagens para um mesmo tema.

No entanto, para que a internet possa potencializar a nossa autonomia comunicativa dessa forma é primeiro necessário que a percepção da diferença entre a mídia de diferentes países, para os mesmos assuntos, faça parte das nossas bases de habilidade sobre a mídia.

Em grande medida a análise que se segue tem origem na coleta de artigos publicados em setembro de 1999 nos dois jornais de referência portugueses (*Diário de Notícias* e *Público*) e na sua análise de conteúdo em conjunto com os 1.672 e-mails trocados durante os 20 dias compreeendidos entre 10 e 30 de setembro de 1999 na lista *east-timor*.

A lista *east-timor* foi criada para servir de apoio a um *newsgroup* denominado *reg.easttimor* que teve origem na Association for Progressive Communications (APC) e nas suas redes-membros (PeaceNet, GreenNet etc.).

Figura 36
Página do IGC

A lista *east-timor*, ainda hoje ativa, centra-se em distribuição de notícias com origem em muitas fontes, incluindo grupos em Timor Leste, a Etan/US, a Tapol, e outros grupos de apoio.

Relatórios e traduções de serviços noticiosos e da imprensa indonésia, portuguesa, australiana, inglesa e americana também são um conteúdo regular, bem como documentação oficial e comunicados das Nações Unidas, governos e outras fontes.

Já que grande parte da informação trocada na *mailing list east-timor* se referia também a grupos de ativistas indonésios ou de outros países asiáticos, bem como das sua mídias nacionais, impõe-se uma breve contextualização sobre a Ásia antes de prosseguirmos a nossa análise comparativa.

As ligações entre mídia e democracia têm desde muito sido debatidas e discutidas. Como instituição-chave na esfera pública, a mídia desempenha um papel central na informação pública e política, participação e disseminação de informação sobre os processos políticos que são indispensáveis à prática democrática.

Só quando os cidadãos possuem acesso à informação sobre os processos políticos, partidos, candidatos e programas é que podem fazer escolhas racionais e efetivamente participar nas escolhas que afetam as suas vidas. A mídia também nos dá uma esfera para o debate e a discussão e é o canal mais eficiente para fazer ouvir a opinião pública e o *feedback*.

Na Ásia, a mídia é vista como ferramenta central para criar unidade nacional e identidade. Os governos da Ásia tendem a controlar a mídia por dois mecanismos. O primeiro é o uso da lei e regulação restringindo as práticas de muitas mídias o que inclui por exemplo a não difusão de material politicamente sensível. O Estado mantém assim uma vigilância apurada sobre as licenças de transmissão e uma possibilidade de veto sobre os conteúdos.

O segundo mecanismo, além do controle direto do setor público de mídia, é que o Estado também procura adquirir participações acionistas na mídia privada (Bannerjee, 2003).

O surgimento da internet trouxe novas esperanças à Ásia. No entanto, as experiências de muitos países demonstraram que fatores sociopolíticos, tecnológicos e econômicos mitigaram os potenciais da internet, no discurso político e também na prática (Banerjee, 2003).

Além da dimensão política, o acesso à internet e a disparidade entre países são de fato muito maiores na Ásia do que, por exemplo, na Europa, pelo que a análise que aqui fazemos também deve levar isso em conta.

Assim, se Cingapura, Coréia do Sul, Hong Kong, Taiwan e Japão apresentam taxas de penetração iguais à européia, ou em alguns casos superiores, os outros países apresentam taxas muito baixas, como por exemplo a Indonésia com menos de 2% da sua população, cerca de 4,5 milhões de habitantes, com acesso à internet.

No quadro geográfico e político asiático, entraves ao correto funcionamento da mídia (Katz, 1980) como a seletividade (isto é, a exposição, percepção e retenção seletiva de informação) e as relações interpessoais (afiliação a grupo e outros processos de influência grupal) estão, de forma clara, presentes (Banerjee, 2003).

Cingapura é um bom exemplo de uso sistemático de censura e regulação da internet. O governo de Cingapura definiu a internet como um meio de difusão, por isso as regulações aplicáveis à televisão podem também ser utilizadas na internet.

Quadro 20
Utilização da internet na Ásia por países selecionados (%)

País	Data	Número de usuários	Percentagem da população	Fonte
China	Julho de 2002	45,8 milhões	3,58	CNNIC
Hong Kong	Abril de 2002	4,35 milhões	59,58	Nielsen NetRatings
Índia	2002	4,47 milhões	0,45	IDC Índia
Indonésia	Janeiro de 2002	4,4 milhões	1,93	Komitel
República da Coréia	Julho de 2002	25,6 milhões	53,8	Ministério da Informação e Comunicação
Japão	Junho de 2002	56 milhões	44,1	Ministério dos Correios e Telecomunicações
Tailândia	2001	3,53 milhões	5,4	Nectec
Malásia	Dezembro de 2001	5,7 milhões	25,15	ITU
Filipinas	Setembro de 2002	4,5 milhões	7,77	The Philipines Star
Cingapura	Abril de 2002	2,31 milhões	51,84	Nielsen NetRatings
Taiwan	Julho de 2001	11,6 milhões	51,85	Nielsen NetRatings
Vietnã	Dezembro de 2001	400 mil	0,49	ITU
Camboja	Dezembro de 2001	10 mil	0,08	ITU
Sri Lanka	Dezembro de 2000	121 mil	0,63	ITU
Laos	Dezembro de 2001	10 mil	0,17	ITU

Fonte: Adaptado de Banerjee (2003).

Em 2001 tornou-se obrigatório o registro de sites de política e os fornecedores de acesso foram tornados responsáveis pelos conteúdos disponibilizados devendo também registrar conteúdos políticos hospedados. Igualmente a campanha eleitoral pela internet foi proibida, assim como por SMS (Banerjee, 2003).

A China, por exemplo, exerce o controle de sites de forma sistemática, banindo e censurando os seus materiais, bem como fazendo uso dos mesmos instrumentos legais que Cingapura.

Na Malásia, embora em menor número, ocorrem também situações de tentativa de limitação de expressão como, por exemplo, o fechamento, em 2003, do jornal online *Malysiakini* considerado demasiado antigovernamental.

Os exemplos dessa relação dúbia com o Estado são muito variados e podemos também encontrá-los na Índia, quando em 2002, depois de ter exposto um esquema de corrupção no governo indiano, o tehelka.com sofreu investigações inusitadas da parte das finanças e dos serviços secretos que perturbaram o seu funcionamento (Banerjee, 2003).

No caso da Indonésia, as mudanças na natureza e no grau de controle sobre a informação tiveram um papel crucial nas mudanças políticas ocorridas durante a segunda metade dos anos 1990 e em especial na transição para a democracia, de 1998 a 1999, pelo que a explosão da cobertura da mídia internacional sobre a Indonésia e o papel da internet atuaram como dois fatores cruciais na transformação política daquele país (Winters, 2002).

O fato de a cobertura internacional da mídia ser altamente crítica do *status quo* vivido na Indonésia, mostrando-a como uma ditadura militar enquanto os restantes parceiros da Asean eram vistos como realizando transições de sucesso para a democracia, constituiu um fator de instabilidade social entre as elites indonésias e os detentores do governo. A cobertura internacional, pelos meios de comunicação de massa ou pela internet, teve assim como primeiro alvo as elites indonésias, tendo depois estas atuado também como mediadores junto à população em geral e à mídia doméstica (Winters, 2002). Esse processo gerou uma onda de desestabilização social que ampliou as conseqüências da já débil situação econômica vivida (Castells, 2004a).

Segundo o *LexisNexis*, de 31 de dezembro de 1999 (apud Winters, 2002), de valores próximos a 20 mil artigos na imprensa internacional em 1992 a cobertura noticiosa sobre a Indonésia subiu para mais de 160 mil em 1998.

Os dois maiores picos de cobertura internacional ocorreram em maio de 1998, quando quatro estudantes universitários foram mortos pelos militares dando origem a um protesto político maciço que levou à queda do presidente Suharto em 21 de abril de 1998, e em setembro de 1999 quando o regime indonésio lançou uma campanha de "terra queimada" sobre Timor Leste.

O padrão de atenção midiática sobre a Indonésia teve vários efeitos. O primeiro foi o envolvimento da comunidade internacional em muito maior grau com a realidade indonésia.

Muitas pessoas que até então nada haviam ouvido falar sobre a Indonésia ficaram marcadas pela negatividade dos relatos sobre a situação lá vivida.

O segundo impacto foi ter possibilitado pela CNN, CNBC e Star TV, aos próprios indonésios, ver como o mundo estava observando a situação indonésia.

Se a televisão proporcionou esse ver como *os outros* vêem o *outro*, em que a televisão é extremamente eficaz (Silversone, 1999), já a internet serviu não apenas como fonte de informação, mas também como uma ferramenta de ativismo e coordenação entre a oposição. Para Winters (2002), a internet constitui outro dos meios pelos quais o regime de Suharto foi questionado e a virada democrática consubstanciada na Indonésia.

Entre os maiores contribuintes com *posts* diários para a lista *east-timor* durante setembro de 1999 encontrava-se o Joyo News Service, "(...) durante os meses de luta pela independência de Timor Leste existia um sentido de foco permanente sobre esse local" (Joyo, apud Winters, 2002, tradução do autor).

O Joyo News Service, que publica apenas em inglês, foi fundado no verão de 1996 por um indivíduo com cerca de 30 anos de contatos com a Indonésia (Winters, 2002). A evolução do Joyo determinou que a lista viesse a servir dezenas de ONGs indonésias e globais, estudantes indonésios e ativistas, quase todos os jornalistas internacionais na Indonésia e dezenas de editores de mídia indonésios, instituições como o FMI, World Bank e o Asian Development Bank, acadêmicos e estudantes espalhados pelo mundo, embaixadas em Jacarta, elites indonésias, Pentágono, CIA, Departamento de Estado norte-americano etc.

Numa breve troca de e-mails, Joyo forneceu-nos informação complementar sobre a sua atividade, sem nunca se identificar. O serviço Joyo começou por ser um esforço individual para mostrar o que acontecia na Indonésia.

Os artigos escolhidos da internet eram selecionados com base em critérios em função da sua perspectiva ou contribuições únicas e eram, inicialmente, partilhados com um conjunto reduzido de amigos e colegas.

Durante a crise de setembro de 1999, os muitos e-mails diários enviados para a lista *east-timor* eram sobre notícias e comentários sobre a Indonésia a partir da imprensa mundial, rádio e televisão. Segundo Ellis (1999) no seu artigo sobre Joyo ocasionalmente também surgiam "(...) um relatório do Banco Mundial ou um memorando do FMI, obtido por uma fuga de informação, que contém dados embaraçantes para Jakarta, ou detalhes de conversas entre Megawati Sukarnoputri e o presidente B.J. Habibie".

A importância do Joyo News Service durante a crise timorense excedeu a mera fonte de informação para ativistas interessados nessa causa, pois quando os correspondentes australianos se encontravam encurralados em Díli na Unamet, durante os dias seguintes ao referendo no território, eles consultavam via satélite o Joyo News e iam assim sabendo o que ocorria a algumas dezenas de metros do local onde se encontravam cercados, como o mundo estava atuando e como Jacarta reagia (Winters, 2002).

A análise aprofundada da lista *east-timor* permite-nos até certo ponto tipificar, embora não generalizar, modos de funcionamento e apropriação de listas como forma de mobilização, informação e ação. A utilização principal da lista *east-timor* durante o período compreendido entre o pós-referendo e a chegada das tropas das Nações Unidas ao território foi essencialmente marcada pela partilha de informação, na sua maioria notícias (71,7%) com origem em múltiplos contextos geográficos ou aviso de ações de protesto (21,4%).

Tabela 90
Tipo de conteúdo dos *posts* da lista *east-timor*

Tipo de utilização	**%**
Convite ou informação sobre ações de protesto	21,4
Envio de *briefing* ou *press release*	4,2
Envio de relatório	2,3
Envio de notícias	71,7
Outros	0,5

Fonte: Análise da lista *east-timor*, Etan.

Os contextos geográficos presentes na lista *east-timor* são certamente diversificados, mas também nos indicam uma tipologia do poder, ou seja, as entidades mais vezes citadas são as que informam os países com maior poder de influência na resolução do conflito, ou então as agências noticiosas de maior influência global. Essa tipologia do poder da informação traça uma linha imaginária que une EUA, Austrália, Grã-Bretanha, China (Hong Kong) e França.

Tabela 91
Entidades fontes da informação citada nos *posts east-timor* (%)

Associated France Press (França)	18,8
ONGs	11,3
E-mails pessoais de ativistas	7,9
Australian Broadcasting Corporation (Austrália)	7,3
Jakarta Post (Indonésia)	5,6
Sydney Morning Herald (Austrália)	4,7
Nações Unidas	3,4
Outras entidades políticas	3,2
Associated Press (EUA)	2,8
South China Morning Post (Hong Kong)	2,7
New York Times (EUA)	2,3
The Guardian (Grã-Bretanha)	2,2
Washington Post (EUA)	2,1

Fonte: Lista *east-timor*, Etan.

Entre as diferentes entidades envolvidas, se não considerarmos o envio de notícias na maioria oriundas de organizações como o Joyo, verificamos que as ONGs representam mais de 10% dos envios, seguindo-se ativistas (5,22%)

demonstrando assim que estes não são apenas espaços de organizações existindo muitos indivíduos atuando como *freelancers*, e apenas, em terceiro lugar, as organizações políticas timorenses (1,55%). Exemplificando, assim, que também muito do sucesso de protestos com alcance nacional, como o de Timor Leste, passa por angariar apoios em escala global.

O fator agregador comum aos membros das listas não é a existência de uma agenda comum de atuação, pois muitas vezes cada um é responsável pelas ações e pela forma como são desenvolvidas, mas é antes a partilha de um objetivo comum, neste caso, o fato de procurarem a independência de Timor Leste e o abandono do território pelas tropas ocupantes indonésias.

Tabela 92
Utilização da *mailing list east-timor* por organizações

Tipo de organização	**%**
ONG internacional para a proteção dos direitos humanos	2,82
ONG de apoio a Timor Leste	8,89
Governos em apoio da autodeterminação	0,99
Governo indonésio	0,14
Entidade religiosa	0,28
Partido político	0,71
Ativistas	5,22
Organização de defesa a jornalistas e liberdade de informação	1,13
Organização religiosa de apoio às populações	0,28
Outras organizações	0,85
Imprensa escrita	75,18
Televisão	0,99
Organização das Nações Unidas	0,85
Organização Internacional de Sindicatos	0,14
Organização política timorense	1,55

Fonte: Lista *east-timor*, Etan.

Um dos dados de interesse que pode ser tirado da análise das práticas na lista *east-timor* é a existência de uma divisão de trabalho entre os intervenientes. Uma espécie de divisão internacional do trabalho segundo o tipo de entidade envolvida. Assim, ONGs, associações religiosas de apoio direto ou da hierarquia religiosa e as organizações políticas timorenses utilizavam a lista majoritariamente para convites para ações de protesto ou envio de informação sobre ações realizadas.

Já os ativistas *freelancers* dão uma utilização mais direcionada para a coleta de notícias e a atualização da informação sobre a evolução dos acontecimentos enquanto membros de governos simpatizantes da autodeterminação combinam a informação sobre ações políticas de caráter institucional em apoio à causa timorense, com *briefings* e *press releases* sobre a situação em Timor e a posição oficial do seu país.

Outro dos dados de interesse na caracterização do funcionamento da lista *east-timor* é a comparação entre a origem geográfica do jornal que dá a notícia e a incidência geográfica da notícia, ou seja, o que ela conta. Embora a lista se referisse a Timor Leste a grande atenção internacional incidiu não sobre o território em si, mas sobre a Indonésia, Austrália e EUA, mais de 65% das notícias analisadas na lista referem-se a esses três países. Obviamente, estando as comunicações cortadas com o território, as notícias sobre ele não poderiam ser muitas, mas da leitura da lista o que se destaca é o fato de aqui, tal como em muitas outras ações de protesto em escala global, o sucesso final num dado ponto do globo (neste caso Timor Leste) depender dos sucessos acumulados em muitos outros pontos, principalmente os locais que constituem nós centrais das redes de poder político, econômico e militar.

Tabela 93
Tipologias de uso da *mailing list east-timor* por organizações (%)

Tipo	Ação/ informação	*Briefing/ press release*	Artigo/ relatório	Notícias
ONG internacional para a proteção dos direitos humanos	100	–	–	–
ONG de apoio a Timor Leste	90,48	–	–	9,52
Governos em apoio da autodeterminação	42,86	57,14	–	–
Governo indonésio	–	100	–	–
Entidade religiosa	100	–	–	
Partido político	100	–	–	–
Ativistas	2,70	–	2,70	94,59
Organização em defesa de jornalistas e liberdade de informação	75	–	12,50	12,50
Organização religiosa de apoio às populações	100	–	–	–
Outras organizações	50	–	50	–
Imprensa escrita	–	1,69	4,32	94
Televisão	–	–	–	100
Organização das Nações Unidas	33,33	66,67	–	–
Organização Internacional de Sindicatos	100	–	–	–
Organização política timorense	100	–	–	–

Fonte: Lista *east-timor*, Etan.

Uma hipótese a ser analisada nesse quadro de protestos, realizados no local com objetivos globais, é a questão sobre se um ator social que só tenha acesso à informação, ou melhor, a notícias, presentes no seu espaço nacional, poderá construir uma análise suficientemente aprofundada e isenta a ponto de poder formar opinião e escolher claramente o seu posicionamento quanto a um evento.

Em termos quantitativos, como se pode observar na figura 37, uma comparação entre as notícias publicadas nos jornais de referência portugueses e as notícias referências na lista *east-timor* demonstra uma elevada coincidência.

Em termos qualitativos a resposta à pergunta parece enviar-nos em outra direção. Se não, vejamos, entre as notícias mais citadas na imprensa escrita em Portugal (*Público* e *Diário de Notícias*) e as difundidas na lista *east-timor* apenas ocorrem duas coincidências temáticas: a atuação da força da Interfet no território e a situação dos refugiados e a ajuda humanitária.

No entanto, em termos valorativos, nem mesmo nessas duas situações ocorre uma coincidência de opções editoriais entre Portugal e a imprensa dos outros países presentes na lista. A ação da Interfet, que é o tema mais citado em Portugal, é apenas o quinto mais comum na análise da lista *east-timor*. Por sua vez, a questão humanitária que ocupa o sexto lugar na hierarquia noticiosa portuguesa é a terceira na lista.

Tabela 94
Origem e âmbito geográfico na lista *east-timor* (%)

Origem geográfica da mídia que produz a notícia na Etan		**Âmbito geográfico da notícia publicada na Etan**	
França	0,24	França	1,21
Timor Leste	1,12	Indonésia	40,08 (1)
Inglaterra	10,75 (4)	Havaí	0,20
Agência internacional	31,36 (1)	Timor Leste	5,67 (4)
Hong Kong	3,61	Austrália	16,60 (2)
Austrália	20,77 (2)	Outros	2,63
Irlanda	1,44	EUA	13,36 (3)
EUA	14,19 (3)	Nações Unidas	1,01
Indonésia	8,10 (5)	Agência internacional	0,20
Brasil	0,08	Tailândia	0,40
Cingapura	1,44	Nova Zelândia	3,64 (5)
Escócia	0,08	Suíça	1,01
Canadá	1,36	Grã-Bretanha	2,83 (6)
Espanha	0,16	Holanda	0,20
Portugal	0,40	Finlândia	0,20
Nova Zelândia	0,16	Canadá	2,23
Malásia	0,08	Indonésia	0,40
Nações Unidas	4,49 (6)	Itália	1,01
Filipinas	0,08	Hong Kong	1,42
Alemanha	0,08	China	0,61
		Japão	0,20
		Portugal	0,81
		Nova Caledônia	0,20
		Suécia	0,40
		Alemanha	0,20
		Cingapura	0,81
		Vaticano	0,20
		Filipinas	0,40
		Bélgica	0,40
		Espanha	0,40
		Macau	1,01

Fonte: Lista *east-timor*, Etan.

As grandes diferenças na imprensa portuguesa em relação à imprensa internacional citada na lista *east-timor* ocorrem majoritariamente em torno da diplomacia portuguesa e a situação interna em Portugal (matérias totalmente ausentes da preocupação dos ativistas internacionais) mas também no que diz respeito à elevada personalização das notícias presentes nos jornais portugueses analisados. Assim, notícias referentes a Xanana Gusmão e d. Ximenes Belo, bispo de Timor, preponderam na imprensa portuguesa com cerca de mais 6% de atenção que na lista da Etan.

Figura 37
Evolução de notícias publicadas em jornal em Portugal e nos jornais referidos na lista da Etan (% do total de notícias)

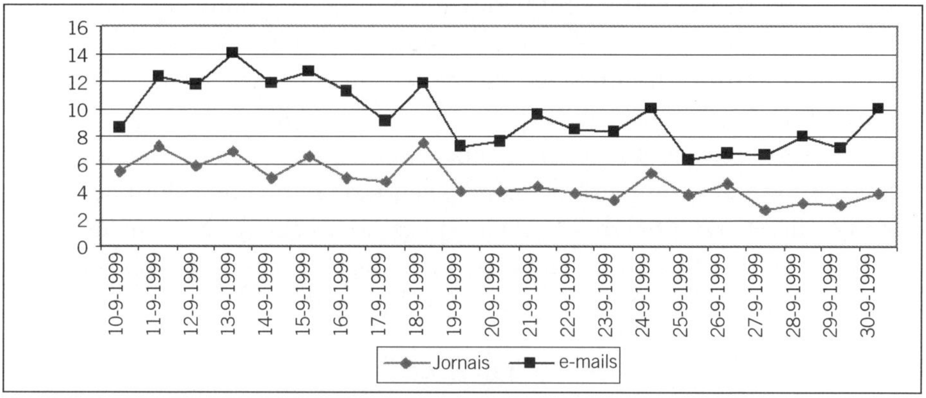

Nota. Total de notícias nos jornais *Público* e *Diário de Notícias*: 568; total de notícias de jornais transcritas para a lista da Etan: 1.199.[172]

Outra diferença ocorre na maior valorização da questão da violação dos direitos humanos, muito forte na *mailing list* (trata-se da segunda temática mais

[172] Breve cronologia dos acontecimentos antes e durante o período analisado na publicação de jornais em Portugal e na troca de *posts* na lista *east-timor* da Etan: *4 de setembro* — Timorenses escolhem a independência em referendo; *5 de setembro* — Há incêndios por toda a Díli; *7 de setembro* — Indonésia decreta lei marcial em Timor; *8 de setembro* — Portugal pára 3 minutos e 300 mil fazem cordão humano em Lisboa; em Díli os massacres continuam; *9 de setembro* — Tony Blair e Bill Clinton chegam a acordo para envio de força internacional de paz; *10 de setembro* — Ximenes Belo chega a Lisboa; cordão humano do aeroporto até igreja dos salesianos. Kofi Annan diz que não pode ser dado tempo indefinido para Indonésia tentar controlar milícias que estão a semear destruição e morte em Timor; *20 de setembro* — Desembarque de tropas da Interfet em Díli; *27 de setembro* — Militares indonésios começam a deixar Timor; *30 de setembro* — Xanana Gusmão chega a Lisboa (Proença, 2000).

presente), e a incidência superior de notícias sobre a reconstrução de Timor Leste, muito mais presente nos jornais portugueses do que na *mailing list*.

Quanto a esses dois temas pode-se sugerir que parte das diferenças registradas entre a imprensa portuguesa e a internacional noticiada na lista *east-timor*, deve-se a que, enquanto para os ativistas internacionais na questão de Timor Leste a violação dos direitos humanos era o seu motivo central, para Portugal a violação dos direitos humanos era uma conseqüência da incapacidade anterior de resolver o quadro de ligação entre uma ex-parcela do império português e Portugal.

Há acontecimentos midiáticos que têm funções comemorativas, que se referem ao que merece ser recordado, enquanto outros têm uma função restauradora na seqüência de traumas sociais (Dayan e Katz, 1992). No caso de Timor Leste e da cobertura midiática do mês de setembro de 1999, como sugere Rocha (2003), a conciliação de impulsos nostálgicos de um império em fim de ciclo (terminado com a entrega de Macau em dezembro de 1999) com a apropriação de uma nova concepção social sobre a defesa do direito de ingerência por motivos de direitos humanos, em conjunto com um fenômeno de catarse perante um complexo de culpa pela idéia de uma descolonização malfeita, possui a sua responsabilidade na explicação no que diz respeito aos temas escolhidos, ao modo como a mídia escolheu participar nesse protesto e como as pessoas a ele aderiram maciçamente em Portugal.

Tabela 95

Temas noticiosos e sua valorização em termos de número de notícias publicadas em países selecionados (%)

Tema	Notícias da lista da Etan	Notícias de jornais de Portugal
Portugal: protestos e mobilização	–	4,42
Resto do mundo: protestos e mobilização	0,17	0,52
EUA: protestos e mobilização	0,17	–
Indonésia: protestos e mobilização	0,08	–
Austrália: protestos e mobilização	0,25	–
Abandono de Díli pela Unamet	1,25	1,82
Diplomacia portuguesa	0,08	6,49 (3)
Diplomacia de outros países	0,50	0,26
Diplomacia australiana	1,33	0,26
Diplomacia dos EUA	3,42	2,08
Diplomacia da ONU	2,17	2,08
Diplomacia da União Européia	0,25	3,12
Diplomacia indonésia e relacionamento bilateral	1,75	0,52

Continua

Tema	Notícias da lista da Etan	Notícias de jornais de Portugal
Diplomacia do Brasil	0,08	–
Diplomacia da Grã-Bretanha	0,75	–
Outra diplomacia econômica	1,42	–
Posição da Igreja Católica	0,58	1,30
CNRT e Falintil	1,58	2,60
Reconstrução de Timor Leste e independência	2,92	6,75 (2)
Posição da Igreja Católica timorense	0,08	0,26
Situação dos refugiados timorenses e ajuda humanitária	8,34 (3)	5,19 (6)
Violação dos direitos humanos em Timor Leste	11,76 (2)	4,94
Crimes de guerra e julgamento posterior	5,34 (6)	3,12
Xanana Gusmão	1,92	6,23 (5)
Bispo Ximenes Belo	0,67	1,56
Interfet, mobilização	3,59	3,90
Interfet, ação no território	5,75 (5)	10,91 (1)
Interfet, participação militar portuguesa	–	2,34
Interfet, participação militar australiana	4,50	1,04
Interfet, participação militar de outros países	1	0,26
Interfet, participação militar francesa	0,08	–
Interfet, participação militar dos EUA	1,67	–
Situação interna da Indonésia	18,52 (1)	5,19 (6)
Milícias, atuação em Timor e Kupang	5,84 (4)	3,12
Jornalistas e liberdade de imprensa	4,34 (7)	–
Outras notícias	7,84	15,06
Política interna portuguesa	–	4,68 (7)

Fontes: Etan e jornais *Público* e *Diário de Notícias* de 10-9 a 30-9-1999.

No entanto, Portugal não possui o atributo único do viés da objetividade jornalística na cobertura da crise de Timor Leste. Como se pode observar pela análise da tabela 96 os temas mais abordados, em cada país, raras vezes são coincidentes e encontram-se em alguns casos imbuídos de interesses diretos no evento, como por exemplo no caso australiano, onde o fato de a força militar Interfet ser constituída majoritariamente por australianos constitui, obviamente, um fator de interesse acrescido e justificativo de essa ser o segundo tema mais vezes presente. O mesmo poderia ser argumentado da contribuição militar da Grã-Bretanha.

Por outro lado, a maior parte da imprensa dos países asiáticos e dos EUA centra a sua atenção sobre a situação interna na Indonésia e em Timor Leste.

Tabela 96
Temas noticiosos e sua valorização por país (%)

País	Situação interna em Timor	Interfet	Situação interna na Indonésia
Grã-Bretanha	34,8	20,5	–
Hong Kong	34,1	–	27,3
Austrália	42,2	20,3	–
Irlanda	35,3	–	–
EUA	32,2	–	28.4
Indonésia	–	–	55,4
Cingapura	–	16,7	44,4
Portugal	60	–	–

Fonte: Lista *east-timor*, Etan.

Tabela 97
East-timor e agências noticiosas na cobertura temática da crise em Timor (%)[173]

Tema	Associated Press (EUA)	Reuters (Grã-Bretanha)	Agence France Press (França)
Protestos e mobilização	2,20	0	1
Diplomacia	15,60	38,70 (1)	18,40 (3)
Situação interna em Timor	26,70 (2)	9,70	35,20 (1)
Interfet	24,40 (3)	19,40 (3)	17,70
Situação interna na Indonésia	28,90 (1)	22,60 (2)	20,60 (2)
Mídia e jornalismo	2,20	0	5,50
Outras notícias	0	9,70	1,60

Fonte: Lista *east-timor*, Etan.

Ainda no que se refere aos temas abordados pela mídia, quanto às agências de notícias internacionais podemos encontrar práticas semelhantes. Embora a sua atuação ocorra no nível internacional, diferentes culturas empresariais, políticas editoriais e mesmo o contexto nacional, onde se inserem, podem explicar algumas das diferenças encontradas quanto aos temas escolhidos pelas agências de notícias internacionais.

[173] Neste ponto vale a pena uma breve contextualização sobre a origem das diferentes agências noticiosas. A Associated Press foi fundada em 1848, um ano de revolução na Europa e, portanto, de grande interesse noticioso para os Estados Unidos, de onde é originária. Hoje em dia difunde notícias, fotos, áudio e vídeo para mais de mil milhões de pessoas diariamente. A Reuters, sediada em Londres, iniciou o seu funcionamento no campo da economia em 1851. Em 1984 tornou-se uma companhia pública. A Agence France Press foi fundada em 1835 e mantém a sua sede em Paris com operações globais que incluem centros regionais em Washington, Hong Kong, Nicósia e Montevidéu.

Assim, a Associated Press (AP) concede maior destaque à situação interna da Indonésia do que a Reuters ou a Agence France Press (AFP). Por outro lado, é a AFP quem mais cobertura dá à situação interna em Timor Leste, e a Reuters a que mais escolhe analisar a dimensão diplomática do conflito.

Analisando agora os diferentes temas à luz de uma avaliação cronológica entre os mais presentes num determinado dia na lista *east-timor* e nos jornais portugueses, verifica-se também a ocorrência de tendências diferenciadas.

Para um mesmo dia os temas presentes na lista e nos jornais portugueses são normalmente diferentes ou então a intensidade de atenção diverge. Apenas no que diz respeito à análise da situação interna em Timor Leste ocorrem coincidências de temas e de quantidade.

A conclusão que pode ser tirada dessa análise sobre como um mesmo assunto, Timor Leste, é tratado por diferentes mídias em diferentes contextos geográficos e culturais num ambiente de protesto global *é que a quantas mais mídias (jornais, rádios, televisões, listas de ativistas etc.) tivermos acesso, maior a probabilidade de haver um conhecimento mais aprofundado e correto da situação, bem como a participação num protesto fortemente assente na mediação simbólica terá possibilidades de atingir os seus objetivos.*

Já que a informação prestada pela mídia é diversificada, algumas vezes devido a um viés intencional outras apenas por decisões editoriais (por uma série de diferentes motivos), e que a mídia também não possui a capacidade de compreensão de todas as realidades nem a capacidade física ou temporal de abarcar tudo o que acontece, a internet apresenta-se como uma ferramenta essencial para organizar, mobilizar, atuar e difundir informação na era da informação.

Durante o mês de setembro o Movimento por Timor esmoreceu à medida que os acontecimentos traduziam os objetivos a que se havia proposto. Curiosamente, a atenção da mídia internacional apenas se tornou generalizada após a difusão das primeiras imagens dos protestos nas ruas de Lisboa e após o aumento do número de mensagens de apoio em e-mail circulando pela internet.

Os fóruns online e a participação global que atraíram são exemplos de como o alcance do Movimento por Timor estava finalmente estendendo-se até a opinião pública internacional.

A batalha por cobertura midiática travada pelo movimento atingiu o seu auge quando as imagens do cerco das instalações das Nações Unidas em Díli foram difundidas para todo o mundo e se tornou claro que o bloqueio informativo promovido pela Indonésia apenas confirmava o que já circulava pela internet: que estavam em curso violações maciças dos direitos humanos em Timor.

Tabela 98

Comparação temporal dos dois temas mais presentes na imprensa em setembro de 1999, por países selecionados (%)

	Diplomacia		Situação interna no Timor		Interfet		Situação interna na Indonésia	
	Etan	Jornais portugueses	Etan	Jornais portugueses	Etan	Jornais portugueses	Etan	Jornais portugueses
10-9	31	52,38 (+)	35,70 (+)	14,29	–	–	–	–
11-9	36,50	45,45 (+)	34,60 (+)	31,58	–	–	–	–
12-9	30,60 (+)	26,32	–	–	–	–	24,20 (+)	21,05
13-9	–	20	23,80	40 (+)	23,80	–	31	–
14-9	–	28,57	27,30	28,57 <>	–	–	33	–
15-9	–	26,09	–	21,74	27	–	25,70	–
16-9	–	37,50	31,40	–	–	31,25	30	–
17-9	–	23,53	25 (+)	23,53	–	–	27,30	–
18-9	–	–	25,90 (+)	13,79	–	37,93	29,60	–
19-9	–	–	24,30	33,33 (+)	–	6,25	21,60	–
20-9	–	–	25,90	37,50	–	31,25	24,30	–
21-9	–	12	32,80	48 (+)	–	–	27,60	–
22-9	–	9,52	32,20	42,86 (+)	–	–	23,70	–
23-9	–	–	28,10	37,50 (+)	–	31,25	24,60	–
24-9	–	8,33	41,80 (+)	37,50	–	–	21,80	–
25-9	–	–	47,10	46,15 <>	–	38,46	20,60	–
26-9	–	–	47,10 (+)	16,67	–	16,67	29,40	–
27-9	–	–	47,40	50 (+)	15,80	25	–	–
28-9	–	–	52,70 (+)	35,71	16,40	28,57	–	–
29-9	–	–	37,70	50 (+)	–	28,57	15,10	–
30-9	18,40	–	40,80 (+)	19,05	–	7,14	18,40	–

Fontes: Etan e jornais *Público* e *Diário de Notícias* de 10-9-1999 a 30-9-1999.

Notas: total de notícias dos jornais *Público* e *Diário de Notícias*: 568 e total de notícias de jornais transcritas para e-mails na lista *east-timor*: 1.199; (+) refere-se à notícia com maior incidência nesse dia; <> refere-se à situação de idêntico grau de atenção dado nesse dia ao mesmo tema.

Em 9 de setembro de 1999 o primeiro-ministro britânico, Tony Blair, e o presidente dos EUA, Bill Clinton, concordaram na necessidade de envio, para o território, de uma força multinacional no âmbito das Nações Unidas.

No dia 12 a Indonésia requereu formalmente ao secretário-geral das Nações Unidas a presença dessa força multinacional, e dia 16 o Conselho de Segurança aprovou a Resolução nº 1.264, mandatando o secretário-geral para concretizar o envio de tropas e o estabelecimento de uma administração interina do território.

Uma força multinacional, chefiada pela Austrália, chegaria em Díli em 20 de setembro de 1999.

O Movimento por Timor necessitou, assim, de 11 dias de ações concertadas, em conjunto com a instrumentalização de meios de comunicação de massa tradicionais e da internet e a ação diplomática do Estado português, para obter a atenção pretendida, da comunidade internacional e dos governos representados no Conselho de Segurança.

A instrumentalização da mediação simbólica em rede

Na sua análise dos conflitos sociais e políticos emergentes na era da informação, Castells (2004a) afirma que a distinção entre movimentos antigos e novos se revela, em grande medida, ilusória.

Se os novos movimentos defendem valores culturais específicos, os movimentos mais tradicionais — como os sindicatos — evoluíram igualmente no sentido da defesa ou promoção de modos de vida e de significados (Castells, 2004a). Essa perspectiva é subscrita igualmente por Cohen e Rai (2000), que defendem que ao observar o movimento pelos direitos humanos verifica-se que eles esbarram na distinção entre movimentos novos e antigos, uma vez que procuram simultaneamente transformações de âmbito político e social.

Se é assim, onde estará a novidade dos protestos que analisamos neste capítulo, o *Terràvista*, o *Fim da RTP2* e o *Movimento por Timor*? Uma resposta possível é precisamente a utilização combinada da internet e dos meios de comunicação de massa em geral para a mobilização, protestos e ação.

A internet é apontada, por muitos autores, como potencialmente a primeira verdadeira esfera pública (Downing, 2000), na qual a participação política dos cidadãos pode realmente ter lugar, não apenas por permitir a partilha de mais conhecimento não-censurado (Ford e Gil, 2000), mas também porque compensa o quase-monopólio dado pelo rádio e pela televisão às instâncias de representação mais antigas, como os partidos políticos e os grupos de pressão (Gibbins e Reimer, 1999).

Contudo, devemos nos questionar sobre se a internet desempenha um papel puramente instrumental no desenvolvimento da cidadania e da expressão política ou se, além disso, transforma as regras do jogo político pelo simples fato de tomar parte (Castells, 2004a).

Nem todos os analistas partilham do otimismo, particularmente se considerarmos que o acesso a essa tecnologia não é universal nem o será tão cedo, e que mesmo aqueles que dela dispõem neste momento não possuem obrigatoriamente a habilidade necessária para aproveitar esse acesso ao máximo.

Atendendo a essas questões, a análise empírica dos dados disponíveis sobre os três movimentos aqui apresentados parece reforçar a idéia de Touraine, segundo a qual os movimentos sociais contemporâneos são descentralizados, fluidos, ligados em rede, tecnologicamente sofisticados e simultaneamente locais e globais (Garner, 1996:385).

De acordo com Castells e Touraine, defendemos que a novidade dos movimentos sociais contemporâneos reside no seu caráter de rede.

Mas se a rede é a forma organizacional prevalecente, que decorre da instrumentalização da internet, o alcance dos objetivos de cada movimento parece apenas ocorrer quando existem estratégias de concertação de diferentes mídias.

E é também por essa razão que pensamos que *apenas se deve considerar um movimento social como estabelecido em rede quando concretiza a utilização estratégica e concertada de mídias tradicionais e novas, na organização e desenvolvimento de ações.*

O quadro 21 resume uma proposta de leitura da concertação de diferentes mídias para alcançar os objetivos propostos no quadro de *movimentos de protesto*, possam, ou não, eles ser também caracterizados como movimentos sociais.

Quadro 21
Estratégias de mediação no quadro dos movimentos sociais

Estratégia	Emergência	Mobilização	Organização e coordenação	Protesto	Alcance
Fax	–	–	–	Sim	Internacional/nacional
Televisão	Sim	Sim	–	Sim	Internacional/nacional
Rádio	Sim	Sim	Sim	–	Nacional/internacional
Imprensa	–	Sim	–	–	Nacional/internacional
World Wide Web	–	Sim	Sim	Sim	Internacional/nacional
E-mail	–	Sim	Sim	Sim	Internacional/nacional
Chat	–	Sim	–	–	Internacional/nacional
Newsgroups	–	Sim	–	–	Internacional/nacional

Como já foi demonstrado, o esforço concertado de mídias tradicionais e internet foi indispensável ao Movimento por Timor para alcançar seus objetivos, principalmente no modo como conseguiu internacionalizar o protesto, de modo a forçar o Conselho de Segurança a agir.[174] Por outro lado, para o

[174] O caso da criação de um cordão humano por Timor exemplifica essa relação. Num primeiro momento, 5 de setembro, o grupo promotor do cordão humano por Timor contatou o CNRT, que designou a comissão para os direitos do povo maubere como interlocutora para a dinamização do

protesto pelo encerramento do Terràvista, a instrumentalização da mídia (como a televisão e a imprensa escrita) com a criação de notícias online, foi a razão de sucesso do protesto.

No caso do protesto contra o fim da RTP2, todas as *mídias* se transformaram numa imensa rede, veiculando opiniões para dar visibilidade à opinião individual e conseqüentemente atingir o estatuto de *opinião pública* majoritária sobre a questão. No sentido em que o encontro físico ou as manifestações foram residuais tratou-se de um protesto puramente simbólico baseado na liberdade de opinião e na idéia de que o uso da mídia para dar voz às opiniões pode ser em determinadas circunstâncias, principalmente em um Estado democrático, semelhante a uma pesquisa de opinião.

Segundo Walgrave e Van Aelst (2002), os mobilizadores de ações coletivas são na maior parte dos casos organizações.

São elas que tentam fazer vingar as suas posições sobre um certo assunto perante o público (*mobilização por consenso*) e que tentam motivar o público para a ação (*mobilização para a ação*). Se as organizações não estiverem presentes, redes de comunicação informal podem assumir esse papel de mobilizadores para a ação.

Os meios de comunicação de massa modernos tornaram-se centrais na vida e morte dos movimentos sociais, especialmente pela forma como conseguem administrar as notícias pela criação de eventos para a mídia (Van Aelst e Walgrave, 2004). Normalmente os meios de comunicação de massa são apenas filtros, facilitadores, ou mesmo barreiras para a ação coletiva e não atores centrais com estratégia própria e papel proativo.

A teoria da mobilização sugere que os meios de comunicação de massa são canais possíveis para a mobilização por consenso e que são fornecedores privilegiados de informação e matrizes de referência. A mesma linha de raciocínio sugere que mídia como o rádio, televisão e jornais são menos importantes para a comunicação persuasiva (*mobilizar para a ação*) mas possuem um papel central na criação de climas favoráveis para a mobilização (*mobilização por consenso*) (Van Aelst e Walgrave, 2004).

evento (Coutinho e Dionísio, 2003). O rádio como fator mobilizador permanente e meio de acesso em casa, carro, trabalho etc.; a televisão, como difusora das imagens para as cadeias, como a CNN, em nível internacional; a internet, para criar cadeias de solidariedade; a imprensa, por meio de jornais esportivos para chegar a outros públicos. O objetivo final do cordão humano por Timor era ser midiatizável, inovador e com impacto para criar em Portugal um evento que, midiatizado pela televisão, tivesse impacto na opinião pública dos países-membros do Conselho de Segurança da ONU e por sua vez nos seus governos.

Se o caso das marchas brancas contra a pedofilia na Bélgica demonstrou como a mídia pode, em situações específicas de ausência de organizações liderando previamente processos, assumir um papel de mobilização para a ação (Van Aelst e Walgrave, 2004), a análise do Movimento por Timor atesta que, mesmo quando existem organizações empenhadas em causas, a mídia pode decidir colaborar com elas na mobilização para o consenso ou para a ação.

Tal como o Movimento por Timor demonstra, a mídia pode tomar um papel ativo mesmo quando não existe um claro e manifesto descontentamento entre o povo e as elites, não sendo necessário para essa participação ativa a ocorrência de um escândalo geral indutor de falta de confiança.

No entanto, o papel ativo da mídia está restrito a questões simbólicas e emocionais que criem atmosferas de consenso e partilha e em que a matéria em questão seja relativamente simples, isto é, em que a narrativa permita uma rotulação fácil e direta dos intervenientes em "bom *versus* mau" e seja politicamente imparcial (Van Aelst e Walgrave, 2004).

De alguma forma, é igualmente importante que o ambiente da mídia seja comercial e caracterizado por uma despolitização e clara liberdade de ação perante interesses econômicos e culturais.

Pode, portanto, sugerir-se que os movimentos sociais devem, para influenciar a agenda das instâncias com poder de decisão, adotar estratégias de sedução da mídia tradicional (como o rádio, televisão e jornais) e simultaneamente instrumentalizar novas mídias, como a internet, que lhes permite contornar as restrições de distância e tempo para conduzir o seu protesto até onde ele pode de fato fazer a diferença.

A leitura dos estudos de caso presentes neste capítulo sugere assim que *os movimentos sociais e de cidadãos são hoje também produto da sociedade em rede em que habitam.*

Usam a mobilização simbólica e dispõem de recursos flexíveis, de acesso mais fácil a algumas mídias, de mobilidade geográfica e de interação cultural mais rápida e barata, e contam com a colaboração de diversos tipos de outras organizações em rede para a organização simplificada de campanhas temáticas.

Conclusão: vitrines, filtros, notícias e cidadania

> A educação deveria consistir no ensinar a saber discernir, uma arte muito difícil. Mas um leitor médio sabe, ao abrir um livro na primeira página, se se trata de um romance erótico ou de um livro de filosofia, e decide. Escolhe aquele que pretende. Isso quer dizer que um mínimo de alfabetização ensina, se não mais, pelo menos a perceber imediatamente que coisa se tem na mão quando vamos a uma livraria. Obter o mesmo grau de conhecimento nesta selva telemática é um problema notável. Mas é algo que no futuro será ensinado na escola.
>
> (Eco, 1995c)

Nas nossas sociedades informacionais, organizadas com base num paradigma e cultura de redes, também a mídia e as nossas práticas diante dela se organizam em redes: redes de regimes, matrizes e biografias de mídia (Castells, 2002, 2004a; Miranda, 2002; Colombo, 2000c).

Hoje nas nossas sociedades, e também previsivelmente num futuro próximo, vivemos uma condição histórica ímpar que formou um novo paradigma da participação dos indivíduos na sociedade. Ele traduz-se no fato de, pela primeira vez, serem idênticas as condições que tornam um sujeito economicamente mais valioso na esfera do trabalho e as que permitem uma participação cívica plena. A coleta, processamento e partilha de informação são as principais condições de geração de riqueza e sucesso econômico e correspondem exatamente, também, às condições necessárias a um exercício pleno da cidadania. Em ambas as dimensões o sucesso depende da habilidade informacional dos indivíduos. Refiro-me, assim, à posse das habilidades necessárias à criação das diferentes autonomias que compõem os nossos trajetos de vida, isto é, a nossa capacidade de gerir projetos individuais ou coletivos por nós definidos. Habilidades que, num mundo onde cada vez mais vivemos por e com a mídia, transcendem o espaço da escrita e leitura para assumir também os espaços da imagem e do som.

Numa cultura da virtualidade real (Castells, 2002), habilidade equivale a dizer domínio da mediação, no sentido da compreensão dos modelos de produção de informação, entretenimento e comunicação. Capacidade também de fruição e descodificação das mensagens e processamento de informação. Habilidade quer assim dizer não apenas o conhecimento de como algo se produz, mesmo que não o realizemos, mas também a leitura dos textos, escritos, sonoros e visuais que fruímos com o uso de computadores, televisão, rádios, jornais, livros, jogos multimídia e em espaços de mediação tão diferentes quanto as redes telefônicas, televisão e as de redes como a internet.

Habilidade, na sociedade em rede, refere-se à capacidade de manipulação e assimilação de informação com um fim último de produção do conhecimento, num universo preponderantemente mediado (Silverstone, 2005).

Numa sociedade informacional organizada em redes, entre as diferentes formas de autonomia existe uma que se torna a base para as restantes, a autonomia comunicativa.

A autonomia comunicativa não depende apenas do acesso à informação, entretenimento e comunicação, pois a sua fruição pode possuir pouca capacidade de *empowerment* individual se a habilidade necessária não estiver presente ou não for utilizada nos processos de seleção e filtragem. Por isso, nunca é demais relembrar que acesso não é o mesmo que conhecimento (Oliveira, 1995).

Na introdução deste livro foram enunciadas algumas hipóteses com o intuito de compreender melhor como a mídia na sociedade em rede se organiza, funciona e é por nós apropriada para os mais diversos fins, e em particular para o exercício da cidadania.

Na sociedade em rede, a integração entre diferentes mídias, e não a convergência tecnológica (isto é, o somatório de várias mídias em uma só interface tecnológica), é o cenário do futuro, não por uma razão de caráter tecnológico, mas porque é o modelo que vai ao encontro das práticas culturais e dos novos modelos de percepção do público. O paradigma dominante é o de uma autonomia de interfaces que se relacionam entre si numa lógica de rede, utilizando para essa conectividade quaisquer tecnologias que facilitem essa condição de rede, como, por exemplo, a internet ou os SMS dos celulares. O denominador comum entre tecnologias é a conectividade em rede e não a digitalização. Esta última é condição necessária, mas por si só não influencia a forma como os diferentes veículos de comunicação, pessoais ou de massa, estão evoluindo.

Há é claro sucessos de convergência tecnológica de interfaces, principalmente a hibridização entre rádios, leitores de MP3 e telefones celulares e, em menor grau, entre consoles de jogos multimídia e telefones celulares.

Mas esses sucessos são, talvez, menos devidos às afinidades tecnológicas entre as interfaces, e mais ao fato de permitirem dar resposta a funções sociais complexas, que caracterizam os estilos de vida nas sociedades avançadas contemporâneas.

Estilos de vida que promovem o uso de tecnologias que permitam gerir a fronteira entre as esferas privada e pública, ou seja, tecnologias que permitam realizar conexões em rede. Tecnologias que permitam responder às exigências identitárias e participativas, num corolário da função conectiva, que permitam criar e gerir redes de comunicação. Tecnologias que permitam representar de forma eficaz a interface comunicativa entre esfera pública e privada, permitindo uma gestão pessoal da privacidade, adaptando-se à personalidade do seu usuário ao mesmo tempo em que lhe conferem mobilidade.

Num mundo de nichos e de diferentes tribos, as pessoas vêem na mídia uma forma de ajuda no reconhecimento da identidade escolhida e, ao mesmo tempo, a possibilidade de a expressarem; de cultivarem as suas identidades de tendência individualista ou comunitária (Castells, 2003a) numa lógica de adesão e reconhecimento.

As nossas representações da mídia, ou matrizes de mídia (Ortoleva, 2002), que orientam as nossas dietas de mídia (Colombo, 2003a), procuram assim configurar cada vez mais um *espaço eletivo* (Menduni, 2002) onde se desenvolva um *modelo de comunicação sintético em rede*.[175]

Vitrines, filtros, notícias e cidadania

As nossas práticas de participação e o modo como utilizamos as diferentes mídias configuram uma cidadania que se pode denominar *cidadania entre vitrines, filtros e notícias*.

Em uma sociedade onde a mediação desempenha um papel central, a gestão da cidadania não está apenas associada a concretizar uma ação ou tomar posição. Pelo contrário, a maior parte do tempo o nosso uso do espaço de mediação não está associado a práticas com objetivos específicos, previamente definidos, pois é essencialmente constituído por práticas que combinam olhar,

---

[175] *Espaço eletivo* aplicado à mídia significa um espaço que configura um mundo feito de diferentes culturas, linguagens, objetivos, estilos de vida e usos culturais. Ao elegermos individualmente uma mídia, seja ela pessoal ou de massa, para esse espaço estamos a conferir-lhe uma maturidade comunicativa (Menduni, 2002).

ouvir, ler e observar, juntando informação, para processá-la e transformá-la em conhecimento. As nossas práticas com a televisão e a internet assemelham-se muito mais a "ver vitrines" do que "ir às compras". Do mesmo modo que navegamos a maior parte das vezes na internet sem objetivos concretos, também a nossa visualização televisiva é mais comandada pela descoberta do que "está passando" do que do programa ou série que acompanhamos, produzindo assim fenômenos como o *zapping*.

A participação cívica nas sociedades informacionais implica, além das nossas relações sociais não-mediadas, um conhecimento ampliado da realidade mediada. É esse conhecimento, um somatório de muitos interesses segmentados (e diferentes de sujeito para sujeito), que constitui o alicerce básico para a gestão da cidadania. Só com essa experimentação livre, não orientada previamente, de leitura de jornais, de ver televisão, de navegar na internet, de ouvir rádio, de experimentar as funções SMS do celular se obtêm as condições necessárias para o desenvolvimento da habilidade informacional necessária a cada um, para se afirmar nas diferentes esferas de cidadania e atingir os seus objetivos de autonomia. A cidadania na era da informação joga-se também entre vitrines porque só sabendo o que elas contêm é que podemos escolher o que pretendemos.

Tradicionalmente, os filtros têm sempre acompanhado a nossa experiência, dando-nos as bases para a sua classificação. Isso é verdade quanto às editoras de livros, revistas, música, cinema e jogos, às direções de programas das televisões e rádios, mas também aos jornalistas, editores, igrejas, instituições científicas etc., entidades e pessoas que têm a função de filtrar e reorganizar o conhecimento e a informação. Na relação que se estabelece entre filtro e usuário, ocorre uma restrição da liberdade intelectual, mas garante-se que o usuário e a comunidade acessem o essencial. E como tal os filtros influenciam a gestão da cidadania.

Com o surgimento da internet também a matriz da relação entre filtros e usuário se alterou e, conseqüentemente, as condições de gestão da cidadania. Por um lado, a internet diminui o filtro das instituições, porque permite realizar seleções de informação sem recorrer àquelas ou deixa confrontar, e comparar, as filtragens propostas por Estados, igrejas, professores, bibliotecários, médicos, líderes de opinião e empresários. Por outro, replica as filtragens dos jornais, rádios e televisões no espaço online, ou seja, a internet quando vista por meio dos motores de busca mostra-nos uma filtragem da realidade que continua a dar uma voz desproporcional — diante do número de mídias presentes online — aos jornais, rádios e televisões. A internet introduziu, assim, também novos agentes de classificação da experiência como os motores de busca e os portais, dando origem a um novo fenômeno de seleção e classificação, o internet *gatekeeping*, mudando assim também as condições de gestão da cidadania.

Seria difícil para nós imaginar um mundo onde de manhã não encontrássemos notícias nas bancas de jornais, onde ligando o rádio do carro não ouvíssemos notícias de meia em meia hora, onde chegando ao emprego não navegássemos na internet em busca da página de esportes ou que não tivéssemos (por vezes) a tentação de ir até a página do jornal ver se aconteceu algo de novo, ou ainda, onde, após chegar em casa, não estivesse presente na tela da televisão, dando as notícias, alguma das caras que, há anos, nos habituamos a ter por companhia ao jantar.

As notícias fazem parte do nosso dia-a-dia e por isso lhes damos alguma atenção mesmo quando não ocorrem catástrofes emocionalmente fortes como o 11 de Setembro ou o maremoto do Sudeste asiático. Porque as notícias são um dos espelhos da realidade, elas informam as nossas construções de valores e ajudam-nos a definir como se estruturam as relações de poder político, econômico, militar, social e cultural. Por isso, quando algo muda na sua forma e conteúdo, nos modelos de organização redatorial, na gestão empresarial, no seu modelo de distribuição, na forma como as usamos ou no tempo que lhes concedemos, também estamos mudando as condições em que exercemos a gestão da nossa cidadania. Notícias e cidadania estão assim intimamente relacionadas.

As notícias que hoje vemos, lemos e ouvimos mudaram porque a formulação do sistema de mídia e do metassistema de informação se alterou, mas no geral a continuidade é maior que a mudança. As notícias continuam a ser *hoje*, tal como *ontem*, a forma mais comum de informação sobre eventos públicos transmitida pelos mais diversos meios de comunicação, sendo as suas características-base a atualidade, a relevância e a confiabilidade.

A mudança no campo das notícias resulta, em primeiro lugar, da passagem para online de muitos jornais, televisões e rádios. O fato de terem se fixado na internet implicou também novas estratégias, algo que para a televisão se traduziu num modelo de *televisão em rede*, para os jornais na procura de reposicionamento perante a televisão e no rádio levou a um aprofundamento da sua dimensão de intimidade comunicativa. Mas se a internet trouxe alterações também é verdade que as mudanças, no campo noticioso, antecederam a massificação da internet, ou seja, os jornais começaram a ocupar-se cada vez de maior número de eventos sociais, de costumes, de variedades e de boatos passando assim a alterar os seus critérios sobre o que era notícia. Essa lógica contaminou a televisão, primeiro na dimensão do entretenimento e depois, por extensão, também na informação das notícias que, em circuito fechado, alimentam programas informativos e também nos telejornais dando lugar a notícias sobre a própria televisão, seus programas e apresentadores.

Uma segunda transformação sofrida pelas notícias decorreu da extensão da sua prática de personalização, tradicionalmente confinada aos líderes partidários, para promover o indivíduo anônimo. A celebrização noticiosa passou a ser uma possibilidade para muitos dos que não eram políticos, esportistas ou atores, produzindo-se uma condição de estrelato efêmero, traduzida nas notícias sobre a doença de alguém, sobre a festa na aldeia e quem a organizou ou sobre a injustiça sofrida com o Estado ou a empresa de seguros. Essa segunda mudança na dimensão noticiosa pode ser caracterizada como a aplicação da lógica narrativa do *reality show*, baseada em ações, à informação.

O fato de a massificação da internet ter ocorrido simultaneamente com a institucionalização do modelo de popularização do jornalismo, traduziu-se também no modelo de conteúdos oferecidos pelos portais em que a qualidade de conteúdo é definida como o que mantém os usuários no site e, só colateralmente, o fato de preencher objetivos socialmente partilhados e ter mérito intelectual ou artístico. No modelo praticado nos portais, a integridade editorial da informação prestada não é a dimensão central do ato de informar, nem tem forçosamente de ser produto das capacidades criativas e analíticas da informação de jornalistas. O conteúdo informativo pode ser qualquer coisa e não ter que ser, obrigatoriamente, o produto de um especialista credenciado como jornalista, tal como o demonstram os blogs ou o jornalismo de cidadão.

As notícias mudaram, ainda que não radicalmente, pois nos portais deram origem à coexistência de notícias e conteúdos informativos e, nos meios de comunicação de massa, à opção entre modelos de popularização jornalística e referência. Coexistem, assim, vários tipos de informação produzidos segundo critérios diferentes, com objetivos diferentes e servindo os nossos interesses e gostos também de modo diferente.

O resultado prático dessa mudança, para a gestão da cidadania na sua relação com as notícias, foi o surgimento de um novo ambiente de classificação da experiência e de espelho da realidade introduzindo novas noções de atualidade, de relevância e de confiabilidade.

No entanto, se essas são as novas condições da gestão da cidadania é também verdade que surge um novo paradoxo nas nossas sociedades.

Hoje, alguns poucos, utilizando o espaço simbólico da mediação oferecido pelos meios de comunicação de massa e de comunicação interpessoal, podem fazer face aos mais fortes e triunfar nos seus objetivos. Mas, ao mesmo tempo, os que possuem essa combinação de habilidades são também, hoje, proporcionalmente menos que os que em épocas anteriores se envolveram com sucesso em mobilizações de massa, em lutas e protestos cívicos não-mediados. Nessa condição, a educação formal e a experimentação informal da mídia desempenham um papel fundamental na nossa sociedade, pois só elas podem garantir a ampliação do número daqueles que exercerão uma cidadania plena nas suas múltiplas dimensões, da cívica à econômica, e, conseqüentemente, o desenvolvimento social e econômico das suas sociedades.

Porque a cidadania, independentemente da época em que nos encontramos, é uma expressão de vontade em melhorar a nossa vida e o nosso mundo, escolho terminar com as palavras de Hugo Pratt:

> A esperança.
> O desejo de uma vida melhor.
> À parte alguns masoquistas, toda a gente se concentra nisso, em todas as latitudes.
> Viver melhor é o voto de todos, mas os caminhos que escolhemos para tentar lá chegar são múltiplos, e variam em função da personalidade de cada um.
> Os únicos caminhos que me parecem condenáveis são aqueles que fazem mal aos outros: eu sou pela gentileza — mas a gentileza dos fortes, não a da fraqueza.
>
> (Hugo Pratt, *Le desir d'etre inutile*)

Bibliografia

ABERCROMBIE, N. *Television and society*. Cambridge: Polity Press, 1996.

ABRAMSON, J. The internet and community. In: *The emerging internet*. Queenstown: Institute for Information Studies, 1998.

______; ARTERTON, F. C.; ORREN, G. R. *The electronic Commonwealth*: the impact of new mídia technologies on democratic politics. New York: Basic Books, 1988.

AHOKAS, I.; KAIVO-OJA, J. Benchmarking European information society developments. *Foresight*, v. 5, n. 1, p. 44-54, 2003.

ALA (American Library Association). 2004. Disponível em: <www.acrl.org/ala/acrl/acrlissues/acrlinfolit/infolitoverview/infolitglossary/infolitglossary.htm>.

ALGER, D. Os megamedia, a situação do jornalismo e a democracia. *Harvard International Journal of Press/Politics*, v. 3, n. 1, p.126-133, 1998.

ALTMAN, D. Prospects for e-government in Latin America. *International Review Of Public Administration*, v. 7, n. 2, 2002.

AMADEO, Belen. Ciberpolítica en Argentina. In: SEMINARIO INTERNACIONAL. *Anais*... Lisboa: ISCTE, 2005.

ANACOM (Autoridade Nacional de Comunicações). *Estatísticas do serviço de transmissão de dados / serviço de acesso à internet* — 2. trim. 2004. Disponível em: <www.icp.pt/template12.jsp?categoryId=135882>.

ANDRADE, C. Tragédia obrigou a tomar partido. *Diário de Notícias*, 29 set. 1999.

AQUINO, R.; BIERHOFF, J.; ORCHARD, T.; STONE, M. *The European multimídia news landscape*. Mudia, International Institute of Infonomics, 2002.

AROLDI, P.; COLOMBO, F. TV audience and internet users: a report on four generations of Italians. In: COST A20, 2002, Norway.

______; ______. *Le età della TV*. Milano: VP Università, 2003.

ARTERTON, C. F. *Teledemocracy, can technology protect democracy?* Newbury Park/ Beverly Hills/London/New Delhi: Sage, 1987.

ASSAYAS, M. *Bono*: in conversation with Michka Assayas. New York: Riverhead Books, 2005.

BABERJEE, I. Internet and democracy in Asia: a critical overview and discussion. In: CONFERENCE ON DEMOCRATIC GOVERNANCE AND ICT, 2003a. *Proceedings*... Department of Political Science, University of Copenhagen, Denmark.

______. Internet and democracy in Asia: a critical exploratory journey. In: ______ (Ed.). *Rhetoric and reality*: the internet challenge for democracy in Asia. Singapore: Eastern Universities Press, 2003b.

BAPTISTA, J. *O fenómeno dos blogs em Portugal*. 2004. Tese (Licenciatura em Comunicação Social) — Instituto Superior de Ciências Sociais e Políticas. Disponível em: <http://seminarioinvestigacao.blogspot.com/>.

BARBER, B. *Strong democracy*: participatory politics for a new age. Berkeley: University of California Press, 1984.

______. Three challenges to reinventing democracy. In: HIRST, P.; KHILNANI, S. (Eds.). *Reinventing democracy*. Cambridge: The Political Quarterly, 1996.

______. Three scenarios for the future of technology and strong democracy. *Political Science Quarterly*, n. 113, p. 573-590, 1999.

BASILI, C. (Ed.). *Information literacy in Europe*: a first insight into the state of the art of information literacy in the European Union. Rome: Consiglio Nazionale delle Ricerche, 2003.

BASTOS, A. M. *Que lugar para a música portuguesa na rádio*. 2002. Projeto de Tese (Mestrado de Comunicação, Cultura e Tecnologias de Informação) — Lisboa, ISCTE.

BASTOS, H. A internet no jornalismo. *Revista do Observatório da Comunicação*, n. 1, maio 2000.

BAXI, U. Human rights: suffering between movements and markets. In: COHEN, R.; RAI, S. (Eds.). *Global social movements*. London: Athlone Press, 2000.

BAYÉ, B. Responding to e-mail is an unrealistic expectation. *Nieman Reports*, v. 54, n. 4, 2000.

BEBIANO, R. Um clamor digital. *Vida Mundial*, 1 out. 1999.

BECK, U. *Risk society*. Towards a new modernity. London/New Delhi: Sage, 1992.

______. *The reinvention of politics*. Rethinking modernity in the global social order. Cambridge: Polity Press, 1997.

______; GIDDENS, A.; LASH, S. *Modernização reflexiva*: política, tradição e estética no mundo moderno. Oeiras: Celta, 2000.

BENAVENTE, A. et al. (Coords.). *A literacia em Portugal*: resultados de uma pesquisa extensiva e monográfica. Lisboa: Fundação Calouste Gulbenkian, 1996.

BENIGER, J. R. *The control revolution*: technological and economic origins of the information society. Cambridge, MA: Harvard University Press, 1989.

BENNET, L. W. Coming to Europe? Why media market deregulation is good for business but bad for public information. In: BENEYTO, J. V. *La ventana global*. Madrid: Taurus, 2003.

______. Communicating global activism. In: VAN DE DONK, W.; LOADER, B.; NIXON, P.; RUCHT, D. (Eds.). *Cyberprotest*: new media, citizens, and social movements. London: Routledge, 2004.

______; ENTMAN, R. Communication in the future of democracy: a conclusion. In: ______; ______. *Mediated politics*. Cambridge: Cambridge University Press, 2001a.

______; ______. Mediated politics: an introduction. In: ______; ______. *Mediated politics*. Cambridge: Cambridge University Press, 2001b.

BIMBER, B. The internet and political transformation: populism, community and accelerated pluralism. *Polity*, v. 31, n. 1, p. 133-160, 1998.

BITTANTI, M. *L'era dei videogiochi simbolici (1958-1984)*. Roma: Gruppo Editoriale Futura, 1999.

BOCZKOWSKI, P. J. The development and use of online newspapers: what research tells us and what we might want to know. In: LIEVROUW, L. A.; LIVINGSTONE, S. *Handbook of new media*: social shaping and consequences of ICTs. London: Sage, 2002.

BORGES, J. L. A biblioteca de Babel. In: ______. *Ficções*. Lisboa: Teorema, 1998.

______. *La biblioteca total*. 2004. Disponível em: <www.ciudadseva.com/textos/cuentos/esp/borges/bibliote.htm>.

BORN, G. Strategy, positioning and projetion in digital television. *Media, Culture & Society*, v. 25, p. 773-799, 2003.

BOSSI, V.; CORNERO, L. *Dalla parte dello spettatore*. Roma: RAI-ERI, 1999.

BOUGNOUX, D. Face à l'ogre audiovisuel. *Magazine Littéraire*, n. 369, oct. 1998. Disponível em: <www.magazinelitteraire.com/dossiers/dos_bour.htm>.

BOURDIEU, P. *La distinction*: critique sociale du jugement. Paris: Minuit, 1979.

______. *O poder simbólico*. Lisboa: Difel, 1989.

______. *Sobre a televisão*. Oeiras: Celta, 2000.

______. *A televisão precisa de um contrapoder*. Disponível em: <www.espacoacade mico.com.br/010/10bourdieu.htm>. Acesso em: jan. 2001.

BRANDT, D. PageRank: *Google's original sin*. 2002. Disponível em: <www.google-watch.org/pagerank.html>.

BRAUDEL, F. *Escritos sobre a história*. Lisboa: Editorial Presença, 2000.

BRAUDILLARD, J. *Simulacros e simulação*. Lisboa: Relógio d'Água, 1991.

BRECHT, B. Der Rundfunk als Kommunikationsapparat. *Bjitter des Hessischen Landestheaters Darmstadt*, n. 16, July 1932. Disponível em: <http://telematic.walkerart.org/telereal/bit_brecht.html>.

BROWN, A. Sweden case study. In: ______; PICARD, R. G. (Eds.). *Digital television in Europe*. New Jersey: Lawrence Erlbaum, 2004.

BUDGE, I. *The new challenge of direct democracy*. Oxford: Polity Press, 1996.

BUSTAMANTE, E. Telefonica o la historia de España. *Comunicação & Política*, v. 7, n. 1, 2000.

______. Nuevas fronteras del servicio público. In: BENEYTO, J. V. *La ventana glo bal*. Madrid: Taurus, 2002.

______. *Hacia un nuevo sistema mundial de comunicación*. Las industrias culturales en la era digital. Barcelona: Gedisa Editorial, 2003.

CABRAL, M. V. *Cidadania política e eqüidade social em Portugal*. Oeiras: Celta, 1997.

______. O exercício da cidadania política em Portugal. *Análise Social*, n. 154-155, jul./set. 2000.

CÁDIMA, F. R. *Desafios dos novos mídia*: a nova ordem política e comunicacional. Lisboa: Editorial Notícias, 1999a.

______. *Miragens digitais*. Presidência da República, Os Cidadãos e a Sociedade de Informação. Conferência promovida pelo presidente da República, 9 e 10 dez. 1999b, Lisboa, INCM.

______. A televisão digital e as políticas do audiovisual no contexto da sociedade de informação. *OBS — Observatório*, n. 1, maio 2000.

______. Televisão, serviço público e qualidade. *OBS — Observatório*, n. 6, p. 9-18, nov. 2002.

CALHOUN, C. (Ed.). *Habermas and the public sphere*. Cambridge, Mass.: MIT Press, 1992.

CAMMAERTS, B.; VAN AUDENHOVE, L. *ICT-usage among transnational social movements in the networked society*: to organise, to mediate & to influence, the European media and technology in everyday life network, 2000-2003. 2003. Disponível em: <www.lse.ac.uk/collections/EMTEL/main1.html>.

CAPELO, F. de M. *A educação em Portugal*: breve historial. Disponível em: <www.batina.com/nanda/educa1.htm>. Acesso em: jun. 2004.

CAPUCHA, L. *Desafios da pobreza*. 2004. Tese (Doutorado) — Instituto Superior de Ciências do Trabalho e da Empresa, Lisboa.

CARAÇA, J. *Ciência*. Lisboa: Quimera, 2001.

CARDOSO, G. *Para uma sociologia do ciberespaço*: comunidades virtuais em português. Oeiras: Celta, 1998.

______. As causas das questões ou o Estado à beira da sociedade de informação. *Sociologia Problemas e Práticas*, Lisboa, n. 30, jun. 1999.

______. Prefácio. In: *A segunda era dos mídia*. Oeiras: Celta, 2000a.

______. Os jogos multimédia como meta-sistema de entretenimento. *OBS Observatório*, n. 1, maio 2000b.

______. *Internet*. Lisboa: Quimera, 2003.

______. Trends and contradictions in the broadcasting system, from interative to networked television. In: COLOMBO, F. (Ed.). *TV and interativity in Europe*. Mythologies, theoretical perspectives, real experiences. Milano: Vita e Pensiero, 2004.

______. Societies in transition to the network society. In: CASTELLS, M.; CARDOSO, G. *The network society*: from knowledge to policy. Washington, DC: Johns Hopkins Center for Transatlantic Relations, 2006.

______; CARRILHO, M.; ESPANHA, R. *Novos média, novas políticas?* Debater a sociedade de informação. Oeiras: Celta, 2002.

______; FIRMINO DA COSTA, A. *A sociedade rede em Portugal.* Lisboa: Cies/ISCTE, 2004.

______; LORGA, C. Os portais como novos mediadores de informação na internet. In: CONGRESSO DE SOCIOLOGIA DA APS, 4., *Actas...* 2000.

______; MORGADO, Angela. *Os portais portugueses e a busca na internet.* Lisboa: ISCTE, 2002. (Projeto FCT O Impacto da Internet nos Mass Media).

______; NASCIMENTO, S. Online/Offline: can you tell the difference? Portuguese views on internet mediated communication. *Comunicazioni Sociali*, v. 24, n. 1, gennaio-aprile 2002.

______; NETO, P. O movimento por Timor, meios de comunicação de massa e protestos online. In: REBELO, J. *Novas formas de mobilização popular.* Porto: Campo das Letras, 2003.

______; SANTOS, S. *Análise comparada das televisões portuguesas.* ISCTE. 11, 12 e 15 mar. 2003.

______; TELO, D. Análise dos telejornais da RTP1. In: SILVEIRA, J. *Estudo para a AACS.* 2003, não publicado.

______ et al. *Os deputados portugueses e a política informacional.* Oeiras: Celta, 2005a.

______ et al. *A sociedade em rede em Portugal.* Porto: Campo das Letras, 2005b.

CAROLA, S. *Big Brother* — a vigilância vista de dentro. 2002. Dissertação (Licenciatura) — Departamento de Sociologia, Instituto Superior de Ciências do Trabalho e da Empresa, Lisboa.

CARPINI, M. X. D.; WILLIAMS, B. A. Let us infotain you: politics in the new media. In: BENNETT, W. L.; ENTMAN, R. M. *Mediated politics* — communication in the future of democracy. Cambridge: Cambridge University Press, 2001.

CASETI, F.; ODIN, R. De la paléo à la néo-télévision. *Communications*, Paris, n. 51, 1990.

CASTANHEIRA, J. P. *Jornalismo online*: problemas técnicos e metodológicos (estudo de um caso: os comentários dos leitores às notícias sobre a Fundação Jorge Álvares no Expresso Online, em 2000). 2003. Dissertação (Pós-Graduação em Jornalismo) — Escola Superior de Comunicação Social, Instituto Superior de Ciências do Trabalho e da Empresa, Lisboa.

CASTELLS, M. *Manuel Castells on the global economy and the technology elite.* 1997. Disponível em: <www.transformaties.org/castells/bibliotheek/interviewupside.htm>.

______. Information technology, globalization and social development. In: CONFERENCE ON INFORMATION TECHNOLOGIES AND SOCIAL DEVELOPMENT, *Proceedings...* Geneva, 22-24 June 1998. Disponível em: <www.unrisd.org/infotech/conferen/castelp1.htm>.

______. Grassrooting the space of flows. In: WHEELER, J.; AOYAMA, Y.; WARF, B. (Eds.). *Cities in the telecommunications age* — the fracturing of geographies. London and New York: Routledge, 2000a.

______. Revolt against violence. *Unesco Courier*, Jan. 2000b.

______. *Internet y la sociedad red.* 2000c. Disponível em: <www.uoc.es/web/esp/articles/castells/castellsmain.html>. Acesso em: 28 Feb. 2002.

______. Conversación con Manuel Castells. *Quaderns*, n. 11, 2001. Disponível em: <www.audiovisualcat.net/publicaciones/Q11castmc.pdf>. Acesso em: jan. 2004.

______. A sociedade em rede. A era da informação. *Economia, Sociedade e Cultura*, Lisboa, v. 1, 2002.

______. O poder da identidade. A era da informação. *Economia, Sociedade e Cultura*, Lisboa, v. 2, 2003.

______. O fim de milénio. A era da informação. *Economia, Sociedade e Cultura*, Lisboa, v. 2, 2004a.

______. *A galáxia internet.* Lisboa: Fundação Calouste Gulbenkian, 2004b.

______; INCE, M. *Conversas com Manuel Castells.* Porto: Campo das Letras, 2004.

______ et al. *La societat xarxa a Catalunya.* Barcelona: Editorial UOC, 2003.

CATOLFI, A. Funzioni sociali del giornale radio. In: MENDUNI, E. *La radio.* Percorsi e territori di un medium mobile e interattivo. Bologna: Baskerville, 2002.

CENTER FOR PRISON STUDIES KINGS COLLEDGE. Disponível em: <www.kcl.ac.uk/depsta/rel/icps/worldbrief/highest_to_lowest_rates.php>.

CHADWICK, A. The electronic face of government in the internet age — borrowing from Murray Edelman. *Information, Communication & Society*, v. 4, n. 3, p. 435-457, 2001. Disponível em: <www.rhul.ac.uk/sociopolitical-science/About-Us/chadwick_electronic_face_of_government.pdf>. Acesso em: maio 2002.

CHAMPAGNE, P. *L'influence de la communication visuelle dans le travail de l'information écrite, et la construction télévisuelle de l'opinion*. 1996. Disponível em: <www.homme-moderne.org/societe/socio/champagn/influen.html>.

______. Os média, as sondagens de opinião e a democracia. In: *Os cidadãos e a sociedade de informação*. Lisboa: Imprensa Nacional Casa da Moeda, 2000.

CHANDLER, D. *Imagining futures, dramatizing fears: the portrayal of technology in literature and film*. 1998. Disponível em: <www.aber.ac.uk/~dgc/sf.html>. Acesso em: jul. 1999.

CHEONG A. *A comparison of survey results of 2001 and 2003*. In: MACAO WORLD INTERNET PROJET SURVEY. 2004. Disponível em: <www.soc.toyo.ac.jp/~mikami/wip/wip_meeting/day2day3.html>.

CHETA, R. Disembodied citizenship? Re-@ccessing disabled people's voices in Portugal. In: VAN DE DONK, W.; LOADER, B.; NIXON, P.; RUCHT, D. (Eds.). *Cyberprotest*: new media, citizens, and social movements. London: Routledge, 2004.

CHEUNG, C. A home on the web: presentations of self on personal homepages. In: GAUNTLETT, D. *Web studies*: rewiring media studies for the digital age. Great Britain: Arnold, 2000.

CHYI, H. I.; LASORSA, D. L. An explorative study on the market relation between online and print newspapers. *The Journal of Media Economics*, v. 15, n. 2, p. 91-106, 2002.

CINEMA, TV AND RADIO IN THE EU STATISTICS ON AUDIOVISUAL SERVICES (Data 1980-2002). Luxembourg: Office for Official Publications of the European Communities, 2003.

CINTRA TORRES, E. *Ler televisão*. Oeiras: Celta, 1998.

______. *Reality shows, ritos de passagem da sociedade do espetáculo*. Coimbra: Minerva, 2002.

COCOA, C.; DÍEZHANDINO, M. P. *Periodismo económico*. Madrid: Editorial Paraninfo, 1990.

COHEN, R.; RAI, S. (Eds.). *Global social movements*. London: Athlone Press, 2000.

COLE, Jeff. Internet and society in a global perspective. In: CASTELLS, M.; CARDOSO, G. *The network society*: from knowledge to policy. Washington, DC: Johns Hopkins Center for Transatlantic Relations, 2006.

COLOMBO, F. *Le nuove tecnologie della comunicazione*. Milano: Bompiani, 1993.

______. La comunicazione sintetica. In: ______; BETTETINI, G. *Le nuove tecnologie della comunicazione*. Milano: Bompiani, 1994.

______. Dentro l'ordine vive l'anarchia. *Telèma*, n. 1, 1995a. Disponível em: <http://baldo.fub.it/telema/TELEMA1/Colomb1.html>. Acesso em: 4 jun. 1999.

______. *Il videogioco come mezzo di comunicazione*. 1995b. Disponível em: <www.telecomitalia.it/cstudi/chieric6.htm>. Acesso em: maio 1999.

______. *La forma visiva del testo*. 1996a. Disponível em: <www.*midia*mente.rai.it/home/bibliote/intervis/c/colo_f02.htm>. Acesso em: maio 1999.

______. *Le molteplici dimensioni del mondo delle reti*. 1996b. Disponível em: <www.*midia*mente.rai.it/home/bibliote/intervis/c/colomb_f.htm>. Acesso em: maio 1999.

______. *The evolution of the media world*. 1997. Disponível em: <www.*midia*mente.rai.it/home/bibliote/intervis/c/colo_f03.htm>.

______. *I mídia alla svolta del duemila*. 1999. Disponível em: <http://labcom.soc.uniroma1.it/forumrai/colombo.htm>. Acesso em: maio 1999.

______. A internet é um metamídia. *Jornal Público*, 30 jan. 2000a.

______. *Alcune questioni di teoria dell' industria culturale*. 2000b. Disponível em: <http://cepad.unicatt.it/formazione/comsoc1/Cap1/1_06.asp>. Acesso em: out. 2000.

______. *Le nuove tecnologie digitali e l'impacto culturale*: un modello descrittivo. Dissertação (Mestrado de Comunicação, Cultura e Tecnologias de Informação) — Departamento de Sociologia, Lisboa, ISCTE, 2000c.

______. Uma memória para a tecnologia. *Sociologia, Problemas e Práticas*, Lisboa, n. 32, 2000d.

______. La radio fuori dalla radio. In: MENDUNI, E. *La radio*. Percorsi e territori di un medium mobile e interattivo. Bologna: Baskerville, 2002.

______. *Introduzione allo studio dei midia*. Roma: Carocci, 2003a.

______. *Users practices of web navigation* (or does a web generation really exist?). In: COST A20 Programme. Pamplona: University of Navarra, 2003b. ms.

______. *TV and interactivity in Europe*: mythologies, theoretical perspectives, real experiences. Milano: Vita e Pensiero, 2004.

______; BELLAVITA, A. The digital satellite broadcasting system in Italy: between mix and hybridism. *The Public*, v. 9, n. 4, p. 75-82, 2002.

______; LUISELLA, F.; FRANCESCA, P. *I margini della cultura*. Mídia e innovazione. Milano: Franco Angeli, 2001.

______; VITTADINI, Nicoletta (Eds.). *Digitizing TV*: theoretical issues and comparative studies across Europe. Milano: Vita e Pensiero, 2006.

COMISSÃO DE REFLEXÃO SOBRE O FUTURO DA TELEVISÃO EM PORTUGAL. Relatório final da comissão de reflexão sobre o futuro da televisão em Portugal, Presidência do Conselho de Ministros, Lisboa, out. 1996.

COMISSÃO EUROPÉIA EUROSTAT. *Statistics on audiovisual services, data 1980-2000*. Theme 4, Industry, Trade and Services, EC, 2002.

CONNERTON, P. *Como as sociedades recordam*. Oeiras: Celta, 1993.

COOKE, L. A visual convergence of print, television and the internet. *New Media & Society*, v. 7, n. 1, p. 22-46, 2005.

CORCORAN, F. Strong and weak versions of interative television. In: COLOMBO, F. (Ed.). *TV and interativity in Europe*. Mythologies, theoretical perspectives, real experiences. Milano: Vita e Pensiero, 2004.

CORREIA, F. *The Portuguese media landscape*. 2003. Disponível em: <www.ejc.nl/jr/emland/portugal.html>. Acesso em: Jun. 2004.

______. Concentração à portuguesa. *Le Monde Diplomatique*, nov. 1999.

______. Novos desafios, problemas novos. *JJ-Jornalismo e Jornalistas*, n. 3, jul./set. 2000.

COUTINHO, J.; DIONÍSIO, P. Cordão humano por Timor. In: REBELO, J. *Novas formas de mobilização popular*. Porto: Campo das Letras, 2003.

CRISELL, A. *Understanding radio*. London and New York: Routledge, 1994.

CROOK, S.; PAKULSKI, J.; WATERS, M. *Postmodernization* — change in advanced societies. London: Sage, 1992.

CUNHA, C.; MARTÍN, I.; NEWELL, J.; RAMIRO, L. Slow adaptation and the digital divide: South European party systems and new ICTs. In: GIBSON, R.; NIXON, P.; WARD, S. (Eds.). *Net gain?* Political parties and the impact of new information communication technologies. London: Routledge, 2002.

DAHL, R. *Dilemmas of pluralist democracy*. New Haven: Yale University Press, 1986.

______. *Democracy and its critics*. New Haven: Yale University Press, 1991.

______. *On democracy*. New Haven: Yale University Press, 1998.

DAHLBERG, L. Computer-mediated communication and the public sphere: a critical analysis. *Journal of Computer-Mediated Communication*, 2001. Disponível em: <www.ascusc.org/jcmc/vol7/issue1/dahlberg.html>. Acesso em: dez. 2002.

______. Democracy via cyberspace. *New Media & Society*, v. 3, n. 2, p. 157-79, 2002.

DAHLGREN, P. *Television and the public sphere*: citizenship, democracy and the media. London: Sage, 1995.

______. The public sphere and the net: structure, space, and communication. In: BENNETT, W. L.; ENTMAN, R. M. *Mediated politics* — communication in the future of democracy. Cambridge: Cambridge University Press, 2001.

______. La democracia eletrónica, internet y la evolución del periodismo. Cómo utilizar el espacio disponible. In: BENEYTO, J. V. *La ventana global*. Madrid: Taurus, 2002.

______; SPARKS, C. (Eds.). *Journalism and popular culture*. London: Sage, 1992.

______; ______. (Eds.). *Communication and citizenship*: journalism and the public sphere. London: Routledge, 1993.

DAYAN, D.; KATZ, E. *Media events*. The live broadcasting of history. Cambridge, Mass.: Harvard University Press, 1992.

DEBORD, G. *La societé du spectacle*. Paris: Gérard Lebovici, 1989.

DEUZE, M. *Understanding the impact of the internet: on new media professionalism, mindsets and buzzwords*. 2001. Disponível em: <www.ejournalism.au.com/ejournalist/deuze.pdf>. Acesso em: jan. 2002.

______. Online journalism: modelling the first generation of news media on the world wide web. *First Monday*, v. 6, n. 10, 2003. Disponível em: <www.firstmonday.dk/issues/issue6_10/deuze/>. Acesso em: 8 dez. 2003.

______. A internet e os diferentes tipos de jornalismo online: teoria, pesquisa e estratégias de produção online de notícias. In: PAQUETE DE OLIVEIRA, J. M. et al. *Comunicação, cultura e tecnologias de informação*. Lisboa: Quimera, 2004.

DIÁRIO DE NOTÍCIAS. Envio de e-mails para o estado. 5 fev. 2004a.

______. Pais pouco informados sobre internet. 12 abr. 2004b.

DICK, P. K. *Blade Runner — do androids dream of electric sheep* — perigo iminente. Lisboa: Publicações Europa América, 1982.

DIEZ, F. G. *El futuro de la tecnologia electoral en América Latina*: soluciones técnicas y problemas políticos. Apresentação pública no ISCTE, 2004.

DJIK, J. V. *The network society*. London: Sage, 1999a.

______. The one dimensional network society of Manuel Castells. *New Media & Society*, v. 1, n. 4, p. 127-138, 1999b.

______. (Ed.). *Digital democracy*. Issues of theory and practice. London: Sage, 2000.

DOWNING, J. D. (Ed.). *Radical Media* — rebellious communication and social movements. London: Sage, 2000.

DRUCKER, P. F. *Sociedade pós-capitalista*. São Paulo: Pioneira, Publifolha, 1999.

DUBE, J. Writing news online. In: RESENDE, I. *Jornalismo econômico*: formato digital *vs*. formato tradicional. Dissertação (Pós-Graduação). 2002.

DUCOURANT, H. *L'approche bourdieusienne des médias et ses limites*. Paper apresentado na Licenciatura de Sociologia do ISCTE, Lisboa, 1999.

DUTTON, W. H. *Os cidadãos em rede e a democracia eletrônica*. Presidência da República, Os Cidadãos e a Sociedade de Informação. Conferência promovida pelo presidente da República, 9 e 10 dez. 1999, Lisboa, INCM.

ECO, U. *O signo*. Lisboa: Presença, 1977.

______. *La guerre du faux*. Paris: Grasset, 1985.

______. *Os limites da interpretação*. Lisboa: Difel, 1990.

______. *Apocalípticos e integrados*. Lisboa: Difel, 1991a.

______. *Semiótica e filosofia da linguagem*. Lisboa: Difel, 1991b.

______. *El mundo según Eco*. 1995a. Disponível em: <www.telecable.es/personales/deleon/finisa/mundoeco.htm>. Acesso em: abr. 2000.

______. *L'informazione sugli specchi*. 1995b. Disponível em: <www.nettuno.it/fiera/ifg/document/p14a.htm>. Acesso em: out. 1999.

______. *The nomenclature and electronic democracy*. 1995c. Disponível em: <www.*mídia*mente.rai.it/*mídia*mentetv/learning/ed_multi*mídia*le/english/bibliote/intervis/e/eco.htm>. Acesso em: abr. 1999.

______. *Da internet a Gutemberg*. 1996a. Disponível em: <www.hf.ntnu.no/anv/Finnbo/tekster/Eco/Internet.htm>. Acesso em: abr. 2000.

______. *Can communication be taught?* 1996b. Disponível em: <www.tinet.ch/nuovacritica/unicommunications/oxford/e-eco1.htm>. Acesso em: out. 2000.

______. *Le notizie sonno troppe imparate a decimarle, subito*. 1996c. Disponível em: <http://baldo.fub.it/telema/TELEMA4/Eco4.html>. Acesso em: maio 1999.

______. *Afterword*. 1997a. Disponível em: <www.stanford.edu/dept/HPS/HistoryWired /Eco/EcoAfterword.html>. Acesso em: abr. 2000.

______. University and *Meios de comunicação de massa*. 1997b. Disponível em: <www.uni-weimar.de/medien/archiv/ws9899/eco/text3.html>. Acesso em: jan. 2004.

______. *Sobre a imprensa, cinco escritos morais*. Algés: Difel, 1997c.

______. *Internet, una rete piena di buchi*. 2000a. Disponível em: <http://quotidiano. monrif.net/art/2000/04/18/836575>. Acesso em: ago. 2001.

______. Quale privacy. In: CONFERÊNCIA INTERNACIONAL SOBRE PRIVACIDADE. *Proceedings*... Veneza, 28 set. 2000b.

______. *L'ipnosi radiofonica*. O dell'incerto avvenire di un mezzo magico. 2000c. Disponível em: <www.espressoedit.ktaweb.it/cgi-bin/spd-gettext.sh?ft_cid=44556>.

______. *Il medium precede il messaggio*. 2001. Disponível em: <www.espresso*online*. kataweb.it/ESW_articolo/0,2393,12424,00.html>. Acesso em: ago. 2001.

______. Vegetal and mineral memory: the future of books. *Al-Ahram Weekly*, n. 665, p. 20-26, Nov. 2003. Disponível em: <http://weekly.ahram.org.eg/2003/665/ bo3.htm>.

______. *La misteriosa fiamma della regina Loana*. Milano: Bompiani, 2004a.

______. *Il pubblico fa male alla televisione?* 2004b. Disponível em: <www.espress*online*. it/eol/free/jsp detail.jsp?m1s=o&m2s=null&idContent=479137&idCategory=4789>.

ECONOMIA PURA. Lisboa, n. 63, p. 28, mar. 2004.

EFF (Electronic Frontier Foundation). *Internet censorship legislation & regulation*. 2004. Disponível em: <www.eff.org/Censorship/Internet_censorship_bills>.

ELLIS, E. A 'matt drudge' you can respect. *Time Asia*, Sept. 7, 1999.

ENTMAN, R. M.; BENNETT, W. L. Communication in the future of democracy: a conclusion. In: ______; ______. *Mediated politics* — communication in the future of democracy. Cambridge: Cambridge University Press, 2001.

ESS SURVEY. 2003. Disponível em: <http://ess.nsd.uib.no/>.

ETAN (East-Timorese Action Network). *Santa Cruz massacre*. Disponível em: <http:/ /etan.org/timor/SntaCRUZ.htm>. Acesso em: 28 fev. 2002.

EUROBAROMETER 50.1. *Como se vêem a si próprios* — um espelho da realidade, sondagens de opinião. 1998. Disponível em: <http://europa.eu.int/comm/publications/ booklets/eu_documentation/05/txt_pt.pdf>.

______ 55.2. 2001a. Disponível em: <http://europa.eu.int/comm/public_opinion/archives/eb/eb55/eb55_en.pdf>.

______ 56. *La participation des européens aux activités culturelles*. 2001b. Disponível em: <http://europa.eu.int/comm/public_opinion/archives/ebs/ebs_158_complet_fr.pdf>.

______ 60. *Public opinion in the European Union*. Oct./Nov. 2003.

EUROPEAN AUDIOVISUAL OBSERVATORY YEARBOOK. OEA, 2002.

EUROPEAN UNION. *European report on the quality of school education* — sixteen quality indicators. 2000. Disponível em: <http://europa.eu.int/comm/education/policies/educ/indic/rapinen.pdf>.

FAIR (Fairness and Accuracy in Reporting). *Alert*: networks need to be sceptical of both sides. 1999. Disponível em: <www.fair.org/activism/korisa.html>. Acesso em: maio 1999.

______. *NY Times responds to Fair on Fallujah Killings*. 2004. Disponível em: <www.fair.org/activism/times-fallujah-update.html>.

FENTRESS, J.; WICKHAM, C. *Memória social*: novas perspectivas sobre o passado. Lisboa: Editorial Teorema, 1994.

FERGUSON, M. Electronic media and the redefining of time and space. In: ______. (Ed.). *Public communication, the new imperatives*. London/Newbury Park: Sage, 1990.

FIRMINO DA COSTA, A.; MACHADO, F. Processos de uma modernidade inacabada. In: VIEGAS, J. M.; FIRMINO DA COSTA, A. *Portugal, que modernidade?* Oeiras: Celta, 1998.

FITZMAIER et al. The Austrian Parliament and the use of ICTs. In: HOFF, J. et al. Use of ICTs by members of Parliament. *Information Polity*, v. 9, n. 1, 2, 2004. (Special Issue).

FLEISCHNER, E.; SOMALVICO, B. *La TV diventa digitale*. Scenari per una difficile transizione. Milano: FrancoAngeli, 2002.

FONDELLI, B. I siti radiofonici:indagine sulla presenza ondine della radiofonia italiana. In: MENDUNI, E. (Coord.). *La radio*: percorsi e territori di un medium mobile e interativo. Bologna: Baskerville, 2002.

FORD, T.; GIL, G. Radical internet use. In: DOWNING, J. D. (Ed.). *Radical media* — rebellious communication and social movements. London: Sage, 2000.

FORTUNATTI, Leopoldina. Going online without exploring it. In: VAN DER WURFF, Richard; LAUF, Edmund (Eds.). *Print and online newspapers in Europe*. Amsterdam: Het Soinhuis, 2005.

FRAIN, M. The right in Portugal: the PSD and CDS/PP. In: BRUNEAU, T. (Ed.). *Political parties and democracy in Portugal*: organizations, elections and public opinion. Boulder, CO: Westview Press, 1997.

FRANQUET, R. Il panorama radiofonico spagnolo nel ventunesino secolo. In: MENDUNI, E. (Coord.). *La radio*: percorsi e territori di un medium mobile e interativo. Bologna: Baskerville, 2002.

FREIRE, A. (Coord.). *Recrutamento parlamentar* — os deputados portugueses da Constituinte à VIII Legislatura. Stape, 2001a.

______. *Mudança eleitoral em Portugal*: clivagens, economia e voto em eleições legislativas, 1983-1999. Oeiras: Celta, 2001b.

______. *Modelos do comportamento eleitoral*: uma breve introdução crítica. Oeiras: Celta, 2001c.

______; BAUM, M. Clivagens, economia e voto em Portugal, 1999: uma análise das eleições parlamentares com dados agregados. *Sociologia, Problemas e Prácticas*, n. 37, p. 115-140, 2002.

______; LOPES, F. F. *Partidos políticos e sistemas eleitorais*: uma introdução. Oeiras: Celta, 2002.

______; MAGALHÃES, P. *A abstenção eleitoral em Portugal*. Lisboa: Instituto de Ciências Sociais, 2002.

______ et al. *O Parlamento português*: uma reforma necessária. Lisboa: Imprensa de Ciências Sociais, 2002.

FRITH, S.; GOODWIN, A.; GROSSBERG, L. *Sound & vision*. The music-video reader. London: Routledge, 1993.

FULLER, S. Confronting the social character of computers: the challenges for social scientists. In: MILLSOM, H. *IT in the social sciences*. Oxford: Blackwell, 1999.

GALIMBERTI, U. *Psiche e techne*. L'uomo nell'età della tecnica. Milano: Feltrinelli, 1999.

GALLAND, B.; CHAPPELET, J. -L. E-Parlement — L'appropriation de l'internet par les parlementaires fédéraux. *Cahier de l'Institute de Hautes Études en Administration Publique*, 2001.

GALPERIN, H. *New television, old politics*: the transition to digital TV in the United States and Britain. Cambridge: Cambridge University Press, 2004.

GARNER, R. *Contemporary movements and ideologies*. New York: McGraw-Hill, 1996.

GARNHAM, N. *What are the remaining limitations of the great information network?* 1998. Disponível em: <www.*mídia*mente.rai.it/home/bibliote/biografi/g/garnham.htm>. Acesso em: abr. 1999.

______. Barriers to convergence. In: DUTTON, W. H. *Society on the line*. Oxford: Oxford University Press, 1999.

GAUNTLETT, D. *Web studies*: rewiring media studies for the digital age. Great Britain: Arnold, 2000.

GIBBINS, J.; REIMER, B. *The politics of postmodernity*. London: Sage, 1999.

GIBSON, R.; NEWELL, J.; WARD, S. New parties, new media: Italian party politics and the internet. *South European Society and Politics*, v. 5, n. 1, p. 123-142, 2000. Summer.

______; WARD, S. Perfect information, perfect democracy, perfect competition: politics and the impact of new ICTs. In: ______; ______. (Eds.). *Reinvigorating democracy?* British politics and the internet. Ashgate: Aldershot, 2000.

______; ______. *The internet and representative democracy*. London: Routledge, 2003.

GIBSON, W. *I don't even have a modem*. 1996. Disponível em: <www.josefsson.net/gibson/>.

GIDDENS, A. *Society in the late modern age*. Stanford: Stanford University Press, 1991.

______. *Modernidade e identidade pessoal*. Oeiras: Celta, 1997a.

______. *Beyond left and right*. 1997b. Disponível em: <www.heise.de/tp/english/special/eco/6205/1.html>. Acesso em: dez. 1998.

______. *As consequências da modernidade*. Oeiras: Celta, 1998.

______. *DNW Interview met Anthony Giddens*, 1999. Disponível em: <www.vpro.nl/programma/dnw/download/Interview_Giddens.shtml>. Acesso em: jan. 2002.

______; HUTTON, W. *On the edge*: living with global capitalism. London: Vintage, 2000.

GLOBAL REACH. *Portuguese online*. 2002. Disponível em: <http://glreach.com/gbc/pt/portuguese.php3>.

GODOY, S. *WIP Chile 2004*: Main Results World Internet Project Survey (2004). 2004. Disponível em: <www.soc.toyo.ac.jp/~mikami/wip/wip_meeting/day2day3.html>.

GOMES, C. M. do. Literexclusão na vida quotidiana. *Sociologia, Problemas e Práticas*, n. 41, p. 63-92, 2003.

______; ÁVILA, P.; SEBASTIÃO, J.; FIRMINO DA COSTA, A. Novas análises dos níveis de literacia em Portugal: comparações diacrónicas e internacionais. In: CONGRESSO DE SOCIOLOGIA APS, 4., *Actas*... 2001.

GOMEZ, R. The hall of mirrors: the internet in Latin America. *Current History*, v. 99, n. 634, Feb. 2000.

GONÇALVES, M. E. *Democracia e cidadania na sociedade da informação*. Presidência da República, Os Cidadãos e a Sociedade de Informação. Conferência promovida pelo presidente da República, 9 e 10 dez. 1999, Lisboa, INCM.

GRAÇA, S. da N. *Big Brother* — audiências e recepção. 2002. Projeto de tese (Mestrado de Comunicação, Cultura e Tecnologias de Informação) — Departamento de Sociologia, Instituto Superior de Ciências do Trabalho e da Empresa, Lisboa.

GRAHAM, A. Public policy and the information superhighway: the case of the UK. In: KAHIN, B.; WILSON, E. *National information infrastructure initiatives*: vision and policy design. Cambridge, Mass.: MIT Press, 1996.

GRANADO, A. *Os mídia portugueses na internet*. 2002. Disponível em: <http://ciberjornalismo.com/midiaportugueses.htm>.

______. Um fenômeno com seis anos. *Público*, 23 jun. 2003.

GRASSO, A. Interactive televison: a virtuous world? In: COLOMBO, F. (Ed.). *TV and interactivity in Europe*: mythologies, theoretical perspectives, real experiences. Milano: Vita e Pensiero, 2004.

GRUPO DE TRABALHO SOBRE O SERVIÇO PÙBLICO DE TELEVISÃO. *Relatório sobre o serviço público de televisão, Portugal: PCM,* 2002.

HABERMAS, J. *Mudança estrutural da esfera pública*: investigações quanto a uma categoria da sociedade burguesa. Rio de Janeiro: Tempo Brasileiro, 1984.

______. *The theory of communicative action*: reason and the rationalization of society. London: Polity Press, 1996. v. 1.

HAGEN, M. *A typology of electronic democracy*. 1997. Disponível em: <www.unigiessen.de/fb03/vinci/labore/netz/hag_en.htm#1>. Acesso em: jun. 2002.

HAGUE, B. N.; LOADER, B. D. Digital democracy: an introduction. In: ______; ______ (Eds.). *Digital democracy*: discourse and decision making in the information age. London and New York: Routledge, 1999.

HALL, S. *Representation*: cultural representations and signifying practices. London: Sage, 1997.

HAMELINK, C. J. *ICTs and social development*. The global policy context. Geneva: Unrisd, 1999.

______. *The ethics of cyberspace*. London: Sage, 2001.

______. *Comunicação, cultura e tecnologias da informação*. Lisboa: Quimera, 2004.

HARTLEY, J. *Comunicação, estudos culturais e mídia* — conceitos-chave. Lisboa: Quimera, 2004.

HARTMANN, M. *The web generation?* The (de)construction of users, morals and consumption, the European media and technology in everyday life network, 2000-2003. 2003.

HEILIDHE, S. N. *Political economy of the search engine*. 2000. Disponível em: <www.nua.ie/surveys/analysis/weekly_editorial/archives/1999/issue1no67.html>.

HEINONEN, A. Journalism in the age of the net. Changing society, changing profession. *Acta Universitatis Tamperensis*, n. 685, 1999.

HELD, D. *Models of democracy*. Cambridge: Polity Press, 1987.

______; McGREW, A. (Eds.). *The global transformations reader*: an introduction to the globalization debate. Cambridge: Polity Press, 2000.

HILL, K. A.; HUGHES, J. E. *Cyberpolitics*: citizen activism in the age of the internet. Lanham, MD: Rowman & Littlefield, 1998.

HIMANEN, P.; CASTELLS, M. *The information society and the welfare state*: the Finnish model. Oxford: Oxford University Press, 2001.

______; ______; TORNVALDS, L. *The hacker ethic and the spirit of the information age*. London: Secker and Warburg, 2003.

HOCK, R. *Web search engines*. New Jersey: Cyberage Books, 2001.

HOFF, J. MPs in the network society: agenda-setters or puppets on a string? In: SALMINEN, A. *Governing networks*. Amsterdam: IOS Press, 2003.

______; HORROCKS, I.; TOPS, P. Introduction: new technology and the "crisis" of democracy. In: ______; ______; ______ (Eds.). *Democratic governance and new technology*

— technologically mediated innovations in political practice in Western Europe. London and New York: Routledge/ECPR Studies in European Political Science, 2000a.

______; ______; ______. Reflections on the models of democracy: cyberdemocracy? In: ______; ______; ______. (Eds.). *Democratic governance and new technology* — technologically mediated innovations in political practice in Western Europe. London and New York: Routledge/ECPR Studies in European Political Science, 2000b.

______ et al. Use of ICTs by members of Parliament. *Information Polity*, v. 9, n. 1/2, 2004. (Special Issue).

HORTA, A. M. Imaginário e imagens mediáticas: o caso de Macau. In: CONGRESSO DA SOPCOM. 2001b.

HORTON, D.; WOHL, R. R. Mass communication and para-social interaction: observations on intimacy at a distance. *Psychiatry*, n. 19, 215-229, 1956. Disponível em: <www.aber.ac.uk/*mídia*/Modules/TF33120/horton_and_wohl_1956.html>.

HORVATH, J. *Internet ban in Yugoslavia?* 1999. Disponível em: <www.heise.de/tp/english/inhalt/co/2809/1.html>. Acesso em: maio 1999.

HUNTINGTON, Samuel P. *The third wave*: democratization in the late twentieth century. Norman: University of Oklahoma Press, 1991.

IDATE (Institut de L'audiovisuel et des Télécommunications en Europe). *Jeux vídeo*. 2004. Disponível em: <www.idate.fr/fr/multi/jvi/jeux_video.pdf>.

IDC. *Worldwide videogame hardware and software forecast and analysis, 2003-2007*: midlife changes. Nov. 26, 2003.

IMD. *World Competitiveness Yearbook*. Lausanne: World Competitive ness Center, 2004.

INE (Instituto Nacional de Estatística). *População estrangeira em Portugal modera crescimento*. 2004. Disponível em: <http://alea-estp.ine.pt/html/atual/html/act39.html>.

INGLEHART, R.; CATTERBERG, G. *Trends in political action*: The developmental trend and the post-honeymoon decline. 2001. Disponível em: <www.worldvaluessurvey.org/Upload/5_Partapsa.pdf>.

IP NETWORK. *GmbH, European TV key facts*. Jan. 2004.

IRVINE, M. *Technology, ideology, and social history*. 1999a. Disponível em: <http://cct.georgetown.edu/curriculum/505-98/techideology.html>.

______. *Technoculture from Frankenstein to cyberpunk*. 1999b. Disponível em: <www.georgetown.edu/irvinemj/technoculture/>. Acesso em: jul. 1999.

ISHII, K. Mobile communication in Japan. In: WIP CONFERENCE, 2004. *Proceedings*... Tokyo: University of Tokyo and Toyo University, 2004.

ITU (International Telecommunications Union). *World indicators*. 2002. Disponível em: <www.itu.int/itunews/issue/2002/04/table4.html>.

______. *Mobile cellular, subscribers per 100 people, International Telecommunications Union*. 2003. Disponível em: <www.itu.int/ITU-D/ict/statistics/at_glance/cellular03.pdf>.

JAMESON, F. *Postmodernism, or the cultural logic of late capitalism*. Durham, NC: Duke University Press, 1991.

JORGENSEN, Dale. Information, technology and the world economy. In: CASTELLS, Manuel; CARDOSO, Gustavo. *The network society*: from knowledge to policy. Washington, DC: Johns Hopkins Center for Transatlantic Relations, 2006.

KAITATZI-WHITLOCK, S. Banking on interativity. In: COLOMBO, F. (Ed.). *TV and interativity in Europe*. Mythologies, theoretical perspectives, real experiences. Milano: Vita e Pensiero, 2004.

KAMERER, D.; BRESSERS, B. Online newspapers: a trend study of news content and technical features. *AEJMC*, Dec. 1998. Disponível em: <http://list.msu.edu/cgibin/wa?A2=ind9812a&L=aejmc&F=&S=&P=6630>.

KARVONEN, E. Are we living in the information society or in the knowledge society? In: ______. *Informational societies*. Tampere: Tampere University Press, 2001.

KASVIO, A. The emergence of "information society" as a major social scientific research programme. In: KARVONNEN, E. *Informational societies*. Tampere: Tampere University Press, 2001.

KATZ, E. On conceptualizing media effects. *Studies in Communications*, n. 1, 1980.

KECK, E. *The impact of the Internet on journalism*: the newspaper metaphor, 2000. Disponível em: <http://uts.cc.utexas.edu/~keckem/research.html>.

KELLNER, D. M. *Critical theory and society*: a reader. New York: Routledge, 1989.

______. *Media culture*. Mapping the present from the future. London: Routledge, 1995.

______. Mapping the present from the future. From Braudillard to cyberpunk. In: ______. *Media culture*. London: Routledge, 1998.

______. New media and new literacies: reconstructing education for the new millennium. In: LIVINGSTONE, S.; LIEVROUW, L. *The handbook of new media*. London: Sage, 2002.

______. *Contemporary youth and the postmodern adventure*. 2003. Disponível em: <http://utminers.utep.edu/best/papers/phiecosoc/postmodernyouth.htm>.

KESHVANI, N. Straits times interative and the age online: trends in the online newsroom. In: AUSTRALIAN AND NEW ZEALAND COMMUNICATION ASSOCIATION CONFERENCE. *Proceedings*... 2000.

KIEFL, B. *International TV programming and audience trends 1996-2001*. A report prepared for the CRTC. 2003. Disponível em: <www.crtc.gc.ca/publications/reports>.

KIM, P.; SAWHNEY, H. A machine-like new medium — theoretical examination of interative TV. *Media, Culture & Society*, v. 24, p. 217-233, 2002.

KLEISTEUBER, H. J. The digital future. In: SIUNE, K.; MCQUAIL, D. *Media policy*. London: Sage, 1998.

______. El surgimento del cyberespacio: la palabra y la realidad. In: BENEYTO, J. V. *La ventana global*. Madrid: Taurus, 2003.

______. et al. German Bundestag and the use of ICTs. In: HOFF, J. et al. Use of ICTs by members of Parliament. *Information Polity*, v. 9, n. 1, 2, 2004. Special Issue.

KUBICEK, H. Multimedia: Germany's third attempt to move to an information society. In: KAHIN, B.; WILSON, E. *National information infrastructure initiatives*: vision and policy design. Cambridge, Mass.: MIT Press, 1996.

______; DUTTON, W. H.; WILLIAMS, R. (Eds.). *The social shaping of information superhighways*. Frankfurt: Campus Verlag, 1997.

KUNG, L. Redefining public service broadcasting for the internet age. In: COST A20 NETWORK CONFERENCE. *Proceedings*... Norway, Tromso, June 2002.

LAUDON, K. L. *Communications technology and democratic participation*. New York: Praeger, 1977.

LAWRENCE, S.; GILES, C. L. Acessibility of information on the web. *Nature*, v. 400, July 8, 1999.

LE GOFF, J. *A nova história*. Coimbra: Almedina, 1990.

LE GUINOU, B.; PATOU, C. Attac(k)ing expertise: does the internet really democratize knowledge. In: VAN DE DONK, W.; LOADER, B.; NIXON, P.; RUCHT, D. (Eds.). *Cyberprotest*: new media, citizens and social movements. London: Routledge, 2004.

LEE, A. Infomedia literacy. A educational basic for young people in the new information age. *IC&S*, v. 2, n. 2, p. 134-155, 1999.

LÉONARD, Y. Portugal. In: HERMET, G.; HOTTINGER, J. T.; SEILER, D. L. (Orgs.). *Les partis politiques en Europe de l'Ouest*. Paris: Economica, 1998.

LEVY, P. *Cibercultura*. Lisboa: Instituto Piaget, 2000.

LIANG, G. The internet growth in China: drivers and divides. In: *World Internet Project Survey*. 2004. Disponível em: <www.soc.toyo.ac.jp/~mikami/wip/wip_meeting/day2day3.html>.

LIPPMAN, W. *Public opinion*. 1997. Disponível em: <http://xroads.virginia.edu/~Hyper2/CDFinal/Lippman/contents.html>.

LIVINGSTONE, S. New media, new audiences? *New Media & Society*, London, n. 1, 1999.

______; LUNT, P. *Talk on television*: audience participation and public debate. London: Routledge, 1994.

LOADER, B. D. (Ed.). *The governance of cyberspace*: politics, technology and global restructuring. London: Routledge, 1997.

______. *Reflexões sobre a democracia civil na era da informação*: um estudo de caso do nordeste de Inglaterra. Presidência da República, Os Cidadãos e a Sociedade de Informação. Conferência promovida pelo presidente da República, 9 e 10 dez. 1999, Lisboa, INCM.

LOPES, F. *O telejornal e o serviço público*. Coimbra: Minerva, 1999.

LOSITO, G. La ricerca sociale e la radio. Breve storia di incomprensioni, negligenze e omissioni. In: MENDUNI, E. *La radio*. Percorsi e territori di un medium mobile e interattivo. Bologna: Baskerville, 2002.

LUHMANN, N. *A improbabilidade da comunicação*. Lisboa: Vega-Passagens, 1992.

LUTFI, M. *Elevating the standards of journalism*: the impact of "online media watchdogs" and a case study of Medyakronik; George Washington University. 2002. Disponível em: <http://cct.georgetown.edu/academics_thesis.cfm>.

LYON, D. *A sociedade da informação*. Oeiras: Celta, 1992.

______. The roots of the information society idea. In: HEAP, N. et al. *Information technology and society*. A reader. London: Sage, 1995.

______. The world-wide-web of surveillance: the internet and off-world power flows. *Information, Communication and Society*, v. 1, n. 1, 1998.

______. From Big Brother to electronic panopticon. In: ______. *The rise of the surveillance society*. Minneapolis: University of Minnesota Press, 1999.

LYRA RESEARCH. *DTV view survey of digital vídeo recorder users*. 2004. Disponível em: <www.lyra.com/>.

MAFFESOLI, M. *Entretien avec M. Maffesoli sur le livre de P. Bourdieu*. 1998. Disponível em: <www.mit.edu/~fca/papers/television.pdf>.

MAGONE, J. M. *European Portugal*: the difficult road to sustainable democracy. New York: St. Martins Press, 1997.

MAHEU, L. Postmodernité et mouvements sociaux. In: AUDET, M.; BOUCHIKHI, H. (Eds.). *Structuration du social et modernité avancée* — autour des travaux d'Anthony Giddens. Saint-Foy: Les Presses de l'Université Laval, 1993.

______. *Social movements and social classes* — the future of collective action. London: Sage, 1995.

MANDELLI, A. È il momento dei portali. Dureranno? *Problemi dell'Informazione*, v. 24, p. 441-453, 1 dez. 1999.

MANSELL, R. *Fair, socio economic impacts of advanced communications, a case of electronic commerce*. The online music industry. 1998. Disponível em: <www.analysis.co.uk/acts/fair/>. Acesso em: mar. 1998.

______. *New media and the power of networks*. First Dixons public lecture and inaugural professional lecture, Dixons Chair in New Media and the Internet. London School of Economics and Political Science, 2001.

MARGOLIS, M.; RESNICK, D. *Politics as usual*: the "cyberspace revolution. Thousand Oaks, CA: Sage, 2000.

______; ______; CHIN-CHANG, T. Campaigning on the internet: parties and candidates on the world wide web in the 1996 primary season. *Harvard International Journal of Press/Politics*, v. 2, n. 1, p. 59-78, 1997.

______; ______; WOLVE, J. Party competition on the internet: minor versus major parties in the UK and USA. *Harvard International Journal of Press/Politics*, v. 4, n. 4, p. 24-47, 1999.

MARINA, A. How does Spanish society employ internet? In: WIP CONFERENCE, 2004. *Proceedings*... Tokyo: University of Tokyo and Toyo University, 2004.

MARSHALL, T. H. *Citizenship and social class*. Chicago: University of Chicago Press, 1964.

MARTINS, J. M. *Jornalismo digital/ciberjornalismo*. Estudo de casos: Diário Digital e TSF Online. 2000. Dissertação (Pós-Graduação em Jornalismo) — Escola Superior de Comunicação Social, Instituto Superior de Ciências do Trabalho e da Empresa, Lisboa.

MARTURANO, M.; VILLA, M.; VITTADINI, N. *Cittadini, giudici e giocatore*. Roma: VQPT-RAI-ERI, 1998.

MATHESON, D. *News weblogs:* an invitation to abandon the craft? 2002. Disponível em: <www.cf.ac.uk/jomec/contact/full%20paper.html>. Acesso em: dez. 2003.

MATHIAS, P. *La cité internet*. Paris: Presses de Sciences Politiques, 1997.

MATTELART, A. Premissas y contenidos ideológicos de la sociedad de la información. In: BENEYTO, J. V. *La ventana global*. Madrid: Taurus, 2003.

______; MATTELART, M. *Theories of communication*. London: Sage, 1998.

MAYNARD, N. Digitization and the news. *Nieman Reports*, v. 54, n. 4, 2000.

MAZZEI, G. *Verso il tigitale*. Roma: RAI-ERI, 2002.

MAZZOLENI, G.; BONI, F. La radio come mezzo di controinformazione e mobilitazione sociale. In: MENDUNI, E. *La radio*. Percorsi e territori di un medium mobile e interattivo. Bologna: Baskerville, 2002.

McCOURT, T.; BURKART, P. When creators, corporations and consumers collide: Napster and the development of online music distribution. *Media, Culture & Society*, v. 25, p. 333-350, 2003.

McKINSEY GLOBAL INSTITUTE. *SMS-TV models*. McKinsey & Company, 2004.

McLUHAN, M. *Understanding media*: the extensions of man. London: Routledge, 1997.

McNAIR, B. *The sociology of journalism*. London: Arnold, 1998.

MCQUAIL, D. Commercialization and beyond. In: ______; SIUNE, K. *Media policy*. London: Sage, 1998.

______. *Mass communication theory*. 4. ed. London: Sage, 2000.

______. *McQuail's reader in Mass communication theory*. London: Sage, 2003.

MÍDIA MONITOR. e-telenews 2002. Um ano de notícias. Grupo Markteste, 2003.

MEIER, H. E. Beyond convergence. Understanding programming strategies of public broadcasters in competitive environments. *European Journal of Communication*, v. 18, n. 3, p. 337-365, 2003.

MELUCCI, A. Individualisation et globalisation: au-delà de la modernité? In: DUBET, F.; WIEVIORKA, M. *Penser le sujet autour d'Alain Touraine*. Paris: Fayard, 1995a.

______. The new social movements revisited: reflections on a sociological misunderstanding. In: MAHEU, L. (Ed.). *Social movements and social classes* — the future of collective action. London: Sage, 1995b.

MENDES, C. A infografia online e o seu contributo para a criação da identidade de um site de informação de um canal de televisão. 2003. Projeto de Tese (Mestrado de Comunicação, Cultura e Tecnologias de Informação) — Departamento de Sociologia, Instituto Superior de Ciências do Trabalho e da Empresa, Lisboa.

MENDONÇA, S. et al. The strategic strength of weak signal analysis, by sub-group signals of working group 1. COST Action 22 Working Paper. 2004.

MENDUNI, E. *La radio*. Percorsi e territori di un medium mobile e interattivo. Bologna: Baskerville, 2002.

MENEZES, J. P. Tudo o que se passa na TSF — para um livro de estilo. *Jornal de Notícias*, Lisboa, 2003.

MENSING, D. *The economics on online newspapers*. 1998. Disponível em: <http://list.msu.edu/cgi-bin/wa?A2=ind9812a&L=aejmc&F=&S=&P=7409>.

MESQUITA, M. *O jornalismo em análise*. Coimbra: Minerva, 1998. Colecção Comunicação.

MEYER, T.; HINCHMAN, L. *Media democracy* — how the media colonize politics. Cambridge, Mass.: Polity Press, 2002.

MEYROVITZ, J. *Oltre il senso di luogo*. Bologna: Baskerville, 1993.

MICROSOFT MAGAZINE. n. 49, p. 19-20, out./dez. 2004.

MIÈGE, B. *La societé conquise par la communication*. Grenoble: PUG, 1997.

MIGUEL, L. Mídia e manipulação política no Brasil — a Rede Globo e as eleições presidenciais de 1989 a 1998. *Comunicação & Política*, v. 6, n. 2/3, 1998.

MIRANDA, J. B. de. A cultura das redes. *Revista de Comunicação e Linguagens*, jun. 2002. Número Extra.

MIKAMI, S. *WIP Japan:* trends in internet use. World Internet Project Survey. Disponível em: <www.soc.toyo.ac.jp/~mikami/wip/wip_meeting/day2day3.html>. 2004.

MÓNICA, M. F. *Educação e sociedade no Portugal de Salazar*. Lisboa: Editorial Presença, 1978.

MORIN, E. *L'esprit du temps*.Paris: Grasset, 1976.

______. *An interview with Edgar Morin*. Disponível em: <www.france.diplomatie.fr/label_france/ENGLISH/IDEES/MORIN/morin.html>. Acesso em: jul. 2003.

MOTA, H. I. *A neotelevisão*: o reino dos *reality shows*. 2002. Projeto de Tese (Mestrado de Comunicação, Cultura e Tecnologias de Informação) — Departamento de Sociologia, Instituto Superior de Ciências do Trabalho e da Empresa, Lisboa.

MONTIS, I. La TV ondine: strategie, formati, modelli. In: TETTAMANZI, L. *Spetatori nella rete*. Roma: VQPT-RAI-ERI, 2000.

MURDOCK, G. Citizens, consumers, and public culture. In: SKOVMAND, M.; SCHRODER, K. C. (Eds.). *Media cultures*. Reappraising transnational media. London: Routledge, 1992.

______. Communications and the constitution of modernity. *Media, Culture and Society*, v. 15, n. 4, p. 521-539, 1993.

NASCIMENTO, S.; CARDOSO, G. *Análise comparativa dos parlamentares europeus*. COST-A14, 2003.

NEGROPONTE, N. *Being digital*. New York: Alfred A. Knopf, 1996.

NETO, P. *A Presidência da República e as tecnologias de comunicação e informação*: dinâmicas de exercício de cidadania virtual. Lisboa: Casa Civil da Presidência da República Portuguesa, 2002.

NEVEU, E. *Sociologie des mouvements sociaux*. Paris: Éditions La Découverte, 1996.

______. *Sociologie du journalism*. Paris: Repéres, 2002.

NIELSEN//NETRATINGS. 2004. Disponível em: <www.nielsen-netratings.com/>.

NORA, P. Memória coletiva. In: LE GOFF, J. *A nova história*. Coimbra: Almedina, 1990.

NORBERG, E. G. *Radio programming*. Tactics and strategy. Boston: Focal Press, 1996.

NORDENSTRENG, K. So what? Reflections on the study of information society. In: KARVONNEN, E. *Informational societies*. Tampere: Tampere University Press, 2001.

NORRIS, P. Democratic divide? The impact of the internet on Parliaments worldwide. In: AMERICAN POLITICAL ASSOCIATION ANNUAL MEETING. *Proceedings...* Washington DC, 31 Aug. 2000. Disponível em: <http://ksghome.harvard.edu/~.pnorris.shorenstein.ksg/acrobat/apsa2000demdiv.pdf>. Acesso em: maio 2002.

______. Internet and democracy. In: INTERNATIONAL FORUM ON THE INTERNET AND DEMOCRACY. *Proceedings...* Stockholm, 27-29 June 2001. Disponível em: <www.pippanorris.com>.

______. Gendering social capital? Bowling in women's leagues?' In: *Gender and Social Capital*, St. John's College, University of Manitoba, 2-3 May 2003.

______. The internet and politics: emerging perspectives. In: NISSENBAUM, H.; PRICE, M. E. (Eds.). *Academy & the internet*. New York: Peter Lang, 2004.

NORTON, P. (Ed.). *Parliaments and governments in Western Europe*. London: Frank Cass, 1998.

OBERCOM (OBSERVATÓRIO DE COMUNICAÇÃO). *Que futuro para os mídia em Portugal.* Lisboa: Obercom, 2002.

______. *Anuário da comunicação 2002-2003*. Lisboa: Obercom, 2003a.

______. *O audiovisual português e a migração para o digital*. Lisboa: Obercom, 2003b.

OCDE (Organização para Cooperação e Desenvolvimento Econômico). *Share of public employment to total employment (1985-1999)*. Paris: OCDE, 2001a.

______. *Literacy in the information age, final report of International Adult Literacy Survey*. Paris: OCDE, 2001b.

______. *The e-government imperative*. Paris: OCDE, 2003a.

______. *Education outlook*. Paris: OCDE, 2003b.

______. *Education outlook*. Paris: OCDE, 2004a.

______. *OECD Pisa review*. 2004b. Disponível em: <www.pisa.oecd.org/>.

______. *Patent database.* Paris: OCDE, Sep. 2004c.

OCT. *Estatísticas da sociedade de informação, Portugal 1996-2001*. Mar. 2002.

OE, K. Internet et moi. *Le Monde Diplomatique*, p. 27, dez. 1998. Disponível em: <www.monde-diplomatique.fr/1998/12/OE/11473.html>. Acesso em: 4 jan. 1999.

OFFICE FOR OFFICIAL PUBLICATIONS OF THE EUROPEAN COMMUNITIES. *Cinema, TV and radio in the EU Statistics on audiovisual services* (data 1980–2002). Luxembourg, 2003.

OLIVEIRA. A informação vai devorar a comunicação? In: COLÓQUIO LISBOA CAPITAL EUROPEIA DA CULTURA, 1994. *Actas*... Lisboa: ICS, 1995. (Cultura e Economia).

OPOCE (Office for Official Publications of the European Communities) *Cinema, TV and radio in the EU statistics on audiovisual services* (data 1980–2002). Luxembourg: Opoce, 2003.

ORTOLEVA, P. *La societá dell'informazione*. Roma: Anicia, 1991.

______. *Modern society and technology*. 1997a. Disponível em: <www.sanmarcoinlamis.net/archivio/html/ortoleva.htm>. Acesso em: abr. 1999.

______. *Mídiastoria*. Comunicazione e cambiamento sociale nel mondo contemporaneo. Milano: Nuova Pratiche Editrice, 1997b.

______. Un mondo di suoni. La radio e il resto. In: MENDUNI, E. *La radio*. Percorsi e territori di un medium mobile e interattivo. Bologna: Baskerville, 2002.

______. Televisão. *Trajectos*, Lisboa, n. 1, 2003.

______. O novo sistema dos mídia: In: PAQUETE DE OLIVEIRA, J. M.; CARDOSO, G.; BARREIROS, J. *Comunicação, cultura e tecnologias de informação*. Lisboa: Quimera, 2004.

ORWELL, G. *1984*. Lisboa: Fenda, 2000.

O'SULLIVAN, J. Same old news? Properties of print and web news media in Ireland, In: COST A20 CONFERENCE, 2003. *Proceedings*... Pamplona, Spain.

PADOVANI, C.; TRACEY, M. Report on the conditions of public service broadcasting. *Television & New Media*, v. 4, n. 2, p. 131-153, May 2003.

PAKULSKI, J. Social movements and class: the decline of the marxist paradigm. In: MAHEU, L. (Ed.). *Social movements and social classes* — the future of collective action. London: Sage, 1995.

PANTIC, D. Internet against censorship. *CyberSociology Magazine*, 1998. Disponível em: <wwww.socio.demon.co.uk/magazine/5/5_b_92.html>. Acesso em: abr. 1999.

PAPATHANASSOPOULOS, S. *European television in the digital age*. Cambridge: Polity Press, 2002.

PAQUETE DE OLIVEIRA, J. M. *Formas de "censura oculta" na imprensa escrita em Portugal no pós-25 de Abril* (1974-1987). 1989. Tese (Doutorado) — Departamento de Sociologia, Instituto Superior de Ciências do Trabalho e da Empresa, Lisboa.

______. A integração européia e os meios de comunicação social. *Análise Social*, v. 27, n. 118-119, p. 995-1024, 1992.

______. A informação vai devorar a comunicação? In: COLÓQUIO LISBOA CAPITAL EUROPEIA DA CULTURA, 1994). *Actas*... Lisboa: ICS, 1995.

______; BARREIROS, J. (Coords.). *Ciberfaces* — a sociedade de informação em análise: internet, interfaces do social, programa Praxis XXI. 2000. Disponível em: <http://ciberfaces.iscte.pt>.

______; CARDOSO, G.; BARREIROS, J. Internet como instrumento para la participatión ciudadana. In: BENEYTO, J. V. *La ventana global*. Madrid: Taurus, 2003.

______; ______; ______. *Comunicação, cultura e tecnologias de informação*. Lisboa: Quimera, 2004.

PAULUSSEN, S.; COPPENS, T. Public broadcasters use their websites in times of elections. In: COST A20 Programme, University of Navarra, Pamplona; Spain, 27-28 June 2003.

PAVLIK, J. The future of online journalism. In: KAMERER, D.; BRESSERS, B. Online newspapers: a trend study of news content and technical features. *AEJMC*, Dec. 1998. Disponível em: <http://list.msu.edu/cgi-bin/wa?A2=ind9812a&L=aejmc&F=&S=&P=6630>.

PAVLIK, J. V. *New media technology*: cultural and commercial perspectives. New Jersey: Prentice Hall, 1995.

PCM (Presidência do Conselho de Ministros). *Novas opções para o audiovisual*. PCMinistros de Portugal, 2002.

PENA PIRES, R. *Migrações e integração:* teoria e aplicações à sociedade portuguesa. Oeiras: Celta, 2003.

PERRETTI, F. La grande impresa multimidiale. *Problemi dell'Informazione*, v. 25, n. 1, p. 74-82, mar. 2000.

PHILO, G. (Ed.). *A sociology of media power*: key issues in audience reception research, message received, col. Glasgow Media Group, Longman, 1999.

PICARD, R. G. Economics and content of web portals: a case study of Yahoo! In: COST A20 Programme, University of Navarra, Pamplona; Spain, 27-28 June 2003.

PIMENTEL K.; TEIXEIRA, K. *Virtual reality*: through the new looking glass. New York: McGraw-Hill, 1992.

PLATON, S.; DEUZE, M. Indymedia journalism. *Journalism*, v. 4, n. 3, p. 336-355, 2003.

POOLE, I. Changing the color of digital ink — the quest to bring newspaper internet operations out of the red and into the black; 497d media industries. 2001. Disponível em: <www.personal.psu.edu/users/i/j/ijp105/497d%20From%20Red%20to%20 Black.pdf>.

PORTUGAL TELECOM. *Timor*: para que os portugueses façam ouvir a sua voz. 1999. Disponível em: <www.telecom.pt/quemsomos/noticias/artigo.asp?id_ artigo=476>. Acesso em: 28 fev. 2002.

POSTER, M. *A segunda era dos mídia*. Oeiras: Celta, 2000.

______. *Cyberdemocracy*: internet and the public sphere. 1995. Disponível em: <www.hnet.uci.edu/mposter/writings/democ.html>. Acesso em: maio 2002.

PRATT, H. *Le désir d'être inutile*. Paris: Robert Laffont, 1991.

PRESS FREEDOM SURVEY. 2003. Disponível em: <www.freedomhouse.org/>.

PRICE WATERHOUSE AND COOPERS. *Global entertainment and media outlook*: 2004-2008. 2004.

PROENÇA, L. M. *A rádio porta estandarte*. A TSF e o referendo em Timor Leste. 2000. Dissertação (Pós-Graduação em Jornalismo) — Escola Superior de Comunicação Social, Instituto Superior de Ciências do Trabalho e da Empresa, Lisboa.

PROGRESS AND FREEDOM FOUNDATION. *Cyberspace and the American dream*: a magna carta for the knowledge age. Newt Gingrich, 1994.

PÚBLICO. E-mail gratuito para todos.15 fev. 1999.

______. Petições ao Parlamento. 25 jan, 2004a.

______. Resultados dos testes Pisa. 7 dez. 2004b.

PUTNAM, R. *Making democracy work*. Princeton, NJ: Princeton University Press, 1993.

______. *The strange disappearance of civic America*. 1995. Disponível em: <www.prospect.org/print/V7/24/putnam-r.html>. Acesso em: jun. 2002.

______. *Bowling alone*: the collapse and revival of American community. New York: Simon & Schuster, 2000.

______. *The prosperous community* — social capital and public life. Disponível em: <www.prospect.org/print/V4/13/putnam-r.html>. Acesso em: jun. 2002.

QUINN, G.; TRENCH, B. *Mudia*: multimedia content in the digital age. 2002a. Disponível em: <www.mudia.org>.

______; ______. *Prognostic study of media content usage*. Dublin: Centre for Society, Technology and Media at DCU, 2002b.

RABOY, M. *Public service broadcasting in transition*: a documentary reader (with Monroe E. Price). Report prepared for the European Institute for the Media. 2001a.

______. National, transnational and global approaches to public media. In: *Rethinking Public Media in a Transnational era*. Center for Mídia, Culture and History, New York University, 2001b.

RAFAELI, S. Interativity: from new media to communication. In: HAWKINS, R. P. et al. (Eds.). *Advancing communication science*: merging mass and interpersonal processes. Newbury, CA: Sage, 1988.

RAINIE, L. Why the internet is (mostly) good for news. *Nieman Reports*, v. 54, n. 4, 2000.

RAMONET, I. *A tirania da comunicação*. Porto: Campo das Letras, 1999.

REBELO, J. *O discurso do jornal*. 2. ed. Lisboa: Editorial Notícias, 2002.

______. O serviço público de televisão em Portugal. In: ______. *A comunicação, temas e argumentos*. Coimbra: Minerva, 2003.

REGAN, T. Technology is changing journalism. *Nieman Reports*, v. 54, n. 4, 2000.

REICH, R. *O trabalho das nações*. Lisboa: Quetzal, 1993.

REIS, F. *Algumas observações sobre o localismo, Anuário da Comunicação 2001-2002*. Lisboa: Obercom, 2002.

RELATÓRIO DE RECEBIMENTO DE CORRESPONDÊNCIA (2000-2004). Centro de documentação da Secretaria-Geral da Presidência da República portuguesa.

RESENDE, I. *Jornalismo econômico*: formato digital versus formato tradicional. 2002. Dissertação (Pós-Graduação em Jornalismo) — Escola Superior de Comunicação Social, Instituto Superior de Ciências do Trabalho e da Empresa, Lisboa.

RHEINGOLD, H. *The virtual community*: homesteading on the electronic frontier. Cambridge: MIT Press, 2000. Revised edition.

RICHERI, G. *Condizioni di base per l'affermazione dei nuovi mídia*. 1996a. Disponível em: <www.mídiamente.rai.it/home/bibliote/intervis/r/richer02.htm>. Acesso em: maio 2000.

______. *La storia dei mídia*. 1996b. Disponível em: <www.*mídia*mente.rai.it/home/bibliote/intervis/r/richer04.htm>. Acesso em: maio 2000.

______. As plataformas digitais e a evolução da indústria audiovisual. *Observatório*, Lisboa, n. 2, nov. 2002.

______. A indústria discográfica e o desafio da rede. In: PAQUETE DE OLIVEIRA, J. M.; CARDOSO, G.; BARREIROS, J. *Comunicação, cultura e tecnologias de informação*. Lisboa: Quimera, 2004.

RIIS, A. M. The information welfare society: assessment of Danish government initiatives preparing for the "information age". In: KAHIN, B.; WILSON, E. *National information infrastructure initiatives*: vision and policy design. Cambridge, Mass.: MIT Press, 1996.

ROBINS, K.; WEBSTER, F. *Times of the technoculture*. London: Routledge, 1999.

ROCHA, M. J. *Quando os jornais vestem a camisola* — leituras e reflexões sobre o posicionamento do *Diário de Notícias* e *Público* no pós-referendo em Timor. Projeto de Tese (Mestrado de Comunicação, Cultura e Tecnologias de Informação) — Departamento de Sociologia, Instituto Superior de Ciências do Trabalho e da Empresa, Lisboa, 2003.

RODOTÀ, S. *Tecnopolitica*. La democrazia e le nuove tecnologie della comunicazione. Roma: Editori Laterza, 1997.

______. *Para uma cidadania eletrônica*: a democracia e as novas tecnologias da comunicação. Presidência da República, Os Cidadãos e a Sociedade de Informação. Conferência promovida pelo presidente da República, 9 e 10 dez. 1999, Lisboa.

RÖMMELE, A. Political parties, party communication and new information and communication technologies. *Party Politics*, v. 9, n. 1, p. 10, 2003.

ROSAS, F. (Ed.). *Portugal e a transição para a democracia* (1974-76). Lisboa: Colibri, 1999.

ROSCOE, T. The construction of the world wide web audience. *Media, Culture and Society*, London, v. 21, p. 673-684, 1999.

RUGGIERO, T. E. Uses and gratifications theory in the 21st century. *Mass Communication & Society*, v. 3, n. 1, p. 3-37, 2000.

RUKAVISHNIKOV, V. *The Russian perception of the American "war on terror"*. Copenhagen Peace Research Institute, 2002. (Working Paper n. 27).

SABLOSKY, J. A. The Portuguese socialist party. In: BRUNEAU, T. (Ed.). *Political parties and democracy in Portugal*: organizations, elections and public opinion. Boulder, CO: Westview Press, 1997.

SALAVERRIA, R. *An immature medium*. Strenghts and weaknesses of the online newspapers on September 11. In: COST A20, Tromso, Norway, June 2002.

SANABRIA, F. *Información audiovisual*. Teoría y técnica de la información radiofôna y televisiva. Barcelona: Bosch Comunicación, 1994.

SANTIAGO, D. *O reconforto da televisão*. Um estudo da tragédia de Entre-os-Rios. 2003. Dissertação (Mestrado de Comunicação, Cultura e Tecnologias de Informação) — Departamento de Sociologia, Instituto Superior de Ciências do Trabalho e da Empresa, Lisboa.

SANTO AGOSTINHO. O palácio da memória. *Confissões*, Livro X.

SANTOS, R. Dez anos de história da SIC (1992-2002). *Observatório*, n. 6, p. 93-105, nov. 2002.

SARAIVA, A. Crônica jogos. *Exame Informática*, mar. 2000.

SARAMAGO, J. *On communication*. 1998. Disponível em: <http://mondediplo.com/1998/12/12saramago>.

______. Folha de S. Paulo *entrevista José Saramago*. 2000. Disponível em: <www2.folha.uol.com.br/biblioteca/1/04/2000111101.html>.

SASSI, S. The controversies of the internet and the revitalization of local political life. In: HACKER, K.; DIJK, J. *Digital democracy*: issues of theory and practice. London: Sage, 2000.

SAUTER, M. On the web, it's survival of the biggest. *Nieman Reports*, v. 54, n. 4, 2000.

SCANNELL, P. *Radio, television and modern life*. Oxford: Blackwell, 1996.

______. Public service broadcasting: the history of a concept. In: GOODWIN, A.; WHANNEL, G. *Understanding television*. London: Routledge, 1997.

SCHILLER, H. I. *Information inequalities*. London: Routledge, 1996.

______. *Information inequality*. 1997. Disponível em: <www.heise.de/tp/english/special/pol/8018/1.html>. Acesso em: ago. 1998.

SCIFO, B.; PASQUALI, F. I giornali online. *Problemi dell'Informazione*, v. 23, n. 1, p. 109-123, mar. 1998.

SCOTT, A.; STREET, J. From media politics to e-protest? The use of popular culture and new media in parties and social movements. In: WEBSTER, F. (Ed.). *Culture and politics in the information age, a new politics?* London: Routledge, 2001.

SEIBEL, M. Is including e-mail addresses in reporters' bylines a good idea? *Nieman Reports*, v. 54, n. 4, 2000.

SERVAES, J. The European information society: much ado about nothing? *Gazette: the International Journal for Communication Studies*, v. 64, n. 5, p. 433-447, 2002.

SEMANÁRIO. Mercado dos VídeoJogos reduzido a três empresas: negócio em Portugal vale 5 milhões de contos. 29 out. 1999. Economia.

SHAH, H. Emancipation from modernization: development journalism and new social movements. In: VINCENT, R.; NORDENSTRENG, K.; TRABER, M. (Eds.). *Towards equity in global communication* — MacBride update. New Jersey: Hampton Press, 1999.

SHAIN, J.; BIERHOFF, J. *Connecting the media and research worlds*. Mudia, International Institute of Infonomics, 2002.

SHERMAN, C.; PRICE, G. *The invisible web*. New Jersey: Cyberage Books, 2001.

SHOEMAKER, P. J. *News around the world*: content, practitioners, and the public. London: Routledge, 2005.

______; REESE, S. *Mediating the message*. Theories of influences on mass communication content. White Plains, NY: Longman, 1996.

SILVA, R. *Guia do activismo online*. 2000. Disponível em: <http://members.tripod.com/~Protesto_MC/timor.html>. Acesso em: 28 fev. 2002.

SILVEIRA, Joel. *Os telejornais e a informação em Portugal*. Estudo para a AACS. 2003. ms.

SILVERSTONE, R. *Television and everyday life*. London: Routledge, 1994.

______. What's new about new media. *New Media & Society*, v. 1, n. 4, p. 10-12, 1999a.

______. *Why study the media?* London: Sage, 1999b.

______. Regulation, media literacy and media civic. In: MAHAN, A.; MANSELL, R.; SAMARAJIVA, R. (Eds.). *Networking knowledge for information societies*: institutions & interventions, Delft: Delft University Press, 2002a.

______. *Por que estudar os mídia?* O 11 de Setembro e a ética da distância, comunicação, cultura e tecnologias de informação. Lisboa: Quimera, 2002b.

______. Mediation and communication. In: CRAIG, Calhoun; ROJEK, Chris; TURNER, Bryan (Eds.). *The Sage handbook of sociology*. London: Sage, 2005.

SIMONELLI, G. Il telegiornale: storia, modelli, funzione. In: ______. *Speciale TG, forme e contenuti del telegiornale*. Novara: Interlinea, 2001.

SLEVIN, J. *The internet and society*. Oxford: Polity Press, 2000.

______. *Internet e sociedade*. Lisboa: Temas e Debates, 2002.

SMELSER, N. (Ed.). *Handbook of sociology*. Newbury Park: Sage, 1988.

SMITH, A. *Television an international history*. Oxford: Oxford University Press, 1998.

SMITH, C. British political parties: continuity and change in the information age. In: HOFF, J.; HORROCKS, I.; TOPS, P. (Eds.). *Democratic governance and new technology* — technologically mediated innovations in political practice in Western Europe. London and New York: Routledge/ECPR Studies in European Political Science, 2000.

______; WEBSTER, W. Internet based technologies and members of the Scottish Parliament. In: CONFERENCE ON DEMOCRATIC GOVERNANCE AND ICT *Proceedings*... Department of Political Science, University of Copenhagen, Denmark, 2003.

SNELLEN, I.; VAN DEN DONK, W. (Eds.). *Handbook in the information age*. Amsterdam: IOS Press, 1998.

SOBRAL, J. *Trajectos*: o presente e o passado na vida de uma freguesia da Beira. Lisboa: Imprensa de Ciências Sociais, 1999.

SORENSEN, K *Technology in use:* two essays in the domestication of artefacts. 2004. (STS Working Paper, n. 2).

SOUSA, L. de; CARDOSO, G. Country report: Portugal. In: TRECHSEL, A. et al. *Evaluation of use of new technologies in order to facilitate democracy in Europe*. E-democratizing the parliaments and parties in Europe. Florence: European University Institute, 2003.

SOUSA, V. Príncipes encantados e heroínas melodramáticas no Big Brother I. In: SEMINÁRIO DE INDÚSTRIAS CULTURAIS EM PORTUGAL. *Actas*... 2004.

SPARKS, C. The internet and the global public sphere. In: BENNETT, W. L.; ENTMAN, R. M. *Mediated politics* — communication in the future of democracy. Cambridge: Cambridge University Press, 2001.

______. The impact of the internet on the existing media. In: SEMINAR HELD AT INTERCOLLEGE. *Proceedings*... Nicosia, Cyprus, 2002a.

______. *The internet and the mass media*: the development of online newspapers. 2002b. Disponível em: <http://cost-a20.iscte.pt/Development_Online_Newspapers. ppt>. Acesso em: jun. 2002.

______. La influencia de internet en los medios de comunicación convencionales. In: BENEYTO, J. V. *La ventana global*. Madrid: Taurus, 2003.

STALDER, F. *The logic of networks* — social landscapes vis-a-vis the space of flows. Ctheory. Disponível em: <www.ctheory.com/r46.html>.

STATE OF THE NEWS MEDIA. Project for excellence in journalism. 2005a. Disponível em: <www.stateofthenewsmídia.org/2005/>.

______. Arbitron adio today annual report. 2005b. Disponível em: <www.stateofthe newsmedia.org/2005/printable_radio_audience.asp>.

STATISTICS ON AUDIOVISUAL SERVICES. Data 1980-2000, Comissão Europeia Eurostat, Theme 4, Industry, Trade and Services, EC, 2002.

STEFIK, M. J. *Internet dreams*: archetypes, myths, and metaphors, Cambridge, Mass.: MIT Press, 1996.

STURKEN, M. *Tangled memories*: the Vietnam war, the AIDS epidemic, and the politics of remembering. Berkeley: University of California Press, 1997.

SUPLEMENTO computadores. *Público*. 15 nov. 2004.

SYVERTSEN, T. Challenges to public television in the era of convergence and commercialization. *Television & New Media*, v. 4, n. 2, p.155-175, May 2003.

TABORDA, M. J. O espaço público da telefonia sem fios. A rádio de Brecht à internet. *Observatório*, n. 1, maio 2000.

TADAYONI, R. Interative TV in convergence perspective. In: COLOMBO, F. (Ed.). *TV and interativity in Europe*. Mythologies, theoretical perspectives, real experiences. Milano: Vita e Pensiero, 2004.

______; HENTEN, A. Articulation of traditional and internet TV. In: COST A20 Conference, Tromso, Noruega, 2002.

TAPLIN, Jonathan. The IP TV revolution. In: CASTELLS, Manuel; CARDOSO, Gustavo. *The network society*: from knowledge to policy. Washington, DC: Johns Hopkins Center for Transatlantic Relations, 2006.

TAPSCOTT, D. *Growing up digital*: rise of the net generation. New York, McGraw-Hill Education, 1997.

TARROW, S. *Power in movement* — social movements and contentious politics. Cambridge, Mass.: Cambridge University Press, 1998.

TAYLOR, P. M. *War and the media*: propaganda and persuasion in the Gulf War, Manchester: Manchester University Press, 1992.

TEHRANIAN, M. *Global communication and world politics*. London: Rienner Iseas, 1999.

TETTAMANZI, L. *Spetatori nella rete*. Roma: VQPT-RAI-ERI, 2000.

TEVES, V. H. *História da televisão em Portugal*. Lisboa: TV Guia, 1998.

THE ECONOMIST. *The e-readiness report 2004*.

THOMPSON, J. B. *The media and modernity*. Cambridge: Polity Press, 1995.

TOFFLER, A. *A terceira vaga*. Lisboa: Livros do Brasil, 1984.

______. *Os novos poderes*. Lisboa: Livros do Brasil, 1991.

TOURAINE, A. *O pós-socialismo*. Porto: Afrontamento, 1981.

TRACEY, M. *The decline and fall of public service broadcasting*. Oxford: Oxford University Press, 1998.

TRAQUINA, N. *Jornalismo*. Lisboa: Quimera, 2003.

TRECHSEL, A. et al. *Evaluation of use of new technologies in order to facilitate democracy in Europe*. E-democratizing the parliaments and parties in Europe. Florence: European University Institute, 2003.

TSAGAROUSSIANOU, R. Electronic democracy and the public sphere: opportunities and challenges'. In: ______; DAMIAN, T.; BRYAN, C. (Eds.). *Cyberdemocracy* — technology, cities and civic networks. London: Routledge, 1998.

TSAGAROUSIANOU, R.; TAMBINI, D.; BRYAN, C. (Eds.). *Cyberdemocracy* — technology, cities and civic networks. London: Routledge, 1998.

TURNER, B. S. Contemporary problems in the theory of citizenship. In: ______. *Citizenship and social theory*. London: Sage, 1993.

______. Postmodern culture/modern citizens. In: STEENBERGEN, B. V. *The condition of citizenship*. London: Sage, 1994.

TURKLE, S. *A vida no ecrã* — a identidade na era da internet. Lisboa: Relógio d'Água, 1997.

UMIC. *Avaliação do projeto-piloto de voto eletrônico em Portugal*. 2004.

UN (United Nations). *UN global e-government readiness report*. 2003.

UNCTAD (United Nations Conference on Trade and Development). *Building confidence* — electronic commerce and development. 2000. Disponível em: <www.unctad.org/en/docs/posdtem11.en.pdf>. Acesso em: dez. 2003.

UNDP (United Nations Development Programme). *Human development report 2001*. 2001. Disponível em: <www.undp.org/hdr2001>.

______. *Human development report 2003*. 2003. Disponível em: <www.undp.org/hdr2003>.

______. *Human development report 2004*. 2004. Disponível em: <www.undp.org/hdr2004>.

VAN AELST, P.; WALGRAVE, S. Global-protesters: virtual or real? The role of the Internet in shaping the anti-globalisation movement. In: DONK, W. V. de; LOADER, B.; NIXON, P.; RUCHT, D. (Eds.). *Cyberprotest*: new media, citizens, and social movements. London: Routledge, 2004.

VAN DE DONK, W.; LOADER, B.; NIXON, P.; RUCHT, D. (Eds.). *Cyberprotest*: new media, citizens and social movements. London: Routledge, 2004.

VAN DER WURFF, R.; LAUF, E.; LANCEE, B. Online news services in the Netherlands. In: COST A20 CONFERENCE, 2003. *Proceedings*... Pamplona, Spain.

VAN DIJK, J. *The network society*. Social aspects of new media. London: Sage, 1999.

______. Models of democracy and concepts of communication. In: HACKER, K. L., VAN DIJK, J. (Eds.). *Digital democracy*: issues of theory and practice. London: Sage, 2000.

VEDEL, T. The French policy for information superhighways: the end of high-tech Colbertism? In: KAHIN, B.; WILSON, E. *National information infrastructure initiatives*: vision and policy design. Cambridge Mass.: MIT Press, 1996.

______; CATINAT, M. Public policies for digital democracy. In: HACKER, K. L.; VAN DIJK, J. (Eds.). *Digital democracy*. Issues of theory and practice. London: Sage, 2000.

VIEGAS, H.; GOMES S. Pressionar os grandes através da internet. *Público*, Lisboa, 7 set. 1999.

______; ______. BBC: duas mil mensagens. *Público*, Lisboa, 9 set. 1999.

VITTADINI, N. *Radionline*. Rielaborazione discursiva dei contenuti midiali nelle community radiofoniche. In: MENDUNI, E. *La radio*. Percorsi e territori di un medium mobile e interattivo. Bologna: Baskerville, 2002.

______; VILLA, M.; MARTURANO, M. *Cittadini, giudici e giocatori*. Le forme di partecipazione del pubblico nella neotelevisione. Roma: VQPT-RAI-ERI, 1998.

WALGRAVE, S.; MANSSENS, J. The making of the white march. The *Meios de comunicação de massa* as a mobilization alternative for movement organizations. *Mobilisation*, v. 5, n. 2, p. 217-239, 2000.

______; VAN AELST, P. New media, new movements? The role of the internet in shaping the 'anti-globalization' movement. *IC&S*, v. 5, n. 4, p. 465-493, 2002.

WALLERSTEIN, I. *The eagle has crash landed. 2002*. Disponível em: <www.foreign policy.com/issue_julyaug_2002/wallerstein.html>.

WARD, K. *An ethnographic study of internet consumption in Ireland*: between domesticity and the public participation, the European media and technology in everyday life network, 2000-2003. 2003. Disponível em: <www.lse.ac.uk/collections/EMTEL/>

WEBALIZER. Servidor Internet da Presidência da República Portuguesa.

WEBSTER, F. *Theories of the information society*. London: Routledge, 1995.

______. *What information society?* 1997. Disponível em: <www.dodccrp.org/ publications/pdf/Alberts_Anthology_I.pdf>.

______. *Culture and politics in the information age, a new politics?* London: Routledge, 2001.

______. Desafios globais e respostas nacionais na era da informação. In: PAQUETE DE OLIVEIRA, J. M. et al. *Comunicação, cultura e tecnologias de informação*. Lisboa: Quimera, 2002.

______. *Culture and politics in the information age*. London: Routledge, 2003.

WEIR, D. Web journalism crosses many traditional lines. *Nieman Reports*, v. 54, n. 4, 2000.

WELLMAN, B. The three ages of internet studies: ten, five and zero years ago. *New Media & Society*, v. 6, n. 1, p. 123-129, 2004 .

WIEVIORKA, M. Os movimentos antimundialização. In: REBELO, J. *Novas formas de mobilização popular*. Porto: Campo das Letras, 2003.

WILLIAMS, B. A.; CARPINI, M. Unchained reaction. *Journalism*, n. 1, p. 61-86, 2000.

WILLIAMS, R. The technology and the society. In: MACKAY, H.; O'SULLIVAN, T. *The media reader*: continuity and transformation. London: The Open University, 1999.

WINSTON, B. *Media technology and society*. A history from the telegraph to the internet. London: Routledge, 1999.

WINTERS, J. A. The political impact of new information sources and technologies. *Indonesia, Gazette*, v. 64, n. 2, p. 501-511, 2002.

WOLF, M. *Teorias da comunicação*. Lisboa: Editorial Presença, 2001.

WOLTON, D. *Pensar a comunicação*. Lisboa: Difel, 1999.

______. *E depois da internet?* Algés: Difel, 2000.

WORLD BANK. *World Bank report*. 2003a. Disponível em: <www.worldbank.org/poverty/wdrpoverty/>.

______. *World development report on poverty*. 2003b. Disponível em: <www.worldbank.org/poverty/wdrpoverty/>.

WORLD ECONOMIC FORUM. *The global competitiveness report 2004*.

WORLD INTERNET PROJECT. *WIP Canada Report 2004*. 2004. Disponível em: <www.worldinternetproject.net>.

WORLD INTERNET PROJECT SURVEY. 2004. Disponível em: <www.digitalcenter.org/>.

WORLD VALUES SURVEY. 2001. Disponível em: <www.worldvaluessurvey.org>.

WOUTERS, P.; HELLSTEN, I.; LEYDESDORFF, L. Internet time and the reliability of search engines by. *First Monday*, v. 9, n. 10, Oct. 2004. Disponível em: <www.firstmonday.org/issues/issue9_10/wouters/>.

YTREBERG, E. et al. Small talk makes a big difference: recent developments in interative, SMS-based television. *Televison & New Media*. 2005.

______; GUNN, E. *SMS-based TV*: the impact of convergence on TV production. Oslo: University of Oslo, 2004.

ZAMARIA, C. Canadian internet projet World Internet Projet Survey. 2004. Disponível em: <www.soc.toyo.ac.jp/~mikami/wip/wip_meeting/day2day3.html>.

ZITTRAIN, J.; EDELMAN, B. *Empirical analysis of internet filtering in China*. 2002. Disponível em: <http://cyber.law.harvard.edu/filtering/china>. Acesso em: jan. 2007.

ZITTEL, T. *Electronic democracy and electronic parliaments* — a comparison between the US House, the Swedish Riksdagen, and the German Bundestag. In: WORKSHOPS OF THE EUROPEAN CONSORTIUM OF POLITICAL RESEARCH, Grenoble, 6-11 Apr. 2001. Disponível em: <www.essex.ac.uk/ecpr/jointsessions/grenoble/papers/ws3/zittel.pdf>.

Este livro foi impresso nas oficinas gráficas da Editora Vozes Ltda.,
Rua Frei Luís, 100 – Petrópolis, RJ,
com papel fornecido pelo editor.